Jörg Döring, Tristan Thielmann (Hrsg.)
Mediengeographie

Die Reihe »Medienumbrüche« wird herausgegeben von Peter Gendolla.

Jörg Döring, Tristan Thielmann (Hrsg.)
Mediengeographie
Theorie – Analyse – Diskussion

[transcript]

Medienumbrüche | Band 26

Diese Arbeit ist im Kulturwissenschaftlichen Forschungskolleg 615 der Universität Siegen entstanden und wurde auf seine Veranlassung unter Verwendung der von der Deutschen Forschungsgemeinschaft zur Verfügung gestellten Mittel gedruckt.

Bibliografische Information der Deutschen Nationalbibliothek
Die Deutsche Nationalbibliothek verzeichnet diese Publikation in der Deutschen Nationalbibliografie; detaillierte bibliografische Daten sind im Internet über http://dnb.d-nb.de abrufbar.

© 2009 transcript Verlag, Bielefeld

Die Verwertung der Texte und Bilder ist ohne Zustimmung des Verlages urheberrechtswidrig und strafbar. Das gilt auch für Vervielfältigungen, Übersetzungen, Mikroverfilmungen und für die Verarbeitung mit elektronischen Systemen.

Umschlaggestaltung: Kordula Röckenhaus, Bielefeld
Umschlagabbildung: Nordeuropa aus der Perspektive von NASA World Wind.
© United States Government as represented by the Administrator of the National Aeronautics and Space Administration.
Lektorat & Satz: Sebastian Abresch, Jörg Döring, Tristan Thielmann und Frederic Ponten
Druck: Majuskel Medienproduktion GmbH, Wetzlar
ISBN 978-3-8376-1022-2

Gedruckt auf alterungsbeständigem Papier mit chlorfrei gebleichtem Zellstoff.

Besuchen Sie uns im Internet: *http://www.transcript-verlag.de*

Bitte fordern Sie unser Gesamtverzeichnis und andere Broschüren an unter: *info@transcript-verlag.de*

Inhalt

Einleitung

JÖRG DÖRING/TRISTAN THIELMANN
Mediengeographie: Für eine Geomedienwissenschaft 9

Mediengeographie global: Geomedientheorie

ERHARD SCHÜTTPELZ
Die medientechnische Überlegenheit des Westens.
Zur Geschichte und Geographie der
immutable mobiles Bruno Latours 67

BRUNO LATOUR
Die Logistik der *immutable mobiles* 111

PAUL VIRILIO
Die morphologische Irruption 145

JENS SCHRÖTER
Das transplane Bild und der *spatial turn* 167

JUDITH MIGGELBRINK
Verortung im Bild.
Überlegungen zu ‚visuellen Geographien' 179

MARC RIES
Das Porträt und sein Raum.
Elemente einer Topologie der Medien 203

Mediengeographie analog: Geomediengeschichte

SVEN WERKMEISTER
Hornbostels musikalische Weltkarte.
Über zivilisierte und unzivilisierte Geographien der Musik 219

JÖRG DÖRING
Zur Geschichte der Literaturkarte (1907-2008) 247

STEFAN ZIMMERMANN
Filmgeographie – Die Welt in 24 Frames 291

PAUL REUBER/ANKE STRÜVER
Diskursive Verräumlichungen in deutschen Printmedien:
Das Beispiel Geopolitik nach 9/11 315

JAMES SCHWOCH
The Curious Life of Telstar:
Satellite Geographies from 10 July 1962 to 21 February 1963 333

WOLFGANG HAGEN
Zellular – Parasozial – Ordal.
Skizzen zu einer Medienarchäologie des Handys 359

Mediengeographie digital: Geobrowsing

LEV MANOVICH/TRISTAN THIELMANN
Geomedien: Raum als neue Medien-Plattform?
Ein Interview mit Lev Manovich 383

ERIC GORDON
The Metageography of the Internet:
Mapping from Web 1.0 to 2.0 397

ANNETTE VOWINCKEL
As in a Nutshell.
Die Schrumpfung der Welt im Flugsimulator 413

LISA PARKS
Ausgrabungen in Google Earth.
Eine Analyse der ‚Darfur-Krise' 431

JEREMY W. CRAMPTON
Die Bedeutung von Geosurveillance und Sicherheit
für eine Politik der Angst 455

STUART C. AITKEN/JAMES CRAINE
Affektive Geovisualisierung 481

ALBERT KÜMMEL-SCHNUR
Arachnefäden. Navigation als Narration 489

Mediengeographie lokal:
Global Cities, Knowledge Villages, Media Homes

SASKIA SASSEN
Reading the City in a Global Digital Age: Geographies
of Talk and the Limits of Topographic Representation 513

MIKE CRANG
home@Singapore.world:
The Spatial Imaginaries of a Mediated World 539

SCOTT MCQUIRE
Public Screens, Civic Architecture and
the Transnational Public Sphere 565

ROLF F. NOHR
Die Produktion von Orten, Ereignissen und Wohnzimmern.
Fernsehen als Topographie 587

TOM HOLERT
Geographie der Exzellenz 607

Autorinnen und Autoren 635

Personenregister 641

Jörg Döring/Tristan Thielmann

Mediengeographie: Für eine Geomedienwissenschaft

> Der Raum hat zur Zeit Konjunktur.
> (Tholen 1996: 23)
>
> Statt eines ‚Endes der Geschichte' erleben wir folglich das Ende der Geographie [...], für das der Börsenkrach ein Symptom sein könnte.
> (Virilio 1997b)
>
> Der Raum hat Konjunktur.
> (Tholen 2007: 101)

1 Einleitung

Der Raum hat immer Konjunktur: mal Hoch-, mal Tiefkonjunktur, denn Raummythen verlaufen zyklisch (vgl. Hard 2008: 280f.). Ein solcher Raummythos wird bisweilen der Medienwissenschaft zugeschrieben. Bei wiederkehrenden Anlässen – wie z.b. dem Börsencrash im Zuge der ‚Asienkrise' von 1997 – beschwört der kulturkritische Diskurs seine Überzeugung, die postmoderne Medientheorie habe schon seit längerem das „Ende der Geographie" prognostiziert: sei es Jean Baudrillard (zit. n. Smith 1997)[1], Vilém Flusser (zit. n. Werlen 1997: 218)[2], oder Paul Virilio (1997b)[3]. De facto taucht die Phrase ironischerweise allerdings häufiger bei Geographen auf, die mit dem „Ende der Geographie" die Bedrohung (der eigenen Disziplin) durch Medientechnologien (Graham 1998; Dicken 2000) bzw. die Medienwissenschaft (Smith 1997) zum Ausdruck bringen wollen.

---

1   Einen konkreten Beleg für das Baudrillard-Zitat bleibt Smith (1997) schuldig.
2   Statt vom „Ende der Geographie" zu sprechen, heißt es bei Flusser (1992: 92) jedoch lediglich: „Um die ‚hermeneutische' Qualität der Telematik begreifen zu können, müssen wir die Geographie aus dem Zentrum unseres Blickfeldes verdrängen. Es geht bei der Telematik nämlich nicht darum, alle Ereignisse auf der Erdoberfläche zu synchronisieren, indem man beispielsweise einen Einwohner Europas mit einem Einwohner in Asien Schach spielen lässt. [...] Sie kommen einander dadurch – und nur dadurch – näher, dass sie *gemeinsam* Schachspielen." Damit wendet sich Flusser allein dagegen, dass „das Schachspiel nun keine geographische Sprache" mehr sei.
3   Zur Präzisierung Virilios vgl. ausführlicher S. 21f. in diesem Band.

Abb. 1: John Hanke, Direktor von Google Earth und Google Maps, vor seinem Bürofenster in Mountain View, Kalifornien (Ratliff 2007).

Die derzeitigen Krisen, sei es die ‚Finanzkrise' oder die ‚Klimakatastrophe',[4] haben disziplinübergreifend bislang zu einem gegenteiligen Effekt geführt: zu einer Renaissance oder genauer: Remedialisierung der Geographie (vgl. Graham 2004; 2005) in Form von Mediengeographie. Hervorstechendes Beispiel hierfür sind die Internetplattformen Google Maps und Google Earth.[5] Während fiktionale Angebote wie Google Lively (ein Second-Life-Klon) eingestellt werden, erleben ‚virtuelle Globen' (Dodge et al. 2008), ‚digitale Erden'

---

4   Hierbei handelt es sich um die von der Gesellschaft für deutsche Sprache erkorenen ‚Wörter des Jahres' 2008 und 2007.

5   Neben Google ringen derzeit auch Microsoft, Loopt, Nokia und traditionelle Geoinformationsunternehmen wie ESRI oder TeleAtlas (2008 übernommen durch TomTom) um die Gunst einer wachsenden Geocommunity.

(Roush 2007; Goodchild 2008) oder ‚Geobrowser' (Peuquet/Kraak 2002), die der Realterritorialität verpflichtet sind, einen ungeahnten Boom.[6] So hat sich nach Angaben von Google die Zahl der medial annotierten georeferenzierten Orte im World Wide Web von 2007 auf 2008 binnen Jahresfrist mehr als verdreifacht (Hanke 2008), weshalb man bereits von einer Ablösung des WWW durch das WWWW bzw. Geoweb[7] sprechen kann: also einer Erweiterung der bislang mit dem Web verbundenen Frage nach dem „Wer, Was, Wann?" um das „Wer, Was, Wann und Wo?".

Historisch betrachtet hat das Auftauchen einzelner neuer Medien immer zunächst zu „Einzelmedienontologien" geführt, die sich im weiteren Verlauf durch die Synopsis mehrerer Medien und die Herausbildung einer eigenständigen Medialität zu „generellen Medienontologien" ausgeweitet haben (Leschke 2003). Genau dies kann mittlerweile auch für die Mediengeographie gelten, die sich seit der Jahrtausendwende (vgl. Thrift 2000) aus den Einzelmediengeographien der Kunstgeographie (DaCosta Kaufmann 2004[8]; Bornemeier 2006), Musikgeographie (Krims 2007; Bell/Johansson 2009), Literaturgeographie (Moretti 1999; Piatti 2008), Psychogeographie (Coverley 2006; Self 2007), Filmgeographie (Lukinbeal 1995; Bruno 2002), Fernsehgeographie (Rain/ Brooker-Gross 2004; Bollhöfer 2007), Telegeographie (Staple 1997; Tele-Geography 1992ff.), Internetgeographie (Dodge/Kitchin 2001a, 2001b; Budke et al. 2004) und zuletzt der WLAN-Geographie (Torrens 2008) formiert hat.[9]

---

6   Google Lively ist eine *3D virtual world social networking site*, die im Gegensatz zu Second Life keine zusammenhängende virtuelle Welt, sondern eine Vielzahl kleiner Räume beherbergt. Es handelt sich dabei um ein Stand-alone-Produkt von Google, das von Haus aus keine Verbindung zu Google Earth oder Maps hergestellt hat. Interessanterweise wurden aber bereits wenige Tage nach dem Lively-Launch eine Vielzahl von Google Maps Mashups erstellt, um die Lively-Räume zu lokalisieren und untereinander zu verbinden (vgl. Clarke 2008; Taylor 2008). Nach nur einem halben Jahr wurde das Internetportal Google Lively am 31.12.2008 geschlossen, vermutlich nicht zuletzt deshalb, weil Lively keinen wesentlichen Mehrwert gegenüber Google Earth besaß: „But the surprise virtual world entry is the one that arrived before Google Lively [...] and that's Google Earth itself, which is about as comprehensive a virtual world as you can imagine" (Writer 2008).

7   Eine ausführliche Bestimmung des Geowebs findet sich bei Crampton (2009).

8   Der von DaCosta Kaufmann diagnostizierte „spatial (re)turn" in der internationalen Kunstgeschichtsschreibung seit 1989 hat demnach zu einer Neubestimmung des Kunst-Ort-Verhältnisses geführt: „How is art related to, determined by, or determines – or is affected by or affects – the place in which it is made" (DaCosta Kaufmann 2004: 7).

9   Neben der ‚Mediengeographie' existiert schon seit längerem der Begriff der ‚Kommunikationsgeographie' (Abler 1974; Hillis 1998; Jansson 2007). Ähnlich wie die Differenzierung zwischen Medien- und Kommunikationswissenschaft soll die ‚Kommunikationsgeographie' hier in Tradition der ‚Kommunikationsraumfor-

Bislang vollzog sich die Etablierung der Mediengeographie allerdings nicht als „generelle Medienontologie", sondern als Teildisziplin der (Kultur-)Geographie mit einer gleichnamigen Sektion auf der *Annual Conference of American Geographers* (AAG) und seit 2007 auch mit einem eigenen Publikationsorgan (*Aether. The Journal of Media Geography*).[10] Hier fungiert ‚Mediengeographie' bislang allerdings lediglich als relativ unbestimmte Klammer für eine „geography of [...] cinema, television, the Internet, music, art, advertising, newspapers and magazines, video and animation" (http://geogdata.csun.edu/~aether/, 31.12.2008). Doch Mediengeographie kann nicht nur als Sammelbegriff für verschiedene Einzelmediengeographien verstanden werden, sondern kennzeichnet zugleich eine sich durch den *spatial turn* verändernde Medienwissenschaft, die raum- und ortsbezogene Fragestellungen wiederentdeckt (vgl. Döring/Thielmann 2008). Eine mediengeographische Forschungsagenda wäre demnach durchaus in einem disziplinär-programmatischen und nicht nur in einem allgemeinen, orts- und raumbeobachtungstheoretischen Sinne zu verstehen, wiewohl sich der Forschungsgegenstand – und dies zeichnet alle Einzelmediengeographien aus – durch eine Revaluierung des Ortes auszeichnet.

---

    schung' als Residualkategorie der Publizistik- und Kommunikationswissenschaft verstanden werden (vgl. Thielmann 2006a), deren raumbezogene Erkenntnisziele sich um eine Bestandsaufnahme der kommunikativen Infrastrukturen sowie der räumlichen und sozialen Disparitäten bemühen. Hierzu zielt die Kommunikationsgeographie/-raumforschung u.a. auch auf die geographische Verortung von Kommunikatoren und Kommunikanden, um Informationsflüsse empirisch zu erfassen (vgl. Beck 2003: 130).

10 Die Kommunikationsgeographie kann nach Auffassung von Abler (1974: 328) in Anbetracht ihrer transportwissenschaftlichen Tradition bis zu Friedrich Ratzel (1899: 169f.) zurückverfolgt werden. Nach Zimmermann (2007: 59) geht die deutsche Mediengeographie ebenfalls auf Ratzel zurück, der, bevor er Geographie lehrte, als Journalist arbeitete. Strenggenommen lassen sich mediengeographische Überlegungen sogar bis auf den Ahnherr der wissenschaftlichen Geographie Carl Ritter (1852 [1833]: 160) zurückführen, der sich schon sehr früh zur Raumwirkung der Telegrafie Gedanken gemacht hat: „Aber nicht nur die Distanzen nach unten und oben, sondern auch die Raumunterschiede nach allen Richtungen hin, werden durch [...] Fortschritte einer universellen Telegraphik umgewandelt; seien es neu erfundene Organe [...], oder wissenschaftliche Fortschritte, oder Kulturentwicklungen, wodurch die Völker sich in andere Räume verbreiten lernen [...]. Was früher nicht vorhanden schien, tritt hierdurch im Dasein hervor; was früherhin fern lag und unerreichbar, tritt nun näher in die Berührung, ja in den Bereich des täglichen Verkehrs." Daraus folgert Ritter (ebd.: 180) u.a. die Notwendigkeit zu medial veränderten kartographischen Raumbeschreibungen, „etwa durch mehrere durchsichtige, übereinander hingleitende, hin und her verschiebbare Globularscheiben".

Kern der Mediengeographie ist die ‚Wiedergeburt' des Ortes, wie dies Staple bereits 1997 für die ‚Telegeographie' formulierte: „In short, the global telecommunications network has not led to the end of geography as much as to the rebirth of place" (Staple 1997: 219). Der britische Geograph Nigel Thrift (2008c: 166) postuliert sogar das Zeitalter einer neuen „a-whereness". Thrift (2008b: 108f.) führt das methodische und theoretische Interesse an Ortsfragen dabei im Wesentlichen auf drei Entwicklungen zurück:

(1.) Die massenhafte Ausbreitung der Kartierung und Geokodierung sämtlicher Lebensbereiche (vgl. Cosgrove 2004; Abrams/Hall 2006a), angefangen vom Umweltschutz über das Gesundheits- und Transportwesen bis hin zu politischen Kampagnen – dies insbesondere mit Unterstützung durch die satellitengestützte Massenüberwachung.

(2.) Das Aufkommen Geographischer Informationssysteme (GIS) im Allgemeinen und der Geodemographie im Speziellen, die nicht nur sozial-räumliche statistische Verteilungen repräsentieren, sondern selbst einer Klassenbildung Vorschub leisten (vgl. auch Burrows/Gane 2006; vgl. *Crampton* in diesem Band).

(3.) Orte haben selbst ihren Charakter verändert. Statt einem „set of fixed points" haben wir es mit Orten als einem Netzwerk von Relationen und Verbindungen zu tun. Orte unterliegen immer mehr logistischen Modellvorstellungen (vgl. *Latour* und alle, die sich auf ihn beziehen in diesem Band). Dies wird durch die Möglichkeiten des Taggings und Trackings mit GPS (Global Positioning System), WLAN (Wireless Local Area Network), RFID (Radio Frequency Identification) etc. noch unterstützt.

Bei all diesen Entwicklungen handelt es sich im Kern um medientechnische Entwicklungen, die man unter dem Begriff der ‚Geomedien' (Thielmann 2007; vgl. auch *Manovich/Thielmann* in diesem Band) fassen kann: georeferenzierende Medien, die unseren Umgang mit Raum und Ort soziotechnisch reorganisieren. Unter Geomedien sind demnach globale Kommunikationsmedien zu verstehen, deren Nutzung und Verwendung an konkrete physische Orte gebunden ist. Hierzu zählen einerseits die wachsende Zahl der mit GPS-, WLAN- und RFID-Lokalisierungstechnologien ausgestatteten Medienhardware und andererseits das sich ausbreitende Geoweb mit seiner laienkartographischen Software. Technisch sind die durch den digitalen Medienumbruch erst kenntlich gewordenen Geomedien ortsunabhängig, ihr Content ist aber ortsabhängig.[11] Kennzeichnend für die Ortsbindung der geomedialen Kommunikation

---

11 Dies hat weitreichende epistemologische Folgen, wie *Marc Ries* (in diesem Band) anmerkt: „Form, Funktion und Inhalt fallen zusammen, werden ununterscheidbar, das, was der User sieht, ist ein Medium, das sich selber Botschaft ist. Der Empfänger simuliert also ein ‚Ich', dabei ist es er selber, der sich unentwegt ‚findet'!"

ist die Renaissance kartographischer Bildformen. Die Realtopographie bzw. das Koordinatennetz dient dabei nicht nur als Basislayer für Karten, Satellitenbilder, Luft- und Panoramafotos sowie deren Hybride, sondern immer mehr auch als Auswahl- und Steuerungsinstrument für jegliche Suchoperation (ob von Videos, Fotos, Nachrichten oder Wikis) im Internet. Das Geomedium ist von einem „absolute co-ordinate grid" abhängig (Thrift 2008c: 164; vgl. auch Siegert 2003).

Übergreifendes Ziel dieses Bandes ist es, über die skizzierte Bandbreite derzeit kurrenter Einzelmediengeographien hinaus eine historische wie aktuelle Bestandsaufnahme in Bezug auf Raummedien und Medienräume vorzunehmen.[12] Der Band gliedert sich daher in eine theoretische und drei analytische Sektionen. Während sich das Kapitel zur Geomedientheorie global mit der „Logistik der immutable mobiles" (*Latour*) und der „Logistik der Wahrnehmung" (*Virilio*) befasst und den geomedialen Status von Bildtheorien hinterfragt, werden im Abschnitt zur analogen Mediengeographie die historischen Verlaufsformen von Einzelmediengeographien – hier Literatur- und Filmgeographie – wie auch die historische Situierung der Phonographie, von Satelliten- und Mobilfunktechnolgie einer Analyse unterzogen. Die Aufsätze zur digitalen Mediengeographie firmieren unter zwei verschiedenen Kategorien: Während sich eine Sektion mit den ‚virtuellen Geographien' des Geowebs und hier inbesondere den digitalen Globen/Geobrowsern wie Google Earth auseinandersetzt, befasst sich das Schlusskapitel mit der Mediengeographie vor Ort – angefangen von den *Global Cities* (*Sassen*) über die *Knowledge Villages* (*Holert*) bis hin zu den *Media Homes* (*Nohr*), um den Wandel des kulturgeographischen und kulturwissenschaftlichen Raumverständnisses vom Ort als bewohntem Raum zum Raum als medialisiertem Ort zu beschreiben (vgl. *Crang* 2008 sowie in diesem Band).

---

12 Statt von ‚Raummedien und Medienräumen' sprechen Nick Couldry und Anna McCarthy schlicht vom „MediaSpace", um zu verdeutlichen, dass Medien und Raum sich jeweils gegenseitig bedingen, ohne dass sich das eine auf das andere reduzieren lässt: „MediaSpace is a dialectical concept, encompassing both the kinds of space created by media, and the effects that existing spatial arrangements have on media forms as they materialize in everyday life" (Couldry/McCarthy 2004: 1f.). Ähnlich skizzieren Chris Lukinbeal, James Craine und Jason Dittmer (2007: 2) ihr Konzept der ‚Mediengeographie': „Media and space are dialectical and mutually constituted so much so that it is often impossibile to separate them. [...] The goal is to position geography and media as mutually constituted; they are representational and non-representational, lived and virtual, practiced and performed, real and imagined."

2 Mediengeographie global: Geomedientheorie

> [W]e cannot transcend our ‚flat-earth' view of media as long as we rely upon private impressions at a particular time and place.
> (Marshall McLuhan 1964: 305)

Die Frage nach dem Ort, den Bedingungen von Örtlichkeit ist seit jeher zentral für die Kulturwissenschaft. Schon bei Raymond Williams (1977: 158-164) oder David Morley (1992), der für sich selbst beansprucht eine „postmodern geography of the media" (ebd.: 1) zu betreiben, sind Medien eine materiellsoziale Praktik und spielt der physisch-soziale Kontext der Medienrezeption eine entscheidende Rolle. So ist der von Williams (1961) inspirierte *cultural turn* auch ein „turn towards the meanings of place and the places of meaning, which are continually shared through communication" (Jansson 2007: 191). Auch der in der Sektion zur ‚Geomedientheorie' eingangs besonders thematische *immutable mobiles*-Ansatz Bruno Latours konzeptualisiert den Ort prioritär zum Netzwerk heterogener Aktanten (vgl. Hetherington 1997: 188; vgl. auch Law/Hetherington 2000). Dies unterscheidet das Konzept der *immutable mobiles*, der „unveränderlichen mobilen Elemente" damit von der Akteur-Netzwerk-Theorie (zumindest nach Hetherington 1997), welche die von Menschen getroffene Unterscheidung von Ort und Raum destabilisiert und sich auf Agencies als Ausbreitungsform fokussiert. Das *immutable mobiles*-Konzept könnte sich demnach als theoretische Unterfütterung des Phänomenbereichs ‚Mediengeographie' erweisen, von der die Medienwissenschaft wie die Geographie gleichermaßen profitieren. Ob und wie dies gelingen kann, werden in diesem Band gleich mehrere Autoren aufzeigen.

Bruno Latours *immutable mobile*-Ansatz wird nicht nur im Beitrag von *Erhard Schüttpelz*, sondern auch bei *Sven Werkmeister* und *Albert Kümmel-Schnur* als Grundlage der Analyse herangezogen. Das Konzept erweist sich insofern als interessante Untersuchungsmethodik für die Herausbildung ‚großer technischer Systeme' (Hughes 1983; 1998) im Allgemeinen wie medientechnologischer Innovationen im Besonderen, weil es die Aufmerksamkeit auf die Bewegung, Zirkulation, Distribution quer durch soziale und technische Systeme (quer durch Menschen, Nicht-Menschen, Organisationen, Territorien etc.) ermöglicht. Dadurch ist ein Modell geschaffen, Mediengeschichte über analoge/digitale, physische/virtuelle Medien/Geographien hinweg zu beschreiben,[13]

---

13 „Die medientheoretische Unschärfe der Form-Inhalt-Differenz erlaubt einen medienwissenschaftlichen Erkenntnisgewinn, der insbesondere bei der Betrachtung digitaler Medien hervortritt. Latours Übersetzungsmodell ist in der Lage, den

denn sozio-technische Innovationen gehorchen bei *Latour* (in diesem Band) allein der Maxime: „Alles, was entweder die Mobilität oder die Stabilität oder die Kombinierbarkeit der Elemente steigern könnte, wird favorisiert und ausgewählt, sofern es den Akkumulationskreislauf beschleunigt." Folgt man dieser Argumentation, erwächst der Selektionsdruck, der so etwas wie (digitale) Geomedien hervorbringt, demnach aus dem infrastrukturellen Aspekt der beschleunigten Mobilisierung und ubiquitären Verbreitung von (Computer-,) Kommunikations- und Lokalisierungstechnologien sowie aus dem stabilen Formcharakter der (digitalen) Kartographie als Plattform/Raster/Netz für die Bereitstellung und Vermittlung unterschiedlicher Medieninhalte (vgl. Thielmann 2008).

Was die historische Darstellung anbelangt, die *Erhard Schüttpelz* in seinem Beitrag ausführlich würdigt, bezieht Bruno Latour seine Vorstellung „unveränderlicher mobiler Elemente" (zumindest in seinem Aufsatz „Drawing Things Together") auf die Erfindung des Buchdrucks und der „optischen Konsistenz" (Latour 2006: 267ff.), aus der sich eine geometrische „Formkonstanz über Transformationen hinweg" (*Schüttpelz* in diesem Band) ergibt. Wie *Schüttpelz* in seinem Beitrag argumentiert, greifen aber Latours Ausführungen zur optischen Konsistenz (mit Hilfe von Ivins oder am Beispiel der Camera Obscura) zu kurz und treffen nicht den Kern des *immutable mobiles* Konzepts – zumindest was den Zeitraum von 1500 bis 1750 anbelangt. Denn in der damaligen Elitekultur zielten die Praktiken insbesondere auf eine „*standesgemäße Inkorporation*" geometrischer Proportionen und Projektionen denn auf eine „Mobilisierung geometrischer *Inskriptionen*", weshalb es fragwürdig erscheint, „den Raum der damaligen ‚optischen Konsistenz' als einen Raum allumfassender geometrischer Erfassung zu kennzeichnen" (*Schüttpelz* in diesem Band). Dies versteht sich als eine deutliche Kritik an einer Ausweitung des *immutable mobiles*-Konzeptes auf eine (Medien-)Geschichtsschreibung vor dem späten 18. Jahrhundert, wie sie von Bernhard Siegert betrieben wird. Siegerts Versuch (2008), mit Hilfe von Latours Begrifflichkeit der *immutable mobiles* eine „systematische wie historische Beziehung zwischen dem Grundraster in der Zentralperspektive und dem Raster aus Breiten- und Längengraden in der Ptolemäischen bzw. Mercatorschen Kartenprojektion" herzustellen, scheint daher problematisch, wiewohl seine Beschreibung des *velos* (einem Schleier mit eingewebtem Gitternetz, der zur perspektivischen Darstellung diente) als *immutable mobile* im lokalsituierten Kontext schlüssig sein mag. Dass aufgrund der „Kurzschließung des ptolemäischen Rasters und des *velo*" durch Alberti seit dem 15. Jahrhundert „Daten Geschicke ihrer Adressen" sind (Siegert 2008), müsste zu einer noch

---

Datenwandel Analog-Digital/Digital-Analog *und* den Formenwandel als Teil einer Operationskette zu beschreiben" (Thielmann 2008: 206).

weitreichenderen Rückdatierung des Anbeginns der Mediengeographie führen, wenn Edgertons These (2002 [1975]) über den Ursprung der Zentralperspektive aus der dritten ptolemäischen Projektionsmethode nicht später revidiert worden wäre und nachweisbaren wie auch offenbar praktischen Grundlagen entbehren würde (vgl. Elkins 1994; Talbot 2003).[14] So bemerkt auch *Schüttpelz* in seinem Beitrag, „dass die Anwendung der Linearperspektive in der Bildenden Kunst nie dazu geführt hat, dass der abgebildete Raum tatsächlich auf die ‚Unwandelbarkeit' einer isometrischen Abbildung reduziert wurde". Zudem widerspricht es der von Latour konturierten Mediengeschichtsschreibung als Komposit von ‚Gebrauchsgeschichte' und ‚Innovationsgeschichte' (vgl. auch Thielmann 2008). Aufgrund ihrer anderen sozio-technischen Verortung lassen sich die Kulturtechniken zwischen 1500 und 1750 demnach nicht mit der gleichen Effizienz als *immutable mobiles* verrechnen wie danach. *Schüttpelz* lässt in seinem Beitrag allerdings unberücksichtigt, dass neben der Linearperspektive (über die Latour nur indirekt über Ivins und Edgerton referiert) insbesondere auch die „homogene Sprache (Längengrad und Breitengrad, Geometrie)" der geographischen wie auch der geologischen Karte „optische Konsistenz" erzeugt (Latour 2006: 267, 278; vgl. auch Rudwick 1976). Die Karte ist bei Latour *das* Paradigma eines „unveränderlich mobilen Elements". *Latour* entwickelt seine „Logistik der *immutable mobiles*" aus einer originär kartographischen und damit a-perspektivischen (und nicht einer linearperspektivischen) Fragestellung.[15] Dies wird zumindest dann deutlich, wenn man Latours Buch *Science in Action* (1987) hinzuzieht, das als der zentrale Referenztext für die „unveränderlichen mobilen Elemente" gelten kann.[16] Die entsprechende Passage erscheint daher hier in einer deutschen Erstübersetzung, um zu verdeutlichen, dass Latours *immutable mobiles*-Konzept in erster Linie aus der Entstehungsgeschichte der Geographie als wissenschaftlicher Disziplin entnommen wurde. Konkret geht

---

14 Die Transformationsschritte vom Ding zum Zeichen sind bei Siegert nicht detailliert rekonstruiert und historisch wohl auch nicht mehr rekonstruierbar. Auch wenn das *velo* als Medium der perspektivischen Darstellung nachweislich (nur) bei Dürer zum Einsatz gekommen ist (vgl. Elkins 1994: 52), fehlen Protokolle, um den gesamten Prozess als mediale „Übersetzungskette" im Sinne von Latour (1996: 191-248) oder Schüttpelz (2006) zu skizzieren.

15 Auf diese Differenzierung macht auch Buci-Glucksmann (1997: 40) aufmerksam.

16 Nach Latours (2007: 387) eigenen Angaben hat er in *Science in Action* (1987) das Konzept der *immutable mobiles* eingeführt. Dass er bereits zuvor den Ausdruck (auf Französisch: *mobiles immuables*) in seinen Aufsätzen „Visualization and Cognition: Thinking with Eyes" (1986) und „Les ‚vues' de l'esprit. Une introduction à l'anthropologie des sciences et des techniques" (1985), die auf einem 1983 gehaltenen Vortrag an der Ecole des Mines basieren, ausführlich erörtert hat, findet von Latour hier (nicht ohne Grund) keine Erwähnung mehr.

es um den „Übergang von der Ethnografie zur Geografie" und die Frage, wie „die *implizite* Geografie der Eingeborenen [...] von den Geografen *explizit* gemacht [wird]; das *lokale* Wissen der Wilden [...] das *universelle* Wissen der Kartografen [wird]" (*Latour* in diesem Band). Im Mittelpunkt stehen dabei der medientechnische Einsatz der mobilen Kartographie und die Konsequenzen für die Wissensakkumulation, die daraus resultieren, dargelegt am Beispiel des französischen Geographen und Seefahrers Jean-François de Galaup de La Pérouse.

La Pérouse spielt in der Kartographiegeschichte keine besondere Rolle. Seine Expedition dient im Standardwerk *The History of Cartography* lediglich als früher Beleg dafür, dass unter den Eingeborenen im arktischen und subarktischen Eurasien ausgeprägte ‚laienkartographische' Fähigkeiten vorhanden waren (Okladnikova 1998: 338). Die Bedeutung von La Pérouse ist eine dezidiert medienwissenschaftliche bzw. wissenschaftstheoretische und wurde erst in der Lesart Latours für die Emblematik wissenschaftlicher Theoriebildung entdeckt (vgl. Turnbull 2000: 92ff.). Dies ist nicht nur dem Umstand zu verdanken, dass uns umfangreiche Protokolle (Reiseberichte, Briefwechsel, Karten) seiner Expeditionen vorliegen, die uns erlauben, Aussagen über ethnographische Medialisierungsprozesse gegen Ende des 18. Jahrhundert treffen zu können. Auch handelt es sich bei seinen Reiseberichten eher um wissenschaftliche Dokumentationen denn, wie für die damalige Zeit üblich, literarische Berichte (vgl. Dunmore 1995: 571f.). Überliefert sind sie deshalb, weil er seine Protokolle regelmäßig versandte und nicht mit sich führte, als sein Schiff 1788 unterging. La Pérouse stand also vor einer transporttechnischen Problemstellung, die zugleich ein medientechnisches (wissensakkumulatorisches) Problem darstellte:

> Wie bringt man Dinge an einen Ort zurück, damit sie jemand zum ersten Mal sehen kann, so dass dann andere erneut ausgesendet werden können, um andere Dinge zurückzubringen? Wie kann man mit Dingen, Leuten und Ereignissen vertraut sein, die *weit entfernt* sind? (*Latour* in diesem Band)

Hierzu kann jede Steigerung einer „Formkonstanz über Transformationen hinweg" (*Schüttpelz*) Organisationen helfen, Kontrolle über die Raumdistanzen hinweg auszuüben. Diese ‚Macht' konnte nur mit den *Tracern* (Abtaststiften zur Digitalisierung von Karten) bzw. Satelliten jener Zeit gewonnen werden: mit Schiffen. Die Verbindung zu Praktiken digitaler Kartographie ist hier von Latour ganz bewusst gewählt und macht die „unveränderlichen mobilen Elemente" für die Mediengeographie interessant. Es gibt aber noch zwei weitere Gründe, die das Konzept der *immutable mobiles* als Grundlage der mediengeographischen Analyse fruchtbar machen:

(1.) Ein großer Teil der Geomedien – also Medien, bei denen räumliche Koordinaten und/oder physische Lokalisierung notwendige Bedingungen ihres Funktionierens darstellen, wie z.b. Geographische Informationssysteme (GIS) – kommen originär aus dem Wissenschaftssystem und sind somit prädestiniert zur Darstellung ‚wissensgenerierender' Akkumulationskreisläufe wie sie *Latour* schildert.

(2.) Die Beobachtung der Interdependenzen von Medien und Räumen – dass, was man als Mediengeographie bezeichnen kann – steht methodisch vor folgendem Problem: Entweder hält man ‚den Raum' konstant um ‚die Medien' zu beobachten (wie in der Medienwissenschaft) oder man beobachtet ‚den Raum' und betrachtet dabei den Einfluss ‚der Medien' als Konstante (wie in der Geographie). Beides – so unsere These – ist nicht länger adäquat und kann dem Untersuchungsgegenstand nicht gerecht werden. Die dritte Option ist die Identifizierung von Elementen/Strukturen, die sowohl für Medien als auch für Raum, sowohl für Menschen als auch für Nicht-Menschen unveränderlich sind, um anhand derer – einfach dem Akteur folgend – die Transformationskette der Inskriptionen zu skizzieren. Nimmt man diese Beobachtung ernst, so muss man feststellen, dass die Stärke des *immutable mobiles*-Konzept nicht bei allen medientechnischen Erzeugnissen zum Tragen kommt. Bestimmte Medien werden hier eindeutig präferiert (vgl. auch Thielmann 2008), die sich unter dem Begriff ‚Geomedien' zusammenfassen lassen können. Denn die *immutable mobiles*, die *Latour* (in diesem Band) an konkreten Beispielen des Mediatoren-/Medieneinsatzes in Kartographie, Ethnologie, Geologie, Architektur und Statistik ausführt, gehören alle zu Gegenstandsbereichen und Untersuchungsfeldern, die die ‚Bodenhaftung' nicht verlieren dürfen und deren Schnittmenge das darstellt, was man als Mediengeographie bezeichnen könnte.

Wie auch *Schüttpelz* (in diesem Band) anklingen lässt, stellt das späte 18. Jahrhundert einen Wendepunkt in der Geschichte der Wissenschaften von der Erde dar. Konkret lässt sich dies mit *Virilio* am Umbruch in der Bestimmung des „Form-Bildes des Globus" durch Jean Baptiste Delambre und Pierre Méchain festmachen, die 1789 zur ‚Geburtsstunde' der Metrologie (der Lehre von den Maßen und Gewichten sowie den Maßsystemen) führte, und zwar durch die Festlegung des Urmeters als des vierzigmillionsten Teils des longitudinalen Erdumfangs. Dies markiert zugleich den Anbeginn der analogen Mediengeographie. Seither haben wir es mit einer Komplementariät zwischen kartographischen/navigatorischen/geodätischen Instrumenten und technischen Kommunikationsmitteln zu tun:

> Ohne diese Maschinerie zur Beförderung von Personen und Übertragung von Daten und Botschaften – diesem im Wesentlichen aus einem statischen Vehikel für das Vordringen bzw. die mehr oder minder einfache Fortbewegung (Straße, Brücke, Tunnel usw.) und einem

dynamischen Vehikel für relativ weite Reisen (Schiff, verschiedene Reittiere usw.) bestehenden *Vehikelkomplex* – wäre keine dem geodätischen Ehrgeiz dieser Weltvermesser angemessene ‚Aufnahme' des Geländes bzw. direkte Messung möglich gewesen. (*Virilio* in diesem Band)

Es verwundert daher nicht, dass auch *Bruno Latour* in seiner „Logistik der *immutable mobiles*" eine rhetorische Figur wählt, die Virilios ‚Komplex aus dynamischen und statischen Vehikeln' durchaus ähnlich ist. Latour bezieht sich bei der Entstehung der „unveränderlichen mobilen Elemente" allerdings nicht auf die Geodäsie, sondern auf die Bedeutung mobiler analoger Karten für die westliche Wissenschaft seit dem Ende des 18. Jahrhunderts. Diese ‚Ereignisse' markieren die wesentlichen Einschnitte für eine medienwissenschaftliche Perspektive auf die analoge Mediengeographie. Für die geographische Perspektive spielt – das sei hier nur nebenbei bemerkt – die Verbreitung von Karten in (Massen-)Medien eine wichtige Rolle, die seit den 1730er Jahren in Zeitschriften wie *Gentleman's Magazine* oder später *Universal Magazine* einsetzt (vgl. Dillon 2007: 320). Was *Latour* und *Virilio* verbindet: Beide skizzieren den Zusammenhang zwischen der Aussendung von Vehikeln, Instrumenten, Tracern und deren notwendiger Rückkehr, wodurch es „Rechen(schafts)zentren"[17] ermöglicht wird, die Peripherie zu beherrschen. Eine Strategie im Übrigen, die derzeit auch Open-Software-basierten Initiativen wie *OpenStreetMap* zum Erfolg verhilft, da diese bislang kostenfreie Internetkarten-Plattform auf der Sammlung von Spuren (Daten) beruht, die per Fahrrad – und nicht, wie bei den kommerziellen Anbietern TeleAtals oder Navteq, per Automobil – gewonnen werden. Dadurch können auch kleinere Wege abgefahren und deren Koordinaten erfasst werden, was die Präzision des Kartenmaterials erhöht (vgl. Dworschak 2008).

> Der Anthropozentrismus ist somit auf die eine oder andere Weise im Spiel und der scheinbar harmlose Begriff der geografischen Länge ist nicht völlig objektiv, da der Beobachter bei dessen Definition zwangsläufig eine Rolle spielt [...]. *Messen heißt also verstellen [déplacer]*, nicht nur seine eigene Position verschieben [déplacer], um die Vermessung durchzuführen, sondern auch ein Territorium in seine Darstellung umsetzen [déplacer], seine geometrische oder kartografische Reduktion; seine morphologische Realität in eine geodätische Form deportieren, die nur relativen und augenblicklichen Wert besitzt. (*Virilio* in diesem Band)

---

17 „Centres of calculation" (Latour 1987) in der Übersetzung von Richard Rottenburg (2002).

Wie *Virilio* anhand von Richardsons Messung der approximativen Küstenlänge Britanniens zeigt, besitzt die Wirklichkeitskonstruktion der Geodäsie immer nur einen relativen und augenblicklichen Wert, ist ganz auf das anthropozentrische Maß reduziert: Satellitenbilder, dies verdankt sich der Einsicht Virilios, haben keinen anderen Status als andere Fernsehbilder.

Wenn Virilio (1997b) vom „Ende der Geographie" spricht, so taucht diese häufig zitierte These – das wird selten berücksichtigt – im Kontext der Satellitentechnologie auf, und zwar insbesondere der Erdbeobachtungssatelliten, die zu einem „Verlust der Horizontlinie", zu geographischen A-Perspektiven und damit zu einer „metageophysikalischen Realität" führen. Virilio (1997b) nimmt durch seine „Metageophysik" damit die später im Zuge der Diskussion um Google Earth auftauchende „Metageographie" (*Gordon* in diesem Band) gleichsam vorweg, und dies nicht erst in den 1990er Jahren, sondern bereits in seinem Aufsatz „Die morphologische Irruption", der aus diesem Anlass hier erstmals auf Deutsch übersetzt wird.[18] Bei der Re-Lektüre Virilios lässt sich feststellen, dass sich die Veränderung der Raumerfahrung durch immer schnellere Geschwindigkeit bzw. Beschleunigung der Infomationsübertragung durchaus unterschiedlich entwickelt. Die physisch-reale Landschafts-/Raumwahrnehmung am Fenster eines Automobils oder Hochgeschwindigkeitszuges hat einen anderen ontologischen Status als das virtuelle Bild, produziert durch einen Erdbeobachtungssatelliten. Die Komplexität von Virilios Argumentation wird allerdings – zumindest was die These vom „Verschwinden des Raumes"[19] betrifft – oft auf (Medien-)Technologie allgemein reduziert. In neueren Publikationen scheint sich dies allerdings zu ändern. Das ‚Verschwinden des Raumes' erscheint hier als Folge der Desorientierung durch den orbitalen Blick (Carlson/Corliss 2007: 168; vgl. auch *Miggelbrink* in diesem Band) und geht einher mit einem Bedeutungsaufschwung der n- und a-dimensionalen Projektion. Virilios Bewegung weg von der Topologie hin zur Dromologie ist nicht

---

18 Virilios Aufsatz hat daher bislang lediglich Einfluss auf die medienwissenschaftliche Lesart von GPS im französischsprachigen Raum genommen (vgl. Sciboz 2006).

19 Das vielzitierte „Verschwinden des Raums" (Virilio zit. n. Schlögel 2004: 268) ist bei genauerer Betrachtung ein „Verschwinden des Widerstandes der geographischen Beschaffenheit einer Nation" (Virilio 1994). Und auch Bei Alexander C.T. Geppert et al. (2005: 17) verschwindet die statuarische Formel, liest man das angeblich zitierte „Dritte Intervall" (Virilio 1990: 348). Wenn sich etwas auflöst, dann sind dies in erster Linie politische Räume: „Die Berliner Mauer ist gefallen. Die Aufhebung der deutschen Teilung folgt daraus ... Die Grenzen innerhalb Westeuropas werden 1993 fallen. Was ist also noch aufzuheben, wenn nicht dringend abzuschaffen, wenn nicht Raum und Zeit?" (Virilio 1990: 345). Das „Verschwinden des Raumes" in genere ist damit wahrhaft „das heimliche Telos der telematischen Zivilisation" (Tholen 1996: 24).

etwa ein Umbruch, „leaving maps and geography as things of the past" (Redhead 2004: 63). Im Gegenteil: Alle dromologischen Medien (Flugzeug, Fotomosaik, Kino etc.) dienen gerade der Erdbeobachtung, kartographischen Erfassung und Lokalisierung (vgl. Virilio 1999: 26).

Der in diesem Band veröffentlichte Aufsatz sagt mehr über Virilios „litorale Mentalität" (Readhead 2004: 55), die grundlegend für sein ganzes Denken ist, als alle seine späteren Texte. Dies hat auch damit zu tun, dass Virilio den geomorphologisch geerdeten Begriff des ‚Form-Bildes', das der Kartographie (dargelegt am Beispiel der Darstellung der Küstenlinien) und dem Satellitenblick entspringt, in der breit rezipierten Essay-Sammlung *Der negative Horizont* schlicht durch ‚Bild' ersetzt, weshalb u.a. eine Passage in „Die Dromoskopie" (Virilio 1984b: 163f.; Virilio 1989b: 153f.), die er aus „Die morphologische Irruption" (Virilio 1984a: 75f.) entnommen hat, in einem missverständlichen Zusammenhang erscheint.[20] So verwundert es nicht, dass in seinen späteren Schriften, die nicht mehr den Zusammenhang zur Satellitentechnologie bzw. zur Kartographiegeschichte herstellen, mit Virilios Teletopologie die „Abschaffung des Bildes" und der „strategische Wert des Nicht-Ortes" verbunden werden (Tholen 2002: 108; Virilio 1989a: 79). Dabei wird übersehen, dass die „Bodenlosigkeit und Gegenstandsferne, die Virilio von der Telegraphie über die Photographie bis zur Kinematographie materialreich beschrieben hat" (Tholen 2002: 109) gerade als Kritik an der Medientheorie zu verstehen ist. „Mit der prompten Allgegenwart der Teletopologie, der unmittelbaren Konfrontation aller lichtbrechenden Flächen und der visuellen Verbindung aller Orte, geht die lange Irrfahrt des Blickes zu Ende" (Virilio 1989a: 79) und hat – von heute aus betrachtet – eine neue ‚Heimat' gefunden: den Geobrowser. Aufgrund der „Krise des realen Raumes" (Virilio 1997a: 62) und der daraus entstandenen virtuellen Räume fordert Virilio schon früh eine neue mediale Dimensionalität der Wahrnehmung: „Wäre es nicht angebracht, angesichts des heutigen Verfalls einer in eine abstrakte Wissenschaft des Raumes verwandelten Geographie [...] so schnell wie möglich nach dem Sinn und der kulturellen Bedeutung der geophysikalischen Dimensionen zu fragen?" (Virilio 1996: 86). Seine Antwort liegt in der Erfindung einer „Plattform" (Morisch 2002: 171), „eines Schauplatzes, einer ‚Bühne', auf der die Leistung der extremen Geschwindigkeit vollbracht werden kann" (Virilio 1996: 87).

Die Konzeption der ‚Träger-Oberflächen' – die allem Rauminhalt verleihen, was offensichtlich kein Volumen hat, und umgekehrt bzw. zur gleichen Zeit alles entdimensionieren, was sich entfernt –, dieses neue

---

20 Virilios Form-Bild-Begriff taucht in seinen späteren Schriften nicht mehr auf und findet auch in der einschlägigen Sekundärliteratur keine Erwähnung (vgl. u.a. Redhead 2004; James 2007).

Konzept scheint eine Vielzahl von Begriffen zu ersetzen, die früher die physikalischen Eigenschaften des Raums (Begrenzung, Dimension usw.) bezeichneten. Künftig ersetzt es vielleicht sogar die Raumzeit selbst. (*Virilio* in diesem Band)

Aus dem Bildbegriff Bachelards (1975) entwickelte *Virilio* bereits 1984 das Layer-Konzept, das Google Earth zum Erfolg verholfen hat (vgl. auch *Manovich/Thielmann* in diesem Band). Gleichwohl hat er sich in einem getäuscht: Die Frage der „Instrumentalisierung des Raums" richtete Virilio (1996: 87) noch an die Geographie, wiewohl diese mit ihren damaligen GISystemen nicht in der Lage war, darauf einzugehen. Erst jetzt kann mit Google Earth und anderen Geomedien die von Virilio aufgeworfene Frage nach der „kulturellen Bedeutung der geophysikalischen Dimensionen" (ebd.: 86) beantwortet werden: Es gibt auch eine „Verschmutzung der geographischen Ausdehnung" (ebd.: 87) auf der Basis georeferenzierender und geodeterminierender Medientechnologien.

Betrachtet *Paul Virilio*, der gelernte Kartograph,[21] in Erörterung der ‚Auflösung' von Dimensionen vor allem die Abbildung von Mehrdimensionalität in der Fläche, lenkt *Jens Schröter* in seinem Beitrag den binokularen Blick auf das ‚transplane Bild', das sich als Kontinuum zwischen Fläche und Raum konturiert. Während *Virilio* das Satellitenbild mit dem Fernsehbild vergleicht und so mit diesem Medium die gleiche voyeuristische Unterhaltungsdimension verbindet, verweist *Schröter* auf die ‚aufklärende' Dimension stereoskopischer Luft- und Satellitenfotografie. Gerade durch Geomedien, so *Schröter*, könnte das ‚transplane Bild' eine Renaissance erleben. Und in der Tat zeigen sich durch die StreetView-Aufnahmen oder SketchUp-Gebäude in Google Earth sowie die Pictometry-Schrägaufnahmen in Microsoft Live Search Maps und Virtual Earth immer mehr Hybridformen von 2D- und 3D-Bildern in Geobrowsern (vgl. auch Hardey 2007; *Manovich/Thielmann* in diesem Band).

Einen anderen, aber durchaus vergleichbaren Weg zur Bestimmung der Medialität von Geomedien beschreitet *Judith Miggelbrink*. Auch in ihrem Beitrag wird ‚Geomedialität' im Bildbegriff selbst verortet. So vertritt *Miggelbrink* die These, dass Bildlichkeit per se die Fähigkeiten besitzt, „Anwesenheiten latent zu halten". Kennzeichnend für die Virtualisierung sind demnach „Verortungsprozesse, in deren Verlauf Muster vorläufiger Anwesenheit erzeugt, erhalten, verbreitet, befragt, verworfen oder erweitert werden" (Faßler 2002: 59). Der ‚Erdraum' sei als Ordnungs- und Strukturprinzip, wenn auch unterschwellig, integraler Bestandteil des Visuellen. D.h. wir haben es nicht nur mit einem neuen Phä-

---

21 Virilio hat seinen Militärdienst als Kartograph in Freiburg im Breisgau sowie im Algerienkrieg abgeleistet (vgl. Armitage 1999: 31f.)

nomenbereich zu tun, sondern damit einhergehend auch mit einer *Neu*bewertung des Medienbegriffs, was an sich bereits als Indiz für den weitreichenden Einfluss der Geomedien gelten kann. Visiotype sind immer auch ‚Geovisiotype' (*Miggelbrink* in diesem Band); Kommunikationssatelliten dienen immer auch der Erdbeobachtung, Lokalisierung und Überwachung (*Schwoch* und *Crampton* in diesem Band); wer mobil telefoniert, bedarf keiner Lokalisierung mehr, sondern ist immer schon lokalisiert (*Hagen* in diesem Band); ja Medien an sich sind ‚plötzlich' schon immer räumlich determiniert (Krämer 2008), schon immer Geomedien gewesen. So wird die Frage „Was ist ein Medium?" heute zusehends mit einer anderen Prononcierung beantwortet: Medien der Messung,[22] der Adressierbarkeit (Siegert 2003; 2008), der Orientierung (*Ries* in diesem Band), der Spur und der Entfernung[23] (nicht mehr der Raum-Zeit-Überwindung!). Medien werden als Praktiken, die sich in erster Linie räumlicher Strategien bedienen (wieder-) entdeckt (vgl. Hayles 2008): „Media are practices that use strategies of spatialization to enable one to manipulate the order of things that progress in time" (Krämer 2006: 106). Hiermit wird zaghaft einem Geodeterminismus Vorschub geleistet, den sich bislang niemand traute, als solchen zu benennen. Nach ‚Intermedialität' und der durch die fortschreitende medientechnische Beschleunigung postulierten ‚Hypermedialität'[24] haben wir es offenkundig zusehends mit einer ‚Geomedialität' zu tun.

Unter Verwendung eines Intermedialitäts-Begriffs, der die allgemeine Verschmelzung von Medien thematisiert (vgl. Wolf 2001), handelt es sich sozusagen um eine Engführung des Intermedialitäts-Begriffs, um das Zusammenspiel, die ästhetische Kopplung folgender distinkter Medien: den seit den 1960er Jahren bestehenden Geographischen Informationssystemen (GIS) und Ortungssystemen (GPS etc.) sowie den Unterhaltungs- und Kommunikationsmedien. Unter Verwendung des prononcierten Intermedialitäts-Begriffs, wie er von Joachim Paech geprägt wurde, müsste man konstatieren: Mit dem Geomedialitäts-Begriff verschiebt sich die bei der Intermedialität vor allem thema-

---

22 „Der Messvorgang (und damit die Messinstrumente) erdet selbst noch die Quantenphysik in technologischen Medien." (Ernst 2008: 182)

23 „Indem Medien als Mitte und Mittler agieren, bildet die Entfernung – verstanden als raum-zeitliche Distanz wie auch als qualitative Differenz – das Ausgangsphänomen. Ohne Differentialität keine Medialität. Diese Entfernung und/oder Differenz wird durch Medien nicht annulliert, wohl aber überbrückt und damit handhabbar gemacht." (Krämer 2008: 84)

24 „Das Konzept der Hypermedialität ist [...] unter den postindustriellen Anordnungsbedingungen der globalisierten Gegenwart nach Rosa als ‚beschleunigte Beschleunigung' aller gesellschaftlichen und kulturellen Prozesse zu verstehen." (Kramer 2008: 95, bezugnehmend auf Hartmut Rosa 2005)

tische literarisch-textuelle Bedeutungskonstitution auf den transformativen Austausch mit Zeichensystemen der Kartographie und Navigation. Während Intermedialität die „Differenz-Form" des Dazwischen ist (Paech 1998: 22f.), die sich an einem virtuellen Ort ereignet (Siebert 2002: 154), bezeichnet Geomedialität nicht nur das „Form-Bild des Globus", sondern eine „Teletopologie der Formen-Bilder", die im Grenzbereich von Teleologie und Topologie existiert (*Virilio* in diesem Band) – ein „Leben in der Geometrie, heimgesucht von der Topologie" (*Ries* in diesem Band). Ries führt diese Verschiebung auf die Aufhebung von Aufzeichnungs- und Übertragungsmedien in Medien des Tausches, der Teilnahme und Orientierung zurück: „Das Woanders*sein* hat sich zu einem Woanders*werden* verschoben, die Frage nach dem ‚Wer bin ich?' weicht der Frage nach dem ‚Wo bin ich?', ‚Wohin-kann-ich-werden?'". Virilio ist vermutlich einer der ersten, der dieses postheideggerianische „displacement, or dislodging, of *Dasein*" (Degener 2008: 3) beobachtete. Nur hat dies in der Virilio-Rezeption bislang keine angemessene Würdigung erfahren.

Wie Latour (2007: 387) anmerkt, wurde der Ausdruck der „unveränderlichen mobilen Elemente" nicht eingeführt „um eine Ortsveränderung ohne Transformation zu beschreiben, sondern Ortsveränderungen *durch* Transformation" [„to describe not displacement *without* transformation but displacement *through* transformation" (Latour 2005: 223)']. Dem würde sich Virilio sicherlich weitestgehend anschließen können, wenn er dieses rhetorische Paradoxon nicht schon viel früher für die Mediengeschichtsschreibung nutzbar gemacht hätte. Beide, Latour wie Virilio, entwickeln ihre technikevolutionäre Figur der Formkonstanz über Standortveränderungen hinweg aus einer originär geographischen/kartographischen Fragestellung des ausgehenden 18. Jahrhunderts. Nur während die *immutable mobiles* die Techniksoziologie und Medientheorie heute mehr denn je zu prägen scheinen, ist von Virilios *Form-Bild* keine Rede mehr. Auch Virilio spricht wie Latour vom ‚displacement', nur dass in den deutsch- und englischsprachigen Übersetzungen ‚déplacement' häufig zur ‚Bewegung' mutierte,[25] was Virilios scheinbar ortlose Medientheorie bis heute prägt (vgl. u.a. Maresch/Werber 2002: 7). Obgleich neuere Interpretationen, die sich vor allem auf Virilios frühe Arbeiten beziehen, ein differenzierteres Raumverständnis nachzeichnen, das nicht mehr viel mit dem krisenhaft auftauchenden „Ende der Geographie" zu tun hat.

---

25 In neueren englischsprachigen Übersetzungen wird daher, auch wenn sie zwischen ‚movement' und ‚displacement' changieren, immer auch auf das französische ‚déplacement' verwiesen, um den „restricted sence of ‚displacement'" zum Vorschein kommen zu lassen (Virilio 2008: 196). In dem hier vorgelegten Beitrag *Virilios* wird ‚déplacement' als Orts-, Standort-, Lageveränderung oder Verschiebung wiedergegeben; in den Foucault-Übersetzungen ist auch von ‚Deplatzierung' die Rede.

> So verbindet Virilio die Ära der metabolischen Geschwindigkeit mit einem *geographischen* und *lokalen* Begriff von Raum und Zeit. Die Individualität eines bestimmten Raumes und die körperliche Präsenz von Menschen in diesem Raum sind hierbei konstitutiv: Jeder Ort, jede Lokalität verfügt über eine eigene Raum-Zeitlichkeit, die nur für die in diesem Raum körperlich anwesenden Menschen existiert. Es handelt sich hierbei um einen stark sinnlichen, das heißt substanziellen und stofflich orientierten Begriff von Raum und Zeit, für den Ausdehnung, Volumen, Schwerkraft und Gewicht wesentliche Merkmale sind. Für Virilio verbindet Raum nicht, sondern grenzt, schließt und trennt ab: Raum besteht aus Orten, die unverwechselbar mit dem jeweiligen ‚hic et nunc' verbunden sind. (Lagaay 2004: 154)

An einem Punkt ist *Virilio*s „Teletopologie der Formen-Bilder" *Latour*s techniksoziologischer Betrachtung sogar einen Schritt voraus: wenn es um die Standardisierung von ‚Inskriptionen' geht. Wie *Schüttpelz* zum Ende seines Beitrags feststellt, muss der Erkenntnisgewinn der medialen *immutable mobiles* daran gemessen werden, inwiefern sie in der Lage sind, die Entstehung von Standardisierungen zu plausibilisieren. Hier argumentiert *Schüttpelz*, ganz Medienethnologe, vor dem Hintergrund des ersten europäischen Globalisierungsschubs: „[E]rst eine durch Welthandel und Weltreisen erzwungene Standardisierung von Längen- und Breitengraden schaff[t] den späten Durchbruch der kartographischen Projekte, die aus bestimmten Karten tatsächlich *immutable mobiles* werden lassen" (vgl. auch Turnbull 2000: 89ff.). *Virilio* hingegen macht allein geoinformationstechnische Gründe für Standardisierungen verantwortlich. Auch wenn man eine solche immanente Medienentwicklung ablehnen mag, so bleibt es doch *Virilio*s Verdienst, eine medienspezifische Standardisierungsdifferenzierung zur Diskussion gestellt zu haben, die für den Medienumbruch analog/digital nutzbar gemacht werden kann.

Virilio unterscheidet zwischen zwei Formen der Standardisierung: Primärnormale und Transfernormale. Während die Primärnormale auf der Grundlage der Lage-/Standortveränderung des Geometers (des Geodäten) ermittelt wurden, sind die Transfernormale Ergebnis des messenden Lichts (Radar) von Erdbeobachtungssatelliten. Der Wechsel

> von den ‚Primärnormalen' zu den ‚Transfernormalen', dieser Übergang von der ge- und vermessenen Materie zum messenden Licht bewirkt in der Tat einen Umbruch in der wissenschaftlichen Vorstellung von Zeit und Raum, der heute die Krise, wenn nicht gar Preisgabe, der Aufteilung in physikalische Dimensionen auslöst und folglich eine unverzügliche Neubestimmung des *Form-Bildes* der sinnlich wahrnehmbaren Welt erforderlich macht. (*Virilio* in diesem Band)

Diese beiden sehr unterschiedlichen Normale können mithin für eine Unterteilung in analoge und digitale Geomedien, in analoge und digitale Mediengeographie verantwortlich gemacht werden.[26] Oder anders ausgedrückt: Die Irruption des Standardisierungsverfahrens, der Wechsel von materialisierten zu dematerialisierten Referenten ist für die Herausbildung der *immutable mobiles* bzw. *Formen-Bilder* und damit auch für die Mediengeographie vermutlich entscheidender als der Medienumbruch analog/digital selbst.

3 Mediengeographie analog: Geomediengeschichte

Welchen Beitrag die Mediengeographie für die kulturhistorische Einordnung des analogen Medienumbruchs leisten kann, zeigt *Sven Werkmeister* in seinem Beitrag. Am Beispiel von Erich von Hornbostels musikalischer Weltkarte, dessen Medium nicht, wie man vermuten könnte, die Karte, sondern das Anfang des 20. Jahrhunderts neue Medium des Phonographen war, skizziert er en detail die Latour'sche Übersetzungskette der Inskriptionen zwischen lokalen Phänomenen und globaler Ordnung. Dadurch gelangt Werkmeister zu weitreichenden Schlüssen, die einen Einblick in das Verhältnis von Medientechniken und Raumwahrnehmung um 1900 geben. Die schrittweise Transformation des Raumes durch analoge Medien steht demnach in einem ambivalenten Verhältnis von räumlich-situiertem Eingebundensein des Wahrnehmenden und objektivierender Ordnung des Wahrgenommenen. Für Hornbostel besaß die akustische Aufnahme einen Mehrwert, der die Stufen der Übersetzungskette von lokalem Kulturkontext zu globaler Ordnung vergessen ließ. Daher verwahrte er sich gegen graphische und kartographische Methoden. Seine methodisch-programmatischen Ausführungen sind auf das Medium der Phonogramme fixiert, weil er überzeugt war, den auf der Aufnahme nicht festgehaltenen konkreten Aufführungszusammenhang nicht anders transportieren zu können. *Werkmeisters* Beitrag stellt somit die Rückübersetzbarkeit phonographischer Inskription vom global-abstrakten Ordnungsraum in den lokal-konkreten Entstehungsraum in Frage und verlangt somit eine Präzisierung/Revidierung der Darstellung medientechnischer Innovationen als „*Kaskade* immer simplifizierender Inskriptionen" (Latour 2006: 281). Das analoge Medium – dies könnte sich als grundsätzliche Differenz zum digitalen Medium erweisen – mahnt

---

26 Wobei die *Digitalität* für Virilio insbesondere darin besteht, dass sich die Multispektralscanner der satellitengestützten Fernerkundungssysteme auf die Maßeinheit des Pixels stützen und somit Rastergrafiken, keine Vektorgrafiken erzeugen. Zu den ontologischen Implikationen der Differenzierung zwischen Raster- und Vektorgrafiken/-geometrie/-bildschirmen vgl. auch Siegert (2003) und Thielmann (2006b).

„stets an jenen unzivilisierbaren Rest, der mit jedem Schritt wissenschaftlicher Übersetzung, Objektivierung und Verzeichnung geringer wird" (*Werkmeister* in diesem Band).

Jörg Döring untersucht in seinem Beitrag Literaturgeographie am Beispiel eines ihrer wichtigsten heuristischen Instrumente: der Literaturkarte. Diese wird in ihrer wechselvollen Geschichte von 1907 bis heute dargestellt. Dabei geht es nicht etwa um Karten *in* der Literatur – so wie die berühmte Karte der Insel Lilliput in Jonathan Swifts *Gulliver's Travel* (1726) – die als Beigaben von Autoren- oder Verlegerseite den fiktionalen Handlungsraum eines Romans veranschaulichen sollten. Mediengeographisch einschlägiger sind in diesem Falle Karten *zur* Literatur: Solche Karten, die von Literaturwissenschaftlern angefertigt werden, weil man sich von ihnen zusätzliches Material zur Gegenstandserschließung verspricht. Wie aber kartiert man ein fiktionales Territorium? Welches sind die für kartierbar gehaltenen Parameter des literarischen Textes und seiner Entstehungszusammenhänge? Welchen Einfluss auf den Gegenstand der Literaturkarte hat der Entwicklungsstand der kartographischen Werkzeuge? Der Aufsatz skizziert und veranschaulicht die Entwicklung der Karten vor allem zur deutschsprachigen Literatur von Siegfried Robert Nagels *Deutschem Literaturatlas* (1907) bis hin zu den gegenwärtigen, digital produzierten Literaturkarten in Barbara Piattis *Die Geographie der Literatur* (2008). Der Auseinandersetzung mit Literaturgeographie (*Döring*) folgen zwei fachgeographische Beiträge zur Filmgeographie (*Zimmermann*) und Nachrichtengeographie[27] (*Reuber/Strüver*), die als Beispiel für den *media(l) turn* in der Geographie (vgl. Kapitel 6) noch näher vorgestellt werden

Unter dem Label ‚Satellitengeographien' firmiert die medienhistorische Analyse *James Schwochs*. Diese beleuchtet den Zusammenhang zwischen dem *spatial turn* und *Telstar 1*, dem wohl bekanntesten und unser kulturelles Verständnis der Raum-Zeit-Überwindung bis heute prägenden zivilen Kommunikationssatelliten, mit dem am 23. Juli 1962 erstmals eine Live-Sendung aus den USA in das Eurovisionsnetz übertragen wurde. Schon McLuhans *Understanding Media*, dessen Erfolg in den Kulturwissenschaften einen *spatial turn* überhaupt erst notwendig machte (vgl. Werber 2008), war von der All-Bringung des Telstar-Satelliten geprägt (vgl. insbesondere McLuhan 1968: 104; vgl. auch Moody 1999). Die „neue Welt des globalen Dorfes" schien bislang aus der „Aufhebung des Raumes" durch elektronische Medien – und hier insbesondere Telstar – entstanden zu sein (McLuhan 1968: 97, 99).[28] Doch wie *Schwoch*

---

27 Zur ‚Nachrichtengeographie' vgl. zuletzt auch Weber 2008.
28 Der Telstar-Satellit steht bei McLuhan neben dem elektrisch-mechanischen Medium Film und dem Fliegen als Transportmedium als Sinnbild für das elektronische Medium überhaupt: „Der Familienkreis hat sich erweitert. Der weltweite Informa-

in seinem Beitrag zeigt, kann man mit Telstar nicht länger die Vorstellung einer „Raumüberwindung" durch moderne Kommunikationstechnologie verbinden, ganz im Gegenteil. Als Gemeinschaftsprojekt der NASA und des US-amerikanischen Telekommunikationsunternehmens AT&T versinnbildlichte Telstar die Verbindung zwischen ‚raumbasierter Telekommunikation' und ‚Raketenkraft'. Nicht von ungefähr wurde Telstar auch mit dem Etikett des „First Space TV" versehen. Mit globaler Kommunikation sollte, so die Vorstellung, ein neues „Raumbewusstsein" entstehen (*Schwoch* in diesem Band). Doch das „Curious Life of Telstar" währte nur sieben Monate. Bereits nach vier Monaten war er schon nicht mehr funktionsfähig, und im Grunde war die Vorstellung einer satellitengestützten „world citizenship" schon begraben, bevor Telstar 1 in den Orbit entsandt wurde. Denn einen Tag vor dessen Start am 10. Juli 1962 explodierte *Starfish Prime*, eine im Van-Allen-Gürtel gezündete Atombombe, deren Strahlung zahlreiche Satelliten lahmlegte, darunter auch einen Transit-Satelliten des Navy Navigation Satellite Systems (das Ende 1996 durch GPS ersetzt wurde): „The greatest American device yet developed for global communication fell victim to the greatest American device yet developed for global destruction" (*Schwoch* in diesem Band). In der Rekonstruktion der damaligen Abwägung zwischen globaler Satellitenüberwachung und globaler Satellitenkommunikation kommt *Schwoch* zu dem Schluss, dass während die völkerverbindende Satellitenkommunikation ‚sehenden Auges' dem Kernwaffentest *Starfish Prime* zum Opfer fiel, allein die radioaktive Gefährdung der Erdbeobachtungssatelliten wie Corona zum Atomteststoppabkommen im Oktober 1963 führte: „the Treaty was vital for preventing excessive space radiation in order to ensure the future growth of space-based surveillance." Mehr noch: Aus heutiger Sicht muss man konstatieren, dass Telstar weniger ein Testfall globaler Echtzeit-Kommunikation als vielmehr ein Test zur Messung der Radioaktivität in der Atmosphäre darstellt. Telstar hat damit faktisch eine wesentlich untergeordnetere Rolle für die telekommunikative Raum-Zeit-Überwindung gespielt als von McLuhan u.a. angenommen wird. Denn wie *Schwoch* ausführt, existierte bereits vor Telstar eine erfolgreiche internationale TV-Programmdistribution. Zudem war das globale Fernsehen nur einer von vielen Faktoren für das seit 1962 entstandene neue Raumbewusstsein. Die durch Satellitentechnologie geschaffene Möglichkeit der bemannten Raumfahrt, des Aufspürens natürlicher Rohstoffe, der Wetterbeobachtung, der Atomwaffentests, der Erkundung des Weltalls und der Antarktis dürfte nach *Schwoch* eine

---

tionswirbel, den die elektrischen Medien – der Film, Telstar, das Fliegen – erzeugt haben, übertrifft bei weitem jedwelchen Einfluß, den Mutti und Vati heute ausüben können. Der Charakter wird nicht mehr allein von zwei ernsthaften, linkischen Experten geformt. Nun bildet ihn die ganze Welt." (McLuhan/Fiore 1969: 14)

deutlich größere Rolle für das Raumverständnis gespielt haben. Und auch historisch betrachtet, muss man feststellen, dass schon 1945, also 18 Jahre bevor die Idee globaler Kommunikation durch Satellitentechnologie geboren wurde, die Idee eines „globalen Foto-Mapping-Projekts" durch Luftaufklärungssatelliten existierte. Satellitenbeobachtung hatte damit schon immer einen wesentlich größeren Stellenwert als Satellitenkommunikation. Wenn daher *Schwoch* und Geppert (2007; 2008) vom *spatial turn* sprechen, der durch Satellitentechnologie und Raumfahrt erst möglich wurde, meinen sie damit nicht, dass die „Vernichtung des Raumes" erst die Möglichkeitsbedingungen für die Rückkehr des Raumes schufen (vgl. Werber 2008: 178f.), sondern im Gegenteil: Das ‚himmlische Tandem' Telstar und Starfish Prime muss aus heutiger Sicht als medienhistorischer Initiationspunkt für ein Raumbewusstsein des globalen Denkens und Handelns betrachtet werden, das sich nahtlos in die heutige Diskussion um Geomedien und „Ökomedien" (Himmelsbach/Volkart 2007) einreiht.

Das satellitengestützte Überwachtwerden spielt auch in *Wolfgang Hagens* Beitrag zur Medienarchäologie des Handys eine große Rolle, auch wenn der „kontrollierte, in jedem Bit zeit- und frequenzgenau berechnete Adressraum des Zellularhexagons [...] von den Nutzerinnen und Nutzern umstandslos sozial umgedeutet [wird], so als sei er ein Raum des höchsten Vertrauens". Nicht nur der Übergang vom Festnetz-Telefon zum Handy wird von Hagen als ein Schwellenphänomen zwischen analoger und digitaler Mediengeographie skizziert. Auch das Handy selbst ist nicht etwa an Computer gekoppelt, sondern an seine Zellularität. „Denn jede Verbindung zu einem anderen Zellphon legt weitere Spuren, indem sie unsere Spuren in das Spurenprofil der anderen, mit denen wir sprachen, einschreiben", wie *Hagen* herausstellt. Es gehört zur besonderen Medialität, dass „das Zellphon eine signifikante Spur markiert, die uns verborgen bleiben muss". Das Zellphon ist im Gegensatz zum Telefon kein transzendentales Anrufmedium, das einer Vermittlung bedarf, sondern ein symbolisches Verbundmedium, das immer schon vernetzt und lokalisiert ist. Die ritualisierte parasoziale Funktion des scheinbar modernsten aller neuen Medien hat damit Ordalstruktur. Als eine „auf Kontiguität gegründete, ortsgebundene Prozedur" handelt es sich beim Handy-Gebrauch um einen „zutiefst vorneuzeitlichen Akt" (*Hagen* in diesem Band). Zudem hat sich nicht zuletzt durch das Handy das Wesen der Adresse geändert, die seither keinen festen Ort hat, sondern sich mit dem Menschen/Aktanten in Bewegung befindet. Im Fall der kontinuierlichen Koordinatenbestimmung durch das Mobiltelefon kann man auch von einer ‚Hyperkoordination' sprechen: einer instrumentellen Mediennutzung zur Alltagsorganisation einerseits sowie einer expressiven Mediennutzung zum Zweck der sozialen Integration andererseits, für die es nicht darauf ankommt, was kommuniziert wird, sondern nur, dass kommuniziert wird.

Der Handy-Gebrauch erzeugt so eine „Absent Presence" (*Hagen* in diesem Band). Ähnlich formuliert es Thrift (2004: 177): Die möglichst exakte Adressierung und Ordnung sowie die daraus entstehenden Muster der Positionierung und Gegenüberstellung (vgl. Siegert 1993; 2003) haben ein ‚technologisch Unbewusstes' entstehen lassen, das Zwang und Faszination zugleich auslöst. Hierfür kann man wiederum (nicht nur, aber auch) den Einzug der Digitaltechnologie verantwortlich machen. Denn damit einher ging sowohl die generelle Verfügbarkeit von Technologien zur Positionsbestimmung als auch eine Steigerung der Rechenleistung, mit deren Hilfe sich statistische Verfahren optimieren und die „geography of computing" (Thrift 2004: 182) verändern konnte – von einer zentralen, stabilen, ortsgebundenen Entität zu einem mobilen Medium (vgl. auch Thrift/French 2002). Ein dritte Entwicklung – hierauf machen *Schüttpelz* und *Latour* in diesem Band wie auch Thrift (2004) aufmerksam – ist die Verbreitung des Wissens über Arbeitsabläufe sowie deren Formalisierung und Integration, durch die Logistik (als Distribution) zum Bestandteil von Produktionsprozessen werden konnte (vgl. auch Thrift 2008a). Diese kulturtechnischen Entwicklungen haben zu einer ‚Standardisierung des Raums' geführt, wie sie von Virilio und Thrift einflussreich beschrieben wurde. Dies zeigen insbesondere die Beiträge, die sich dem „Geobrowsing" (Peuquet/Kraak 2002) auf den digitalen Erden des Internet widmen.

4 Mediengeographie digital: Geobrowsing

A new wave of technological innovation is allowing us to capture, store, process and display an unprecedented amount of information about our planet and a wide variety of environmental and cultural phenomena. [...] The tools we have most commonly used to interact with data, such as the ‚desktop metaphor' [...], are not really suited to this new challenge. I believe we need a ‚Digital Earth'. A multiresolution, three-dimensional representation of the planet, into which we can embed vast quantities of geo-referenced data.
(Al Gore 1998)

Eine andere Möglichkeit des poetisch ungenauen Hinsehens bietet seit neuestem der Internetsuchdienst Google – jene Instanz vielleicht, die von allen menschlichen Versuchen dem Ideal der Allwissenheit am nächsten gekommen ist. Google Earth: ein technisch aufwendiger und trotzdem vollkommen zweckfreier Service, wieder einmal ein Beweis dafür, dass die Technologie unserem Leben ebenso viel Schönheit hinzufügt, wie sie aus ihm fortnimmt.
(Daniel Kehlmann 2005)

Wie keine andere geomediale Entwicklung spaltet Google Earth die geographie- und medieninteressierte Öffentlichkeit in absolute Anhänger und Skeptiker. Während Google Earth für die einen eine Vorabversion von Al Gores Vision einer digitalen Erde (Goodchild 2008: 12), Vorbote einer „Second Earth" (Roush 2007), eines wahrhaften „Metaversums" (Stephenson 2002 [1992]) zu sein scheint, ist es für die anderen „Big Brother aus dem Weltall" (Fiutak 2005). Obwohl die Möglichkeit der GPS-Lokalisierung von Personen oder Gegenständen Geobrowsern wie Google Earth, Microsoft Virtual Earth, NASA World Wind etc. in keiner Weise inhärant ist, fokussiert eine Vielzahl von Medienberichten/-produkten immer wieder die Überwachungsmöglichkeiten und -gefahren durch Geobrowser (vgl. Abb. 2).

Dies hat auch damit zu tun, dass sich Geosurveillance-Technologien (vgl. Sui 2007) unhinterfragt und allgemein akzeptiert nur in Krisensituationen einsetzen lassen (vgl. *Crampton* in diesem Band). So verwundert es nicht, dass sowohl die durch Hurrikan Katrina ausgelöste Flutkatastrophe 2005 wie auch die kalifornischen Waldbrände 2007 jeweils Innovationsschübe in der Entwicklung hin zum „Geospatial Web" (Scharl/Tochtermann 2007), „Geographic Web" (Hanke 2008) oder kurz: Geoweb auslösten. Während mit der Flutkatastrophe in New Orleans der Nutzen von Google Maps Mashups[29] propagiert wurde (vgl. u.a. Pegg 2005), dienten die Waldbrände in Kalifornien dazu, (a) die Notwendigkeit der Allianz zwischen ESRI (dem größten Softwarehersteller von Geoinformationssystemen) und Google (dem größten privaten Datensammler) zu vermarkten sowie (b) Google Earth als Nachrichtenmedium zu etablieren (Hanke 2008; vgl. auch *Parks* in diesem Band).[30]

> The key to all this is location, [...] this now represents a third force in information technology besides computers and communications. Tagging not only the type of information but where such information is produced, who uses it and at what time it is generated is fast becoming the killer application that roots information about interactivity generated across the web to systems that users can easily access and use in their own interactions with others. (Hudson-Smith et al. 2009: 277)

---

29 ‚Map Mashups' bezeichnen nicht nur die Einbindung von digitalen Karten über die Programmierschnittstelle von Google Maps, die zusätzlich mit individuellen Markierungen versehen werden kann, sondern darüber hinaus die allgemeine Mischung aus Satellitenbildern, Luftfotos, Karten, Portraitaufnahmen, Ikons, Textelementen, 2D/3D-Animationen oder „geotagged videos" (Hardey 2007). Sie wurden angeblich von Paul Rademacher, einem DreamWorks-Animationsprogrammierer, erfunden, der 2005 die Wohnungssuche in Craigslist mit einer Visualisierung der ‚Trefferliste' auf der Google-Maps-Plattform verband (vgl. Ratliff 2007).

30 Am 13.05.2008 verkündeten John Hanke (Google) and Jack Dangermond (ESRI) auf der *Where 2.0*-Conference eine Kooperation beider Unternehmen, um Google Mashups aus ArcGIS-Daten und -Analysen zu erstellen. Umgekehrt soll ESRI und ihrer Software ArcGIS der Zugang zum Geoweb erleichtert werden (vgl. Hanke 2008).

Abb. 2: TV-Werbung zum Download des „Handy-Spions im Jamba-Sparabbo" (Viva, 23.7.2005, 20.58 Uhr).

So gibt es seit August 2008 einen „Places-Layer", der user-generierte Inhalte von Wikipedia, Panoramio, YouTube und der Google Earth Community mit einem einzigen Icon (einem Bilderstapel) visualisiert: „Each ‚Place' is a specific spot on Earth we think you'll find interesting (we gauge that interest level by noting much community content exists about that place)" (Castello et al. 2008). D.h. die Relevanz dieser Orte bemisst sich allein an den von der Community bereitgestellten Inhalten. Dies entspricht dem Konzept der „Neogeography", wie dieses 2006 von Platial.com-Mitbegründerin Di-Ann Eisnor postuliert wurde.[31] Während bei den ‚Neogeographen' die kartographischen Pro-

---

31 „Neogeography" bezeichnet ein Set von Praktiken, die außerhalb wissenschaftlicher Standards und Methoden auf die persönliche, intuitive, idiosynkratische Anwendung geospatialer Techniken zielen. Hierzu zählen insbesondere die Erstellung eigener Karten mit Google Maps, sogenannte ‚Map Mashups' (vgl. Fn. 29), die Modellierung eigener Gebäude auf der Plattform Google Earth mit der frei verfügbare Software SketchUp oder das Geotagging, die Georeferenzierung von Photos, Blogs, Nachrichten, Personen etc. (vgl. Turner 2006). Wesentlich für die Neogeographie ist dabei die Vorstellung, dass die Erde, das räumliche Koordina-

tokolle über weiche Kriterien wie Popularität, landschaftliche Attraktivität, Schönheit oder ‚Bestheit' gewonnen werden, müssen („Paläo'-)Geographen in erster Linie darauf achten, akkurate, generalisierbare und zeitlose Informationen in ihre Karten zu integrieren. Jahrzehntelang schien die digitale Kartographie lediglich vor der Herausforderung zu stehen, mehr Territorien und genauere Informationen einer Basiskarte hinzuzufügen. Seitdem Navigationssysteme zu einem medialen Massenphänomen wurden, werden Erfolgskriterien der Massenmedien auf kartographische Produkte übertragen, was nicht nur bei den etablierten Anbietern wie ESRI, TeleAtlas oder Navteq zu enormen Verwerfungen geführt hat (vgl. McDevitt 2008). Dies hat weitreichende Auswirkungen bis hinein in die wissenschaftlichen Disziplinen selbst. So begreift die Geographie die Medienwissenschaft nicht nur als Bereicherung, sondern auch als ‚Bedrohung' des eigenen Terrains und der erreichten Standards – dies trifft insbesondere die Kulturgeographie und ihre nur mühsam erzielte Unabhängigkeit von der physischen Geographie. Davon zeugen auch die fachgeographischen Beiträge von *Jeremy Crampton* sowie *Stuart Aitken* und *James Craine* in dieser Sektion. Die medienwissenschaftlichen Beiträge skizzieren den durch digitale Geobrowser evozierten mediengeographischen Umbruch vom „erweiterten Raum" zur „erweiterten (Orts-)Wahrnehmung" (*Manovich/Thielmann*) bzw. vom Umgebungsraum- zum Lokalraumkonzept (*Gordon*). Dabei wird Nutzen und Zweck der (neo-)geographischen Informationssysteme ganz unterschiedlich bewertet: Vom „Konflikt-Branding" (*Parks*), über die irrationale Fremdüberwachung (*Crampton*) bis zur freiwilligen Selbstbeobachtung (*Gordon*), die es einem in Geocommunities wie Plazes ermöglicht, lokal zu browsen, Reisen zu tracken und Orte zu annotieren.

Am Beispiel von Google Street View zeigt *Gordon* (in diesem Band), wie ein und dieselbe fotografische Panoramaaufnahme einmal als Karte und ein andermal als Repräsentation fungieren kann, je nachdem ob das Bild mit oder ohne Navigationselementen und Richtungsinstruktionen (Straßenmarkierungen) versehen ist. Diese subtile Unterscheidung ist entscheidend für den Paradigmenwechsel zum Geoweb, in dem Karten nicht nur eine von vielen Zugangsmöglichkeiten, sondern die dominierende Interaktionsumgebung für das Internet geworden sind. Lior Ron, Produktmanager für Google Maps und Google Earth, der, bevor er zu Google stieß, für den israelischen Geheimdienst arbeitete, sieht darin einen „major shift", den er griffig als den Wechsel von Google Maps zu „Google on maps" bezeichnet (Ron 2008). Erste Anzeichen hiervon sind schon jetzt zu erkennen: Um die Möglichkeit zu schaffen, jedwede Information auch im geographischen Kontext anzuzeigen und darzu-

---

tennetz, die Topographie einer Stadt als Basis-Layer für Informationen unterschiedlicher Art dienen.

stellen, gibt es seit Mai 2008 auf Google Maps einen „Mehr-Button", der es erlaubt, georeferenzierte Panoramio-Fotos oder Wikipedia-Einträge direkt anzuklicken und anzusteuern (vgl. Abb. 3). Über die Suchoption von Google Maps gibt es zudem die Möglichkeit, sich „Auf einer Karte angezeigte Webseiten" anzeigen zu lassen. Dies sind, wie Google selbst verlautbart, die ersten Schritte hin zum Geoweb (Murray 2008). Ein weiterer Meilenstein in der Evolution des Geobrowsers scheint der Launch von Google News auf Google Earth zu sein (Badger 2008), wodurch es möglich ist, mehr als 4.500 Nachrichtenquellen (u.a. die New York Times) zu durchsuchen und ortsabhängig anzeigen zu lassen.[32] Neben Community-Content und Nachrichten aus Online-Portalen sollen durch die Kooperation mit ESRI bald auch andere, bislang noch nicht im Netz verbreitete ‚mediographische'[33] Daten das Geoweb bereichern. Ähnlich wie die Entwicklung vom Großrechner zum PC, scheint Google Earth so GIS zu demokratisieren (Butler 2006). Der Umbruch betrifft dabei aber nicht nur die Darstellung von Analysen, sondern auch die generelle Konstituierung von Daten, wie *Gordon* bemerkt:

> The map has become the standard method of both navigation *and* representation as the culture is inundated with massive amounts of new data. The tiny details of everyday life, from instant messaging conversations, to search histories, to snapshots, are now part of the world to be mapped. The impulse to map is responsive to the accelerated production and organization of this newly visible data.

War in der Diskussion um Cyberspace und Cybergeography (Dodge/Kitchin 2001a, 2001b) die Karte eine idealtypische Metapher für die Beschreibung der Ausbreitung des Internets als ein „layer of data nodes and connections that existed outside of everyday life" (*Gordon* in diesem Band), so hat sich mit der Einführung von Google Earth und Google Maps 2005 die Karte von der Repräsentation externer digitaler Netzwerke zu einem internen Navigationsinstrument innerhalb des gleichen Netzwerks entwickelt. Der Wechsel vom Web 1.0 zum Web 2.0 lässt sich damit idealtypischerweise mit Hilfe von Karten verdeutlichen. Beide Netzversionen bedienen sich Karten, legen dabei aber ganz unterschiedliche Modelle sozialer Organisiertheit zugrunde.

---

32 „Now, fly around Earth and catch up on news of your favorite places. Whether it's your dream vacation destination, a country you are fascinated with, the latest U.S. presidential primary cities or your hometown, just fly and enjoy. [...] Don't worry about staying on top of things. This layer is updated every 15 minutes to offer the latest headlines for those with a big news appetite." (Wei Luo 2008)

33 „Mediographie" kennzeichnet das „Zusammenspiel demographischer Erhebungsmethoden mit massenmedialem Sendungsbewusstsein" (Feuerstein 2006: 28).

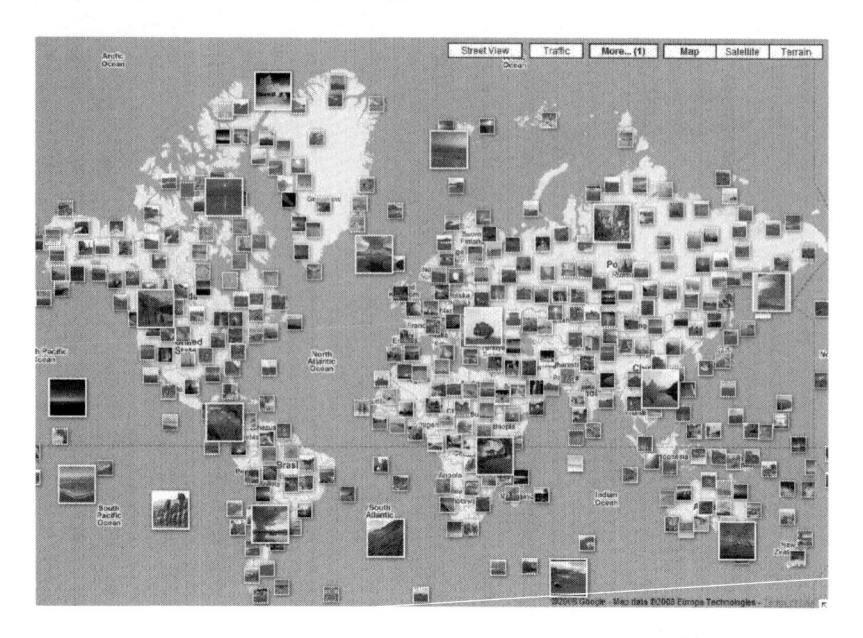

Abb. 3: Google-Maps-Weltkarte mit aktiviertem Mehr...(Fotos)-Button.[34]

Um die in den 1990er Jahren rasant entstehenden virtuellen Räume, Communities und Freundschaften in ihrer räumlichen Organisation darzustellen und doch gleichzeitig vom wirklichen Leben abzugrenzen, wurde das Internet zunächst als geographisches Netz charakterisiert, das scheinbar selbst nicht kommuniziert, sondern nur als Container dient. Dies zeigt sich, so *Gordon*, in Filmen wie *Matrix* oder *eXistenZ*, in denen sich die dystopische Phantasie des Netzes/Netzwerks deutlich von der physischen Welt abgrenzt und die virtuelle Welt die reale gefangen hält. Das (geographische) Netz fungierte in den 1990-ern daher nicht von ungefähr als eine Art ‚Metageographie', die eine topographische Karte nur noch erahnen lässt; als ein Zeichensystem, das geographisches Wissen organisiert und visualisiert, „but which depend on historically- and politically-inflected misrepresentation of underlying material conditions" (Harpold 1999: 8). Oder um es in den Worten *Gordons* (in diesem Band) auszudrücken: „Metageography is the culturally accepted misrepresentation of

---

[34] „The ‚More' button will allow you to easily turn on layers of Panoramio photos or geographically-related Wikipedia pages. These updated and improved layers are now easier to take advantage of – if you're browsing Google Maps to plan a vacation, you can now see pictures from places all over the world and use read up on your destination. Or you can turn on the Photos layer and take a look across the map to see where you might want to go (a picture of Java, Indonesia caught my eye...)." (Oehler 2008)

abstracted territory." Historisch betrachtet kann man mit David Woodward sogar die gesamte Kartographiegeschichte als kontinuierliche Entwicklung der Abstraktion und Trennung der Geometrie von der Geographie betrachten. „The extremes of this abstraction can be seen when the *graticule* of the world becomes so much a part of the everyday graphic vocabulary that the icon becomes a stereotype removed from reality" (Woodward 1998: 4). *Gordon* zieht in seiner Analyse digitaler Netzwerke aber eine noch weitreichendere historische Verbindung. Bereits bei Claudius Ptolemaeus wurden Karten dazu eingesetzt, die materielle Welt zu (um)fassen. Das Raster herrschte über alles, was sich darin einzeichnen und kartieren ließ. Das kartographische Gradnetz repräsentierte selbst außerhalb der Geographie und fern von geographischen Daten, das ‚Bild der bekannten Welt' – vielleicht sogar mehr als einzelne Kontinente oder Ozeane, und das obwohl das Koordinatensystem ein unumgängliches Verzerrungsgebilde darstellt. Dem nicht unähnlich war auch die „Metageographie des Cyberspace" (*Gordon*) bestrebt – dies spiegelt dabei lediglich die gesamte wirtschaftliche Entwicklung des World Wide Web bis Ende der 1990er Jahre wieder –, die bislang gültigen geographischen Grenzen zu überwinden. Die damals im Entstehen begriffenen räumlichen Metaphern wie „information super*highway*, web*site*, chat *room*, internet *café*, etc" wurden daher bewusst so gewählt, dass diese Räume erst gar nicht mit der physischen Welt konfluieren konnten. Der dominierende Diskurs im Zuge der Kommerzialisierung des Internets basierte auf sozialer Konnektivität durch räumliche Abstraktion. In dieser ‚Welt der Bits' schien der Körper überflüssig geworden zu sein. „Ours is a world that is both everywhere and nowhere, but it is not where bodies live", schrieb Barlow (1996) in seiner Unabhängigkeitserklärung des Cyberspace. Diese entkörperlichte Sozialität entsprach Baudrillards „Präzession der Simulakra", wonach das Territorium der Karte nicht mehr vorausgeht, sondern umgekehrt: „Die Karte ist dem Territorium vorgelagert, ja sie bringt es hervor." (Baudrillard 1978: 7) Diese Vorstellung des „Mapping that disembodied space" (*Gordon* in diesem Band) war notwendig für eine ‚Containment-Politik' sich ausbreitender virtueller Räume. In dieser Raumvorstellung gab es keinen Platz für bedeutungsvolle Orte.

Dies änderte sich erst mit der Web 2.0-Generation, die den Mapping-Impuls Fredric Jamesons für die eigene digitale kulturelle Praxis entdeckt. Demnach liegt die postmoderne Herausforderung nicht darin begründet, dass die Karte das Territorium beherrscht, sondern dass das Territorium immer unübersichtlicher und damit unkartierbar wird. In der Lesart Jamesons ist dies eine Folge des Spätkapitalismus mit seiner inkohärenten Realräumlichkeit, die dem Virtuellen in nichts nachsteht. Der Spätkapitalismus produziert unvorstellbare Räume außerhalb des bestehenden Koordinatensystems, dem man nur mit einem *cognitive mapping* begegnen kann (Jameson 1991). Mapping wird hierdurch zu einer Art ‚Trotzhaltung', einem dialektischen Überzug des auf keiner Landkarte verzeichneten postmodernen Pastiches. Im Netzwerkkapitalismus hört sich dies nicht viel anders an: „Mapping has emerged in the information age as a means to make the complex accessible, the hidden visible, the unmappable mappable" (Abrams/Hall 2006b: 12). Nach dem Zusammenbruch des Internethypes 2000 musste das Web-Business zuvorderst den Charakter der (systemtischen) Karte ändern: „Instead of a network composed of connected pages, the Web was becoming a platform to connect users, most of who create, share and/or distribute content" (*Gordon* in diesem Band). Die Basis des Web 2.0 liegt somit nach *Gordon* u.a. in einem veränderten Kartenentwurf: „No longer a distant container for everyday life; now a location from which everyday life emerges. No longer Baudrillard's map covering the territory, now Jameson's cognitive map, transformative and personal." Mit Googles Markteintritt in den Geoinformationssektor 2005 hat sich die Bedeutung der Karte(nmetapher) fundamental geändert. Googles Mapping Software gibt jedem Nutzer die Möglichkeit, seine eigene kognitive Karte zu produzieren, sich selbst virtuell zu lokalisieren. Dies wird, so *Gordons* Prognose, noch an Bedeutung gewinnen, in dem Maße wie immer mehr Daten geokodiert und auf diese Weise Orte, Dinge *und* Menschen zum integralen Bestandteil des Webs werden. Sich selbst zu lokalisieren wird so zu einer Vorbedingung der Datenfindung. Mehr noch: „While the map does not precede the territory, as Baudrillard claimed, the map has become the territory. There is nothing outside of the graticule" (*Gordon* in diesem Band).

Eine ebenso Baudrillard-kritische Sichtweise legt die Historikerin *Annette Vowinckel* an den Tag. Sie beleuchtet in ihrem Beitrag die Geschichte und Gegenwartsentwicklung virtueller Reisen mit Flugsimulatoren. Nach einem historischen Überblick nimmt sie insbesondere die den Consumer-Markt beherrschenden Programme *MS Flight Simulator* und *X-Plane*, aber auch den Flugsimulator auf der Basis von Google Earth in den Fokus.[35] Dabei kommt sie zu einer instruktiven Unterscheidung: Während erstere der Bewegungssimulation dienen, zielt Google Earth auf die Landschaftssimulation. Anhand der Analyse diverser Nutzerforen zeigt Vowinckel, dass die Motivation in der Nutzung von Computerflugsimulatoren offenbar darin begründet liegt, entweder das Raum-Zeit-Kontinuum möglichst exakt zu duplizieren oder aber gänzlich aufzumischen. Während wir es auf der einen Seite mit dem „paradoxen Fall der Echtzeit-Simulation" zu tun haben, die der vom Computerspiel auferlegten „Pflicht

---

35 Der bislang eher ‚versteckte' Flugsimulator (vgl. Stöcker 2007) ist in der Google Earth 4.3 Version wesentlich prominenter vertreten. Mittlerweile gibt es sogar einen Flugsimulatoren auf der Basis von Google Maps (http://www.isoma.net/games/goggles.html, 31.12.2008).

der Anwesenheit" entspricht (*Vowinckel* in diesem Band; vgl. auch Pias 2005), werden auf der anderen Seite Flugsimulationsspiele auch zur raumzeitlichen Wurmloch-ähnlichen Abkürzung durch Überleitung in ein Paralleluniversum genutzt. So handelt es sich beim Großteil der auf *YouTube* oder *Google Video* ins Netz gestellten ‚Flugdokumentationen' ausschließlich um Außensichten auf das Flugzeug; durch den virtuellen Ausstieg wird das Steuerungsphantasma noch verstärkt.

Das Reale wird in solchen Paralleluniversen nicht, wie Baudrillard meinte, durch das Hyperreale in Gestalt der Simulation verdrängt (Baudrillard 1985: 12; vgl. Franke 2004: 57); vielmehr schafft die Simulation einen Raum für die Realisierung des Imaginären (das – in Form freudiger Erwartung – auch den Reiz der ‚realen' Welt des Reisens ausmacht). (*Vowinckel* in diesem Band)

Geobrowser wie auch Flugsimulationsspiele fußen demnach in ihren ästhetischen Prinzipien auf der Simulationsforschung, in der es nicht darum geht, „Differenzen zwischen Realität und Simulation zu beschreiben, sondern die Übereinstimmungen möglichst Gewinn bringend auszuwerten". Statt um „virtuelle Realität" geht es ihnen um „reale Virtualität" (Castells 2001: 425ff.). Dies lässt sich gerade auch daran belegen, dass Flugsimulatoren sich „auch der Imagination des Vergangenen bzw. eines genuin Imaginären, das gar nicht realisierbar ist", bedienen.

Entgegen *Annette Vowinckel* oder *Eric Gordon* beklagt die US-amerikanische Medienwissenschaftlerin *Lisa Parks* die ‚oberflächliche' Nutzung von Satellitenbildern in Geobrowsern wie Google Earth. Anhand einer Diskursanalyse der Berichterstattung zum Google-Earth-Layer „Crisis in Darfur" untersucht Parks nicht nur die Rolle und Funktion von Satellitenbildern, sondern auch die Praxis des „Konflikt-Brandings" und der „informativen Intervention". Demnach handelt es sich bei der Nutzeroberfläche von Google Earth um eine klassische Visualisierungskonvention, entlehnt aus den bekannten Genres der Kartographie, dem Foto-Essay und der Kriegsfotografie. Der von Google selbst proklamierte Anspruch, durch die Ausweitung der Nutzung von Satellitenbildern Krisenherde identifizieren und überwachen zu können, entpuppt sich als unreflektiertes Verständnis von Satellitenbildern als Abbild der Wirklichkeit, das zudem das Politische auf das Sichtbare reduziert. Parks plädiert daher für eine „Satellitenbild-*Literacy*", die allerdings durch Google Earth eher verringert denn gefördert wird, da hier Satellitenbilder lediglich als ‚Eingangsportal' und ‚Einwegprodukt' für vermeintlich bedeutsamere Perspektiven in Form von fotografischen Nahaufnahmen dienen. Demgegenüber kommt in anderen Internetprojekten, wie „All Eyes on Darfur" von *Amnesty International*, oder selbst in

Fernsehnachrichten die Qualität von Satellitenbildern besser zur Geltung. Hier merkt man *Parks'* besondere Faszination an ‚unverstellten' Satellitenbildern, die ihrer Ansicht nach insofern „einen nützlichen Lage-/Blickfokus dar[stellen], da sie durch ihre Abstraktheit und Unbestimmtheit Prozesse der Interpretation und Praktiken des Wissens dynamisch halten". Ein weiterer Kritikpunkt zielt auf die Zeitlichkeit und die Zeitform der Google-Earth-Nutzeroberfläche. Nicht nur lässt Google Earth, dies ist eine von geographischer Seite schon lange geübte Kritik (vgl. u.a. Soutschek 2006), den Nutzer über die Datierung von Satellitenaufnahmen weitgehend im Unklaren, auch das gezeigte Bildmaterial wird nicht datiert. Google Earth hat somit, anders als propagiert, einen anderen temporalen Status als Fernsehnachrichten und fungiert eher als Medium der Vergangenheit anstatt der Gegenwart.

> Letztendlich ist das Projekt ‚Darfur-Krise' *ein Archiv der Eskalation eines gewaltsamen Konfliktes, der zwar laufend beobachtet, aber in dem nicht interveniert wurde.* Es ist eine Sammlung von Informationen, eine Datenbank von Dokumenten und Bildern, die dazu genutzt wird, Wissen über einen Lage-/Blick-Konflikt zu produzieren, *in dem hätte interveniert werden können.* In dieser Hinsicht ist das Projekt die bildliche Repräsentation des *Plusquamperfekts,* und mehr als alles andere *veranschaulicht es das Vermögen zu sehen und zu wissen, aber nicht zu handeln.* (*Parks* in diesem Band, Herv. im Original)

Dies ist interessanterweise nicht nur eine Feststellung, die für Google Earth oder generell Geobrowser zutrifft. In der Lesart *Virilios* sind ‚Vergangenheitsformen' konstitutiv für alle Medien und Medienapplikationen der satellitengestützten Fernbeobachtung. „Die Urgröße des Vektors Geschwindigkeit kommt hier in der Neubestimmung des wahrnehmbaren Raums zur Entfaltung: Die *zeitliche Tiefe* (der optoelektronischen Teleologie) verdrängt die alte *Schärfentiefe* der Topologie" (*Virilio* in diesem Band). Auch wenn sich in dieser Hinsicht deutliche Unterschiede zwischen Geobrowsern und klassischen Nachrichtenmedien auftun, so gibt es doch deutliche Parallelen zwischen Google Earth und einem Fernsehsender wie CNN – beispielsweise vergleichbare Praktiken, wie Konflikte ‚gebrandet', Informationsmaterial unterschiedlicher Herkunft kombiniert und öffentliche Archive privatisiert werden. Google Earth transformiert demnach nicht nur „die souveränen Territorien der Nationalstaaten in sichtbare, digitale, navigierbare und privatisierte Domänen", es kann sogar unter dem Aspekt des „‚Outsourcing' internationaler Diplomatie" betrachtet werden. Letztlich steht die Nutzeroberfläche im Darfur-Projekt damit auch für den von Naomi Klein (2007) beschriebenen „Katastrophen-Kapitalismus". Denn *Parks'* Analyse verdeutlicht, dass Google Teil eines Wirtschaftssystems ist, das darauf ausgelegt ist, US-amerikanische Unternehmen von der Erosion der Förderung insbesondere konflikt-, katastrophen- und sicherheitsbezogener Programme durch die Öffentlichkeit, den Staat und NGOs profitieren zu lassen. Kurzum, Google Earth bietet keine neutrale Sicht auf den Planeten, sondern die Perspektive einer Firma mit enormem visuellem Kapital. (*Parks* in diesem Band)

Diese Einschätzung wird vor allem von Anhängern der Critical GIS vertreten, die sich seit Anfang der 1990 Jahre etabliert haben. Hierbei handelt es sich um eine ‚Bewegung' innerhalb der Kultur-/Humangeographie, die mitunter von einer äußerst heftigen Kritik an dem Einsatz von Medientechnologien im Allgemeinen und der „spatial analysis" im Besonderen geprägt war und ist. Seitdem sich Mitte der 1990er Jahre ein „public participation GIS sector" herausbildete, hat Critical GIS auch das Interesse anderer Disziplinen erweckt, die sich ebenfalls mit Informationstechnologien befassen, ohne dabei jedoch das Nischendasein innerhalb der Geographie verlassen zu haben (vgl. Schuurman 2006).

Ein seit Jahren engagierter Vertreter der Kritischen Kartographie/Critical GIS ist der US-amerikanische Geograph *Jeremy Crampton*. *Crampton* beleuchtet in seinem Beitrag, wie die Allianz aus der weltgrößten geografischen Standesorganisation, der Association of American Geographers, und dem weltgrößten geografischen Informationssystem-Anbieter ESRI es geschafft hat, geospatiale Infrastruktur als Grundlage für die innere Sicherheit zu begreifen. Mit Hilfe von Michel Foucault analysiert *Crampton* die Methoden, wie Kartierung und GIS gegenwärtig zur Erzeugung von Gouvernementalität, Disziplin und Bio-Macht genutzt werden. Die derzeitige Bedeutung geographischer Informationstechnologien liegt demnach „in der gleichen uralten Praktik der behördlichen Überwachung begründet wie jene, die von den ersten Atlanten eingeführt wurden" (*Crampton* in diesem Band). *Crampton* sieht insbesondere eine Parallele zwischen der Geosurveillance bzw. dem Geoprofiling heute und der Kartographie des frühen 19. Jahrhunderts, als deskriptive und probabilistische Statistikmethoden die ersten thematischen Karten entstehen ließen. Ein besonderes Licht auf die Politik der Angst des 21. Jahrhunderts wirft dabei die Tatsache, dass damals wie heute „Sicherheit und Risiko im Zusammenhang mit der Vorstellung von Raum und Menschen als Ressourcen, die es zu managen und zu schützen gilt, verwendet" wurden und werden. Dabei macht *Crampton* deutlich, dass geographische Informationstechnologien zu einer „Schwächung der geographischen Imagination im 21. Jahrhundert" geführt haben, die zwar nicht der Technologie als solcher, aber der ihr zugrundeliegenden politischen Rationalität der Normierung anzulasten ist. Denn zur Rationalität von Geosurveillance-Technologien gehört, dass zusätzliche Angst generiert werden muss, um sie zu rechtfertigen. Er kommt daher zu dem Fazit: „Sich den ‚guten' Gebrauch von GIS herauszupicken und vom ‚schlechten' abzusondern [...], bedeutet, das Wesentliche nicht zu begreifen – nämlich, dass GIS eine unverkennbare politische Rationalität des Regierens produziert."

Dieser grundlegenden Skepsis setzen *Stuart Aitken/James Craine* in ihrem Beitrag eine euphorische Vision der Geovisualisierung entgegen. Für *Aitken/ Craine* ist Mediengeographie (und damit bewusst auch in Abgrenzung zu einer eher medienkritischen Haltung der Kulturgeographie, wie sie Crampton vertritt) vor allem eine Frage der multimedialen Vermittlung geographischer Informationen und des geographischen ‚Erlebens'. Die analoge Karte wird in ihrem Beitrag zu einem multi-sensualen, auratischen Erlebnis stilisiert. Demgegenüber beklagen sie im Kontext digitaler Kartographie eine Verarmung der Mittel geographischer Visualisierung mit Hilfe professioneller GISysteme. D.h. es handelt sich in erster Linie um einen Diskurs im Rahmen der Geographie-Didaktik, der bewusst das Potential der Laienkartographie ausblendet und ausblenden muss. Stattdessen verweisen *Aitken/Craine* auf die historische und methodische Verbindung zwischen Geovisualisierung und Filmschaffen: beispielsweise dass sich Sergei Eisensteins Vorstellung von ‚Filmwahrheit' in den Konzepten und Methoden zur Geovisualisierung wiederfindet. *Aitken/Craines* Beitrag mündet schließlich in einem Plädoyer für eine „affektive Geovisualisierung" als Ziel des geographischen Umgangs mit GIS.

Mit *Albert Kümmel-Schnurs* Beitrag verlassen wir den fachgeographischen Horizont. Gleichwohl ist das von ihm erörterte Thema der Navigation in/durch virtuelle Umgebungen für geographische Visualisierungen (vgl. Dodge et al. 2008) genauso entscheidend wie für künsterlische. *Kümmel-Schnur* befasst sich mit räumlich-narrativen Ordnungsmustern, die sich anhand unterschiedlicher medialer Mittel erzeugen lassen. In „Arachnefäden" vergleicht er den vermeintlich linear konzipierten Roman *Mann ohne Eigenschaften* von Robert Musil und die vermeintlich nichtlineare Hypertextutopie www.pastperfect.at mit Bruno Latours virtuellem Buch *Paris: Invisible City*, das Narration und Navigation auf ideale Weise zu verbinden scheint. Während wir es bei ersterem mit einer mentalen Karte zu tun haben, die bei der Lektüre von Musils *Mann ohne Eigenschaften* entsteht, behandeln die beiden letzteren Analysegegenstände Internetkarten einmal als bloßes ikonographisches Dekor und ein andermal als operatives Schema für Metanavigation, das sequentiell begehbare Passagen mit netzwerkartigen Bezugssystemen verknüpft. Mediengeographie entpuppt sich hier als idealtypische Verbindung zwischen der psychogeographien Organisation von Wissensräumen und den „virtual geographies" (Crang et al. 1999) der Hypermedien, die dann besonders eindringlich zu gelingen scheint, wenn der User zugleich als Lesender, Sehender und Navigierender konzipiert und adressiert wird.

Damit erweist sich *Kümmel-Schnurs* Medienanalyse als ein Plädoyer für eine Medienästhetik, die Latours Logik der Übersetzungskette als „*Serien der Koexistenzen*" folgt und so das räumliche Nebeneinander von Handlungen erst möglich macht. Ein solches Gestaltungskonzept, das Latours Chiasmus von realem und virtuellem Ort folgt, wird uns auch im letzten Abschnitt dieses Buches begleiten.

5 Mediengeographie lokal: Global Cities, Knowledge Villages, Media Homes

> It's real, folks – in a hyperlocal world
> the real eats the virtual.
> (Bruce Sterling 2007)

Die US-amerikanische Soziologin *Saskia Sassen* wendet sich in ihrem Beitrag gegen Entweder-oder-Kategorisierungen von Digitalem und Nicht-Digitalem, die insbesondere unter den Bedingungen eines Ortes unmöglich erscheinen. Ihr Interesse gilt ganz ähnlich wie Latour der Zwischenzone, die die Verknüpfung zwischen den technischen Standards der Hard-/Software sowie den gesellschaftlichen Strukturen herstellt. *Sassen* und in der Folge *Mike Crang* wie auch *Scott McQuire* (in diesem Band) machen darauf aufmerksam, „daß die Hypermobilität, die ein Objekt durch seine Digitalisierung erreicht, nur ein Moment einer komplexeren Situation ist" (Sassen 2008: 551). So erinnert *Sassen* daran, dass die Schaffung von Kapitalmobilität zunächst die Ortsgebundenheit des Kapitals erfordert. Gleichwohl ist diese Ortsgebundenheit durch Hypermobilität gekennzeichnet, weshalb sie durch topographische Beschreibungen nicht vollständig erfasst werden kann. Dies illustriert *Sassen* (in diesem Band) am Beispiel von Finanzunternehmen, die Finanzinstrumente erfunden haben, um „Immobilien zu verflüchtigen" („liquefly real estate"), wodurch Investitionen in Immobilien und deren globale Zirkulation erleichtert und die gegenwärtige Finanzkrise erst möglich wurde.[36] Obgleich ein Teil dessen, was Immobilien ausmacht, in disponible Finanzinstrumente transformiert wurde, bezeichnen wir solche physisch-digitalen Verflechtungen dennoch weiterhin als ‚Immobilie'. Ähnliches gilt für die vom hypermobilen Kapital erfassten globalen Städte. Am Beispiel der „global geographies of talk" zeigt *Sassen*, dass die globale und digitale Dynamik von Städten durch klassische topographische Repräsentation nicht länger hinreichend erfasst werden. Zusammen mit dem

---

[36] Sassen macht in erster Linie die Digitalisierung der Finanzmärkte und -instrumente für die Auswüchse des globalen Kapitalismus verantwortlich (vgl. auch Sassen 2008: 538).

Senseable City Lab des MIT wurden daher animierte Karten entwickelt, die sich über 24 Stunden im Takt der Telefongespräche von und nach New York verändern. Dadurch, dass die Städte und Länder mit weniger Telefonaten schrumpfen, während andere Gebiete mit erhöhtem Gesprächsaufkommen wachsen, entstehen pulsierende Zeitkarten, die für *Sassen* den globalen Rhythmus der Kommunikation noch am ehesten veranschaulichen. In diesen Karten wird das lokal erlebte zu einer „Mikroumgebung von globaler Spannweite" („microenvironment with global span") und damit zu einem idealtypischen Verfahren, die Verflechtung von Digitalem und Nicht-Digitalem zu visualisieren. Ähnlich argumentieren der britische Kulturgeograph *Mike Crang* und der australische Medienwissenschaftler *Scott McQuire*, allerdings in Bezug auf unterschiedliche Untersuchungsgegenstände. Während Crang die mediatisierten Räume Singapurs analysiert, untersucht *McQuire* Urban Screens insbesondere im Hinblick darauf, wie sich durch Medienfassaden, integriert in öffentliche Plätze, „open localities" formieren, über die Städte untereinander interagieren können.

Auch *Rolf F. Nohr* untersucht in seinem Beitrag einen festen Standort mit „globaler Spannweite": das Wohnzimmer, wo Fernsehen zum Ort von Aneignung und Handlung wird und das Globale „lokal kleingearbeitet" (Krotz 1997: 99) wird. *Nohr* skizziert die „Topographie des Fernsehens als einen sozialen Raum innerhalb der Mediengesellschaft", der allerdings nicht eine Gegenposition zum öffentlichen Raum einnimmt, sondern eine „gestaffelte Form unterschiedlichster Gemeinschaftsformen" repräsentiert. Diese Topographie ist zwar per se nicht sichtbar, über die Produktion von Ereignissen sind aber kartographische Strategien lesbar. So unterscheidet *Nohr* Fernsehtopographien, die der Senderinstitution, dem Rezipientensubjekt und insbesondere Ereignissen spezifische Orte zuweisen sowie „durch die Koppelung an die räumliche Struktur der Repräsentation über Orientierungsbildung, Weltwissen oder Positionierung" mehrfach lokal situieren. Dadurch dass sich die ‚Aufschreibungen' zudem über die „subjektive Selbstpositionierung gegenüber der Repräsentation" situieren, erweist sich die „Produktion von Positionierung" als pluraler Prozess (*Nohr* in diesem Band). Durch die Herstellung von Adressierbarkeit wird die Ortlosigkeit des Mediums kompensiert. Zudem kaschiert die Zuweisung von Ortshaftigkeit, dass die Dramaturgie des Fernsehens es oft gar nicht erlaubt, komplexe Ereignisse und Hintergründe abzubilden. Selbst eine scheiternde Adressierung kann für die Medienwissenschaft aufschlussreich sein, denn: „Die Nicht-Adresse dekliniert nicht zuletzt das gesellschaftlich und diskursiv ‚Unwissbare' beziehungsweise ‚Unsagbare'" (*Nohr* in diesem Band). Da das gesellschaftliche Wissen derart eingebunden ist in die Herstellung von Fernsehtopographien, muss, *Nohr* zufolge, somit die „Trennung in ‚medialisierte' (oder: ‚simulierte') und ‚reale' (oder: ‚vormediale') Räume und Ereignisse (oder Vorkommnisse)" aufgegeben werden.

Tom Holert analysiert in seiner „Geographie der Exzellenz" die Raumproduktion der Wissensindustrien, wobei er Foucaults „Regime der Gouvernementalität" kunstvoll mit den geographischen und kapitalismustheoretischen Überlegungen von Deleuze/Guattari verknüpft. *Holert* zeigt dabei, wie sich die „Diskurse der Optimierung körperlicher, kognitiver, ‚mentaler' oder emotiver Leistungsfähigkeit in globalisierten Wissensgesellschaften mit Diskursen der Standortpolitik, des Migrationsmanagements und der Demographie" verschränken. Die Herausbildung einer neuen Klassentheorie durch das Geoweb (vgl. Burrows/Gane 2006; Parker et al. 2007) erweist sich in *Holerts* Beitrag nur als Zwischenschritt hin zu einem neuen „Mittelalter, in dem die gesteigerten Möglichkeiten der Netzwerkökonomie mit zunehmenden sozialen Abschottungsprozessen erkauft werden". Als Beleg hierfür führt *Holert* den französischen Multi-Entrepeneur Jacques Attali an,[37] der eine neue Form des Nomadismus im digitalen Zeitalter postuliert, die Menschen in Angeschlossene, Eingeschlossene und Ausgeschlossene unterteilt, und zwar bezogen auf die physische *und* virtuelle Mobilität. Nach diesem Verständnis gehören diejenigen, die in Zukunft überhaupt noch längere Strecken physisch überwinden können, zu einer privilegierten Schicht. Eine wachsende Zahl ‚virtueller Migranten' wird zum Wohlstand ausgewählter Staaten beitragen, gleichwohl sie in einem fernen Billiglohnland arbeiten. Dieses durch das Netz hervorgebrachte Proletariat bildet das (vermutlich sogar wesentlich gewichtigere) Gegenstück zum öffentlich proklamierten *brain drain*, der Abwanderung des ‚Humankapitals' zu *knowledge villages* und *smart cities*, die Holert als Schimäre entlarvt:

> Zwischen dem sogenannten *talented people*-Ansatz, dem zufolge die Anwesenheit bestimmter Individuen zum Erfolg eines Standortes führt, und der Theorie der ‚privilegierten Orte', nachdem die sozialen, kulturellen und infrastrukturellen Bedingungen eines Ortes das entsprechende Humankapital anziehen, scheint sich zumindest ein Gleichgewicht abzuzeichnen. (*Holert* in diesem Band)

Eine Analyse der fotografischen Selbstinszenierung, so sein Ausblick auf zukünftige Forschungsprojekte, könnte zeigen, dass diese „privilegierten Orte" oder „Wissenskorridore" Implementierungen einer Zukunft sind, die von den Menschen verlangt, „immaterieller Arbeit" gerecht zu werden.

---

37 Attali leitet derzeit u.a. einen von Nicolas Sarkozy eingerichteten Think-Tank.

Auf je unterschiedliche Weise plädieren die Autoren dieser Sektion für eine Auflösung der Trennung zwischen Digitalem und Nicht-Digitalem (*Sassen*), zwischen Ort und Raum (*Crang*), zwischen Lokalem und Globalem (*McQuire*), zwischen realen und simulierten Räumen/Ereignissen (*Nohr*) und zwischen physischer und virtueller Mobilität (*Holert*) in Folge der Transzendendierung/Erodierung der Ortserfahrung durch Medien. Welche Auswirkungen dies für die Theorie der Medienumbrüche und deren Analog-Digital-Differenzierung hat, müssen weitere Forschungen klären.

6 Media(l) Turn in der Geographie

Quer zu der Systematik der Sektionen, die unsere Einleitung strukturiert, sollen in den beiden Schlussabschnitten insbesondere die fachgeographischen Beiträge des Bandes noch einmal getrennt von den medienwissenschaftlichen konstelliert werden. Unsere These lautet, dass dem hier skizzierten *spatial turn* der Medienwissenschaft auch ein *media(l) turn* in der Geographie gegenübersteht, dessen Reichweite und Auswirkungen noch nicht in Gänze absehbar sind. Ähnlich wie in der vorausgehenden Publikation zum *spatial turn* in den Kultur- und Sozialwissenschaften (Döring/Thielmann 2008) war es das Bestreben der Herausgeber, in jeder Sektion des Bandes auch Fachvertreter aus der internationalen Humangeographie (Kulturgeographie, Sozialgeographie, politische Geographie) zu Wort kommen zu lassen – jener Disziplin, für die der Raumbezug immer schon fachkonstitutiv gewesen ist. Bislang zeichnen sich – so weit schon zu erkennen – etwa vier unterschiedliche Zugangsweisen bzw. Gegenstandskonstruktionen einer fachgeographisch konturierten Mediengeographie ab, die alle mit je mindestens einem Beitrag in diesem Band vertreten sind:

(1.) Geographie der Medien/Geographie in den Medien (vgl. den Beitrag von *Zimmermann* in diesem Band): Dabei untersucht Geographie zum einen die Geographie der Medienproduzenten (Escher/Zimmermann 2004, Zimmermann/Escher 2005), zum anderen jene medieninternen imaginären Geographien wie etwa Raumkonstruktionen, Stadt- und Landschaftsdarstellungen z.B. in Spielfilm oder Fernsehformaten (Aitken/Zonn 1994, Cresswell/Dixon 2002, Driver 2003). Es gibt auch Arbeiten, die Geographie der Medien und Geographie in den Medien innerhalb eines gemeinsamen Untersuchungsrahmens behandeln (Lukinbeal 1995, Bollhöfer 2007). Die räumlich-konkrete Geographie der Medienproduzenten wird dabei auf bewährte kultur- oder sozialgeographische Weise behandelt. Bei der Analyse der Geographie in den Medien gibt es sowohl methodisch als auch in Bezug auf die gewählten Korpora naturgemäß Überschneidungen zu den Fachwissenschaften, die sich dieser Einzelmedien annehmen und bisweilen auch schon eine lange Tradition der Adressierung räumlicher Aspekte vorzuweisen haben (v. a. die Filmwissenschaft). Hier hat es die Geographie mitunter schwer, ein disziplinäres Alleinstellungsmerkmal zu markieren (vgl. hierzu auch die selbstkritischen Überlegungen von *Zimmermann* im Abspann zu seinem Beitrag diesem Band).

(2.) Mediengenerierte geographische Imaginationen (vgl. die Beiträge von *Miggelbrink* und *Reuber/Strüver* in diesem Band): Hier kommt die Spezialkompetenz der Fachgeographie für die „Verräumlichung" medialer Befunde wie z.B. massenmedial zirkulierende Visiotypen (*Miggelbrink*) oder geopolitische Leitbilder (*Reuber/Strüver*) zum Tragen. *Miggelbrink* kann – über den Begriffsschöpfer Pörksen hinaus (Pörksen 1997) – zeigen, wie auf dem „Weltmarkt der Bilder" gehandelte Bild-Stereotypen zugleich immer auch eine Form von alltäglicher symbolischer Regionalisierung darstellen (vgl. Werlen 1995, Werlen 1997), so dass aus Visiotypen immer auch Geovisiotypen werden. *Reuber/Strüver* werten in ihrem Beitrag sowohl quantitativ als auch qualitativ den deutschen Zeitungsdiskurs nach 9/11 aus und belegen einen mediengeographisch sehr instruktiven „räumlichen Reflex" der Medien, durch den die journalistische Krisenbeschreibung gekennzeichnet ist: Die Reduktion komplexerer und anfänglich schwer überschaubarer Konfliktstrukturen erfolgt über eine signifikante Koppelung der Themen Kultur und Raum. Hier wird – teils unter Handlungsdruck in Ermangelung komplexerer Beschreibungsmodelle, teils in manifest politischer Absicht – eine Raumsemantik fortgeschrieben, die an bewährte geographische Imaginationen und (teils auch medieninduzierte) Vorurteilsstrukturen anzuschließen sucht.

(3.) Mediale Konstruktion/Transformation physischer Räume (vgl. den Beitrag von *Crang* in diesem Band): Dabei wird die neu gewonnene Medienperspektive in die humangeographisch sehr traditionsreiche und forschungsergiebige Unterscheidung von *space* und *place* integriert. Was sind medialisierte Räume? Wie zeigen sich physische Orte überformt und verändert durch globale Massenmedien? Wie ist *Global Space* anders zu beschreiben als durch die Annahme eines quer zur Unterscheidung von physischen und imaginären Räumen geschichteten *MediaSpace* (Couldry/McCarthy 2004)? Crang zeigt an seinem Beispiel Singapur, wie durch geschicktes, mediengestütztes *Space Branding* ein Ort zur Marke umdefiniert wird und kehrseitig der physische Ort durch die ihm zugeschriebenen Eigenschaften als „central hub in a new space of mediated global flows" (*Crang* in diesem Band) sich räumlich-konkret zu transformieren beginnt. Eine solche fachgeographische Perspektive bietet sich als notwendige Ergänzung und Erweiterung der etwa von Castells (2001) oder *Sassen* (in diesem Band) vorgeschlagenen mediensoziologischen Forschung zu Netzwerkgesellschaft und *Global Cities* an.

(4.) Geographische Perspektivierung der neuen Geomedien (vgl. die Beiträge von *Crampton* und *Aitken/Craine* in diesem Band): Dieser Forschungszweig ist für eine allgemeine Mediengeographie deshalb von allerhöchstem Interesse, weil im Falle der Emergenz neuer Medien, die unser Verständnis physischer Territorialität wie das situativer Nähe gleichermaßen soziotechnisch reorganisieren, die fachgeographische Expertise besonders gefragt scheint. Fragt man sich, welche fachspezifischen Beiträge aus dem Umkreis der *New Cultural Geography* den fächerübergreifenden *spatial turn* am meisten mitgeprägt haben, dann gehören die Analysen der *Critical Cartography* von Landkarten – nun nicht länger als neutrale Rauminformationen, vielmehr gelesen als rhetorische *thick texts* (Harley 1988, Wood/Fels 1992) – ganz gewiss zu den resonanzstärksten. Zieht man den Beitrag von *Crampton* in diesem Band heran, zeichnet sich eine interessante Fortschreibung ab. Die geographisch geschulte Lektürekompetenz gilt ab jetzt einerseits den zentralen geographischen Darstellungs- und Analysemedien nach dem digitalen Medienumbruch (GIS). Andererseits sind Fachgeographen in besonderer Weise prädestiniert, die geomedialen Praxen zu evaluieren, die sich – gerade in kartographischer Hinsicht – derzeit im neogeographischen Feld des *Social Web* etablieren. Hier erweist sich die fachgeographische Perspektive als unverzichtbares Korrektiv zu den medienwissenschaftlichen Forschungsdesigns in diesem Gegenstandsfeld (vgl. die Beiträge von *Parks* und *Gordon* in diesem Band). Interessanterweise ist in dem Tableau fachgeographischer Positionen zu den neuen Geomedien aber auch die innergeographische Gegenposition zur *Critical Cartography* vertreten: *Aitken/Craine* kritisieren in ihrem Beitrag nicht wie *Crampton* den politischen Gebrauch neuer Geomedien als Machttechnik, sondern eher die Geographen, die den affektiven Spielraum – geboten durch die Visualisierungschancen von GIS – noch nicht hinreichend und in wohlverstandenem Eigeninteresse ausschöpfen. Dieser Konflikt ist instruktiv: Die Fachgeographen sind noch uneins darüber, ob sie die neuen Geomedien besser auf der Objekt- oder auf der Darstellungsebene konzeptualisieren. Auf der Objektebene könnten sie ihre fachkonstitutive Kompetenz im Umgang mit Geomedien (auch den alten) im Allgemeinen ins kulturwissenschaftliche Feld einspeisen; auf der Darstellungsebene liegt in den neuen Geomedien ein Potential zur massenattraktiven Popularisierung geographischer Inhalte bereit. Hier ist gewissermaßen die Faszinationsseite im Umgang mit geographischem Wissen thematisch, die seit der Entstehung der ältesten Geomedien – den frühesten kartenverwandten Darstellungen im Neolithikum, dem Mainzer Himmelsglobus römischen Ursprungs (im 2. Jahrhundert n. Chr.) – deren Transformationsgeschichte begleitet.

7 Spatial Turn in der Medienwissenschaft

Wie die medienwissenschaftlichen Beiträge in diesem Band deutlich gemacht haben, kann Medienkommunikation „nicht ohne ihre räumliche und topographische Erstreckung gedacht werden" (*Nohr*). Dabei kristallisiert sich der *spatial turn* in der Medienwissenschaft vor allem als eine Frage des Ortes heraus.[38] Durch den *spatial turn* fallen scheinbar Medium und Ort wieder zusammen, so wie dies der Medienbegriff auch primär nahelegt: „Medium als Mitte meint die Topologie und Topographie des Mediums, seine Verortung im kartesischen Koordinatensystem von Raum und Zeit, insbesondere im Raum" (Weber 2001: 24). Ein Medium ist zunächst ein Ort (ebd.: 28), „das in der Mitte *Befindliche*" (Tholen 2006: 150, eigene Herv.), nicht weniger und nicht viel mehr. So verwundert es nicht, dass mit der Ausweitung der Medien auch eine „explosion of place" (Staple 1997; Graham 1998) stattgefunden hat, die sich u.a. in „multinuclear spatial structures" (Castells 1989: 167), „multiplicity of locals" (*Sassen* in diesem Band), „Hyperlocality" (Sterling 2007), ja sogar „Cybernetic Localism" (Faßler 2008) offenbart. Der *spatial turn* scheint dabei in keiner Weise im Gegensatz zum *media(l) turn* zu stehen (vgl. Jansson 2007: 192). So kennzeichnet das transplane Bild nicht nur das Kontinuum zwischen Fläche und Raum, sondern auch den „*spatial turn* des *iconic turn*" (*Schröter* in diesem Band). Ebenso sind Geomedien, die für Manovich den *spatial turn* manifestieren, genau am Übergang zwischen zwei- und dreidimensionalen Bildern, zwischen virtuellem und „realem Raum" konstituiert (*Manovich/ Thielmann* in diesem Band).

Der *spatial turn* der Medienwissenschaft entpuppt sich so als eine Normalisierungsbewegung in Folge einer Neubewertung der Raumverlustrhetorik, als eine Rückbesinnung auf transportwissenschaftliche Traditionen. Medienwissenschaft war, wie diese Ausführungen zu zeigen versuchten, schon immer Mediengeographie, angefangen von McLuhan und Virilio bis heute. Spitzt man die These von *Schwoch* in diesem Band noch etwas weiter zu, dann lassen sich Medienwissenschaft und *spatial turn* sogar ohnehin auf den gleichen Ursprung zurückführen: Telstar und die weitreichenden geographischen Imaginationen, die sich an ihn knüpfen. So wie der neuzeitliche Übergang vom geozentrischen zum heliozentrischen Weltbild durch Kopernikus' *De Revolutionibus Orbium Coelestium* mehr als 200 Jahre später zu einer „kopernikanischen Wende" in der Erkenntnistheorie führte, hat die Satellitentechnologie eine „kopernikanische Revolution des Blicks" (Sloterdijk 1990: 57) ermöglicht, die sich heute als *media spatial turn* oder genauer: *geomedial turn* zu etablieren scheint.

---

38 Vgl. Crang/Mitchell (2000: 4): „Any spatial turn in the contemporary human sciences is also very much a return to questions of place."

Nicht nur im Gegensatz zu anderen *turns*, auch im Vergleich zu allen anderen Raumkehren ist der *spatial turn* wohl von einer viel tiefer gehenden Wirkung und wird „in der Rückschau des 21. Jahrhunderts vielleicht als eines der bedeutsamsten intellektuellen und politischen Ereignisse des späten 20. Jahrhunderts angesehen werden" (Soja 2008: 243). Oder wie es Thrift (2008a: 406) formuliert: Raum „ist nicht länger das Nebenprodukt von etwas Tieferem oder eine bequeme Krücke oder ein konkretes Resultat, Raum ist vielmehr – möglicherweise immer mehr vorbehandelt, zweifelsohne aber aus Teilen zusammengesetzt – der Grundstoff des Lebens selbst." Dass dies auch Auswirkungen auf die Medienwissenschaft haben muss, scheint unzweifelhaft. Eine „geographically enabled media studies" (Rain/Brooker-Gross 2004: 315) oder „*space-biased* Medienwissenschaft" (Döring/Thielmann 2008) sind die ersten Schritte hin zu einer Geomedienwissenschaft, die dieser Band in möglichst großer Breite vorzustellen versucht.

Die Abschnitte 1-5 und 7 wurden von Tristan Thielmann, der Abschnitt 6 wurde von Jörg Döring verfasst. Die Herausgeber danken sehr herzlich: der Deutschen Forschungsgemeinschaft, die den Druck dieses Buches ermöglichte; der VolkswagenStiftung, die die internationale Konferenz „Der Geocode der Medien. Eine Standortbestimmung des Spatial Turn" an der Universität Siegen vom 12. bis 14. Oktober 2006 finanziert hat. Diese Konferenz gab uns Gelegenheit, einen Teil der hier vertretenen Beiträger persönlich kennenzulernen, und sie bildete den Ausgangspunkt und thematischen Nukleus des vorliegenden wie auch des vorangehenden, von uns herausgegebenen Bandes „Spatial Turn. Das Raumparadigma in den Kultur- und Sozialwissenschaften" (transcript: Bielefeld 2008). Wie immer umsichtig und geduldig hat uns das Koordinationsbüro des SFB/FK 615 „Medienumbrüche" an der Universität Siegen unterstützt. Für die produktive, high-pressure-resistente, höchst angenehme und zuverlässige Mitarbeit bei Lektorat, Satz, Index, Übersetzung und Endkorrektur dieses Buches sei schließlich aufs herzlichste gedankt: Sebastian Abresch, Gudrun Dauner, Tobias Gerlach, Seth Hulse, Daniel Knapp, Annika Richterich, Frederic Ponten, Daniel Seibel und Robert Sinur.

Literatur

Abler, Ronald (1974): „The Geography of Communications", in: Michael Eliot Hurst (Hrsg.), *Transportation Geography: Comments and Readings*, New York, 327-345.

Abrams, Janet/Hall, Peter (2006a): *Else/Where: New Cartographies of Networks and Territories*, Minneapolis, MN.

Abrams, Janet/Hall, Peter (2006b): „Where/Abouts", in: dies. (Hrsg.), *Else/Where: New Cartographies of Networks and Territories*, Minneapolis, MN, 12-17.

Aitken, Stuart C./Zonn, Leo E. (Hrsg.) (1994): *Place, Power, Situation, and Spectacle: A Geography of Film*, Lanham/London.

Armitage, John (1999): „From Modernism to Hypermodernism and Beyond: An Interview with Paul Virilio", in: *Theory, Culture & Society* 16(5-6), 25-55.

Bachelard, Gaston (1975): *Poetik des Raumes*, Frankfurt a.M.

Badger, Brandon (2008): „Extra! Extra! Discover the World's News in Google Earth", in: *Google Lat Long Blog*, 20.05.2008, http://google-latlong.blogspot.com/2008/05/extra-extra-now-you-can-discover-worlds.html, 31.12.2008.

Barlow, John Perry (1996): „A Declaration of Independence of Cyberspace", http://homes.eff.org/~barlow/Declaration-Final.html, 31.12.2008.

Baudrillard, Jean (1978): *Agonie des Realen*, Berlin.

Baudrillard, Jean (1985): *Die fatalen Strategien*, München.

Beck, Klaus (2003): „No sense of place? Das Internet und der Wandel von Kommunikationsräumen", in: Christiane Funken/Martina Löw (Hrsg.), *Raum – Zeit – Medialität*, Opladen, 119-137.

Bell, Thomas L./Johansson, Ola (Hrsg.) (voraussichtlich 2009): *Turn Up the Volume: New Essays in Music Geography*, Aldershot.

Belting, Hans (2008): *Florenz und Bagdad. Eine weströstliche Geschichte des Blicks*, München.

Bollhöfer, Björn (2007): *Geographien des Fernsehens. Der Kölner Tatort als mediale Verortung kultureller Praktiken*, Bielefeld.

Bornemeier, Birgit (2006): *Kunstgeographie. Die kunstgeographische Analyse als Methode einer synthetisch-kulturgeographischen Raumdifferenzierung*, Dissertation, Universität Trier.

Bruno, Giuliana (2002): *Atlas of Emotion: Journeys in Art, Architecture, and Film*, New York.

Buci-Glucksmann, Christine (1997): *Der kartographische Blick der Kunst*, Berlin [Paris 1996].

Budke, Alexandra et al. (Hrsg.) (2004): *Internetgeographien. Beobachtungen zum Verhältnis von Internet, Raum und Gesellschaft*, Stuttgart.

Burrows, Roger/Gane, Nicholas (2006): „Geodemographics, Software and Class", in: *Sociology* 40(5), 793-812.

Butler, Declan (2006): „The Web-Wide World", in: *Nature* 439(7078), 776-778.

Carlson, Rebecca/Corliss, Jonathan (2007): „Rubble Jumping: From Paul Virilio's Techno-Dromology to Video Games and Distributed Agency", in: *Culture, Theory and Critique* 48(2), 161-174.

Castello, Cris et al. (2008): „Google Earth Geographic Web Updates", in: *Google Lat Long Blog*, 12.08.2008, http://google-latlong.blogspot.com/2008/08/google-earth-geographic-web-updates.html, 31.12.2008.

Castells, Manuel (1989): *The Informational City. Information Technology, Economic Restructuring and the Urban-Regional-Process*, Oxford.

Castells, Manuel (2001): *Der Aufstieg der Netzwerkgesellschaft. Das Informationszeitalter I*, Opladen.

Christophers, Brett (2007): „Media Geography's Dualities", in: *Cultural Geographies* 14(1), 156-161.

Clarke, Keir (2008): „Lively Google Map", in: *Google Maps Mania*, 08.07.2008, http://googlemapsmania.blogspot.com/2008/07/lively-google-map.html, 31.12.2008.

Cosgrove, Denis (2004): „Karto-City. Kartografie und Stadtraum", in: Nina Möntmann et al. (Hrsg.), *Mapping a City*, Ostfildern, 32-47.

Couldry, Nick/McCarthy, Anna (2004): „Orientations: Mapping MediaSpace", in: dies. (Hrsg.), *MediaSpace: Place, Scale and Culture in a Media Age*, London/New York, 1-18.

Coverley, Merlin (2006): *Psychogeography*, Harpenden.

Craine, James et al. (Hrsg.) (2007): *Aether: The Journal of Media Geography* 1.

Crampton, Jeremy W. (voraussichtlich 2009): „Mapping Without a Net: What the Geospatial Web can Learn from the Political Blogosphere", in: Tristan Thielmann (Hrsg.), *Locative Media and Mediated Localities, (Aether. The Journal of Media Geography* 5), Northridge, CA 2009, http://www.aetherjournal.org.

Crang, Mike et al. (Hrsg.) (1999): *Virtual Geographies: Bodies, Space and Relations*, London.

Crang, Mike (2008): „Zeit : Raum", in: Jörg Döring/Tristan Thielmann (Hrsg.), *Spatial Turn. Das Raumparadigma in den Kultur- und Sozialwissenschaften*, Bielefeld, 409-438.

Crang, Philip/Mitchell, Don (2000): „Editorial", in: *Cultural Geographies* 7(1), 1-6.

Cresswell, Tim (2004): *Place: A Short Introduction*, Malden, MA.

Cresswell, Tim/Dixon, Deborah C. (Hrsg.) (2002): *Engaging Film: Geographies of Mobility and Identity*, Lanham et al.

DaCosta Kaufmann, Thomas (2004): *Toward a Geography of Art*, Chicago.

Degener, Michael (2008): „Translator's Instruction", in: Paul Virilio, *Negative Horizon. An Essay in Dromoscopy*, London/New York, 1-23.

Dicken, Peter (2000): „A New Geo-economy", in: David Held/Anthony McGrew (Hrsg.), *The Global Transformations Reader: An Introduction to the Globalization Debate*, Cambridge, 303-310.

Dillon, Diane (2007): „Consuming Maps", in: James R. Akerman/Robert W. Karrow Jr. (Hrsg.), *Maps: Finding our Place in the World*, Chicago/London, 289-343.

Dodge, Martin/Kitchin, Rob (2001a): *Atlas of Cyberspace*, Harlow et al.

Dodge, Martin/Kitchin, Rob (2001b): *Mapping Cyberspace*, London et al.

Dodge, Martin/Kitchin, Rob (2005): „Code and the Transduction of Space", in: *Annals of the Association of American Geographers* 95(1), 162-180.

Dodge, Martin et al. (2008): „The Power of Geographical Visualizations", in: dies. (Hrsg.), *Geographic Visualization. Concepts, Tools and Applications*, Chichester, 1-10.

Döring, Jörg/Thielmann, Tristan (2008): *Spatial Turn. Das Raumparadigma in den Kultur- und Sozialwissenschaften*, Bielefeld.

Driver, Felix (2003): „On Geography as a Visual Discipline", in: *Antipode* 35(2), 227-231.

Dunmore, John (1995): *The Journal of Jean-François de Galaup de la Pérouse 1785-1788*, Vol. 2, London.

Dunn, Christine E. (2007): „Participatory GIS – a People's GIS?", in: *Progress in Human Geography* 31(5), 616-636.

Dworschak, Manfred (2008): „Wikipedia der Navigation", in: *Der Spiegel* 62(22), 144-146.

Edgerton, Samuel (2002): *Die Entdeckung der Perspektive*, München. [*The Renaissance Rediscovery of Linear Perspective*, New York 1975]

Elkins, James (1994): *The Poetics of Perspective*, Ithaca, NY/London.

Engell, Lorenz et al. (Hrsg.) (2007): *Stadt – Land – Fluß: Medienlandschaften*, (*Archiv für Mediengeschichte* 7), Weimar.

Ernst, Wolfgang (2008): „,Merely the Medium'? Die operative Verschränkung von Logik und Materie", in: Stefan Münker/Alexander Roesler (Hrsg), *Was ist ein Medium?*, Frankfurt a.M., 158-184.

Escher, Anton/Zimmermann, Stefan (2004): „Hollywoods wahre nordafrikanische Städte", in: Günter Meyer (Hrsg.), *Die Arabische Welt im Spiegel der Kulturgeographie*, Mainz, 162-167.

Falkheimer, Jesper/Jansson, André (Hrsg.) (2006): *Geographies of Communication. The Spatial Turn in Media Studies*, Göteborg.

Faßler, Manfred (2002): *Bildlichkeit*, Wien et al.

Faßler, Manfred (2008): „Cybernetic Localism: Space, Reloaded", in: Jörg Döring/Tristan Thielmann (Hrsg.), *Spatial Turn. Das Raumparadigma in den Kultur- und Sozialwissenschaften*, Bielefeld, 185-217.

Feuerstein, Thomas (2006): „Der soziographische Kick", in: Stefan Bidner (Hrsg.), *Der soziographische Blick*, Köln, 20-30.

Fiutak, Martin (2005): „Google Earth: Freeware ermöglicht Echtzeit-Überwachung", in: *ZDNet*, 09.12.2005, http://www.zdnet.de/news/software/0,39023144,39139304,00.htm, 31.12.2008.

Flusser, Vilém (1992): „Das Verschwinden der Ferne", in: *Archplus* 24(111), 31-32.

Franke, Elk (2004): „Simulation der Realität oder Realität der Simulation – Bild, Sprache, Handlung im (modernen) Medienbetrieb", in: Peter Frei (Hrsg.), *Sport – Medien – Kultur*, Sankt Augustin, 55-74.

Geppert, Alexander C.T. (2007): „Flights of Fancy: Outer Space and the European Imagination, 1923-1969", in: Steven J. Dick/Roger D. Launius (Hrsg.), *Societal Impact of Spaceflight*, Washington, DC, 585-599.

Geppert, Alexander C.T. (2008): „European Astrofuturism, Cosmic Provincialism. Historical Problems and Historiographical Perspectives", Vortrag auf der *Imagining Outer Space, 1900-2000 Conference*, Zentrum für interdisziplinäre Forschung, Universität Bielefeld, 06.02.2008.

Geppert, Alexander C.T. et al. (2005): „Verräumlichung. Kommunikative Praktiken in historischer Perspektive, 1840-1930", in: dies. (Hrsg.), *Ortsgespräche. Raum und Kommunikation im 19. und 20. Jahrhundert*, Bielefeld, 15-49.

Goodchild, Michael (2008): „What does Google Earth Mean for the Social Sciences?", in: Martin Dodge et al. (Hrsg.), *Geographic Visualization. Concepts, Tools and Applications*, Chichester, 11-23.

Gordon, Al (1998): „The Digital Earth: Understanding Our Planet in the 21st Century", California Science Center, Los Angeles, CA, 31.01.1998, http://www.isde5.org/al_gore_speech.htm, 31.12.2008.

Graham, Stephen (1998): „The End of Geography or the Explosion of Place? Conceptualizing Space, Place and Information Technology", in: *Progress in Human Geography* 22(2), 165-185.

Graham, Stephen (2004): „Beyond the ‚Dazzling Light': From Dreams of Transcendence to the ‚Remediation' of Urban Life: A Research Manifesto", in: *New Media Society* 6(1), 16-25.

Graham, Stephen (2005): „Software-sorted Geographies", in: *Progress in Human Geography* 29(5), 562-580.

Hanke, John (2008): „The State of the Geoweb", Vortrag auf der *Where 2.0 Conference*, 13.05.2008, http://radar.oreilly.com/archives/2008/05/where-20-video-googleesri-keyn.html, 31.12.2008.

Hard, Gerhard (2008): „Der Spatial Turn, von der Geographie her beobachtet", in: Jörg Döring/Tristan Thielmann (Hrsg.), *Spatial Turn. Das Raumparadigma in den Kultur- und Sozialwissenschaften*, Bielefeld, 263-315.

Hardey, Michael (2007): „The City in the Age of Web 2.0. A New Synergistic Relationship Between Place and People", in: *Information, Communication & Society* 10(6), 867-884.

Harley, J. Brian (1988): „Maps, Knowledge, and Power", in: Denis Cosgrove/Stephen Daniels (Hrsg.), *The Iconography of Landscape. Essays on the Symbolic Representation, Design and Use of Past Environments*, Cambridge, 277-312.

Harpold, Terry (1999): „Dark Continent: A Critique of Internet Metageographies", in: *Postmodern Culture* 9(2), http://www.iath.virginia.edu/pmc/text-only/issue.199/9.2harpold.txt, 31.12.2008.

Hayles, N. Katherine (2008): „Behind the Screen: Implications of Database Construction", Vortrag auf der Tagung *Beyond the Screen: Transformations of Literary Structures, Interfaces and Genres*, Universität Siegen, 20.11.2008.

Hetherington, Kevin (1997): „In Place of Geometry. The Materiality of Place", in: ders./Rolland Munro (Hrsg.), *Ideas of Difference. Social Spaces and the Labor of Division*, Oxford, 183-199.

Hillis, Ken (1998): „On the Margins: The Invisibility of Communications in Geography", in: *Progress in Human Geography* 22(4), 543-566.

Himmelsbach, Sabine/Volkart, Yvonne (2007): *Ökomedien – Ecomedia*, Ostfildern.

Hudson-Smith, Andrew et al. (2009): „The Neogeography of Virtual Cities: Digital Mirrors into a Recursive World", in: Marcus Foth (Hrsg.), *Handbook of Research on Urban Informatics: The Practice and Promise of the Real-Time City*, Hershey, PA, 270-290.

Hughes, Thomas Parke (1983): *Networks of Power: Electrification in Western Society, 1880-1930*, Baltimore, Md.

Hughes, Thomas Parke (1998): *Rescuing Prometheus*, New York.

James, Ian (2007): *Paul Virilio*, London/New York.

Jameson, Fredric (1991): *Postmodernism, or, The Cultural Logic of Late Capitalism*, Durham.

Jansson, André (2007): „Texture: A Key Concept for Communication Geography", in: *European Journal of Cultural Studies* 10(2), 185-202.

Kehlmann, Daniel (2005): „Fingerreisen", in: *du* (Nr. 762: Weltkarten. Eine Vermessenheit) 65(11/12), 20-21.

Klein, Naomi (2007): *Die Schock-Strategie. Der Aufstieg des Katastrophen-Kapitalismus*, Frankfurt a.M.

Knowles, Anne Kelly (2000): „Introduction: Historical GIS, the Spatial Turn in Social Science History", in: *Social Science History* 24(3), 451-470.

Kopernikus, Nikolaus (1965 [1543]): *De Revolutionibus Orbium Coelestium*, Faksimile-Druck der Erstausgabe aus dem Jahre 1543, Leipzig.

Krämer, Sybille (2006): „The Cultural Techniques of Time Axis Manipulation: On Friedrich Kittler's Conception of Media", in: *Theory, Culture & Society* 23(7-8), 93-109.

Krämer, Sybille (2008): „Medien, Boten, Spuren. Wenig mehr als ein Literaturbericht", in: Stefan Münker/Alexander Roesler (Hrsg), *Was ist ein Medium?*, Frankfurt a.M., 65-90.

Kramer, Stefan (2008): „Hypermediale Key Visuals", in: Joachim Paech/Jens Schröter (Hrsg.), *Intermedialität Analog/Digital. Theorien – Methoden – Analysen*, München, 91-102.

Krims, Adam (2007): *Music and Urban Geography*, New York.

Krotz, Friedrich (1997): „Das Wohnzimmer als unsicherer Ort. Aufzeichnungen zu den ‚Aufzeichnungen'", in: *montage/av* 6(1), 97-104.

Lagaay, Alice (2004): „Paul Virilio – Licht im Bunker: Medientheorie als Dromologie", in: dies./David Lauer (Hrsg.), *Medientheorien. Eine philosophische Einführung*, Frankfurt a.M., 149-171.

Latour, Bruno (1985): „Les ‚vues' de l'esprit. Une introduction à l'anthropologie des sciences et des techniques", in: *Culture Technique* 14, 5-29.

Latour, Bruno (1986): „Visualization and Cognition: Thinking with Eyes", in: *Knowledge and Society. Studies in the Sociology of Culture Past and Present* 6, 1-40.

Latour, Bruno (1987): *Science in Action. How to Follow Scientists and Engineers through Society*, Cambridge, MA.

Latour, Bruno (1996): *Der Berliner Schlüssel. Erkundungen eines Liebhabers der Wissenschaften*, Berlin.

Latour, Bruno (2005): *Reassembling the Social: An Introduction to Actor-Network-Theory*, Oxford.

Latour, Bruno (2006): „Drawing Things Together: Die Macht der unveränderlich mobilen Elemente", in: Andréa Belliger/David J. Krieger (Hrsg.), *ANThology. Ein einführendes Handbuch zur Akteur-Netzwerk-Theorie*, Bielefeld, 259-307.

Latour, Bruno (2007): *Eine neue Soziologie für eine neue Gesellschaft. Einführung in die Akteur-Netzwerk-Theorie*, Frankfurt a.M.

Law, John/Hetherington, Kevin (2000): „Materialities, Spatialities, Globalities", in: John Bryson et al. (Hrsg.), *Knowledge, Space, Economy*, London, 34-49.

Leschke, Rainer (2003): *Einführung in die Medientheorie*, München.

Lukinbeal, Chris (1995): *A Geography in Film, A Geography of Film*, Master Thesis, California State University, Hayward.

Lukinbeal, Chris et al. (2007): „Aether: A Prospectus", in: *Aether. The Journal of Media Geography* 1, 1-3.

Maresch, Rudolf/Werber, Niels (2002): „Permanenzen des Raums", in: dies. (Hrsg.), *Raum, Wissen, Macht*, Frankfurt a.M., 7-30.

Margreiter, Reinhard (2007): *Medienphilosophie. Eine Einführung*, Berlin.

McDevitt, Patrick (2008): „Navigating the Future", Vortrag auf der *Where 2.0 Conference*, Burlingcame, CA, 13.05.2008.

McLuhan, Marshall (1964): *Understanding Media. The Extensions of Man*, New York 1964.

McLuhan, Marshall (1968): *Die magischen Kanäle. Understanding Media*, Düsseldorf/Wien.

McLuhan, Marshall (1987 [1964]): „To Harry J. Skornia (July 6, 1964)", in: ders., *Letters of Marshall McLuhan*, Toronto, 305-306.

McLuhan, Marshall/Fiore, Quentin (1969): *Das Medium ist Massage*, Frankfurt a.M.

Miggelbrink, Judith/Schlottmann, Antje (Hrsg.) (2007): *Visual Geographies/ Visuelle Geographien*, (*Social Geography* 2), Katlenburg-Lindau.

Moody, Kate (1999): *The Children of Telstar: Early Experiments in School Television Production*, New York.

Moretti, Franco (1999): *Atlas des europäischen Romans. Wo die Literatur spielte*, Köln. [*Atlante del romanzo europeo (1800–1900)*, Turin 1997]

Morisch, Claus (2002): *Technikphilosophie bei Paul Virilio*, Würzburg.

Morley, David (1992): *Television, Audiences and Cultural Studies*, London/New York.

Murray, Abe (2008): „Mapped Web Pages in Google Maps", in: *Google Lat Long Blog*, 01.05.2008, http://google-latlong.blogspot.com/2008/05/mapped-web-pages-in-google-maps.html, 31.12.2008.

Nagel, Siegfried Robert (1907): *Deutscher Literaturatlas. Die geographische und politische Verteilung der deutschen Dichtung in ihrer Entwicklung nebst einem Anhang von Lebenskarten der bedeutendsten Dichter*, Wien/Leipzig.

Oehler, Christoph (2008): „More Ways to Find More Than Ever", in: *Google Lat Long Blog*, 14.05.2008, http://google-latlong.blogspot.com/2008/05/more-ways-to-find-what-youre-looking_14.html, 31.12.2008.

Okladnikova, Elena (1998): „Traditional Cartography in Arctic and Subarctic Eurasia", in: David Woodward/G. Malcolm Lewis (Hrsg.), *The History of Cartography, Vol. 2, Book 3: Cartography in the Traditional African, American, Arctic, Australian, and Pacific Societies*, Chicago/London, 329-349.

Paech, Joachim (1998): „Intermedialität: Mediales Differenzial und transformative Figuren", in: Jörg Helbig (Hrsg.), *Intermedialität: Theorie und Praxis eines interdisziplinären Forschungsgebiets*, Berlin, 14-30.

Parker, Simon et al. (2007): „Class Places and Place Classes. Geodemographics and the Spatialization of Class", in: *Information, Communication & Society* 10(6), 902-921.

Parks, Lisa (2005): *Cultures in Orbit. Satellites and the Televisual*, Durham.

Pegg, Mike (2005): „Summary of All Known Google Maps Katrina Mashups", in: *Google Maps Mania*, 08.09.2005, http://googlemapsmania.blogspot.com/2005/09/summary-of-all-known-google-maps.html, 31.12.2008.

Peuquet, Donna J./Kraak, Menno-Jan (2002): „Geobrowsing: Creative Thinking and Knowledge Discovery Using Geographic Visualization", in: Information Visualization 1(1), 80-91.

Pias, Claus (2005): „Die Pflichten des Spielers. Der User als Gestalt der Anschlüsse", in: Martin Warnke (Hrsg.), *HyperKult II: Zur Ortsbestimmung analoger und digitaler Medien*, Bielefeld, 313-341.

Piatti, Barbara (2008): *Die Geographie der Literatur. Schauplätze, Handlungsräume, Raumphantasien*, Göttingen.

Pickles, John (1999): „Social and Cultural Cartographies and the Spatial Turn in Social Theory", in: *Journal of Historical Geography* 25(1), 93-98.

Pörksen, Uwe (1997): *Weltmarkt der Bilder. Eine Philosophie der Visiotype*, Stuttgart.

Rain, David R./Brooker-Gross, Susan R. (2004): „A World on Demand: Geography of the 24-Hour Global TV News", in: Stanley D. Brunn et al. (Hrsg.), *Geography and Technology*, Dordrecht et al., 315-337.

Ratliff, Evan (2007): „Google Maps Is Changing the Way We See the World", in: *Wired*, 26.06.2007, http://www.wired.com/techbiz/it/magazine/15-07/ff_maps#, 31.12.2008.

Ratzel, Friedrich (²1899): *Anthropogeographie. Erster Teil: Grundzüge der Anwendung der Erdkunde auf die Geschichte*, Stuttgart.

Redhead, Steve (2004): *Paul Virilio: Theorist for an Accelerated Culture*, Edinburgh.

Ritter, Carl (1852): „Ueber das historische Element in der geographischen Wissenschaft" (1833), in: ders., *Einleitung zur allgemeinen vergleichenden Geographie, und Abhandlungen zur Begründung einer mehr wissenschaftlichen Behandlung der Erdkunde*, Berlin, 152-181.

Ron, Lior (2008): „Google Maps = Google on Maps", Vortrag auf der *Where 2.0 Conference*, Burlingame, CA, 14.05.2008, http://blip.tv/file/969411, 31.12.2008.

Rosa, Hartmut (2005): *Beschleunigung. Die Veränderung der Zeitstrukturen in der Moderne*, Frankfurt a.M.

Rottenburg, Richard (2002): *Weit hergeholte Fakten. Eine Parabel der Entwicklungshilfe*, Stuttgart.

Roush, Wade (2007): „Second Earth", in: *Technology Review*, July/August, 39-48.

Rudwick, Martin (1976): „The Emergence of a Visual Language for Geological Sciences 1760-1840", in: *History of Science* 14, 148-195.

Sassen, Saskia (2008): *Das Paradox des Nationalen. Territorium, Autorität und Rechte im globalen Zeitalter*, Frankfurt a.M.

Scharl, Arno/Tochtermann, Klaus (Hrsg.) (2007): *The Geospatial Web: How Geo-Browsers, Social Software and the Web 2.0 are Shaping the Network Society*, London.

Schlögel, Karl (2004): „Kartenlesen, Augenarbeit", in: Heinz Dieter Kittsteiner (Hrsg.), *Was sind Kulturwissenschaften? 13 Antworten*, München, 261-283.

Schüttpelz, Erhard (2006), „Die medienanthropologische Kehre der Kulturtechniken", in: *Archiv für Mediengeschichte* 6, 87-110.

Schuurman, Nadine (2006): „Formalization Matters: Critical GIScience and Ontology Research", in: *The Annals of the Association of American Geographers* 96(4), 726-739.

Sciboz, Daniel (2006): *Positioning System Exploration. Pratiques d'espaces et géolocalisation dans l'art et les nouveaux médias*, Université Paris, http://www.ciren.org/ciren/formation/territoire/Sciboz_M2_hq.pdf, 31.12.2008.

Self, Will (2007): *Psychogeography. Disentangling the Modern Conundrum of Psyche and Place*, London.

Siebert, Jan (2002): „Intermedialität", in: Helmut Schanze (Hrsg.), *Lexikon Medientheorie Medienwissenschaft*, Stuttgart/Weimar, 152-154.

Siegert, Bernhard (1993): *Relais. Geschicke der Literatur als Epoche der Post 1751 – 1913*, Berlin.

Siegert, Bernhard (2003): „(Nicht) Am Ort. Zum Raster als Kulturtechnik", in: *Thesis. Wissenschaftliche Zeitschrift der Bauhaus-Universität Weimar* 49(3), 92-104.

Siegert, Bernhard (2008): „Weiße Flecken und finstre Herzen. Von der symbolischen Weltordnung zur Weltentwurfsordnung", Vortrag auf der Tagung *Das Planetarische. Kultur – Technik – Medien im postglobalen Zeitalter* des SFB/FK-427, Universität Köln, 10.10.2008. Erscheint voraussichtlich 2009 in: Daniel Gethmann/Susanne Hauser (Hrsg.), *Kulturtechnik Entwerfen. Praktiken, Konzepte und Medien in Architektur und Design Science*, Bielefeld.

Sloterdijk, Peter (1990): *Versprechen auf Deutsch. Rede über das eigene Land*, Frankfurt a.M.

Smith, Richard (1997): „The End of Geography and Radical Politics in Baudrillard's Philosophy", in: *Environment and Planning D: Society and Space* 15(3) 305-320.

Soja, Edward (2008): „Vom ‚Zeitgeist' zum ‚Raumgeist'. New Twists on the Spatial Turn", in: Jörg Döring/Tristan Thielmann (Hrsg.), *Spatial Turn. Das Raumparadigma in den Kultur- und Sozialwissenschaften*, Bielefeld, 241-262.

Soutschek, Martin (2006): „Google Earth: Neuer Platzhirsch im Geo-Revier?", in: *GeoBIT: Geoinformationstechnologie für die Praxis* 11(1/2), 8-15.

Staple, Gregory C. (1997): „Telegeography and the Explosion of Place: Why the Network That is Bringing the World Together is Pulling it Apart", in: Eli Noam/Alex Wolfson (Hrsg.), *Globalism and Localism in Telecommunications*, Amsterdam, 217-228.

Stephenson, Neal (2002): *Snow Crash*, München. [New York 1992]

Sterling, Bruce (2007): „Dispatches From the Hyperlocal Future", in: *Wired*, Nr. 15/2007, 161-165, 26.06.2007, http://www.wired.com/techbiz/it/magazine/15-07/local, 31.12.2008.

Stöcker, Christian (2006): „Flugsimulator in Google Earth versteckt", in: *Spiegel Online*, 03.09.2007 http://www.spiegel.de/netzwelt/spielzeug/0,1518,503558,00.html, 31.12.2008.

Sui, Daniel Z. (Hrsg.) (2007): *Geosurveillance, The Geographical Review* 97(3), New York.

Talbot, Richard (2003): „Speculations on the Origins of Linear Perspective", in: *Nexus Network Journal* 5(1), 64-98.

Taylor, Frank (2008): „Google Introduces Lively Virtual World", in: *Google Earth Blog*, 09.07.2008, http://www.gearthblog.com/blog/archives/2008/07/google_introduces_lively_virtual_wo.html, 31.12.2008.

TeleGeography (1992): *Global Telecommunications Traffic, Statistics & Commentary*, Wahsington, DC.

Thielmann, Tristan (2006a): „Auf dem Weg zu einer Kommunikationsgeographie. Perspektiven der Kommunikationsraumforschung", in: Heinz Pürer et al. (Hrsg.), *Medien, Politik, Kommunikation*, München, 473-491.

Thielmann, Tristan (2006b): „Statt einer Einleitung: Eine Mediengeschichte des Displays", in: *Navigationen. Zeitschrift für Medien- und Kulturwissenschaften* 6(2), 13-30.

Thielmann, Tristan (2007): „‚You Have Reached Your Destination!' Position, Positioning and Superpositioning of Space Through Car Navigation Systems", in: *Social Geography* 2(1), 63-75.

Thielmann, Tristan (2008): „Der ETAK Navigator: *Tour de Latour* durch die Mediengeschichte der Autonavigationssysteme", in: Georg Kneer et al. (Hrsg.), *Bruno Latours Kollektive. Kontroversen zur Entgrenzung des Sozialen*, Frankfurt a.M., 180-219.

Tholen, Georg Christoph (1996): „Einschnitte. Zur Topologie des offenen Raumes bei Heidegger", in: ders./Michael Scholl (Hrsg.), *DisPositionen: Beiträge zur Dekonstruktion von Zeit und Raum*, (Kasseler Philosophische Schriften 33), Kassel 1996, 23-35.

Tholen, Georg Christoph (2002): *Die Zäsur der Medien. Kulturphilosophische Konturen*, Frankfurt a.M.

Tholen, Georg Christoph (2006): „Medium/Medien", in: Alexander Roesler/Bernd Stiegler (Hrsg.), *Grundbegriffe der Medientheorie*, München, 150-172.

Tholen, Georg Christoph (2007): „Der Ort des Raums: zur Heterotopie der Einbildungskraft im ‚digitalen' Zeitalter", in: Stephan Günzel (Hrsg.), *Topologie. Zur Raumbeschreibung in den Kultur- und Medienwissenschaften*, Bielefeld 2007, 99-114.

Thrift, Nigel (⁴2000): „Media, Geography of", in: Ronald John Johnston et al. (Hrsg.), *The Dictionary of Human Geography*, Oxford.

Thrift, Nigel (2004): „Remembering the Technological Unconscious by Foregrounding Knowledges of Position", in: *Environment and Planning D* 22, 175-190.

Thrift, Nigel (2008a) „Raum", in: Jörg Döring/Tristan Thielmann (Hrsg.), *Spatial Turn. Das Raumparadigma in den Kultur- und Sozialwissenschaften*, Bielefeld, 393-407.

Thrift, Nigel (2008b): „Re-animating the Place of Thought: Transformations of Spatial and Temporal Description in the Twenty-first Century", in: Ash Amin/Joanne Roberts (Hrsg.), *Community, Economic Creativity, and Organization*, Oxford, 90-119.

Thrift, Nigel (2008c): *Non-representational Theory: Space, Politics, Affect*, London/New York.

Thrift, Nigel/French Shaun (2002): „The Automatic Production of Space", in: *Transactions of the Institute of British Geographers* 27(3), 309-335.

Torrens, Paul M. (2008): „Wi-Fi Geographies", in: *Annals of the Association of American Geographers* 98(1), 59-84.

Turnbull, David (2000): *Masons, Tricksters and Cartographers. Comparative Studies in the Sociology of Scientific and Indigenous Knowledge*, London.

Turner, Andrew (2006): *Introduction to Neogeography*, Sebastopol, CA.

Virilio, Paul (1984a): *L'espace critique*, Paris.

Virilio, Paul (1984b): *L'horizon négatif*, Paris.

Virilio, Paul (1986): *Krieg und Kino. Logistik der Wahrnehmung*, München.

Virilio, Paul (1989a): *Die Sehmaschine*, Berlin.

Virilio, Paul (1989b): *Der negative Horizont*, München/Wien.

Virilio, Paul (1990): „Das dritte Intervall. Ein kritischer Übergang", in: Edith Decker/Peter Weibel (Hrsg.), *Vom Verschwinden der Ferne. Telekommunikation und Kunst*, Köln, 335-346.

Virilio, Paul (1994): „Im Würgegriff der Zeit", in: *Die Zeit*, 11.11.1994, 63.

Virilio, Paul (1996): *Fluchtgeschwindigkeit*, München.

Virilio, Paul (1997a): „Auf dem Weg zu einem transeuklidischen Raum? Florence Michel und Nicola Jankovic im Gespräch mit Paul Virilio", in: *Arch+* 148, 62-63.

Virilio, Paul (1997b): „Eine überbelichtete Welt. Ende der Geschichte oder Ende der Geographie?", in: *Le Monde diplomatique*, 15.08.1997, 8-9.

Virilio, Paul (1999): *Politics of the Very Worst*, (ein Interview v. Philippe Petit, übers. v. Michael Cavaliere, hrsg. v. Sylvére Lotringer), New York.

Virilio, Paul (2008): *Negative Horizon. An Essay in Dromoscopy*, translated by Michael Degener, London/New York.

Weber, Patrick (2008): „Nachrichtengeographie: Beschreibungsmodell und Erklärungsansatz auf dem Prüfstand. Untersuchung am Beispiel der Osteuropaberichterstattung deutscher Tageszeitungen", in: *Medien & Kommunikationswissenschaft* 56(3/4), 392-413.

Weber, Stefan (2001): *Medien – Systeme – Netze. Elemente einer Theorie der Cyber-Netzwerke*, Bielefeld.

Wei Luo (2008): „All the News That's Fit to Print on a Map: The New York Times in Google Earth", in: *Google Lat Long Blog*, 07.04.2008, http://google-latlong.blogspot.com/2008/04/all-news-thats-fit-to-print-on-map-new.html, 31.12.2008.

Werber, Niels (2008): „Die Geo-Semantik der Netzwerkgesellschaft", in: Jörg Döring/Tristan Thielmann (Hrsg.), *Spatial Turn. Das Raumparadigma in den Kultur- und Sozialwissenschaften*, Bielefeld, 165-183.

Werlen, Benno (1995): *Sozialgeographie alltäglicher Regionalisierungen, Band 1: Zur Ontologie von Gesellschaft und Raum*, Stuttgart.

Werlen, Benno (1997): *Sozialgeographie alltäglicher Regionalisierungen, Band 2: Globalisierung, Region und Regionalisierung*, Stuttgart.

Werlen, Benno (2003): „Kulturgeographie und kulturtheoretische Wende", in: Hans Gebhardt et al. (Hrsg.), *Kulturgeographie. Aktuelle Ansätze und Entwicklungen*, Heidelberg/Berlin, 251-268.

Werlen, Benno (2008): „Körper, Raum und mediale Repräsentation", in: Jörg Döring/Tristan Thielmann (Hrsg.), *Spatial Turn. Das Raumparadigma in den Kultur- und Sozialwissenschaften*, Bielefeld, 365-392.

Williams, Raymond (1961): *The Long Revolution*, London.

Williams, Raymond (1977): *Marxism and Literature*, Oxford.

Wolf, Werner (^{2}2001): „Intermedialität", in: Ansgar Nünning (Hrsg.), *Metzler-Lexikon Literatur- und Kulturtheorie: Ansätze – Personen – Grundbegriffe*, Stuttgart/Weimar, 284-285.

Wood, Denis/Fels, John (1992): *The Power of Maps*, New York.

Woodward, David/Lewis, G. Malcolm (1998): „Introduction", in: dies. (Hrsg.), *The History of Cartography, Vol. 2, Book 3: Cartography in the Traditional African, American, Arctic, Australian, and Pacific Societies*, Chicago/London, 1-10.

Writer, Dusan (2008): „Google Lively: Virtual World Project Killed", in: *Dusan Writer's Metaverse*, 20.11.2008, http://dusanwriter.com/index.php/2008/11/20/google-kills-virtual-world-project-lively/, 31.12.2008.

Zimmermann, Stefan (2007): „Media Geographies: Always Part of the Game", in: *Aether. The Journal of Media Geography* 1, 59-62.

Zimmermann, Stefan/Escher, Anton (2005): „‚Cinematic Marrakesh'. Eine Cinematic City", in: Anton Escher/Thomas Koebner (Hrsg.), *Mitteilungen über den Maghreb. West-Östliche Medienperspektiven I*, Remscheid, 60-74.

Mediengeographie global:
Geomedientheorie

Erhard Schüttpelz

Die medientechnische Überlegenheit des Westens. Zur Geschichte und Geographie der *immutable mobiles* Bruno Latours

1   Die medientechnische Überlegenheit des Westens

Auffassungen und Erzählungen, theoretische Konzepte und historische Begründungen einer medientechnischen Überlegenheit des Westens sind einerseits so alt wie die Abgrenzung ‚des Westens' vom Rest der Welt. Bereits seit dem 16. und spätestens seit dem 17. Jahrhundert konnte die Inanspruchnahme des Buchdrucks europäischen Reisenden als ein Faktor erscheinen, der sie auszeichnete und sie zu ihrem Vorteil von den Bewohnern der bereisten Territorien unterschied. Andererseits hat sich die Eigenart der Erzählungen und Auffassungen von der besonderen *medientechnischen* Überlegenheit des Westens in den letzten Jahrzehnten, also im Zuge des neuerlichen Globalisierungsschubes, noch einmal radikal vertieft und verändert. Wenn man weniger die Kontinuität als den Kontrast zwischen den verschiedenen Jahrhunderten fokussieren wollte, könnte man sagen: Während die ‚medientechnische Überlegenheit' in den ersten Jahrhunderten ein optionales Element im Repertoire einer allgemeineren – und nicht durch Medien begründeten – ‚zivilisatorischen' Überlegenheit des Westens war, ist die medientechnische Überlegenheit jetzt selbst in die Rolle einer unverzichtbaren Begründungsleistung der technologischen, aber auch der ökonomischen, politischen und militärischen Überlegenheit ‚des Westens' gerückt.

In den ersten Jahrhunderten der europäischen Globalisierung, also zwischen 1500 und 1800, war es vor allem eine Trias von Erfindungen, die zum einen in theoretischen Schriften und zum anderen in ‚Szenen der technischen Überlegenheit' von Europäern gefeiert wurde: Kompass, Schießpulver und gedrucktes Buch (vgl. Wolper 1970). Diese Artefakte bildeten eine emblematische Verdichtung der europäischen ‚Überlegenheit', eine Synekdoche für navigatorische, militärische und mediale Überlegenheit, wobei man in Rechnung stellen muss, dass die Medialität des Buchs hier erst einmal mehrdeutig blieb. Das gedruckte Buch, das den Eingeborenen gezeigt wurde, war meist ‚das Buch', also die Bibel, und verwies zuerst auf die Behauptung einer religiösen Überlegenheit und das Potential eines europäischen *litteratus* und erst später auf die Bedingungen einer buchdruckerischen Überlegenheit. Trotzdem gibt es eine große Kontinuität in der Geschichte dieser Überlegenheitsattributionen, und sie zieht sich von den sogenannten ‚Entdeckungsreisen' bis in die Gegenwart der Globalisierungsgeschichte. Die Bündelung von europäischen Techniken und Artefakten zu einer emblematischen Synekdoche der Überlegenheit ist nie abgerissen und setzt sich in der *Actor Network Theory* etwa in John Laws Aufsatz über das „heterogene Engineering" der Portugiesen (Law 2006) fort, der die Frage nach dem lusitanischen Bündel aus Schiffsbau, Kartographie, Kanonen und Drill stellt, also ebenfalls nach den navigatorischen, militärischen und medialen (hier: kartographischen) Bedingungen einer europäischen Überlegenheit fragt, und sie durch eine entsprechende Geschichte dieser Synekdoche überprüft.

Wann und wo aus der Trias von Kompass, Schießpulver und Buchdruck die Behauptung einer ‚medientechnischen Überlegenheit' geworden ist, verdiente eine längere Ausführung. Wichtige Überlegungen zu diesem Thema finden sich in Michael Harbsmeiers Forschungen, die darauf verweisen, dass sich seit dem (nordwesteuropäischen) 17. Jahrhundert ein Gegensatz von „Mündlichkeit und Schriftlichkeit" (Harbsmeier 1989; 1992) herausgebildet hat, der auf eine irreversible Überlegenheit der Länder des Buchdrucks hinauslief. Wenn man diese Spur aufnimmt, dann lässt sich die Überlegenheitsattribution bis in die Gegenwart verlängern, und zwar nicht nur für den Buchdruck, sondern auch für alle technischen Medien, die seit dem 19. Jahrhundert hinzugetreten sind, und schließlich für die Entwicklung der digitalen Medien. Und in der Gegenwart stoßen wir auf eine eigentümliche Auflösung, aber auch eine Intensivierung der Konstellation einer ‚medientechnischen Überlegenheit'. Einerseits ist niemand und kein Territorium der globalisierten Welt aus der medientechnischen Entwicklung der Gegenwart und ihren Märkten ausgeschlossen. Hierarchien können nicht – wie vormals in der Konfrontation der Vertreter ‚des Buchs' mit örtlichen Analphabeten – durch eine Exklusivität der eigenen Herkunft und eine Universalität der Adressierung begründet werden. Andererseits verschwindet die Exklusivität der medientechnischen Entwicklung keineswegs, sondern hat sich sogar verstärkt in den Mittelpunkt der theoretischen Literatur (vgl. etwa Castells 2003) gespielt.

Kurz: Die medientechnische Entwicklung der Zeit seit dem Zweiten Weltkrieg hat sich zu einem Faktor entwickelt, der die weltweiten Ungleichheiten – und auch eine Reihe von sozialen ‚Exklusionen' – nicht nur in der wissenschaftlichen Öffentlichkeit, sondern auch in der Öffentlichkeit politischer Willensbildungen zunehmend erklärt und dabei implizit oder explizit auch legitimiert. Und zwar auch dort, wo dies in kritischer Absicht geschieht, etwa in der Rede vom *Digital Divide*. Dabei hat sich ‚der Westen' stark verschoben – es geht weiterhin um Europa, aber vor allem um Nordamerika und um verschiedene Gebiete Ostasiens, die in früheren Jahrhunderten aus ‚dem Westen' ausgeschlossen waren. Diese geographische Verschiebung deutet – wie zahlreiche wissenschaftliche Diskussionen der letzten Jahre – darauf hin, dass das Konzept ‚des Westens' bald der Vergangenheit angehören könnte – aber nicht ohne dabei ältere Kontinuitäten des Globalisierungsprozesses neu auftreten zu lassen, die auch in den letzten 500 Jahren nie ganz in der Diskussion gefehlt haben.

Der Topos, der Diskurs und die Attributionen einer medientechnischen Überlegenheit des Westens verlangen eine ganze Reihe von wissenschaftlichen Diskussionen:

a) eine umfassende Historisierung der *Behauptungen* dieser Überlegenheit seit ihrem ersten Auftreten,

b) eine historische *Überprüfung* wissenschaftlicher Auffassungen von der medientechnischen Überlegenheit europäischer und anderer Organisationen und

c) eine gegenwartsbezogene Prognose zum Auftreten, zur Konsolidierung und zur Fragilität der *Figur ‚des Westens'* und seiner Antonyme (etwa des ‚Primitiven' zwischen 1860 und 1960 oder des ‚Orients' und des ‚Ostens').

Ich werde mich im Folgenden auf die Aufgabe (b) konzentrieren, auf die Überprüfung einiger wissenschaftlicher Aussagen zum Thema, nicht ohne dabei Aspekte der beiden anderen Dimensionen des Themas zu streifen. Mein Augenmerk gilt der Überprüfung einer einzigen aktuellen Erklärung der medientechnischen Überlegenheit des Westens, und zwar der konsequentesten und stimmigsten mir bekannten Erklärung, in der die besondere *medien*technische Überlegenheit aus den ersten beiden Jahrhunderten der europäischen Globalisierung und durch ein konsistentes Repertoire von ständig verbesserten Kulturtechniken begründet wird. Es handelt sich um Bruno Latours Terminus der *immutable mobiles*, den er 1987 geprägt (vgl. Latour in diesem Band) und insbesondere in seinem Aufsatz „Drawing Things Together" (1990; 2006 auf Deutsch) in den Mittelpunkt gestellt hat.

2 Unveränderliche mobile Elemente: Bruno Latours Konzept der *immutable mobiles*

Latours Terminus[1] versteht sich auch als eine Modifikation innerhalb der Diskussion um den *Great Divide* zwischen Analphabeten und alphabetisierten Be-

---

1 Ich schließe mich in diesem Text – wenn auch widerstrebend – der deutschen Übersetzung der *immutable mobiles* als „unveränderliche mobile Elemente" an, die in der Übersetzung von „Drawing Things Together" in der eigenartigen Verkürzung als „unverändlich mobile Elemente" vorgenommen worden ist und in anderen

völkerungen (vgl. Latour in diesem Band), der im Laufe der Globalisierung durch Buchdruck und allgemeine Schulpflicht so sehr vertieft wurde, dass er im 20. Jahrhundert als historische und theoretische Unterscheidung zwischen ‚Mündlichkeit' und ‚Schriftlichkeit' verallgemeinert werden konnte. Allerdings zielt Latours Aufsatz „Drawing Things Together" auf keine weitere Interpretation des mündlich-schriftlichen *Great Divide*, sondern auf eine Kehrtwendung, durch die er sich eigene Einschätzungen mündlicher Kommunikationsformen weitgehend erspart. Die machtorganisatorische Überlegenheit des Westens (oder entsprechender westlicher Organisationsformen) ist seit dem Buchdruck und der Renaissance durch eine überlegene Praxis von Papiermedien geschaffen worden. Dem Augenschein nach geht es Latour dabei um sehr verschiedene Techniken: den Buchdruck, die Linearperspektive, geometrische Projektionen und Transformationen insgesamt, kartographische Erfindungen, die Camera Obscura; aber auch Verfahren der Buchhaltung und der Erstellung von Graphiken, Tabellen und Statistiken jeder Art. An manchen Stellen seines Textes scheint sich die Bündelung der Techniken ganz in eine reine Aufzählung zu verflüchtigen. Aber für Latour beruht die Überlegenheit aller dieser Praktiken auf der ständigen Steigerung und Kombination zweier Eigenschaften: der Mobilität und der Unveränderlichkeit der Zeichen.

Alles, was die Mobilität der Spuren, die eine Örtlichkeit über einen anderen Ort erhält, beschleunigt, oder *alles*, was diesen Spuren gestattet, sich ohne Transformation von einem Ort zu einem anderen zu bewegen, wird favorisiert. (Latour 2006: 275f.)

Erfindungen in diesen beiden Dimensionen: Mobilität und Zeichenkonstanz, sind der Nukleus der medientechnischen Überlegenheit des Westens. Jede Steigerung der Mobilität und jede Steigerung einer Formkonstanz über Transformationen hinweg kann Organisationen helfen, Kontrolle über die Distanzen eines Raums und in einem agonistischen Verhältnis zu anderen Organisationen kleine organisatorische Vorteile zu gewinnen. Latour redet daher weder hier noch anderswo einem Technikdeterminismus das Wort, auch nicht einer Determinierung durch viele kleine Techniken oder Kommunikationstechniken.[2] Es handelt sich für ihn vielmehr um kleine Vorteile innerhalb organisatorischer Konstellationen, und diese kleinen praktischen Vorteile begründen wiederum

---

deutschen Übersetzungen als „unveränderliche mobile Elemente" vorliegt, vgl. Latour (2000).

[2] Diesbezügliche Einwände an Latour gehen an Latours eigenen Prämissen vorbei, etwa die Kritik an Latours „Drawing Things Together" durch Raven (2001). Raven hält Latour vor, er würde eine „autonomous communication theory (ACT)" vertreten (ebd.: 378ff.); das ist aber eindeutig nicht der Fall.

die kleinen Vorteile global agierender Organisationen, die hierdurch zu weltweit mächtigeren Organisationen (und Institutionen) aufsteigen konnten. Mediengeschichte und Interpretation des *Rise of the West* fallen in Latours Zielperspektive daher durchaus zusammen, der makrohistorische *Great Divide* hingegen wird durch einen *Small Divide* der vielen kleinen praktischen Vorteile ersetzt, eine sehr viel kleinere Kluft, die weder eine Begründung aus verschiedenen ‚Mentalitäten' voraussetzt noch auf sie abzielt. Auf diese Weise umschifft Latours Konzept eine *Begründung* durch den großen Bruch zwischen ‚Mündlichkeit' und ‚Schriftlichkeit', denn in seiner Darstellung geht es ausschließlich um die kleinen Vorteile innerhalb schriftlicher und graphischer Praktiken. Die Inszenierungen eines Kontrasts oder einer Konfrontation zwischen ‚Schriftlosen' und ‚Schriftsozialisierten', zwischen ‚Mündlichkeit' und ‚Schriftlichkeit', die sich in Europa und den außereuropäischen Territorien abgespielt haben, sind nach Latour vor allem *Effekte* dieser kleinen Vorteile im Bereich der Inskriptionen.

Die Vorteile dieser wissenschaftlichen Auffassung sind nicht von der Hand zu weisen. Die vielen kleinen Interferenzen und Übergänge zwischen mündlichen und schriftlichen Praktiken und auch die Vorteile verschiedenster mündlicher Praktiken bei uns wie anderswo können in der Fluchtlinie dieser Interpretation ohne weiteres anerkannt werden, weil sie auf keinen *Great Divide* mehr verweisen müssten. Es gibt in bestimmten Konstellationen durchaus Vorteile, und zwar auch machtorganisatorische Vorteile, mündlicher Kommunikationsformen und schriftlicher Kommunikationsformen, aber es gibt keine Aufteilung der Welt in „Mündlichkeit und Schriftlichkeit", die ihnen vorausgeht und sie in unterschiedliche kognitive Mentalitäten zerfallen lässt. Mediengeschichte lässt sich nach Latour nicht mehr so schreiben, dass man einzelne Medien zusammengruppiert und sie als die Ursache bestimmter sozialer oder politischer Vorteile identifiziert. Für jeden medialen Vorteil muss erst einmal nachgewiesen werden, dass er dabei helfen kann, eine *„agonistische Situation günstiger zu gestalten"* (ebd.: 264), und in einer Machtprobe oder einer Bewährungsprobe – etwa in einer wissenschaftlichen oder politischen Bewährungsprobe – dazu verhilft, eine größere oder solidere *„Anzahl gruppierter und treuer Alliierter aufzubieten"* (ebd.). Für die *immutable mobiles* bedeutet dies, dass die Visualität (der Papiermedien) und die Agonistik (der Machtkonstellationen) zusammengeführt werden müssen, um eine historische Erklärung zu ermöglichen.

Wenn wir nur auf der Ebene der visuellen Aspekte bleiben, fallen wir in eine Reihe schwacher Klischees zurück oder werden in alle nur denkbaren faszinierenden, akademischen Fragestellungen weit ab von unserem Problem geführt; wenn wir uns aber andererseits nur auf die agonistische Situation konzentrieren, entgleitet uns das Prinzip jedes Sieges, jeglicher Solidarität in Wissenschaft und Technik für immer. Wir müssen die beiden Okulare zusammen halten, um sie in ein wirkliches *Bi*nokular zu verwandeln; es dauert eine Weile, sie zu fokussieren, aber das, was man am Ende sieht, lohnt hoffentlich das Warten. (Ebd.: 264)

Diese heuristische Maxime einer Mediengeschichte ist mehr als beherzigenswert – und wird allzu selten in Rechnung gestellt –, und daher wird meine Darstellung versuchen, sie zu befolgen. Die Geschichte der Medientechniken und die Geschichte der Machtorganisationen (wissenschaftliche Organisationen inbegriffen) müssen in eine unaufhörliche ‚Parallaxe' geraten, um stimmig zu bleiben. Ein Grund mehr, Latours Konzept der *immutable mobiles* genauer zu überprüfen, und weil es mir nicht um eine Kritik, sondern um eine Überprüfung von Latours Konzept geht, werde ich dies durch ein Verfahren tun, das in mehrfacher Hinsicht über Latours Text hinausgeht. Zum einen werde ich Forschungsliteratur heranziehen, die in den zwanzig Jahren seit Latours Ausgangstexten entstanden ist, und zum anderen werde ich Latours historische These – die machtorganisatorische Überlegenheit des Westens durch überlegene Papiermedien – in ihre Einzelelemente auflösen und wieder zusammensetzen, aber auch als ein Gesamtbild betrachten, dem man nur durch den Vergleich mit anderen Bildern gerecht werden kann. Diese Vorgehensweise hat sich als notwendig erwiesen, weil Latours „Drawing Things Together" eine Geschichte erzählt, deren Einzelteile faszinierend und stimmig aufeinander bezogen bleiben, aber auch eine Geschichte, deren Aussagekraft die Summe ihrer Teile bei weitem übersteigt.

3 Erste medienhistorische Überprüfung: der Buchdruck

Was die historische Darstellung der *immutable mobiles* angeht, bezieht Bruno Latour seine „unveränderlichen mobilen Elemente" in „Drawing Things Together" auf drei große Gruppen von Phänomenen:

a) auf die Erfindung des Buchdrucks und dessen Auswirkungen (ebd.: 272ff.); hier bezieht er sich vor allem auf Elizabeth Eisensteins damaliges Standardwerk *The Printing Press as an Agent of Change* (Eisenstein 1979);

b) auf Erfindungen im Bereich der „optischen Konsistenz" (Latour 2006: 267ff.), von der Durchsetzung der Zentralperspektive bis zu allen möglichen Techniken einer Geometrisierung und maßstabsgetreuen Übertragung von Proportionen, aus denen eine geometrische ‚Formkonstanz über Transformationen hinweg' zu gewinnen ist; und

c) auf Verfahren der statistischen Erhebung und ihrer diagrammatischen Repräsentation und auf mit ihnen verwandte Medien der wissenschaftlichen Untersuchung und Darstellung (ebd.: 276ff.).

Die Datierung dieser Techniken und ihrer jeweiligen Innovationen ist sehr unterschiedlich; die dritte Gruppe (c) etwa werde ich hier erst einmal nicht berücksichtigen, weil ihre Beschleunigung und flächendeckende Durchsetzung auch in Latours Ausführungen in eine Zeit zwischen 1760 und 1840 fällt, also nicht den Ausgangsbedingungen einer ‚europäischen Globalisierung' zugrunde gelegt werden kann. Zu den Anfangsbedingungen seiner „unveränderlichen mobilen Elemente", also in die Renaissance und danach, gehören hingegen eindeutig (a) der Buchdruck und (b) die Verfahren der „optischen Konsistenz", die zweifelsohne zwischen 1500 und 1750 eine große Blüte erfahren haben. Alle drei Gruppen von Verfahren werden von Latour abschließend unter dem Stichwort der „Inskriptionen" diskutiert, und daher gilt auch für die ersten beiden die abschließende Charakterisierung der Inskriptionen und ihrer Papiermedien (ebd.: 285ff.), in der Latour die doppelte Eigenschaft der ‚Unwandelbarkeit' („immutable") und der Transportfähigkeit oder ‚Mobilität' („mobile") noch einmal sehr viel ausführlicher entfaltet, mit dem Effekt, dass sich die *immutable mobiles* dabei den wissenschaftlichen und technischen Papiermedien angleichen, die Latour und andere seit der Laborethnographie untersucht haben.

Zeit daher, erst einmal die Ausgangslage der europäischen *immutable mobiles* zu überprüfen und die Frage zu stellen, wie es mit der ‚Unwandelbarkeit' („immutable") und der ‚Mobilität' (oder Transportfähigkeit) („mobile") der Medien des Buchdrucks und der „optischen Konsistenz" zwischen 1500 und 1750 bestellt war, und welche agonistischen Vorteile sich mit diesen Techniken damals verbanden. Was den Buchdruck angeht, ist die Überprüfung von Latours Annahmen in der Zwischenzeit geschehen (Johns 1998: 11-19; auf der Grundlage von Johns vgl. auch Raven 2001), und sie hat an ältere Ergebnisse der Buchdruckgeschichte erinnert, die zwar unter bibliographischen und editorischen Experten nie strittig waren, aber in Elizabeth Eisensteins *The Printing Press as an Agent of Change* und den meisten an sie anknüpfenden wissenschaftlichen und populären Mediengeschichten unter den Tisch gefallen sind. Die ‚Unwandelbarkeit' und insbesondere die Textidentität eines gedruckten Textes waren zwischen 1500 und 1750 nicht garantiert, und sie wurden insbesondere durch die scheinbar mechanische und in Wirklichkeit handwerkliche Reproduktion des Buchdrucks nicht garantiert. Daher erwartete auch kein Leser zwischen 1500 und 1750, dass eine mechanische Reproduktion die Probleme der Textidentität lösen würde, sondern musste damit rechnen, dass die ‚Unwandelbarkeit' der mobilen Lettern eine Sache des Vertrauens blieb: des wechselseitigen Vertrauens zwischen Autoren, Verlegern, Händlern und Lesern, ohne dessen Beurteilung niemand die Identität eines Textes einschätzen konnte.

Diese Welt ist uns seit der Dampfpresse des 19. Jahrhunderts fremd geworden, sie lässt sich – für einen bestimmten Ort und eine bestimmte Machtkonstellation des 17. Jahrhunderts – bei Adrian Johns nachlesen. Und weil es Latour in den *immutable mobiles* um technische und Machtkonstellationen geht, sollte zumindest benannt werden, welche Agonistik sich im Kampf um die ‚Unwandelbarkeit' der mobilen Lettern damals – und in verwandter Form in allen neuen Medien immer wieder aufs Neue – abspielte, und welche technischen Abläufe im europäischen Buchdruck für die Herstellung eines *immutable mobiles* verantwortlich waren. Die Agonistik – und die Agonie – des Buchdrucks hieß ‚Piraterie':

> From Galileo and Tycho to Newton and John Flamsteed, no significant learned author seemed to escape the kinds of practices soon colloquially subsumed under the label of piracy. This meant that even when a book was not so treated, the possibility that it might be still permeated the negotiations, practices, and conventions by which it was made, distributed, exchanged, and used. If piracy was as widespread as commonly feared, then trusting any printed report without knowledge of those processes could be rash. Profound problems of credit thus attended materials of all kinds. Without solutions there could be few meaningful uses for books – and perhaps no durable reasoning from them.

> It should not be surprising, then, that contemporaries did not always identify fixity as a central characteristic of print. [...] Textual corruption of even such closely monitored texts as the Bible actually increased with the advent of print, due to various combinations of piracy and careless printing. The first book reputed to have been printed without any errors appeared only in 1760. Before then, variety was the rule, even within single editions. Martin Luther's German translation of Scripture was actually beaten into print by its first piracy, and in succeeding years the proportion of unauthorized to authorized texts was roughly ninety to one; these included Luther's own translation, newly ascribed to others (including Catholics), and others' work reattributed to him. A century later, the first folio of Shakespeare boasted some six hundred different typefaces, along with nonuniform spelling and punctuation, erratic divisions and arrangement, mispaging, and irregular proofing. No two copies were identical. It is impossible to decide even that any one is ‚typical'. In such a world, questions of credit took the place of assumptions of fixity. (Johns 1998: 30f.)

Wenn man nur diese Tatsachen anerkennt, scheint es noch relativ einfach, ‚Piraterie' zu identifizieren und als den ungenügenden oder ‚bösen Willen' bestimmter Gruppen zu behandeln, der die fixierbare Textidentität oder „fixity", also die ‚Unwandelbarkeit' der gedruckten *immutable mobiles* damals in Mitleidenschaft zog. Aber der Vorwurf der ‚Piraterie' bezeichnet nur die Denunziation der Textkorruption und diente so als allumfassende Chiffre eines gestörten Vertrauens zwischen Autoren, Druckern, Händlern und Lesern. Der Tatbestand, um den es in diesem Zeitraum geht, zwischen der Erfindung des europäischen Buchdrucks und 1750, ist sehr viel tiefer in den soziotechnischen Abläufen des Druckens verankert, als es die Formulierungen der Denunziation und ihre Gruppenaufteilung – legitime gegen illegitime Drucker und Drucke – formulieren könnten. Es geht insbesondere um den Kern der ‚Textfixierung', und das heißt: um die Abläufe des ‚Korrekturlesens' zwischen Autoren und Druckern und im Drucken selbst. Das Bild einer ‚mechanischen Reproduzierbarkeit' verstellt den Zugang zu den Abläufen, in denen eine gedruckte Textidentität hergestellt und aufrechterhalten werden muss – und zwar nicht nur damals, sondern auch heute. Dass Textidentität in der alten Welt des Drucks nicht vorausgesetzt werden konnte, war nicht die Folge eines bösen Willens, sondern auch unter den Umständen eines allerbesten Willens und technischen Könnens zu erwarten, wie Adrian Johns am selben Beispiel (der *First Folio* Shakespeares) ausführt. Die englischen Druckereien des 17. Jahrhunderts beschäftigten sogar einen eigenen Korrekturleser mit bester Universitätsausbildung, um den Prozess des Druckens und die Textidentität zu kontrollieren:

> This prodigious individual occupied a ‚little Closet' adjoining the compositors' room. There someone ‚well skill'd in true and quick Reading' would be appointed by the master to read the copy aloud to him as he checked it against the proofs. The process would be repeated once, or at most twice. After that, any further errors to come to light were reckoned the corrector's responsibility, and he could be held liable to pay a compensatory fine for them. For this reason, a ‚revise' – a copy printed off before beginning the impression itself – might be provided to reassure the corrector that suggested changes had indeed been implemented. But paper was too expensive to throw away so casually; indeed, the undertaker (and in many cases the author) was generally expected to pay for it. All sheets of such valuable material had to be accounted for. Instead of a revise, the first sheets of a print run would therefore often be checked as the rest were being printed off. In such a case, books would inevitably be made up of sheets in different states of correction. The consequence was that no two final copies out of a given edition would necessarily be the same. Indeed, in its modern sense the very concept of an ‚edition' is entirely anachronistic. For books such as the first folio of Shakespeare, not only is there no pair of identical copies in existence, but there is no straight-

forward way of positing a ‚typical' printed copy against which ‚variants' might be calibrated. [...] The myth of the standardized impression did not survive the reality of the printing house. (Ebd.: 90f.)

Dieses historische Ergebnis widerspricht einer tiefverwurzelten Annahme wissenschaftlich weit verbreiteter – und jeder popularisierten – Mediengeschichte, die den Buchdruck bis heute mit einer flächendeckenden Verbreitung ‚identischer Texte' identifiziert. Textidentität ist eine Frage von Zeitaufwand und Geldaufwand, aber auch eine Frage der elementaren Fertigkeiten, der *skills*, die zum Korrekturlesen vorausgesetzt werden müssen. Daran hat es jahrhundertelang gemangelt, und die Verfahren des Buchdrucks waren keineswegs die Lösung, sondern blieben Teil – oder Kern – des Problems. Auch wenn dieses historische Ergebnis sich in der wissenschaftlichen und allgemeinen Öffentlichkeit einmal ebenso nachhaltig durchsetzen sollte wie das immer noch dominante populäre Fehlurteil, wäre vermutlich ein Gegeneinwand schnell bei der Hand, der sinngemäß lautet:

– Schön und gut, die *immutable mobiles* des Buchdrucks waren keineswegs so ‚unwandelbar' und daher auch nicht so ‚mobil', wie man es nach der Dampfpresse des 19. Jahrhunderts für vergangene Zeiten voraussetzen wollte. Die ‚Unwandelbarkeit' war eine wandlungsfähige Vertrauens-Sache (Code-Name ‚Piraterie'); und die ‚Mobilität' der gedruckten Lettern war auf die Vertrauensverhältnisse angewiesen, die zwischen Autoren, Druckern, Händlern und Lesern geknüpft werden konnten. Aber das beweist doch nur, dass die Einheit der ‚Unwandelbarkeit' und ‚Mobilität' eines gedruckten Textes – seine Textidentität – seit Beginn des Buchdrucks eine hart erkämpfte und stetig intendierte Größe war, die sich in einem jahrhundertelangen Kampf endlich durchsetzen konnte und aufgrund der anwachsenden Überprüfbarkeit gedruckter Texte durchsetzen musste. Die gedruckten Texte waren vielleicht keine *immutable mobiles* im strikten Sinne, aber sie sollten es von Beginn an sein, und nur daher wurde in sie fortlaufend Kapital und Vertrauen (und jede Menge Misstrauen) investiert.

Es hat keinen Sinn, einer solchen Teleologie zu widersprechen, und zwar schon deshalb, weil die Wünsche dieser Teleologie seit Beginn des Buchdrucks bei seinen Organisatoren und Propagandisten zu finden sind. Die historische Frage, um die es hier geht, wird durch eine solche Teleologie allerdings gar nicht berührt: Wann, wie und wo setzte sich die ‚Unwandelbarkeit' der mobilen Lettern, also eine für gedruckte Texte nachweisbare ‚identische Textgestalt' durch? Wann, wie und wo waren gedruckte Texte *immutable mobiles*, und wann, wie und wo konnten Autoren, Verleger, Händler und Leser damit rechnen und arbeiten? Ob man diese Eigenschaft als teleologisches Ziel, das dem Buchdruck von Beginn an innewohnte, behandeln will oder nicht, ist für diese

historische Frage ziemlich nebensächlich. Denn die Antwort lautet, wenn man die historische Forschung zum Thema zusammenfasst:
Eine verlässliche gedruckte ‚identische Textgestalt' setzt sich flächendeckend erst nach 1770 durch, wenn nicht erst im 19. Jahrhundert. Die Verlässlichkeit einer garantierten Textidentität (die durch ‚den Buchdruck' entstanden sein soll) kann daher bis in das späte 18. Jahrhundert keineswegs vorausgesetzt werden, und daher kann zumindest *diese* mediale Eigenschaft nur schwerlich als Erklärungsmittel (oder als ‚mediales Apriori') für kognitive Sprünge der Neuzeit – sei es der Reformation, der Konfessionalisierung, oder der Verbreitung einer aufklärerischen Skepsis und wissenschaftlicher Neugierde – angenommen werden. Auch die sogenannte „Wissenschaftliche Revolution" – so das Thema von Adrian Johns – fand unter den schwierigen Bedingungen einer gedruckten Unsicherheit der Textidentität statt. Die entsprechenden Passagen in Latours Ausführungen (2006: 272ff.) bedürfen daher einer gründlichen Revision, eine Aufgabe, die ich den Lesern dieses Textes, auch zur Überprüfung eigener medienhistorischer Vorurteile, nachdrücklich empfehle.

4 Zweite medienhistorische Überprüfung: die „optische Konsistenz"

Latours Darstellung der „optischen Konsistenz" geht von der Erfindung der Linearperspektive aus und erklärt ihre Leistung mithilfe von William M. Ivins zum Paradigma eines *immutable mobile*:

> In linearer Perspektive, ungeachtet aus welcher Entfernung und aus welchem Winkel ein Objekt gesehen wird, ist es immer möglich, dieses zu transferieren – zu übersetzen – und dasselbe Objekt in einer anderen Größe als der von einer anderen Position aus gesehenen zu erhalten. Im Verlauf dieser Übersetzung werden seine internen Eigenschaften nicht modifiziert. [...] Da das Bild sich ohne Verzerrung bewegt, ist es im Rahmen linearer Perspektive möglich, eine von ihm so bezeichnete ‚Hin- und Rück'-Beziehung zwischen Objekt und Figur zu etablieren. [...] Man kann eine Kirche in Rom sehen, sie mit sich nach London nehmen, sodass man sie in London rekonstruieren kann oder nach Rom zurückkehren und das Bild verbessern. (Ebd.: 267)

Die Charakterisierung dieser Leistung, und ihre weitere Kommentierung durch Latour (mit Edgerton 1976) werde ich nicht anzweifeln. Man kann kunsthistorisch einwenden, dass die Anwendung der Linearperspektive in der Bildenden Kunst nie dazu geführt hat, dass der abgebildete Raum tatsächlich auf die

‚Unwandelbarkeit' einer isometrischen Abbildung reduziert wurde – Linearperspektive blieb dort immer ein wandlungsfähiges und den jeweiligen Bildherstellungen angepasstes künstlerisches Mittel und ließ sich künstlerisch nicht durch das Ziel der Herstellung eines *immutable mobile* fixieren. Aber zweifelsohne gibt es zwischen 1500 und 1750 eine breite und innovative Entwicklung von Praktiken der Geometrisierung, die an die Durchsetzung der Linearperspektive anknüpfen, und eine ganze Reihe dieser Praktiken sind von zunehmender Effizienz geprägt, sei es – wie von Latour zitiert – einer architektonischen oder einer militärischen, technischen und wissenschaftlichen Effizienz. Wenn man diese Praktiken miteinander verbindet, kommt man wie von selbst dazu, zumindest für ihre nordatlantischen Vertreter eine neue Raumauffassung oder einen „neuen Raum" zu postulieren, der es erlaubt, alle geometrisierten Abbildungen aufeinander zu beziehen, aber auch, den realen Raum mithilfe dieser Abbildungen aufzufassen und zu verändern. Oder, wie Latour (mit Svetlana Alpers 1983) erläutert:

> Die Hauptqualität dieses neuen Raumes ist nicht die, ‚objektiv' zu sein, wie eine naive Realismusdefinition oftmals vorgibt, sondern: optische Konsistenz zu haben. Diese Konsistenz bringt die *Kunst*, alles zu *beschreiben*, und die Möglichkeit, von einem Typ von visueller Spur zu einer anderen zu gehen, mit sich. Folglich überrascht es uns nicht, dass Briefe, Spiegel, Linsen, gemalte Wörter, Perspektiven, Inventare, illustrierte Kinderbücher, Mikroskope und Teleskope in dieser visuellen Kultur zusammenkommen. Alle Innovationen werden ausgewählt, um ‚insgeheim und ohne Verdächtigungen zu sehen, was weit entfernt an anderen Orten gemacht wird'. (Ebd.: 271)

Die historische Schwierigkeit dieser Aufzählung besteht nicht darin, dass sie heterogene Dinge und Praktiken verbindet – schließlich geht es um die Homogenisierung durch eine einzige „optische Konsistenz", und ihr Kern ist die Geometrisierung des aufgefassten und behandelten Raums. Die wahren Schwierigkeiten einer solchen Aufzählung beginnen erst dann, wenn man keine „etc."-Listen mit wechselnden Belegschaften erstellt, sondern versucht, eine möglichst vollständige Liste aufzustellen und ihre praktische Relevanz anhand der historischen Quellen zu überprüfen. Die Frage bleibt daher die gleiche: Wie sahen die Praktiken der Geometrisierung, der Herstellung einer „optischen Konsistenz", zwischen 1500 und 1750 aus, und welchen Stellenwert hatten sie damals? Und vor allem: Ging es dabei um die Herstellung von *immutable mobiles*?

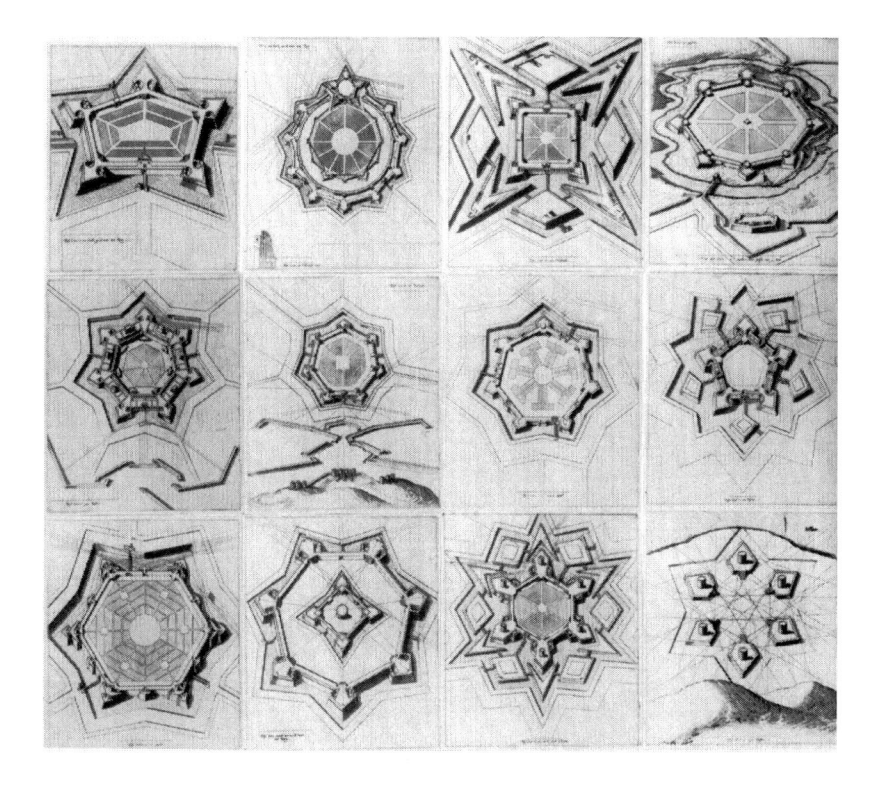

Abb. 1: Geometrisch-perspektivisch konstruierte Idealfestungen aus Hans van Schilles *FORM vnd weis zu bauwen*, Antwerpen 1573 (Neumann 1988: 182).

Wenn man die Liste der „optischen Konsistenz" für die angesprochene Zeit und die jeweiligen europäischen Länder vervollständigen will, sollte man zuerst versuchen, Latours Maxime zu beherzigen, Agonistik und technische Mediengeschichte mit einem „Binokular" zu betrachten und beider Parallaxe nicht aus den Augen zu verlieren. Und tatsächlich wird dann augenfällig, dass insbesondere dort, wo sich zwischen 1550 und 1750 ganz reale politische Machtkämpfe und ihre Agonistik mit neuen (und innovativen) Praktiken der Geometrisierung verbanden, eine Fülle geometrisierter Phänomene entstand, die weder vorher noch nachher dominierten. So hat Henning Eichberg in seiner Untersuchung der Geometrisierung des Festungsbaus darauf hingewiesen, dass „vielfach nicht militärische Empirie die Argumentation in der fortifikatorischen Literatur" beherrschte,

> sondern die abstrakte mathematische Regel, der Hinweis auf die ‚Invention' einer anerkannten Autorität, die geometrische Proportion. Dazu gehörte der Vorrang, den man in der Fortifikationstheorie der *Regularfestung* gegenüber den irregulären Anlagen gab. [...] Dabei ergab

> sich die Regularität der Anlage keineswegs als notwendige Folgerung aus dem Zweck der Festung – im Gegenteil: sie erleichterte die feindliche Belagerung und Einrichtung einer Belagerung. Regularität als solche war aber bereits überzeugender Wert genug. (Eichberg 1977: 22)

Und er stellt fest:

> Eine große Rolle in der Argumentation spielte die *Proportion*. Adam Freitag, einer der führenden Theoretiker der niederländischen Festungsmanier, machte 1630 die Stärke der Wälle und Brustwehren einer Festung abhängig von der Seitenzahl des der Gesamtfestung zugrundegelegten Polygons (statt von der Durchschlagskraft des Geschützfeuers). Er brachte also Dinge in ein gegenseitiges Verhältnis, die aus heutiger Sicht nichts miteinander zu tun hatten. Für den an geometrischen Proportionen orientierten Festungskonstrukteur war jedoch diese Proportion nicht so abwegig. (Ebd.: 23)

Latours Diagnose bestätigt sich also für die militärische Architektur zwischen 1550 und 1750, aber mit einer gewissen Zweischneidigkeit. Die Herstellung einer militärischen geometrischen „optischen Konsistenz", die planerische, zeichnerische und mathematische Übertragbarkeit der Festungsbauten – oder um es mit dem von Latour zitierten Ivins zu sagen: der Wunsch eines „logischen Erkennens interner Invarianzen durch alle durch Veränderung der räumlichen Platzierung produzierten Transformationen" (Latour 2006: 267) – spielte sich so stark in den Vordergrund, dass dabei, gemessen an den praktischen Erwägungen der Kriegsführung, eine „geometrisierte ‚Irrationalität'" (Eichberg 1977: 26) entstand, die ihrerseits einer Erklärung bedarf. Wie Eichberg ausführt, kann hier eine Geschichte der geometrischen Effizienz kaum weiterhelfen, sondern vor allem eine weitere Sichtung der Geometrisierungspraktiken, die von den gleichen Leuten und an den gleichen Orten entwickelt wurden, also von den nordeuropäischen Eliten, die auch die geometrisierten Festungsbauten bevorzugten und „zum Kinderspiel von Fürstensöhnen, zum Hobby für (ehemalige) Soldaten und zum Gesellschaftsspiel" (ebd.: 25) werden ließen.

Und diese Leute, also die nordeuropäischen Eliten, verwirklichten einige der für sie wichtigsten Geometrisierungen in ihren Körpertechniken oder „Leibesübungen": in ihren Tanzformen und deren Musik (ebd.: 26ff.; Braun/Gugerli 1993; vgl. Abb. 2); in einer geometrisierten Form des Fechtens, der auch Descartes anhing; im geometrisch regulierten Reiten, das seitdem als „Reiterballett" überliefert ist; in einem Tennis-Spiel, das sich als „raumbetonte Formalkunst" (Eichberg 1977: 35) inszenierte; und im militärischen Exerzieren, das damals ebenfalls eine Tendenz „zu immer kunstvollerer Entwicklung immer neuer zierlicher Bewegungen und Formationsveränderungen" (ebd.: 36) aufwies.

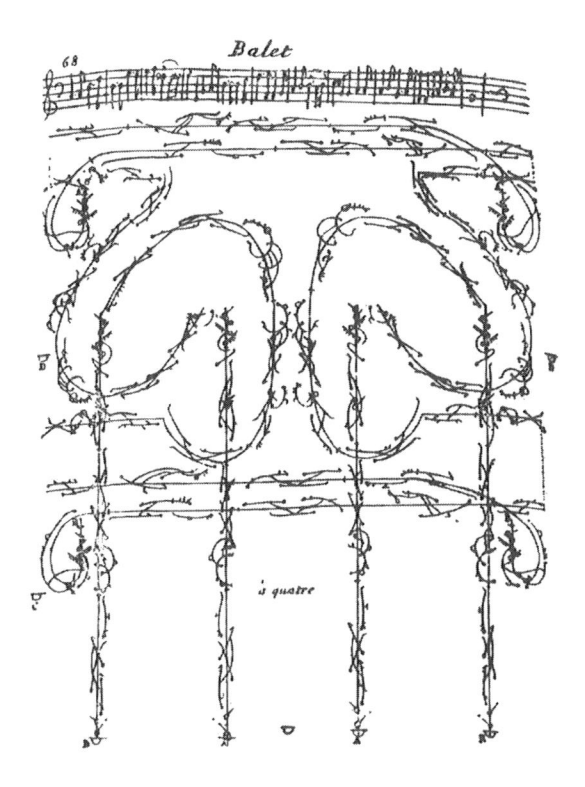

Abb. 2: „Balet à quatre", Ballett-Figuren von Pécour, Stich von Feuillet 1700 (Braun/ Gugerli 1993: 156).

Es gab also damals eine europäische Elite, die ganz unleugbar eine große ästhetische und körperliche Freude an Geometrisierungen entwickelte und deren „optische Konsistenz" unaufhörlich für sich und andere inszenierte – und genau daraus entsteht eine gewisse Schwierigkeit, wenn man auf diese Praktiken den Begriff der *immutable mobiles* anwenden will. Latours Begriff zielt vor allem auf die Herstellung von „Inskriptionen", auf die flächenhafte Projizierbarkeit der Geometrisierungen und ihre Stapelbarkeit: „Kurz, man muss Objekte erfinden, die *mobil*, aber auch *unveränderlich, präsentierbar, lesbar* und miteinander *kombinierbar* sind" (Latour 2006: 266). Was Geometrisierungen angeht, wird dieses Kriterium etwa vorbildlich durch die Techniken einer Camera Obscura erfüllt:

> Die Tricks der Camera Obscura transformieren großformatige dreidimensionale Objekte in eine kleine zweidimensionale Oberfläche, um die sich der Betrachter nach Gutdünken bewegen kann. (Ebd.: 270)

Aber die Praktiken, die im Zentrum der politischen Agonistik entstanden und von ihren Eliten unaufhörlich verfeinert wurden, fanden auch den umgekehrten Weg: von 2D zu 3D, und sie inszenierten sich im Wechselspiel von geometrisierten Flächen und Körpern. Wenn man die adligen Leibesübungen und festlichen Inszenierungen zum Paradigma der damaligen Geometrisierungen erhebt – und insbesondere die Orientierung an einer ‚Parallaxe' zwischen Agonistik und medientechnischer Innovation legt diese Verschiebung nahe –, dann verkehren sich die Verhältnisse, unter denen Latour die historische Entwicklung seiner geometrisierten *immutable mobiles* betrachtete. In der damaligen Elitekultur spielte die Mobilisierung geometrischer *Inskriptionen* zweifelsohne eine wichtige Rolle, aber die Praktiken zielten insbesondere auf eine gekonnte *Inkorporation geometrischer Proportionen und Projektionen*, in bewegten Körpern und Formationen, in Gebäuden und Gärten, und zwar – so kann man die ästhetische Seite zusammenfassen – in einer ständigen Übersetzung zwischen geometrischen ‚Figuren' einerseits und rhetorischen ‚Figuren' (der ‚Zierlichkeit') andererseits, in einem luxuriösen Wechselspiel der *standesgemäßen Inkorporation*, dem nicht nur im Bereich des Festungsbaus Effizienzkriterien demonstrativ untergeordnet wurden. Weder die Verhaltensweisen und Inskriptionen vorher noch die der Zeit danach lassen sich mit den elitären Geometrisierungsformen zwischen 1550 und 1750, also den Kulturtechniken der damaligen „optischen Konsistenz", in diesen beiden Hinsichten vergleichen. Und es bleibt fragwürdig, den Raum der damaligen „optischen Konsistenz" als einen Raum allumfassender geometrischer Erfassung zu kennzeichnen: Der Raum der geometrischen Inkorporation diente einer sozialen, aber auch einer technischen Exklusivität.

Wie im Falle des Buchdrucks werden auch für diese historische Betrachtung Gegeneinwände auf den Plan treten, die auf eine teleologische Korrektur drängen:

– Schön und gut, die Geometrisierungen damals verwirklichten sich in einer anderen Kultur, und sie dienten zum Teil anderen und in diesem Falle standesgemäßen Zwecken. Wenn man aber den Gesamtzeitraum betrachtet, dann lässt sich nicht bestreiten, dass sich in der europäischen Kultur zwischen 1550 und 1750, und zwar durch die angesprochene Obsession von inkorporierten Geometrisierungen oder ‚durch sie hindurch' ebenjene Eigenschaften flächendeckend durchgesetzt haben, die als eine architektonische, graphische, kartographische, navigatorische Effizienz der betreffenden Inskriptionen bewertet werden müssen, und zwar im Vergleich mit den außereuropäischen Ländern einerseits und in der Konkurrenz der europäischen Länder andererseits. Ob sich dieser Prozess im Bewusstsein oder ‚hinter dem Rücken' der damaligen politischen Eliten abgespielt hat, ist dafür weniger wichtig als das Resultat.

Und parallel zum Vorurteil einer durch den Buchdruck durchgesetzten ‚Textidentität' hat es keinen Sinn, eine solche Teleologie von effizienten Inskriptionen zu bestreiten. Teleologie gewinnt immer, weil sie einen Gesamtverlauf retrospektiv zusammenfassen will, und sie gewinnt immer zu spät. Die historische Frage, um die es hier geht, wird durch eine Teleologie der geometrischen Effizienz gar nicht berührt, und man kann sie außerdem ganz parallel – und ko-extensional – mit einer anderen Forschungsfrage behandeln, die in den gleichen Zeitraum fällt. Das Wachstum der Staatsgewalt (vgl. Reinhard 1999) geschieht zwischen 1550 und 1750 nicht durch die Errichtung eines modernen Staates, sondern durch ein Wachstum zentraler Gewalten und Koordinierungsfunktionen (insbesondere der Besteuerung und der politischen Repräsentation), ein Wachstum, das zwar im Namen des Staates, aber vor allem im Dienste der Kriegsführung und im Eigeninteresse von dynastischen Familien in ihren Machtkämpfen betrieben wird. Charles Tilly (1999) hat dieses Wachstum pointiert als eine Form des organisierten Verbrechens beschrieben: Mafiöse Familien steigern ihre Ressourcen und ihre Legitimität durch „War Making and State Making as Organized Crime" so lange und so ausführlich, dass aus diesen Auseinandersetzungen etwas ganz anderes hervorgehen konnte, als sich irgendeiner der Beteiligten hätte träumen lassen. Der moderne Staat – und der europäische Nationalstaat – ist ein sukzessiver und emergenter Effekt des Wachstums der Staatsgewalt, und der Kampf um seine Errichtung wendet sich durch überraschende Kehrtwendungen schließlich gegen die feudalen und dynastischen Anfangsbedingungen dieses Spiels. Wenn man diese Agonistik nachzeichnet, dann stößt man wiederum – mit einem Binokular – darauf, dass das Wachstum der Staatsgewalt an genau jenen Orten (und von jenen Leuten) gebündelt und monopolisiert wurde, an denen (und von denen) auch die oben genannten Praktiken der Geometrisierung erfunden, verfeinert und inszeniert wurden. Es liegt daher nahe, die damaligen elitären Praktiken der Geometrisierung – auch und gerade jene, die anders als Barocktänze und Barockgärten uns nicht als Ausdruck einer vergangenen Zeit erscheinen wollen – auf den gleichen emergenten und sukzessiven Verlauf zu beziehen, in dessen Folge eine ganz andere politische Agonistik einerseits, ganz anders gelagerte Körpertechniken, Tänze und Sportarten und eine neue ‚Effizienz' der Geometrisierung andererseits erschienen sind. Die politische, die sozialhierarchische und die mediale Inkonsistenz zwischen der einen Welt geometrisierter *immutable mobiles* und der späteren Welt könnte kaum größer sein.

5 Latours Kapitalismus der „unveränderlichen mobilen Elemente"

Diese beiden medienhistorischen Korrekturen – der jahrhundertelange Mangel einer Textidentität des Buchdrucks und die Steigerung der damaligen „optischen Konsistenz" durch das luxuriöse Wechselspiel von standesgemäßen Inkorporationen – ziehen Latours gesamte historische Ausführungen (bis 1750) in Mitleidenschaft. Aber das Konzept der *immutable mobiles* bleibt dabei – wie so oft, wenn man die Anwendungen eines Konzepts überprüft und Stück für Stück modifiziert – eigenartig unbetroffen, als warte es nur einige Jahrhunderte länger, bis auch der Buchdruck und die Geometrisierungspraktiken sich leichter unter das kombinierte Kriterium der ‚Unwandelbarkeit' und der beschleunigten ‚Mobilität' (und der effizienten ‚Stapelbarkeit') subsumieren lassen.

Die Schwierigkeit scheint darin zu liegen, dass es für ein Konzept wie das der *immutable mobiles* immer genügend Möglichkeiten gibt, die Fäden der einzelnen Entwicklungen so zusammenzuziehen, dass dabei eine Schlussstrich-Homogenität entsteht – etwa durch den in der deutschen Medienforschung allzu beliebten Schlussstrich ‚1800'. Auch Latours Text „Drawing Things Together" ist so aufgebaut, dass es um die vielen einzelnen Fäden geht, die verknüpft werden sollen, damit eine retrospektive Homogenität erscheint, die zugleich den historischen Einzelentwicklungen zugrundegelegt wird. Retrospektiv scheint es dann doch wieder so, als sei diese Homogenität von Beginn an in den betreffenden Techniken angelegt gewesen, und die ihnen innewohnende Effizienz habe sich nur nach und nach durchgesetzt – gegen Luxus und Irrationalität, Textkorruption und feudale Korruption. Auch die Textidentität des Buchdrucks und die Effizienz der Geometrisierungen lassen sich dann an den gewohnten Orten wieder zusammensammeln, etwa in Luthers Verzweiflung über die Textverunstaltung seiner Bibelübersetzung oder in der Planung von Barock-Architektur durch perspektivische Pläne.

Es ist daher notwendig, auch die angestrebte moderne Homogenität der *immutable mobiles* ins Auge zu nehmen, ohne dabei auf das große Binokular zu verzichten: Worin besteht die angepeilte soziotechnische Homogenität der „unveränderlichen mobilen Elemente", und wie soll die Parallaxe von Agonistik und technischer Innovation zusammengefasst werden? Erst das Ende von Latours Text kommt auf diese Frage direkt zu sprechen, und die Katze, die er dabei aus dem Sack lässt, ist tatsächlich eine sehr dicke Katze mit großen Ambitionen. Latours Abschlussbemerkungen zur Welt der *immutable mobiles* entsprechen auf frappierende Weise der aktuellen Auffassung von Globalisierungseliten, die medientechnische Entwicklung sei zur Grundlage – oder zum ‚Motor' – der technischen, aber auch der ökonomischen Entwicklung geworden und läge durch die ökonomischen Verteilungskämpfe auch den globalen Ungleichverteilungen zugrunde. Auch die *immutable mobiles* sind – zumindest in „Drawing Things Together" – so etwas wie der ‚Motor' und für Latour auch der zentrale Prozess einer ‚Kapitalbildung' innerhalb der Globalisierungsgeschichte, und dies schon seit mindestens 500 Jahren. Diese Passagen, die in der Rezeption von „Drawing Things Together" meist überlesen werden, sind durchaus aufschlussreich, weil man mit ihrer Hilfe in ein Spiegelkabinett des gegenwärtigen Medienumbruchs schauen kann, in dem sich mediale Innovationen und die Spekulationen der ‚schöpferischen Zerstörung' des Kapitals bis ins Unendliche zu steigern scheinen. Daher werde ich Latours Ausführungen ausführlich zitieren:

> ‚Kapitalismus' ist [...] ein leeres Wort, solange nicht präzise materielle Instrumente vorgeschlagen werden, um Kapitalisierung überhaupt zu erklären, sei es die von Mustern, Büchern, Information oder Geld. Folglich sollte der Kapitalismusbegriff nicht verwendet werden, um die Evolution von Wissenschaft und Technik zu erklären. Es scheint mir, als sollte es genau das Gegenteil sein. Wenn Wissenschaft und Technik in Begriffen von unverändlich mobilen Elementen neu formuliert werden, wird es möglich, ökonomischen Kapitalismus als einen anderen Prozess von Mobilisierung und Konskription zu erklären. (Latour 2006: 300)

> Viele Bemühungen wurden erbracht, um die Geschichte der Wissenschaft mit der Geschichte des Kapitalismus zu verbinden, und viele Bemühungen wurden erbracht, um den Wissenschaftler als Kapitalisten zu beschreiben. Alle diese Bemühungen (meine inbegriffen) waren von Anfang an zum Scheitern verurteilt, da sie eine Unterscheidung zwischen mentalen und materiellen Faktoren als gegeben ansahen, ein Artefakt unserer Ignoranz bezüglich Inskriptionen. Es gibt keine Geschichte der Ingenieure, dann der Kapitalisten, dann eine der Wissenschaftler, dann eine der Mathematiker, dann eine der Wirtschaftswissenschaftler. Es gibt vielmehr eine einzige Geschichte dieser Berechnungszentren.[3] Es ist nicht nur, weil sie auf Karten, in Kon-

---

3 „Berechnungszentrum", „center of calculation", auch als „Rechenzentrum" übersetzt, ist bei Latour ein komplementärer Terminus zu den *immutable mobiles*. Er wird von Latour folgendermaßen definiert: „Rechenzentrum (center of calculation): Jeder Ort, an dem Inskriptionen kombiniert werden und eine Form von Berechnung ermöglichen. Es kann sich um ein Laboratorium handeln oder um eine statistische Einrichtung, um die Dateien eines Geographen oder eine Datenbank usw. Mit diesem Ausdruck wird die allzu oft im Geist verortete Fähigkeit des Berechnens an spezifischen Orten lokalisiert" Latour (2000: 379). – Richard Rottenburg (2002) hat den Terminus der „centers of calculation" in einem sprachlichen

> tobüchern, Zeichnungen, Rechtstexten und Akten exklusiv aussehen, dass Kartographen, Händler, Ingenieure, Juristen und Bauingenieure den anderen überlegen sind. Es ist, weil alle diese Inskriptionen überlagert, neu gemischt, neu verbunden und zusammengefasst werden können und dass vollkommen neue Phänomene auftauchen, vor den anderen Leuten verborgen, von denen diese Inskriptionen erhoben worden waren. (Ebd.: 301f.)

> Wir sollten mit dem Konzept und dem empirischen Wissen dieser Berechnungszentren in der Lage sein zu erklären, wie unbedeutende Menschen, die nur mit Papier und Zeichen arbeiten, die mächtigsten von allen werden. Papier und Zeichen sind unglaublich schwach und zerbrechlich. Deshalb erscheint es zunächst grotesk, irgendetwas mit ihnen erklären zu wollen. La Pérouses Karte ist nicht der Pazifik, genauso wenig wie Watts Zeichnungen und Patente die Maschinen sind oder die Wechselkurse der Bankiers die Ökonomien oder die Theoreme der Topologie die ‚echte Welt'. Das ist genau das Paradoxon. Indem man nur auf Papier arbeitet, an zerbrechlichen Inskriptionen, die sehr viel weniger sind als die Dinge, aus denen sie extrahiert sind, ist es doch möglich, alle Dinge und alle Menschen zu dominieren. Was für alle anderen Kulturen unbedeutend ist, wird zum wichtigsten, zum einzig wichtigen Aspekt der Realität. Der Schwächste wird durch die obsessive und exklusive Manipulation aller möglichen Arten von Inskriptionen zum Stärksten. Dies ist das Verständnis von Macht, zu dem wir gelangen, wenn wir dem Thema von Visualisierung und Kognition in aller Konsequenz folgen. (Ebd.: 302)

Und als Zusammenfassung dieses Konzepts kann folgende Bemerkung verstanden werden, deren Holismus bezeichnenderweise in eine Fußnote verlegt wird:

> Wir haben es mit einem einzigen ethnographischen Rätsel zu tun: Einige Gesellschaften – tatsächlich sehr wenige – werden durch Kapitalisierung im großen Stil gebildet. Die Obsession mit schnellen Verlagerungen und stabilen Invarianzen, starken und sicheren Verbindungen, ist nicht Teil unserer Kultur oder durch soziale Interessen ‚beeinflusst'; sie ist unsere Kultur. (Ebd.: 300, Anm. 17)

Glücksgriff als „Rechen(schafts)zentren" umgewidmet und betont hierdurch die Einheit von Ressourcen einer „Berechnung" mit den Ressourcen einer „Rechenschaftsablegung", die in den modernen Institutionen und Organisationen meist in den gleichen Archiven zusammenfallen.

Wie soll man mit dieser Auffassung vom ‚medialen Kapitalismus' der „unveränderlichen mobilen Elemente" umgehen? Erst einmal lässt sich zugestehen, dass die Identifizierung mit dem Ganzen „unserer Kultur" – aus der Gegenwart nach dem 2. Weltkrieg gedacht – überzeugend ist: Ja, es gibt eine „Obsession mit schnellen Verlagerungen und stabilen Invarianzen, starken und sicheren Verbindungen", in der Welt der Telekommunikation und allem, was sie an Textidentität, stabilen Geometrisierungen und geometrischen Transformationen, Archivierungsfunktionen und zentralisierten Datenauswertungen (sprich: „Berechnungszentren") voraussetzt. Kein Zweifel, das ist unsere Welt oder sogar „unsere Kultur", sie wird durch „Kapitalisierung im großen Stil gebildet", und zwar ganz buchstäblich, aber auch in dem medialen Sinn, den Latour dieser „Kapitalisierung" geben will: Eine Fülle von „Inskriptionen" wird über Transformationen hinweg invariant gehalten, sie wird auf beschleunigte Weise verschickbar, an verschiedenen Orten gesammelt, gestapelt und kombiniert. „Kurz: Man muss Objekte erfinden, die *mobil*, aber auch *unveränderlich, präsentierbar, lesbar* und miteinander *kombinierbar* sind" (ebd.: 266) – und Erfindungen in diesen Parametern werden in unserer medialen Welt fortlaufend verfeinert und durch „Kapitalisierung" gesteuert, durch die finanzielle Kapitalbildung des Kapitals und durch die mediale „Kapitalisierung" zentraler Archivierungen und Auswertungen (in „Berechnungszentren") zugleich.

Das Bild, das sich aus dieser Überlagerung von finanzieller „Kapitalisierung" und medialer „Kapitalisierung" ergibt, ist verführerisch. Und wie man an der Rezeptionsgeschichte Max Webers (1920a) ablesen kann, fällt es sehr schwer, den „‚Geist' eines Kapitalismus", ist er erst einmal wirkmächtig beschworen worden, wieder loszuwerden. Jede Forschergeneration muss sich aufs Neue mit der ‚Weber-These' vom Ursprung der kapitalistischen Gesinnung aus dem Protestantismus auseinandersetzen; jeder historische Protest trägt zu diesem ‚Geist' bei, indem er die Konjunktion von Protestantismus und Kapitalismus aufs Neue beschwört, und vermutlich wird die Verführungskraft dieser Kontroverse erst nachlassen, wenn die wirtschaftliche Welt die Dominanz einer nordatlantischen, angelsächsischen und protestantischen Prägung verloren hat – wenn und wann das geschieht. Vielleicht wird erst dann die gesammelte historische Kontingenz – und Arbitrarität – der Konjunktion von protestantischen Glaubensformen, protestantischen Wirtschaftseliten und kapitalistischen Unternehmensformen allgemein sichtbar werden, für die Gegenwart wie für die Vergangenheit.

Latours Konzept – oder einem parallelen Konzept – könnte ein ähnliches Schicksal bevorstehen. Die Konjunktion von finanziellen und medialen „Kapitalisierungen" kann so übermächtig bleiben und werden, dass sie durch eine Mediengeschichte begründet wird, die eine solche Konjunktion entweder als Ausgangsbedingung der heutigen Entwicklung etabliert oder sogar dazu neigt

– wie es Latour in den zitierten Passagen explizit ausspricht –, den soziotechnischen Verflechtungen der Medienentwicklung den Vorrang für die Gesamtentwicklung einzuräumen, sprich: „ökonomischen Kapitalismus als einen anderen Prozess von Mobilisierung und Konskription zu erklären" (Latour 2006: 300). Es gibt daher gute Gründe, diesen neuen ‚Geist' der Kapitalisierung ernst zu nehmen: Er entspricht nur zu sehr dem Selbstverständnis der digitalen Medieninnovation und ihrer Kapitalinvestoren, aber auch dem Wunsch heutiger Medienhistoriker, die moderne Welt der Datenspeicherung und Datenverarbeitung – oder zumindest ihre Ausgangsbedingungen – aus der Welt vor dem 19. Jahrhundert zu herzuleiten (vgl. Headrick 2000).

Um die Verführungskraft dieser Konzeption – und ihres ‚Geistes' – zu taxieren, ist es ratsam, Latours skizzenhaften Argumentationsschritt ebenso skizzenhaft zu wiederholen: von der finanziellen „Kapitalisierung" zur medialen „Kapitalisierung" und zurück. Wo geschah die finanzielle Kapitalbildung zwischen 1500 und 1800, welche Rolle spielten mediale „Kapitalisierungen" – insbesondere die von Latour so benannten „centers of calculation" – für diese Kapitalbildung und für die Gesamtheit unserer Kultur, und wie entstand daraus die Welt der Gegenwart?

6 Die Geschichte des Kapitals und die Welt der „unveränderlichen mobilen Elemente" (1500–1800)

Da Latours Ausführungen nicht mehr als ein Bild skizzieren, geht es erst einmal nur darum, dieses Bild zu vertiefen oder ein verlässlicheres Gegenbild aufzustellen, an dem sich eine detaillierte medienhistorische Auseinandersetzung in Zukunft orientieren kann. Latour selbst bezieht sich im Rahmen seiner Kapitalisierungs-Passagen auch auf Fernand Braudel große Geschichte der Zeit zwischen 1500 und 1800, allerdings ohne dessen Historiographie eigens zu diskutieren (Latour 2006: 300). Mir scheint es – auch unter Latours eigenen ‚binokularen' Prämissen – möglich, für die Jahrhunderte zwischen 1500 und 1800 für eine ‚braudelsche Mediengeschichte' zu plädieren, also für eine Globalisierungsgeschichte und Mediengeschichte, die so verfährt, wie es Braudel (1979) mit dem Kapitalismus bis zur Entstehung des Industriekapitalismus unternommen hat.

Auch Braudels Globalisierungsgeschichte ist eine Geschichte der ‚Überlegenheit des Westens' oder eine Geschichte des kapitalistischen ‚Weltsystems', und sie schließt technikhistorische und medienhistorische Entwicklungen mit ein – nur geht sie dabei anders vor. Braudel unterscheidet drei Hinsichten oder

Gruppen von Prozessen, aus deren heterogener Zusammenfügung erst ganz am Ende der spätere industrielle Kapitalismus entstanden ist.[4]

(1.) Zwischen 1500 und 1800 befand sich der größte Teil der europäischen Gesellschaften im Zustand einer unausweichlichen *Subsistenzwirtschaft*, d.h. ein überwältigender Teil der Bevölkerung konnte nur das konsumieren und gebrauchen, was im landwirtschaftlichen Jahreszyklus oder im Handwerk der näheren Umgebung angeboten wurde.

(2.) Von den Marktflecken über die kleineren und größeren Städte bis in den weltweiten Handel mit Luxusgütern reichten ganz heterogene *Sphären des Handels*, von Märkten und Marktwirtschaften, die sich vor allem in den Städten durch Angebot und Nachfrage verknüpften, ohne dabei vereinheitlicht zu werden.

(3.) Die *Kapitalbildung* im großen Stil gelang vor allem denen, die vom interkontinentalen Handel mit Luxusgütern und insbesondere von der neuen Konsumkultur der kleinen Eliteschicht profitieren konnten. Kapitalbildung geschah vor allem durch erfolgreiche Versuche, die Transparenz von Angebot und Nachfrage, die Transparenz eines Marktes auszuschalten, durch „Anti-Märkte" der Monopolbildung, der Piraterie und der Raubwirtschaft. Kapitalismus, Sklaverei und feudale Leibeigenschaft haben sich zwischen den Kontinenten und in Europa selbst zwischen 1500 und 1750 wechselseitig gesteigert, und daher führt jede betreffende Stufenlehre für die europäische Geschichte in die Irre. Das Kapital musste variabel investiert werden und kam dabei nur selten Innovationen im technischen Bereich zugute. Auch die Industrialisierung begann nicht durch gezielte Kapitalinvestitionen, und erst recht nicht durch gezielte Investitionen in Forschung und Innovation; erst in ihrem Verlauf entsteht der Industriekapitalismus des 19. Jahrhunderts, der technische Innovationsbereitschaft und eine ständige finanzielle Investition zu ihrer Unterstützung zusammenschließt – und zwar bis heute, wie wir für unsere Gesellschaften sagen können. Diese heterogene Emergenz des späteren Industriekapitalismus macht sehr viel verständlicher, warum sich dieses vorübergehende, wenn nicht sogar einmalige Modell nicht auf andere Erdteile übertragen ließ, und zwar auch und gerade dort nicht, wo es zwischen 1500 und 1800 in der Konkurrenz der damaligen interkontinentalen Handelsnetze erwachsen war.

Soweit eine kurze Zusammenfassung von Braudels Historiographie, von der man dreißig Jahre später sagen muss, dass sie alle ihre notwendigen historischen Korrekturen und Infragestellungen glänzend überstanden hat, auch weil sie vor der verlockenden Übersystematisierung eines „Weltsystems" (Wallerstein

---

4   Die folgende Zusammenfassung folgt Braudels eigenhändigem Abriss (1986c) seiner dreibändigen Geschichte durch drei Vorlesungen.

1986; 1998; 2004 [1974; 1980; 1989]) und insbesondere vor einer Homogenisierung verschiedener Formen der Kapitalbildung zurückschreckte.

Wie lässt sich eine solche braudelsche Globalisierungsgeschichte auf die Mediengeschichte zwischen 1500 und 1800 übertragen? Zumindest eine der Prämissen würde ich ohne Abstriche übertragen, nämlich Braudels Skepsis gegenüber einer Geschichte, die sich an einer Chronologie von Technik-Innovationen orientiert (vgl. Braudel 1985: 468-474). Diese Skepsis zeichnet die Geschichtsschreibung einer *longue durée* weiterhin aus,[5] und sie betrifft weiterhin die Jahrhunderte zwischen 1500 und 1750. So ist etwa die ‚logistische Revolution' gegen Ende des 18. Jahrhunderts nicht durch technische Innovationen zu erklären, im Gegenteil: die technischen Innovationen im Bereich der Schifffahrt (durch Dampfschifffahrt) und des Landtransports (etwa durch Eisenbahnen) folgen der ‚logistischen Revolution' und gehen ihr nicht voraus (vgl. ebd.: 452ff.; 1986a: 380ff.). Die ‚logistische Revolution' des späten 18. Jahrhunderts verlangte eine Zunahme von Investitionen und basierte auf einer Verbilligung von Arbeitskraft, die erst durch einen Bevölkerungsaufschwung (ebd. 1985: 66ff.; 1986a: 402-405) möglich wurde. Und sie setzte ein kontinuierliches Niveau von Investitionen voraus, das frühere Jahrhunderte nicht zustande gebracht hätten, denn insbesondere die Wartung und Instandhaltung von Infrastruktur ist eine ständige Investition, die sich lohnen muss, und mehr als nur lohnen muss, damit sie den Einbau neuer technischer Erfindungen belohnt. Eine echte ‚logistische Geschichte' oder eine ‚technische Gebrauchsgeschichte' hat daher einen anderen Schwierigkeitsgrad als die chronologische Anordnung von Erfindungen.

Die seit dem 19. Jahrhundert üblichen Innovationsgeschichten unterliegen, sobald sie es mit der *longue durée* zu tun bekommen, einer optischen Täuschung: Innovationsgeschichte tendiert dazu, Innovationen diskontinuierlich bis sprunghaft anzuordnen und dabei implizit die Nachfrage oder den ‚Bedarf' an Innovation konstant zu denken. Nach Braudel und anderen Historikern ist es aber umgekehrt korrekter, zumindest für die ganz ‚lange Dauer' bis zum späten 18. Jahrhundert: Die Innovationsbereitschaft und sogar die Dokumentation von Erfindungen kann als eine konstante Größe angesetzt werden, während der ‚Bedarf' an Innovationen, also die Bereitstellung von Ressourcen zur Implementierung neuer technischer Erfindungen, diskontinuierlich verläuft und sich bis zu einem bestimmten historischen Punkt aller ökologischen Einsicht nach nicht ohne große Risiken der materiellen Versorgung steigern lassen konnte.[6] Man sollte dementsprechend davon ausgehen, dass der ‚Bedarf' an

---

5   Eine ökologische Begründung dieser Skepsis findet sich bei Horden/Purcell (2000: insb. 287-297, 594-597).

6   Vgl. die Begründung durch Horden/Purcell (2000: insb. 287-297, 594-597).

Innovationen, konkreter gesprochen: die Möglichkeiten der Investition in technische und Medien-Innovationen zwischen 1500 und 1800 und zwischen den europäischen Ländern ziemlich heterogen verteilt waren; und dass er nicht durch die Innovationen selbst zu erklären ist. Das gilt ebenso für die Erfindungsgeschichte der von Latour benannten „unveränderlichen mobilen Elemente", aber auch für solche elementaren Techniken wie Drill, Post und Transport, die zweifelsohne zum Wachstum der großen militärischen und politischen Organisationen beigetragen haben, ein Wachstum, das aber an den ungleich bemessenen Ressourcen bemessen werden muss, die man in die entsprechenden Organisationen und insbesondere in die ständige Wartung und Reparatur der Infrastrukturen investieren konnte. Auch die Durchsetzung des Drills ist keineswegs die Geschichte einer linearen Steigerung, sondern war lange Zeit ein schwer umsetzbares militärisches Projekt, weil erst durch das spätere Wachstum der Staatsgewalt – sprich: durch ihre immer wirksamere Steuerschraube – genügend Geld für die nötige Ausbildungs- und Übungszeit aufgewendet werden konnte (vgl. Bröckling 1997: 1. Teil). Die braudelsche Skepsis gegenüber einer Chronologie von Erfindungen betrifft daher materielle Techniken, Medientechniken und Körpertechniken gleichermaßen.

Wenn man will, kann man außerdem und eher *ad usum Delphini* – analog zu Braudels drei Hinsichten der Wirtschafts- und Sozialgeschichte – auch für die Mediengeschichte zwischen 1500 und 1800 drei Hinsichten oder sogar drei ‚Welten' unterscheiden:

(1.) die Welt der Alltagskommunikation, ihre mündliche, schriftliche und rhetorische Basis oder ‚Subsistenz', nicht oder sehr selten an Innovation interessiert oder orientiert, auch in der Oberschicht und in den Globalisierungseliten: Das Zeitalter zwischen 1500 und 1750 war bekanntlich noch eine Epoche der Rhetorik, ein Zeitalter der Beredsamkeit, d.h. der Kontinuität mit der Antike, auch in der Konkurrenz mit der Antike. Diese Welt kann nur durch eine ‚Gebrauchsgeschichte' der Medien und insbesondere ihrer mündlich-schriftlichen Interferenzen rekonstruiert werden.

(2.) die Welt der Medien, die über Distanzen hinweg den Austausch vorantrieben, und hier kommen die von Latour aufgezählten Kulturtechniken zu ihrem Recht, und auch ihre Innovationen im Bereich des Buchdrucks einerseits und der „optischen Konsistenz" andererseits. In der Beurteilung dieser Medien verbindet sich daher eine ‚Gebrauchsgeschichte' mit einer ‚Innovationsgeschichte', und es sollten alle Techniken und Kulturtechniken Platz finden, die – wie von Latour skizziert – Kontrolle über Distanz und Forminvarianz durch Transformationen gewährleisten sollten. Allerdings hatten diese Techniken, wie bereits erläutert, damals eine andere soziotechnische Verortung, und sie lassen sich zwischen 1500 und 1750 nicht mit der Effizienz verrechnen, die sie danach – und insbesondere seit dem 19. Jahrhundert – entfaltet haben. Analog zu Braudels sorgfältigem Aufbau aus heterogenen Sphären von Märkten und Markwirtschaften müsste eine solche Geschichte die verschiedenen Verflechtungen und Maßstäbe darstellen, in denen die medialen Innovationen zirkulieren konnten – als Vorbild kann hier das zitierte Buch von Adrian Johns dienen, das sorgfältig nachzeichnet, wie sich in einer wichtigen Periode der Wissenschaftsformation ein konkreter Buchmarkt und eine europaweit (und vor allem durch Briefe) vernetzte Sphäre des wissenschaftlichen Austauschs lokal verflochten haben.

Und (3.) stößt man – analog zu Braudels Geschichte des großen Kapitals und seiner Investitionen – auf die Welt der kontinentalen und interkontinentalen Organisationen, der großen Machtorganisationen im Sinne Michael Manns (1990), d.h. die großen militärischen, politischen, ökonomischen und ideologischen – und insbesondere die religiösen – Organisationen mit ihren jeweiligen Organisationszentren. Auch diese zeichnen sich zwischen 1500 und 1800 durch medientechnische Spezialisierungen und technische Zielsetzungen aus, die später zum Teil verworfen oder als „irrational" beurteilt werden.[7] Und erst im 18. Jahrhundert wächst in Europa jene politische, genauer politisch-militärische oder ökonomisch-politische Zentralisierung einer *Staatsmacht* heran, die auch die von Latour benannten statistischen und diagrammatischen Techniken als eine Ressource erkennt, in die ab dann kontinuierlich Geld, Organisationskapazität und vor allem Ausbildungszeit investiert werden: „unveränderliche mobile Elemente", die immer auf ein „center of calculation", auf ein „Rechen-(schafts)zentrum" bezogen bleiben. Die Beurteilung der kontinentalen und interkontinentalen Verflechtungen verlangt eine ‚logistische Geschichte', und die große Logistik der Verkehrsverbindungen, aber auch des interkontinentalen wissenschaftlichen Austauschs, etwa durch Botanische Gärten und botanische Sammlungen und Klassifizierungen (vgl. Grove 1995), wäre Teil dieser ‚logistischen Geschichte'.

Wenn man die europäische Mediengeschichte der Zeit zwischen 1500 und 1750 so rekonstruieren würde, was wäre dann das Resultat? Meiner Meinung nach Folgendes: Latours Terminus der „unveränderlichen mobilen Elemente" ist denkbar gut geeignet, um die ‚Dynamik des medialen Kapitalismus' seit dem frühen 19. Jahrhundert zu erfassen, um so mehr für das 19. Jahrhundert nach der von James Beniger (1986) diagnostizierten „Control Revolution", und danach bis heute. Das gilt auch für die Kopplung von „unveränderlichen mobilen Elementen" und bürokratischen Archiven – oder, wie Latour sie

---

7   Vgl. hier zum katholischen Raum Europas zwischen 1550 und 1770 und seiner „Irrationalität" gegenüber einer späteren (nordatlantischen und protestantischen) Fortschrittsgeschichte: Hersche (2006), insb. die Zusammenfassung in Bd. 2, 943-947 und 945f. zur technischen, medialen und handwerklichen Entwicklung.

nennt, „centers of calculation". Für die Jahrhunderte zwischen 1450 und 1800 hingegen kann der Terminus nur als Problemstellung dienen: Wie ist die Welt der beschleunigten Mobilisierung von Zeichen, der Formkonstanz über Transformationen hinweg und ihrer Kombination zu „unveränderlichen mobilen Elementen" entstanden?

Und die Antwort lautet erst einmal negativ: Sie ist nicht aus einem einheitlichen Denkstil oder Praxis-Stil in den Zeitaltern der Renaissance oder des Barock, des Buchdrucks oder der sogenannten wissenschaftlichen Revolution entstanden. Das heißt wiederum positiv gewendet: Die Welt der „unveränderlichen mobilen Elemente" des 19. und 20. Jahrhunderts, der Laborforschung, der Bürokratisierung, der Telekommunikation und der analogen Reproduktionsmedien liegt der Globalisierung nicht voraus, sondern emergiert in ihrem Gefolge. Die „unveränderlichen mobilen Elemente" und insbesondere ihre Anordnung in „Rechen(schafts)zentren" sind in einer braudelschen Mediengeschichte eine Folge von logistischen Investitionen, deren Voraussetzungen erst nach und nach entstehen mussten, damit entsprechende Innovationen und medientechnische Praktiken überhaupt sinnvoll werden konnten – und zwar im Transportwesen, in den Techniken der Nachrichtenübertragung und in der Entstehung bürokratischer Archive der großen Machtorganisationen. Kurz: Wenn es einen ‚medialen Kapitalismus' der *immutable mobiles* gegeben hat, dann war dieser Kapitalismus wohl kaum eine tragende Ursache der ‚Überlegenheit des Westens', sondern eher ein langfristiger *Globalisierungseffekt*, und das heißt auch: ein Effekt, in den die Ressourcen der globalisierten Welt, also der ganzen Welt nach und nach eingewandert sind. Für Nahrungsmittel und die großen Umwälzungen der Nahrungsketten nach der ‚europäischen Globalisierung' leuchtet diese Beschreibung unmittelbar ein – aber warum sollte man sie nicht auf die medialen Verflechtungen und Erfindungen übertragen können?

7 Welthistorische Betrachtungen

Bei mehreren Diskussionen der *immutable mobiles* wurde ich am Ende gefragt,[8] ob das überhaupt einen so großen Unterschied machen würde, die europäischen *immutable mobiles* als Ursache oder als Effekt globaler Verflechtungen zu betrachten. Kommt das am Ende nicht auf dasselbe heraus? Sind nicht beide Attributionen gleichermaßen illusionär, weil es in der Geschichte niemals eindeutige ‚Ursachen' und ‚Effekte' geben kann, sondern nur Korrelationen, die

---

8 Mein Dank an alle, mit denen ich Latours „unveränderliche mobile Elemente" in Siegen, Köln, Zürich, Halle und Weimar diskutieren konnte, und im Besonderen an Marcus Hahn (Siegen und Köln).

man aufgrund der Überlieferungslage zwar in verschiedene Reihenfolgen gliedern kann, im Falle so schwacher Korrelationen wie in der Mediengeschichte allerdings ohne die Gewissheit, Ursachen und Wirkungen unterscheiden zu können?

Es lohnt sich daher, auch aufgrund der übermächtigen teleologischen Prägung jeder populären Mediengeschichte, das historiographische Projekt dessen, was ich eine ‚braudelsche Mediengeschichte' genannt habe, noch einmal in einen planetarischen Rahmen zu stellen. Nehmen wir an, der grobe Umriss der historischen Tatsachen sei relativ unstrittig: Es gab nach Columbus und den vorangegangenen portugiesischen Reisen zur westafrikanischen Küste einen langen Prozess der ‚europäischen Globalisierung', der Eroberung und Stützpunktbildung, bis zur Errichtung europäischer Kolonien und Übersee-Imperien. Dieser Prozess erreichte seinen Höhepunkt im Imperialismus des späten 19. Jahrhunderts und war die Voraussetzung eines Globalisierungsschubes vor dem 1. Weltkrieg, dessen Ausmaße – in der Mobilität und interkontinentalen Verflechtung von Personen, Dienstleistungen, Gütern und Medien – die Erde erst in den letzten zwanzig Jahren wieder erreicht hat. Innerhalb der Darstellung einer ‚europäischen Globalisierung' zwischen 1492 und 1914 stellt sich die Frage nach den Gründen für eine ‚Überlegenheit' – oder für die machtpolitischen Vorteile – der europäischen Organisationen. In bestimmten Hinsichten gibt es überzeugende Überprüfungen für die Gründe der Überlegenheit, also für das jeweilige Kriterium, das den Ausschlag für die Errichtung oder Nicht-Errichtung von Kolonien und Imperien gegeben hat. So waren Portugiesen und Spanier den Bewohnern der Neuen Welt meist militärisch überlegen (nicht hingegen den Bewohnern des Indischen Ozeans), vor allem aber in *epidemiologischer* Hinsicht überlegen – die Bewohner der Neuen Welt, und zwar in beiden Amerikas, fielen Seuchen zum Opfer, auf die sie aufgrund ihrer andersartigen ökologischen Situation nicht vorbereitet sein konnten (vgl. Crosby 1987). Umgekehrt ließ sich das subsaharische Afrika trotz analoger militärischer Konstellationen bis in das 19. Jahrhundert nicht erobern, weil die immunologischen Voraussetzungen für eine solche Landnahme fehlten. Das subsaharische Afrika wurde durch den transatlantischen und innerafrikanischen Sklavenhandel erfasst, aber nicht von außen erobert. Afrika blieb daher politisch weitgehend autonom, wurde aber vom Welthandel mit Sklaven, Gold und Baumwolle erfasst; China hingegen blieb – bis zur gewaltsamen militärischen Öffnung durch den Opiumkrieg – ökonomisch und politisch autonom, weil keine entsprechende Nachfrage nach europäischen Industriegütern erzeugt werden konnte, die eine Verschuldung zugunsten Chinas (durch den europäischen Bedarf an Tee) aufgewogen hätte (vgl. Sahlins 1994).

Auf solche Weisen kann man daher – zumindest in ökonomischer, politischer, militärischer, epidemiologischer (und ökologischer) Hinsicht – recht konkrete ‚Substitutionsproben' zwischen den Kontinenten nachzeichnen, und zwar einfach deshalb, weil diese ‚Substitutionsproben' von den damaligen europäischen Organisationen bereits *im organisatorischen Vergleich* ihrer jeweiligen Eroberungs-, Handels-, Besiedlungs- und Missionierungsprojekte vorgenommen wurden. Nehmen wir – *for the sake of argument* – an, die Faktoren der Überlegenheit – und sogar die einer ‚medialen Überlegenheit' – seien mittlerweile bekannt und sogar relativ unstrittig. (In der historischen Forschungsliteratur wird das niemals der Fall sein, denn Forschung lebt von Kontroversen, und die unstrittigen Punkte müssen erst durch eine Gegenprobe zusammengestellt werden, indem man die aktuellen Kontroversen durchgeht und die unstrittigen Elemente der Kontroversen benennt.) Daher nur *for the sake of argument*, aus historiographischen Gründen gesprochen: Wenn man durch eine gelungene Reihe solcher ‚Substitutionsproben' die Bedingungen der europäischen ‚Überlegenheit' isolieren und benennen könnte, bliebe nur noch die Frage der Anordnung dieser Faktoren zu einem Tableau. Und hier stellen sich – wenn ich es richtig sehe – zwei historiographische Alternativen ein, die in der neueren Forschungsliteratur wiederholt durchgespielt worden sind:

(1.) Man kann die Faktoren der ‚europäischen Überlegenheit', also der kleinen oder großen Überlegenheiten europäischer Organisationen im Prozess der ‚europäischen Globalisierung' aus europäischen Bedingungen und Kunstfertigkeiten ableiten. Was die Epidemiologie angeht: etwa aus medizinischen; das Militär: aus waffentechnischen, logistischen und körpertechnischen; die Politik: aus staatlichen, staatsbildenden und diplomatischen; und die Ökonomie: aus ökonomischen Kunstfertigkeiten und Innovationen. Das Paradebeispiel – und nicht nur ein wissenschaftlicher, sondern auch ein rhetorischer Höhepunkt dieser Denkweise – passenderweise auf dem Gipfelpunkt der europäischen Weltmacht geschrieben – ist Max Webers „Vorbemerkung" zur „Protestantischen Ethik" und vergleichenden Wirtschaftsethik: „Nur im Okzident..." (Weber 1920b). In sehr viel schwächerer Form, ohne Webers Pathos und leider meist ohne Webers Willen zum weltweiten soziologisch-historischen Vergleich, ist diese Denkweise Teil der Geschichtsschreibung und der Mediengeschichte geblieben: die Ableitung europäischer Überlegenheit aus europäischen Faktoren und Vorbedingungen. Der Drall einer solchen immanenten – oder genauer gesagt – ‚immanentisierenden' Betrachtung führt unweigerlich zu dem Wunsch, die Faktoren selbst – oder ihre Vorbedingungen – um einige Jahre, Jahrzehnte, Jahrhunderte, manchmal sogar Jahrtausende vorzuverlegen, ohne dabei das europäische Territorium – zu dem mitunter auch das Mittelmeer mit seinen Anrainern gerechnet wird – zu verlassen. Immanentisierung erzeugt unweigerlich die Forschungsfrage einer immanenten Priorität und prämiert die Archäologie der immanenten ‚Vorbedingungen' späterer

Überlegenheiten, die allerdings nur komparativ beurteilt werden können (vgl. etwa McFarlane 1985).

(2.) In den letzten Jahrzehnten hat sich in der Forschung eine andere Anordnung derselben Fakten und derselben Faktoren durchgesetzt.[9] Die erste Verlagerung ist eine Konsequenz der historischen Arbeit. Europäische Globalisierung und ihre partielle Überlegenheit europäischer Organisationen zwischen 1492 und 1914 wird dann zu einem emergenten und sukzessiven Phänomen, das sich *nur* in den konkreten interkontinentalen ‚Substitutionsproben' – also Machtkämpfen und Bewährungsproben – nachweisen lässt, die im Verlauf der Reise- und Eroberungsgeschichte – also nach und nach – entstanden sind. Wenn man diese Konkretisierung durchführt, stößt man im Gegenzug darauf, dass es mit der ‚Immanenz' der Bedingungen und der ‚Vorbedingungen' einer solchen Machtprobe nicht weit her ist. Die mikrohistorischen Bedingungen der Konfrontationen sind per definitionem interkontinental; aber auch die makrohistorischen europäischen Vorbedingungen gewinnen ein interkontinentales Gesicht. Wie in der neueren Universalgeschichte seit den Schriften von Fernand Braudel (1979) und William H. McNeill (1994) nachzulesen, verschwindet die Frage einer europäischen Immanenz in einer sukzessiven und emergenten Geschichte der interkontinentalen Verflechtungen. Die Basis der Entstehung der ‚europäischen Globalisierung' ist bei William H. McNeill die gesamte ‚Alte Welt' Eurasiens und Nordafrikas, in deren Konjunktion überlappender ‚Ökumenen' (vom Chinesischen Meer bis zum Mittelmeer) Westeuropa jahrtausendelang nur die Rolle einer verarmten Peripherie spielen konnte. Und auf andere Weise schließt Fernand Braudel an diese ‚Alte Welt' McNeills bruchlos an, etwa indem er – für die Zeit zwischen 800 und 1200 – den islamischen Raum als Erben der antiken ‚Ökumene' und zentralen „continent intermédiaire" (Braudel 1987: 94ff.) zwischen Ostasien, Afrika und dem Mittelmeer bestimmt. Die interkontinentalen Verflechtungen und geographischen Voraussetzungen des islamischen Raums bestimmen dessen jahrhundertelange Zentralstellung im europäischen ‚Mittelalter'; diese wird erst mit dem Aufbruch der iberischen Staaten in die Neue Welt dezentriert, und ein weiterer Wechsel der interkontinentalen Verflechtungen bedingt den Wechsel der – später durch Großbritannien zentralisierten – europäischen Macht vom Mittelmeer in den Nordwesten. Die Suche nach immanenten europäischen Vorbedingungen wird durch eine solche Sicht nicht sinnlos, und sie wird im Übrigen auch in der neueren Universalgeschichte mit den alten Mitteln der Geistesgeschichte, der Ideologiegeschichte und der Technikgeschichte betrieben, aber als weitaus

---

9 Eine pointierte Zusammenfassung zum Konsens der neueren Globalisierungsgeschichte findet sich im Vorwort von Crosby (2004). Einen Forschungsabriss geben Osterhammel/Petersson (2003).

stärkere Vorbedingungen der interkontinentalen Machtproben haben sich die interkontinentalen Verflechtungen selbst herausgestellt.

Wie in der neueren Universalgeschichte außerdem gut nachzulesen ist, insbesondere in den Schriften von Alfred Crosby (2004) und Jared Diamond (1998), geht die Schlagseite einer sukzessiven und emergenten Weltgeschichte der europäischen Globalisierung – sobald man den größten Maßstab zugrundelegt, d.h. die planetarische Ökologie mit ihrer menschlichen Besiedlungsgeschichte – sogar dahin, die Vorbedingungen der Faktoren einer machtpolitischen Überlegenheit zu *entkulturalisieren*, sie auf ökologische, epidemiologische, geographische und demographische Unterschiede zurückzuführen, die sich der menschlichen Planung und der Begründung durch kulturelle Unterschiede weitestgehend entziehen (oder erst sehr spät erschlossen haben).

Aber ob man zu einer solchen radikal makroskopischen und entkulturalisierenden Betrachtung übergeht oder zu einer Darstellung, wie sie bereits in den Schriften von Braudel angelegt ist – in der die lokalen kulturellen Umstände mit ihren globalen Verflechtungen in den Mittelpunkt rücken –, in jedem Fall erscheint die globale Verflechtungsgeschichte als eine übermächtige Ressource der Argumentation, wenn es darum geht, die besondere Verflechtungsgeschichte der europäischen Globalisierung (zwischen 1492 und 1914) und ihre konkreten Machtproben und ‚Substitutionsproben' zu erklären. Verflechtungsgeschichte erklärt Verflechtungsgeschichte.

Für Medien und ihre Mediengeschichte scheint es sehr viel schwieriger, konkrete ‚Substitutionsproben' zwischen den Kolonien und Kontinenten zu benennen, die in einer bestimmten Machtprobe den Ausschlag gegeben haben. Aber eigentlich ist die zentrale ‚Substitutionsprobe' von Anfang an durch die Europäer benannt worden, und zwar in eben jener Trias von Schießpulver, Kompass und Buchdruck, die von den ersten Entdeckungsreisen bis in die neuere Forschungsliteratur als Emblem oder Synekdoche der europäischen Überlegenheit gedient hat. Bekanntlich sind diese wichtigen Artefakte der frühen europäischen Globalisierung, der Kompass, das Schießpulver, das Papier und der Buchdruck nicht in Europa erfunden worden, sondern in China und jeweils über mehrere Jahrhunderte über die eurasiatische Ökumene nach Westen gewandert, bevor sie mit den Schiffen der Portugiesen und Spanier nach Afrika, nach Amerika und in modifizierter Form zurück nach Asien aufbrechen konnten. Es gibt daher kein großes Hindernis, die Diffusion und Modifikation dieser Erfindungen – als Synekdoche für die entsprechenden Kulturtechniken der medialen Reproduktion, der Navigation und der militärischen Organisation verstanden – als eine dreifache ‚Substitutionsprobe' zu verstehen, deren interkontinentale Verflechtungen der europäischen Globalisierung zugrundeliegen (vgl. Braudel 1985: 418-451). Unter der Fragestellung der *immutable mobiles* interessieren hier insbesondere Navigation, Geometrisierung und Kartographie einerseits und die Union aus Buchdruck und Papier andererseits. Und das Ergebnis ist eindeutig: eine europa-immanente Betrachtung kann die Erfolgsgeschichte dieser Erfindungen nicht erfassen, und nur eine interkontinentale Verflechtungsgeschichte wird den Rollen gerecht, die ihre Techniken und ihre technischen Modifikationen in der Verflechtung der europäischen Globalisierung gespielt haben.

Seit Joseph Needhams enzyklopädischer Sichtung von *Science and Civilisation in China* sind zumindest einige der entsprechenden Verflechtungen leicht nachlesbar: Die Geschichte der europäischen Kartographie ist eine genuin eurasiatische Geschichte geworden (vgl. Abb. 3), und insbesondere die Grundbedingung einer maßstabsgetreuen Kartographie: die maßstabsgetreue Rasterung eines Territoriums bildete eine Kunst, die über Jahrhunderte in China ausgeübt wurde, während sie in Europa noch sehr viel länger in Vergessenheit geraten war (vgl. Needham/Wang 1959: 497-590).

Auch in den europäischen Jahrhunderten zwischen 1500 und 1750 stossen die ersten idealen Entwürfe einer maßstabsgetreuen Karte auf die übermächtigen Hindernisse von Navigationskünsten und Orientierungshilfen, die sich dem Wunsch einer Geometrisierung und Isometrisierung aus ganz praktischen Gründen erfolgreich widersetzten (vgl. Delano-Smith 2006). Erst große staatliche Investitionen des 18. Jahrhunderts, in der Konkurrenz der entstehenden Nationalstaaten und ihrer Wissensorganisationen – durch die Investitionen ihrer „Rechen(schafts)zentren" –, und erst eine durch Welthandel und Weltreisen erzwungene Standardisierung von Längen- und Breitengraden schaffen den späten Durchbruch der kartographischen Projekte, die aus bestimmten Karten tatsächlich *immutable mobiles* werden lassen (vgl. Turnbull 2000). Die Entwicklung der europäischen Kartographie kann daher als eindeutiger Beleg einer braudelsche Mediengeschichte gelten: Eine geometrisierte Kartographie geht den interkontinentalen Verflechtungen der Europäer nicht voraus, sondern entsteht erst sukzessiv in ihrer Folge – und sie beruht ihrerseits auf einer jahrtausendelangen interkontinentalen Verflechtung, deren europäische Nutznießer erst sehr spät auf den Plan treten.[10]

---

10 Auch die Geschichte der Perspektive ist neuerdings in eine entsprechende interkontinentale Verflechtung geraten: Insbesondere die „immutability" der linearperspektivischen Abbildung scheint keine Errungenschaft zu sein, die man auf eine europäische Antike – sowohl was die perspektivische Abbildung als auch was die Geometrisierung angeht – zurückführen kann. Wie auch in der Philosophiegeschichte, scheint der entscheidende Schritt zur Herausbildung der heutigen Linearperspektive – nach den von Braudel als interkontinentalem „continent intermédiaire" ausgewiesenen islamischen Ländern – in einer hellenistisch-islamisch-europäischen Kreolisierung zu liegen, die im Übrigen eine Adaption indischer Mathematik und Klassifizierungskunst mit einschloss. Vgl. dazu vorläufig: Belting (2008).

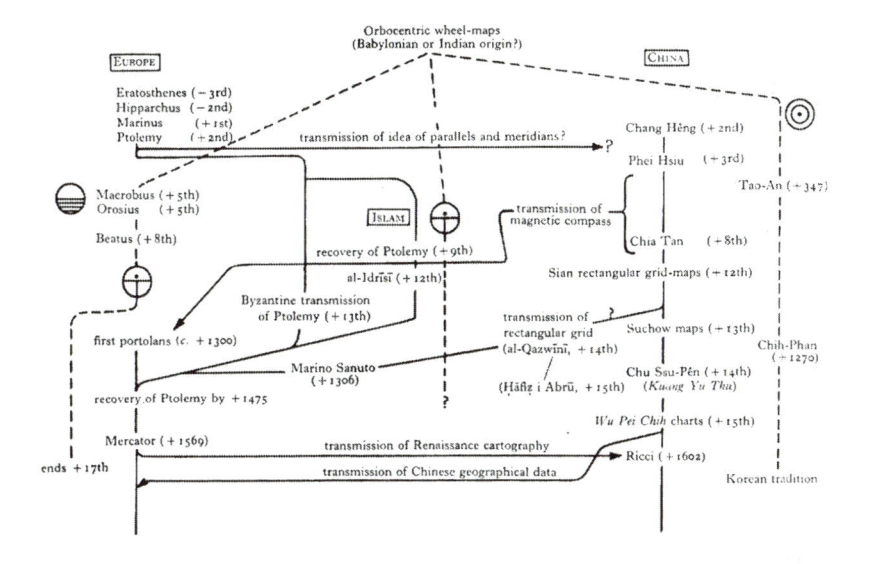

Abb. 3: „Chart to show the comparative development of cartography in East and West" (Needham/Wang 1959: 588, Table 40).

Das Gleiche gilt, auch wenn das weniger überraschend sein wird, für die Geschichte von Buchdruck und Papier. Bruno Latours Darstellung der *immutable mobiles* betont gleichermaßen die Eigenschaften der Unveränderlichkeit über Transformationen hinweg und der Mobilität, aber auch die Stapelbarkeit und Kombinierbarkeit von Inskriptionen, die vor allem durch Papierverwendung gegeben ist. Wenn es jemals einen medialen Träger gegeben hat, für den eine regelgerechte interkontinentale Diffusion nachgewiesen wurde, dann ist dies zweifelsohne Papier. Die Ankunft des Papiers in Europa – also die Ankunft der beschleunigten Stapel- und Kombinierbarkeit von Schriftzeichen, ihre Ausformung zur Verwendung durch *immutable mobiles* – vollzog sich dementsprechend in einer europäischen Metropole des interkontinentalen Austauschs:

> Córdoba, as capital of the Umayyad dynasty, housed a population of perhaps 500,000 by the tenth century. It was home to schools of medicine, mathematics, philosophy, and poetry, rivaling Baghdad and Byzantium as a center of learning and literature. Among the scholars invited to teach at the university, bi- or multilingualism was the rule. On the material level, the basis for interchange and accumulation of knowledge was the production of paper, a technology that had been developed in China, carried to Samarkand, and adopted in Arab Mesopotamia by the 750s. Migrating craftsmen had spread the tech-

nology to Cairo. Córdoba's large paper-mills supplied other parts of Europe with the expensive commodity by the twelfth century. Printing, known in tenth-century Egypt, did not spread to Europe, it only served to disseminate knowledge after it was reinvented by Gutenberg in the mid-fifteenth century. (Hoerder 2002: 50)

In China bildeten Buchdruck und Papier jahrhundertelang eine Einheit, und sie bildeten auf diesem Wege auch einige neue Medien heraus, die Europa über den langen eurasiatischen Weg erreichten, bevor der Buchdruck dort neu erfunden werden konnte, etwa Tapeten und Spielkarten (Tsien Tsuen-Hsuin 1985: 23-131). Und in China entsprachen die bedruckten Papierseiten durch ihre Stapelbarkeit bereits in der Sung-Dynastie dem Konzept der *immutable mobiles* – wenn auch hier die Fertigkeiten des Korrekturlesens und Edierens ebenso mehrdeutig über die „fixity" oder Textidentität eines gedruckten Textes entschieden, wie das für die ersten Jahrhunderte des europäischen Buchdrucks nachgewiesen worden ist (vgl. Cherniack 1994). Wenn man für das europäische Spätmittelalter bereits das Projekt einer gemeinsamen Steigerung der Mobilität und Unveränderlichkeit (von Texten) voraussetzen wollte, dann wäre es zumindest plausibel, davon auszugehen, dass sich Buchdruck und Papier in Europa zusammen als Textformat durchgesetzt hätten – also in der mobilen, fixierten, stapel- und kombinierbaren Form, in der sie in China bereits einige Jahrhunderte existierten und europäischen Reisenden begegnet waren. Aber das ist nicht der Fall: Papier gelangt durch einen regulären Diffusionsprozess über die arabischen Länder via Spanien und Italien nach Europa. Der Buchdruck hingegen muss in Europa mühsam neu erfunden werden, und zwar – worauf bereits Lucien Febvre (1994: 123f.) hinwies – mitten in einer zentralen europäischen Handelsachse und Kontaktzone für die Verbreitung neuer Ideen, und zwar als ein kalligraphisches Prestigeprojekt, das vermutlich nirgendwo anders in Europa auf eine angemessene Bezahlung hoffen konnte als dort: im Rheinland. Das zentrale Rätsel des europäischen Buchdrucks ist daher weniger das *missing link* zwischen China und Europa (das sich vielleicht niemals rekonstruieren lassen wird) und auch nicht die ‚Stagnation' des außereuropäischen Buchdrucks im Vergleich mit dem europäischen Buchdruck, der aufgrund seiner historischen Konstellation schon bald eine globalisierte Verflechtung aufweisen konnte, die ihn von allen früheren Infrastrukturen der Schriftverbreitung abhob, als die schlichte Tatsache, wie Tsien Tsuen-Hsuin (1985: 1-3) in seiner Geschichte des chinesischen Buchdrucks zu Recht festgestellt hat, einer jahrhundertelangen Verspätung des europäischen Buchdrucks, die

a) darauf verweist, dass sie ‚rein technisch' nicht erklärt werden kann – denn alle materiellen technischen Voraussetzungen waren bereits jahrhundertelang vorhanden;

b) darauf hindeutet, dass bestehende mittelalterliche Infrastrukturen der (handschriftlichen) Reproduktion bis dahin für den europäischen Bedarf effektiv (und textidentisch) genug arbeiteten (vgl. Raven 2001: 389); und

c) dass es in Europa über viele Jahrhunderte keine tiefer verwurzelte „Obsession mit schnellen Verlagerungen und stabilen Invarianzen, starken und sicheren Verbindungen" gab als anderswo, eher – und wenn man die Verlagerungen der eurasiatischen Ökumene in Rechnung stellt, gar nicht so überraschend – im Gegenteil. Alles scheint darauf hinzudeuten, dass die Verfahren, die eine „immutability" und „mobility" der *immutable mobiles* garantierten, bereits eine lange eurasiatische Wanderung hinter sich hatten, bevor sie in Europa adoptiert werden konnten.

8 Das ethnographische Rätsel (neu gestellt)

Meine historischen und geographischen Kommentare sind so ausführlich ausgefallen, dass es scheinen kann, als bliebe von dem Begriff der *immutable mobiles* wenig übrig, wenn man ihn über die ganze Strecke der letzten tausend Jahre verfolgt. Aber das war nicht Sinn der Übung. Demonstrieren ließ sich vielmehr, dass zumindest die von Bruno Latour eigens benannten Kulturtechniken der *immutable mobiles*: die Union aus Buchdruck und Papier, die Geometrisierung der Perspektive und der Kartographie, und die Geschichte der „Rechen(schafts)zentren" eines globalen, staatlichen oder wissenschaftlichen Wissens sich ohne großes Widerstreben in eine sukzessive und emergente Verflechtungsgeschichte zwischen den Kontinenten einordnen lassen: für die Jahrhunderte bis 1450, für die Zeit von 1450 bis 1770 und für die Zeit von 1770 bis heute. Eine europäische Immanentisierung dieser Entwicklung kann als irreführend betrachtet werden, wichtiger aber noch: Sie wird überflüssig. Damit soll das ethnographische – und ethnozentrische – Rätsel keineswegs aus der Welt geschafft werden, das Latour diagnostiziert:

> Wir haben es mit einem einzigen ethnographischen Rätsel zu tun: Einige Gesellschaften – tatsächlich sehr wenige – werden durch Kapitalisierung im großen Stil gebildet. Die Obsession mit schnellen Verlagerungen und stabilen Invarianzen, starken und sicheren Verbindungen, ist nicht Teil unserer Kultur oder durch soziale Interessen ‚beeinflusst'; sie ist unsere Kultur. (Latour 2006: 300, Anm. 17)

Dieses Rätsel kann durch meine Ausführungen – oder eine voll entfaltete ‚braudelsche Mediengeschichte' – nicht aufgelöst werden, auch wenn es sich jetzt etwas plausibler in eine interkontinentale Verflechtungsgeschichte ein-

und umbetten lässt. Schicht für Schicht sollte historisch weiterhin aufgezeigt werden, wie sich in den westlichen Gesellschaften eine „Obsession mit schnellen Verlagerungen und stabilen Invarianzen" herausgebildet hat, welcher Investitionen und Umstände es bedurfte, um diese Obsession so finanzierbar, praktizierbar und denkbar zu machen, dass zumindest eine ganze Reihe von Berufsgruppen von sich behaupten konnte: „Sie ist unsere Kultur." Und wie Latour postulierte, bedarf es hierzu eines „Binokulars" aus Technikgeschichte und Agonistik, das bei gemeinsamer Fokussierung – und zwar aus ganz unterschiedlichen Perspektiven betrachtet – darauf zu verweisen scheint, dass sich erst in der zweiten Hälfte des 18. Jahrhunderts, und zwar zuerst in Nordwesteuropa, und seit dem 19. Jahrhundert in Nordamerika, die Voraussetzungen einer agonistischen Medienentwicklung radikal verändert haben. Bis 1750 kann – Braudels skeptischer Betrachtung der Technikgeschichte folgend – davon ausgegangen werden, dass eine planbare Steigerung der „Obsession mit schnellen Verlagerungen und stabilen Invarianzen" eine unsichere und ungarantierte Angelegenheit bleiben musste. Die Geschwindigkeit der Briefzustellung ließ sich nicht steigern, das Landtransportwesen blieb von den lokalen Gegebenheiten abhängig, der Buchdruck hatte sich kaum verändert. Im Laufe der ersten Hälfte des 19. Jahrhunderts hingegen erscheint Medienentwicklung zunehmend planbar und investierbar. Mit einer Zunahme der Innovationsfreude hat dies wenig zu tun, sondern mit der bezahlbaren Erwartung von technischen Innovationen und vor allem mit Infrastruktur-Investitionen, die einhundert Jahre früher undenkbar gewesen wären. Aus diesem Umschwung entsteht die Welt der modernen Medien, und sie entsteht von Anfang an durch die Investitionen der großen Machtorganisationen und im Rahmen ihrer globalisierten Agonistik.

Das europäisch-amerikanische 19. Jahrhundert bildet die ‚Kultur' heraus, deren Signum eine „Obsession mit schnellen Verlagerungen und stabilen Invarianzen" ist, und es bildet insbesondere ein Selbstbewusstsein dieser Kultur heraus, dessen Denkmotive und praktischen Ziele uns nicht mehr verlassen haben. Die Steigerung der Mobilität und Invarianz von Zeichen und ihre Kombination zu stapelbaren und katalogisierbaren *immutable mobiles* in „Rechen-(schafts)zentren" – diese Welt ist uns seitdem vertraut. Um diese Welt zu verstehen, ist es sinnvoll, Latours Titel erneut auf den Prüfstand zu stellen. „Drawing Things Together" handelt davon, wie es durch Inskriptionen gelingt, eine Vielzahl von Dingen ‚zusammenzuziehen', Strippen zu ziehen, denen die Dinge (und Personen) folgen müssen. Noch einmal seine Erläuterung:

> Indem man nur auf Papier arbeitet, an zerbrechlichen Inskriptionen, die sehr viel weniger sind als die Dinge, aus denen sie extrahiert sind, ist es doch möglich, alle Dinge und alle Menschen zu dominieren.

Was für alle anderen Kulturen unbedeutend ist, wird zum wichtigsten, zum einzig wichtigen Aspekt der Realität. Der Schwächste wird durch die obsessive und exklusive Manipulation aller möglichen Arten von Inskriptionen zum Stärksten. Dies ist das Verständnis von Macht, zu dem wir gelangen, wenn wir dem Thema von Visualisierung und Kognition in aller Konsequenz folgen. (Latour 2006: 302)

Die Versuchung einer Privilegierung der Mediengeschichte liegt hier nahe: Die Papierarbeiten, und die Verbesserungen der Papierarbeit liegen voraus. Aber dazu sollte die Betrachtung der *immutable mobiles*, wenn man sie historisch durchführt, keinen Anreiz geben. Die Steigerungen der Kombination einer ‚Mobilität' und ‚stabilen Invarianz' von Medien, wie sie im 19. Jahrhundert entstanden sind, demonstrieren zum einen, dass sich Zeicheninvarianz und materielle Standardisierung, und insbesondere Zeichentransport und materieller Transport, wechselseitig gesteigert haben und nur in dieser Wechselseitigkeit steigern konnten.[11] Sie verweisen aber ebenso darauf, dass diese beiden miteinander gekoppelten Steigerungen von Invarianz wiederum auf die Standardisierung von Arbeitsabläufen, von technischen Prozessen und von Personal, sprich: von Ausbildungs- und Übungsabläufen, angewiesen bleiben. Eine immanente Medienentwicklung hat nie stattgefunden, aber auch eine Geschichte der Kopplung von Medien und Verkehr, wie sie seit dem 19. Jahrhundert Teil der populären Technikgeschichte geblieben ist, bleibt unvollständig. Die Geschichte der Standardisierung von Medien bleibt auf eine Erkenntnis der wechselseitigen Zurichtung (und in diesem Falle: der Standardisierungen) von Personen, Dingen und Zeichen angewiesen.[12]

„Drawing Things Together" bleibt mehrdeutig: Es sind nicht nur die Inskriptionen, die Dinge zusammenziehen und in stapel- und kombinierbare Einheiten verwandeln. Die „Rechen(schafts)zentren" der Moderne arbeiten – verglichen mit den Infrastrukturen bis zum 18. Jahrhundert – mit einem unglaublich hohen Investitionsaufwand, weil sie darauf angewiesen sind, Zeichen und ihre Operationen zu standardisieren, aber auch Dinge und Artefakte und Personen (durch ihre Ausbildung) zumindest soweit zu standardisieren, dass alle drei Größen durch standardisierte Abläufe miteinander in Beziehung treten können. Die Aufgabe einer Erkenntnis der medialen *immutable mobiles* in der

---

11 Zu dieser wechselseitigen Steigerung von Medien und Verkehr vgl. die Schriften von Hugill (1993; 1999).

12 John Laws Skizze (2006) zum „heterogenen Engineering" der Portugiesen bleibt daher aufschlussreich – allerdings wird die interkontinentale Geschichte und Agonistik (der Navigations- und Schiffsentwicklung, der westafrikanischen Interferenz und der Handelsgeschichte des Indischen Ozeans) in seiner Betrachtung ausgeklammert.

Moderne wäre daher erst geleistet – und es ist das Verdienst von Bruno Latour und der *Actor Network Theory*, diese Aufgabe in aller Klarheit formuliert zu haben –, wenn zumindest die Entstehung dieser wechselseitigen Standardisierungen durchsichtig geworden wäre.

Geoffrey Bowker (1994a; 1994b) hat mit seiner Studie zur Industrieforschung einen wichtigen Beitrag zu einem zentralen Kapitel dieser Geschichte geleistet, und zwar zu jenem Kapitel, in dem tatsächlich der Industriekapitalismus von Unternehmen und Staaten und die mediale „Kapitalisierung" von „Rechen(schafts)zentren" ineinander übergehen. Die „Obsession mit schnellen Verlagerungen und stabilen Invarianzen" ist seit dem 19. Jahrhundert nicht nur eine Sache der Medienentwicklung geblieben, sondern zeichnet insgesamt die Weiterentwicklung der Industrialisierung durch Industrieforschung aus; und ein Teil dieser Industrieforschung hat wiederum zur Herausbildung neuer Medien geführt (seit der Telegraphie). Ein abschließendes Zitat von Geoffrey Bowker – mit Alfred Chandler (1977) – soll daher verdeutlichen, wie im Zuge des 19. Jahrhunderts neue *immutable mobiles* und ihre „Rechen(schafts)zentren" entstanden sind und auf welche Weise die Herausbildung der *immutable mobiles* in der Industrieforschung eine Sache der wechselseitigen Standardisierung von Personen, Dingen und Medien geblieben ist. Was an einem Ort als eine Priorität der Inskriptionen erscheint, wird an einem anderen Ort als Priorität der Überwindung eines materiellen Widerstands oder der Anfertigung eines Artefakts erscheinen, und an einem dritten als eine Priorität der personalen Schulung und der Bewährungsproben ihrer Expertise. Auch was die Entstehung neuer Medien seit dem 19. Jahrhundert angeht, wird das ethnographische Rätsel unserer Kultur erst durch das emergente und sukzessive Wechselspiel der drei Größen, ihrer lokalen Standardisierungen und Widerstände, formuliert. Nennen wir dieses Rätsel bitte nicht ‚Information':

> Zwischen 1840 und 1860 erlebten die USA einen ungewöhnlichen Aufstieg des Eisenbahnwesens; zusammengenommen bildeten die Eisenbahnnetze in dieser Zeit ‚das größte Investitionsprojekt der Welt'. Um dieses riesige System zu führen und zu verwalten, bedurfte es neuer Methoden; Chandler unterscheidet deren zwei: die Vereinheitlichung und die Kontrolle der zirkulierenden Information. Einige der wichtigsten Veränderungen, die das erste Verfahren mit sich brachte, fasst er folgendermaßen zusammen:
>
> ‚In der Nacht vom 31. Mai zum 1. Juni 1886 übernahmen sämtliche Eisenbahnen, die noch Breitspurgleise benutzten, gleichzeitig die Normalspurweite von vier Fuß achteinhalb Zoll (etwa 1,44 m). Am 18. November 1883, einem Samstag, stellten die Bediensteten der Eisenbahnen (und die meisten ihrer Landsleute) die Uhren auf die neue

gesetzliche Zeit um. Die Annahme des *Railroad Safety Appliance Act* von 1893 schrieb die Installation automatischer Kupplungen und genormter Luftdruckbremsen an den Zügen vor. 1887 wurden mit dem *Interstate Commerce Act* einheitliche Buchführungstechniken durchgesetzt, die ein Vierteljahrhundert zuvor ausgearbeitet worden waren. Jedes dieser vier Ereignisse war das Ergebnis von zwei Jahrzehnten Konsultation und Kooperation zwischen den Direktoren der Eisenbahngesellschaften.'

Diese Standardisierung erleichterte die Kontrolle der zirkulierenden Information. Chandler bemerkte, daß für das neue Führungspersonal ‚die mit Hilfe von Statistiken ausgeübte Kontrolle rasch zu einer Wissenschaft und gleichzeitig zu einer Kunst wurde. Dieser Bedarf an präzisen Informationen führte zur Erfindung verbesserter Methoden, welche die Sammlung, Klassifikation und Analyse der unterschiedlichsten Daten erlaubten, die bei der Tätigkeit des Unternehmens tagtäglich anfielen.' Das Forschungslabor, das die Firma [die Pennsylvania Railroad Company] in Penn gründete, reiht sich (durch die Erprobung des rollenden Materials) in diesen Standardisierungsprozeß und die Kontrolle der zirkulierenden Information ein.

Wie in der chemischen Industrie verläuft die Entwicklung von der Vereinheitlichung im Unternehmen zur Kontrolle dieser Vereinheitlichung mit Hilfe des Industrieforschungslabors und schließlich zur Anerkennung des eigenen Werts dieser Forschung als Instrument der Standardisierung der natürlichen Welt nach dem Vorbild der neuen sozialen. Die gleiche Entwicklung hat in der Militärwissenschaft stattgefunden; sie begann in Frankreich mit den Pionierarbeiten von Vaquette de Gribeauval über die Standardisierung der Waffen und setzt sich mit der Industrialisierung des Rüstungssektors ab 1860, dann mit der Ausarbeitung der ‚Befehlstechnik' in den achtziger Jahren fort. Es ist der gleiche Prozeß, dem wir auch schon bei der Entwicklung der Firma Schlumberger begegnet sind: Im Zuge ihrer Expansion in neue Länder und der Ausbeutung immer tieferer Ölquellen war die Ölindustrie bestrebt, ihre Aktivitäten zu standardisieren, indem sie die von den Bohrarbeitern und Bohrmeißeln benötigte Zeit rationalisierte. Sowohl die Arbeiter wie der geologische Untergrund wurden auf eine neue Bezugszeit ‚verpflichtet', und die launischen Diagramme, die das Personal am Bohrloch selbst anfertigte, wurden durch die zuverlässigen elektrischen Diagramme der Firma Schlumberger ersetzt – Diagramme überdies, die den Direktoren der Ölgesellschaften verständlich waren. Es wurde möglich, Methoden des statistischen Vergleichs von Diagrammen einzusetzen. (Bowker 1994a: 863-865)

Am Anfang aller von Bowker parallel gesetzten Prozesse (Eisenbahnen, Militär, Chemie-Industrie, Ölbohrungen) steht das, was er mit Chandler die „Vereinheitlichung" nennt, d.h. die Standardisierung von materiellen Prozessen und Arbeitsabläufen, aber auch von medialen Abläufen (im Falle der Eisenbahn: der Telegraphie und der Uhren-Synchronisation). Diese (1.) Standardisierung erfolgt immer in einer Agonistik: in der Konkurrenz mit anderen Unternehmen (oder staatlichen Behörden) und mit der Absicht der unternehmerischen (oder bürokratischen) Expansion. Die Kontrolle der Standardisierungsbemühungen erfolgt (2.) durch eine neue Standardisierung der ‚Datenerhebung', durch die „Sammlung, Klassifikation und Analyse der unterschiedlichsten Daten". Materielle, mediale und personale Standardisierung schaukeln sich dann in der Standardisierung der Abläufe und ihrer ‚Datenkontrolle' wechselseitig hoch. An dieser Stelle tritt (3.) die ‚Industrieforschung' auf, im Wunsch, die Hochschaukelung durch Forschung zu kontrollieren. Und sobald diese Kontrolle praktisch wird – oder auch nur praktisch zu werden scheint[13] –, geht sie (4.) zur Entwicklung neuer Organisationsformen über, die in der Forschung entworfen und in den Unternehmen überprüft werden. In Bowkers Worten zusammengefasst:

> Wie in der chemischen Industrie verläuft die Entwicklung von der Vereinheitlichung im Unternehmen zur Kontrolle dieser Vereinheitlichung mit Hilfe des Industrieforschungslabors und schließlich zur Anerkennung des eigenen Werts dieser Forschung als Instrument der Standardisierung der natürlichen Welt nach dem Vorbild der neuen sozialen. (Bowker 1994a: 864)

Mit anderen Worten: Man ist genau in jener Welt angekommen, von der auch Latours Betrachtung der *immutable mobiles* ausging: in der Welt des Forschungslabors und seiner Medien. Erst durch eine Aufschaukelung, die von (1.) und (2.) über die (3.) Einrichtung von Forschungslabors (und ihren „Rechen(schafts)-zentren") zu einer (weiterhin prekären) Vorordnung der (4.) Entwicklungsprozesse gelangt, lassen sich die modernen *immutable mobiles* bilden, und in dieser Welt sind viele der technischen Neuen Medien entwickelt worden. Wie die Bedingungen dieser Aufschaukelung in der Welt zwischen 1500 und 1800 (und zwischen 1000 und 2000) zustande gekommen sind, bleibt ein ethnographisches Rätsel unserer Kultur.

---

13 Denn offensichtlich gehören in die Geschichte dieser Planungen auch alle modernen Geschichten eines übermächtigen Planungswunsches und seiner Illusionen. Vgl. Scott (1998) und insbesondere Rottenburg (2002).

9 Fazit

Indem man nur auf Papier arbeitet, an zerbrechlichen Inskriptionen, die sehr viel weniger sind als die Dinge, aus denen sie extrahiert sind, ist es doch möglich, alle Dinge und alle Menschen zu dominieren.

Literatur

Alpers, Svetlana (1983): *The Art of Describing. Dutch Art in the 17th Century*, Chicago.

Belting, Hans (2008): *Florenz und Bagdad. Eine westöstliche Geschichte des Blicks*, München.

Beniger, James (1986): *The Control Revolution. Technological and Economic Origins of the Information Society*, Cambridge, MA.

Braudel, Fernand (1985): *Sozialgeschichte des 15.–18. Jahrhunderts, Bd. 1: Der Alltag*, München 1985. [*Civilisation matérielle, économie et capitalisme XVe-XVIIIe siècle, T. 1: Les structures du quotidien: le possible et l'impossible*, Paris 1979.]

Braudel, Fernand (1986a): *Sozialgeschichte des 15.–18. Jahrhunderts, Bd. 2: Der Handel*, München 1986. [*Civilisation matérielle, économie et capitalisme XVe–XVIIIe siècle, T. 2: Les jeux de l'échange*, Paris 1979.]

Braudel, Fernand (1986b): *Sozialgeschichte des 15.–18. Jahrhunderts, Bd. 3: Aufbruch zur Weltwirtschaft*, München 1986. [*Civilisation matérielle, économie et capitalisme XVe-XVIIIe siècle, T. 3: Le temps du monde*, Paris 1979.]

Braudel, Fernand (1986c): *Die Dynamik des Kapitalismus*, Stuttgart.

Braudel, Fernand (1987): *Grammaire des civilisations*, Paris [vom Autor überarb. Neuaufl. von *Le monde actuel*, Paris 1963.]

Braun, Rudolf/Gugerli, David (1993): *Macht des Tanzes – Tanz der Mächtigen. Hoffeste und Herrschaftszeremoniell 1550–1914*, München.

Bröckling, Ulrich (1997): *Disziplin. Soziologie und Geschichte militärischer Gehorsamsproduktion*, München.

Bowker, Geoffrey (1994a): „Der Aufschwung der Industrieforschung", in: Michel Serres (Hrsg.), *Elemente einer Geschichte der Wissenschaften*, Frankfurt a.M., 829-867.

Bowker, Geoffrey (1994b): *Science on the Run. Information Management and Industrial Geophysics at Schlumberger, 1920–1940*, Cambridge, MA.

Castells, Manuel (2003): *Das Informationszeitalter*, 3 Bde., Wiesbaden.

Chandler, Alfred (1977): *The Visible Hand. The Managerial Revolution in America Business*, Cambridge, MA.

Cherniack, Susan (1994): „Book Culture and Textual Transmission in Sung China", in: *Harvard Journal of Asiatic Studies* 54, 5-125.

Crosby, Alfred (1987): *Ecological Imperialism. The biological expansion of Europe, 900–1900*, Cambridge.

Crosby, Alfred (²2004): *Ecological Imperialism. The biological expansion of Europe, 900–1900*, Cambridge.

Delano-Smith, Catherine (2006): „Milieus of Mobility. Itineraries, Route Maps, and Road Maps", in: James R. Akerman (Hrsg.), *Cartographies of Travel and Navigation*, Chicago/London, 16-68.

Diamond, Jared (1998): *Arm und Reich. Die Schicksale menschlicher Gemeinschaften*, Frankfurt a.M.

Edgerton, Samuel (1976): *The Renaissance Rediscovery of Linear Perspective*, New York.

Eichberg, Henning (1977): „Geometrie als barocke Verhaltensnorm. Fortifikation und Exerzitien", in: *Zeitschrift für historische Forschung* 4, 17-50.

Eisenstein, Elizabeth L. (1979): *The Printing Press as an Agent of Change*, Cambridge.

Febvre, Lucien (1994): *Der Rhein und seine Geschichte*, Frankfurt a.M. [*Le Rhin. Problèmes d'histoire et d'économie*, Paris 1935]

Grove, Richard H. (1995): *Green Imperialism. Colonial Expansion, Tropical Island Edens and the Origins of Environmentalism, 1600–1860*, Cambridge.

Harbsmeier, Michael (1989): „Writing and the Other: Travellers' Literacy, or Towards an Archaeology of Orality", in: Karen Schousboe/Mogens Trolle Larsen (Hrsg.), *Literacy and Society*, Kopenhagen, 197-228.

Harbsmeier, Michael (1992): „Buch, Magie und koloniale Situation. Zur Anthropologie von Buch und Schrift", in: Peter Ganz (Hrsg.), *Das Buch als magisches und als Repräsentationsobjekt*, Wiesbaden, 3-24.

Headrick, Daniel (2000): *When Information Came of Age. Technologies of Knowledge in the Age of Reason and Revolution, 1700–1850*, Oxford.

Hersche, Peter (2006): *Muße und Verschwendung. Europäische Gesellschaft und Kultur im Barockzeitalter*, 2 Bde., Freiburg.

Hoerder, Dirk (2002): *Cultures in Contact. World Migrations in the Second Millenium*, Durham/London.

Horden, Peregrine/Purcell, Nicholas (2000): *The Corrupting Sea. A Study of Mediterranean History*, Oxford.

Hugill, Peter J. (1993): *World Trade since 1431. Geography, Technology, and Capitalism*, Baltimore/London.

Hugill, Peter J. (1999): *Global Communications since 1844. Geopolitics and Technology*, Baltimore/London.

Johns, Adrian (1998): *The Nature of the Book. Print and Knowledge in the Making*, Chicago.

Latour, Bruno (1990): „Drawing Things Together", in: Michael Lynch/Steve Woolgar (Hrsg.), *Representation in Scientific Practice*, Cambridge, MA, 19-68. [Zuerst erschienen in einer anderen Fassung: ders. (1986): „Visualization and Cognition: Thinking with Eyes", in: *Knowledge and Society. Studies in the Sociology of Culture Past and Present* 6, 1-40.]

Latour, Bruno (2000): *Die Hoffnung der Pandora*, Frankfurt a.M.

Latour, Bruno (2006): „Drawing Things Together: Die Macht der unveränderlich mobilen Elemente", in: Andréa Belliger/David J. Krieger (Hrsg.), *ANThology. Ein einführendes Handbuch zur Akteur-Netzwerk-Theorie*, Bielefeld, 259-307.

Law, John (2006): „Technik und heterogenes Engineering. Der Fall der portugiesischen Expansion", in: Andréa Belliger/David J. Krieger (Hrsg.), *ANThology. Ein einführendes Handbuch zur Akteur-Netzwerk-Theorie*, Bielefeld, 213-236.

Mann, Michael (1990): *Geschichte der Macht*, Bd. 1 u. Bd. 2, Frankfurt a.M.

McFarlane, Alan (1985): *The Origins of English Individualism. The Family, Property and Social Transition*, Oxford.

McNeill, William H. (1994): „The Changing Shape of World History", www.hartford-hwp.com/archives/10/041.html, 12.10.2008.

Needham, Joseph/Wang Ling (1959): *Mathematics and the Sciences of the Heavens and the Earth*, (Science and Civilisation in China 3), Cambridge.

Neumann, Hartwig (1988): *Festungsbaukunst und Festungsbautechnik. Deutsche Wehrbautechnik vom XV. bis XX. Jahrhundert*, Koblenz.

Osterhammel, Jürgen/Petersson, Niels P. (2003): *Geschichte der Globalisierung*, München.

Raven, Diederick (2001): „How not to Explain the Great Divide", in: *Social Science Information* 40(3), 373-409.

Reinhard, Wolfgang (1999): *Geschichte der Staatsgewalt. Eine vergleichende Verfassungsgeschichte Europas von den Anfängen bis zur Gegenwart*, München.

Rottenburg, Richard (2002): *Weit hergeholte Fakten. Eine Parabel der Entwicklungshilfe*, Stuttgart.

Sahlins, Marshall (1994): „Cosmologies of Capitalism: The Trans-Pacific Sector of ‚The World System'", in: Nicholas B. Dirks et al. (Hrsg.), *Culture/ Power/History. A Reader in Contemporary Social Theory*, Princeton, 412-455.

Scott, James C. (1998): *Seeing Like a State: How Certain Schemes to Improve the Human Condition Have Failed*, Yale.

Tilly, Charles (1999): „War Making and State Making as Organized Crime", in: Peter B. Evans et al. (Hrsg.), *Bringing the State back in*, Cambridge, 169-191.

Tsien, Tsuen-Hsuin (1985): *Paper and Printing*, (Science and Civilisation in China 5, Part I), Cambridge.

Turnbull, David (2000): „Tricksters and Cartographers: Maps, Science and the State in the Making of a Modern Scientific Knowledge Space", in: ders., *Masons, Tricksters and Cartographers*, London, 89-130.

Wallerstein, Immanuel (1986): *Das moderne Weltsystem, Bd. 1: Die Anfänge kapitalistischer Landwirtschaft und die europäische Weltökonomie im 16. Jahrhundert*, Frankfurt a.M. [Original: New York 1974]

Wallerstein, Immanuel (1998): *Das moderne Weltsystem, Bd. 2: Der Merkantilismus. Europa zwischen 1600 und 1750*, Wien. [Original: New York 1980]

Wallerstein, Immanuel (2004): *Das moderne Weltsystem, Bd. 3: Die große Expansion. Die Konsolidierung der Wirtschaft im langen 18. Jahrhundert*, Wien. [Original: San Diego, CA 1989]

Weber, Max (1920a): „Die protestantische Ethik und der ‚Geist' des Kapitalismus" (1904), in: ders., *Gesammelte Aufsätze zur Religionssoziologie*, Bd. 1, Heidelberg, 17-206.

Weber, Max (1920b): „Vorbemerkung", in: ders., *Gesammelte Aufsätze zur Religionssoziologie*, Bd. 1, Heidelberg, 1-16.

Wolper, Roy S. (1970): „The Rhetoric of Gunpowder and the Idea of Progress", in: *Journal of the History of Ideas* 31(4), 589-598.

Bruno Latour

Die Logistik der *immutable mobiles*

Prolog: Die Domestikation des wilden Denkens

Am 17. Juli 1787 legte La Pérouse, der Kapitän der *Astrolabe*, bei Morgendämmerung in einem unbekannten Teil des Ostpazifik an einem Landgebiet an, das in den älteren Reisebüchern, die er mitgebracht hatte, ‚Segalien' oder ‚Sachalin' genannt wurde.[1] War dieses Land eine Halbinsel oder eine Insel? Er wusste es nicht. Das heißt, niemand am Hof Ludwigs XVI. in Versailles und auch niemand in London und Amsterdam, in den Hauptquartieren der Westindien-Kompanie, konnte eine Karte des Pazifischen Ozeans anschauen und entscheiden, ob die in dem Kupferstich zu sehende Form dessen, was man ‚Sachalin' nannte, mit Asien verbunden oder durch eine Meerenge getrennt war. Einige Karten zeigten eine Halbinsel, andere eine Insel; und unter europäischen Geografen war ein heftiger Streit darüber entbrannt, wie exakt und glaubwürdig die Reisebücher waren und wie genau die Erkundungen durchgeführt wurden. Zum Teil liegt es an der großen Zahl an Meinungsverschiedenheiten über so viele Aspekte des Pazifischen Ozeans, dass der König La Pérouse in seinen Dienst nahm, ihn mit zwei Schiffen ausrüstete und damit beauftragte, eine vollständige Karte des Pazifik zu zeichnen [vgl. Abb. 1].[2]

Die zwei Schiffe waren, wie heute die wissenschaftlichen Satelliten, mit allen verfügbaren wissenschaftlichen Instrumenten und Fertigkeiten ausgestattet worden: sie erhielten bessere Uhren, um die Zeit exakter messen und dadurch den Längengrad genauer berechnen zu können [vgl. Abb. 2], sowie Kompasse, um den Breitengrad zu bestimmen. Astronomen waren angeworben worden, um die Uhren zu reparieren und zu pflegen und um die Instrumente zu bedienen; Botaniker, Mineralogen und Naturforscher waren an Bord, um Proben zu sammeln; Künstler wurden eingestellt, damit sie jene Proben zeichnen und malen, die zu schwer oder zu zerbrechlich waren, um die Rückreise zu überstehen. Alle Bücher und Reiseberichte, die über den Pazifik geschrieben worden waren, befanden sich in der Schiffsbibliothek, um zu prüfen, wie sie mit den Beobachtungen der Reisenden übereinstimmten.

---

1   Es handelt sich hierbei um eine gekürzte Fassung des Kapitels „Centres of Calculation" aus *Science in Action. How to Follow Scientists and Engineers Through Society*, Cambridge, MA 1987. Der Titel wurde mit Einverständnis des Autors geändert.

2   Zu dieser Episode vgl. La Pérouse (1980) sowie Bellec (1985).

Bruno Latour | Die Logistik der *immutable mobiles*

[Abb. 1: Ludwig XVI. instruiert La Pérouse am 29.06.1785, Ölgemälde von Nicolas Andre Monsiau (1817), Chateau de Versailles/The Bridgeman Art Library.]

[Abb. 2: Zeichenetui „A la Sphère", Paris 1778; und Uhr zur Bestimmung der geografischen Länge, die La Pérouse mit auf seine Expedition nahm, angefertigt von Ferdinand Berthoud. Musée national des techniques, Paris (Bellec 1985: 80).]

Zwei Schiffe wurden mit Gütern und Tauschwaren beladen, um auf der ganzen Welt die relativen Preise von Gold, Silber, Fellen, Fisch, Edelsteinen, Schwertern und allem, was mit Gewinn gehandelt werden könnte, zu ermitteln und so mögliche Handelsrouten für die französische Seefahrt auszumachen.

An diesem Morgen im Juli war La Pérouse angenehm überrascht. Die wenigen Wilden – alle männlich –, die am Strand geblieben waren und Lachs gegen Eisenstücke tauschten, waren weitaus weniger ‚wild' als viele von denjenigen, die er in den zwei Jahren seiner Reise bisher gesehen hatte. Sie schienen nicht nur sicher zu sein, dass Sachalin eine Insel war, sondern auch das Interesse der Seefahrer an dieser Frage zu verstehen und in der Lage zu sein, eine Karte des Landes aus der Vogelperspektive zu zeichnen. Ein älterer Chinese zeichnete das Land der Mandschurei, das heißt China, und seine Insel in den Sand. Dann deutete er mit Gesten die Größe der Meerenge an, die die beiden voneinander trennt. Der Maßstab der Karte war jedoch unklar und die steigende Flut drohte die wertvolle Zeichnung bald zu zerstören. Also nahm ein jüngerer Chinese La Pèrouses Notizbuch und Stift und zeichnete eine weitere Karte, in der er den Maßstab anhand von kleinen Markierungen festhielt, die jeweils eine Tagesreise mit dem Kanu bedeuteten. Weniger erfolgreich waren sie darin, das Tiefenmaß der Meerenge anzugeben, da die Chinesen wenig über den Tiefgang des Schiffes wussten, konnten die Seeleute nicht entscheiden, ob die Inselbewohner von relativer oder absoluter Größe sprachen. Wegen dieser Unsicherheit entschied La Pérouse, nachdem er sich bei den sehr hilfreichen Informanten bedankt und sie belohnt hatte, am nächsten Morgen aufzubrechen und die Meerenge selbst zu sichten, um sie dann hoffentlich durchqueren zu können und nach Kamtschatka zu gelangen. Nebel, ungünstige Winde und schlechtes Wetter machten diese Sichtung unmöglich. Als sie viele Monate später schließlich Kamtschatka erreichten, hatten sie die Meerenge nicht gesehen, sondern verließen sich bei ihrer Entscheidung auf die Chinesen, dass es sich bei Sachalin tatsächlich um eine Insel handelte. De Lesseps, ein junger Offizier, wurde von La Pérouse gebeten, die Karten, Notizbücher und die astronomischen Lagebestimmungen, die sie zwei Jahre lang gesammelt hatten, zurück nach Versailles zu bringen. De Lesseps bestritt die Reise unter dem Schutz der Russen zu Fuß und zu Pferd, im Gepäck führte er die wertvollen kleinen Notizbücher mit sich. Ein Notizbucheintrag unter tausenden besagte, dass die Frage, ob Sachalin eine Insel ist, beantwortet sei und wo die Meerenge vermutlich verlief.

Auf den ersten Blick scheint es, dass die Unterschiede zwischen La Pérouses Unternehmung und denen der Eingeborenen so riesig sind, dass sie eine tiefgehende Unterscheidung der kognitiven Fähigkeiten rechtfertigen. In weniger als drei Jahrhunderten der Reisen wie dieser hat die aufkommende Wissenschaft der Geografie mehr Wissen über die Gestalt der Erde gesammelt als in den Jahrtausenden davor. Die *implizite* Geografie der Eingeborenen wird von den Geografen *explizit* gemacht; das *lokale* Wissen der Wilden wird das *universelle* Wissen der Kartografen; die undeutlichen, ungefähren und unbegründeten *Vorstellungen* der Ureinwohner werden in ein präzises, sicheres und begründetes *Wissen* verwandelt. Für die Anhänger des *Great Divide* [zwischen dem Inneren und Äußeren wissenschaftlicher Netzwerke][3] scheint der Übergang von der Ethnografie zur Geografie gleich dem von der Kindheit zum Erwachsenenalter, von der Leidenschaft zur Vernunft, von der Wildheit zur Zivilisation oder von den Intuitionen ersten Grades zu den Reflexionen zweiten Grades zu sein. Sobald wir jedoch die Regel anwenden, nicht die Position der Vernunft einzunehmen, sondern schlicht die Bewegung des Beobachters zu betrachten, den Winkel, die Richtung und den Maßstab,[4] verschwindet der *Great Divide* und andere kleine Unterschiede werden erkennbar.

La Pérouse kreuzt den Weg der chinesischen Fischer sozusagen *im rechten Winkel*; sie haben sich nie zuvor gesehen und die riesigen Schiffe sind nicht hier, um sich niederzulassen. Die Chinesen lebten hier, so weit man zurückdenken kann, während die französische Flotte einen Tag bei ihnen bleibt. Diese chinesischen Familien werden, so weit man dies voraussagen kann, noch viele Jahre, vielleicht Jahrhunderte in der Gegend bleiben, während die beiden Schiffe, *Astrolabe* und *Boussole*, Russland vor Ende des Sommers erreichen müssen. Trotz dieses kurzen Aufenthalts kreuzt La Pérouse nicht einfach den Weg der Chinesen und ignoriert die Leute am Strand. Im Gegenteil, er lernt von ihnen soviel, er kann, er beschreibt ihre Kultur, ihre Politik und ihre wirtschaftlichen Gegebenheiten (und das nach einem Tag der Beobachtung!), indem er seine Naturforscher in den Wald schickt, um Proben zu sammeln, Notizen zu machen und die Positionen der Sterne und Planeten zu bestimmen. Warum haben sie es alle so eilig? Wenn sie sich tatsächlich für die Insel interessieren würden, könnten sie dann nicht länger bleiben? Nein, weil sie sich weniger für diesen Ort interessieren als vielmehr dafür, diesen Ort zuerst *zurück* auf ihr Schiff zu bringen und anschließend nach Versailles.

Aber sie haben es nicht nur eilig, sie stehen gleichzeitig unter einem enormen Druck, Spuren zu sammeln, die von einer gewissen Qualität sein müssen. Warum reicht es nicht aus, persönliche Tagebücher, Souvenirs und Trophäen mit nach Frankreich zurück zu bringen? Warum stehen sie alle unter so großem Druck, präzise Aufzeichnungen zu machen, das Vokabular ihrer Informanten zu erlangen und genau nachzuprüfen, bis spät in die Nacht wach zu bleiben, um alles, was sie gehört und gesehen haben, aufzuschreiben, ihre Pro-

---

3   „By the Great Divide is meant the summary of all the accusation processes that are made from within scientific networks against their outside" (Latour 1987: 211).
4   Es handelt sich dabei um das „sixth rule of method" (vgl. auch Latour 1987: 258).

ben zu beschriften, zum tausendsten Mal zu prüfen, ob die astronomischen Uhren funktionieren? Wieso entspannen sie sich nicht, genießen die Sonne und den zarten Lachs, den sie so leicht fangen und am Strand kochen können? Weil die Leute, die sie auf die Reise geschickt haben, weniger an ihrer Rückkehr als an der Möglichkeit interessiert sind, *später andere* Flotten auszusenden.

Wenn La Pérouse mit seiner Mission Erfolg hat, wird das nächste Schiff wissen, ob Sachalin eine Halbinsel oder eine Insel ist, wie tief die Meerenge ist, was die vorherrschenden Winde sind, wie die Sitten, Ressourcen und die Kultur der Ureinwohner waren, *bevor* das Land gesichtet wurde. Am 17. Juli 1787 ist La Pérouse *schwächer* als seine Informanten; er kennt die Form des Landes nicht, er weiß nicht, wo sein Weg entlangführt; er ist seinen Führern ausgeliefert. Wenn zehn Jahre später, am 5. November 1797, das englische Schiff *Neptuna* an derselben Bucht landet, wird es sehr viel *stärker* als die Einwohner sein, da sie Karten, Beschreibungen, Logbücher und nautische Anweisungen an Bord haben werden – die ihnen erst mal erlauben zu wissen, dass es sich um ‚dieselbe' Bucht handelt. Der neue Navigator, der die Bucht erreicht, sieht die wichtigsten Merkmale des Landes zum *zweiten* Mal – das erste Mal war, als er in London die Notizbücher von La Pérouse las und die Karten sorgfältig studierte, die nach den Lagebestimmungen, die De Lesseps nach Versailles zurück gebracht hatte, in Kupferstiche übertragen wurden [vgl. Abb. 3].

Was wird geschehen, wenn La Pérouses Mission keinen Erfolg hat? Was, wenn De Lesseps getötet wird und sein kostbarer Schatz irgendwo in der sibirischen Tundra verstreut wird? Oder wenn eine Feder der nautischen Uhren falsch eingestellt ist und die meisten Längengrade damit unzuverlässig sind? Dann ist die Expedition fehlgeschlagen. Für viele weitere Jahre wird dann ein Punkt auf der Karte der Admiralität mit Zweifeln behaftet bleiben. Das nächste Schiff, das man aussendet, wird *genauso schwach* sein wie die *Astrolabe*, wenn es die Insel (oder ist es eine Halbinsel?) Segalien (oder heißt sie Sachalin?) zum *ersten* Mal sichtet und wieder nach eingeborenen Informanten und Führern Ausschau hält. Die Teilung wird bleiben wie sie ist, recht klein, da die schwache und unsichere Schiffsbesatzung der *Neptuna* sich auf die Eingeborenen verlassen muss, die so arm und schwach sind wie sie. Wenn andererseits die Mission erfolgreich ist, dann wird das, was zunächst eine kleine Teilung zwischen dem europäischen Navigator und den chinesischen Fischern war, größer und tiefer geworden sein, da die Besatzung der *Neptuna* dann weniger von den Eingeborenen lernen kann. Obwohl zu Beginn kein großer Unterschied zwischen den Fähigkeiten der französischen und chinesischen Navigatoren besteht, wird die Differenz wachsen, falls La Pérouse Teil eines Netzwerks ist, durch das in Europa ethnogeografisches Wissen über den Pazifik angesammelt wird. Langsam wird eine Asymmetrie zwischen den ‚einheimischen' Chinesen und dem sich ‚fortbewegenden' Geografen Form annehmen.

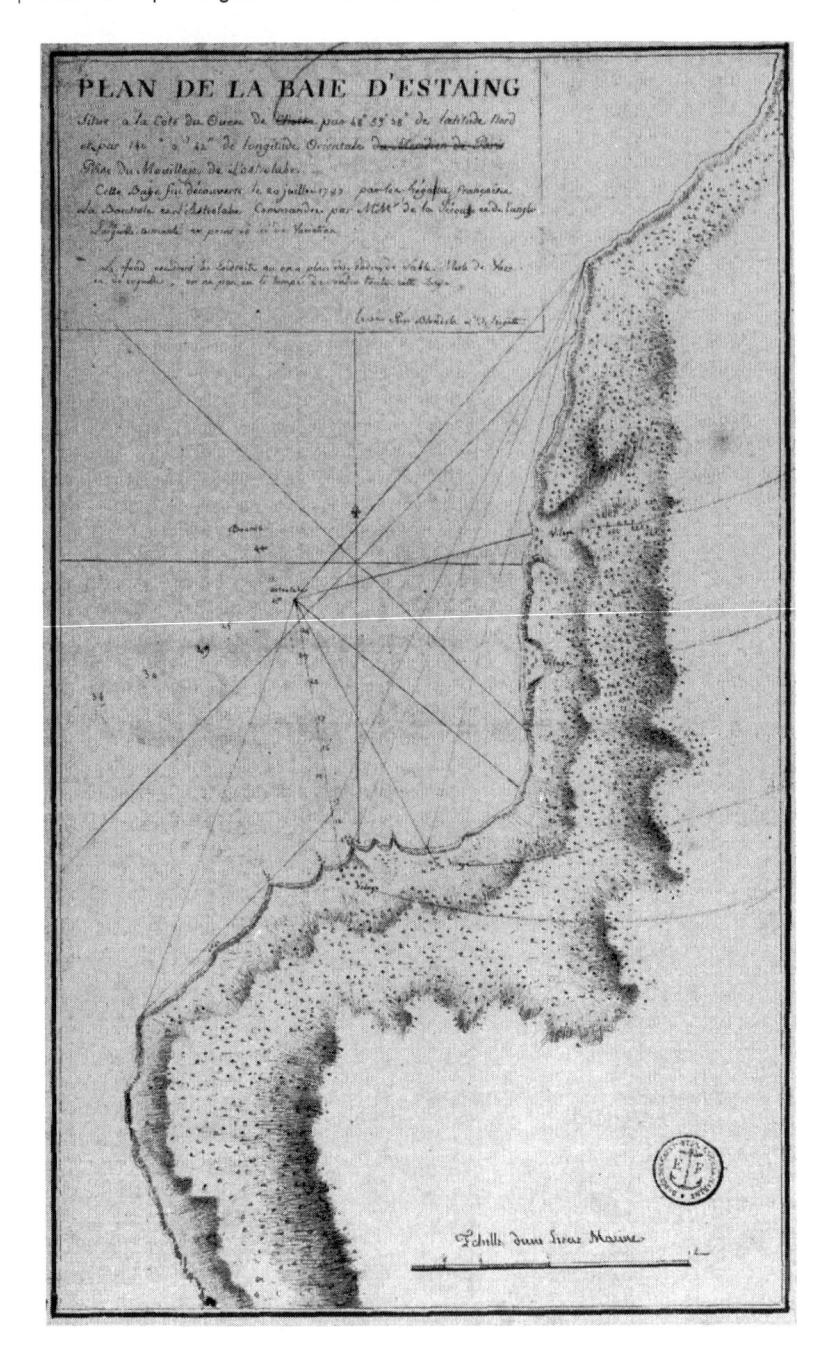

[Abb. 3: Karte der am 20. Juli 1787 entdeckten D'Estaing Bay auf Sachalin, gezeichnet von Blondela, dem Fregattenleutnant der *Astrolabe* (Dunmore, John: *The Journal of Jean-François de Galaup de la Pérouse, 1785–1788*, Vol. II. London 1995, 323).]

Die Chinesen werden (für den Europäer) Wilde bleiben und gleich stark wie die Mannschaft der *Neptuna*, falls La Pérouses Notizbücher Versailles nicht erreichen. Wenn sie dagegen dorthin gelangen, wird die *Neptuna* besser in der Lage sein, die Chinesen zu *domestizieren*, da an Bord des englischen Schiffes alles über ihr Land, ihre Kultur, ihre Sprache und Ressourcen bereits bekannt sein wird, bevor jemand auch nur ein Wort sagt. Relative Grade von Wildheit und Domestikation werden durch viele kleine Werkzeuge erreicht, die die Wildnis im Voraus bekannt und damit vorhersagbar machen.

Nichts offenbart deutlicher die Art und Weise, in der die zwei Gruppen von Navigatoren sozusagen aneinander vorbeireden, als ihr Interesse an den Aufzeichnungen. Diese Sammlung, die eine Asymmetrie erzeugen wird, hängt von der Möglichkeit ab, dass einige Spuren der Reise zurück zu dem Ort gelangen, von dem die Expedition ausgesendet worden war. Dies ist der Grund, warum die Offiziere alle so sehr auf die Lagebestimmungen, Uhren, Tagebücher, Beschriftungen, Wörterbücher, Proben und Herbarien versessen sind. Alles hängt von ihnen ab: Die *Astrolabe* kann untergehen, vorausgesetzt die Aufzeichnungen bestehen weiter und erreichen Versailles. Dieses Schiff, das den Pazifik überquert, ist gemäß der Definition in *Science in Action* ein Instrument.[5] Die Chinesen sind andererseits überhaupt nicht an Karten und Aufzeichnungen interessiert – nicht deshalb, weil sie nicht in der Lage sind, diese zu zeichnen (im Gegenteil, La Pérouse ist von ihren Fähigkeiten sehr überrascht), sondern einfach weil die Aufzeichnungen nicht das *Endziel* ihrer Reise sind. Die Zeichnungen sind nicht mehr als Mittler für ihren Austausch untereinander, *Zwischenglieder*, die während des Austauschs aufgebraucht werden und nicht für sich als wichtig angesehen wurden. Die Fischer sind in der Lage, diese Aufschriften nach Belieben auf jeder Art von Oberfläche, wie Sand oder sogar Papier, zu erstellen, wenn sie jemandem begegnen, der dumm genug ist, nur einen Tag in Sachalin zu verbringen, und dennoch alles schnell zu wissen wünscht, damit ein anderer unbekannter Fremder später und sicherer wiederkommen kann. Es hat keinen Sinn, irgendeinen kognitiven Unterschied zwischen den chinesischen und den französischen Navigatoren hinzuzufügen. Es herrscht ein absolutes Missverständnis zwischen ihnen, wie zwischen einer Mutter und ihrem Kind (vgl. Latour 1987: 206), und zwar aus dem gleichen Grund: Was ein Zwischenglied ohne Relevanz ist, wurde zum Anfang und Ende eines Kreislaufs der Kapitalisierung. Der Unterschied in ihrer Bewegung ist ausreichend und daraus ergibt sich die unterschiedliche Gewichtung der Aufzeichnungen. Die in den Sand gezeichnete Karte ist für die Chinesen wert-

---

5 „I will call an instrument (or inscription device) any set-up, no matter what its size, nature and cost, that provides a visual display of any sort in a scientific text" (Latour 1987: 68).

los, es macht ihnen nichts aus, dass die Flut sie zerstören wird; für La Pérouse hingegen ist sie ein Schatz, sein wichtigster Schatz. Zweimal auf seinen langen Reisen hatte der Kapitän das Glück, einen verlässlichen Boten zu finden, der seine Notizen zurück nach Hause brachte. De Lesseps war der erste; Kapitän Phillip, den er im Januar 1788 in der Botany Bay in Australien traf, war der zweite. Es sollte kein drittes Mal geben, denn die beiden Schiffe verschwanden, und die einzigen Spuren, die im fortgeschrittenen 19. Jahrhundert gefunden wurden, waren keine Karten und Herbarien, sondern ein Schwertgriff und ein Teil des Hecks mit dem Motiv der Bourbonischen Lilie. Dieses war zur Türe für die Hütte eines Wilden umfunktioniert worden. Auf der dritten Etappe ihrer Reise waren die französischen Navigatoren nicht in der Lage, die wilden Länder und Völker zu domestizieren; folglich ist über diesen Teil ihrer Reise nichts mit Bestimmtheit bekannt.

Fernwirkung 1: Akkumulationskreisläufe

Können wir sagen, dass die chinesischen Seeleute, die La Pérouse traf, die Form ihrer Küsten nicht kannten? Nein, sie kannten diese sehr gut; sie mussten sie kennen, da sie dort geboren waren. Können wir sagen, dass diese Chinesen die Ausbreitung des Atlantiks, den Verlauf des Ärmelkanals, der Seine und das Aussehen des Parks von Versailles nicht kannten? Ja, wir dürfen das sagen, sie hatten keine Vorstellung von diesen Dingen und wahrscheinlich war es ihnen auch völlig egal. Können wir sagen, dass La Pérouse diesen Teil von Sachalin kannte, bevor er dorthin gelangte? Nein, es war seine erste Begegnung mit ihm und er musste sich in der Dunkelheit vortasten, indem er entlang der Küste Lotungen vornahm. Ist es uns erlaubt zu sagen, dass die Besatzung der *Neptuna* die Küste kannte? Ja, wir dürfen das sagen, sie konnten sich La Pérouses Notizen anschauen und seine Zeichnungen von den Anlegestellen mit dem vergleichen, was sie selbst sahen. Daher waren weniger Lotungen und weniger Vortasten im Dunkeln nötig. Folglich war das Wissen, das die chinesischen Fischer hatten und das La Pérouse *nicht* besaß, auf nach wie vor geheimnisvolle Weise der Besatzung des englischen Schiffs zur Verfügung gestellt worden. So sind wir dank dieser kleinen Episode möglicherweise in der Lage, das Weltwissen zu definieren.

Wenn wir das erste Mal auf eine Begebenheit stoßen, kennen wir sie nicht. Wir beginnen etwas zu kennen, wenn wir ihm mindestens zum *zweiten* Mal begegnen, das heißt, wenn wir damit vertraut sind. Jemand wird als kenntnisreich bezeichnet, wenn das, was sich auch immer ereignet, nur ein Umstand unter anderen Begebenheiten ist, die bereits gemeistert wurden, das heißt ein Teil derselben Gruppe ist. Diese Definition ist jedoch zu allgemein und spricht den chinesischen Fischern eine zu große Überlegenheit zu. Sie haben Sachalin nicht nur zweimal, sondern hunderte und die Älteren sogar tausende Male gesehen. So werden sie immer kenntnisreicher sein als diese weißen, schlecht rasierten und unberechenbaren Fremden, die bei Morgendämmerung ankommen und bei Abenddämmerung wieder abreisen. Die Fremden werden unterwegs sterben, im Taifun Schiffbruch erleiden, von Führern betrogen oder von einem spanischen oder portugiesischen Schiff versenkt werden, vom Gelbfieber dahingerafft oder einfach von gefräßigen Kannibalen verspeist werden ... so wie es vermutlich La Pérouse widerfahren ist. Mit anderen Worten, der Fremde wird immer schwächer sein als irgendeines der Völker, der Länder, der Klimas und der Riffe, auf die er irgendwo auf der Welt trifft; und immer auf deren Wohlwollen angewiesen sein. Diejenigen, die aus den Ländern, in denen sie geboren wurden, fortgehen und die den Weg von anderen Leuten kreuzen, verschwinden spurlos. In diesem Fall bleibt nicht einmal die Zeit, um einen *Great Divide* aufzustellen; es findet kein Anklageverfahren, keine Kraftprobe zwischen den verschiedenen Soziologien statt, da das bewegliche Element in diesem Spiel, das heißt der Fremde, bei der ersten Begegnung verschwindet.

Wenn wir Wissen als Vertrautheit mit Ereignissen, Orten und Leuten definieren, die wir viele Male gesehen haben, dann wird der Fremde immer der Schwächste von allen sein, außer wenn ihm durch manch außergewöhnliche Mittel das, was sich ereignet, mindestens zweimal widerfährt: Wenn die Inseln, an denen er nie zuvor angelegt hat, bereits gesehen und sorgfältig studiert wurden, wie es bei dem Navigator der *Neptuna* der Fall war. Dann, und nur dann, könnte der sich fortbewegende Fremde stärker als die ortsansässigen Völker werden. Was könnten diese ‚außergewöhnlichen Mittel' sein? Wir wissen aus dem Prolog, dass es für einen Fremden nicht ausreichend ist, dass ihm einer, zwei oder hunderte von Anderen vorausgegangen sind, so lange diese Vorgänger entweder spurlos verschwunden sind oder mit obskuren Geschichten zurückkehren oder Aufzeichnungen von Routen für sich behalten, die nur *sie* lesen können, weil in diesen drei Fällen der neue Seefahrer nichts von den Reisen seiner Vorgänger erhalten hat. Für ihn wird sich alles zum ersten Mal ereignen. Nein, er wird nur dann einen Vorteil erlangen, wenn die anderen Navigatoren eine Möglichkeit gefunden haben, die Länder auf so eine Weise *mit zurück zu bringen*, dass er die Insel Sachalin *sehen* kann, das erste Mal mit Muße, bei sich zu Hause oder im Büro der Admiralität, während er eine Pfeife raucht.

Wie wir sehen, kann das, was ‚Wissen' genannt wird, nicht bestimmt werden, ohne zu verstehen, was es bedeutet, Wissen zu *erlangen*. Mit anderen Worten, ‚Wissen' ist nicht etwas, das sich alleine oder als Gegensatz zu ‚Unwissenheit' oder ‚Glaube' beschreiben lässt, sondern nur, wenn man den ganzen Akkumulationskreislauf betrachtet: Wie bringt man Dinge an einen Ort zurück, damit sie jemand zum ersten Mal sehen kann, so dass dann andere erneut ausgesendet werden können, um andere Dinge zurückzubringen? Wie kann man mit Dingen, Leuten und Ereignissen vertraut sein, die *weit entfernt* sind? Die folgende Abbildung skizziert die Bewegung, die den Akzent auf den Akkumulationsprozess richtet, anstatt den Fokus auf die Anklage[6] zu richten, welche am Kreuzungspunkt stattfindet.

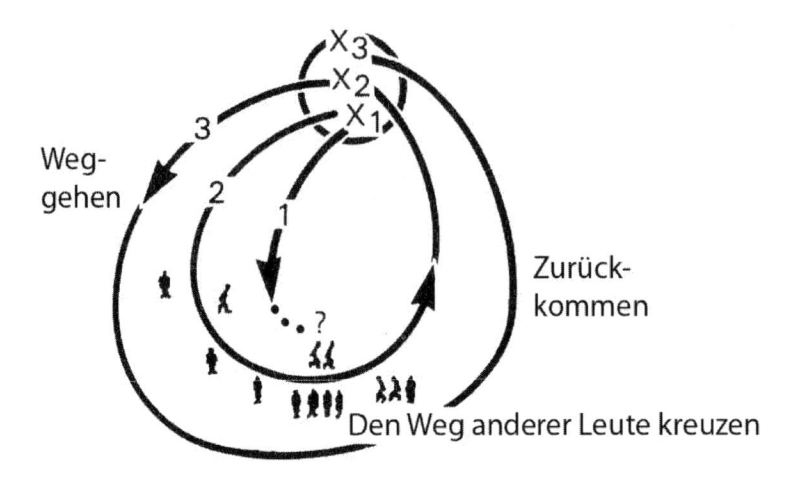

Abb. 4: Akkumulationskreislauf.

Die Expedition mit der Nummer Eins verschwindet spurlos, also gibt es keinen Unterschied beim ‚Wissen' zwischen der ersten und der zweiten Expedition, die ihren Weg in der Dunkelheit ertastet, immer dem Wohlwollen der Leute ausgeliefert, deren Weg sie kreuzt. Die zweite Expedition hat mehr Glück als die erste, sie kommt nicht nur zurück, sondern bringt etwas mit (in der Zeichnung mit X2 angegeben), das es der dritten erlaubt, so vertraut mit der Küstenlinie zu sein, dass sie schnell zu anderen Ländern weiterreisen kann und Teile einer Karte eines *neuen* Gebiets mit nach Hause bringen kann (X3). Bei jedem Durchlaufen dieses Akkumulationskreislaufs werden mehr Elemente im Zentrum angesammelt (wie durch den Kreis oben dargestellt); bei jedem Durchlauf wächst die Asymmetrie (unten) zwischen den Fremden und den Eingeborenen und endet heute in etwas, das tatsächlich wie ein *Great Divide* aussieht, oder zumindest wie ein ungleiches Verhältnis zwischen jenen, die mit Satelliten ausgerüstet sind, mit denen sie die ‚Einheimischen' auf ihren Compu-

---

6   „One way to avoid asymmetry is to consider that ‚an irrational belief' or ‚irrational behaviour' is always the result of an *accusation*" (Latour 1987: 185).

terkarten lokalisieren können, sogar ohne ihren klimatisierten Raum in Houston zu verlassen, und den hilflosen Eingeborenen, die nicht einmal die Satelliten sehen können, die über ihren Köpfen vorbeiziehen.

Wir sollten nicht auf die Schnelle entscheiden, was diese ‚außergewöhnlichen Mittel' sind, was die in der Zeichnung als ‚X' festgehaltenen Dinge sind, die von den Navigatoren zurückgebracht werden. Wir müssen zuerst verstehen, unter welchen Bedingungen ein Navigator nach Übersee segeln und *zurück*kommen kann, das heißt, wie ein Kreislauf überhaupt gezeichnet werden kann. Um dies zu tun, müssen wir ein viel früheres Beispiel heranziehen, als diese Reisen in die Fremde noch gefährlicher waren. Drei Jahrhunderte vor La Pérouse, im Jahr 1484, berief König Johann II. von Portugal eine kleine wissenschaftliche Kommission ein, um den Navigatoren dabei zu helfen, ihren Weg zu den indischen Inseln zu finden.[7]

Zu dieser Zeit war eine erste Bedingung erfüllt worden: Die schweren und stabilen Karacken, die von den Portugiesen entwickelt worden waren, lösten sich bei Stürmen oder langen Aufenthalten auf See nicht mehr in ihre Bestandteile auf; das Holz, aus dem sie gebaut waren, und die Art, wie sie kielholten, machte sie stärker als die Wellen und Gezeiten. Sie handelten als *ein Element* (vgl. Latour 1987: 103-144); sie wurden zu einer raffinierten Machenschaft, die all die Kräfte unter Kontrolle hält, die ihren Widerstand ausloten. Zum Beispiel wurden alle möglichen Windrichtungen, statt dass sie Schiffe verlangsamten, zu Verbündeten gemacht, durch eine einzigartige Verbindung von Lateinertakelung und Rahsegeln. Diese Kombination erlaubte es, ein größeres Schiff mit einer kleineren Besatzung zu bemannen, was die Mannschaftsmitglieder weniger anfällig für Mangelernährung und Seuchen sowie die Kapitäne weniger anfällig für Meutereien machte. Die größere Karackengröße machte es möglich, größere Kanonen an Bord des Schiffes zu bringen, was wiederum den Ausgang aller kriegerischen Auseinandersetzungen mit den vielen winzigen Pirogen der Eingeborenen vorhersagbarer machte. Die derartige Größe machte es auch praktikabler, eine umfangreichere Ladung mit zurückzubringen (wenn es eine Rückreise gab).

Als sich die wissenschaftliche Kommission versammelte, waren die Karacken bereits sehr bewegliche und vielseitige Werkzeuge, die in der Lage waren, die Wellen, Winde, Besatzung, Kanonen und Eingeborenen fügsam zu machen, aber noch nicht die Riffe und die Küstenlinie. Diese waren immer mächtiger als die Karacken, da sie unerwartet auftauchten und ein Schiff nach dem anderen Schiffbruch erleiden ließen. Wie konnte man die Felsen im Voraus or-

---

7   Ich folge hier John Laws (1986) Darstellung dieser Episode. Zur Frage der Neudefinition des Kapitalismus in Bezug auf Langstrecken-Netzwerke ist die wesentliche Arbeit natürlich die von Fernand Braudel (1986 [1979]).

ten, statt sozusagen von ihnen ohne Warnung *geortet* zu werden? Die Lösung der Kommission bestand darin, die am weitesten hergeholten aller möglichen helfenden Hände zu nutzen, die Sonne und die Sterne, um deren langsames Untergehen mit Hilfe von Instrumenten zur Winkelbestimmung, von Berechnungstabellen bis hin zum Vorbereitungstraining der Lotsen in eine nicht zu ungenaue Schätzung des Breitengrads zu verwandeln. Nach jahrelangem Sammeln schrieb die Kommission das *Regimento do Astrolabio and do Qadrante*. Dieses Buch gab an Bord jeden Schiffs sehr praktische Anweisungen dazu, wie der Quadrant genutzt werden kann und wie man den Breitengrad durch das Eintragen des Datums, der Zeit und des Winkels der Sonne zum Horizont bestimmt. Darüber hinaus stellte die Kommission alle Lagebestimmungen guter Qualität zusammen, die an verschiedenen Breitengraden gemacht worden waren, und fügte systematisch jede weitere verlässliche Messung hinzu. Bevor sich diese Kommission versammelte, waren Kaps, Riffe und Untiefen stärker als alle Schiffe, doch danach hatten die Karacken plus die Kommission, die Quadranten und die Sonne das Kräftegleichgewicht zu Gunsten der portugiesischen Karacken verschoben: Die gefährliche Küstenlinie konnte sich nicht mehr heimtückisch aufbäumen und das Vorankommen des Schiffs behindern.

Dennoch, selbst wenn die Winde, das Holz, die Küstenlinie, die Besatzung und die Sonne diszipliniert, aufeinander abgestimmt, gut gedrillt und eindeutig auf König Johanns Seite sind, gibt es keine Garantie dafür, dass ein Akkumulationskreislauf in Gang gesetzt wird, der bei ihm *beginnt* und bei ihm in Lissabon *endet*. Zum Beispiel könnten spanische Schiffe die Karacken von ihrem Weg abbringen; oder die Kapitäne, deren Schiffe mit kostbaren Gewürzen beladen sind, könnten den König betrügen und diese andernorts zu ihrem eigenen Gewinn verkaufen; oder Lissabons Investoren könnten einen Großteil des Profits behalten und die Ausrüstung einer neuen Flotte verhindern, die den Kreislauf fortsetzen soll. Daher muss der König, zusätzlich zu all seinen Bemühungen um die Schiffskonstruktion, die Kartografie und nautischen Anweisungen, viele neue Wege finden, um Investoren, Kapitäne und Zollbeamte fügsam zu machen. Er muss, so gut er kann, auf rechtsgültigen Verträgen bestehen, um mit Unterschriften, Zeugen und feierlichen Eiden seine Lotsen und Admiräle zu binden. Er muss unnachgiebig auf gut geführten kaufmännischen Büchern und auf neuen Plänen, um Geld einzutreiben und die Zuschüsse zu verteilen, bestehen. Außerdem muss er darauf bestehen, dass jedes Logbuch sorgfältig geschrieben, vor den Augen der Feinde verborgen und zu den Amtszimmern zurückgebracht wird, damit die enthaltenen Informationen zusammengestellt werden können.

Dieses Beispiel gibt uns, zusammen mit dem Prolog, eine Einführung in die schwierigste Etappe dieser langen Reise, die uns nicht über die Ozeane, sondern durch die Technikwissenschaft führt. Dieser kumulative Charakter der

Wissenschaft ist es, woran sich die Wissenschaftler und Epistemologen schon immer am meisten gestoßen haben. Aber um diese Eigenschaft zu erfassen, müssen wir all jene Voraussetzungen im Auge behalten, die es einem Akkumulationskreislauf erlauben, stattzufinden. An dieser Stelle scheinen die Schwierigkeiten enorm zu sein, weil diese Voraussetzungen die Unterscheidungen, die gewöhnlich zwischen Wirtschaftsgeschichte, Wissenschaftsgeschichte, Technologiegeschichte, Politik, Verwaltung oder Recht gemacht werden, *überschreiten* und da der Kreislauf, den König Johann gezogen hat, an jeder Stelle durchbrochen werden könnte: Es könnte sein, dass ein rechtsgültiger Vertrag durch ein Gericht aufgehoben wird, oder dass durch ein wechselndes politisches Bündnis Spanien die Oberhand gewinnt, oder dass das Holz eines Schiffs einem Taifun nicht standhält, oder dass eine Fehlkalkulation im *Regiment* eine Flotte auf Grund setzt, oder dass ein Fehler bei der Einschätzung des Preises einen Kauf wertlos macht, oder dass eine Mikrobe die Pest zusammen mit den Gewürzen zurückbringt ... Es gibt keine Möglichkeit, diese Glieder sauber in Kategorien zu ordnen, da sie alle miteinander verknüpft sind, wie die vielen Fäden eines Makramee, um gegenseitig die Schwächen auszugleichen. All die Unterscheidungen, die man sich zwischen den verschiedenen Bereichen (Ökonomie, Politik, Wissenschaft, Technologie, Recht) zu machen wünscht, sind weniger wichtig als die einzigartige Entwicklung, die all diese Bereiche sich zu dem gleichen Ziel verbinden lässt: ein Akkumulationskreislauf, der es einem Punkt erlaubt, das *Zentrum* zu werden, indem aus der Distanz auf viele andere Punkte eine Wirkung ausgeübt wird.

Wenn wir unsere Reise zum Abschluss bringen wollen, müssen wir Worte definieren, die uns helfen, dieser heterogenen Mischung zu folgen und dürfen uns nicht unterbrechen und verwirren lassen, jedes Mal wenn die Bauherren des Kreislaufs den Gang wechseln, von einem Bereich zu einem anderen. Werden wir das ‚Wissen' nennen, was im Zentrum angesammelt ist? Das wäre offensichtlich eine schlechte Wortwahl, denn um mit entfernten Ereignissen vertraut zu werden, braucht es, wie in den oben genannten Beispielen, Könige, Amtssitze, Seeleute, Holz, Lateinertakelung, Gewürzhandel und eine ganze Menge von Dingen, die gewöhnlich nicht in ‚Wissen' enthalten sind. Werden wir es dann also ‚Macht' nennen? Das wäre ebenfalls ein Fehler, weil die Berechnung von Territorien, das Ausfüllen von Logbüchern, die Teerung des Kiels, die Betakelung eines jeden Mastes nicht ohne Absurdität unter die Überschrift dieses Wortes gestellt werden kann. Vielleicht sollten wir von ‚Geld' oder abstrakter von ‚Profit' sprechen, denn das ist es ja, worauf der Kreislauf hinausläuft. Das wäre noch einmal eine schlechte Wahl, weil es keine Möglichkeit gibt, das kleine Bündel an Zahlen, das De Lesseps nach Versailles zurückbringt, oder die Routenaufzeichnungen, die König Johann überreicht wurden, Profit zu nennen; Profit ist auch nicht der Hauptanreiz für La

Pérouse, seine Naturforscher, seine Geografen und Linguisten. Wie nennen wir also das, was zurückgebracht wird? Wir könnten natürlich von ‚Kapital' sprechen, das ist etwas (Geld, Wissen, Verdienst, Macht), das keine andere Funktion hat, als sofort in einen weiteren Akkumulationskreislauf neu investiert zu werden. Dies wäre kein schlechtes Wort, besonders da es sich von *caput* ableitet, dem Kopf, dem Meister, dem Zentrum, der Hauptstadt eines Landes, und das ist in der Tat eine Charakterisierung von Lissabon, Versailles, von all den Orten, die in der Lage sind, den Anfang und das Ende eines solchen Kreislaufs zu verbinden. Wenn man diesen Ausdruck gebraucht, würde man jedoch voreilig den Schluss ziehen, dass das, was kapitalisiert wird, zwangsläufig in Kapital verwandelt werden muss. Es sagt uns nicht, was es ist – außerdem hatte das Wort ‚Kapitalismus' einen zu verwirrenden Werdegang ...

Nein, wir müssen uns von allen Kategorien wie Macht, Wissen, Profit oder Kapital befreien, weil sie gleichsam ein Tuch zerschneiden, das wir uns nahtlos wünschen, um es nach unseren Vorstellungen studieren zu können. Glücklicherweise ist die Frage, sobald wir uns von der Verwirrung, die durch all diese traditionellen Begriffe herbeigeführt wurde, befreit haben, ziemlich einfach: Wie kann man aus der Distanz Einfluss auf fremdartige Ereignisse, Orte und Menschen nehmen? Antwort: Indem man diese Ereignisse, Orte und Menschen *irgendwie* nach Hause bringt. Wie kann dies erreicht werden, wo sie doch weit entfernt sind? Indem man Mittel ersinnt, die (a) diese *transportabel* machen, damit sie zurückgebracht werden können; die (b) diese *stabil* machen, damit sie hin- und herbewegt werden können, ohne dass es zu zusätzlicher Verzerrung, Zersetzung oder zum Verfall kommt, und die (c) sie *kombinierbar* machen, damit sie, egal aus welchem Stoff sie bestehen, aufgehäuft, angesammelt oder wie ein Kartenspiel gemischt werden können. Wenn diese Konditionen erfüllt sind, dann werden eine kleine Provinzstadt oder ein unbedeutendes Labor oder eine mickrige kleine Garagenfirma, die zunächst so schwach wie jeder andere Ort waren, zu starken Zentren werden, die aus der Distanz viele andere Orte beherrschen.

Fernwirkung 2: Die Mobilisierung der Welten

Lasst uns nun einige der Mittel betrachten, die eine Verbesserung der Mobilität, Stabilität oder Kombinierbarkeit ermöglichen, welche die Herrschaft über eine Distanz hinweg durchführbar machen. Die Kartografie ist solch ein drastisches Beispiel, dass ich sie wähle, um das Argument einzuführen. Es gibt weder die Möglichkeit, die Länder selbst nach Europa zu bringen, noch ist es möglich, in Lissabon oder Versailles tausende eingeborene Lotsen zu versammeln, damit sie in ihren vielen Sprachen den Navigatoren erzählen, wohin sie fahren und was sie tun sollen. Andererseits sind all die Reisen vertan, wenn nichts als Sagen und Trophäen zurückkommt. Eines der ‚außergewöhnlichen Mittel', die entwickelt werden müssen, ist, Reiseschiffe als dermaßen viele Instrumente zu verwenden, dass sie wie *Tracer* die Form des entdeckten Landes auf ein Stück Papier zeichnen. Um das Resultat zu erzielen, sollte man die Kapitäne disziplinieren, damit sie, was ihnen auch immer zustoßen sollte, ihre Lagebestimmungen machen, die Untiefen beschreiben und sie zurückschicken. Sogar das ist allerdings nicht genug, denn das Zentrum, das all diese Notizbücher sammelt, die entsprechend den verschiedenen Zeiten und Orten des Eintrags unterschiedlich geschrieben sind, wird auf den skizzierten Karten ein Chaos widersprüchlicher Formen darstellen, bei denen selbst erfahrene Kapitäne und Lotsen kaum in der Lage sein werden, diese zu interpretieren. Folglich müssen weit mehr Bestandteile an Bord der Schiffe gebracht werden, damit sie die Bestimmung der Längen- und Breitengrade abgleichen und disziplinieren können (Schiffsuhren, Quadranten, Sextanten, Experten, vorgedruckte Logbücher, ältere Karten). Die reisenden Schiffe erhalten kostspielige Instrumente, aber was sie zurückbringen oder -schicken, kann beinahe sofort in die Tabelle übertragen werden [vgl. Abb. 5]. Indem jede Landsichtung in Längen- und Breitengrad (zwei Einträge) kodiert wird und indem dieser Kode zurückgeschickt wird, kann die Form der gesichteten Länder von denen umgezeichnet werden, die diese selbst nicht gesehen haben. Wir verstehen jetzt die entscheidende Bedeutung dieser Zahlenbündel, die von De Lesseps und dem Schiffskapitän der *Neptuna*, Kapitän Martin, um die Welt getragen wurden: Sie waren einige der stabilen, beweglichen und kombinierbaren Elemente, die es einem Zentrum erlaubten, weit entfernte Länder zu beherrschen.

An dieser Stelle beginnen jene, die die Schwächsten waren, weil sie im Zentrum geblieben sind und nichts gesehen haben, die Stärksten zu werden, vertraut mit *mehr* Orten nicht nur als jeder Eingeborene, sondern auch als jeder reisende Kapitän; es hat eine ‚kopernikanische Revolution' stattgefunden. Dieser Ausdruck wurde von dem Philosophen Kant geprägt, um zu beschreiben, was passiert, wenn eine alte Disziplin, die bis dahin unsicher und im Wanken begriffen war, sich sammelt und ‚den sicheren Pfad einer Wissenschaft betritt'. Kant erklärt: Statt dass sich die Gedanken der Wissenschaftler um die Dinge drehten, seien die Dinge dazu da, sich um den Verstand zu drehen, eine Revolution also, die so radikal ist wie diejenige, die Kopernikus angeblich ausgelöst hat. Anstatt von den Eingeborenen und von der Natur beherrscht zu werden, wie der unglückselige La Pérouse, der jeden Tag sein Leben riskierte, beginnen die Kartografen in Europa, in ihren Kartenräumen – bis zum Ende des 18. Jahrhunderts die wichtigsten und kostspieligsten aller Laboratorien – die Lagebestimmungen aller Länder zu sammeln. Wie groß ist die Erde in ihren Kartenräumen geworden?

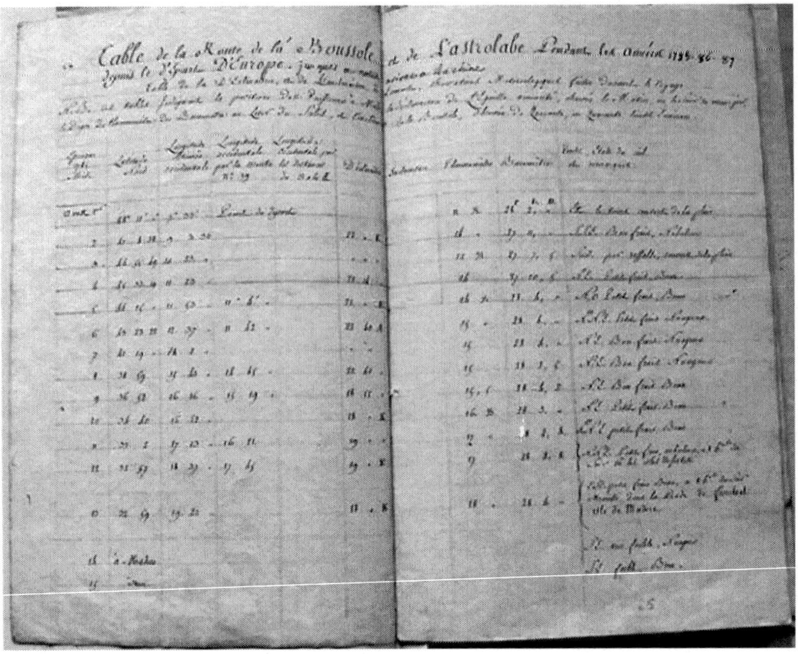

[Abb. 5: Kursverzeichnis der *Boussole* und *Astrolabe* während der Jahre 1785, 1786, 1787... Archives nationales, Paris.]

Nicht größer als ein *Atlas*, dessen Tafeln nach Belieben flachgedrückt, kombiniert, neu gemischt, überlagert und umgezeichnet werden können. Was ist die Konsequenz dieses Maßstabwechsels? Der Kartograf *beherrscht* die Welt, die La Pérouse beherrschte. Das Kräftegleichgewicht zwischen den Wissenschaftlern und der Erde war umgekehrt worden; die Kartografie hat den sicheren Pfad einer Wissenschaft betreten; ein Zentrum (Europa) war gebildet worden, um das sich der Rest der Welt zu drehen beginnt.

Ein anderer Weg, um ungefähr die gleiche kopernikanische Revolution zu bewirken, ist, *Sammlungen* zusammenzutragen. Die Formen der Länder müssen kodiert und gezeichnet werden, damit sie beweglich werden, aber das trifft für Gestein, Vögel, Pflanzen, Artefakte und Kunstwerke nicht zu. Diese können aus ihrem Kontext herausgenommen und im Verlauf der *Expeditionen* mitgenommen werden. Daher ist die Wissenschaftsgeschichte zum Großteil die Geschichte der Mobilisierung von allem, was dazu gebracht werden kann, sich zu bewegen und für diese weltweite Erfassung nach Hause zurück verschifft zu werden. Die Folge ist jedoch, dass in vielen Fällen die Stabilität zu einem Problem wird, weil viele dieser Elemente sterben – wie die ‚glücklichen Wilden', bei denen die Anthropologen nie müde wurden, sie nach Europa zu schicken – oder voller Maden sind, wie Grizzlybären, die Zoologen zu schnell ausgestopft haben; oder austrocknen, wie kostbare Samenkörner, die Naturforscher in zu schlechte Erde eingetopft haben. Sogar jene Elemente, die wie Fossilien, Gestein oder Skelette die Reise aushalten, können bedeutungslos werden, sobald sie im Keller der wenigen Museen sind, die in den Zentren gebaut wurden, weil ihnen nicht genügend Kontext beigefügt wurde. Deshalb müssen viele Erfindungen gemacht werden, um die Mobilität, Stabilität und Kombinierbarkeit der gesammelten Gegenstände zu erhöhen. Viele Anweisungen müssen denjenigen gegeben werden, die um die Welt gesendet werden: wie sie Tiere ausstopfen, Pflanzen trocknen, alle Proben kennzeichnen und sie benennen, Schmetterlinge aufspießen und Zeichnungen von Tieren und Bäumen anfertigen, die noch niemand zurückbringen oder domestizieren kann. Wenn das geschehen ist, wenn große Sammlungen begonnen und gepflegt werden, dann ereignet sich die gleiche Revolution erneut. Die Zoologen in ihren Naturkundemuseen bereisen, ohne sich mehr als einige hundert Meter fortzubewegen und mehr als ein paar Dutzend Schubladen zu öffnen, all die Kontinente, Klimazonen und Perioden. Sie müssen ihr Leben nicht in diesen neuen Archen Noahs riskieren, sie leiden nur unter dem Staub und den Flecken, die der Gips verursacht. Wie könnte man sich darüber wundern, wenn sie anfangen, die Ethnozoologie aller anderen Völker zu *beherrschen*? Das Gegenteil wäre in der Tat überraschend. Viele gebräuchliche Eigenschaften, die zwischen den in Raum und Zeit weit entfernten gefährlichen Tieren nicht sichtbar waren, können leicht zwischen dem einen Schaukasten und dem nächsten hervortreten! Die Zoologen *sehen neue* Dinge, da dies das erste Mal ist, dass so viele Lebewesen vor den Augen von jemandem versammelt sind; das ist alles, was an diesem geheimnisvollen Ursprung einer Wissenschaft steht. Wie in Kapitel 5 von *Science in Action* ausgeführt, ist es lediglich eine Frage des Maßstabs. Es sind nicht die kognitiven Unterschiede, über die wir staunen sollten, sondern diese generelle Mobilisierung der Welt, die ein paar Wissenschaftler in Gehröcken irgendwo in Kew Gardens mit der Fähigkeit ausstattet, alle Pflanzen der Erde visuell zu beherrschen.[8]

Es gibt jedoch keinen Grund, die Mobilisierung von stabilen und kombinierbaren Spuren auf jene Orte zu begrenzen, an die ein Mensch selbst während einer Expedition gelangen kann. *Sonden* können stattdessen gesendet werden. Zum Beispiel würden die Leute, die einen Bohrturm bauen, sehr gerne wissen, wie viele Barrel Öl sich unter ihren Füßen befinden. Es gibt jedoch keine Möglichkeit, unter die Erdoberfläche zu schlüpfen und es sich anzuse-

---

[8] Die Literatur über Expeditionen und Sammlungen ist nicht sehr breit, jedoch gibt es einige interessante Fallstudien. Unter ihnen befinden sich Lucile Brockway (1979) und Lewis Pyenson (1985).

hen. Dies ist der Grund, warum Conrad Schlumberger, ein französischer Ingenieur, in den frühen 1920er Jahren die Idee hatte, elektrischen Strom durch die Erde zu schicken, um den elektrischen Widerstand der Gesteinsschichten an verschiedenen Orten zu messen.[9] Am Anfang waren die Signale, die zum Sender zurückkamen verwirrend, so verwirrend wie die Aufzeichnungen der Routen, die den ersten Kartografen zurückgebracht wurden. Die Signale waren aber stabil genug, um es den Geologen später zu erlauben, zwischen den neuen elektrischen Karten und den Zeichnungen der Sedimente, die sie früher erstellt hatten, *hin- und herzuwechseln*. Statt einfach nach Öl zu bohren, wurde es möglich, Spuren auf Karten anzusammeln, die es den Ingenieuren wiederum ermöglichten, die Erforschung weniger blindlings zu leiten. Ein Akkumulationskreislauf war begonnen worden, in dem Öl, Geld, Physik und Geologie halfen, sich gegenseitig zu akkumulieren. In wenigen Jahrzehnten waren dutzende von verschiedenen Instrumenten erfunden und angehäuft worden, die langsam die unsichtbaren und unzugänglichen Reserven in Bohrlochmessungen umwandelten, die ein paar Menschen vom Sehen her beherrschen konnten. Heute wird jeder Bohrturm nicht nur dafür verwendet, um Öl zu fördern, sondern auch um alle möglichen Sensoren tief unter die Erde zu befördern. Auf der Oberfläche lesen die *Schlumberger*-Ingenieure in einer beweglichen Lore voller Computer die Ergebnisse all dieser Messungen ab, die auf hunderten von Metern Millimeterpapier eingetragen sind.

Der Hauptvorteil dieser Erfassung liegt nicht nur in der Mobilität, mit der sie die Tiefenstruktur des Bodens versieht, und auch nicht allein in den stabilen Verhältnissen, die sie zwischen einer Karte und dieser Struktur herstellt, sondern in den *Kombinationen*, die sie zulässt. Es gibt zunächst keine einfache Verbindung zwischen Geld, Barrels, Öl, Widerstand und Hitze; keine einfache Methode, um einen Bankier an der Wall Street, einen Erkundungsleiter im Exxon-Hauptquartier, einen Elektroniker, der in Clamart, in der Nähe von Paris, auf schwache Signale spezialisiert ist, und einen Geophysiker in Ridgefield miteinander zu verbinden. All diese Elemente scheinen zu verschiedenen Bereichen der Realität zu gehören: Wirtschaftswissenschaft, Physik, Technologie und Informatik. Wenn wir stattdessen den Akkumulationskreislauf von stabilen und kombinierbaren mobilen Elementen berücksichtigen, dann *sehen* wir buchstäblich, wie sie zusammenpassen können. Man betrachte zum Beispiel die ‚Schnellmessung' auf einer Ölplattform in der Nordsee: Alle Messungen werden zunächst in Binärsignalen kodiert und für künftige, ausführlichere Berechnungen aufbewahrt. Dann werden sie an Computern neu interpretiert und umgezeichnet, die dann aus den Druckern Zahlenberichte ausspucken, die nicht im Maßstab von Ohm, Mikrosekunden oder Mikroelektrovolt angegeben

---

9 Dieses Beispiel ist Allaud/Marttin (1976) entnommen.

sind, sondern direkt in der Anzahl der Ölbarrel. An dieser Stelle ist es nicht schwer zu verstehen, wie Leiter der Plattformen ihre Produktionskurve planen können, wie Wirtschaftswissenschaftler zu diesen Karten ein paar eigene Berechnungen hinzufügen können und wie die Bankiers diese Aufstellungen später dazu verwenden könnten, um den Wert der Firma abzuschätzen und wie die Resultate archiviert werden können, um der Regierung dabei zu helfen, die nachgewiesenen Reserven zu berechnen – ein sehr kontroverses Thema. Viele Dinge können mit dieser Papierwelt gemacht werden, die nicht mit der Welt gemacht werden können.

Damit eine kopernikanische Revolution stattfindet, ist es ohne Bedeutung, welche Mittel verwendet werden, sofern dieses Ziel erreicht wird: eine Verlagerung dessen, was als Zentrum und was als Peripherie gilt. Zum Beispiel beherrscht uns nichts mehr als die Sterne. Es scheint, dass es keine Möglichkeit gibt, den Maßstab umzukehren und uns, die Astronomen, in die Lage zu versetzen, den Himmel über unseren Köpfen zu bestimmen. Die Situation hat sich jedoch schnell umgekehrt, als Tycho Brahe in einem wohlausgestatteten *Observatorium*, das für ihn in Oranienburg gebaut worden war, damit begann, nicht nur die Planetenpositionen in denselben homogenen Tabellen zu notieren, sondern auch die Sichtungen zu sammeln, die von anderen Astronomen in ganz Europa gemacht wurden und die er bat in dieselben Vordrucke einzutragen, die er ihnen geschickt hatte.[10] Hier beginnt sich wiederum ein tugendhafter, kumulativer Kreislauf zu entfalten, wenn alle Sichtungen an verschiedenen Orten und Zeiten zusammengestellt und synoptisch dargestellt werden.

Der wachsende Kreislauf bewegt sich umso schneller, wenn derselbe Brahe in der Lage ist, am selben Ort nicht nur frische, von ihm und seinen Kollegen gemachte Beobachtungen zu sammeln, sondern auch all die älteren Astronomiebücher, die durch die Druckerpresse günstig erhältlich geworden sind. Sein Verstand hat keine Veränderung durchlaufen; seine Ansichten waren nicht plötzlich frei von alten Vorurteilen; er betrachtet den Sommerhimmel nicht sorgfältiger als jemand das vor ihm getan hat. Aber er ist in der Tat der Erste, der einen Blick auf den Sommerhimmel wirft und seine Beobachtungen plus die seiner Mitarbeiter in Erwägung zieht, die Bücher des Kopernikus und viele Versionen des *Almagest* von Ptolemäus berücksichtigt; der Erste, der sich am Anfang und am Ende eines langen Netzwerks befindet, das etwas erzeugt, das ich *unveränderliche und kombinierbare mobile Elemente* nennen werde. All diese Tabellen, Verzeichnisse und Kurven sind bequem zur Hand und nach Belieben kombinierbar, ganz gleich, ob sie zwanzig Jahrhunderte oder einen Tag alt

---

10 Ich folge hier Elizabeth Eisensteins Darstellung (1979). Ihr Buch ist eine grundlegende Lektüre für all jene, die, wie sie es ausdrückt, wünschen, „die Bühne für die kopernikanische Revolution nachzustellen".

sind; alle bringen sie Milliarden Tonnen schwere und hunderttausende von Meilen entfernte Himmelskörper in der Größe eines Punktes auf ein Stück Papier. Sollten wir dann also überrascht sein, wenn Tycho Brahe die Astronomie auf ‚dem sicheren Pfad der Wissenschaft' weiter vorantreibt? Nein, aber wir sollten die vielen bescheidenen Mittel bestaunen, die in den Observatorien, die bald überall in Europa gebaut werden, Sterne und Planeten in Papierstücke verwandeln.

Die Aufgabe, die Erde oder den Himmel zu beherrschen, ist fast gleich schwer, wie die Wirtschaft eines Landes zu beherrschen. Es gibt kein Teleskop, mit dem man sie sehen, keine Sammlung, in der man sie zusammentragen und keine Expedition, bei der man sie kartografisch darstellen könnte. Im Falle der Ökonomie wiederum ist die Geschichte einer Wissenschaft die von vielen klugen Mitteln, welche, was auch immer Leute tun, verkaufen und kaufen, in etwas umwandeln, das mobilisiert, gesammelt, archiviert, kodiert, nachgerechnet und angezeigt werden kann. Ein solches Mittel ist, *Befragungen* einzuführen, indem man Meinungsforscher durch das ganze Land schickt, jeden mit dem gleichen vorher festgelegten Fragebogen, der auszufüllen ist und in dem allen Managern dieselben Fragen über ihre Firmen, ihre Gewinne und Profite und ihre Prognose zur zukünftigen Gesundheit der Wirtschaft gestellt werden. Dann, sobald alle Antworten gesammelt sind, können andere Tabellen ausgefüllt werden, die die Firmen einer Nation zusammenfassen, neu zusammenstellen, vereinfachen und in eine Rangordnung bringen. Jemand, der die endgültigen Aufstellungen anschaut, betrachtet irgendwie die Wirtschaft. Gewiss wird es Meinungsverschiedenheiten über die Genauigkeit dieser Aufstellungen geben und darüber, von wem gesagt werden kann, dass er im Namen der Wirtschaft spricht. Aber wie wir auch wissen, werden andere grafische Elemente mit den Streitfällen rückgekoppelt werden und so den Akkumulationskreislauf beschleunigen. Zöllner verfügen zum Beispiel über Statistiken, die den Fragebögen hinzugefügt werden können. Finanzbeamte, Gewerkschaften, Geografen und Journalisten produzieren alle eine große Menge an Aufzeichnungen, Umfragen und Tabellen. Jene, die in den vielen statistischen Ämtern sitzen, könnten diese Zahlen kombinieren, verschieben, überlagern und neu berechnen und in einem ‚Bruttosozialprodukt' oder einer ‚Zahlungsbilanz' enden lassen, genau wie andere Zahlen in verschiedenen Büros zu der ‚Insel Sachalin', der ‚Taxonomie der Säugetiere', ‚nachgewiesenen Ölreserven' oder ‚einem neuen Planetensystem' werden.

All diese Objekte besetzen den Anfang und das Ende eines ähnlichen Akkumulationskreislaufs. Ganz gleich, ob sie nah oder fern sind, unendlich groß oder klein, unendlich alt oder jung, sie alle gelangen zu so einem Maßstab, dass sie ein paar Männer oder Frauen sie von der Anschauung her beherrschen können. An dem einen oder anderen Punkt nehmen sie alle die Form einer glatten Papieroberfläche an, die archiviert, an eine Wand geheftet und mit anderen kombiniert werden kann. Sie alle helfen, das Kräftegleichgewicht zwischen jenen, die beherrschen, und jenen, die beherrscht werden, umzukehren.

Selbstverständlich sind Expeditionen, Sammlungen, Proben, Observatorien und Befragungen nur einige der vielen Möglichkeiten, die es einem Zentrum erlauben, auf die Distanz zu wirken. Unzählige andere tauchen auf, sobald wir Wissenschaftler bei ihrer Tätigkeit beobachten; aber sie alle gehorchen dem gleichen Selektionsdruck. Alles, was entweder die Mobilität oder die Stabilität oder die Kombinierbarkeit der Elemente steigern könnte, wird favorisiert und ausgewählt, sofern es den Akkumulationskreislauf beschleunigt: eine neue Druckerpresse, die die Mobilität und das zuverlässige Kopieren von Texten steigert; ein neues Verfahren, das mit Aquatintatechnik exaktere Tafeln in wissenschaftlichen Texten reproduziert; ein neues Projektionssystem, das es erlaubt, Karten mit geringeren Formdeformierungen zu zeichnen; eine neue chemische Taxonomie, die es Lavoisier ermöglicht, die Verbindungen mehrerer Elemente aufzuschreiben; aber auch neue Flaschen, um Tierproben in Chloroform zu konservieren; neue Färbemittel, um Mikroben in Kulturen anzufärben; neue Klassifikationssysteme in Bibliotheken, um Dokumente schneller zu finden; neue Computer, um die schwachen Signale der Teleskope zu verstärken und spitzere Schreibnadeln, um mehr Parameter auf denselben Elektrokardiogrammen festhalten zu können.[11] Wenn Erfindungen gemacht werden, die auf den Computern Zahlen, Bilder und Texte von überall auf der Welt in denselben Binärkode umwandeln, dann werden die Handhabung, die Verbindung, die Mobilität, die Konservierung und die Ausstellung der Spuren in der Tat alle phantastisch erleichtert. Wenn man jemanden sagen hört, dass er oder sie eine Frage besser ‚meistert', in der Bedeutung, dass sein oder ihr *Verstand* sich vergrößert hätte, so suche man zuerst nach Erfindungen, die einen Einfluss auf die Mobilität, die Unveränderlichkeit oder die vielseitige Einsetzbarkeit von Spuren haben; und erst später, wenn etwas durch einen außerordentlichen Zufall immer noch nicht berücksichtigt ist, kann man sich dem Verstand zuwenden.

Fernwirkung 3: Konstruktion von Raum und Zeit

Der kumulative Charakter der Wissenschaft ist es, was Beobachtern so sehr auffällt; weshalb sie die Auffassung eines *Great Divide* zwischen unseren wissenschaftlichen Kulturen und all den anderen ersannen. Verglichen mit der Kartografie, Zoologie, Astronomie und Ökonomie scheint es, dass jede Ethno-

---

11 Für einen allgemeinen Überblick zu dieser Frage vgl. Latour/De Noblet (1985).

geografie, Ethnozoologie, Ethnoastronomie und Ethnoökonomie einem bestimmten Ort eigen und seltsamerweise nicht kumulativ ist, als ob sie für immer in einer winzigen Ecke von Raum und Zeit feststecken würde. Sobald jedoch der Akkumulationskreislauf und die dadurch ausgelöste Mobilisierung der Welt berücksichtigt werden, kann die Überlegenheit einiger Zentren über das, was im Gegensatz dazu die Peripherie zu sein scheint, ohne jede zusätzliche Teilung zwischen Kulturen, Ansichten oder Logik dokumentiert werden. Die meisten Schwierigkeiten, die wir damit haben, Wissenschaft und Technologie zu verstehen, resultieren aus unserer Überzeugung, dass Raum und Zeit unabhängig wie ein unerschütterliches Bezugssystem existieren, *in dem* Ereignisse und Orte vorkommen. Diese Überzeugung macht es unmöglich zu verstehen, wie verschiedene Räume und Zeiten *innerhalb der Netzwerke* dargestellt werden können, die errichtet wurden, um die Welt zu mobilisieren, zu sammeln und neu zu kombinieren.

Wenn wir uns zum Beispiel vorstellen, dass das Wissen von der Insel Sachalin, über das die chinesischen Fischer verfügten, in die wissenschaftliche Kartografie *einbezogen* wird, die La Pérouse ausgearbeitet hat, dann erscheint es im Vergleich tatsächlich als lokal, implizit, unsicher und schwach. Aber es ist nicht mehr in dieses einbezogen, als die Meinungen über das Wetter eine Teilmenge der Meteorologie sind (vgl. Latour 1987: 179-195). Die Kartografie ist ein Netzwerk, das in ein paar Zentren Spuren sammelt, die für sich selbst betrachtet so lokal sind wie jeder der Punkte, die La Pérouse, Cook oder Magellan kreuzen. Der einzige Unterschied besteht in der langsamen Erstellung einer Karte innerhalb dieser Zentren, einer Karte, die eine Bewegung in zwei Richtungen definiert, zu der Peripherie hin und wieder zurück. Mit anderen Worten, wir müssen das Lokalwissen der Chinesen nicht dem Universalwissen des Europäers gegenüberstellen, sondern nur zwei Lokalwissen, von denen eines die Form eines Netzwerks hat, das unveränderliche mobile Elemente (*immutable mobiles*) hin- und hertransportiert, um aus der Distanz zu wirken. Wie ich im Prolog gesagt habe, ist es kein kognitiver oder kultureller Unterschied, wer einbezieht und wer einbezogen ist, wer lokalisiert und wer lokalisiert ist, sondern das Resultat eines fortwährenden Kampfes: La Pérouse war in der Lage, Sachalin auf seine Karte zu setzen, aber die Kannibalen des Südpazifik, die seine Reise beendeten, setzen ihn auf *ihre* Karte!

Dieselbe Teilung scheint zwischen lokalen Ethnotaxonomien und ‚universellen' Taxonomien stattzufinden, solange die Netzwerke der Akkumulation ausgeblendet werden. Kann zum Beispiel die Botanik all die Ethnobotaniken verdrängen und schlucken, wie so viele Teilbereiche? Kann die Botanik überall in einem universellen und abstrakten Raum eingerichtet werden? Sicherlich nicht, denn dazu braucht es tausende von sorgfältig geschützten Kisten mit getrockneten, gesammelten und gekennzeichneten Pflanzen; und dazu braucht es auch führende Institutionen, wie Kew Gardens oder den Jardin des Plantes, wo lebende Proben zum Keimen gebracht, kultiviert und gegen Fremdbestäubung geschützt werden. Die meisten Ethnobotaniken erfordern die Vertrautheit mit einigen hundert und manchmal sogar mit einigen tausend Arten (was bereits mehr ist, als die meisten von uns handhaben können); aber in Kew Gardens erfordert die neue Vertrautheit, die durch viele Blätter aus benachbarten Herbarien gebildet wird, die durch Expeditionen aller europäischen Nationen aus der ganzen Welt zusammengetragen wurden, die Bearbeitung von zehn- und manchmal hunderttausenden Arten (was für jeden zu viel zu handhaben ist). Also müssen neue Inskriptionen und Kennzeichnungsverfahren ersonnen werden, um diese Zahl wieder zu begrenzen. Botanik ist das *lokale Wissen*, das in den sammelnden Institutionen, wie dem Jardin des Plantes oder Kew Gardens, erarbeitet wird. Es breitet sich nicht weiter aus (oder wenn es das macht, geschieht dies dadurch, dass die Netzwerke ebenfalls ausgebaut werden).[12]

Um unsere Reise fortzusetzen, sollten wir diese gewaltigen Ausmaße von Raum und Zeit, die durch die Geologie, Astronomie, Mikroskopie etc. erzeugt wurden, in ihre Netzwerke zurückdrängen – diese Fentogramme, Milliarden Elektronvolt, absoluten Nullen und Äonen von Zeiten; ganz gleich, wie unendlich groß, lang oder klein sie sind, diese Maßstäbe sind nie viel größer als die wenigen Quadratmeter einer geologischen oder astronomischen Karte und nie viel schwieriger zu lesen als eine Uhr. Wir, die Leser, leben nicht *innerhalb* eines Raums, der Milliarden von Galaxien beinhaltet; im Gegenteil, dieser Raum wird *innerhalb* der Observatorien erzeugt, indem man zum Beispiel einen Computer kleine Punkte auf einer fotografischen Platte zählen lässt. Beispielsweise anzunehmen, dass es möglich ist, die Zeiten der Astronomie, Geologie, Biologie, Primatologie und Anthropologie in eine Synthese zusammenzuziehen, macht ungefähr so viel Sinn, wie eine Synthese zwischen den Wasserrohren, Gasleitungen, Strom-, Telefon- und Fernsehkabeln herzustellen.

Schämen Sie sich, dass Sie nicht begreifen, was es bedeutet, von Millionen Lichtjahren zu sprechen? Schämen Sie sich nicht, denn das sichere Gespür, das der Astronom dafür hat, leitet sich von einem kleinen *Lineal* her, das er fest auf eine Karte des Himmels legt, wie Sie es mit Ihrer Straßenkarte machen, wenn Sie zu einem Campingausflug fahren. Astronomie ist das lokale Wissen, das in diesen Zentren erzeugt wird, die Fotografien, Spektren, Funksignale, Infrarotbilder und all das sammeln, was eine Spur hinterlässt, die andere Leute leicht beherrschen können. Sie fühlen sich schlecht, weil die Nanometer von lebenden Zellen Ihren Verstand verwirren? Aber es bedeutet für niemanden etwas, solange es den Verstand verwirrt. Es fängt an, etwas zu bedeuten, wenn die

---

12 Zum Vergleich zwischen Botanikern und Ethnobotanikern vgl. Conklin (1980).

Nanometer auf einem vergrößerten Elektronenfoto der Zelle *zentimeterlang* geworden sind, das heißt, wenn das Auge sie in dem gewohnten Maßstab und Abstand sehen kann. Nichts ist in diesen Zentren, die Spuren sammeln, unbekannt, unendlich, gigantisch oder weit entfernt; ganz im Gegenteil, sie sammeln so viele Spuren, dass alles bekannt, endlich, nahegelegen und handlich werden kann.

Es scheint zunächst merkwürdig zu behaupten, dass Raum und Zeit lokal konstruiert sein könnten, aber das sind die gewöhnlichsten aller Konstruktionen. Raum wird durch reversible und Zeit durch irreversible Verschiebungen erzeugt. Da alles davon abhängt, dass Elemente verlagert werden, wird jede Erfindung eines neuen unveränderlichen mobilen Elements (*immutable mobile*) einer anderen Raum-Zeit folgen.

Als der französische Physiologe Marey Ende des 19. Jahrhunderts das fotografische Gewehr erfand, mit dem man die Bewegung eines Menschen einfangen und in eine schöne optische Anzeige umwandeln konnte, hat er diesen Teil der Raum-Zeit völlig umstrukturiert. Physiologen waren nie zuvor in der Lage gewesen, die Bewegung von laufenden Menschen, galoppierenden Pferden und fliegenden Vögeln zu beherrschen, nur tote Körper oder Tiere in Ketten. Das neue Inskriptionsgerät brachte die lebenden Objekte auf ihre Schreibtische, mit einer entscheidenden Änderung: Der irreversible Fluss der Zeit wurde ihren Augen nun synoptisch *präsentiert*. Es war in der Tat ein Raum entstanden, auf den, einmal mehr, Lineale, Geometrie und Elementarmathematik angewendet werden konnten. Jede von Mareys ähnlichen Erfindungen stürzte die Physiologie auf eine neue Summenkurve.

Um ein früheres Beispiel aufzugreifen: Solange die portugiesischen Karacken unterwegs verschwanden, konnte kein jenseits des Kap Bojador befindlicher Ort abgebildet werden. Sobald sie anfingen, hin- und zurückzukommen, wurde um Lissabon ein ständig wachsender Raum erkundet. Und so brach eine neue Zeit an: Zuvor konnte man in dieser ruhigen kleinen Stadt am anderen Ende von Europa nicht so leicht ein Jahr vom anderen unterscheiden; ‚nichts ereignete sich' dort, ganz als ob die Zeit dort stehengeblieben wäre. Aber als die Karacken begannen, mit Trophäen, Beutestücken, Gold und Gewürzen zurückzukommen, ‚ereigneten sich' in der Tat Dinge in Lissabon und verwandelten die kleine Provinzstadt in die Hauptstadt eines Imperiums, das größer als das Römische Reich war. Dieselbe Bildung einer neuen Geschichte spürte man auch entlang der Küsten Afrikas, Indiens und der Molukken-Inseln; nichts würde mehr so sein wie vorher, nun, da ein neues kumulatives Netzwerk die Gewürze nach Lissabon statt nach Kairo brachte. Die einzige Möglichkeit, diese Entstehung einer neuen Raum-Zeit zu begrenzen wäre, die Vorwärtsbewegung der Karacken zu unterbrechen, das heißt, ein anderes Netzwerk mit einer unterschiedlichen Ausrichtung zu erstellen.

Betrachten wir ein anderes Beispiel dieser Konstruktion, eines, das weniger großartig als die portugiesische Expansion ist. Als Professor Bijker und seine Mitarbeiter das Hydrauliklabor in Delft, Holland, betreten, sind sie ganz mit der Form des neuen Dammes beschäftigt, der im Hafen von Rotterdam gebaut werden soll, dem größten Hafen der Welt. Ihr Problem ist das Gleichgewicht zwischen dem Süßwasser der Flüsse und dem Meerwasser. So viele Dämme haben das Abfließen der Flüsse begrenzt, dass Salz, das für die wertvolle Blumenkultur gefährlich ist, weiter in das Landesinnere vordringt. Wird der neue Damm Auswirkungen auf das Salz- oder Süßwasser haben? Wie kann man das im Voraus wissen? Professor Bijkers Antwort auf diese Frage ist radikal: Die Ingenieure sollen einen Damm bauen, ein paar Jahre lang den Zufluss von Salz- und Süßwasser bei unterschiedlichen Wetterlagen und Gezeiten messen; dann zerstören sie den Damm und bauen einen anderen; danach beginnen die Messungen erneut und so weiter; das machen sie ein Dutzend Mal, bis sie auf die bestmögliche Weise den Zufluss von Meerwasser begrenzt haben. Zwanzig Jahre und viele Millionen Gulden später ist das Hydrauliklabor in der Lage, der Rotterdamer Hafenbehörde mit einem hohen Maß an Zuverlässigkeit zu sagen, welche Form der Damm haben sollte. Werden die Amtspersonen wirklich zwanzig Jahre lang warten? Werden sie Millionen von Gulden ausgeben, um Anlegeplätze zu bauen und zu zerstören, und auf diese Weise den Schiffsverkehr des geschäftigen Hafens blockieren?

Sie müssen es nicht, denn die Jahre, die Flüsse, der Guldenbetrag, die Anlegeplätze und die Gezeiten wurden in einer riesigen Garage *proportional verkleinert*, die Professor Bijker, wie ein moderner Gulliver, mit ein paar Schritten durchqueren kann. Das Hydrauliklabor hat Wege gefunden, den Hafen beweglich zu machen, indem es jene Eigenschaften, die es für unerheblich erachtet, wie die Häuser und Menschen, ignoriert und stabile Zweiwegeverbindungen zwischen einigen Elementen des *maßstabgetreuen Modells* und jenen des Hafens im Maßstab 1:1 herstellt, wie die Breite des Kanals, die Stärke der Strömungen und die Dauer der Gezeiten. Andere Eigenschaften, die nicht verkleinert werden können, wie Wasser oder Sand, wurden einfach vom Meer und den Flüssen auf die Becken des Modells übertragen. Alle zwei Meter sind Fänger und Sensoren installiert worden, die alle mit einem Großrechner verbunden sind, der die Menge an Salz- und Süßwasser an jeder Stelle des Lilliput-Hafens auf Millimeterpapier aufschreibt. Zweiwegeverbindungen werden zwischen diesen Sensoren und den weit geringeren, größeren und kostspieligeren eingerichtet, die im originalgroßen Hafen angebracht wurden. Da das maßstabgetreue Modell immer noch zu groß ist, um auf einen Blick erfasst zu werden, wurden Videokameras installiert, die es erlauben, von einem Kontrollraum aus zu prüfen, ob die Gezeitenmuster, die wellengenerierende Maschine und die verschiedenen Schleusen richtig funktionieren. Dann nimmt der Riese, Professor

Bijker, ein meterlanges Gipsmodell des neuen Damms, bringt es an seinem Platz an und startet eine erste Runde von Gezeiten, die auf zwölf Minuten verkürzt sind; dann nimmt er den Damm wieder heraus, versucht es mit einem anderen und fährt so fort.

Gewiss hat eine weitere ‚kopernikanische Revolution' stattgefunden. Es gibt nicht so viele Wege, um eine Situation zu meistern. Entweder man dominiert sie physisch, oder man bringt sehr viele Verbündete auf seine Seite, oder andernfalls versucht man, vor den anderen da zu sein. Wie kann dies getan werden? Einfach indem man den Fluss der Zeit umkehrt. Professor Bijker und seine Mitarbeiter *beherrschen* das Problem, sie *meistern* es leichter als die Hafenbeamten, die dort draußen im Regen stehen und viel kleiner als die Landschaft sind. Was auch immer in der Raum-Zeit im Maßstab 1:1 passieren mag, die Ingenieure werden *es bereits gesehen* haben. Sie werden langsam mit all den Möglichkeiten vertraut, proben mit Muße jedes Szenarium und wandeln auf Papier mögliche Erfolge in Kapital um, was ihnen gegenüber den anderen mehrjährige Erfahrung gibt. Die Ordnung von Zeit und Raum war völlig neu gemischt worden. Sprechen sie mit mehr Autorität und Sicherheit als die Arbeiter, die dort den echten Damm bauen? Nun, gewiss, da sie bereits alle möglichen Versehen und Fehler gemacht haben, in Sicherheit, innerhalb der hölzernen Halle in Delft, nur Gips und ein paar Gehälter verbrauchend, ohne dabei versehentlich Millionen hart arbeitender Holländer zu fluten, sondern nur dutzende Meter von Betonboden. Unabhängig davon, wie bemerkenswert die Überlegenheit ist, die Professor Bijker in Bezug auf die Dammform über die Beamten, Architekten und Maurer erzielt hat, sie ist nicht übernatürlicher als die von Marey, den Portugiesen oder den Astronomen. Sie hängt einfach von der Möglichkeit ab, eine andere Raum-Zeit zu schaffen.

Wir haben nun eine viel klarere Vorstellung davon, was es bedeutet, Wissenschaftler und Ingenieure in Aktion zu beobachten. Wir wissen, dass sie sich nicht ‚überallhin' ausbreiten, als ob es einen *Great Divide* zwischen dem universellen Wissen der westlichen Welt und dem lokalen Wissen aller anderen gäbe, sondern stattdessen innerhalb von engen und zerbrechlichen Netzwerken reisen, ähnlich den Galerien, die Termiten bauen, um ihre Nester mit ihren Futterstellen zu verbinden. Innerhalb dieser Netzwerke bringen sie alle möglichen Spuren an, um besser herumgehen zu können, indem sie ihre Mobilität, Geschwindigkeit, Verlässlichkeit und ihre Fähigkeit, sich zu vereinen, vergrößern. Wir wissen auch, dass diese Netzwerke nicht aus homogenem Material gebaut werden, sondern im Gegenteil das Verweben einer Vielzahl von verschiedenen Elementen erfordern, was die Frage danach, ob sie ‚wissenschaftlich', ‚technisch', ‚ökonomisch', ‚politisch' oder ‚managerhaft' sind, bedeutungslos macht. Schließlich wissen wir, dass die Resultate des Erstellens, Erweiterns und der Aufrechterhaltung dieser Netzwerke darin liegen, aus der Distanz zu wirken, das heißt, in diesen Zentren Dinge zu tun, die es manchmal möglich machen, die Peripherie sowohl im Raum als auch in der Zeit zu beherrschen. Jetzt, wo wir die allgemeine Fähigkeit dieser Netzwerke skizziert haben, aus der Distanz zu wirken, und die Mobilisierung und Akkumulation von Spuren geschildert haben, gibt es zwei weitere Probleme zu bewältigen: was *in* den Zentren und *an* den akkumulierten Spuren gemacht wird, das jenen, die sich dort befinden, einen entscheidenden Vorsprung verschafft; und was getan werden muss, um die Existenz dieser Netzwerke aufrechtzuerhalten, damit die Vorteile, die in den Zentren erzielt werden, einen Einfluss auf das haben, was in der Distanz geschieht. [An dieser Stelle kann nur auf die erste Problemstellung eingegangen werden.]

Rechen(schafts)zentren

Nachdem wir Expeditionen, Sammlungen und Befragungen verfolgt und die Aufstellung neuer Observatorien, Inskriptionsvorrichtungen und Messsonden beobachtet haben, werden wir nun zu den Zentren zurückgeführt, von denen diese Kreisläufe ausgegangen sind; in diesen Zentren werden Proben, Karten, Diagramme, Zahlenberichte, Fragebögen und Papierformulare aller Art akkumuliert und von Wissenschaftlern und Ingenieuren dazu verwendet, die Beweisführung zu verbessern; jeder Bereich betritt den ‚sicheren Weg der Wissenschaft', wenn seine Sprecher soundso viele Verbündete auf ihrer Seite haben. Die winzige Anzahl von Wissenschaftlern wird durch die große Zahl von Ressourcen, die sie aufbringen können, mehr als ausgeglichen. Geologen können nun in ihrem Namen nicht nur ein paar Gesteinsbrocken und schöne Aquarelle exotischer Landschaften mobilisieren, sondern hunderte von Quadratmetern geologischer Karten von verschiedenen Teilen der Erde. Eine Molekularbiologin, wenn sie über Mutationen bei Mais spricht, hat nun nicht nur ein paar wilde Kolben dabei, sondern Protokollbücher mit tausenden Ergebnissen von Kreuzungszüchtungen. Die Leiter der Behörde für Bevölkerungsstatistik haben nun nicht nur Zeitungsausschnitte mit Ansichten darüber, wie groß und reich ihr Land ist, auf ihren Schreibtischen liegen, sondern ganze Lagerbestände an Statistiken über jedes Dorf, das Erhebungen seiner Bewohner nach Alter, Geschlecht, ethnischer Abstammung und Vermögen durchführt. Was die Astronomen betrifft, so verwandelt eine Kette von zusammenarbeitenden Radioteleskopen die ganze Welt in eine einzelne Antenne, die tausende von Radioquellen über computerisierte Kataloge an ihre Büros liefert. Jedes Mal, wenn ein Instrument an etwas angeschlossen ist, strömen Massen von Inskriptionen herein und verschieben die *Maßstäbe* noch einmal, indem sie die Welt zwingen, zu den Zentren zu kommen – zumindest auf Papier. Die

Mobilisierung von allem, was möglicherweise inskribiert und hin- und herbewegt werden kann, ist das Hauptelement der Technikforschung und sollte berücksichtigt werden, wenn wir verstehen wollen, was in den Zentren passiert.

Alle Verbündeten fest miteinander verknüpfen

Wenn wir die vielen Orte betreten, an denen stabile und mobile Spuren gesammelt sind, wird das erste Problem, auf das wir stoßen, sein, wie wir *sie loswerden*. Dies ist kein Paradox, sondern lediglich eine Folge des Aufbaus bzw. des Einrichtens von Instrumenten. Jede Entdeckungsreise, jede Expedition, jeder neue Drucker, jede Nacht der Himmelsbeobachtung, jede neue Umfrage wird zur Erzeugung tausender Kisten mit Proben oder beschrifteter Papierbögen beitragen. Denken Sie daran, dass die wenigen Männer und Frauen, die in den Naturkundemuseen, geologischen Anstalten, Behörden für Bevölkerungsstatistik oder anderen Laboren sitzen, keine außergewöhnlich großen Gehirne haben. Sobald die Anzahl oder der Maßstab der zu bearbeitenden Elemente steigt, verlieren sie den Überblick, wie jeder andere auch. Der besondere Erfolg der Mobilisierung und die besondere Qualität der Instrumente werden als erste Auswirkung ihr Ertrinken in einer Flut von Inskriptionen und Proben haben. Die Mobilisierung von Ressourcen an sich ist keine Garantie für den Sieg; im Gegenteil, ein Geologe, der von hunderten von Kisten, gefüllt mit ungekennzeichneten Fossilien, umgeben ist, befindet sich in keiner besseren Position, um die Erde zu beherrschen, als während seines Aufenthalts in Patagonien oder Chile. Diese Überflutung der Forscher durch die Inskriptionen ist sozusagen eine Rache der mobilisierten Welt. „Lass die Welt zu mir kommen, statt dass ich zur Welt gehe", sagt der Geologe, der eine kopernikanische Revolution beginnt. „Sehr gut", antwortet die Welt, „hier bin ich!" Das Ergebnis ist ein heilloses Durcheinander im Keller des Gebäudes der geologischen Anstalt.

Aufgrund dieser Situation muss in den Zentren *zusätzliche* Arbeit verrichtet werden, um die Inskriptionen zu ordnen und das Kräftegleichgewicht noch einmal umzukehren. Oben habe ich die Stabilität der Spuren als die Möglichkeit definiert, sich zwischen den Zentren und der Peripherie hin- und herzubewegen; diese Eigenschaft ist umso entscheidender, wenn man sich von ersten Spuren zu Spuren zweiten Grades bewegt, die die Handhabung der ersten möglich machen.

Ein paar logistische Probleme lösen

Der Leiter der Behörde für Bevölkerungsstatistik kann zum Beispiel nicht gleichzeitig mit 100 Millionen Fragebögen konfrontiert werden, die von den Meinungsforschern abgeliefert werden. Er würde nichts als eine Unmenge an Papier sehen – und er wird erst einmal nicht wissen können, wie viele Fragebögen es sind. Eine Lösung ist, mit den Fragebögen das zu machen, was die Fragebögen mit den Menschen gemacht haben, das heißt, einige Elemente aus ihnen zu entnehmen und auf eine andere, mobilere und besser kombinierbare Papierform zu platzieren. Dieser Vorgang, Zeilen und Spalten mit einem Stift anzuhaken, ist zwar einfach, aber entscheidend; eigentlich ist es derselbe Vorgang, durch den das, was die Leute zu den Meinungsforschern gesagt haben, in die Kästchen der Fragebögen umgewandelt wurde oder durch den die Insel Sachalin von La Pérouse in Breiten- und Längengrad auf einer Karte verwandelt wurde.

In allen Fällen wird dasselbe Problem teilweise gelöst: wie man seine Informanten an seiner Seite behält, obwohl sie weit entfernt sind. Man kann die Leute nicht zur Behörde für Bevölkerungsstatistik bringen, aber man kann die Fragebögen einreichen; man kann nicht alle Fragebögen ausstellen, aber man kann eine Strichlistenauszählung zeigen, in der jede Antwort auf dem Fragebogen durch einen Strich in einer Spalte für Geschlecht, Alter etc. dargestellt wird. Nun wird ein neues Problem entstehen, wenn die Strichlisten sorgfältig ausgezählt werden: Man wird zu viele Markierungen in zu vielen Spalten erhalten, so dass nicht einmal der größte Verstand alle auf einmal erfassen kann. Folglich wird man erneut mit Papierformularen überhäuft sein, genauso wie man es mit den Fragebögen und davor mit den Leuten war. Ein dritter Grad von Papierformen ist nun notwendig, um nicht mehr die Markierungen, sondern die *Endsummen* am Ende jeder Zeile und Spalte zu erfassen. *Zahlen* sind eine der vielen Möglichkeiten, um zusammenzurechnen, zusammenzufassen, die Gesamtsumme zu bilden – worauf das Wort ‚gesamt' hinweist – und Elemente zusammenzubringen, die dennoch nicht vor Ort sind. Der Ausdruck ‚1.456.239 Babys' besteht nicht mehr aus schreienden Säuglingen wie das Wort ‚Hund' ein bellender Hund ist. Dennoch stellt der Ausdruck, sobald er in die Erhebung eingegangen ist, *einige* Verbindungen zwischen dem Büro des Demografen und den schreienden Babys des Landes her.

Wie auch immer, die Flut muss in der Behörde für Bevölkerungsstatistik woanders hin verlagert werden, weil jetzt von den tausenden von Markierungen in Spalten oder den Löchern in Lochkarten zu viele Endsummen hereinströmen. Neue Eintragungen vierten Grades (zum Beispiel Prozentzahlen, Kurvenbilder oder Tortendiagramme) müssen ausgearbeitet werden, um die Endsummen wieder zu ordnen, um sie in eine darstellbare Form zu mobilisieren, während sie nach wie vor einige ihrer Eigenschaften beibehalten. Diese Kaskade von Inskriptionen vierter, fünfter oder *n-ter* Ordnung wird niemals enden, besonders wenn die Bevölkerung, die Computer, der Beruf des Demografen, Statistik und Ökonomie und die Behörde für Bevölkerungsstatistik alle zusammenwachsen. In allen Fällen wird die Inskription der *n-ten* Ordnung nun für die *n – 1te* Ordnung Papierformulare *stehen*, genau wie diese umgekehrt für die unmittelbar darunter befindliche Ebene *stand*. Wir wissen, dass diese Übersetzungen und Darstellungen strittig sind (vgl. Latour 1987: 103-176), aber darum geht es hier nicht; die Sache ist die, dass im Fall einer Anfechtung andere Strichlisten, Kennwörter, Eckwerte, Metriken und Zählungen den Andersdenkenden erlauben werden, von der *n-ten* letzten Inskription zu den Fragebögen zurückzugehen, die in den Archiven aufbewahrt werden, und von dort aus zu den Leuten im Land. Das heißt, einige Zweiwegerelationen sind zwischen dem Schreibtisch des Leiters und den Leuten errichtet worden, Verbindungen, die es dem Leiter erlauben, wenn es keinen Andersdenkenden gibt, sich in einige Kontroversen einzulassen, als ob er im Namen seiner Millionen von wohlgeordneten und nett dargestellten Verbündeten sprechen würde.

Dieses Beispiel genügt, um die zusätzliche Arbeit zu bestimmen, die notwendig ist, um die Inskription umzuwandeln. Wie sollen wir diese Arbeit nennen? Wir könnten sagen, dass die Aufgabe darin besteht, die Vielen als einen handeln zu lassen; oder längere Netzwerke aufzubauen; oder die Eintragungen noch einmal zu vereinfachen; oder eine Kaskade von aufeinanderfolgenden Vertretern zu errichten; oder eine Vielzahl von Spuren zu ‚punktualisieren'; oder Elemente gleichzeitig zu mobilisieren und dabei auf Distanz zu halten. Wie auch immer wir es nennen, die allgemeine Form ist leicht zu erfassen: Leute in den Zentren sind damit beschäftigt, Elemente mit solchen Eigenschaften zu erschaffen, dass man, wenn man die endgültigen Elemente hat, irgendwie auch die anderen festhält, im Effekt *Zentren innerhalb der Zentren* bildend.

Ein weiteres Beispiel soll eine genauere Vorstellung von dieser zusätzlichen Arbeit geben, die nicht von der übrigen Netzwerkbildung getrennt werden sollte. Als europäische Chemiker 1860 ihr erstes internationales Treffen in Karlsruhe organisierten, befanden sie sich in einem Zustand der Verwirrung, der mit dem oben dargestellten vergleichbar war, da jede neue Schule der Chemie und jedes neue Instrument neue chemische Elemente und hunderte von neuen chemischen Reaktionen hervorbrachte.[13] Lavoisier erstellte eine Liste mit 33 einfachen Substanzen, diese vergrößerte sich jedoch zur Zeit des Treffens mit der Einführung der Elektrolyse und der Spektralanalyse auf 70. Wohl war die Kaskade der Transformationen bereits gut im Gange; jede Substanz

---

13 Ich folge hier Bernadette Bensaude-Vincents Darstellung (1986); vgl. auch ihre Arbeit *Les Pièges de l'élémentaire* (1981); zu Mendelejews Arbeit vgl. Dagognet (1969).

war neu benannt und mit einem gebräuchlichen Etikett gekennzeichnet worden (ihr Atomgewicht, das bei dem Treffen in Karlsruhe standardisiert wurde). Dies erlaubte den Chemikern Listen von Substanzen aufzuschreiben und sie auf vielfache Weisen einzuordnen, aber das genügte nicht, um die Vielfalt an Reaktionen zu beherrschen. Als Folge davon bestanden die Einführungskurse in die neu professionalisierte Chemie aus langen und ziemlich chaotischen Listen von Reaktionen. Um Abhilfe für diese Verwirrung zu schaffen, waren dutzende Chemiker gleichzeitig damit beschäftigt, chemische Substanzen zu klassifizieren, das heißt, eine Art von Tabellen mit Spalten zu zeichnen, die so ausgearbeitet waren, dass, wenn man sie synoptisch betrachtete, die Chemie ebenso erfasst werden konnte, wie die Erde auf einer Karte oder eine Nation durch Statistiken überblickt werden kann. Mendelejew, der mit dem Verfassen eines chemischen Lehrbuchs beauftragt wurde, war einer von ihnen. In dem Glauben, dass es möglich ist, eine wirkliche Klassifizierung zu finden und nicht nur eine reine ‚Briefmarkensammlung' zusammenzutragen, unterschied er die ‚Substanz' vom ‚Element'. Er schrieb jedes Element auf eine Karte und mischte den Kartenstapel wie bei einem Patience-Spiel, in dem Versuch, ein wiederkehrendes Muster zu finden.

Es gibt keinen Grund, weshalb man aufgeben sollte, den Wissenschaftlern zu folgen, nur weil sie Papier und Bleistift benutzen statt in Laboren zu arbeiten oder durch die Welt zu reisen. Die Erstellung der *n-ten* Ordnung von Papierformularen unterscheidet sich nicht von der $n-1ten$, obwohl sie manchmal schwerer zu begreifen und weit weniger erforscht ist. Die Schwierigkeit dieses neuen Patience-Spiels, das von Mendelejew erfunden wurde, liegt nicht nur darin, ein Muster nach Linien und Spalten zu suchen, das alle Elemente enthält – jeder andere hat dies zuvor schon gemacht; die Schwierigkeit ist, in den Fällen zu entscheiden, bei denen ein Element nicht passt oder wenn es kein Element gibt, das in ein Feld eingetragen werden kann, wenn die entworfene Tabelle verworfen werden muss oder die fehlenden Elemente entweder von woandersher gebracht oder später entdeckt werden müssen. Nach langen Kämpfen zwischen verschiedenen Tabellen und vielen Gegenbeispielen entschied sich Mendelejew im März 1869 für einen Kompromiss, der ihn zufriedenstellte: eine Tabelle, die die Elemente nach ihrem Atomgewicht auflistete und sie vertikal nach ihrer Wertigkeit in eine Rangordnung brachte, wozu nur einzelne Elemente verschoben und mehrere andere gefunden werden mussten. Jedes Element befindet sich nun auf einer neuen Papierform auf dem Schnittpunkt eines Längen- und Breitengrads; diejenigen, die sich auf der gleichen horizontalen Linie befinden, sind durch ihr Atomgewicht nahestehend, obwohl sie durch ihre chemischen Eigenschaften unterschieden sind; diejenigen, die sich auf derselben vertikalen Linie befinden, sind durch ihre Eigenschaften ähnlich, obwohl sie sich in ihrem Atomgewicht mehr und mehr voneinander entfernen.

Auf diese Weise wurde lokal ein neuer Raum geschaffen; neue Verbindungen von Distanz und Nähe, neue Nachbarschaften, neue Familien wurden entwickelt: Eine Periodizität (daher der Name seiner Tabelle) wird sichtbar, die bis dahin im Chaos der Chemie unsichtbar war.

Mit jeder Übersetzung von Spuren in eine neue wird etwas *hinzugewonnen*. Ludwig XVI. in Versailles kann mit der Karte Dinge *machen* (zum Beispiel Grenzlinien ziehen, um den Pazifik zu teilen), die weder die Chinesen noch La Pérouse machen konnten; Professor Bijker kann mit der Zukunft des Rotterdamer Hafens vertraut werden (zum Beispiel dessen Festigkeit bei einer Erhöhung des Meeresspiegels der Nordsee prüfen), *vor* den Beamten, den Seeleuten und der Nordsee; Demografen können auf der endgültigen Kurve, die eine Volkszählung zusammenfasst, Dinge *sehen* (zum Beispiel die Alterspyramiden), die keiner der Meinungsforscher, der Politiker und der befragten Leute vorher sehen konnte; Mendelejew kann im Voraus einige *Vertrautheit* mit einem leeren Feld seiner Tabelle gewinnen, vor eben jenen Leuten, die die fehlenden Elemente entdeckten (wie Lecoq de Boisbaudran mit Gallium, welches das leer gelassene Feld in der Tabelle unter dem Namen Eka-Aluminium besetzte).[14]

Es ist wichtig für uns, der Klugheit dieser zusätzlichen Arbeit, die in den Zentren geschieht, gerecht zu werden, ohne sie zu überhöhen und ohne zu vergessen, dass sie einfach nur das ist: *zusätzliche* Arbeit, eine kleine Verbesserung einer der drei Qualitäten der Inskriptionen, nämlich Mobilität, Stabilität und Kombinierbarkeit. Erstens gleicht der Gewinn nicht immer die Verluste aus, die eine Übersetzung von einer Form in eine andere mit sich bringt: Die Karte in Versailles zu besitzen, schützte die Besitzungen Ludwigs XVI. nicht davor, von den Engländern eingenommen zu werden; es gibt keine Garantie, dass die Ereignisse des Delfter maßstabgetreuen Modells im nächsten Jahrhundert im Rotterdamer Hafen nachgeahmt werden; in der Behörde für Bevölkerungsstatistik eine Steigerung der Geburtenrate zu planen, ist nicht genau das Gleiche, wie neue Kinder zu empfangen; wie bei Mendelejews Tabelle, die durch das Auftreten von radioaktiven chemischen Monstern bald zerstört wurde, die er nicht einordnen konnte. Zweitens, wenn es einen Gewinn gibt, handelt es sich nicht um eine übernatürliche Macht, die den Wissenschaftlern durch einen Engel direkt aus dem Himmel überbracht wird. Der Gewinn befindet sich *auf* der Papierform selbst. Zum Beispiel befindet sich der Zusatz, den die Karte bietet, *auf* der flachen Papieroberfläche, die leicht mit den Augen beherrscht werden kann und auf die viele verschiedene Elemente gemalt, gezeichnet, überlagert und eingetragen werden können. Es wurde errechnet, dass

---

14 Genauer gesagt, entstand die Stärke der Tabelle durch die unerwartete Korrespondenz zwischen der Klassifikation und der Atomtheorie, die sie später erklärte.

eine Karte von England mit 200 Städten zu zeichnen (sprich einen Input von 400 Längen- und Breitengraden), es erlaubt, 20.000 Routen von einer Stadt zur nächsten nachzuverfolgen (daraus ergiebt sich ein Output von 50 zu 1!).[15] In ähnlicher Weise werden die leeren Felder in Mendelejews Tabelle *durch* das geometrische Muster von Zeilen und Spalten angeboten. Sicherlich ist sein Erfolg beeindruckend, unbekannte Elemente vorherzusagen, die in die Felder einzutragen sind. Ebenso außergewöhnlich ist, wie chemische Reaktionen, die in Galipots und Destillierapparaten in ganz Europa stattfinden, dazu gebracht wurden, sich durch eine lange Kaskade von Übersetzungen auf ein einfaches Muster von Zeilen und Spalten zu beziehen. Mit anderen Worten, die *Logistik* von unveränderlichen mobilen Elementen (*immutable mobiles*) ist es, was wir bewundern und studieren müssen, nicht den scheinbar wundersamen Zugewinn von Macht, den Wissenschaftler durch angestrengtes Nachdenken in ihren Büros erreichen.

Aus dem Englischen übersetzt von Frederic Ponten.

Literatur

Allaud, L./Marttin M. (1976): *Schlumberger. Histoire d'une Technique*, Paris.

Bellec, François (1985): *La généreuse et tragique expédition de Lapérouse*, Rennes.

Bensaude-Vincent, Bernadette (1981): *Les Pièges de l'élémentaire. Contribution à l'histoire de l'èlement chimique*, Thèse de Doctorat, Université de Paris I.

Bensaude-Vincent, Bernadette (1986): „Medeleev's Periodic System of Chemical Elements", in: *British Journal for the History of Science* 19, 3-17.

Braudel, Fernand (1986 [1979]): *Sozialgeschichte des 15.-18. Jahrhunderts, Bd. 3: Aufbruch zur Weltwirtschaft*, München.

Brockway, Lucile H. (1979): *Science and Colonial Expansion. The Role of the British Royal Botanic Gardens*, New York.

Conklin, Harold (1980): *Ethnographic Atlas of Ifugao: A Study of Environment, Culture and Society in Northern Luzon*, London/New Haven.

Dagognet, Francois (1969): *Tableaux et langages de la chimie*, Paris.

Eisenstein, Elizabeth L. (1979): *The Printing Press as an Agent of Change*, Cambridge.

---

15 Dieses Beispiel ist ausgearbeitet in Polanyi (1974: 83).

La Pérouse, Jean-François de Galaup de (1987) : *Zu den Klippen von Vanikoro. Weltreise im Auftrag von Ludwig XVI. 1785–1788*. Nach Lapérouses Tagebüchern aufgezeichnet von M.L.-A. Milet-Mureau, übers. und hrsg. v. Klaus Fischer, Stuttgart/Wien. [*Voyages autour du monde sur l'Astrolabe et la Boussole (1785–1788)*, Paris 1980.]

Latour, Bruno (1987): *Science in Action. How to Follow Scientists and Engineers Through Society*, Cambridge, MA.

Latour, Bruno/De Noblet, Jocelyn (Hrsg.) (1985): *Les vues de l'esprit: visualisation et connaissance scientifique*, (Culture Technique 14), Paris.

Law, John (1986): „On the Methods of Long-Distance Control: Vessels, Navigation and the Portuguese Route to India", in: ders. (Hrsg.), *Power, Action and Belief: A New Sociology of Knowledge?*, (Sociological Review Monograph 32, University of Keele), London, 234-263.

Polyani, Michael (1974): *Personal Knowledge: Towards a Post-Critical Philosophy*, Chicago.

Pyenson, Lewis (1985): *Cultural Imperialism and Exact Sciences*, New York.

Paul Virilio

Die morphologische Irruption

„Im Gegensatz zur Physik sind in der Politik Wahrnehmungen Fakten", schrieb Lionel S. Johns, stellvertretender Direktor des Office of Technology Assessment beim US-amerikanischen Senat.[1] Wer würde heute in Abrede stellen, dass die POLIS, von der auch das Wort POLITIK abgeleitet wird, dem Bereich der Wahrnehmungsfakten zuzurechnen ist? In der Nuklearstrategie, die Ballungszentren ins Visier nimmt, oder in der postindustriellen Umstrukturierung kann die Auslöschung der Städte deshalb so einfach ins Auge gefasst werden, weil die Metapher der Stadt in den letzten 40 Jahren de facto so weit verblasst ist bzw. sich aufgelöst hat, dass kaum mehr als ein Andenken, eine Rückbesinnung auf die Nachbarschaftseinheit übrig ist. Eine Einheit, die unablässig die Auswirkungen des Umbruchs der Massenkommunikationsmittel zu spüren bekam und die jetzt im postindustriellen Exodus – dem Exil einer aufgrund der aufkommenden Vollautomatisierung strukturellen Arbeitslosigkeit – und der souveränen Herrschaft der *Transfergeräte* von der Bildfläche zu verschwinden droht.

Heutzutage stiftet die Aufhebung der zeitlichen Distanzen durch die verschiedenen Kommunikations- und Telekommunikationsmittel Verwirrung, die sich (direkt und indirekt) auf das Bild der Stadt auswirkt. Es sind Effekte der ikonologischen Verdrehung und Verzerrung, die nacheinander die grundlegendsten Orientierungspunkte zum Verschwinden bringen. Der Niedergang von urbaner Zentralität und Axialität brachte die symbolischen und historischen Orientierungspunkte zu Fall. Nach dem Bedeutungsverlust der industriellen Anlagen und Monumente droht dann den architektonischen Bezugspunkten der Garaus. Vor allem aber die *geometrischen Bezugspunkte* fallen dem Niedergang der althergebrachten Aufgliederung und der alten Unterteilung der physikalischen Dimensionen zum Opfer.

Die erlangte Vorherrschaft der *Geschwindigkeitsdistanz* (gemessen in Mach, Bit/Sekunde, Nanosekunden usw.) über den Raum (in km) und die Zeit (in km/h) führt diese ‚Urgröße', den bevorzugten Vektor der vorgeometrischen Raumorganisation, wieder ein und trägt damit zur Auflösung der traditionellen

---

1 Der Original-Beitrag erschien unter dem Titel „L'effraction morphologique" in: Paul Virilio, *L'espace critique*, Paris 1984, 35-83. © Christian Bourgois éditeur, 1984. Er wurde für die deutsche Erstübersetzung gekürzt. Französische Original-Zitate werden in der Übersetzung von Noe Tessmann und Tristan Thielmann wiedergegeben.

Strukturierung der Erscheinungen bei. Die allgemeine Perzeption des sinnlich wahrnehmbaren Raums war ein Konstrukt, das seit der Antike auf den mnemotechnischen Errungenschaften der euklidischen Geometrie fußte. Eine Geometrie der *Regelflächen*, die vom System der Dimensionen und einer hinsichtlich der geografischen Ausdehnung, des (ländlichen/städtischen) Katasters sowie der architektonischen Gliederung der Bauelemente von Flächenmaßen dominierten Aufteilung des KOSMOS geregelt oder vielmehr ‚reguliert' wird. Diese von der *orthogonalen Orthodoxie* beherrschte Weltsicht macht nun einer Apperzeption Platz, in der der Begriff der physikalischen Dimension zur Aufteilung bzw. Zerlegung der Wahrnehmungsrealität zunehmend zugunsten anderer Mittel für die elektronische Berechnung von Raum und Zeit, die mit denen der Vergangenheit in keinem Verhältnis stehen, an Sinn und analytischem Wert verliert.

Von nun an erleben wir (live oder zeitversetzt) eine KOPRODUKTION der sinnlichen Realität, bei der sich die unmittelbaren und vermittelten Wahrnehmungen vermischen, um eine augenblickliche Darstellung des Raums, des Umfeldes zu schaffen. Die Kluft zwischen der Realität zeitlicher bzw. räumlicher Distanzen und die Trennung unterschiedlicher video- und infografischer Darstellungen sind hinfällig geworden. Die unmittelbare Beobachtung sichtbarer Phänomene wird von einer *Fernbeobachtung* abgelöst, bei der der Beobachter zur beobachteten Realität keinen direkten Kontakt mehr hat. Dieses Zurücktreten, das mit einem Schlag ermöglicht, die größten jemals erfassten (geografischen oder globalen) Ausdehnungen zu überblicken, birgt gleichzeitig eine Gefahr, da das Fehlen einer unmittelbaren Wahrnehmung der konkreten Realität ein bedrohliches Ungleichgewicht zwischen dem *Sinnlichen* und dem *Intelligiblen* herstellt. Dies führt unweigerlich zu Interpretationsfehlern, die umso folgenschwerer ausfallen, als die Leistungsfähigkeit der Fernerkundungs- und Telekommunikationsmittel, oder präziser: die *Video-Leistungsfähigkeit*, zunimmt.

Angesichts dieser Deregulierung der Erscheinungen ist die Orientierung am Blickpunkt weniger der Angulation[2] von Flächen und Oberflächen der nicht-euklidischen Geometrie geschuldet als vielmehr der (topologischen und ikonologischen) Tatsache des Ausbleibens einer Verzögerung der Übertragung und Weiterübertragung von Fernsehbildern. Die Urgröße des Vektors Geschwindigkeit kommt hier in der Neubestimmung des wahrnehmbaren Raums zur Entfaltung: Die *zeitliche Tiefe* (der optoelektronischen Teleologie) verdrängt die alte *Schärfentiefe* der Topologie.

---

2 [Anm. d. Übers.: Als ‚Angulation' wird die Positionsbestimmung mit Hilfe einer Winkelberechnung zwischen mindestens zwei Empfängern und dem zu ortenden Objekt bezeichnet. Die dreifache Angulation oder Triangulation ist das klassische Verfahren für die Landvermessung.]

Der Fluchtpunkt, allgegenwärtiges Zentrum der alten perspektivischen Sichtweise, weicht der televisuellen Augenblicklichkeit einer prospektivischen Beobachtung bzw. eines Blicks, der Erscheinungen aus weitester Entfernung und von größter Ausdehnung durchdringt. Diese jüngste Raumerfahrung, die die im Quattrocento aufgekommene Ordnung der Sichtbarkeit aus der Bahn wirft, ermöglicht uns (live oder zeitversetzt), als Weiterführung des galileischen Fernrohrs, sozusagen eineФерneroberung der Erscheinungen. Ungeachtet des Mittels zur Eroberung des Raums (Schiff, U-Boot, Luftfahrzeug, Rakete oder Satellitenüberwachung usw.) ist das Observationsgerät nicht das Vehikel, die Vorrichtung zur physischen Ortsveränderung [déplacement] der Beobachter, sondern vielmehr das Bild, ein *televisuelles Bild*. Tatsächlich wird das Bild auf Kosten der Transporttechnik immer mehr zum einzigen Träger (Vektor).

Ungeachtet ihrer Motorleistung können die neuen Vehikel heute mit der ‚Videoleistung' zur Übertragung von Bildern und unverzüglichen Datendarstellung nicht mehr mithalten – sei es die Hochgeschwindigkeitskamera mit 1 Mio. Bildern/Sekunde, das Fernerkundungsgerät, die Spionagesatelliten-Kamera mit einer Auflösung im Dezimeterbereich, die Infrarot-Thermographie, das Radarbild usw.

Angesichts dieser neuen Möglichkeit, unverzüglich und nahtlos von der Wahrnehmung des *unendlich Kleinen* zum *unendlich Großen* bzw. von der unmittelbaren Nähe des Sichtbaren zur Sichtbarkeit dessen, was außerhalb des Blickfeldes liegt, überzuwechseln, verschwindet die alte Unterscheidung der Dimensionen: Die Aufteilung der archaischen Geometrie in Dimensionen, wonach der *Punkt* die Linie teilt, die *Linie* die Fläche teilt und diese wiederum die Körper unterteilt, hat teilweise ihre praktische Wirksamkeit eingebüßt. *Die Transparenz wird manifest, ein Manifest, das die Erscheinung und das Maß der wahrnehmbaren Welt und folglich, sehr bald, ihre Gestalt, ihr Form-Bild neu organisiert.*

Die letzte ‚Aufteilung' hat weniger mit physikalischen Dimensionen zu tun als vielmehr mit der Wahl von Geschwindigkeiten, Wahrnehmungs- und Darstellungsgeschwindigkeiten (Zeitlupe oder Zeitraffer), die die Tiefe der Zeit, die einzige zeitliche Dimension, unterteilen. Die (televisuelle) Transparenz tritt an die Stelle des Anscheins direkter Anschauung. Die wahrnehmbare Erscheinung der Objekte erfährt durch die Fernbeobachtung und Fernkommunikation von Bilddaten, globalisierter Bilddaten, eine Wandlung. Diese birgt die Gefahr ikonologischer Brüche und trachtet danach, die unmittelbaren Wahrnehmungen endgültig zu verdrängen. Die synoptische Homogenität der standpunktabhängigen Geometrie sowie die Multitemporalität aufgezeichneter Daten setzen den in der Wissenschaft vielfach vorherrschenden deskriptiven Ansatz zugunsten einer quantitativen Apperzeption, der wie der statistischen Analyse eine Tendenz zu übermäßiger Vereinfachung innewohnt, außer Kraft. Es muss übrigens auf die wiedererlangte Bedeutung des PUNKTES im elektronischen Bild hingewiesen werden. *Es ist, als ob die Nulldimension plötzlich digitale Bedeutung erlangt hätte, auf Kosten der Linie, der Fläche und des Raumkörpers, auf Kosten überholter analoger Dimensionen.*

Die kartografischen Luftaufnahmen des IGN unterteilen das französische Staatsgebiet noch in eine Folge von 1100 Rechtecken, die ihrerseits in jeweils 40 Rechtecke untergliedert werden. Die satellitengestützte Fernerkundung hingegen stützt sich auf eine Maßeinheit, das PIXEL. Das kleine Bildelement entspricht gewissermaßen dem Korn in der Fotografie:

> Jedes von einem der Fernerkundungssysteme des LANDSAT-Satelliten aufgenommene Bild, das einer Fläche von 185 x 185 km entspricht, besteht aus 7.581.000 PIXEL, die jeweils einen halben Hektar Land darstellen. Jedem dieser PIXEL werden vom Multispektralscanner (MSS) 4 Bits zugewiesen, was insgesamt 30.324.000 Bits ergibt. Nach 3 sukzessiven Überflügen verfügt der Satellit also über 90 Millionen Bits an Daten. Da jedes PIXEL hinsichtlich der Beziehungen zu den 8 unmittelbar angrenzenden Bildpunkten analysiert werden kann, bedeutet die Auswertung einer einzigen Fläche von 185 x 185 km unter Umständen die Berücksichtigung von mehreren Hundert Millionen Informationen.(Verger 1982)

Angesichts einer solchen Datenfülle, die nur elektronisch verarbeitet werden kann, *vergrößert sich die Kluft zwischen dem Sinnlichen und dem Intelligiblen zusehends*. Mit der Auflösung herkömmlicher Fernsehbilder (Kathodenstrahlröhre mit 625 Zeilen) verhält es sich übrigens genauso, da sie aus rund 400.000 Punkten oder ‚diskreten Elementen' (1.000.000 bei 819 Zeilen) bestehen. Jedem dieser Elemente wird ein bestimmter Wert zugeordnet und im sogenannten *Bildspeicher* können mithilfe von Spezialeffekten und Tricks diskontinuierliche oder kontinuierliche Verzerrungen sowie eine teilweise oder gänzliche Verschiebung des auf diese Weise erstellten Bildes erzeugt werden. Jüngste Forschungen zu *Flachbildschirmen*, die aufgrund ihres umfassenden Einsatzpotenzials, vom Großbildschirm bis zum Taschenfernseher, für den Massenabsatz prädestiniert sind, befassen sich mit solchen Problemen der Bildgüte. Die Qualität der optoelektronischen Anzeige hängt von der Art und der Technik der Abtastung ab: *mechanische Bildabtastung* in den Anfangszeiten des Fernsehens (1930), *elektronische Abtastung* der klassischen Kathodenstrahlröhre, *elektrooptische Selbstabtastung* der Plasmabildschirme (1960/70) und schließlich, seit Kurzem, *Fluoreszenzbildschirme* ohne elektronische Abtastung, da jede Elektronenquelle einem Bildpunkt entspricht ... (vgl. Randet 1981).

Es ist zumindest aufschlussreich, dass in der satellitengestützten Fernerkundung dieselbe Technologie für die elektronische Abtastung (egal ob von Landschaft oder Bildern) zur Anwendung kommt wie beim Aufbau von Fernsehbildern. Es ist, als ob die *Fusion/Konfusion* des unendlich Großen und des unendlich Kleinen vom Verfall der physikalischen Dimensionen und dem Niedergang der *analogen* Darstellung des Raums zum alleinigen Nutzen der numerischen Darstellung oder, wenn man so will, der digitalen Plakatierung, herrühren würde; als ob diese Fusion/Konfusion in der *Datenüberfülle* der unverzüglichen Darstellung begründet wäre ...

Die Tiefe des Raums bzw. die Schärfentiefe von Oberflächen, die der (direkten) Beobachtung zugänglich sind, hat hier ausgedient und verschwindet. Die zeitliche Tiefe der (indirekten) Aufzeichnung numerischer Daten tritt an ihren Platz: Egal, ob ein PIXEL einem *Bildpunkt* eines Computerbilds oder einem halben Hektar Land in den Multispektralscanner-Aufnahmen der Spionagesatelliten entspricht, es zeigt sich gegenüber der Landschaft, als reale oder simulierte Ausdehnung der dargestellten Fläche, unbeeindruckt. Ob computergenerierte Bildoberflächen oder fernerkundete Landoberflächen, schlussendlich zählen einzig die Schärfe der digitalisierten Bilder und ihre *punktgenaue* Übertragung ... Die Linie, die Fläche und der Raumkörper sind hier nur mehr Folgeprodukte der Projektivität des Punktes und der Unverzüglichkeit der Übertragung. Speicherung ist hier weniger eine Angelegenheit des *Rasters* als vielmehr des *Weges* (Trajekts). Die (video- oder infografische) Projektivität ist eine Fortschreibung der (grafischen, fotografischen und kinematografischen) Projektion in ein KONTINUUM, in dem die einförmige und dimensionslose Bewegung (Nulldimension des Punktes) die Rolle übernimmt, die im geometrischen Raum gemäß dem euklidischen Postulat der Geraden zufällt. Der Homografie der im (zwei- oder dreidimensionalen) Raum durch eine Gerade verbundenen Punkte folgt die Projektivität der in der (vierdimensionalen) Raumzeit verbundenen Punkte. In diesem augenblicklichen Ablauf tritt die Trägheit des Auges an die Stelle des Trägermediums:

> Dies nennt man die *Sensibilisierungszeit* einer Linie. Die Sensibilisierungszeit beträgt das x-fache der Zeit, die für den *Aufbau* des aus x Linien geformten Bildes erforderlich ist. Dies ist folglich in der Physiologie des Sehapparates begründet. Das Auge nimmt alle empfangenen Lichtreize *in weniger* als 20 Millisekunden auf und verschmilzt Bilder, die in schnellerer Abfolge – d.h. mit einer Frequenz von mindestens 50 pro Sekunde – erscheinen. Man verfügt also zum Aufbau jeder einzelnen Linie nur über 20 Millisekunden dividiert durch x, und manchmal ist dies nicht ausreichend, da das Bild Punkt für Punkt und Linie für Linie aufgebaut wird, und wenn die Bildaufbauzeit 20 Millisekunden überschreitet, die ersten Linien schon gelöscht sein können, bevor die letzten eingeschrieben werden. [...] Diese Unzulänglichkeit kann jedoch behoben werden, wenn der Bildschirm über ein Gedächtnis verfügt, damit eine Linie über die Aufbauzeit hinaus sichtbar bleibt. (Randet 1981)

Die Geschwindigkeit wird somit zum alleinigen Vektor der elektronischen Darstellung, nicht nur innerhalb des Mikroprozessors, sondern auch noch in der endgültigen Einschreibung, *dem numerischen Bild*.

Die Krise des Dimensionsbegriffs erscheint daher als die Krise der Vorstellung vom Ganzheitlichen, eine Krise des (kontinuierlichen und homogenen) *substanziellen* Raumes, ein Erbe der archaischen Geometrie, zugunsten eines (diskontinuierlichen und heterogenen) *zufälligen* Raumes, in dem die Teile und Brüche (verschiedene Punkte und Fragmente) wieder wesentlich werden, genau wie der Augenblick, der Bruchteil oder vielmehr die Irruption der Zeit. Dies wird, halten wir es nochmals fest, zweifellos das Bild der Welt und das der Stadt infrage stellen, diese Figur von Objekten in einem Umfeld, in dem die Trägheit manifest geworden ist, denn: „Die zeitliche Dauer besteht aus Augenblicken ohne [merkbare] Dauer wie die Gerade aus Punkten ohne [wahrnehmbare] Dimension." (Bachelard 1975 [1932]: 20)

So können wir die wiedererlangte Bedeutung der Transparenz besser verstehen. Die Transparenz ist im Begriff, die Apparenz zu ersetzen, weil die Ästhetik des beschleunigten Verschwindens die des sukzessiven Auftauchens von Formen und Figuren in ihrem Trägermedium bzw. ihrer Einschreibungsfläche (Radierung, Zeichnung, Malerei, Bildhauerei, aber auch die fotomechanische Druckformherstellung und nicht zuletzt natürlich die Monolithen oder Bauwerke der Architektur) abgelöst hat. Auf die Ästhetik der Erscheinung eines dauerhaften und *stabilen* (analogen) *Bildes*, das gerade durch seine Statik und die Beständigkeit seines physischen Trägermediums (Stein, Holz, Ton, Leinwand, verschiedene Papiersorten usw.) gegenwärtig ist, folgt eine Ästhetik des Verschwindens eines *instabilen (digitalen) Bildes*, das nur in seiner Flüchtigkeit gegenwärtig ist und über Beständigkeit nur in der Form der Augenträgheit verfügt – diese ‚Sensibilisierungszeit', die sich unserem unmittelbaren Bewusstsein entzieht, sobald die Schwelle von 20 Millisekunden überschritten ist, wie damals bei der Erfindung der Hochgeschwindigkeitsfotografie (bis zu einer Million Bilder/Sekunde), als die ‚Aufbauzeit' von 24 Bildern/Sekunde erreicht war.

> Genauigkeit ist das Verhältnis zwischen einem Messwert und seiner Unsicherheit. Sie kann aber auch durch ihr Gegenteil, die relative Unsicherheit, definiert werden. (Bouchareine 1978)

Im Gegensatz zur Ästhetik (AESTHESIS: ungemessen) können wir anhand der Metrologie, der ‚Wissenschaft vom Messen', die chronologische Abfolge der Referenzen und Standardisierungen nachzeichnen, die im Laufe der wissenschaftlichen Entwicklung die immer genauere Einschätzung von Distanzen und Längen sowie der zeitlichen Dauer ermöglichte. Die Länge und Distanz eines Zeitabstandes, eines KONTINUUMS, das unentwegt den Metamorphosen der Maschinen, den sukzessiven metamorphischen Deformierungen der Fortbewegungs- und Kommunikationsgeräte ausgesetzt war, die in gleicher Weise wie die verschiedenen *Messinstrumente* zur ständigen Neudefinition des wahrgenommenen Raums, des erlebten Raums, und indirekt auch zur immer genaueren Bestimmung des Bildes der sinnlich wahrnehmbaren Welt (*Geometrie, Geografie, Geomorphologie bebauter Flächen usw.)* beigetragen haben. Es handelt sich um *Messinstrumente von relativer Unsicherheit und nicht, wie immer behauptet wird, einer bestimmten Ungenauigkeit.* Diese Parallelinstrumente sind genauso wichtig wie die der ‚exakten Wissenschaften' und tragen wie sie, in einem im ständigen Umbruch befindlichen Umfeld, zur kulturellen Interpretation von Ausdehnung und Dauer bei. Die *Intelligibilität* der Faktoren, aber auch die mehr oder weniger große *Feinstimmigkeit* der Vektoren – Verschiebungsvektoren, Vektoren der Kommunikation und der Telekommunikation, die gleichzeitig mit Personen und Objekten, die Bilder und Darstellungen der sinnlich wahrnehmbaren Welt bewegen – bedingen wissenschaftliche und ästhetische Neuausrichtungen.

Überfliegen wir kurz die historischen Etappen dieser Messkunde, beginnend in der Mitte des 18. Jahrhunderts, genauer gesagt zwischen 1735 und 1751, als Charles Marie de La Condamine und seine Gefährten ihre „*Reise nach Ecuador, um dort einen Grad auf einem Erdmeridian zu vermessen*" (Trystram 1981: 15) unternahmen. Diese abenteuerliche Expedition sollte nicht wie bisher üblich neue Kolonialgebiete entdecken, sondern das möglichst exakte Form-Bild des Globus bestimmen. Im Jahr 1789 schlug dann die offizielle Geburtsstunde der METROLOGIE, als die Verfassungsgebende Versammlung auf der Grundlage der zwischen 1792 und 1799 von Jean Baptiste Delambre und Pierre Méchain durchgeführten Vermessung des Meridianbogens von Dünkirchen bis Barcelona beschloss, eine *nationale Längeneinheit* einzuführen. Das war die revolutionäre Schaffung des Urmeters, des zehnmillionsten Teils des Erdmeridianquadranten, der die Maßeinheiten des Ancien Régime, die sich von Körperteilen und oft sogar vom Körper des Königs herleiteten, ablösen sollte.

Diese zwei geodätischen Expeditionen hatten mit denselben Problemen zu kämpfen: Erstere hatte Schwierigkeiten, in das Gebiet vorzudringen, und Letztere Probleme mit der Datenübermittlung. Im Jahr 1735 hatte das Team im Zuge der Dreiecksmessungen am Meridian von Quito mit dem äußerst unwirtlichen Gelände und dem vollkommen unwegsamen Land (mit Ausnahme des Inkagebietes) zu kämpfen. Da der erste Verkehrsweg zwischen Manta und Quito erst im Jahr 1739 errichtet wurde, reiste man noch im Tempo der Lasttiere, überquerte unsichere Seilbrücken und war ständig wilden Tieren und Angriffen der Eingeborenen ausgesetzt ...

Im Jahr 1792 hingegen beeinträchtigten das revolutionäre Klima sowie die Schwierigkeiten bei der Übermittlung von Informationen durch die ländlichen Gebiete der damaligen Zeit die Vermessung der Dreieckskette von Dünkirchen nach Barcelona ... Halten wir jedoch fest, dass Delambre und Méchain im Gegensatz zu La Condamine und Bouguer die *schnurgerade Wegstrecke zwischen Melun und Lieusaint als Basis ihrer ersten Triangulation verwendeten.*

Außerdem sticht ins Auge, dass in beiden Fällen Städte als End- und Bezugspunkte der Messung dienten: Manta und Quito in Südamerika, Dünkirchen und Barcelona in Europa.

Man muss also anerkennen, dass neben den eigentlichen wissenschaftlichen Messinstrumenten (Rute, Klafter, Theodolit, Sekundenpendel, Winkelmesser usw.) auch die Vehikel der damaligen Zeit eine Rolle spielten: *dynamische Vehikel* wie das Pferd, das Maultier, die Piroge, das Schiff usw. sowie *statische Vehikel* wie der Waldpfad, der Weg, die geradlinige Straße, die Brücke ... Ein weiterer Aspekt, der unsere Aufmerksamkeit verdient, ist die erforderliche Einebnung des zu vermessenden Geländes (in der Yarouqui-Ebene war die Zahl der verunfallten indianischen Erdarbeiter größer als in der Tarqui-Ebene) und die Bedeutung der Geradlinigkeit der im Vorhaben von Delambre und Méchain als Ausgangsbasis verwendeten Straße.

Hier wird nochmals die zwangsläufige, aber immer verschwiegene Komplementarität zwischen den eigentlichen wissenschaftlichen Instrumenten und den technischen Kommunikationsmitteln deutlich. Ohne diese Maschinerie zur Beförderung [déplacement] von Personen und Übertragung von Daten und Botschaften – diesem im Wesentlichen aus einem statischen Vehikel für das Vordringen bzw. die mehr oder minder einfache Fortbewegung (Straße, Brücke, Tunnel usw.) und einem dynamischen Vehikel für relativ weite Reisen (Schiff, verschiedene Reittiere usw.) bestehenden *Vehikelkomplex* – wäre keine dem geodätischen Ehrgeiz dieser Weltvermesser angemessene ‚Aufnahme' des Geländes bzw. direkte Messung möglich gewesen. Daraus entstand die Notwendigkeit zur Konservierung des ‚Urmeters' und der präzisen Anfertigung des berühmten Platinlineals, das 1799 im Nationalarchiv hinterlegt wurde. Dieses *Urnormal* war der Vorläufer des seit 1875 im Pavillon von Breteuil aufbewahrten Urmeters aus Platin-Iridium, der zwischen den *polierten, glatten und parallelen* Endpunkten eine Distanz aufweist, die dem 40-millionsten Teil des Erdmeridians entspricht, aber auch, vergessen wir das nicht, eine Art Minimodell höchster Präzision der Referenzstraße von Melun nach Lieusaint darstellt.

Die Geschichte der Messung, die Dimensionierung physikalischer Mengen, hat in der Entwicklung des Wissens und der wissenschaftlichen Theorien unbestritten eine zentrale Rolle gespielt. Es muss jedoch auch auf die zunehmende Dematerialisierung der Referenten (physikalische Körper, geodätische Messungen, Primärnormale aus Edelmetallen) hingewiesen werden. Seit dem Aufkommen des Interferometers (Fizeau) und der Entwicklung der Spektroskopie (Rowland) sind es weniger die Materialien, die als Standard dienen, sondern das Licht und die Interferenzen von Lichtwellen – bis durch den bahnbrechenden Versuch von Michelson und Morley zur *Konstanz der Lichtgeschwindigkeit* die Wellenlänge atomarer Strahlung zur Basis für die Bestimmung der Längeneinheit wurde ...

Diese Verschiebung [déplacement] von der direkten Beobachtung mit dem Auge zur Verwendung optischer Geräte und schließlich zur indirekten Wahrnehmung mit neuen Messinstrumenten, dieses unhinterfragte Abdriften von den ‚Primärnormalen' zu den ‚Transfernormalen', dieser Übergang von der geund vermessenen Materie zum messenden Licht bewirkt in der Tat einen Umbruch in der wissenschaftlichen Vorstellung von Zeit und Raum, der heute die Krise, wenn nicht gar Preisgabe, der Aufteilung in physikalische Dimensionen auslöst und folglich eine unverzügliche Neubestimmung des *Form-Bildes* der sinnlich wahrnehmbaren Welt erforderlich macht.

Betrachten wir z.B. wie der Begradigung von Flächen und Oberflächen 1799 (infolge der Einebnung des zu vermessenden Geländes, schnurgerader Wegstrecken, reiner und harter Materialien für Standardmaße mit glatten, polierten und parallelen Flächen ...) 1879 ein Experiment von Michelson folgte, in dem es unter Verwendung eines künstlichen Vakuums gelang, in einem Stahlrohr von fast 2 km Länge und 0,60 m Durchmesser ein *Grobvakuum* herzustellen. Zur Messung perspektivischer Tiefe müssen nicht länger Straßen errichtet und Sichtschneisen geschlagen werden, in einem geradlinigen Rohr muss jetzt lediglich ein Vakuum erzeugt werden, damit ein Lichtstrahl hier ungehindert durchlaufen kann. *Es geht nicht mehr um das Einebnen von Straßen und Flächen, sondern um die Schaffung eines Vakuums aus Volumen.* Nicht Unebenheiten des Terrains und wuchernde Vegetation werden beseitigt, sondern die Atmosphäre, die Luft zum Atmen ...

Wir wissen, wie es weiterging: die RADAR-Nebenprodukte nach dem Zweiten Weltkrieg, die verschiedenen Stufen der Nutzung des Hochfrequenzfunks bis hin zur Entwicklung des Lasers. Auf der 1960 in Paris abgehaltenen 11. Generalkonferenz für Maß und Gewicht wurde die Längeneinheit wie folgt definiert: „Ein Meter ist das 1.650.763,73-fache der Wellenlänge der von Atomen des Nuklids KRYPTON 86 beim Übergang vom Zustand $5d_5$ zum Zustand $2p_{10}$ ausgesandten, sich im Vakuum ausbreitenden Strahlung." Sieben Jahre später wurde auf der 13. Generalkonferenz eine entsprechende Definition für die Zeiteinheit angenommen: „Eine Sekunde ist das 9.192.631.770-fache der Periodendauer der dem Übergang zwischen den beiden Hyperfeinstrukturniveaus des Grundzustandes von Atomen des Nuklids CÄSIUM 133 entsprechenden Strahlung."

Diese vollkommen abstrakten Definitionen wurden von neuen Standards, den sogenannten ‚Transfernormalen', konkretisiert: die Kryptonlampe für den Meter und die Cäsium-Atomuhr für die Sekunde. Die Zeiteinheit Sekunde ist unter den Basiseinheiten des Internationalen Einheitensystems bei weitem die präziseste. Im Zuge der jüngsten Laser-Entwicklung (mithilfe von militärischer Spitzenforschung) hat sich diese Präzision der Längeneichung jedoch als unzureichend herausgestellt, weshalb nach der zuletzt 1972 durchgeführten Berechnung der Lichtgeschwindigkeit eine Neudefinition des Meters angeregt wurde. Wenn dieser Vorschlag angenommen wird, wäre der Meter fortan nur mehr „die Strecke, die das Licht im Vakuum in einer Zeit von 1/299.792.458 Sekunde zurücklegt" (Bouchareine 1978).[3]

Die Vermessung der Erde und das immer genauere Verständnis der Materie (vom Richtmaß aus Edelmetall zu dem aus Atomen, Molekülen ...) mündet heute in einer Vormachtstellung des Lichts und einer immer minutiöseren Messung seiner Ausbreitungsgeschwindigkeit, um so das Form-Bild auf eine natürliche Umwelt zu projizieren, bei dem räumliche Längen und zeitliche Distanzen sich zu einer rein numerischen Darstellung, einem *synthetischen Bild*, verbinden/verwirren. Es ist weder der direkten Beobachtung noch der von Galilei erfundenen optischen Visualisierung zuzuschreiben, sondern fällt in die Kategorie der elektromagnetischen Empfänger, Spektralanalysatoren und Frequenzmesser, deren Datenerfassung selbst computergesteuert ist.

Was soll man von einer angeblich experimentellen Wissenschaft halten, die sich für das größtmögliche Vakuum, die höchste Geschwindigkeit und eine immer akzentuiertere Medialisierung ihrer Forschungs- und Kommunikationsmittel entscheidet? Wie kann man *seinen eigenen Augen nicht mehr trauen* und so einfach an die Vektoren der elektronischen Darstellung und vor allem an den *Geschwindigkeitsvektor des Lichts* glauben? Haben wir es hier mit einem Obskurantismus der Relativität, einem neuen Sonnenkult zu tun?

Es geht hier nicht um den Störeinfluss eines beliebigen Kommunikationsmittels, sondern um die ‚Messinstrumente' selbst, Transfernormal und maschineller Transfer, die in keinem Maß zu unseren Fähigkeiten zur Einschätzung und Wahrnehmung der Realität stehen: *Das technische Gerät ist hier schon der wissenschaftliche Beweis.* Digitale Informationssysteme liefern den genauen Zahlenwert und der Computerschirm das Bild, ein synthetisches optoelektrisches Bild, das nur über eine einzige ‚Dimension' verfügt, die des Ausführungsvektors, der Ausstrahlung in Lichtgeschwindigkeit. Dieses ‚Zwielicht' steht in keinem Maß zum Tageslicht der experimentellen okularen oder optischen Beobachtung.

„Je weiter die Entwicklung der Teleskope voranschreitet, desto mehr Sterne gibt es", schrieb einst Flaubert ... Wenn das Gerät nun einen unwiderlegbaren Beweis darstellt, so wird der wissenschaftliche Fortschritt fortan an der technologischen Verbesserung des Geräts gemessen. Die Wissenschaften waren in der Tat lange Zeit der Motor der technischen Entwicklung. Derzeit scheint sich aber eine Trendumkehr abzuzeichnen, bei der die spitzentechnologischen Fortschritte (aus der militärischen Forschung) die wissenschaftliche

---

3   [Anm. d. Übers.: Diesem Beschluss folgte 1983 die 17. Generalkonferenz für Maß und Gewicht.]

Entwicklung vorantreiben. Es ist vielmehr eine zersplitterte und hoch spezialisierte ‚neue Wissenschaft', in der das wissenschaftliche Denken immer mehr von den Statistiken und den latenten Ängsten vor einer Automatisierung der Forschung und wissenschaftlichen Produktion bestimmt wird, und dies noch bevor die Robotik in der industriellen und postindustriellen Produktion Einzug gehalten hat ...

Angesichts dieser unverhohlenen Ausschaltung der direkten Beobachtung, angesichts dieser ‚automatischen Diagnostik', dieser immer ausgeprägteren Medialisierung der wissenschaftlichen Erkenntnisse, dieser Eliminierung des unmittelbaren Bewusstseins und letztendlich der Figur des Forschers sowie des Erwerbstätigen könnte man sich fragen, ob diese ‚Post-Wissenschaft' nicht eher eine arglistige Art der Kriegsführung ist, ein (intellektueller und konzeptueller) Krieg in Reinform, der weniger auf die Zerstörung als auf die *Entwirklichung der Welt* aus ist, eine ‚Entwirklichung', in der die wissenschaftlich-industrielle Logistik die politisch-militärische Strategie ablöst, ähnlich wie vor etlichen Jahrhunderten die Taktik an die Stelle der Menschenjagd getreten ist.

Das Raum-Zeit-Gefüge der optoelektronischen Welt-Darstellung entspricht also nicht mehr dem der physikalischen Dimensionen der Geometrie, die Tiefe ist nicht mehr der sichtbare Horizont und auch nicht der *Fluchtpunkt* der Perspektive, sondern einzig die *Urgröße der Geschwindigkeit, die Größe dieser neuen Leere (Geschwindigkeitsvakuum [vide du vite]), die nun an die Stelle jeder Ausdehnung, jeder Tiefe des (geometrischen, geophysikalischen ...) Feldes tritt* und den Lichtstrahl, die Sonne, als höchsten Referenten, absolutes Maß der Erde einsetzt. Er steht über den Meridianen, der Toise, dem Meter, über der Materie und den Atomen, seitdem wir wissen, dass zur Darstellung der Dimensionen unseres Sonnensystems eine Abbildung der 21-cm-Strahlung des Wasserstoffmoleküls mit der PIONEER-Sonde in den Weltraum geschickt wurde.[4] Der Mittelpunkt des Universums ist nicht mehr die Erde des ‚Geozentrismus' und auch nicht mehr der Mensch des ‚Anthropozentrismus', *sondern der Lichtpunkt eines ‚Heliozentrismus' oder vielmehr eines* LUMINOZENTRISMUS, *der sich u.a. dank der speziellen Relativität durchgesetzt hat und dessen Stoßrichtung einer allgemeinen Relativität auf seine maßlosen Ambitionen schließen lässt.*

---

4 [Anm. d. Übers.: *Pioneer 10* ist am 2. März 1972 gestartet und hatte sich bis zum letzten Kontakt 12 Milliarden Kilometer von der Erde entfernt. Damit ist er der am tiefsten in den Weltraum vorgedrungene künstliche Raumkörper. An Bord befindet sich eine legendäre Goldplakette (siehe Abb. 1), die den eventuellen Findern einige grundlegende Informationen über unser Sonnensystem liefern soll. Die Sonde machte die ersten Nahaufnahmen vom Jupiter, entdeckte dessen Magnetfeld und passierte 1983 als erste Raumsonde die Pluto-Bahn. Bis Ende März 1997 schickte *Pioneer 10* wertvolle Daten über die Wechselwirkung zwischen Sonnenwind und kosmischer Strahlung in den äußeren Regionen des Sonnensystems zur Erde. Am 22. Januar 2003 empfing die NASA die letzten Signale der Sonde.]

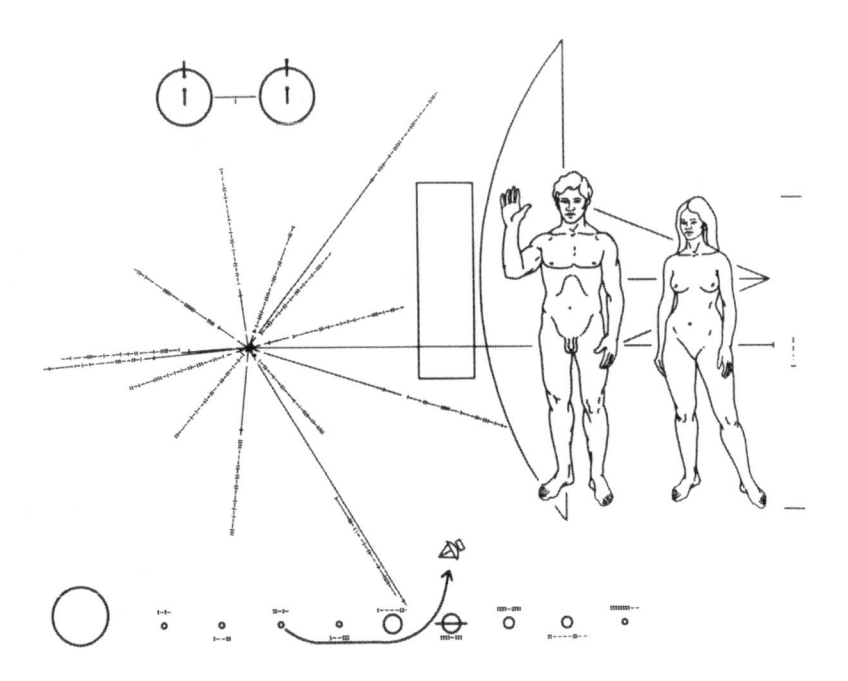

[Abb. 1: Pioneer-Plakette, gezeichnet von Linda Salzmann Sagan. Ein nacktes Paar steht vor der im gleichen Maßstab gezeichneten Raumsonde *Pioneer 10*, um so die Körpergröße des Menschen darzustellen. Zwischen zwei Maßlinien, die sich auf die Größe der Frau beziehen, steht die Binärzahl 8 (| – – –). Multipliziert man die 8 mit der Länge der natürlichen Strahlung des Wasserstoff-Atoms von 21 cm, ergibt sich die Größe der Frau von 168 cm (Sagan, Carl/Agel, Jerome (1975): *Nachbarn im Kosmos. Leben und Lebensmöglichkeiten im Universum*, München, 35).]

Auf diese Weise hat der ‚Lichtpunkt' in den neuen Form-Bild-Darstellungen der wahrnehmbaren Welt den ‚Fluchtpunkt' der perspektivischen Darstellungen abgelöst oder vielmehr ist der Lichtpunkt zum Fluchtpunkt der Geschwindigkeit des Lichts, zum Nicht-Ort seiner Beschleunigung geworden – eine (photonische, elektronische ...) Beschleunigung, die heute zur Dimensionierung unendlicher Räume ähnlich beiträgt wie einst der *dimensionslose Punkt* der altgriechischen Geometrie zur Dimensionierung der endlichen Welt, der arithmetischen und mathematischen Zahlenlogik sowie der geometrischen und geografischen Formulierung eines Form-Bildes des ‚Planetenglobus' diente.

Wenn die Geschwindigkeit gemäß der Relativitätstheorie durch die Ausdehnung der Zeit den Raum verkürzt und somit zu einer Negierung des Begriffs der physikalischen Dimension gelangt, muss die Frage „Was also ist eine Dimension?" neu gestellt werden. Benoît Mandelbrot schreibt in seinem Essay *Les objects fractals*, dass dies eine Frage des Auflösungsgrades ist und das zahlenmäßige Ergebnis von der Beziehung des Objekts zum Beobachter abhängt, *d.h. der Art des Abstands zwischen dem Beobachteten und dem Beobachtenden*. Die physikalischen Dimensionen wären folglich kaum mehr als fragmentarische Aussagen, die die archaische Geometrie unablässig interpretiert oder vielmehr falsch interpretiert hat. Gleiches gilt für die optische Illusion der ganzzahligen Dimensionen, die auf die Unzulänglichkeit der antiquierten Beobachtungsmittel zurückzuführen ist ... Dies scheint richtig, ist aber unvollständig. Die eigentliche ‚Dimension' (DIMENSUS: MESSUNG) betrifft nicht nur den Auflösungsgrad des zur Diskussion stehenden (geometrischen, mathematischen usw.) Form-Bildes, sondern auch dessen Geschwindigkeit. Der *Dimensionsvermittlungswert* wechselt unablässig (eine Art dromoskopisches Oszillieren), und zwar in dem Maße, wie die Konfigurationsgeschwindigkeit zunimmt. Dabei sind die *Kommunikationsmittel der Dimension (Geometer, Fernrohr, Fernmessung usw.) gleichzeitig die Mittel zur Auslöschung einer angenäherten Dimension*. Dies können wir mithilfe von Richardson und der Messung der approximativen Küstenlänge Britanniens überprüfen, die, ganz im Gegensatz zu der im 18. Jahrhundert von La Condamine und seinen geodätischen Mitstreitern durchgeführten Vermessung des Meridianbogens der Erde, eine Begradigung der Wegstrecke und Einebnung des Geländes von vornherein ausschließt: „Wenn die Küste geradlinig wäre, gäbe es kein Problem", erklärt Mandelbrot (1975: 21), aber diese, im Naturzustand belassene Küste ist stark zerklüftet. Stellen wir uns also vor, dass ein Mensch sie so nah am Wasser wie möglich abschreitet und die dabei zurückgelegte Distanz misst. Dann wiederholt man die Wanderung mit einem immer kleineren Maximalabstand zur Küstenlinie. Ab einem bestimmten Zeitpunkt muss man aus Gründen der Genauigkeit statt unseres Wanderers eine Maus einspannen und dann eine Fliege und so weiter. Je mehr man sich der Küste nähert, desto länger wird zwangsläufig die abzuschreitende Strecke, „wobei die Länge schließlich so stark zunimmt, dass man sie praktisch als unendlich ansehen kann". Der Anthropozentrismus ist somit auf die eine oder andere Weise im Spiel und der scheinbar harmlose Begriff der geografischen Länge ist nicht völlig objektiv, da der Beobachter bei dessen Definition zwangsläufig eine Rolle spielt, folgert Mandelbrot. *Messen heißt also verstellen [déplacer]*, nicht nur seine eigene Position verschieben [déplacer], um die Vermessung durchzuführen, sondern auch ein Territorium in seine Darstellung umsetzen [déplacer], seine geometrische oder kartografische Reduktion; seine morphologische Realität in eine geodätische Form deportieren, die nur relativen und augenblicklichen Wert besitzt.

[Abb. 2: Höhen-/Küstenlinien in zerklüfteten Landschaften. Die Abbildungen zeigen zwei Höhenlinien (die dickeren Linien sind Küstenlinien) in zwei Dimensionen (D). „In der oberen Abbildung ist D ~ 1,333 und in der unteren D ~ 1,1667. Aus geographischer Sicht sind dem Augenschein nach beide Dimensionen annehmbar, doch die eine gehört zum steilen Ufer, die andere zum flachen" (Mandelbrot, Benoît (1987): *Die fraktale Geometrie der Natur*, Basel/Boston, 281).]

Dimensionieren ist gewissermaßen eine Phasenverschiebung, und zwar in Bezug auf den Beobachter, diesen Geometer, diesen ‚voyeuristischen Vermesser', der im Augenblick, da er seine Lageveränderung [déplacement] hervorruft, einen Maßstab setzt. Aber diese Bewegung, die eine Größe und angenäherte Länge hervorbringt, kann durch Deplatzierungsmittel (des Transports oder der Übertragung) beschleunigt werden, was bei der Untersuchung der Variationen der angenäherten Küstenlänge Britanniens jedoch unberücksichtigt blieb. Das steckt auch hinter der scheinbar harmlosen Behauptung: „Wenn die Küste geradlinig wäre, gäbe es kein Problem." Mit dem Fortschreiten der Transport- und Übertragungstechnologien, wie des Fernmesswesens, ist der zeitliche Aspekt jeder Vermessung und jeder Bildaufnahme immer stärker zutage getreten. Die Figuren Mensch, Maus oder Fliege, die die Küste Britanniens vermessen, sind lediglich die (anthropo- und zoomorphen) Aspekte einer spezifischen Bodengeschwindigkeit. Stellen wir uns einen Augenblick lang einen Vektor schneller Ortsveränderung vor, der jedes dieser Subjekte beschleunigt und dadurch erneut alles verwandelt: *Einerseits tendiert die Länge ins Unendliche* – das ist der morphologische Aspekt des Problems –, *anderseits geht die angenäherte Länge durch die Beschleunigung des Messvorgangs gleichzeitig gegen null*, und zwar unabhängig vom ‚Wesen' des Vermessers, da dieses untrennbar mit seiner Ortsveränderungsgeschwindigkeit verbunden ist. Die berüchtigte Gerade gilt als Lösung des Problems der Ausmessung der Küstenlänge Britanniens genau wie die Auflösung seines Form-Bildes, indem sie sich (im Maßstab des jeweiligen Vermessers) in diese ‚Tiefe der Zeit', diese Dauer oder Länge der Zeit, deren bevorzugter Vektor die Geschwindigkeit geworden ist, erneut einschreibt.

Es gibt also sozusagen zwei Störfälle, zwei Ausbuchtungen, die die Küstenmessung durchkreuzen: die *Bodenstörung* (Bodenerhebung/-senke) durch die makro- und mikroskopischen Reliefs und die *Übertragungsstörung* (physischer Transport, elektronische Übertragung) aufgrund von Geschwindigkeitsänderungen des Vermessers, dieses ‚Lesekopfs' des betreffenden KONTINUUMS.

Hier drängt sich auch die Frage auf, ob das *euklidische Postulat*, wonach die Gerade die kürzeste Verbindung zwischen zwei Punkten ist, *als eine Sublimierung der Geschwindigkeit verstanden werden muss?* ... Seit Anfang des Jahrhunderts konnten wir de facto das fortschreitende Verschwinden der *Raumdistanz* (Meter, Kilometer) miterleben und seit Kurzem wohnen wir im Zuge des Aufschwungs der Spitzentechnologien (Telemetrie, Telematik, Überschalltechnik) dem angeblich fortschrittlichen Verschwinden der *Zeitdistanz* bei. Das Maß der Ausdehnung und der Bewegung ist jetzt fast ausschließlich das eines technischen Vektors, eines Kommunikations- oder Telekommunikationsmittels, das die Zeit vom Raum des Trajekts desynchronisiert, genau wie früher der Geometer beim Versuch, sich zu dimensionieren, eine Phasenverschiebung seiner geomorphologischen Realität vorgenommen hat, indem er die Terrains, die gesamte Erde, den Verlagerungssystemen einer geometrischen und geodätischen Darstellung unterwarf. Die aktuellen Messsysteme und -instrumente dienen augenscheinlich weniger der *Zeitmessung* als vielmehr der *Drehzahl-/Radarmessung* [mesure cinémométrique]. Nicht die Durchlaufzeit ist das Maß für den zurückgelegten Weg, sondern die Geschwindigkeit, die *Geschwindigkeitsdistanz*, und sie ist sowohl für den Raum als auch die Zeit zur bevorzugten Dimension geworden.

Im Überschallverkehr z.B. zählt der Tachometer nicht mehr die Kilometer, er misst nur noch die Beschleunigungsintensität. Das *Machmeter* zeigt nur das Verhältnis der Eigengeschwindigkeit zur Schallgeschwindigkeit in der verdrängten Atmosphäre an. Aber diese ‚Maßeinheit' ist keine echte Geschwindigkeitseinheit, denn die Schallgeschwindigkeit selbst verhält sich proportional zur Quadratwurzel der absoluten Temperatur. Die letzte Maßeinheit, das letzte *Transfernormal*, ist, wie wir zuvor sehen konnten, die absolute Geschwindigkeit, die Lichtgeschwindigkeit. Die Sonnenstrahlung, ein verspäteter Sonnenkult, wurde zum Maß der Relativität, zum Transfernormal jeglicher Realität.

Das Licht der Geschwindigkeit erhellt die Welt bzw. die Materie im Moment ihrer Darstellung, eine Darstellung jedoch, bei der die Fusionsgewalt und Emissionskraft den Lauf der Sonne vom Aufgang bis zum Untergang ersetzt hat. Seitdem Raum und Zeit ihre praktische Bedeutung zugunsten einer gesteigerten Transparenz, einer kinemometrisch [cinémométrique] gesteigerten Tiefe einbüßten, in der das Licht plötzlich den kosmologischen Status eines ‚Urstoffs' erlangte, sind Tag und Nacht de facto keine stadt- und lebensgestaltenden Kräfte mehr. In diesem Zwielicht gibt es zwischen dem verborgenen Raum der mikroskopischen Darstellungen und dem sichtbaren Raum der makroskopischen Wahrnehmungen keinen fühlbaren Unterschied mehr. Es handelt sich um dieselbe *morphologische Irruption*, die auch zu der sorgfältig gepflegten Verwechslung zwischen dem Raum und seinem Form-Bild, zwischen der Zeit und ihrer technischen Entwirklichung führt. Hier vollzieht sich ein und dieselbe synoptische Enthüllung: *Die Erscheinungen der fernen Welt können sich genauso wenig durch große Entfernungen dem Blick entziehen, wie das Innerste der Materie durch die stoffliche Opazität geschützt ist*. Diese ‚Transparenz' darf keinesfalls mit einer physikalischen Dimension verwechselt werden, diese sowohl quantenmäßige (unendlich kleine) als auch optische und optoelektronische (unendlich große) Unteilbarkeit sollte uns nach Euklid und dessen geschwindigkeitsförderndem Postulat zu Galilei führen. Sein Perspektiv, *sein astronomisches Fernrohr ließ schon die allergrößten Annäherungsgeschwindigkeiten* erahnen. Auch die bereits erwähnte interpretative Mehrdeutigkeit ist darauf zurückzuführen. Dieser Konflikt zwischen katholischer *Theologie* und wissenschaftlicher *Teleologie* über die Formen-Bilder der aufkommenden Optik wurde Galileo zum Verhängnis.

Letztlich hat der Auslegungsstreit über Form und Bewegung der Erde zwischen dem Astronomen und der Kirche die Sicht auf einen wesentlichen Aspekt verstellt. Vielleicht zum ersten Mal kam abseits des unmittelbaren Anscheins das Primat der Lichtgeschwindigkeit, die treibende Kraft hinter den Zusatzlinsen des historisch ersten Beschleunigungsvektor-‚Teleskops' zum Vorschein, und zwar lange vor der Erfindung von Triebwerken, die es erst viel später ermöglichten, die angenäherte oder vielmehr fernbeobachtete Nähe in natura nachzuprüfen.[5] Theologen des 17. Jahrhunderts stellten sich eine überaus treffende Frage: „Gilt ein mit einem Fernglas mitverfolgter Gottesdienst als Besuch der heiligen Messe? ... Kann ein Gläubiger, der die sonntägliche Liturgie aus der Ferne verfolgt, wirklich als Messgänger betrachtet wer-

---

5 Anlässlich des Apollo-Raumflugs im Jahr 1969, als Neil Armstrong den Mond betrat, konnte ich ein erstaunliches Phänomen beobachten: Als ich gegen zwei Uhr morgens die Mondlandung des ersten Menschen verfolgte, sah ich den Erdtrabanten gleichzeitig auf dem Bildschirm meines Fernsehers und in meinem Fenster. Vgl. hierzu „Le littoral vertical" in Virilio 1976.

den?"... Die Antwort verneinte dies. Ist es nicht den Greisen, Kranken und Behinderten vorbehalten, die Messe im Fernsehen zu verfolgen? Dieser Interpretationsansatz liegt an der Wurzel zahlreicher soziokultureller und geopolitischer Probleme. Man sollte sich jedoch vor überhasteten Lösungen hüten, soweit sie in erster Linie die *urbane Nähe*, die Einheit physischer Nachbarschaft in den Stadtvierteln, betreffen. Die Stadt, die erste geballte Form von Nähe in der Geschichte von Raumplanung und -besiedelung, gerät heute in einen offenen Konflikt mit der telekommunikativen Nähe.

Im Grenzbereich von Teleologie und Topologie (Netze, Ströme) gibt es derzeit in verborgener, virtueller Form eine *Teletopologie der Formen-Bilder*, die nur der oberflächliche und flüchtige Ausdruck einer Verdrehung/Verzerrung des Geschwindigkeitsvektors (von Transport oder Übertragung) ist.

Das Ende der *Begrenzung* von Flächen, Körpern sowie sämtlicher physischer Extensionen zugunsten des verzögerungslosen Schnittstellen*austauschs* geht scheinbar mit dem Unschärfeprinzip und der Bestätigung der *Unteilbarkeit* von Elementarteilchen in quantenmechanischen Prozessen Hand in Hand. Wenn das PUNCTUM in dieser gewissermaßen *teletopologischen* Wahrnehmung seine ursprüngliche Bedeutung wiedererlangt und das Licht mit einem Schlag zum Urstoff wird, nimmt die Transparenz selbst Substanzcharakter an, wird zu einem neuen Stoff, der nicht mehr ganz der Raumzeit zuzurechnen ist. Es gilt, ihn zu analysieren und zu erfassen, bis ein unvermuteter ‚Reinheitsgrad' erreicht ist, der dem Auflösungsgrad des betrachteten (unendlich großen oder kleinen) Form-Bildes entspricht. Der Geschwindigkeitsvektor einer Darstellung, der zur letzten ‚Dimension' unserer Wahrnehmung geworden ist, muss deshalb Gegenstand einer theoretischen und praktischen Vektoranalyse werden.

Durch das Aufkommen neuer Materialien mit entsprechenden Eigenschaften wie Plexiglas, Rhodoïd[6], transparente Kunstharze usw. wurde übrigens der chemische Nachweis hierfür erbracht; ebenso durch elektronische Innovationen wie Videobildschirme (als Anzeigeterminal oder -monitor), Kathodenröhren, Matrixanzeigen, Plasmabildschirme und – dank der Entwicklung von ‚kohärentem Laserlicht' – auch durch die *Holografie*. Dieser seit der AUFKLÄRUNG anhaltende Trend steht im Einklang mit den jüngsten Entdeckungen auf dem Gebiet der Mikroskopuntersuchung und der Erforschung der *letzten Hohlräume* der kompakten Materie, die der videotechnischen Leistungsfähigkeit des neuen Rasterelektronenmikroskops (REM) zu verdanken sind, das im Gegensatz zum Transmissionselektronenmikroskop (TEM) die dritte *sichtbare*

---

6 [Anm. d. Übers.: Rhodoïd ist ein transparenter Bildträger, der als Vorläufer der Zelluloidfolie gilt.]

Dimension des unendlich Kleinen erschließt und ‚Sequenzaufnahmen' aus verschiedenen Winkeln ermöglicht.

Hier begegnen wir im Begriff der globalen Dichte der Materie einem Aspekt der *Krise der ganzzahligen Dimensionen*, eine Frage, die als Fortführung des zuvor angesprochenen Problems der angenäherten Länge gesehen werden kann. Man weiß, erklärt Mandelbrot, dass „die durchschnittliche Dichte der Materie unentwegt abnimmt, wenn immer größerer Volumina des Raumes betrachtet werden, und die Beobachtungen keine Grundlage für die Annahme enthalten, dass sich dieser Trend nicht bis zu viel größeren Distanzen und geringeren Dichten fortsetzt".[7]

In dieser teletopologischen Vorstellung würde sich das „ganze" Universum wie das Wollknäuel verhalten: „In einem mittleren Bereich", meint Mandelbrot (1975: 76, Hervorh. d. Autors) weiter, „wäre seine Dimension kleiner als 3, in sehr großem Maßstab wäre sie kleiner oder gleich 3. In jedem Fall nimmt sie im astronomisch gesehen sehr kleinen Maßstab, *da wo man feste Körper mit scharfen Kanten vorfindet, wieder den Wert 1 und dann den Wert 3 an.*"

Von der morphologischen Irruption bleiben also auch die Ausdehnung und Dicke der Materie sowie die sogenannten ganzzahligen Dimensionen nicht verschont. Da die mehr oder weniger *dichten* Massen und die mehr oder weniger *großen* Längen, wie gesagt, Funktionen der Geschwindigkeit sind (Einstein), ist dieser scheinbare Bruch des KONTINUUMS nicht so sehr auf den gemessenen, analysierten Raum als vielmehr auf den Geschwindigkeitseffekt zurückzuführen; ein Ergebnis der Schnelligkeit, die sich fortan weniger als eine ‚Beschleunigung', sondern vielmehr als eine ‚Beleuchtung', weniger eine Geschwindigkeit als ein subliminales Licht, ein *Licht der Geschwindigkeit* (des Lichts) erweist, das die Welt im Moment ihrer Darstellung erhellt.

Wenn das Sichtbare nur ein Oberflächen-/Schnittstelleneffekt der Schnelligkeit von Lichtemissionen ist und zudem das, was sich auf Augenhöhe immer schneller bewegt, zunehmend unschärfer wahrgenommen wird, dann müssen wir zugestehen, dass Be- und Entschleunigungsphänomene, die *in allen Punkten an der Beleuchtungsstärke identifizierbar* sind, dafür verantwortlich sind, was im Wahrnehmungsfeld auftaucht. Wenn Geschwindigkeit das Licht, das gesamte Licht der Welt darstellt, dann wird der Anschein zur Bewegung, und das Erscheinen augenblicklicher, trügerischer Transparenzen, die räumlichen Dimen-

---

7 [Anm. d. Übers.: Es handelt sich hierbei um ein Zitat von Gérard de Vaucouleurs, zitiert nach Mandelbrot (1975: 75). Die Übersetzung erfolgt hier auf Grundlage des Essays *Les objects fractals*. Das Zitat findet sich auch in: Mandelbrot, Benoît (1987): *Die fraktale Geometrie der Natur*, Basel/Boston, 98. Diese 1987 erschienene Übersetzung basiert auf der englischsprachigen Ausgabe *The Fractal Geometry of Nature* (New York 1977), für *die Les objects fractals* umformuliert und erweitert wurde.]

sionen selbst, zu bloß flüchtigen Erscheinungen. Alles wird zu Figuren und Objekten, die nur im Moment des Augenblicks wahrgenommen werden, *einer Sicht, die gleichzeitig einen Ort und ein Auge hat.*

Die Geschwindigkeitsquellen (Generator, Motor, Halbleiter, Mikroprozessor usw.) sind somit, wenn es sich um Dimensionen der Welt handelt, Lichtquellen und Bilderquellen, ‚Formen-Bilder'-Quellen der Welt. Neben ihrem Beitrag zur Entstehung und Ausbreitung der *Hochgeschwindigkeit* hat die wissenschaftliche und industrielle Revolution auch zur Entwicklung zahlreicher Formeln und Klischees beigetragen, die sich auf die neue Darstellung verschiedener physikalischer Größen beziehen. Die Revolution im Verkehrs- und Übertragungsbereich hat somit den industrialisierten Handwerksbetrieb der (geometrischen, pikturalen, architektonischen usw.) Erscheinungen erschaffen. Als *Geschwindigkeitsfabrik* und also auch als Licht- und Bilderfabrik ist sie mit einem Mal eine *kinematische Projektion der Wirklichkeit* geworden; Weltfabrik einer künstlichen Bildwelt, *einer Bildsequenzmontage, bei der die Optik der Bewegungsillusion die Illusion der Optik ablöst.*

Durch die ständige Erneuerung des Verhältnisses zwischen Schein und Bewegung (von Kopernikus über Galilei und Descartes bis zu Newton) hätte die abendländische Geometrie somit eine Regelung verschiedener *Durchdringungskräfte* (Bewegungsenergie) bzw. verschiedener *Darstellungsformen* (kinematische Optik) vorgenommen. Die geometrische Neubestimmung der Erscheinungen durch die Entlarvung der Materie als perspektivisch, das heißt als objektive Dimension, hätte so ihre Auflösung, ihre Fragmentierung beschleunigt, und zwar im Rhythmus der Abschaffung von Distanzen und Dimensionen; denn *die Geschwindigkeit ermöglicht letztendlich, die Kluft zwischen Physischem und Metaphysischem widerstandslos zu überwinden.*

Müssen wir uns angesichts der Ablösung der Schärfentiefe des sinnlich wahrnehmbaren Raums durch die Tiefe der Zeit, der Verdrängung der Flächenbegrenzungen durch den Schnittstellenaustausch und angesichts der Neubestimmung der Erscheinungen durch die Transparenz nicht die Frage stellen, ob es sich bei dem, was wir beharrlich weiter RAUM nennen, nicht ganz einfach um LICHT, ein subliminales, paraoptisches Licht handelt, wobei selbst das Sonnenlicht nur eine Phase, ein Abglanz davon ist. Das absolute Maß der Dauer ist nicht mehr die *vergangene Zeit* der Geschichte und der Chronologie, sondern die *augenblickliche Zeit*, die sich dem Licht aussetzt. Die Zeit dieses Augenblicks ist ohne Dauer, eine ‚Zeit der Belichtung' (der Über- oder Unterbelichtung), die schon in den foto- und kinematografischen Techniken vorweggenommen wurde, die Zeit eines KONTINUUMS bar physikalischer Dimensionen, wo das (energetische) Wirkungs-QUANTUM und das (kinematische) PUNCTUM der Beobachtung auf einmal die letzten Bezugspunkte einer verschwundenen morphologischen Realität geworden wären. Sie ist der ewigen Gegenwart einer

Relativität gewichen, deren topologische und teleologische Dicke bzw. Tiefe zum letzten Messinstrument gehört; diese Lichtgeschwindigkeit besitzt nur eine Richtung, die zugleich ihre Größe und Dimension ist und die sich mit derselben Geschwindigkeit in allen Azimuten ausbreitet ...

„Die Zeit ist der Zyklus des Lichtes", schrieb in den 1930er Jahren der evangelische Theologe Dietrich Bonhoeffer. Indem wir, legitimerweise, ‚Materie' durch ‚Licht' ersetzen, können wir jetzt frei nach Leibniz hinzufügen: „Der Raum ist nichts ohne das Licht." Diese Lichtmaterie ist für die energetische Apperzeption des aktuellen Kosmos das, was damals für die Physiker und andere Metaphysiker der Äther war ...

Angesichts dieser hyperrealistischen Konzeption des Universums, dieser schlagartigen Deregulierung der physikalischen Erscheinungen, bei der die Lokalisierung und Identifizierung fortschreitend ihre Bedeutung eingebüßt haben – übrigens gleichzeitig mit der Unterscheidung zwischen Grund und Form, zwischen Position und Disposition in der Raumzeit –, wäre es angebracht, den philosophischen Status der Relativität zu hinterfragen. „Jedes Bild ist zum Wachstum bestimmt", schrieb Bachelard (1957: 190) in seiner *Poetik des Raumes*.[8] Das ist genau das, was den (grafischen, fotografischen und kinematografischen) Einschreibungsflächen durch das Interface widerfahren ist. Die Konzeption der ‚Träger-Oberflächen' – die allem Rauminhalt verleihen, was offensichtlich kein Volumen hat, und umgekehrt bzw. zur gleichen Zeit alles entdimensionieren, was sich entfernt –, dieses neue Konzept scheint eine Vielzahl von Begriffen zu ersetzen, die früher die physikalischen Eigenschaften des Raums (Begrenzung, Dimension usw.) bezeichneten. Künftig ersetzt es vielleicht sogar die Raumzeit selbst ...

Aus dem Französischen übersetzt von Noe Tessmann und Tristan Thielmann.

Literatur

Bachelard, Gaston (1975 [1932]): *L'intuition de l'instant*, Paris.

Bachelard, Gaston (1957): *Poétique de l'espace*, Paris.

Bouchareine, Patrick (1978): „Le mètre, la seconde et la vitesse de la lumière", in: *La Recherche* 91.

Mandelbrot, Benoît (1975): *Les objects fractals*, Paris.

---

8 [Anm. d. Übers.: In der bei Ullstein erschienenen deutschen Übersetzung von Kurt Leonhard heißt es hier fälschlicherweise: „Jedes Bild ist zur Übertreibung bestimmt." (Bachelard, Gaston (1975): *Poetik des Raumes*, Frankfurt a.M.: 240)]

Randet, Denis (1981): „Les écrans plats", in: *La Recherche* 125.

Trystram, Florence (1981): *Der Prozeß gegen die Sterne*, Wiesbaden [*Le Procès des étoiles*, Paris 1979].

Verger, Fernand (1982): „Le satellite et l'informatique au service du géographe", in: *Le Monde*, 12.01.1982.

Virilio, Paul (1976): *L'insécurité du territoire*, Paris.

Jens Schröter

Das transplane Bild und der *spatial turn*

> Historians of science 100 years from now might characterize our era by the present efforts toward better three-dimensional imaging techniques.
> (Takanori Okoshi, 1976)

Seit ca. 1989 ist vielerorts vom *spatial turn* die Rede.[1] Der Begriff soll eine vielfach binnendifferenzierte Rückbesinnung auf die Bedeutung des Raums in Kultur- und Sozialwissenschaften bezeichnen (vgl. den hervorragenden Überblick in Döring/Thielmann 2008; vgl. auch Bachmann-Medick 2006). Ungefähr im selben Zeitraum wurde allerdings auch ein *iconic* oder *pictorial turn* ausgerufen, der die zunehmende Rolle von Bildern und Bildlichkeit in der gegenwärtigen (westlichen) Kultur und die Notwendigkeit ihrer – ‚bildwissenschaftlichen' – Reflexion in den Mittelpunkt stellt.[2]

Es kann hier nicht darum gehen, eine historische und systematische Beschreibung der Interferenzen oder Differenzen dieser beiden *turns* zu leisten. Es geht hier nur um den Punkt, dass es mindestens eine Berührung zwischen dem Interesse am Raum und dem Interesse an den Bildern geben müsste, insofern Bilder durch ihre in der Regel selbst zweidimensionale Ausdehnung sehr gut geeignet sind, räumliche Relationen darzustellen (vgl. Bachmann-Medick 2006: 316). Allerdings hat der uns makroskopisch vertraute, physikalisch verstandene Raum drei Dimensionen, sodass offenkundig Projektionsverfahren irgendwelcher Art nötig sind, um die drei auf zwei Dimensionen abzubilden.

In den Diskussionen zum *spatial turn* wird zumeist die *Karte* als paradigmatisches ‚Raummedium' benannt (vgl. Dünne 2008). Auch die Diskussionen um die komplexe Geschichte und Semiotik der Karte können und sollen hier nicht en detail vertieft werden. Es lässt sich aber sagen, dass die historische Bedeutung der Karte für die Beherrschung des Raums kaum hoch genug eingeschätzt werden kann – so ist laut Farinelli sogar die Moderne in toto von einer ‚kartographischen Vernunft' bestimmt (vgl. Farinelli 2006). Doch hat die Karte, wenn es um die Operationalisierung des Raums geht, auch spezifische Limitationen, denn sie gibt eher die stabilen, statischen, mithin *allgemeinen*

---

1   Die folgenden Überlegungen finden sich sehr viel detaillierter entfaltet in Schröter (vorauss. 2009).

2   Die Literatur dazu ist mittlerweile unüberschaubar. Siehe den Überblick in Bachmann-Medick (2006: 329-380).

Aspekte an realen Räumen wieder (vgl. Pápay 2005: 288-293) – einfach weil sie als semiotisch komplexes, verschiedene Zeichentypen und Ebenen einschließendes intermediales Gebilde in einem zeitaufwändigen Prozess hergestellt werden muss (das mag sich erst mit den jüngsten, computerbasierten geographischen Informationssystemen ändern).

In speziellen Situationen, wie insbesondere modernen und raumgreifenden Kriegen[3], müssen jedoch sehr schnell aktuelle Informationen über das Geschehen im Raume oder die Struktur des Raums bereitgestellt werden – hier ist der Einsatzpunkt vor allem fotografischer Bildtechnologien. Derartige Bilder haben gegenüber Karten zwar den Vorteil, konkret *diesen Raum oder die räumliche Struktur dieses Objekts zu jenem spezifischen Zeitpunkt* abzubilden und nicht die betreffende räumliche Struktur im Allgemeinen: „Die Satellitenbilder und Luftbilder sind kartenähnlich, jedoch sind sie mit keinerlei Verallgemeinerung verbunden" (Pápay 2005: 292).[4] Aber dieser Mangel an Allgemeinheit ist wiederum ein Problem: Bilder, z.B. der Luftbildfotografie, erfordern die – in Karten qua Legende bereits implementierte – „Interpretation" (Pápay 2005: 292),[5] um die notwendige Information zu liefern. So berichtet Major Edward Steichen von seinen Erfahrungen mit der Luftbildfotografie im Ersten Weltkrieg:

> The average vertical aerial photographic print is upon first acquaintance as uninteresting and unimpressive a picture as can be imagined. Without considerable experience and study it is more difficult to read than a map, for it badly represents nature from an angle we do not know. (Steichen 1919: 359)

Ein Problem der fotografischen Bilderzeugungsverfahren[6] ist, dass sie von ihrer optischen Hardware her, die Gesetze der geometrischen Optik befolgend, alles vor den Objektiven befindliche räumliche Geschehen linearperspektivisch auf die Bildfläche projizieren (vgl. Carter 1970; vgl. Abb. 1). Doch perspek-

---

3 Vgl. Kittler (2000: 222) zur Raumorientierung des modernen Krieges: „Technische Kriege zerstören [...] die Räume, in denen Lebewesen überhaupt Lebewesen hätten sein können."

4 Vgl. zur Differenz von Fotografien und Karten Gombrich (1984: 169-211); vgl. zur Luftbildfotografie generell Newhall (1969).

5 Zu den spezifischen, insbesondere militärischen, Interpretationsanforderungen an Luftbilder vgl. Sekula (1992).

6 Mit ‚fotografisch' seien hier alle Verfahren bezeichnet, die elektromagnetische Strahlungen aufzeichnen, sei diese Strahlung unter normalen Bedingungen sichtbar oder nicht, sei die Aufzeichnung nun chemisch-analog, elektronisch-analog oder digital.

tivische Projektionen sind nicht isomorph, d.h., sie bewahren nicht alle Informationen über die räumliche Gestalt:

> Während wir zwar voraussagen können, wie die Projektion eines gegebenen dreidimensionalen Objekts auf einer gegebenen Ebene aussehen wird, gibt uns die Projektion selbst über das betreffende Objekt keine ausreichende Information, da nicht nur seine Konfiguration, sondern eine unendliche Anzahl in bestimmter Weise verwandter Konfigurationen dasselbe Bild ergeben würden [...]. (Gombrich 1984: 188)

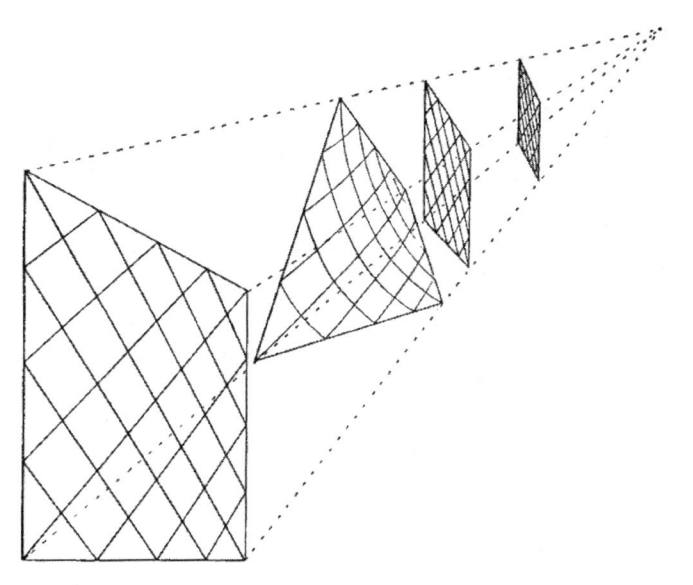

159. Äquivalente Konfiguration, wie sie von einem festen Standpunkt aus gesehen wird.
Gezeichnet von B. A. R. Carter

Abb. 1: Von einem Augenpunkt aus äquivalente, aber differente Konfigurationen (aus Gombrich 1984: 189).

Diese Limitation macht die Projektion nach den Regeln der Perspektive für eine Vielfalt von raumorientierten Aufgaben zu beschränkt. So werden in der Architekturzeichnung bzw. im Architektur-Entwurf oder auch in der technischen Zeichnung schon lange Zeit verschiedene Arten der *Parallelprojektion* bevorzugt, da diese die relativen Maße besser erhalten (vgl. Bois 1981; Evans 1989).

Fotografische Medien können, da sie wie die Perspektive der geometrischen Optik des Lichts folgen, derartige alternative Typen der Projektion nicht bieten.[7] Das erzeugt Probleme: Fotografien aus großer Höhe ‚plätten' das ganze Terrain auf die zweidimensionale Fläche. Es ist nicht mehr möglich, zu entscheiden, was hoch, was flach, was Berge, was Täler sind. Schon Helmholtz wusste das in seinem *Handbuch der physiologischen Optik* von anno 1867:

> Namentlich Photographien von Landschaften, Felsen, Gletschern bieten dem Auge oft nichts als ein halbverständliches Gewirr grauer Flecken, während dieselben Photographien bei passender stereoskopischer Combination die allerschlagendste Naturwahrheit wiedergeben. (Helmholtz ²1896: 769/770)

Durch *stereoskopische* Aufnahmen[8], also die Verdoppelung der selbst noch perspektivischen Fläche und unter Ausnutzung des Wissens über die Binokularität des menschlichen Sehens, lassen sich Rauminformationen aus den Bildern wieder rekonstruieren – dies war für die Luftaufklärung im ersten und zweiten Weltkrieg von essentieller Bedeutung und ist es (vielfach modifiziert) bis heute – so auch für die Erstellung von Karten (vgl. u.a. Judge 1926; vgl. Abb. 2). Bildtechnologien wie die Stereoskopie, die mehr Rauminformation liefern, als es die perspektivische Projektion auf die Bildfläche vermag, seien *transplan* genannt.

Es gibt noch zahlreiche weitere Felder, in der die Gewinnung zusätzlicher Rauminformation notwendig ist. Foucault schreibt z.B. über den ärztlichen Blick der Moderne: „Der anatomisch-klinische Blick gliedert ein Volumen; er hat es mit komplexen räumlichen Gegebenheiten zu tun, die – zum ersten Mal in der Geschichte der Medizin – dreidimensional sind" (Foucault 1999: 176). Leicht vorstellbar, dass die Medizin Bildtechniken benötigt, die das Voluminöse des Körpers auch eindeutig und überschaubar darstellen können – wenn das ganze Volumen auf eine Fläche projiziert würde, wäre nur noch schwer zu erkennen, wo vorne und hinten, oben und unten sind.

---

7   Ist eine Lichtquelle sehr weit entfernt, treffen ihre Strahlen natürlich annährend parallel ein und der Schatten eines Objekts wäre quasi parallel-projiziert. Doch ein fotografisches Medium fokussiert das Licht und muss folglich linearperspektivisch projizieren.

8   Zur Geschichte der Stereoskopie siehe den knappen Überblick bei Hick (1999: 275-286).

Abb. 2: Stereoluftaufnahme (Judge 1926: 111 gegenüber).

Es klingt in diesem Lichte irritierend, wenn Bruno Latour bemerkt, dass die „Verlagerung von einer Betrachtung verwirrender dreidimensionaler Objekte zu einer Inspektion zweidimensionaler Bilder, die *weniger verwirrend gemacht worden sind*" (Latour 2006: 280; Hervorhebung J.S.) in jedem Fall ausreiche. Helmholtz' und zahlreiche andere Beispiele zeigen, dass die zweidimensionalen Bilder[9] manchmal wieder mehr von dem ursprünglichen dreidimensionalen Objekt haben müssen, um gerade nicht verwirrend zu sein: In vielen Fällen „gibt die Flächenphotographie, selbst wenn sie plastisch erscheint, bei weitem nicht so viele und klare Einsichten, wie die Stereoskoppphotographie" (Wolf-Czapek 1911: 112).

Wie die Beispiele Luftaufklärung und medizinische Bildgebung deutlich machen, sind eben nicht nur Karten als „Machttechnik des Wissens, die Raum beherrschbar" (Döring/Thielmann 2008: 18; hier finden nur Karten Erwähnung) machen, zu beschreiben, sondern auch eine ganze Reihe weiterer Bildtechnologien – insbesondere jene *transplanen* Bilder, die mehr Rauminformation liefern. Um so verwunderlicher ist, dass sie in der Diskussion des *spatial turns* – wenn es dabei zumindest *auch* um „Praktiken der Raumerschließung und -beherrschung" und damit verbundene „Repräsentationsformen von Räumen" (Bachmann-Medick 2008: 299) geht[10] – kaum auftauchen. Das zeigt

---

9   Die von Latour (2006: 285) ausdrücklich mit dem ‚Flach-machen' in Verbindung gebracht werden.

10 Bachmann-Medicks Abschnitt zur ‚Raumrepräsentation' ist nur drei Seiten lang und wieder ausschließlich um die Karte zentriert. Auf S. 292 bemerkt die Autorin:

sich schon in einer der Quellen der heutigen *spatial turn*-Diskussion, Henri Lefebvres erstmals 1974 in Französisch erschienener Studie *La production de l'espace*, die nachmalig wirkmächtig 1991 ins Englische übersetzt wurde.[11] Zwar fordert Lefebvre: „We should have to study not only the history of space, but also the history of representations, along with that of their relationships – with each other, with practice, and with ideology" (Lefebvre 1991: 42). Aber seine Konzentration der Repräsentationen des Raums auf verbale Codierungen[12] führen bei Lefebvre zu einer Vernachlässigung der eigentlich naheliegendsten Ebene der räumlichen Repräsentation: der Ebene der Bilder – obwohl Schmid über Lefebvres Kategorie der ‚representations of space' formuliert: „Bei der Repräsentation des Raums handelt es sich mithin um eine Darstellung, die einen Raum *abbildet* und definiert" (Schmid 2003: 306).[13] Lefebvre konzediert zwar, dass „techniques, which have a great influence upon [...] the order of space are liable to change" (Lefebvre 1991: 159), und betont: „Thanks to technology, the domination of space is becoming, as it were, completely dominant" (Lefebvre 1991: 164). Weiterhin stellt er sogar heraus, dass in der Moderne die „logic of ‚visualization' [...] now informs the entirety of social practice. [...] By the time this process is complete, space has no social existence independently of an intense, aggressive and repressive visualization" (Lefebvre 1991: 286). Dennoch kommen Bildtechnologien nur sehr am Rande seines Buches vor – und die transplanen Bilder überhaupt nicht.[14]

„Für den *spatial turn* wird nicht der territoriale Raum als Container oder Behälter maßgeblich, sondern Raum als gesellschaftlicher Produktionsprozess der Wahrnehmung, Nutzung und Aneignung, eng verknüpft mit der symbolischen Ebene der Raumrepräsentation (etwa durch Codes, Zeichen, Karten)." Bilder werden nicht genannt.

11 Vgl. Döring/Thielmann (2008: 7), die darauf hinweisen, dass das erste Auftauchen des Wortkörpers ‚spatial turn' bei Edward W. Soja 1989 unmittelbar mit der Erwähnung von Lefebvres Buch zusammenhängt.

12 Schmid (2003: 220) weist darauf hin, dass Lefebvre „seine Theorie am Vorbild der Sprache orientiert".

13 Natürlich muss eine ‚Abbildung' nicht zwingend visuell-bildlich sein, wie entsprechende Abbildungs-Begriffe in der Mathematik etwa zeigen. Dennoch aber legt der Ausdruck ‚abbildet' Bildlichkeit im Sinne visueller Darstellung zumindest nahe.

14 Vgl. Lefebvre (1991: 298), wo in einer Klammer der „space of images and photographs, as of drawings and plans" erwähnt wird. An anderer Stelle werden technologische Bilder nur kulturkritisch mit „error and illusion" (97) in Verbindung gebracht. Immerhin erwähnt er die „non-verbal signifying sets" (62). Vgl. auch Kirsch (1995), der Lefebvres mangelnde Analyse der Rolle der Technik bei der Produktion des Raums kritisiert – aber auch mit kaum einem Wort auf die Rolle technologischer Bildmedien eingeht.

Aber nicht nur Lefebvre und in seiner Folge die *spatial turn*-Diskussion vergessen die Rolle der transplanen Bilder. Völlig missverstanden wären sie auch, würde man sie mit dem bekannten kunsthistorischen Narrativ über das Ende der Perspektive in der europäischen Malerei im 19. Jahrhundert zusammenzwingen. Dieser Bruch wird oft bei Cézanne angesetzt (vgl. Novotny 1970). Dort ging es um eine Rücknahme der Fremdreferenz der Malerei zugunsten ihrer Selbstreferenz. In der Malerei der Moderne verlor das perspektivische Paradigma, welches als Eröffnung eines fensterhaften ‚Durchblicks' (Alberti) immer in latenter Spannung zur Oberfläche des Bildes stand, an Einfluss. So trat erst recht die *Bildfläche* und ihre immanente planimetrische Logik in den Vordergrund. Maurice Denis schrieb ganz in dieser Linie 1890:

> Se rappeler qu'un tableau – avant d'être un cheval de bataille, une femme nue, ou une quelconque anecdote – est essentiellement une surface plane recouverte de couleurs en un certain ordre assemblées. (Denis 1890: 540)

Doch bei der transplanen Überwindung der Perspektive geht es nicht um den weitgehenden bis vollständigen Verzicht auf die Repräsentation des Raums zugunsten einer selbstreferentiellen Bildfläche, sondern im Gegenteil: Die Perspektive wird – noch mal – zugunsten von *mehr* Rauminformation überwunden. Die Interpretation von Bildern hinsichtlich der Rauminformation wird oft allererst dadurch möglich. Noch ein Beispiel, diesmal aus den Naturwissenschaften, näherhin der Teilchenphysik. So bemerkt Christoph Grab über die Visualisierung von Teilchenprozessen:

> Besondere Bedeutung kommt der Darstellung dreidimensionaler Information zu. Räumlich weit auseinander liegende Objekte können in der zweidimensionalen Projektion unmittelbar nebeneinander zu liegen kommen und führen so leicht zu falschen Interpretationen. (Grab 1993: 201)

Daher wurden, wie Abb. 3 zeigt, in fotografisch operierenden Blasenkammern stereoskopische Abbildungsverfahren eingesetzt.[15]

---

15 Vgl. u.a. zu den frühen Wolkenkammern, in denen schon ab 1914 stereoskopische Bildverfahren zum Einsatz kamen, Chaloner (1997). Zu Blasenkammern vgl. u.a. Bassi et al. (1957).

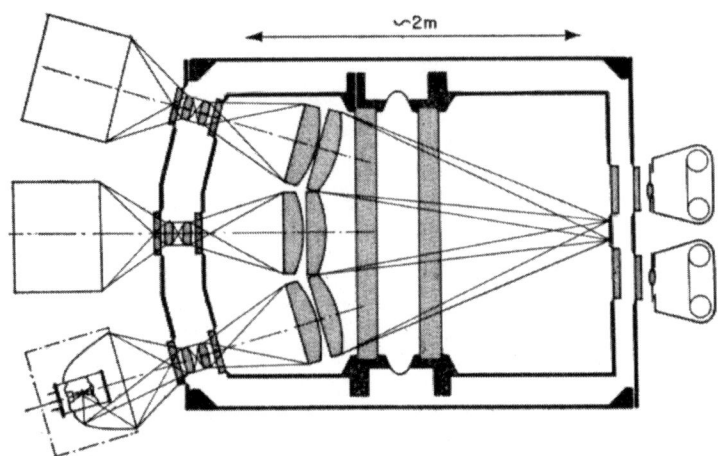

Figure 31. Schematic plan view of the optical system of the CERN 2 m hydrogen bubble chamber. (Not to scale.)
(Diagram: CERN. From F. Frungel *et al. Applied Optics*, **2**, 1018, 1963, The Optical Society of America.)

Abb. 3: Stereoskopie in einer frühen Blasenkammer.

Die 1838 als Nebenprodukt der Erforschung des menschlichen, binokularen Sehens erfundene Stereoskopie ist ein Verfahren, um zusätzliche Rauminformationen bereitzustellen. Ein Verfahren, um räumliche Strukturen, die Vorgänge im Raum verstehen und mithin beherrschen zu können. Es gibt neben der Stereoskopie noch eine ganze Reihe weiterer solcher, sehr verschiedenartiger Bildtechnologien, die sich, obwohl teilweise in ganz anderen Zusammenhängen entwickelt, in verschiedensten Praktiken für die Gewinnung von zusätzlichen Rauminformationen jenseits der perspektivischen Projektion etabliert haben. Die meisten dieser – oft ‚3D-Bilder' genannten – Verfahren, neben der Stereoskopie ist das im 19. Jahrhundert die Fotoskulptur; im 20. Jahrhundert kommen die integrale Fotografie, die Holografie und verschiedene Verfahren volumetrischer Displays dazu, tauchen kaum oder gar nicht in den einschlägigen Geschichten optischer Medien auf (vgl. Kittler 2002b). Diese Verfahren werden zumeist nur als technische „Kuriosität"[16], die als Randerscheinungen längst wieder verschwunden sind,[17] behandelt. Doch das stimmt

---

16 So der Kommentar der Herausgeber in Rohwaldt (2002: 61).

17 So Jonathan Crary (1990: 127, 132) zum angeblichen Verschwinden der Stereoskopie um 1900.

einfach nicht. Viele dieser Verfahren haben ein untergründiges oder verändertes Leben in verschiedenen Praktiken geführt (und führen es bis heute[18]), die außerhalb der Massenmedien oder des Kunstsystems liegen – es dürfte die Zentrierung um eben diese beiden Felder sein, die für ihre Nichtbeachtung hauptverantwortlich ist. So mag die Stereoskopie zwar Ende des 19. Jahrhunderts als populäres Massenmedium verschwunden und das 3D-Kino immer schon ein Flop gewesen sein[19] – in der Luftaufklärung, der Vermessungstechnik oder in (manchen) teilchenphysikalischen Detektoren lebt sie bis heute fort. Die Fotoskulptur mag als Verfahren zur Herstellung repräsentativer Portraitbüsten (vgl. Kümmel 2006) verschwunden sein, ihr Prinzip lebt in 3D-Scannern und in Verfahren des industriellen Rapid Prototyping bis heute weiter. Die Holografie mag als künstlerisches Medium gescheitert sein, heute kommt keine Scannerkasse im Supermarkt, kaum eine Materialprüfung ohne sie aus – auch gibt es holografische Detektoren in den Naturwissenschaften. Volumetrische Displays mögen exotische, komplizierte und teure Technologien sein – erfunden wurden sie, um Radardaten, Rauminformationen in einem ganz eminenten Sinn, intuitiv und also operativ zu visualisieren.[20] In jeder Praxis, in der mehr Rauminformationen benötigt werden, als linearperspektivische Projektionen bieten können, tauchen diese verschiedenen Verfahren in den verschiedensten Varianten auf.

Der Begriff *transplane Bilder* dient als Sammelbezeichnung für die verschiedenen technologischen Bildtypen (Stereoskopie, Fotoskulptur, integrale Fotografie, Holografie, Volumetrie), die mehr Rauminformation als die konventionellen, linearperspektivisch operierenden Bilder speichern – und so räumliche Zusammenhänge analysierbar und beherrschbar machen. Ihre Berücksichtigung ist ein Desiderat der *spatial turn*-Diskussion.[21] Diese bleibt relativ stark um die Karte zentriert, obwohl heute populäre Geomedien wie *Google Earth* keineswegs allein auf die Karte reduzibel sind, sondern direkt von der *aerial photography* – Luftaufklärungsfotografie – abstammen. Dass die transplanen

---

18 So war auch aus Sicht der Geschichte der Bildtechnologien der Raum nie verschwunden (vgl. Döring/Thielmann 2008: 14-15).

19 Zum 3D-Kino vgl. Hayes (1989). Doch da der Raum im Kino bereits narrativ konstituiert wird (vgl. Bordwell 1985: 156-204), ist die zusätzliche stereoskopische Rauminformation (außer in gelegentlichen Schüben der Spektakularitätssteigerung) überflüssig. Darin dürfte, neben diversen technischen Schwierigkeiten, der Grund liegen, wieso sich Stereoskopie im populären Kino nicht dauerhaft durchsetzte.

20 Zur Holografie und Volumetrie vgl. Schröter (vorauss. 2009).

21 Es sei hier nicht so weit gegangen, anzunehmen, die transplanen Bilder seien Auslöser des *spatial turns*, wie das Dünne (2008: 49) für die Kartographie und Döring/Thielmann (2008: 30) für den Satellitenblick behaupten.

Bilder hier zur Berücksichtigung empfohlen werden, mag man selbst als Anzeichen eines *spatial turns* in der bildwissenschaftlichen Diskussion werten. Dieser scheint notwendig zu sein. Da sich die Kunstwissenschaft auf das Narrativ der Ablösung der Perspektive durch eine enträumlichte planimetrische Logik konzentriert und die Medienwissenschaft tendenziell auf die, transplane Technologien in der Regel nicht benötigenden, Massenmedien blickt, bleibt der Bildbegriff planozentrisch um die Fläche orientiert – wie z.B. Martin Seel pointiert bemerkt:

> Das Bild ist ein Flächenphänomen, das nicht in (reale oder imaginäre) Raumverhältnisse überführt werden kann. Wo der Raum zum Bild wird oder das Bild zum Raum, haben wir es nicht länger mit Bildlichkeit, sondern mit einem visuellen Phänomen sui generis zu tun. (Seel 2003: 288)[22]

Eine derartig restriktive Definition schließt einfach zu viele Bildphänomene aus. Demgegenüber ist das Bild als Kontinuum zwischen Fläche und Raum wieder stark zu machen. Ja, vielleicht muss man sich zu dem Schluss durchringen, dass „Raummanipulationen [...] schon als Titel den überstrapazierten Bildbegriff vorteilhaft ersetzen könnten" (Kittler 2002a: 192). Das wäre dann wirklich der *spatial turn* des *iconic turn*. Dies soll hier dahingestellt bleiben.

Literatur

Bachmann-Medick, Doris (2006): *Cultural Turns. Neuorientierungen in den Kulturwissenschaften*, Reinbek bei Hamburg, 284-328.

Bois, Yves-Alain (1981): „Metamorphosen der Axonometrie/Metamorphoses of Axonometry", in: *Daidalos* 1, 40-58.

Bassi, Piero et al. (1957): „Stereoscopy in Bubble Chambers", in: *Il Nuovo Cimento* 5(6), 1729-1738.

Bordwell, David (1985): *Narration in the Fiction Film*, Cambridge, MA et al.

Carter, B.A.R. (1970): „Perspective", in: Harold Osborne (Hrsg.), *Oxford Companion to Art*, Oxford, 840-861.

---

22 Was Seel damit meint, das Bild sei nicht in ‚imaginäre Raumverhältnisse' überführbar, ist angesichts der historisch zentralen Rolle perspektivischer Raumdarstellung kaum verständlich. Vgl. zur Verdrängung des transplanen Bildes auch Glaubitz/Schröter (2004).

Chaloner, Clinton (1997): "The Most Wonderful Experiment in the World: A History of the Cloud Chamber", in: *British Journal for the History of Science* 30(3), 357-374.

Crary, Jonathan (1990): *Techniques of the Observer. On Vision and Modernity in the Nineteenth Century*, Cambridge, MA et al.

Denis, Maurice (1890): "Définition du Néo-Traditionnisme", in: *Art et Critique*, 23. August 1890, 540-542 [veröffentlicht unter dem Pseudonym ‚Pierre Louis'].

Döring, Jörg/Thielmann, Tristan (2008): "Einleitung: Was lesen wir im Raume? Der Spatial Turn und das geheime Wissen der Geographen", in: dies. (Hrsg.), *Spatial Turn. Das Raumparadigma in den Kultur- und Sozialwissenschaften*, Bielefeld, 7-45.

Dünne, Jörg (2008): "Die Karte als Operations- und Imaginationsmatrix. Zur Geschichte eines Raummediums", in: Jörg Döring/Tristan Thielmann (Hrsg.), *Spatial Turn. Das Raumparadigma in den Kultur- und Sozialwissenschaften*, Bielefeld, 49-69.

Evans, Robin (1989): "Architectural Projection", in: Eve Blau/Edward Kaufman (Hrsg.), *Architecture and its Image. Four Centuries of Architectural Representation. Works from the Collection of the Canadian Centre for Architecture*, Montreal, 18-35.

Farinelli, Franco (1996): "Von der Natur der Moderne. Eine Kritik der kartographischen Vernunft", in: Dagmar Reichert (Hrsg.), *Räumliches Denken*, Zürich, 267-300.

Foucault, Michel (1999): *Die Geburt der Klinik. Eine Archäologie des ärztlichen Blicks*, Frankfurt a.M.

Glaubitz, Nicola/Schröter, Jens (2004): "Quälende Kuben und beruhigende Tableaus. Fragmente einer Diskursgeschichte des Flächen- und des Raumbildes", in: *Sprache+Literatur* 35(1), 33-63.

Gombrich, Ernst H. (1984): *Bild und Auge*, Stuttgart.

Grab, Christoph (1993): "Event Display", in: Jörg Huber/Alois M. Müller (Hrsg.), *Raum und Verfahren*, Basel et al., 189-204.

Hayes, R.M. (1989): *3D-Movies. A History and Filmography of Stereoscopic Cinema*, Jefferson, NC.

Helmholtz, Hermann von (1896): *Handbuch der physiologischen Optik*, Hamburg/Leipzig.

Hick, Ulrike (1999): *Geschichte der optischen Medien*, München.

Judge, Arthur W. (1926): *Stereoscopic Photography. Its Application to Science, Industry and Education*, London.

Kirsch, Scott (1995): „The Incredible Shrinking World? Technology and the Production of Space", in: *Environment and Planning D: Society and Space* 13, 529-555.

Kittler, Friedrich (2000): *Kulturgeschichte der Kulturwissenschaft*, München.

Kittler, Friedrich (2002a): „Computergraphik. Eine halbtechnische Einführung", in: Herta Wolf (Hrsg.), *Paradigma Fotografie. Fotokritik am Ende des fotografischen Zeitalters*, Bd. 1, Frankfurt a.M., 178-194.

Kittler, Friedrich (2002b): *Geschichte der optischen Medien. Berliner Vorlesung 1999*, Berlin.

Kümmel, Albert (2006): „Körperkopiermaschinen. François Willèmes technomagisches Skulpturentheater (1859–1867)", in: Gundolf Winter et al. (Hrsg.), *Skulptur – Zwischen Realität und Virtualität*, München, 191-212.

Latour, Bruno (2006): „Drawing Things Together: Die Macht der unveränderlich mobilen Elemente", in: Andréa Belliger/David J. Krieger (Hrsg.), *ANThology. Ein einführendes Handbuch zur Akteur-Netzwerk-Theorie*, Bielefeld, 259-308.

Lefebvre, Henri (1991): *The Production of Space*, Cambridge, MA et al.

Newhall, Beaumont (1969): *Air-Born Camera. The World from the Air and Outer Space*, New York.

Novotny, Fritz (1970): *Cézanne und das Ende der wissenschaftlichen Perspektive*, Wien.

Pápay, Gyula (2005): „Kartographie", in: Klaus Sachs-Hombach (Hrsg.), *Bildwissenschaft. Disziplinen, Themen, Methoden*, Frankfurt a.M., 281-295.

Rohwaldt, Karl (2002): „Photoskulptur", in: Albert Kümmel/Petra Löffler (Hrsg.), *Medientheorie 1888–1933*, Frankfurt a.M., 57-62.

Seel, Martin (2003): *Ästhetik des Erscheinens*, Frankfurt a.M.

Schmid, Christian (2003): *Stadt, Raum und Gesellschaft. Henri Lefebvre und die Theorie der Produktion des Raums*, Dissertation, Friedrich-Schiller-Universität Jena.

Schröter, Jens (vorauss. 2009): *3D. Zur Geschichte, Theorie, Funktion und Ästhetik des transplanen Bildes*, München.

Sekula, Allan (1992): „Das instrumentalisierte Bild: Steichen im Krieg", in: *Fotogeschichte* 12(45/46), 55-74.

Steichen, Edward (1919): „American Aerial Photography at the Front", in: *The Camera* 23, 359-366.

Wolf-Czapek, Karl Wilhelm (1911): *Angewandte Photographie in Wissenschaft und Technik: in vier Teilen*, Bd. 1, Berlin.

Judith Miggelbrink

Verortung im Bild.
Überlegungen zu ‚visuellen Geographien'

Nachrichtensendungen illustrieren Katastrophen und Regierungserklärungen mit Bildern vom Ort des Geschehens, Berichte über Kriegs- und Kampfhandlungen werden mit Karten unterlegt und Hurrikans per Satellitenbild in ihrer Monstrosität vorgeführt. Dass Geographien in alltagsweltlichen Praktiken in hohem Maße einen bildhaften Charakter haben, scheint evident zu sein: Etwas geschieht nicht nur *hier* oder *dort* und Ereignisse und Nachrichten werden nicht nur als etwas buchstäblich *Statt*-Findendes verortet, vielmehr werden Ereignisse durch die Visualisierung des Ereignisortes, des *Schauplatzes* präsentiert. Konkretes muss konkret dargestellt werden, oder besser: (scheinbar) Konkretes bedarf (scheinbar) konkreter Illustration. Zur Darstellung von Vogelgrippe muss wenigstens ein Vogel(-schwarm) gezeigt werden und Umweltprobleme in Großstädten werden visualisiert durch partikelgetrübte Straßenszenen. Bilder sollen informieren, aber auch Dramatik und Empathie erzeugen. Bilder strukturieren die Ereignisse, von denen wir erfahren, sie machen sie *sichtbar, gegenwärtig und (be-)greifbar*. Umgekehrt erzeugt die Abwesenheit von Bildern, das Nicht-Zeigen(-Können) des Schauplatzes – die Suggestion einer ‚totalen' Verfügbarkeit via Bild vorausgesetzt –, Irritation; sie wirkt beängstigend und faszinierend zugleich.[1]

Bilder sind zu wesentlichen Ausdrucksformen von Ereignissen geworden. Und sie verleihen ihnen eine erd*räumliche* Existenz. Als selbstverständlich und notwendig erscheinen dabei nicht nur die zumeist hochgradig konventionalisierten Symboliken, sondern vor allem die permanente, eindringliche Präsenz von visualisierten Schauplätzen, die als *wirkliche und wahrhaftige* Orte dechiffriert werden sollen. Demgegenüber wird allerdings immer wieder hervorgehoben,

---

1   „Das, was an Nordkorea so reizvoll ist und uns daher beunruhigt, ist auch gleichzeitig, was der nordkoreanischen Regierung und uns, dem Publikum, Schwierigkeiten bereitet: die Abwesenheit von Bildern. Sie führt notgedrungen zu einer Ästhetik der Entsagung und Aussparung. Seit dem Waffenstillstand 1953 interessiert sich im Westen niemand mehr für Nordkorea. Es war noch der Schauplatz einiger eher langweiliger Kriegsfilme aus den 50ern, dann verabschiedete sich Hollywood nach Vietnam. Erst vor ein paar Jahren tauchte Nordkorea wieder auf der Kinolandkarte auf: In ‚Stirb an einem anderen Tag' wird James Bond 14 Monate lang in Nordkorea gefoltert. Aber die Bilder stammen selbstverständlich aus den Folterkellern Hollywoods – aus dem Norden hat es schon lange kaum noch Bilder gegeben" (Suchsland 2006: 3).

dass Bilder keine Abbild- oder Repräsentationsfunktionen hätten.[2] Das aber unterschlägt (oder vergisst zumindest), dass genau diese Abbild- und Repräsentationsfunktion notwendig und einer Vielzahl vor allem profaner Bilder inhärent ist, ja die Existenz dieser Art von Bildern überhaupt nur legitimiert. Überlegungen zum ‚Evidenzcharakter' von Bildern müssen daher gerade an der Abbild*funktion* ansetzen, um einige der ebenso folgenreichen wie trügerischen Evidenzen visueller Verortungen verstehen zu können.

Es geht im Folgenden um einen bestimmten Typus bzw. eine bestimmte Klasse von Bildern, die für sich in Anspruch nehmen, dass sie eine Form der Weltaneignung darstellen, die Wirklichkeit mit den Mitteln bilderzeugender Techniken nicht entwirft, sondern abbildet. Bilder also, bei denen der Gebrauchswert im Vordergrund steht, weil sie informieren oder Aufmerksamkeit erregen sollen, während ihr ästhetischer Wert eher sekundär, aber durchaus nicht irrelevant ist. Die permanente, omnipräsente ‚Ab'-Bildung des Erdraumes/erdräumlicher Ausschnitte stellt eine *permanente Raumproduktion durch Visualisierungen* dar. Sie gehören zu jenem Typus von Bildern, die Gottfried Boehm als „historisch erfolgreichste und am meisten verbreitete Bildpraxis" bezeichnet hat, weil sie – wenn auch in unterschiedlichem Maße – „das Bild als Abbild in Gebrauch" (Boehm 2004: 35) nehmen.[3] Es geht damit in erster Linie um die „äußeren Bilder" und die „Produktion von Ikonizität", durch die sich die *„Herstellung* der Welt" (Bohnsack 2007: 157, Herv. im Orig.) vollzieht. Verständigung durch das Bild setzt aber, wie der Gebrauch der Sprache, Bildlichkeit und Imaginäres voraus. Diese Relation bedarf einer näheren Bestimmung. Diese wird im ersten Abschnitt vorgenommen.

„Mediale Symbolwelten" (Felgenhauer/Schlottmann 2006: 163) können als „alltägliches Geographie-Machen" gelesen werden, versteht man darunter alle „Formen [...], in denen die Subjekte über ihr alltägliches Handeln die Welt einerseits auf sich beziehen, und andererseits erdoberflächlich in materieller und symbolischer Hinsicht [...] ‚gestalten'" (Werlen 1997: 212), und fasst Medien dabei als „eine zentrale Institution der Wirklichkeitskonstitution und der Reproduktion sozial-kultureller Sinnwelten" (ebd.: 379) auf. Und Bilder lassen sich, in einem weit gefassten Sinne, sicherlich als Formen einer „visuelle[n] Konstruktion von Gesellschaft" (Bachmann-Medick 2006: 346) begreifen. Was aber bedeutet in diesem Zusammenhang die Visualisierung des Erd*raumes*, also jenes *Raumes*, auf den sich alltagsweltliche wie auch wissenschaftliche Beschreibungspraktiken[4] textlicher, kartographischer und bildlicher

---

2   So beispielsweise Bachmann-Medick (2006: 346).
3   Diese gilt zugleich auch als die ‚schwächste' Bildpraxis (ebd.).
4   Zur Diskussion der Bedeutung von Visualität und Skopik in wissenschaftlichen Geographien vgl. u.a. Tuan (1979), Crang (2003), Driver (2003) und Flitner (1999).

Art in hohem Maße beziehen? Eine Antwort darauf wird im zweiten und dritten Abschnitt gesucht. Die Aufforderung, sich als Sozialwissenschaftler[5] „um solche Räume zu kümmern, die bereits im weitesten Sinne sprachlich (als ‚Texte' in einem Zeichensystem) vorliegen" (Hard 2002: 217), und ihren praktischen Sinn zu rekonstruieren, wird hier um solche Räume erweitert, die in bildlicher Weise vorliegen. Raum aber, so die These dieses Beitrags, erfüllt hier nicht nur kommunikative Funktionen, sondern soll zum Verständnis visueller Geographien als Moment struktureller Kopplung zwischen Kommunikation (soziale Systeme) und Bewusstsein (psychische Systeme) aufgefasst werden. Und schließlich: Welche Funktionen und Effekte können mit der permanenten, omnipräsenten *Ab*-Bildung des Erdraumes/erdräumlicher Ausschnitte, mit der *permanenten Raumproduktion durch Visualisierung* in Verbindung gebracht werden? Davon handelt der letzte Abschnitt.

Bildlichkeit und Bild

Bildbegriffe sind (erwartungsgemäß) heterogen. Vielfach interessiert dabei vor allem der Status des Bildes im Sinne einer Definition dessen, was Bilder *als Bilder* kenntlich macht und sie infolgedessen als eigenen Typus von Zeichen gegenüber anderen Zeichen auszeichnet. Gottfried Boehm markiert diese Unterscheidung als ikonische Differenz:

> Was uns als Bild begegnet, beruht auf einem einzigen Grundkontrast, dem zwischen einer überschaubaren Gesamtfläche und allem, was sie an Binnenereignissen einschließt. Das Verhältnis zwischen dem anschaulichen Ganzen und dem, was es an Einzelbestimmungen (der Farbe, der Form, der Figur etc.) beinhaltet, wurde vom Künstler auf irgendeine Weise optimiert. (Boehm 2001: 30)[6]

‚Bilder' basieren darauf, dass wir eine Differenz realisieren und das Bild als Bild erkennen. Das heißt: „Bilder [...] stellen im Unterschied zu anderen sichtbaren Dingen etwas dar, was sie selbst nicht sind" (Brandt 2004: 46). Die Trennlinie ist markiert als Unterscheidung zwischen Binnengeschehen und Außenseite. Das Bild konstituiert die Differenz von Bild und Betrachter. Das heißt: Sie sind „absichtlich hergestellte visuelle Zeichen, die statisch sind" (Posner/

---

5   ... und in dieser Hinsicht ordne ich die Geographie den Sozialwissenschaften zu.
6   Auch wenn man dem Vorschlag, eine Bild-Definition an die optimierende Tätigkeit des Künstlers zu knüpfen, nicht folgt (Brandt 2004: 45), hebt Boehms Definition die spezifische Begrenztheit des Bildes als Zeichen hervor, das eine eigene syntaktische Binnenstruktur aufweist.

Schmauks 1998: 19). Ein weiteres wesentliches Bestimmungsmoment des Bildes wird aus seiner Verweisungsfunktion abgeleitet, denn „Bilder sind aufgrund bestimmter semiotischer Eigenschaften von anderen Darstellungen abgrenzbar. Sie sind visuelle, zweidimensionale und statische Darstellungen und daher verwandt mit geschriebenen Texten, Landkarten und Diagrammen" (ebd.: 23).

Für den hier zur Diskussion gestellten Zusammenhang ist eine semiotische Theorie des Bildes von Interesse, da diese erklären will, „warum wir Bilder als Abbildungen wirklicher oder inszenierter Szenen und nicht als bloße Farbmuster sehen" (Fellmann 1998: 189). Fellmann, der die Frage stellt, ob „in unserer elementaren Form der Weltaneignung, in der Wahrnehmung, Bildlichkeit eine zentrale Rolle spielt" (ebd.: 187), begründet einen semiotischen Bildbegriff, indem er Bilder als eine besondere Klasse von Zeichen gegenüber den Spuren und dem Wort abgrenzt[7] und sie als „Wahrzeichen" auffasst. Als Wahrzeichen bezeichnet er Anblicke wie beispielsweise den des Eiffelturms, die einem zweifachen Wahrheitsanspruch genügen: Sie sind wahr im Sinne der *Richtigkeit* einer Abbildung, indem sie eine reale Szene abbilden, und wahr im Sinne der *Bedeutsamkeit* des Anblicks, der – im Falle des Eiffelturms – die zu Grunde liegende Idee ‚Paris' vermittelt. Richtigkeit und Bedeutsamkeit sind Effekte der *Syntax* eines Bildes, der das Primat gegenüber den semantischen Aspekten des Zeichenprozesses zukomme. In syntaktischer Hinsicht weist Bildlichkeit eine wesentliche Übereinstimmung mit der Wahrnehmung auf, denn ein Bild zeige die Ansicht[8] von etwas und diese Ansicht ähnle nun nicht dem Gegenstand, sondern dem *Anblick* eines Gegenstandes; die Ansicht entspricht dem „visuellen Erleben" und dem „optischen Eindruck" (ebd.: 190). Gleichzeitig unterscheidet sich aber die Wahrnehmung in syntaktischer Hinsicht vom Bild, denn die Ansicht ist vom Objekt getrennt. Eine Ansicht wird letztlich dadurch zum Bild, dass sie von der „raum-zeitlichen Wirklichkeit isoliert wird" (ebd.). Die Ansicht des Bildes, das ja auch abwesende und nichtexistente Gegenstände zeigen kann, stellt daher eine Grenze dar, die nicht durchbrochen werden kann. Dabei geht es nicht um die Verdeckung einer ‚wahren' Wirklichkeit, der man ohne Bild eher oder besser zu Leibe rücken könnte, sondern um einen spezifischen Modus der Wirklichkeitskonstitution. Als Wahrzeichen

> bilden Bilder nicht nur ab, was ist, sondern liefern dem Betrachter eine Deutung, durch die das, was ist, verständlich wird. In diesem Sinn lassen sich Bilder als Medium auffassen, das als eine virtuelle, von Bewußtsein und Gegenstand verschiedene Wirklichkeit betrachtet

---

7   ... und damit mentale Bilder aus dem semiotischen Bildbegriff ausschließt.
8   Der Begriff ‚Ansicht' schließt abstrakte Abbildungen nicht aus.

werden muß. [...] Sichtweisen sind perspektivisch bedingt und daher subjektiv, die den Bildern eigene Sichtbarkeit ist dagegen objektiv. Ihre Objektivität ist allerdings nicht gegenständlich, sondern liegt in den Bildern selbst, genauer: in ihrer Bedeutung, die sie unabhängig von der Existenz der abgebildeten Gegenstände zu Wahrzeichen macht. (Ebd.: 193)

Das Verhältnis von Bildlichkeit und Wahrnehmung wird also mit Hilfe einer semiotischen Bildtheorie in zwei Schritten so bestimmt, dass Bilder einerseits aufgrund ihrer Syntax richtig im Sinne der Wahrnehmung sind. Darüber hinaus wird die Wahrnehmung der Wirklichkeit aber auch durch das geprägt, was das Bild von der Ansicht unterscheidet – nämlich Abwesendes und Irreales. Bilder, verstanden als Wahrzeichen im Sinne Fellmanns, strukturieren den Fluss der Eindrücke, gerade *weil* sie durch die Einheit der Bildsyntax von den konkreten Gegenständen abgelöst sind und damit „die für die Wahrnehmung erforderlichen Invarianten" (ebd.: 192) extrahieren können. Bilder und Bildlichkeit erhalten damit eine fundamentale Rolle in der Wahrnehmung – und damit auch in der Erzeugung und Aufrechterhaltung – der raum-zeitlichen Wirklichkeit. In dem Maße aber, in dem der Anteil dessen, was wir durch Bilder erfahren, wächst und sie folglich zu einem wesentlichen Moment der Konstitution von Wirklichkeit werden, treten „Bilder in Konkurrenz zur Wahrnehmung" (ebd.: 194).

Die Problematik, die der Repräsentationsvorstellung anhaftet, ist die einer (unausgesprochenen) Analogie – Faßler nennt es ein *„Spiel der Analogie"* (Faßler 2002: 57). Das heißt: Aufgrund einer vorausgesetzten Realitätsvermutung einerseits und gleichermaßen vorausgesetzten „gleichlogische[n] Gestaltbezüge[n]" (ebd.) von Wahrnehmung und visueller Präsentation andererseits wird die Beziehung zwischen Bild und ‚Realität' als gleichförmige konzipiert. Als Effekte der Gleichförmigkeitserwartung stellen sich dann Vermutungen und Urteile über die *Annäherung* der visuellen Repräsentation an die Wirklichkeit und deren Wiedergabe ein, aber eben auch über ihre ablenkenden oder verfälschenden Folgen.

Visuelle Repräsentation unterstellt im Bild eine Wirklichkeitsannäherung oder Erfahrungswiedergabe, die vom Betrachter so ‚umgeschrieben' wird/werden soll, dass er die Annäherung oder Wiedergabe mit seinen visuellen Eindrücken auf deren Wichtigkeit oder Wahrhaftigkeit hin prüfen kann. Vorausgesetzt ist dabei, dass beide Akteure (Produzent und Betrachter) *eine* Bild-Wahrnehmung teilen. (Ebd.: 57)

Die Vorstellung einer visuellen Repräsentation wird offensichtlich immer (und vorschnell) an die Realitätsvermutung und damit an die Vorstellung einer Realität als „Gegenüber der menschlichen Wahrnehmung" (ebd.: 58) gebunden. Infolgedessen wird visuelle Formgebung stets als ein referentielles Tun betrachtet und muss zugleich immer als irgendwie defizitär erscheinen.

Eine semiotische Theorie des Bildes greift die latente Realitätsvermutung, die im Begriff der Repräsentation als unzulänglich zurückgewiesen wird, wieder auf, begründet die Entstehung einer Vorstellung von Realität aber ‚gerade mit der Bildhaftigkeit' von Wahrnehmung und sieht die Funktion von Bildern in der Extraktion der „für die Wahrnehmung erforderlichen Invarianten" (Fellmann 1998: 192). Von zentraler Bedeutung scheint dabei die Fähigkeit des Menschen zur *Virtualisierung* zu sein, das heißt zur Einordnung des Gesehenen in einen virtuellen Kontext. Es geht dabei um „Verortungsprozesse, in deren Verlauf Muster vorläufiger Anwesenheit erzeugt, erhalten, verbreitet, befragt, verworfen oder erweitert werden" (Faßler 2002: 59). Virtualisierung ist – entgegen möglichen Assoziationen von Unechtheit und mangelnder Wahrheitsfähigkeit – ein Aspekt unterschiedlichster Realitätskonstruktionen symbolischer, abstrakter, literarischer und sonstiger Art und wird damit zum „Quellcode" für die „mediale Selbstbefähigung des Menschen" (ebd.: 60). Bildlichkeit und Visualität beziehen sich dann auf die Fähigkeit, Anwesenheiten latent zu halten und Realitäten als mögliche Anwesenheiten zu versinnbildlichen. Von einer tendenziell dualistischen Konzeption von Bild und Wirklichkeit verschiebt sich damit der Fokus auf Bildlichkeit und Visualität als wesentlichem Modus der Realitätskonstruktion, in dem das Bild weder eine bestimmte Formensprache noch eine innere Realität, sondern eine „flüchtige oder verfestigte Unterscheidung" (ebd.: 61) darstellt.

Mit Hilfe einer semiotischen Theorie des Bildes muss nun die Frage nach der Abbildfunktion von Bildern offensichtlich verschoben werden, denn wenn Bilder als Modus der Realitätskonstruktion betrachtet werden, dann ist die Annahme ihrer abbildenden Funktion eine Zuschreibung, die im Gebrauch des Bildes als konkrete Praxis erst entsteht. Abbildung kann man dann verstehen als mögliche Wahrheitsfähigkeit, die aber nicht durch das Bild, sondern im Gebrauch desselben entschieden wird.

Daraus kann eine wesentliche Einsicht gewonnen werden: Zum einen müsste das Betrachten von Ab*bild*ungen des Erdraums (im Gegensatz zu anderen Formen seiner ‚Erfahrung') von seinem paradoxen Ausgangspunkt begriffen werden, der durch die unüberschreitbare Trennlinie zwischen Binnengeschehen und Außenseite begründet wird. Diese impliziert die Gleichzeitigkeit von „physischer Trennung und visueller Verbindung" (Hentschel 2001: 114), eine Erfahrung, die geradezu als konstitutiv für die Moderne gilt. Solche Paradoxien entstehen am augenfälligsten in jenen Fällen „teilnehmender Nicht-Teilnahme, in denen der Beobachter als (Fernseh-)Zuschauer eines Sportereignisses zum Mitglied einer virtuellen Zuschauer-Masse wird, die wiederum eine reale Masse beobachten kann. Diese Paradoxie wird aber zumeist in diachroner und dadurch entparadoxierter Weise als historisches *Nacheinander*, als Veränderung im Modus der Raumerfahrung beschrieben: In der postindustriellen Gesellschaft, so heißt es beispielsweise bei Weibel (2004), trete die zeichenzentrierte, symbolische Raumerfahrung in den Vordergrund, während die körperzentrierte zurückzutreten scheine. Dies produziere das *Doppelphänomen von Ortlosigkeit und Bilderfülle*. Das Phänomen der Ortlosigkeit, eingekleidet in die bekannten Semantiken vom „Ende der Geographie" (Bates 1995; Virilio 1997), wäre dann zu verstehen als die Reflexion der Erfahrung einer zunehmenden Überlagerung körperzentrierter durch zeichenzentrierte Raumerfahrungen.[9] Das „Ende der Geographie" ist aber nicht nur im Hinblick auf die Negierung körperzentrierter Raumerfahrungen eine zu starke These, denn sie unterschlägt darüber hinaus, dass diese ebenfalls schon eine symbolische ist. Visuelle Geographien markieren also eher synchrone Differenz(ierung)en: Das Moment der Lösung vom physisch-materiellen Raum durch das Bild ermöglicht Nicht-Anwesenheit, wodurch ebendieser Raum in transformierter Weise dem Betrachter gegenübergestellt und dem Blick unterworfen wird. Es sind das „bewegungslose Bewegtsein" (Hentschel 2001) des Zuschauers und der orbitale Blick in seinen verschiedenen Aufsplitterungen, die diese Lösung *und* Verknüpfung am deutlichsten zur Geltung bringen. Der orbitale Blick aber gilt als Inbegriff der visuellen Aneignung der erdräumlichen Welt; er ist das Instrument des Vertrautmachens: „The earth will always be familiar to its inhabitants principally through images" (Cosgrove 2006: 24). Dieser orbitale Blick ist geradezu konstitutiv für die Ikonisierung des Erdraumes, die auf die Totale zielt und, obwohl selbst weder Bild noch Abbild, sondern Mosaik, Handlichkeit und Verfügbarkeit (vgl. Pörksen 1997: 44ff.), damit auch totale Unterwerfbarkeit suggeriert (zum Anlaufen dieses Prozesses im 19. Jahrhundert vgl. Sternberger 1974).

(Welcher) Raum

Massenmedien verwenden eine schier unübersichtliche Palette von Kulissen als Abbildungen der physisch-materiellen Welt (Film, Nachrichten etc.), sie konfrontieren uns permanent mit der Anmutung von Dinghaftigkeit und schließlich Dinglastigkeit. So offensichtlich es aber scheint, dass ‚Erdräumliches' visuell/bildlich in hohem Maße präsent ist und massenmedial präsent gehalten wird, so voraussetzungsvoll ist schon diese Bild(-gegenstands-)bestim-

---

9   ... diesen Prozess muss man aber sicherlich historisch wesentlich früher ansetzen als mit einer postindustriellen Gesellschaft, wie Weibel (2004) es vorschlägt.

mung. Zwar lässt sich leicht behaupten, dass die (Massen-)Medien eine Vielzahl dessen verwenden, was Manuel Castells als „building materials [...] from geography" bezeichnet hat (Castells 2001: 7). Damit ist aber noch nichts darüber gesagt, welche (visuell und/oder sprachlich verwendeten) Zeichen als ‚geography' oder als ‚Erdraum' identifiziert werden können, ja welche Formen von Räumlichkeit denn überhaupt hier konstruiert und identifiziert werden können. Auch ‚Räumliches' müsste zunächst einmal als solches am Material identifiziert werden. Verweisen Bilder überhaupt auf Raum, und wenn ja, auf welchen (oder: welche) und in welcher Weise? Selbst wenn man sich vollständig darauf einlässt, dass man es mit Formen gesellschaftlich konstituierter und symbolisierter Räumlichkeit zu tun hat und

> die im Medium Sinn konstituierten Räume nicht mehr als Produkte einer zumindest indirekten Subjekt-Raum-Auseinandersetzung (oder als Ergebnisse einer konzeptionellen – subjektiven und/oder gesellschaftlichen – Aneignung des realen Raums) auffasst, sondern als Kommunikate, die auf Kommunikate reagieren – und eben nicht auf ‚die Welt' ‚außerhalb' der Kommunikation (Hard 2002: 264),

ist alles andere als klar, wie etwas als ‚Raum' erkannt werden könnte. Auch die „Semanteme der Raumsematik einer Kultur" (ebd.: 265) müssen zunächst einmal, wenn Raumproduktionen, -konstruktionen oder -konstitutionen *re*konstruiert werden sollen, als *Raum*semantiken identifiziert werden. Wenn hier von Raum und Räumen die Rede ist, so zunächst einmal nur im Sinne eines vorläufigen Hilfsbegriffes für Zeichen, die auf physisch-materielle Objekte, Anordnungen, Landschaften, Umgebungen, Umwelten – Erdräumliches also in einem recht weit gefassten Sinn – *verweisen*. Diese Verweise sind aber selbst schon wieder höchst voraussetzungsvolle, vieldeutige und bedeutungsbefrachtete Interpretationen und konzeptionell unterbestimmt. ‚Erdraum' sollte daher, um seine unbestrittene alltagsweltliche Evidenz offenzuhalten, einem Vorschlag von Antje Schlottmann folgend, *in suspenso* behandelt werden. Gemeint ist damit

> die Vorläufigkeit, mit der theoretisch an räumliche Einheiten oder überhaupt an Kategorien herangegangen werden muss, wenn die Kategorisierung selbst zum Gegenstand der Betrachtung werden soll und Repräsentation eine wirklichkeitskonstituierende Rolle zugeschrieben wird. (Schlottmann 2005: 67)

Damit muss der argumentative Ausgangspunkt verschoben werden hin zur Frage, welche Funktion ‚Raum' in Bezug auf Kommunikation im Allgemeinen und auf bestimmte Formen visueller Kommunikation im Besonderen hat. Der erste Aspekt ist in der geographischen Literatur in jüngster Zeit vielfach diskutiert worden (vgl. beispielsweise Lippuner 2005; Miggelbrink 2002; Redepenning 2006; Schlottmann 2005), während der zweite erst jüngst größeres Interesse findet. An dieser Stelle wird zunächst auf einen etwas älteren, wegen seiner dichotomisierenden Argumentationsweise aber aufschlussreichen Beitrag von Klüter (1986; 1987; 1994) zurückgegriffen, um die problematischen Konsequenzen aufzuzeigen, die aus dem Ausschluss eines wahrnehmungsbezogenen Raumbegriffs aus der Sozialgeographie resultieren.

Klüter unterscheidet zwischen einem individualistischen Konzept von Sozialgeographie mit einem entsprechend subjektivistisch ausgerichteten Raumkonzept und – mit klarer Präferenz für diese – einer institutionalistischen Konzeption, deren Raumbegriff auf die Erfordernisse sozialer Systeme zu beziehen ist und in Folge dessen den Raum vollständig der sozialen Kommunikation „als Element"[10] einverleibt. Die Bedeutung „räumlicher Ordnungsparameter" (Klüter 1994: 157), die meist beiläufig und mit großer Selbstverständlichkeit verwendet werden, bestehe darin, „einen Adressaten persönlich, sozial, technisch-ökologisch, wirtschaftlich oder anderweitig zu orientieren" (ebd.). Raum ist daher sozialgeographisch als räumliche Orientierung zu thematisieren, die von modernen Gesellschaften als Mittel der Information und Steuerung in höchst unterschiedlichen Kontexten verwendet wird. Raum wird gesellschaftlich nur in Form von *Raumabstraktionen* relevant, das heißt als Ordnungsalgorithmen, mit denen Elemente der sozialen und der physischen Umwelt abgebildet und synchronisiert werden können, und zwar auf eine Art und Weise, die den vorgesehenen Adressaten (wie auch den Steuernden) nicht überfordert, so dass mit einiger Wahrscheinlichkeit Verstehen erwartet werden kann. Raumabstraktionen rekurrieren auf Sinn bzw. Verstehen, die durch Komplexitätsreduktion („...-abstraktion') ermöglicht werden. Die sachbezogene Selektion wird als der spezifisch räumlichen Sinnkomponente vorausgehend angenommen:

> Räumliche Orientierung ist dabei eine spezifische Sinnkomponente, die unter Rückgriff auf bestimmte Chiffren Informationen verkürzt und so Kommunikation vereinfacht. Während des Kommunikationsprozesses artikulieren die Beteiligten bestimmte Inhalte, während andere ausgeschlossen werden. Dieser Prozeß sachbezogener *Selektion* ist der räumlichen Abstraktion vor- und nicht nachgeschaltet. (Ebd.: 159)

---

10 Die im Anschluss an die Systemtheorie Luhmanns von Klüter erarbeitete Auffassung von Raum als *Element* sozialer Kommunikation stützt sich auf jene Arbeiten, die vor dem Konzept der Autopoiesis erschienen sind.

Raumabstraktionen können nun zum einen als Produkte unterschiedlicher Kombinatoriken aufgefasst werden. Das heißt: In Abhängigkeit von dem Bedarf eines sozialen Systems an Orientierung kann eine räumliche Orientierung als Abstraktion der physischen Umwelt in Form einer Kulisse angelegt sein oder auch als Karte. Während Erstere vor allem in Situationen der Interaktion und als Handlungskontext relevant erscheint, setzen Karten als Orientierungsmittel in der Regel Organisationen der Erstellung und Reproduktion voraus und verwenden den Anforderungen der Organisationen entsprechende, d.h. zweckdienliche und in diesem Sinne rationale Relationierungen. Zum anderen können Raumabstraktionen unter dem Aspekt betrachtet werden, wie sie Synchronisierungen erzeugen. Denn die

> Art der Synchronisierung gibt Auskunft darüber, wie die kombinierten Informationselemente latent gehalten werden: als irgendwie geordnete Menge, als Bild (Fotografie) oder als Netz. Dabei kann Zeit nicht als Eigenschaft der Elemente (‚Persistenz') gedacht werden, sondern muß sich über den Planungshorizont der jeweiligen Organisation bestimmen. (Ebd.: 161)

Raumabstraktionen können mithin nicht nur im Hinblick auf die ihnen vorausgehenden Kalküle, sondern auch im Hinblick auf die Art der Projektion der Synchronisierungsleistung ganz unterschiedliche Formen annehmen.

Ein weiteres Argument für die kommunikative Funktionalität lässt sich aus der u.a. von Luhmann konstatierten Notwendigkeit der „dinglichen Fixierung von Formen" gewinnen, bei denen es sich „um Dinge oder um Quasi-Dinge, um reale oder imaginierte Dinge, um statische Objekte oder um Ereignissequenzen" (Luhmann 1999: 124) handeln kann. Auf dasselbe Ding Bezug zu nehmen, bedeutet eben nicht, dass es keine Meinungsverschiedenheiten darüber geben könnte – Handlungssequenzen können ebenso wie Gedichte höchst unterschiedlich interpretiert werden; die Kommunikation besteht nicht in der Herstellung eines Konsenses, sondern in der Bezugnahme auf dasselbe, identifizierte Ding. Der Dissens ist nicht folgenlos, er kann beispielsweise zum Ausschluss führen, abweichende Bewertungen stigmatisieren, soziale Differenzen festschreiben usw., aber das ist an dieser Stelle nicht der entscheidende Punkt: Der besteht vielmehr darin, dass kommunikative Koordinationen nicht von Konsens oder Dissens abhängen. Vielmehr müssen sie schon aus Kapazitätsgründen auf Dingorientierungen zurückgreifen können, denn die Feststellung, ob Konsens oder Dissens besteht, braucht Zeit. In diesem Zusammenhang stellt Luhmann die These auf, „daß kommunikative Koordinationen sich an Dingen und nicht an Begründungen orientieren, und daß Begründungsdissense erträglich sind, wenn die dingvermittelten Abstimmungen funktionieren" (ebd.: 125). Mit anderen Worten: Für die Fortsetzung von Kommunikation ist vor allem die Identifikation von Dingen entscheidend, auf die sie sich beziehen kann.[11] Damit ist nicht gemeint, dass Dinge in der Realität ‚herumstünden'; folglich geht es auch nicht um eine dingorientierte Ontologie, sondern darum, dass auch bei abweichenden Meinungen kein Zweifel darüber bestehen muss, „ob man über Dasselbe kommuniziert oder nicht" (ebd.: 126): Die Orientierung am Ding „ersetzt die Übereinstimmung der Meinungen" (ebd.: 124). Zwar ist eine Vielzahl von Formbildungen möglich, aber sie sind nicht unbegrenzt, da sie durch die Möglichkeiten des jeweils verwendeten Mediums beschränkt sind. *Eine* mögliche Dingfixierung kann an die basale Unterscheidung von Objekt und Stelle angeschlossen und damit ‚räumlich' vorgenommen werden. Raum ermöglicht also nur die Bezeichnung von Objekten über Stellenbeschreibungen, Bedeutungen werden damit nicht determiniert. Interessanterweise bezieht sich nun diese Form der dinglichen Fixierung auf eine *wahrgenommene* Gegenständlichkeit, so dass Raum hier als Korrelat von Wahrnehmung konzipiert sein muss, obwohl es zunächst um ein Problem der Kommunikation ging. ‚Raum' unterläuft hier folglich tendenziell die Grenzen zwischen sozialem und psychischem System.

Die Vorstellung von Raum und räumlicher Ordnung und Verortung ist auch dann, wenn sie an physisch-materiellen Dingen festgemacht wird, immer symbolischer Art (Cassirer 1996: 72ff.). Raum ist weder Gegenstand noch Akzidenz eines Gegenstandes, sondern eine kognitive Ordnungsleistung, die gleichwohl nicht individuell ist. Nicht der Raum ist in diesem Fall ein Objekt, sondern das *kognitive Schema* der räumlichen Ordnung (vgl. Miggelbrink/Redepenning 2004). Dieses Objekt ist keineswegs absoluter oder ‚vor-gesellschaftlicher' Art: „Space, conceived as a cognitive tool, like any other cognitive instrument, cannot be but a historically, culturally, socially, biographically and situationally contingent entity" (Zierhofer 2005: 30). ‚Raum' soll hier nicht im ontologischen Sinn als ein Ding oder Gegenstand begriffen werden, sondern (im methodologischen Sinn) als die basale und fundamentale Unterscheidung ‚hier'/‚dort', an die weitere Unterscheidungen im Sinne von ‚hier so'/‚dort anders' angeschlossen werden können. ‚Raum' ist das Medium des Ordnens und Orientierens, durch das den Dingen ein Ort (Position) und eine Beziehung zugewiesen werden kann.[12]

---

11 Das entlastet Kommunikation insofern, als Urteilsfragen damit liberalisiert werden können; Übereinstimmungen müssen weder als naturbestimmt noch im Sinne eines (kulturellen) Konsenses herangezogen werden (vgl. ebd.: 124).

12 Die Fähigkeit, Raum und Raumbeziehungen zu repräsentieren, ist ein fundamentales Merkmal menschlichen Abstraktionsvermögens (vgl. Cassirer 1996).

Die Umrisse des durch *visuelle Geographien* aufgeworfenen Problems zeichnen sich nun etwas deutlicher ab: Es geht weniger um die Frage, ob man hier nach ‚Räumen' suchen kann oder soll, sondern vielmehr um die Frage, inwieweit räumliche Unterscheidungen – Unterscheidungen im Medium Raum – kommunikativ erzeugt bzw. angewendet werden und mit welchen Effekten dies möglicherweise verbunden ist. Visuelle Geographien sind demnach einerseits strikt als Kommunikationen aufzufassen, aber als Kommunikate sind sie andererseits zugleich doch auch Korrelate von Wahrnehmung und damit etwas, das in Bezug auf psychische Systeme zu konzipieren wäre.

An dieser Stelle wird es nun notwendig, die kommunikative Funktion von Raum – und diese steht im Vordergrund des Interesses – weiter in Richtung einer perzeptiven Funktion zu treiben. Hinweise auf die *perzeptive* Bedeutung von Raum im Rahmen einer gesellschaftstheoretisch fundierten Geographie finden sich an zahlreichen Stellen. Regionalisieren, verstanden als eine Tätigkeit der Subjekte, die im Vollzug ihrer Handlungen ‚die Welt auf sich beziehen', bedeutet die Regionalisierung von *etwas*. Und dieses *Etwas* kann die konkret-materielle Erdoberfläche sein, die den Subjekten nur perzeptiv zugänglich ist und für die Generierung von Zeichen genutzt werden kann, die als Produkte des Regionalisierens aber immaterieller Art sind. Ebenso greift ‚räumliche Orientierung', die von Klüter strikt als Leistung sozialer Systeme zum Zwecke der Fremd- und Selbststeuerung konzipiert wird, vielfach zurück – oder eigentlich müsste man sagen: greift aus – auf eine Orientierung an physisch-materiellen Gegebenheiten bzw. „im physisch-materiellen Raum" (Klüter 1994), der nur als Korrelat von Wahrnehmung denkbar ist. Damit werden notwendige Konzessionen an psychische Systeme und Bedarf an struktureller Kopplung, für die Raum als Medium dienen könnte, zumindest angedeutet. Auf (wenigstens entfernt) Vergleichbares im Sinne einer theoretisch näher zu bestimmenden Leerstelle weist auch Ipsens Definition des Wahrnehmungsraums hin: „Der Wahrnehmungsraum ist also weder rein leiblich und subjektiv, noch ist er dem Raum der Dinge und Objekte zuzuordnen. Der Wahrnehmungsraum baut sich zwischen Subjekt und Objekt auf" (Ipsen 2006: 26). Helmut Klüter wiederum hat in seiner radikalen Kritik wahrnehmungsgeographischer Ansätze auf die aus *sozial*geographischer Perspektive zu konstatierenden Defizite einer allein perzeptiven Konstruktion des Raumes hingewiesen, aber zugleich festgehalten, dass sich wahrnehmungs- und sozialgeographisches Forschungsinteresse (nur) an der Stelle treffen könnten, an der es „um die psychologischen Effekte und die Konstruktion und Verbesserung von Kulissen geht" (Klüter 1994: 173). Raum also als Medium, an dem sich (unerlässliche) strukturelle Kopplung zwischen psychischen Systemen einerseits und Interaktions- und Kommunikationssystemen andererseits aufbauen kann. Auf diese Weise kommt ‚Raum' zweimal vor: als Korrelat von Kommunikation und als Korrelat von Wahrnehmung.

Eine an Luhmanns Systemtheorie anschließbare, dort aber nicht weiter vertiefte Annahme über die Bedeutung von Raumkonzepten in der Kommunikation (vgl. Hard 2002) geht ebenfalls dahin, ihre Bedeutung an der Stelle zu sehen, an der Kommunikation und Wahrnehmung strukturell miteinander gekoppelt sind. An jener Stelle folglich, an der Kommunikation „Wahrnehmung in Anspruch nehmen muß, anders gesagt, wo psychische Systeme sich in der Kommunikation andernfalls nicht hinreichend, z.b. nicht als ganze wiederfinden, deshalb irritiert sind und die Kommunikation irritieren" (ebd.: 297). Räume in der Kommunikation wären dann funktional zu verstehen, als eine Form der ‚Rücksichtnahme' auf die Bedürfnisse psychischer Systeme, die auf „(räumliche) Wahrnehmungsversionen der Welt" (ebd.) nicht verzichten könnten.

In welcher Weise diese ‚Bedürfnisse' verstanden werden können, darauf findet man an ganz anderer Stelle, nämlich im metaphorisch-umgangssprachlichen Gebrauch der Landschaft einen Hinweis: Bei aller „semantischen Variantenbildung" (ebd.: 109), die für die ‚Landschaft' aufgezeigt werden kann, gibt es trotz Vagheit einerseits und disziplinärer Spezifizierung andererseits auch Invariantes, das zur Metaphernbildung taugt: Landschaft als Bezeichnung eines (wie auch immer gearteten) kohärenten räumlichen Gefüges, das stets eng verbunden ist mit einer sinnlichen, vor allem visuell-ästhetischen Wahrnehmung. „Verlandschaftlichung" (Schrage 2004), der kommunikative Gebrauch dieser Invarianz, transzendiert die Beziehung von Raum und Anschauung und ermöglicht die Wahrnehmung abstrakter Wirklichkeiten durch die Bezugnahme auf konkrete Raumstellen. Ja, mehr noch: Sie erzeugt in Termini der Wahrnehmung eine Kohärenz in Bezug auf Gegenstände, die sich zu einer Einheit, der Landschaft, fügen oder gefügt werden sollen. „Landscape is a connecting term, a *Zusammenhang*" (Cosgrove 2006: 34, Herv. im Orig.). Daraus abzuleiten wäre dann die These, dass der Entwurf von Anschauungsräumen, und das meint ja der Begriff der Landschaft eben auch, verstanden werden könnte als Form der Umgangs mit Abstraktion und als Reaktion auf gesteigerte Artifizialität und Kontingenz. Landschaft also als Reaktion auf oder Form des Umgangs mit Strukturierungsbedarf.

Eine ‚naturale' Referenzierung der ‚Verlandschaftlichung' ist nicht notwendig – in theoretischer Hinsicht muss sie aufgegeben werden –, aber sie bleibt immer latent: Kontingentes, Abstraktes und Artifizielles kann gewissermaßen immer wieder in die vorgestellte Anschaulichkeit zurückgeholt werden und von dort aus als physisch-materieller Raum konkretisiert werden bis hin zum Entwurf reproduzierbarer Kulissen. ‚Verlandschaftlichung' kann sich dann auch wieder in äußeren Bildern niederschlagen und auf diese Weise Imaginäres und Ikonographisches re-kombinieren.

Der massenmediale Gebrauch raumbezogener Semantiken[13] ließe sich mithin dahingehend interpretieren, dass diese Form der Kommunikation sich insbesondere hinsichtlich ihrer visuellen Dimension auf solche Formen stützt, die perzeptiv relevant in dem Sinne sind, dass sie Wahrnehmungs*erfahrungen* irgendwie ‚aufgreifen' und ‚benutzen'.[14] Es geht also nicht nur um Symbolisierungsleistungen in Bezug auf Gegenstände der materiellen Welt – diese werden schließlich permanent auch außerhalb irgendwelcher fotografischen und filmischen Repräsentationen vollzogen. Vielmehr geht es darum, die Bild-Betrachter-Differenz, also das, was das Bild *als Bild* ausmacht und bewirkt, als ein für die Generierung von Sinn wesentliches Element zu berücksichtigen. Erst von dort aus kann jenes „sekundäre Bedeutungssystem" erschlossen werden, in das der „konkrete Raum [beispielsweise im Spielfilm] [...] transformiert" wird (Bollhöfer 2003: 54).

Die Frage aber, wie denn diese ‚Transformation' zu verstehen sei, ist von entscheidender Bedeutung. Die semiotische Bild-Theorie legte ja sogar nahe, dass zwischen Wahrnehmung und Bild kein transformatives Verhältnis besteht, sondern vielmehr der Bildlichkeit das Primat gegenüber der Wahrnehmung zukommt. Auch die Diskussion des Raumbegriffs zeigte, dass es weniger um das Verhältnis zwischen einem primären, visuell wahrnehmbaren und einem sekundären, bildlich oder sprachlich repräsentierten Raum geht, sondern um Ordnungs-, Strukturierungs- und Kopplungsbedürfnisse.

Visuelle Geographien

Visuelle Geographien werden hier verstanden als bildliche Formen von Objektivierung durch Verräumlichung und Verortung. Dazu zähle ich erstens Bilder, die eine erdräumlich-landschaftliche Bildsprache verwenden, also eine quasi ‚real-räumliche' Verortung schon auf ikonisch-ikonographischer Ebene erzeugen. Und zweitens rechne ich dazu Bilder, mit deren visuellem Register räumliche Ordnungen illustriert, definiert und kommuniziert werden. Wie kann die durch das Bild ausgelöste räumliche Strukturierung nun sichtbar gemacht werden?

---

13 Vgl. hierzu Miggelbrink/Redepenning (2002). Mit ausführlicher Herleitung raumbezogener Semantiken aus der Systemtheorie Luhmanns vgl. auch Redepenning (2006).

14 Die in einfache Anführungszeichen gesetzten Verben verweisen auf die Schwierigkeit der Beschreibung dieser ‚Schnittstelle' zwischen Kommunikation und Wahrnehmung, die ja – zumindest in der Systemtheorie – eine systemkonstituierende Differenz darstellt, die nicht einfach durch Ausgriffe des einen Systems in das andere überwunden werden kann.

Erst einmal ist festzuhalten: Das Verstehen von Texten und Bildern ist immer gebunden an einen kognitiven Bereich und stets abhängig von den kognitiven Möglichkeiten, Befähigungen und Strategien eines Subjekts.[15] Bedeutungen liegen nicht im textlichen oder bildlichen Material vor, sondern entstehen als kognitive Operationen, die nicht schon im Material vorhanden sind, sondern durch affektive Elemente, Relevanzen usw. bestimmt sind. Der Gegenstand (der Text, das Bild), auf den sich Verstehen oder Interpretieren beziehen, ist daher lediglich Auslöser von (Be-)Deutungen, nicht deren ‚Träger'. Welche Elemente des Bildes können nun als Auslöser räumlicher Strukturierungen verstanden werden?

Erdräumlich-landschaftliche Bildsprache

Da ist zunächst, ganz elementar, der ikonische Code selbst in Betracht zu ziehen. Die bekannte Definition von Morris (1946) kritisierend, der zufolge ikonische Zeichen „Eigenschaften des dargestellten Gegenstands besitzen", schlägt Eco eine Definition vor, die das Gegenteil behauptet (Eco 1994: 203f.): Ikonische Zeichen besitzen nicht die Eigenschaften des dargestellten Gegenstandes, sie reproduzieren lediglich „einige Bedingungen der gewöhnlichen Wahrnehmung auf Grund von normalen Wahrnehmungscodes" und sie „selektionieren diejenigen Stimuli, die es mir erlauben können, eine Wahrnehmungsstruktur aufzubauen, welche – auf Grund der Codes der erworbenen Erfahrung – dieselbe ‚Bedeutung' wie die vom ikonischen Zeichen denotierte wirkliche Erfahrung besitzt" (ebd.). Die Abbildfunktion ist mithin keine Voraussetzung des „Bild-Verstehens", sondern das Ergebnis eines Lernprozesses, aufgrund dessen abbildende Zeichen als „natürlich und motiviert und zutiefst mit den Sachen verbunden erscheinen und sich in einer Art sinnlichen Kontinuums zu entwickeln scheinen" (ebd.).[16] Für die Interpretation eines

---

15 Zu Kognitionstheorien der Wahrnehmung vgl. Roth (1992; 2000).

16 Das semiotische Interesse entzündet sich daher an der Frage, wie ein graphisches oder fotografisches Zeichen als den Sachen gleich erscheinen kann, obwohl es keine materiellen Gemeinsamkeiten mit der Sache hat. Das heißt: Aufgrund welcher Bedingungen kann eine Darstellung als *ikonisch* erscheinen? Die Antwort wird von Eco bündig gegeben: „Die ikonischen Zeichen geben einige Bedingungen der Wahrnehmung des Gegenstandes wieder, aber erst nachdem diese auf Grund von Erkennungscodes selektiert und auf Grund von graphischen Konventionen erläutert worden sind" (ebd.: 205). Und das wiederum heißt: Es geht nicht um eine Änderung der Ausdrucksform, sondern um unterschiedliche materielle Träger, um eine Änderung der Ausdruckssubstanz. Ein bestimmtes Zeichen, das von der Darstellung verwendet wird – z.B. eine durchgezogenen Linie, die die Umrisse eines Pferdes markiert –, denotiert willkürlich eine bestimmte Wahrnehmungsbedingung „oder es denotiert global ein willkürlich auf eine vereinfachte graphische Gestalt reduziertes Wahrgenommenes (Perzept)" (ebd.).

graphischen Zeichens als Abbildung eines Gegenstandes muss zwischen diesem und dem „relevanten Zug des Erkennungscodes" (ebd.: 206f.) eine Äquivalenz hergestellt werden. Eine geschwungene Linie kann als Schlange erkannt werden oder als Silhouette eines Vulkans. Und umgekehrt: Aufgrund welcher Voraussetzungen werden graphische Zeichen als *etwas* interpretiert?

Ikonische Codes sind Konventionen und müssen erlernt werden. Der ikonische Code ist insofern von besonderem Interesse, als bestimmte Icons einen starken Gefühlswert besitzen und „eine Eigenschaft eines Gegenstandes [...] in ihrer starken Repräsentativität direkt unsere Begierde stimuliert" (ebd.: 272). Zum visuellen Code gehört aber mehr als nur der ikonische Aspekt. Der Code des Geschmacks und der Sensibilität, der rhetorische Code, der stilistische Code, der Code des Unbewussten usw. sind weitere Ebenen der Codierung, nach denen ein Bild aufgeschlüsselt werden kann. Der rhetorische Code kann im Hinblick auf visuelle Geographien beispielsweise so interpretiert werden, dass die Darstellungen bestimmter *Umgebungen* tropologisch, zum Beispiel als Metaphern, aufgefasst werden. In der Werbung können sie als Metaphern für bestimmte Lebensstile, bestimmte Produkteigenschaften oder Qualitäten eines Unternehmens fungieren. Persuasiv wirken Visualisierungen aber auch denn, wenn sie scheinbar nur informativ sind, wie etwa die Satellitenaufnahmen des Hurrikans Katrina in der Berichterstattung über die Zerstörung New Orleans', die *visuell* dadurch als Naturkatastrophe codiert wurde.

Räumliche Ordnung

Räumliche Strukturierungen können aber auch durch visuelle Metaphern erzeugt werden, wie man aus einer Untersuchung von Rutvica Andrijašević ableiten kann. Gegenstand ist eine Kampagne der Internationalen Organisation für Migration (IOM), die diese gemeinsam mit La Strada, einer Nichtregierungsorganisation für Frauen, durchführte, um potentielle Migrantinnen aus Staaten des mittleren und östlichen Europa vor dem Schicksal des Menschenhandels und der Zwangsprostitution zu bewahren. Andrijašević kann nachweisen, dass die Repräsentationsordnung der IOM aufgrund der gewählten Visualisierungen Frauen in erster Linie zu passiven Opfern macht und letztlich darauf zielt, „Frauen ihren Platz innerhalb des vertrauten Raums heterosexueller Häuslichkeit zu[zu]weisen" (Andrijašević 2007: 140).[17] Diese Kampagne ist dann auch so lesbar, dass sie zu einer symbolischen Neuordnung des europäischen Raumes beiträgt, indem sie sich an der Auseinandersetzung um „Grenzen und Mitgliedschaft in der Europäischen Union" (ebd.: 124) in einer

---

17 Inwiefern das ein intendierter oder eher ein ungewollter, sich erst im Nachhinein erschließender Effekt der Kampagne ist, bleibt dahingestellt.

bestimmten, weibliche Migrationswünsche eindämmenden Weise beteiligt. In diesem Fall erschließt sich der territorial-räumliche Aspekt nicht durch den visuellen Code, vielmehr ist der visuelle Code – die dargestellten Körper-Räume der den Menschenhändlern ausgelieferten Frauen – zu interpretieren als Teil eines Migrations- und Grenzdiskurses, in dem territorial-räumliche Ordnungen definiert, legitimiert und gestützt werden.

Funktionen/Effekte visueller Geographien

Abschließend soll nun noch eher exemplarisch denn systematisch angedeutet werden, in welche Richtung visuelle Geographien zu untersuchen wären, die, einem sozialtheoretischen Interesse folgend, von der Frage geleitet sind, welche Funktionen visuelle Geographien in der Kommunikation haben könnten. Die Überlegungen werden in drei Stichworten gebündelt: Präsenz, Stereotypisierung und Authentizität.

Präsenz

Visuelle Geographien sind ein Mittel, Wirklichkeit als Realität präsent zu halten, und zwar nicht zuletzt, weil sie zur Konstitution einer Weltgesellschaft beitragen, indem sie Schauplätze präsentieren und sie dadurch transzendieren:

> Die Tatsache eines weltweiten Kommunikationssystems kann nicht bestritten werden. Politisch wirken sich die neuen Kommunikationstechnologien und vor allem das Fernsehen aus. Der Ort, an dem man sich befindet, verliert die Rolle als Bedingung der Möglichkeit des Sehens und Hörens. Er wird informationstechnologisch bagatellisiert. Damit werden alle raumbezogenen Zentralismen transzendierbar – was nicht ausschließt, daß sich daraufhin ein dagegen opponierendes Regionalbewußtsein festigt. Aber man kann im Prinzip und jeden Tag auch das sehen, was anderswo geschieht, und zwar nahezu gleichzeitig, jedenfalls unabhängig von der Zeit, die man benötigt, um an den Ort des Geschehens zu reisen. Optisch und akustisch (und in diesem Sinne dann auch: privat) werden Räume dadurch von überall her einsichtig. Wo immer etwas Berichtenswertes geschieht oder für Berichte inszeniert wird: es findet weltöffentlich statt. Und damit gewinnen auch weltpolitisch arrangierte Interventionen in lokale Ereignisse Chancen der Plausibilität (um nicht zu sagen: Legitimität). (Luhmann 2002: 373)

Die massenmediale Aufwertung des ins Bild gesetzten Schauplatzes einer politischen Aktion ist, wie man etwa an der Bildpolitik von Indymedia (http://de.indymedia.org) ablesen kann, eine Form visuellen Geographie-Machens mit dem Ziel, wirkungsvolle geopolitische Repräsentationen zu schaffen. Diesen Typus haben sich mittlerweile Umweltschutzbewegungen und Globalisierungsgegner als Strategie erfolgreich angeeignet: Der Ort der Aktion wird zum Schauplatz gemacht aufgrund einer Visualisierungsabsicht, die damit Formen von Räumlichkeit produziert, um Öffentlichkeit herzustellen.

Stereotypisierung

Ein zweiter Effekt visueller Kommunikate des Erdraums, der sich als Folge der Lösung des Bildes von seiner konkreten ‚Zeit-Raum-Stelle‘, also als Folge einer De-Kontextualisierung einstellt, ist die Wiederholbarkeit von Motiven. Für den hier diskutierten Zusammenhang interessiert besonders etwas, das als visuelle Stabilisierung alltäglicher Regionalisierungen bezeichnet werden könnte, nämlich die Tradierung bestimmter Motive für die Darstellung geographischer Entitäten über einen längeren Zeitraum hinweg. Es geht dabei um *Prägnanzbildung*, das heißt um die Formgebung eines Gegenstandes und die Merkmale, die diesem Gegenstand auf so stabile Weise zugeordnet werden, dass im Ergebnis ein Repräsentant für das Ganze genommen werden kann.[18]

Hier greift dann der Begriff des Visiotyps: Pörksen bezeichnet damit in einer analogen Wortbildung zum Stereotyp einen „allgemein zu beobachtenden, durch die Entwicklung der Informationstechnik begünstigten Typus sich rasch standardisierender Visualisierung. Es ist eine durchgesetzte Form der Wahrnehmung und Darstellung, des Zugriffs auf ‚die Wirklichkeit'" (Pörksen 1997: 27). Insbesondere betont er den wiederkehrenden und kanonisierten Charakter von Visiotypen, die er charakterisiert als „öffentliche Sinnbilder, globale (visuelle) Zeichen, als Schlüsselbilder des Alltags, die mit einem Assoziationshof von Wertungen und Emotionen umgeben sind" (ebd.: 27f.). Ähnlich spricht auch Marquardt – wenn auch mit Blick auf den Sonderfall der Visiotypisierung geographischer Entitäten – von Visiotypen, also zum Stereotyp geronnenen Bildideen, zu denen die „präferierten Bilder zur Region" (Marquardt 2005: 66) zusammengefasst werden können. Die auf eine räumliche Dimension von Gesellschaft bezogenen Visiotype, gewissermaßen ihre geographischen Visiotype, sind demnach in dreifacher Hinsicht charakterisierbar, und zwar im Hinblick auf

---

18 Vgl. hierzu ausführlicher Marquardt (2005: 40ff.). Wichtige Stichworte sind hier Schemabildung und Kanonisierung.

1. ihren kollektiven Charakter und ihre Verankerung im kulturellen Gedächtnis,
2. ihren Bezug auf scheinbar prä-existente, d.h. intersubjektiv bereits sinnhaft konstruierte räumliche (hier: regionale) Einheiten und
3. ihre Erkennbarkeit im Strom unzähliger Visualisierungen anhand eines identifizierbaren, d.h. kanonisierten Motivs[19].

Visiotype dieser Art muss man wohl fast immer als heterostereotyp ansehen: Sie mögen zwar erscheinen als Aussagen über das ‚soziale Geschehen' oder ‚das Leben' oder auch nur ‚die Landschaft' an einem *anderen Ort*, ihre Symbolik erschließt sich aber nicht aus dem, was ‚abgebildet' werden soll, sondern aus den Erwartungen der Abbildner und Bildbetrachter.[20]

Die Wiedergabe eines materiellen Objektes als standardisierte Illustration eines schon ‚vor-gewussten' Ortes ist als eine visuelle Rhetorik zu begreifen,[21] die diese Objekte metonymisch für den damit markierten „Referenzraum" (eine Stadt, ein Land, eine Landschaft, eine Region ...) setzt. Strategisch kommen derartige visuelle Substitutionen beispielsweise im *place* und *city branding* zum Tragen, wenn es darum geht, mittels gezielter Visualisierung ein bestimmtes mentales Vorstellungsbild einer Stadt zu erzeugen (vgl. Stöber 2007). Darüber hinaus macht sie den physischen Aspekt des Zeichens zum Ort selbst oder wirkt auf diese Weise ein zweites Mal metonymisch. Denn die stereotype Illustration eines Ortes erzeugt nicht nur Redundanz, sondern vor allem auch eine physische Präsenz.

Authentizität

Visualisierungen des Erdraums kann man wohl, analog zu bestimmten wissenschaftlichen Repräsentationspraxen, zur „Kultur des Evidenten" bzw. zur „Rhetorik des Evidenten" rechnen (Rheinberger et al. 1997: 15), weil sie als

---

19 Dies setzt dann wiederum eine zur Identifikation fähige Sprechergemeinschaft voraus; vgl. Schlottmann (2005: 147 et passim). Kanonisierte Motive können durchaus ganze Symbolgruppen umfassen wie beispielsweise Motive für ‚Exotik'.

20 Bei Klüter (1994: 164) heißt es ähnlich: „Fotografie und Film haben Landschaftsreproduktionen technisch soweit perfektioniert, daß Raumillusionen dieser Art durch Massenkommunikation zu Stereotypen geworden sind. Die Südsee-Insel mit Palmen und weißem Strand ist heute Massenstereotyp für gehobene Freizeitansprüche. Der ‚Wilde Westen' der USA verkörpert in ähnlicher Weise spannende Unterhaltung und Männlichkeit. Beide Beispiele zeigen prototypisch, wie stark Images von Prozessen bestimmt werden, die mit den angesprochenen Erdräumen nichts zu tun haben. Beide Images erwarben ihren Ruhm als Kulissen für bestimmte marktfähige Handlungskonstellationen, die mit enormem organisatorischem Input zum Erfolg gebracht wurden."

21 Zur Bildrhetorik vgl. auch Knape (2005).

eine unmittelbare Abbildung der äußeren und ‚wirklichen Welt' erscheinen. Sie erscheinen weniger als Bilder denn als Abbilder und sind damit *per se* bereits mit einer hohen Wahrheits- und Wirklichkeitsvermutung ausgestattet. Während wir einerseits um die Manipulierbarkeit von Bildern wissen und dies auch den Medien vielfach unterstellen, zweifeln wir doch selten an der Authentizität und der Bedeutung des Ereignisortes für das Ereignis. Das Bild des Ortes scheint immer – kraft einer Objektivität, die die Vermittlungstechniken erlangt haben – eine gewisse Beweiskraft zu haben: Wir wissen mittlerweile um die Bildpolitik, die im Weltsicherheitsrat betrieben wurde, um die Existenz von Massenvernichtungswaffen im Irak zu beweisen, und auch darum, dass sie sich als „Wahrheitspolitik" durchsetzen konnte (Steyerl 2004: 166).

Analog zu sprachlichen ist auch bei den visuellen Signifizierungsprozessen davon auszugehen, dass die (konkret-)räumliche Referenzierung eine situationsübergreifende und in diesem Sinne objektive Äußerung ist. Diese Objektivität ist nicht als Folge des Erkennens immanenter Eigenschaften der Welt zu verstehen, sondern im Sinne eines intersubjektiv verfügbaren und daher *transsubjektiv erscheinenden* Ordnungsmusters. Das Bild mag manipuliert sein, die räumliche Referenzierung als solche bleibt dagegen der unhinterfragte Ordnungsrahmen, weil sie das Resultat einer Objektivierung ist. Mehr noch als raumbezogene Semantiken in Texten, suggeriert das Bild ein ‚Es-ist-so(-gewesen)', weil es ein ‚Hier/Dort-ist-es-so(-gewesen)' ermöglicht. Hito Steyerl schlägt daher vor, Bilder unter dem Aspekt ihrer Bedeutung für eine „spezifische dokumentarische Politik der Wahrheit" (ebd.) zu untersuchen. In Anlehnung an den Foucaultschen Begriff der Gouvernementalität wählt sie den Begriff der Dokumentalität, den sie folgendermaßen definiert:

> Dokumentalität beschreibt die Durchdringung einer spezifischen dokumentarischen Politik der Wahrheit mit übergeordneten politischen, sozialen und epistemologischen Formationen. Dokumentalität ist der Umschlagpunkt, an dem Formen dokumentarischer Wahrheitsproduktion in Regierung umschlagen – oder umgekehrt. Sie beschreibt die Komplizität mit herrschenden Formen einer Politik der Wahrheit ebenso, wie sie eine kritische Haltung gegenüber diesen Formen beschreiben kann. Hier verbinden sich wissenschaftliche, journalistische, juristische oder authentizitistische Macht/Wissensformationen mit dokumentarischen Formationen. (Ebd.)

Diese bezeichnet sowohl Versuche dominanter Wahrheitsproduktion mit dokumentarischen Mitteln als auch Versuche, hegemoniale Bemühungen zu durchkreuzen und zu kritisieren. Es geht dabei nicht einfach um ‚wahre' oder ‚falsche' Dokumente, sondern um den Gebrauch dokumentarischer Formen in unterschiedlichen Politiken der Wahrheit, denn Dokumente „sollen jene Wirklichkeit erst herstellen, die in ihnen dokumentiert ist" (ebd.: 167). Hierin kommt der Visualisierung des Erdraumes als epistemisch objektive[22] Referenzierung und damit als Teil einer authentizistischen Macht/Wissensformation eine zentrale Stellung zu.

Alltagsweltlich agieren wir (notwendigerweise) zumeist als Realisten, das heißt mit einer klaren Trennung von Innen- und Außenwelt und im Wissen um eine objektive Realität, deren Erscheinungen der Wahrnehmung zugänglich sind oder mittels technischer Hilfsmittel prinzipiell zugänglich gemacht werden sollten. Die Außenwelt nehmen wir darüber hinaus als eine *gemeinsame* Außenwelt an. Alles aber, was wir als ‚Welt' ausdifferenzieren, geschieht aufgrund kognitiver Leistungen (vgl. Schmidt 1986).[23] Auf referentielle Semantiken, wie sie durch visuelle Geographie nahegelegt werden, müssen wir daher in der Theorie verzichten, als ‚alltagsweltliche Realisten' aber brauchen wir sie. Visuelle Geographien sollten daher als eine spezifische Form von Geographien der Praxis verstanden werden, das heißt als „kontingente Weltordnungsbeschreibungen, die veränderbar sind und verändert werden" (Lippuner 2005: 207) und ihre Bedeutung als kognitive Organisationsformen von Wissen erlangen.

Literatur

Andrijašević, Rutvica (2007): „Das zur Schau gestellte Elend. Gender, Migration und Repräsentation in Kampagnen gegen Menschenhandel", in: Transit Migration Forschungsgruppe (Hrsg.), *Turbulente Ränder*, Bielefeld, 121-140.

Bachmann-Medick, Doris (2006): *Cultural Turns. Neuorientierungen in den Kulturwissenschaften*, Reinbek bei Hamburg.

Bates, Stephen (1995): „The End of Geography", http://pespmc1.vub.ac.be/cybspasy/sbates.html, 08.08.2008.

Boehm, Gottfried (2001): „Die Wiederkehr der Bilder", in: Gottfried Boehm (Hrsg.), *Was ist ein Bild?*, München, 11-38.

Boehm, Gottfried (2004): „Jenseits der Sprache? Anmerkungen zur Logik der Bilder", in: Christa Maar et al. (Hrsg.), *Iconic Turn. Die neue Macht der Bilder*, Köln, 28-43.

---

22 Im Sinne Searles (1997).

23 Visuelle Geographien können demnach im Anschluss an literaturwissenschaftliche Überlegungen als Kommunikate behandelt werden, denn so wie es den Text als ‚sinnvolle Größe' nur im kognitiven Bereich von Subjekten geben kann, so kann es auch Bilder als sinnvolle Größe nur im kognitiven Bereich von Subjekten geben.

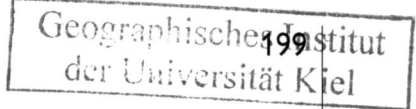

Bohnsack, Ralf (2007): *Rekonstruktive Sozialforschung. Einführung in qualitative Methoden*, Opladen/Farmington Hills.

Bollhöfer, Björn (2003): "Stadt und Film – Neue Herausforderungen für die Kulturgeographie", in: *Petermanns Geographische Mitteilungen* 147(2), 54-58.

Brandt, Reinhard (2004): "Bilderfahrungen – Von der Wahrnehmung zum Bild", in: Christa Maar et al. (Hrsg.), *Iconic Turn. Die neue Macht der Bilder*, Köln, 44-54.

Cassirer, Ernst (1996 [1944]): *Versuch über den Menschen. Einführung in eine Philosophie der Kultur*, (Philosophische Bibliothek 488), Hamburg.

Castells, Manuel (2001 [1997]): *The Information Age: Economy, Society and Culture. Volume 2: The Power of Identity*, Malden, MA/Oxford.

Cosgrove, Denis (2006): *Geographical Imagination and the Authority of Images*, (Hettner-Lecture 2005), Stuttgart.

Crang, Mike (2003): "The Hair in the Gate: Visuality and Geographical Knowledge", in: *Antipode* 35(2), 238-243.

Driver, Felix (2003): "On Geography as a Visual Discipline", in: *Antipode* 35(2), 227-231.

Eco, Umberto (1994 [1972]): *Einführung in die Semiotik*, München.

Faßler, Manfred (2002): *Bildlichkeit*, Wien et al.

Felgenhauer, Tilo/Schlottmann, Antje (2006): "Schreiben -> Senden -> Schauen? Medienmacht und Medienohnmacht im Prozess der symbolischen Regionalisierung", in: *Social Geography Discussions* 2, 161-178, http://www.soc-geogr-discuss.net/2/161/2006/sgd-2-161-2006.pdf, 08.08.2008.

Fellmann, Ferdinand (1998): "Von den Bildern der Wirklichkeit zur Wirklichkeit der Bilder", in: Klaus Sachs-Hombach et al. (Hrsg.), *Bild – Bildwahrnehmung – Bildverarbeitung. Interdisziplinäre Beiträge zur Bildwissenschaft*, Wiesbaden, 187-196.

Flitner, Michael (1999): "Im Bilderwald. Politische Ökologie und die Ordnungen des Blicks", in: *Zeitschrift für Wirtschaftsgeographie* 43(3/4), 169-183.

Hard, Gerhard (2002): *Landschaft und Raum. Aufsätze zur Theorie der Geographie*, Band 1, Osnabrück.

Hentschel, Linda (2001): *Pornotopische Techniken des Betrachtens. Raumwahrnehmung und Geschlechterordnung in visuellen Apparaten der Moderne*, (Studien zur visuellen Kultur 2), Marburg.

Ipsen, Detlev (2006): *Ort und Landschaft*, Wiesbaden.

Klüter, Helmut (1986): *Raum als Element sozialer Kommunikation*, (Gießener Geographische Arbeiten 60), Gießen.

Klüter, Helmut (1987): „Räumliche Orientierung als sozialgeographischer Grundbegriff", in: *Geographische Zeitschrift* 75(2), 86-98.

Klüter, Helmut (1994): „Raum als Objekt menschlicher Wahrnehmung und Raum als Element sozialer Kommunikation. Vergleich zweier humangeographischer Ansätze", in: *Mitteilungen der Österreichischen Geographischen Gesellschaft* 136, 143-178.

Knape, Joachim (2005): „Rhetorik", in: Klaus Sachs-Hombach (Hrsg.), *Bildwissenschaft. Disziplinen, Themen, Methoden*, Frankfurt a.M., 134-148.

Lippuner, Roland (2005): *Raum – Systeme – Praktiken. Zum Verhältnis von Alltag, Wissenschaft und Geographie*, (Sozialgeographische Bibliothek 2), Wiesbaden.

Luhmann, Niklas (1999 [1995]): *Die Kunst der Gesellschaft*, Frankfurt a.M.

Luhmann, Niklas (2002): *Die Politik der Gesellschaft*, Frankfurt a.M.

Marquardt, Editha (2005): *Visiotype und Stereotype. Prägnanzbildungsprozesse bei der Konstruktion von Region in Bild und Text*, Köln.

Miggelbrink, Judith (2002): „Kommunikation über Regionen. Überlegungen zum Konzept der Raumsemantik in der Humangeographie", in: *Berichte zur deutschen Landeskunde* 76(4), 273-306.

Miggelbrink, Judith/Redepenning, Marc (2004): „Narrating Crises and Uncertainty, or: Placing Germany. Reflections on Theoretical Implications of the Standort Deutschland Debate", in: *Geopolitics* 9(3), 564-587.

Morris, Charles (1946): *Signs, Language, and Behavior*, New York.

Pörksen, Uwe (1997): *Weltmarkt der Bilder. Eine Philosophie der Visiotype*, Stuttgart.

Posner, Roland/Schmauks, Dagmar (1998): „Die Reflektiertheit der Dinge und ihre Darstellung in Bildern", in: Klaus Sachs-Hombach et al. (Hrsg.), *Bild – Bildwahrnehmung – Bildverarbeitung. Interdisziplinäre Beiträge zur Bildwissenschaft*, Wiesbaden, 15-32.

Redepenning, Marc (2006): *Wozu Raum? Systemtheorie, critical geopolitics und raumbezogene Semantiken*, (Beiträge zur Regionalen Geographie 62), Leipzig.

Rheinberger, Hans-Jörg et al. (1997): „Räume des Wissens: Repräsentation, Codierung, Spur", in: dies. (Hrsg.), *Räume des Wissens: Repräsentation, Codierung, Spur*, Berlin, 7-22.

Rose, Gillian (2003): „On the Need to Ask How, Exactly, Is Geography ‚Visual'?", in: *Antipode*, 35(2), 212-221.

Roth, Gerhard (1992): „Das konstruktive Gehirn. Neurobiologische Grundlagen von Wahrnehmung und Erkenntnis", in: Siegfried J. Schmidt (Hrsg.), *Kognition und Gesellschaft. Der Diskurs des radikalen Konstruktivismus 2*, Frankfurt a.M., 277-336.

Roth, Gerhard (2000 [1987]): „Erkenntnis und Realität: Das reale Gehirn und seine Wirklichkeit", in: Siegfried J. Schmidt (Hrsg.), *Der Diskurs des radikalen Konstruktivismus*, Frankfurt a.M., 229-255.

Schlottmann, Antje (2005): *RaumSprache. Ost-West-Differenzen in der Berichterstattung zur deutschen Einheit. Eine sozialgeographische Theorie*, (Sozialgeographische Bibliothek 4), Stuttgart.

Schmidt, Siegfried J. (1986): „Texte verstehen – Texte interpretieren", in: Achim Eschbach (Hrsg.), *Perspektiven des Verstehens*, (Bochumer Beiträge zur Semiotik 6), Bochum, 75-103.

Schrage, Dominik (2004): „Abstraktion und Verlandschaftlichung. Moderne Räume zwischen Authentizität und Artifizialität", in: Wolfgang Eßbach et al. (Hrsg.), *Landschaft, Geschlecht, Artefakte. Zur Soziologie naturaler und artifizieller Alteritäten*, Würzburg, 63-77.

Searle, John R. (1997): *Die Konstruktion gesellschaftlicher Wirklichkeit. Zur Ontologie sozialer Tatsachen*, Reinbek bei Hamburg.

Sternberger, Dolf (1974): *Panorama oder Ansichten vom 19. Jahrhundert*, Frankfurt a.M.

Steyerl, Hito (2004): „Dokumentarismus als Politik der Wahrheit", in: Gerald Raunig (Hrsg.), *Bildräume und Raumbilder. Repräsentationskritik in Film und Aktivismus*, Wien, 165-174.

Stöber, Birgit (2007): „Von ‚brandneuen' Städten und Regionen – Place Branding und die Rolle der visuellen Medien", in: *Social Geography* 2, 47-61, http://www.soc-geogr.net/2/47/2007/sg-2-47-2007.pdf, 08.08.2008.

Suchsland, Rüdiger (2006): „Wie wir lernen, Nordkorea zu lieben", http://www.telepolis.de/r4/artikel/23/23766/1.html, 08.08.2008.

Tuan, Yi-Fu (1979): „Sight and Pictures", in: *The Geographical Review* 69, 413-422.

Virilio, Paul (1997): „Eine überbelichtete Welt. Ende der Geschichte oder Ende der Geographie?", in: *Le Monde diplomatique*, 15.08.1997, 8-9.

Weibel, Peter (2004): „Ortlosigkeit und Bilderfülle – Auf dem Weg zur Telegesellschaft", in: Christa Maar et al. (Hrsg.), *Iconic Turn. Die neue Macht der Bilder*, Köln, 216-226.

Werlen, Benno (1997): *Sozialgeographie alltäglicher Regionalisierungen. Band 2: Globalisierung, Region und Regionalisierung*, (Erdkundliches Wissen 119), Stuttgart.

Zierhofer, Wolfgang (2005): „State, Power and Space", in: *Social Geography* 1(1), 29-36.

Marc Ries

Das Porträt und sein Raum.
Elemente einer Topologie der Medien

> Gewiss, wir sind da, doch in diesem Rumpfsatz hören wir eher das Adverb als das Verb.
> (Michel Serres)

1

Eine jede neue Medientechnik evoziert eine weitere und je besondere Ästhetisierung der Existenz ihrer Objekte und Benutzer. Im Anschluss an die Tradition philosophischer Ästhetik seit Baumgarten wird ästhetischer Prozess zunächst als ‚sinnliche Produktion' und ‚sinnliches Erkennen' von Welt verstanden, also – bezogen auf das Thema – als eine von technischen Medien produzierte Sinnlichkeit, die Körper und Welt anders, denn für die natürliche Wahrnehmung, erscheinen und erkennen lässt. Ein nächster Schritt konstatiert die Einwirkung des Ästhetischen auf die Phänomene selbst, die Körper werden im Vollzug der Medien ästhetisch transformiert, erfahren eine Form- und Aktgebung, die sich radikal von ihrer vorgegeben-leiblichen unterscheiden. Das war bereits der Fall für den fotografischen und filmischen Körper und ist in der Gegenwart, gerade mit lokativen Medien, in einem umfassenden Sinne zu beobachten: Der Körper, sein Ort und seine Akte werden über Mapping-, Navigations- und Kontrollsysteme als Bild, als Koordinaten und audio-visuelle Spuren umdefiniert, verdoppelt, simuliert. Dieses Konzept einer Ästhetisierung der Existenz durch Medien soll mit einer Form, einem Format konkretisiert werden, das der Bildenden Kunst entstammt, dem Porträt. Das Porträt – als transhistorische und als transmediale ästhetische Gattung – gewinnt, so die Annahme, von der Fotografie bis zu netzbasierten Medien eine kraftvolle, zugleich prekäre Ubiquität.

Im ästhetischen Akt des Porträtierens wird, ausgehend von einem ersten ‚inneren' Bild der Erscheinung eines Menschen, einem Wahrnehmungs-, Vorstellungs- oder Phantasiebild, ein zweites Bild ‚außerhalb' geschaffen. Von einem anwesenden Körper, der das erste Bild im Betrachter affiziert, wird eine rein abbildliche Erscheinung als ein zweiter ästhetischer Körper im Porträt erzeugt. Und für diesen zweiten Körper wird gleichfalls ein zweiter Ort, der Ort des gemalten, fotografierten, gefilmten, gerechneten Porträts definiert. Gegenüber einer faktisch-perzeptiven Welt entsteht eine ästhetische Welt. Der ästhetische Akt lässt ein erstes Bild in einem Material, einem Medium (der Malerei etwa) sich verkörpen, sich materialisieren. Er schafft ein zweites Bild, das sich vom Körper unabhängig macht und sich an einem anderen Ort einen eigenen Körper als stabile und kontinuierliche Erscheinung schafft. Dieser andere Körper und sein Ort erzeugen in ihrem bildhaften Erscheinen eine besondere Sinnlichkeit, die eine genuin ästhetische Wahrnehmung provoziert, die mich als Betrachter Körper und Welt anders sehen und erkennen lässt. In der Verwendung technischer Medien wird das erste Wahrnehmungsbild von einem zweiten, apparativ gefassten Bild konkurriert. Die Körper affizieren nunmehr die Optik, die Sensoren einer Kamera, die, entsprechend ihrer Algorithmen, ein ‚Körperbild' – eine Körperrepräsentation im Systemraum der Medien – entstehen lässt und zugleich einen ‚Bildkörper' generiert, also ein „affektives Zentrum" aus Affektbildern, die dem Begehren der Betrachter und Benutzer zu einer aktuellen Projektionsfläche gereichen.[1]

In phänomenologischer Perspektive lässt sich der Akt des Porträtierens so formulieren: Ein jeder Mensch erfährt sich zuallerst als ein Hiersein oder Dasein, als leibliche Anwesenheit an einem nur von ihm eingenommen Ort. Wird jedoch ein Abbild oder Porträt von diesem einzelnen Menschen gemacht, also ein ästhetischer Akt mit ihm vollzogen, entsteht entfernt vom Hier ein Dort, ein Anderes, ein Wo-Anders als ein Da-Draussen, ein Außerhalb. Es gibt nun zwei, die vielfach miteinander korrespondieren: Hier die Existenz als Bio-Logik und woanders die Existenz als Bild-Logik. Beide stehen von ihren jeweiligen Positionen aus in Beziehung zueinander. Absicht dieses Prozesses ist es, das Bild der porträtierten Person dieser selbst oder einem Dritten, einem Betrachter zur Verfügung zu stellen, der wiederum von seinem Ort aus zum Woanders der Bildexistenz sich hin imaginieren kann, dem Porträtierten also an dessem medialen Ort begegnen und mit ihm sein kann!

Die *Aisthesis*, diejenige Wahrnehmung, die das Ästhetische als eine zweite Wahrnehmung gegen die natürlich-organisch bedingte hervorruft, ist eigentümlich selbstbezüglich: ‚Ich sehe ein Sehen'. Mein sinnliches Erleben wird von einer anderen Sinnlichkeit besetzt. Das evoziert vielleicht auch die befremdliche Selbstwahrnehmung, die von Porträt-Bildern ausgehen kann, schließlich führen die Körper dort ein Eigenleben und schauen zurück; sie stellen in ihrer Autonomie die meine in gewisser Weise in Frage. Für meine weiteren Überlegungen ist die topologische Kondition des Porträts, also die Beziehung von einem Hier zu einem Dort im ästhetischen Akt, genauer zu befragen.

---

1 Die Unterscheidung von ‚Körperbild' und ‚Bildkörper' und dessem affektivem Zentrum geht zurück auf Lefebvre (2000). Das Buch ist nur in wenigen Teilauszügen auf Deutsch übersetzt, so ein Auszug aus dem „Dessein de l'ouvrage" in Dünne/Günzel (2006: 330-340).

2

In *Atlas* arbeitet Michel Serres mit einer Erzählung von Guy de Maupassant, um die Frage nach den Räumen der Gegenwart besser ausarbeiten zu können, und zwar mit der phantastischen Novelle *Le Horla*, geschrieben 1887 (Serres 2005: 57f.; Flaubert 2006). Maupassant entwickelt in dieser Geschichte die Figur eines zweiten Ichs, eines Doppelgängers, eines *Horla*, wie er diesen Anderen nennt – oder ist es doch ein Nicht-Ich, ein fremdes Anderes, das dem Ich des Erzählers nachstellt? „Ich lebte dieses mysteriöse Doppelleben, das im Zweifel darüber ist, ob sich zwei Wesen in uns befinden, oder ob ein fremdes Wesen [...] unsere gefangenen Körper bewegt" (Maupassant 2006: 110, Übersetzung M.R.). Ein Wesen, so Serres, das exlusiv „präpositional" existiert, als beunruhigende Ortsangabe: *Horla* setzt sich zusammen aus *hors* und *là*, also aus einem ‚draußen' und einem ‚da', meint also, da-draußen, dort-draußen, woanders. Die Erscheinungen dieses Wesens, des *Horla*, stehen in eigentümlicher Beziehung zur Hauptfigur; sie erregen, verwirren ihn, treiben ihn – vor sich selber – zum Wahnsinn. So etwa trinkt der *Horla* Nachts das Wasser und die Milch der Ich-Figur, stärkt sich also von der Nahrung des Menschen. Man denkt sogleich an ein frei gelassenes Tamagotchi, aber auch an eine Lieblingsfigur von Serres, die des ‚Parasiten': „Parasit sein heißt: bei jemandem speisen" (Serres 1981: 17; auch Serres 2005: 75). Maupassant entwirft den langsamen Absturz in den Wahnsinn durch die Konstruktion einer Räumlichkeit, die ausschließlich über topologische Nachbarschaftsbeziehungen, über Präpositionen und Adverbien, sich darstellt, Beziehungen, die die fatale Bindung der Hauptfigur an den/seinen *Horla* allererst konstituieren! Es ist die Topologie, die den Doppelgänger existieren lässt.

> Ich unternahm eine Wanderung durch den Forst von Roumare... Ich wählte eine große Jagdallee und bog dann in eine schmale Schneise in Richtung auf La Bouille ein; diese war zwischen Armeen riesenhoher Bäume eingekeilt, die mir den Himmel durch ein dichtes, grünes, finsteres Dach verbargen. Zur Übung möge der Leser einmal die Präpositionen unterstreichen, die offenbar stets sorgsam wie Vektoren eingesetzt werden. (Serres 2005: 66)

Serres nutzt die Erzählung des *Horla* um ein anderes Raumdenken zu propagieren: „Ich wohne in der Geometrie, während die Topologie mich heimsucht" (Serres 2005: 70). Im Gegensatz zum französischen *hanter* und dem englischen *to hant*, vereint das deutsche Wort ‚Heimsuchung' sowohl das Wort ‚Heim/ Habitat' und das Wort ‚(auf)suchen', ist also eine topologische Figur, da sie Innen und Außen in einer Bewegung zusammenführt. Das Topologische baut

Gegenüber auf, Positionen außerhalb von uns, die unabdingbar mit unserer Position verknüpft sind.

Die Topologie erfasst den Raum anders und besser. Dazu benutzt sie Geschlossenes (in), Offenes (außerhalb), Zwischenräume (zwischen), Richtung und Ausrichtung (zu, vor, hinten), Nachbarschaften und Angrenzendes (bei, auf, an, unter, über), Eintauchen (inmitten), Dimension usw., sämtliche Realitäten ohne Maß, aber mit Relationen. (Serres 2005: 67)

Erst wenn der Raum nicht mehr exklusiv metrisch, geometrisch-euklidisch wahrgenommen wird, gelingt es, ihn als Handlungsfeld zu erfahren und die massive Einwirkung der Dinge auf das Individuum und seine Aktionen auf sie einzusehen. Alles ist in Bewegung und Veränderung und die Umwelt wird in zahlosen Variationen und Verschiebungen der je eigenen Positionalität erlebt. Vor allem aber ist es die Beziehung zu den eigenen Porträts, Selbst-Bildern, *Horlas*, die für die topologische Erfahrung von eminenter Bedeutung ist. Alle Medien, so die Annahme, produzieren *Horlas* und lassen sie in offene Verhältnisse zu ihren Vorbildern, als auch zu den ‚Nachbildern' ihrer Benutzer treten.

Ich möchte die Maupassant'- und Serres'schen Gedanken noch einmal sehr grundsätzlich formulieren. Und zwar in der Konzentration auf das kleine, doch unbedingt wichtige Wort *là*, ‚da'. Das *hors*, das draußen, ist nämlich bloß eine Verstärkung eines im *là* schon angelegten Verweises. Es lässt sich sagen, dass das *là*, das ‚da', der allerste konstitutive Gegensatz im Menschen ist. Am anschaulichsten bringt dies die französische und die deutsche Sprache zum Ausdruck. Denn das ‚da' kann sowohl ein ‚hier', als auch ein ‚dort' meinen, ein *ici-là* und ein *hors-là*. Im Englischen wird dieses Eine wieder auf Zwei verteilt: *here* und *there*. In seinem Da-sein ist ein jeder zugleich hier und dort, zugleich bei sich, mit sich, derselbe und woanders, außerhalb von sich, ein Anderer. Heidegger hatte diese Spannung für seine Daseinsanalytik grundgelegt und die Voraussetzung von Räumlichkeit als einer – nicht-metrischen – innerweltlichen Begegnung betont.

> Das Seiende [...] *ist* selbst je sein ‚Da'. Der vertrauten Wortbedeutung nach deutet das ‚Da' auf ‚hier' und ‚dort'. Das ‚Hier' eines ‚Ich-Hier' versteht sich immer aus einem zuhandenen ‚Dort' im Sinne des entfernend-ausrichtend-besorgenden Seins zu diesem. Die existentiale Räumlichkeit des Daseins, die ihm dergestalt seinen ‚Ort' bestimmt, gründet selbst auf dem In-der-Welt-sein. Das Dort ist die Bestimmtheit eines inner*weltlich* Begegnenden. ‚Hier' und ‚Dort' sind nur möglich in einem ‚Da', das heißt wenn ein Seiendes ist, das als Sein des ‚Da' Räumlichkeit erschlossen hat. Dieses Seiende trägt in seinem

eigensten Sein den Charakter der Unverschlossenheit. Der Ausdruck ‚Da' meint diese wesenhafte Erschlossenheit. Durch sie ist dieses Seiende (das Dasein) in eins mit dem Da-sein von Welt für es selbst ‚da'. (Heidegger 1984: 132)

Im Dasein ist also bereits eine erste Relation, ein erstes Verhältnis angelegt, „eine Relation der Nachbarschaft, der Nähe, der Entfernung, des Angrenzens" (Serres 2005: 67). Dasein ist genuin topologisch, da es stets zwei Positionen entwirft und zwischen ihnen ein Verhältnis spannt: Hier und dort zugleich sein. Jedoch machen erst die technischen Medien das Verhältnis zu einem konstitutiven kulturellen Phänomen. Theses ist, dass der medien-ästhetische Akt diese fundamental-ontologische Spannung produktiv macht, da er es *explicitere* darauf angelegt hat, *hors-là's/horlas* zu schaffen, also nicht das Ich, das Eigene, Intime, In-sich-Ruhende, Diskrete-Einzigartige zu betonen, zu bestätigen, sondern das – reproduzierbare – Nicht-Ich, den Doppelgänger als den Anderen, den Außerhalb-sich-Seienden, den In-Diskret-Vielfältigen, damit die „Bestimmtheit eines inner*weltlich* Begegnenden" zwischen beiden als massenmediales Phänomen zu entwerfen.

Maupassant deutet in seiner Novelle historisch-anthropologische Gründe für die Existenz des *Horla* an. Heimgesucht von unsichtbaren Kräften entwickelten primitive Kulturen okkulte, übernatürliche Wesen, denen sie in ihren Ritualen huldigten und in dieser ‚Form', mit diesen ‚Benennungen' ihre Angst bändigten (Maupassant 2006: 103f., 113f.). Aby Warburg hat in seinem Kreuzlinger Vortrag eine ähnliche Argumentation vorgeschlagen. „Phobische Reflexe" ermöglichen der mythischen Denkweise Bilder gegen bedrohliche Sinneseindrücke zu entwerfen und mit dieser symbolischen Abwehr ihr Überleben zu sichern. Die phobischen Reflexe verändern sich im Einklang mit den Zivilisationstechniken. Mit Medien, als das Unbelebte eines Werkzeugs, als das ‚technische Nicht-Ich', „erweitert der Mensch [...] die Grenzen seines Ich. [...] In dieser zweifachen Funktion des Werkzeugs – Erweiterung des Ich und Darstellung des Nicht-Ich – liegt eine Bipolarität mit einem für den Menschen tragischen Potential" (Gombrich 1981: 299).[2] Das Tragische mag sich auch darin finden, dass Medien stets ambivalent bleiben, „sowohl zugehörig als auch nicht zugehörig". Mit technischen Selbstbildern entsteht jener Zustand, der das Individuum „mit etwas vereinigen kann [...], das ihm zugehört, aber durch das sein Blut nicht kreist." (Gombrich 1981: 300)

---

2   Ich übernehme die ‚Paraphrasen' von Ernst H. Gombrich aus seiner Warburg-Biographie.

3

Die ästhetische Produktion von Porträts definiert sowohl eine Form-, als auch eine *Raum*werdung. Das Raumwerden resultiert aus dem besonderen Ort, den das Bild mithervorbringt, sein Wo-Anderssein, sein Außerhalbsein, das Da-Draußensein des Bildortes. Von diesem Ort, dieser anderen Lage aus entsteht, entwickelt sich ein besonderer Bildraum, eine ‚Bildtopologie'. Ein Raum, der die Betrachter in mannigfache – unterhaltsame, kompensatorische, explorative, prekäre – Beziehungen zu ihren *Horlas* setzt.

Dieses Verständnis von Raum als je singuläre Menge an Positionen, Lagen von Körpern und ihrer Beziehungen zueinander, ihr Wirken aufeinander, folgt einem Raumdenken, das in der *analysis situs* von Leibniz gründet und gegen-euklidisch die Verhältnislogik von Raum stark macht: „Places, traces, espaces [...] ne consistent que dans la vérité des rapports, et nullement dans quelque réalité absolue" (Leibniz 1991: V, 47). Also: Orte, Bahnen/Spuren, Räume, sie resultieren aus der Wahrhaftigkeit, aus der Exklusivität ihrer Beziehungen, ihrer Relationen, und keineswegs aus irgendeiner absoluten Realität. Raum, Spur und Ort sind in diesem Verständnis für ein Individuum die Menge aller Verhältnisse und potentiellen Begegnungen und Beziehungen, die es innerhalb seines Wahrnehmungs- und Handlungsfeldes zu anderen einzugehen vermag.[3] Mein Vorschlag ist, technische Medien immer auch als ‚Raummedien' und ‚Medienräume' einzusehen, und zwar als Manifestation der besonderen ästhetischen Prozesse, die mit den medialen Praktiken einhergehen. Medien ästhetisieren die Existenz ihrer Akteure als eine singuläre Raumoperation, als eine Operation der Generierung neuer Verhältnisse, neuer Beziehungen. Raum wird in diesem Zusammenhang definiert als ein Koexistieren und Koinzidieren mit eigenen und fremden *Horlas*. Dieses Verständnis macht es notwendig, dass ein weiteres Element im ästhetischen Prozess hinzukommt, die ‚Karte'. Die Karte ist es, die im Voran ästhetischer Prozesse die Herausbildung eines Existentials betreibt, das, kulturtechnisch betrachtet, elementare Gegenüber in unserem Verhältnis zur Welt schafft. Nochmals Serres:

> Die Grundfrage eines jeden Atlas lautet: Wovon soll eine Karte gezeichnet werden? Die Antwort liegt auf der Hand: von Lebewesen, Körpern, Dingen..., *die man anders nicht denken kann.* Warum zum Beispiel gibt es keine Karte der Planetenbewegungen? Weil ein universelles Gesetz ihre jeweilige Position voraussagt. Was sollten wir mit

---

3 Die zweite, von Leibniz abweichende Topologie von Johannes B. Listing ist entlang der Morphologie von Innen/Außen-Verhältnissen gleichfalls in der Arbeit präsent, zum Vergleich siehe Heuser (2007). In den Überlegungen implizit enthalten ist Deleuze (2006 [1986]: 69-172).

einer Karte, die voraussagbare Bewegungen und Positionen aufzeigt? Man braucht sie nur aus dem Gesetz abzuleiten. Dagegen bestimmt kein Gesetz den Verlauf eines Ufers, das Relief der Landschaften, den Plan unserer Geburtsstadt, das Profil der Nase oder die Linien des Fingerabdrucks... Das sind Besonderheiten, Identitäten, Individuen, denen jedes Gesetz unendlich fern ist. Hier geht es um Existenz, sagten die Philosophen, und nicht um Vernunft. (Serres 2005: 14f., Hervorhebung M.R.)

Existenzen also, die sich mit Hilfe ‚geoästhetischer' Strategien in Karten überführen, transformieren lassen. Wobei der Serres'sche Gebrauch von Karte offensichtlich den einer puren topographischen Notation überholt. Wenn Karten dem Ausdruck ‚gesetzloser' Individuationen vorbehalten sind, mit ihnen das Porträtieren von Landschaften und Gesichtern als sich stetig transformierende Gebilde möglich wird, dann produzieren Karten wesentlich Differenz-Erfahrung:

> Was also in die Karte gelangt, ist in der Tat ein Unterschied, sei es ein Unterschied der Höhe, der Vegetation, der Bevölkerungsstruktur, der Oberfläche oder was auch immer. Was in die Karte kommt, sind Unterschiede. (Bateson 1981: 580f.)

Nun wird Unterschied von Gregory Bateson nicht als Unterschied zwischen metrischen Maßen verstanden, sondern als *Idee* oder *Information*. „Was wir tatsächlich mit Information meinen – die elementare Informationseinheit –, ist ein *Unterschied, der einen Unterschied ausmacht*" (Bateson 1981: 582). Vielleicht kann man diese essentielle Annahme nicht nur, wie es Bateson in der Folge tut, als epistemische Konsequenz für ein konstruktivistisches Weltbild nehmen, sondern sie auch so verstehen, dass die Informationen, die eine Karte verkörpert, tatsächlich die Manifestation einer Qualität meint, die ich vom ‚Realen' so niemals erfahren würde, ja, dass es dieser Übersetzung in eine besondern Form braucht, um im Unterscheiden-können allererst die Aussage selbst zu finden.

4

Welche Karten, also welche Unterschiede zeichnet eine Fotografie? Ich möchte dies am Beispiel des Porträts von Charles Baudelaires, fotografiert von Nadar um 1863, diskutieren. Der Schriftsteller und Kritiker lässt sich fotografieren, obwohl er die Fotografie als reine Reproduktionstechnik ablehnt, ihr jegliche Autonomie abspricht (Baudelaire 1980). Doch das fotografische Abbild ermöglicht auch ihm einen Ausdruck seiner selbst zu finden und zu setzen, ein Ausdruck, der ihm sein Schreiben so möglicherweise nicht angeboten hat. Baudelaires zweiter Körper, sein fotografischer *Horla* entwirft eine Karte der bürgerlichen Subjektivität im 19. Jahrhundert, die man „anders" – denn mit Fotografie – „nicht denken kann"! Das in den Programmen der Aufklärung und der politischen Revolutionen herausgearbeitete ‚mündige Subjekt' ist stets massiven Gefährdungen ausgesetzt. Die Entfremdung des Subjekts durch die industrielle Arbeit, die staatliche Verwaltung, die Denaturalisierung des Körpers und der Sinne im Stadtleben verhindern in vielerlei Hinsicht die stabile Wahrnehmung der eigenen Identität, des eigenen Körpers. Die Porträt-Fotografie tritt an, über die Reproduktion des Ichs, über die Herstellung eines fotografischen Doppelgängers einen Unterschied zu markieren, meint: eine Konsolidierung und Selbstgewissheit dieses Ichs im Kontext der fragwürdigen Lebensverhältnisse der bürgerlichen Gesellschaft als stabile Bild-Identität herbeizuführen. Das Individuum und seine Identität werden über das indexikalische Verfahren fotografischer Kartographie, werden mit dem fotografischen Bildraum in eine existentielle Selbstvergewisserung und Selbstermächtigung überführt, die fortan eine vertrauensvollere Beziehung des Einzelnen zu sich und zur Gesellschaft ermöglicht. Im Zugleich-Woanders-Sein des fotografischen Porträts erlebt der Einzelne einen Schutzraum, zu dem hin er in der Betrachtung wechseln kann, wird ihm sein gesellschaftliches Sein allzu bedrohlich oder erscheint es ihm allzu gefährdet. Auch Baudelaire lässt so seinen *Horla* sagen: „Sie haben nicht das Recht, die Gegenwart zu verachten" (Baudelaire zit. n. Foucault 2007: 180).[4] Man kann ergänzen: „Sie haben nicht das Recht, meine Gegenwart zu verachten! Es gibt mich, es gab mich und meine Kritik am bürgerlichen Leben und diese fotografischen Spuren von mir stehen in direkter Beziehung zu den Verwerfungen dieses Lebens." Auch und ironischerweise zu den Einbildungen, den Affekten, die die fotografische Reproduktionstechnik anbietet. Mit der Fotografie vermag das Individuum im 19. Jahrhundert sich als ästhetisch konfiguriertes, fotografisches Double zu reproduzieren und aus der Ferne des Bildes ein „ich erkenne mich selbst" auszusprechen (vgl. Ries 2003).

5

Die immense Entwicklung, die in den medialen Raumtechniken über die letzten zweihundert Jahre zu beobachten ist, lässt sich als Bewegung von einem

---

[4] Foucault (2007: 179) spricht von der Modernität Baudelaires als einem Willen, „die Gegenwart zu ‚heroisieren'".

‚stillen' Raum aus Repräsentation und Selbstvergewisserung zu einem ‚lauten' Raum aus Präsenz und Begegnung beschreiben. Das Woanders*sein* hat sich zu einem Woanders*werden* verschoben, die Frage nach dem „Wer bin ich?" weicht der Frage nach dem „Wo bin ich?", „Wohin-kann-ich-werden?" Das Begehren ist nunmehr weniger eines der Selbstversicherung und der Entlastung, als der Orientierung und der Selbstveränderung. Medientechnisch ist diese Verschiebung auch beschreibbar als eine Aufhebung von Aufzeichnungs- und Übertragungsmedien in Medien des Tauschs und der Teilnahme.

Das fundamental Neue an aktuellen Medientechniken ist, dass sie die optischen, akustischen *Horlas* aus ihrer ästhetischen Welt heraus in direkte, präsentische, taktile Beziehungen zur faktisch-realen Welt setzen, bzw. einen intensiven Austausch zwischen Hier und Dort ermöglichen. Das Porträt wird nun ‚offen', ist veränderbar, beweglich, in Akte und Kommunikationen überführbar. Zugleich jedoch ist es vom Original ‚entfremdet', ist es dehumanisiert, entweder als Reduktion auf einen flimmernden Punkt, einen Cursor-Pfeil, oder als fantastische Regenese eines Avatars, genannt *Mario*, *Ego* oder *13Pessoa*.[5] Das ‚Erkenne-dich-selbst' weicht einem ‚Finde-dich-selbst', ‚Finde-den-anderen'. Das Finden hat zwei Bedeutungen: Zunächst meint es den lokativen Aspekt der Orientierung. ‚Orientierung' ist ja vermutlich überhaupt eine der wichtigsten Chiffren des 21. Jahrhundert: Wo wohne ich, wo arbeite ich, wo finde ich meine begehrten Objekte – ob Musik oder Körper? Der zweite Aspekt ist nach innen gewendet: Wo finde ich mich in mir selbst wieder – angesichts der grossen Veränderungen, die ich jeden Tag durchlaufe? Fragen auch nach den richtigen Karten.

Während das Porträt von Baudelaire sicher und stabil in sich selbst ruht, *tagging the point* von dem aus er seine endgültige Position in Differenz zur französischen Gesellschaft des 19. Jahrhunderts zum Ausdruck bringt, ist mein Porträt in *Second Life*, genannt Avatar und mit dem Eigennamen *Pessoa13* hoch instabil, zugleich äußerst vital und in konstanten Veränderungen begriffen. Dieses zutiefst künstliche Porträt ist ein persönliches, dynamisches Medium, es wird von ihm nicht erwartet, dass es sich vor sich selbst vergewissert, es befindet sich definitiv auf der anderen, der ‚dunklen' Seite meines Selbst. Es ist ein nach präzisen Einsätzen konstruiertes Körperbild, dessen Aufgabe aber wesentlich in seiner Existenz als Bildkörper gründet. Zunächst muss auf die radikale Umkehr im Entstehungsprozess des Avatar-Porträts verwiesen werden. Lev Manovich hat dies scharf beobachtet und im Rekurs auf die beiden zentralen Kategorien der strukturalen Linguistik bzw. der Semiotik, dem Paradigma und dem Syntagma, untersucht. War das Ziel des alten Porträts eine in

---

5 *Ego* steht stellvertretend für den Einsatz eines Doubles in Egoshooter-Spielen. *13 Pessoa* ist der Name meines Avatars in *Second Life*.

sich abgeschlossene – differentielle – Erzählung zu präsentieren, die der ästhetischen Existenz im Unterschied zur sozialen und vergänglich-leiblichen ein definitorisches, also den Widrigkeiten und Zufälligkeiten enthobenes Konzept verleiht, so bleibt die Kreation des Avatars ein als ‚versatil' zu definierender Auszug aus einer Database.

> The design of any new media object begins with assembling a database of possible elements to be used. [...] This database is the center of the design process. It typically consists of a combination of original and stock material such as buttons, images, video and audio sequences, 3-D objects, behaviors, and so on. Throughout the design process, new elements are added to the database; existing elements are modified. The narrative is constructed by linking elements of this database in a particular order, that is by designing a trajectory leading from one element to another. On the material level, a narrative is just a set of links; the elements themselves remain stored in the database. Thus the narrative is virtual while the database exists materially. [...] Other types of interactive interfaces make the paradigm even more explicit by presenting the user with an explicit menu of all available choices. In such interfaces, all of the categories are always available, just a mouse click away. (Manovich 2001: 231f.)

Die Umkehrung privilegiert also die Database, das Paradigma, während das Narrativ, das Syntagma „downplayed", zurückgesetzt wird. Diese im Programm forcierte Destabilisierung und Öffnung des Bildes, seine permanente De- und Recodierung, machen das Porträt liquid, lassen es erscheinen als beinahe endlos diversifizierbare und regenerierbare Sinnlichkeit. *13Pessoas* Erscheinung als ‚Körper' folgt Entscheidungen der Konstruktion dieses Körpers – seiner Anatomie, seiner Physiognomie, seiner Kleidung, seiner Bewegungen und (Sprech-)Akte – die zwar alle im Paradigma der Database von Linden Lab[6] vorgesehen sind, doch tendiert ihrer Kombinierbarkeit gegen unendlich, auch deswegen, weil ich, als Schöpfer meiner Figur, auf Elemente zurückgreifen kann, die wiederum von anderen Usern angelegt und zum Verkauf angeboten werden. Dem Gesetz biologischer Diversität (die man in der Gegenwart mit Gesetzen zu schützen versucht) folgen die Gesetze digitaler Diversität.[7]

---

6   Die Produktionsfirma von *Second Life*.

7   Diese ‚organlose' Diversität von Avataren lässt sich grob in folgende drei Phänomengruppen unterteilen: Die Gruppe sublimer Ähnlichkeiten: der Avatar wird tatsächlich vom User weg kopiert, doch werden an Details feine Korrekturen vorgenommen, die eine gewisse Perfektion in der Erscheinung-seiner-selbst ermöglichen. Die Gruppe kraftvoller Pastiche, überzogene, zitathafte Körper, die stets manifesthaft grösser, schöner, muskulöser, verführerischer als das Original, zum

Diese kombinatorische Logik ist im ‚Verknüpfungswillen' der digitalen ‚Materie' oder ‚Natur' selbst angelegt, sie folgt damit einer hervorragenden Idee Leibniz': „Letzlich geht es [...] um die Konstruktion der qualitativen Verschiedenheit der Materie, die sich den Sinnen in einer Fülle von Formen, Gestalten und unterschiedlichen Bewegungsarten zeigt" (Heuser 2007: 189).

Mein Avatar ist – als liquides Porträt – ein Bildkörper, ist „affektives Zentrum" meiner Gegenwart im Total des Digitalen. Seine Karten mögen als Unterschiede gelesen werden, die Zwänge einer „liquid modernity" (Bauman 2007 und früher) durch Überinszenierungen von ‚flexiblen', virtuellen Persönlichkeiten zu paraphrasieren oder aber diese als Spielfiguren zu adiaphorisieren.[8] Jedenfalls braucht *Pessoa13* keine Bestätigung seiner Existenz von der Gesellschaft oder von Linden Lab. In seiner Welt hat das Mapping eine eigentümliche Referenz in ein Außen. Der Avatar ist zunächst immanenter Teil des Paraversums *Second Life*. Während das Subjekt des 19. Jahrhunderts als eine transzendentale Konstruktion der bürgerlichen Gesellschaft erscheint, werden die Avatare in der Immanenz des digitalen Lebens selbst konstruiert. Erstaunlich ist jedoch, dass viele Orte in *Second Life* aufwendige Rekonstruktionen der ‚Realwelt' sind, gerade keine Phantasiegeburten, sondern exakte Duplikate von Städten, Gebäuden, Landschaften. So präzise diese Kopien auch sein mögen, das Mapping selbst folgt anderen Interessen, es besteht im Wesentlichen darin, die anderen Avatare zu lokalisieren, mit ihnen in Kontakt zu treten, zu reisen, sich zu verändern, vielleicht sich zu verlieren. Wenngleich der Avatar als exklusiv topologische Figur auftritt, verwendet er zu seiner Orientierung traditionelle, topographische Karten, die auf einem simulierten Koordinatensystem aufbauen, also einem euklidisch-cartesianischen Modell.[9] Zugleich

---

Maximalen hin konzipierte Erscheinungen sind. Dann die Gruppe der metamorphotischen, allegorischen Körper, die keine biologische Referenzen mehr verwenden, exklusiv phantasmatische Gebilde sind, Heterogenesen, Monster, übernatürliche Helden, Heldinnen.

8   Der Begriff „adiaphora" wird von Bauman (2007: 33) im Sinne eines indifferenten, a-moralischen Handelns verwendet. Ich habe gemeinsam mit Usha Reber (2003) versucht, ihn auch für eine Raumdiskussion nutzbar zu machen

9   Lässt sich ‚Simulation' nicht auch für die Beschreibung einer faktischen Nutzung von GPS-Empfängern einsetzen? Die vermeintliche Darstellung ‚seiner' Position auf der konventionellen Straßenkarte des GPS-Empfängers (also in meiner Rhetorik seines auf einen Punkt abstrahierten ‚Porträts'), täuscht tatsächlich den User in system-konformer Weise: Nicht wird seine Position dargestellt, das System führt mit den Satelliten ausschließlich eine Eigenkommunikation, denn es ist der Empfänger selbst, der – als Nicht-Ich – visualisiert auf seinem eigenen Display aufscheint. Der User kann die Information nur insofern auf sich beziehen, als er die Kontiguität zum Gerät akzeptiert, also sich dem Nicht-Ich des GPS in bestimmter, auch kommunikativer Weise unterwirft. Form, Funktion und Inhalt fallen zusam-

sind diese Karten ‚lokative Medien', da sie die bewegliche Position des Avatars als grüner Punkt auf einer Grundrisskarte dartellen. Doch nicht nur ist die individuelle Position und seine Bewegung visualisiert, auch die aller anderen Avatare wird sichtbar. So dass ich mich entscheiden kann, in Relation auch zu diesen zu treten, punktuelle Porträt-Gemeinschaften einzugehen.

Das zentrale Movens in *Second Life* ist das Begegnen anderer ‚Porträts', der Austausch mit ihnen, das ‚Existieren' in Szenarien, deren Prospekte wie eine Klein'sche Flasche zur Außenwelt stehen: Man verlässt das Hier um unscheinbar, ohne Limitationen im konvergenten Dort zu sein. Und wieder zurück. Leben in der Geometrie, heimgesucht von der Topologie.

Literatur

Bateson, Gregory (1981 [1972]): „Form, Substanz und Differenz", in: *Ökologie des Geistes. Anthropologische, psychologische, biologische und epistemologische Perspektiven*, Frankfurt a.M.

Baudelaire, Charles (1980 [1859]): „Die Fotografie und das moderne Publikum", in: Wolfgang Kemp (Hrsg.), *Theorie der Fotografie*, Bd. 1, München, 110-113.

Bauman, Zygmunt (2007): *Leben in der Flüchtigen Moderne*, Frankfurt a.M.

Deleuze, Gilles (^{5}2006 [1986]): „Topologie: Anders denken", in: ders., *Foucault*, Frankfurt a.M., 69-172.

Dünne, Jörg/Günzel, Stephan (Hrsg.) (2006): *Raumtheorie. Grundlagentexte aus Philosophie und Kulturwissenschaft*, Frankfurt a.M.

Foucault, Michel (2007 [1984]): „Was ist Aufklärung?", in: *Ästhetik der Existenz. Schriften zur Lebenskunst*, Frankfurt a.M., 171-190.

Gombrich, Ernst H. (1981): *Aby Warburg. Eine intellektuelle Biographie*, Frankfurt a.M.

Heidegger, Martin (1984 [1926]): *Sein und Zeit*, Tübingen.

Heuser, Marie-Luise (2007): „Die Anfänge der Topologie in Mathematik und Naturphilosophie", in: Stephan Günzel (Hrsg.), *Topologie. Zur Raumbeschreibung in den Kultur- und Medienwissenschaften*, Bielefeld, 183-200.

---

men, werden ununterscheidbar, das, was der User sieht, ist ein Medium, das sich selber Botschaft ist. Der Empfänger simuliert also ein ‚Ich', dabei ist es er selber, der sich unentwegt ‚findet'! Dieser für den User ‚heterotopische' Moment ist prägnant analysiert in Thielmann (2007).

Leibniz, Gottfried W. (1991 [1717]): *Der Leibniz-Clarke-Briefwechsel*, (übers. und hrsg. von Volkmar Schüller), Berlin.

Lefebvre, Henri (2000 [1974]): *La production de l'espace*, Paris.

Manovich, Lev (2001): *The Language of New Media*, Cambridge, MA et al.

Maupassant, Guy de (2006 [1887]): „Le Horla", in: *Le horla et autres contes fantastiques*, Paris, 93-121.

Reber, Usha/Ries, Marc (2003): „Adiaphorische Räume", http://www.kakanien.ac.at/beitr/theorie/UReber_MRies1/, 10.10.2008.

Ries, Marc (2003): „Von der fotografischen Natur zweier Kakteen", in: *Plurale. Zeitschrift für Denkversionen* 2, Berlin, 53-68.

Serres, Michel (1981 [1980]): *Der Parasit*, Frankfurt a.M.

Serres, Michel (2005 [1994]): *Atlas*, Berlin.

Thielmann, Tristan (2007): „,You Have Reached Your Destination!' Position, Positioning and Superpositioning of Space Through Car Navigation Systems", http://www.soc-geogr.net/2/63/2007/sg-2-63-2007.html, 10.10.2008.

Mediengeographie analog:

Geomediengeschichte

Sven Werkmeister

Hornbostels musikalische Weltkarte.
Über zivilisierte und unzivilisierte Geographien der Musik

I Musikethnologie

Den theoretischen Rahmen der folgenden Überlegungen bildet die Frage nach den medialen Bedingungen räumlicher Ordnungen von Kultur. Die Gründungszeit der Musikethnologie in Deutschland zu Beginn des 20. Jahrhunderts verweist exemplarisch auf die zentrale Bedeutung medientechnischer Transformationen für die Geschichte der Wahrnehmung und Konstitution von kulturellen Räumen. Der Einsatz des Phonographen war nicht nur die Möglichkeitsbedingung einer vergleichenden Musikwissenschaft mit globalem Anspruch. Er prägte auf komplexe Weise auch die wissenschaftliche Diskussion von Raum und Räumlichkeit musikalischer Kulturphänomene. Wenn der Gründungsvater der neuen Disziplin der Musikethnologie, Erich von Hornbostel, vom Projekt einer „musikalischen Weltkarte" (Hornbostel 1922: 3) sprach, so war dies denn auch nicht im medientheoretischen Sinne wörtlich gemeint.[1] Nicht die Kartographie war das Medium der musikethnologischen Weltkarte, sondern die neue Medientechnik des Phonographen. Das fast vollständige Fehlen kartographischer Darstellungen in der frühen musikethnologischen Forschung ist in diesem Sinne signifikant. Außer einigen Kartendarstellungen zur regionalen Verbreitung einzelner Musikinstrumente, wie sie sich beispielsweise in Bernhard Ankermanns Studie *Die afrikanischen Musikinstrumente* (1901) finden (vgl. Abb. 1), spielte das Medium der Landkarte kaum eine Rolle für das ethnologische Projekt des globalen Musikvergleichs. An die Stelle von Verbreitungskarten traten Vergleichstabellen von Schwingungszahlen und Tonleitern, die man auf der Grundlage von Sammlungen phonographischer Aufnahmen erstellte.

---

1   An Hornbostels Idee einer ‚musikalischen Weltkarte' erinnerte das Berliner Phonogramm-Archiv 2008 noch einmal mit der Publikation einer DVD, die phonographische Aufnahmen aus der Frühzeit des Archivs zusammen mit Bild und Filmaufnahmen multimedial präsentiert (vgl. Wegner 2008). Auch hier verweist die Rede von der ‚musikalischen Kartographie' nicht auf die Kartographie im medientechnisch engen Sinne, sondern auf akustische und bildliche Präsentationsformen außereuropäischer Musik.

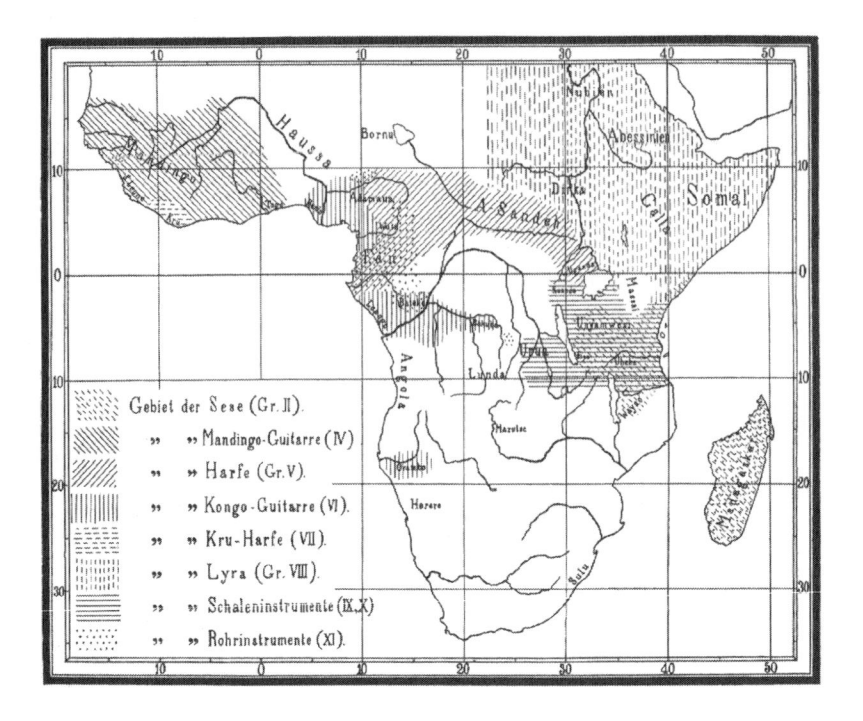

Abb. 1: Geographische Verbreitung von Musikinstrumenten (Ankermann 1901).

Es geht im Folgenden jedoch nicht um eine Fortschrittserzählung, die den Stand medientechnischer Entwicklung als Gradmesser für steigende Modernisierung, Zivilisierung oder Verwissenschaftlichung deutet. Gerade das Beispiel der Musikethnologie zeigt vielmehr, dass es keine wissenschaftshistorische Teleologie zunehmender Enträumlichung und Objektivierung im Sinne einer wachsenden Abstraktion vom Konkreten gibt. Das Beispiel des Phonographen und seiner Verwendung in der musikethnologischen Forschung verweist auf eine grundsätzliche Ambivalenz des wissenschaftlichen Einsatzes der neuen analogen Aufzeichnungstechniken Ende des 19. Jahrhunderts. Photo-, Phono- und Kinematographie repräsentierten auf der einen Seite den fortgeschrittensten Stand europäischer Wissenschaft, Technik und Kultur. Sie bildeten die Grundlage eines auf Objektivierung und Messbarkeit zielenden wissenschaftlichen Kulturvergleichs. Auf der anderen Seite aber versprachen sich gerade die im Forschungsalltag mit kühler Objektivität argumentierenden Wissenschaftler von den analogen Aufzeichnungsverfahren – scheinbar paradoxerweise – zugleich auch die Überwindung ebenjenes wissenschaftlichen Abstraktionsgebots. Zeitgenossen imaginierten sogar eine Wiedergeburt archaisch-primitiver Vermögen mit Hilfe der neuen Medientechniken.[2] Die musikethnologische Forschungspraxis – das zeigen die folgenden Ausführungen – war in diesem Sinne geprägt von einer grundsätzlichen Ambivalenz zwischen dem Gebot der Wissenschaftlichkeit im Sinne objektivierender Verfahren der Abstraktion und dem Wunsch nach einem wahrnehmungs- und sinnesbezogenen, erlebnishaften Zugang zu fremden Kulturen. Damit steht – so wird zu zeigen sein – nicht weniger als die Differenz von ‚primitiven' und ‚zivilisierten' Kulturen selbst zur Diskussion.

2 Übersetzung und Zivilisierung

Als Hintergrund und Kontrastfolie der folgenden Ausführungen dienen einige Überlegungen Bruno Latours, der die Bedeutung medialer Aufzeichnungstechniken in der europäischen Geographie diskutiert hat, um die Frage nach der Differenz von ‚wissenschaftlichen' und ‚vorwissenschaftlichen' Kulturpraktiken zu beantworten: „Was sind die Unterschiede zwischen unzivilisierter und zivilisierter Geographie?", fragt Latour (2006: 265) in *Drawing Things Together* (vgl. auch Latour in diesem Band). „Die moderne wissenschaftliche Kultur", so seine Antwort, unterscheidet sich von sogenannten vorwissenschaftlichen Kulturen nicht im Sinne einer „großen Dichotomie", einer großen wesenhaften Andersheit, sondern vielmehr durch kleine Verschiebungen auf der Ebene ihrer praktischer Verfahren (ebd.: 259f.). Mentalistische und materialistische Erklärungsversuche der Differenz zwischen ‚zivilisiert' und ‚unzivilisiert', die auf grundsätzliche Dichotomien des Denkens oder der Technik verweisen, greifen demnach zu kurz und zugleich zu weit. Das zentrale Merkmal der europäischen Wissenschaften liegt vielmehr im Detail, so Latour. Es gehe um den Einsatz von Objekten, „die *mobil*, aber auch *unveränderlich, präsentierbar, lesbar* und miteinander *kombinierbar*" (ebd.: 268) sind. Nicht ein *modernes Denken*, nicht die Schrift an sich markieren die Eigenart und Leistung wissenschaftlicher Verfahren, sondern die europäische Praxis, mittels solcher *unveränderlicher mobiler Elemente* Übersetzungsketten zwischen Anwesendem und Abwesendem, zwischen Nahem und Fernem herzustellen. Das „hauptsächlich zu lösende Problem [besteht, S.W.] in der *Mobilisierung*. Man muss fortgehen und *mit* den ‚Dingen' zurückkehren, wenn die Bewegungen nicht vergeblich sein sollen; die ‚Dinge' müssen aber in der Lage sein, die Rückreise zu überstehen, ohne Scha-

---

2   Exemplarisch lässt sich auf den Filmtheoretiker Béla Balázs verweisen, der 1924 jene Utopie der Überwindung europäisch-rationaler Abstraktion mit Blick auf das neue Medium des Kinematographen formulierte: „Die Kultur der Worte ist eine entmaterialisierte, abstrakte, verintellektualisierte Kultur." Das neue Medium des Films, so Balázs, verspreche nun die Erlösung von diesem „babelschen Fluch" (Balázs 2001: 18, 22).

den zu nehmen" (ebd.: 266; vgl. auch Latour in diesem Band). Latour verweist exemplarisch auf die geographische Landkarte als *Ding* in diesem Sinne. Sie ermöglicht die Übersetzung lokaler Raumerfahrung in einen unveränderlichen und zugleich mobilen *Gegenstand*: „Niemand kann die Insel Sakhalin riechen, hören oder berühren, aber man kann auf die Karte schauen, und bestimmen, auf welchem Kurs man das Land erreichen wird" (Latour 2006: 268).

Latours Verweis auf die wissenschaftsgeschichtliche Bedeutung der Ersetzung individueller, an einen konkreten Ort gebundener Sinneswahrnehmungen durch mobile graphische Inskriptionen dient der Verschiebung des Fokus in der Definition von Wissenschaftlichkeit. Nicht das *Medium* der Wissensproduktion (Karte, Schrift) selbst markiert demnach die Differenz zwischen unzivilisiertem und zivilisiertem Wissen, sondern der *Prozess* und die Verfahren der Konstitution des Wissens. Latour spricht von der *Übersetzungskette* zwischen lokalem Phänomen und globaler Ordnung. Er beschreibt solche Übersetzungsketten als Stufenfolgen von aufeinander folgenden Inskriptionen mit stetig wachsendem Abstraktionsgrad. Nicht eine binäre Opposition zwischen abstraktem Zeichen und konkretem Referenten gilt es demnach zu denken, sondern Abstraktion als einen Prozess, der in der einen Richtung (gewissermaßen in Richtung der Referenz) auf eine zunehmende Konkretizität und lokale Eingebundenheit des Gegenstands verweist, in der anderen Richtung (d.h. in Richtung der Verzeichnung) auf eine schrittweise zunehmende Mobilität, Stabilität und Kombinierbarkeit der Inskriptionen.[3]

Setzt Latours Modell den ‚binären' Unterscheidungen von Referent und Zeichen, von Lokalem und Globalem, von Wildem und Zivilisiertem also die Fokussierung der Zwischenstufen und Übersetzungsschritte entgegen, auf denen jede dieser Unterscheidungen gründet, so gibt Latour dabei jedoch die Vorstellung eine fortschreitenden Entwicklung vom Wilden zum Zivilisierten nicht auf. Im Gegenteil, Latours Verhandlung der Differenz von unzivilisierten, vor-wissenschaftlichen Kulturen auf der einen Seite und zivilisierten, wissenschaftlichen Kulturen auf der anderen Seite ruft gerade mit dem Verweis auf den Prozess einer stufenweise wachsenden Abstraktion indirekt noch einmal eine Fortschrittserzählung auf. So arbeitet sie auch mit den Kategorien von ‚Peripherie' und ‚Zentrum'.[4] Denkt Latour das Verhältnis von Peripherie

---

3   Vgl. hierzu auch ausführlich Latours (2000) exemplarischen Nachvollzug einer solchen Übersetzungskette am Beispiel einer wissenschaftlichen Expedition in das Amazonasgebiet. Auch der vorliegende Text wird im zweiten Teil noch einmal jener von Latour gelegten Spur zu den ‚wilden' Referenten wissenschaftlicher Erkenntnis in die Urwälder des Amazonasgebietes folgen.

4   Zentrales Merkmal der europäischen Wissenschaft, so Latour (in diesem Band), ist die Ausbildung von „Rechen(schafts)zentren", auf die jene Ketten zunehmender Verzeichnung und Abstraktion zulaufen: „[I]n diesen Zentren werden Proben,

und Zentrum zwar ebenso wie die Differenz von Wildem und Zivilisiertem als ein *relationales* Phänomen, so gründet diese Abkehr von der These eines „Great Divide" doch immer noch auf einer Annahme der *Überlegenheit* von Zivilisation und Wissenschaft: „[D]ie Überlegenheit einiger Zentren über das, was im Gegensatz dazu die Peripherie zu sein scheint, [kann, S.W.] ohne jede zusätzliche Teilung zwischen Kulturen, Ansichten oder Logik dokumentiert werden" (Latour in diesem Band).

Diese These der Überlegenheit europäischer Verfahren der Wissenschaft gegenüber *unzivilisierten* Formen des Wissens ist bereits aus *ethnologischer* Perspektive problematisch.[5] Das Modell der Fortschrittserzählung ist jedoch noch auf einer weiteren Ebene zu hinterfragen. Verschiebt Latour den Fokus von der Bedeutung kultureller, kongnitver oder *medialer* Differenzen hin zur Untersuchung des konkreten, praktischen Prozesses wissenschaftlicher Abstraktionsverfahren, so ist aus *medientheoretischer* Perspektive zu fragen, inwieweit in diesem Kontext *mediale Differenz* gedacht werden kann. Welche Bedeutung kommt *Unterschieden* zwischen verschiedenen Medien der Inskription in diesem Prozess zu? Dabei geht es nicht nur um die Frage nach einer medialen Differenz zwischen europäischen und außereuropäischen Kulturen, sondern ebenso um die Frage nach den Implikationen *innerkultureller* (medialer) Differenz.

Verweist Latours Modell der (nach beiden Enden offenen) Übersetzungskette in der einen Richtung auf sinnliche Konkretizität, in der anderen Richtung auf fortschreitende Inskriptionen in einem Prozess der Abstraktion, so zeigt das Beispiel der Musikethnologie um 1900, dass es in diesem Prozess auch irritierende oder retardierende Momente gibt. *Analoge* Medientechniken spielen in diesem Kontext eine zentrale Rolle. Mit technischen Medien wie dem Phonographen stand seit Ende des 19. Jahrhunderts nämlich eine Aufzeichnungstechnik zur Verfügung, die *beides* ermöglichte: Die Übersetzung lokal gebundener Kulturphänomene in eine transportable, unveränderliche Inskription und das (scheinbar unvermittelte) *Wahrnehmen* des Fremden mit den eigenen Sinnen. Es ist diese mediale Spezifik des Phonographen, fremde Klänge nicht nur als unveränderliche Inskription mobil und berechenbar, sondern zugleich wahrnehmbar, *hörbar* zu machen, die der oben beschriebenen Ambivalenz musikethnologischer Forschung zugrunde liegt.

Karten, Diagramme, Zahlenberichte, Fragebögen und Papierformulare aller Art akkumuliert."

5 Latour (1996) spricht deutlich aus der Perspektive des *europäischen* „Liebhabers der Wissenschaften", als der er sich selbst gerne bezeichnet. Die Problematik der Annahme einer Überlegenheit europäischen Wissens wurde insbesondere im Kontext der Diskussion um den Status der europäisch-alphabetischen Schrift diskutiert. Vgl. exemplarisch Probst (1992) und ausführlich Werkmeister (2009).

Die folgenden Überlegungen verknüpfen vor diesem Hintergrund zwei Fragestellungen: (1.) Die Frage nach dem Verhältnis von Medientechniken und Raumwahrnehmung: Inwiefern haben Medientechniken und ihr historischer Wandel eine konstitutive Funktion für die Wahrnehmung und Darstellung kultureller Räume? (2.) Die Frage nach dem Verhältnis von moderner Wissenschaftlichkeit und vorwissenschaftlicher Kultur: Welche Rolle spielen analoge Medientechniken für die Konstitution des Gegenstandes und für das methodisch-theoretische Selbstverständnis der Musikethnologie? Zugespitzt formuliert: Wie ‚zivilisiert' war die Musikethnologie um 1900?

3 Inversionen

Der Frage des Raumes näherte sich der Musikethnologe Erich von Hornbostel im Selbstversuch. Der promovierte Naturwissenschaftler und seit 1901 am Lehrstuhl des Experimentalpsychologen Carl Stumpf in Berlin als Archivar fremder Musikkulturen tätige Hornbostel widmete sich während des 1. Weltkrieges in verschiedenen Experimenten der optischen und akustischen Raumwahrnehmung. Ein Schwerpunkt dieser gestaltpsychologisch motivierten Versuchsanordnungen waren Phänomene der *optischen Inversion*, d.h. des schlagartigen Umkippens räumlicher Gebilde in der optischen Wahrnehmung von einer Gestalt in eine andere. Anhand kleiner Würfelgitter aus Draht beobachtete Hornbostel, wie der gleiche räumliche Gegenstand dem Betrachter einmal ‚konvex', als geschlossener Körper, im nächsten Augenblick ‚konkav', als offener Kubus, erscheint (vgl. Abb. 2).

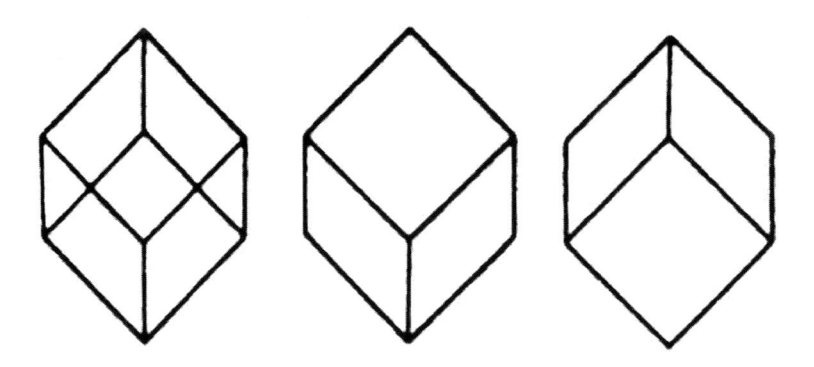

Abb. 2: Inversionsexperiment mit Würfelgittern (Hornbostel 1921: 152).

Die Inversion zwischen den zwei Ansichten interpretierte Hornbostel als bedingt durch den Wechsel zweier verschiedener „Verhaltungsweisen" des Betrachters. Das Wahrnehmungsexperiment verweise auf eine grundlegende *epistemologische* Alternative: „Das Konvexe ist gegen mich geschlossen, schließt mich aus [...]. Ich kann es umfassen, umgreifen, umgehen. [...] Das Konvexe ist gegenständlich." Das Konkave dagegen „ist vor mir offen, schließt mich ein [...]. Es umfaßt, umgreift mich, ‚geht' um mich herum. [...] Das Konkave ist raumhaft" (Hornbostel 1921: 154). Hornbostels Unterscheidung dieser „beiden entgegengesetzten Verhaltungsweisen" (ebd.: 155) lässt sich – dies hat nicht zuletzt Hornbostels Freund Robert Musil in seinem Roman *Der Mann ohne Eigenschaften* versucht – als erkenntnis- und wissenschaftstheoretisches Modell lesen:

> Der Gegensatz der Einstellungen wäre statt durch konvex-konkav ebenso gut durch subjektiv-objektiv, aktiv-passiv, produktiv-rezeptiv bezeichnet. Die Wissenschaft ist vorwiegend auf das Gegenständliche, die Kunst auf das Erlebnishafte gerichtet. [...] Und nur *der* Forscher wird seinen Gegenstand nicht bloß von außen begreifen, der sich von ihm packen läßt, dem er lebendig, Erlebnis geworden ist. (Ebd.: 155f.)

Hornbostels Verweis auf die wissenschaftstheoretischen Implikationen seiner Unterscheidung verschiedener Wahrnehmungsweisen legt nahe, die Beschreibung der zwei entgegengesetzten Erkenntnisweisen auf seine eigene wissenschaftliche Arbeit und die wissenschaftshistorische Situation musikethnologischer Forschung zu Beginn des 20. Jahrhunderts zu beziehen. Hornbostel unterscheidet mit den Begriffen ‚konvex' und ‚konkav' zwei grundsätzlich verschiedene Erkenntnisformen: Gegenständliche (konvexe) Erkenntnis bedeutet wissenschaftlich-objektivierte Betrachtung eines Gegenstandes ‚von außen', als Objekt; räumliche (konkave) Erkenntnis hingegen impliziert Erlebnis und Eingebundensein in eine lokale Situation, Erleben in einem konkreten Raum. Diese Unterscheidung lässt sich unmittelbar mit dem epistemologischen Paradigmenwechsel in der ethnologischen Forschung zu Beginn des 20. Jahrhunderts in Verbindung bringen: die Ablösung der sogenannten Lehnstuhlethnologen, die zu Hause am Schreibtisch die von Missionaren und Reisenden nach Europa gebrachten Daten und Objekte interpretierten und nach abstrakten Ordnungskriterien klassifizierten, durch den Feldforscher, dessen ethnographische Autorität in der Anwesenheit vor Ort, in der teilnehmenden Beobachtung fremder Kultur gründet. Hornbostel selbst verfügte außer einem kurzen Besuch bei den nordamerikanischen Pawnee im Jahr 1906 über keinerlei eigene

Felderfahrung (vgl. Grupe 1998).⁶ Sein Lebenswerk, der Aufbau des 1900 von Carl Stumpf gegründeten Berliner Phonogramm-Archivs, bestand in der Sammlung, Ordnung und tonometrischen Klassifikation von auf Wachswalzen gespeicherten Musikproben fremder Kulturen. Gehörte er also selbst noch jener aussterbenden Generation der Schreibtischethnologen an, so war sein epistemologischer Zugang zum erhobenen Material ambivalenter, als diese Praxis vermuten lässt. Stand auf der einen Seite das wissenschaftliche Programm der Objektivierung, Kategorisierung und Ordnung des Fremden, so war Hornbostels musikethnologische Arbeit doch zugleich von einem Streben nach Erkenntnis jenseits von Messbarkeit und Objektivierbarkeit getrieben.

Räumliche Dimensionen fremder kultureller Praktiken sowie räumliche Bedingungen von ethnographischem Wissen werden in diesem Kontext auf zwei Ebenen relevant, die im Folgenden unter den Stichworten ‚Archiv' und ‚Feld' skizziert werden sollen. Verweist der Begriff des Archivs auf die Frage spatialer Ordnung und Organisation ethnographischer Objekte und Daten im abstrakten Raum globalen Kulturvergleichs, so ist mit dem Begriff des Feldes die Frage der Raum- und Ortsgebundenheit lokaler kultureller Praktiken und ihrer Aufzeichnung angesprochen. Man kann beide Aspekte im Sinne Bruno Latours als Stationen einer ethnographischen Übersetzungskette begreifen, deren zentrales Vermittlungsglied die phonographische Aufnahme bildete. Dass Hornbostel nicht von Übersetzung, sondern von einer ‚Kippfigur' verschiedener Erkenntnisweisen spricht, wird verständlich, ruft man sich den historisch-epistemologischen Einschnitt in Erinnerung, den die Möglichkeit akustischer Schallaufzeichnung für die schriftzentrierte Kultur Europas zu Beginn des 20. Jahrhunderts bedeutete.

4   Im Archiv

> Es ist wohl schon in weiten Kreisen ruchbar geworden, daß man im Berliner Psychologischen Institut neben den fachlich-sachlichen Dingen gewisse Allotria treibt, indem ungezählte Proben exotischer Tonkunst gesammelt werden, die den Ohren des Europäers wenig erfreulich und seinem Geschmack fast unverständlich sind. (Stumpf/Hornbostel 1911: 256)

Carl Stumpfs Befremden über die Sammlung „exotischer Tonkunst" in Berlin ist selbstverständlich ironisch gemeint. Das von ihm im Jahr 1900 gegründete

---

6   Auch Grupe (1998: 108) betont dabei, „zu welch ‚modernen' Einsichten Hornbostel aus seiner ‚Schreibtisch-Perspektive' zumindest in einigen wichtigen Punkten gelangt ist".

Phonogramm-Archiv hatte bereits einen Namen und genoss internationales Ansehen, als er 1910 auf dem IV. Kongress für experimentelle Psychologie über Bedeutung und erste Ergebnisse des noch jungen Forschungszweigs der Musikethnologie referierte. Wenn auch nicht ungezählte, so umfasste das Berliner Archiv zu diesem Zeitpunkt doch bereits „etwa 3.000 Aufnahmen aus allen Gegenden der Welt" (Stumpf/Hornbostel 1911: 258). Ziel der Sammlungstätigkeit war, „von allen Punkten der Erde wenigstens Stichproben musikalischer Äußerungen zur Verfügung [zu] haben" (Hornbostel 1986: 43), um auf dieser Grundlage eine *vergleichende Musikwissenschaft* aufzubauen. Das Programm dieser neuen Disziplin definierte Hornbostel, der 1905 die Leitung des Archivs übernommen hatte, wie folgt: Ziel ist, „aus dem *gesammelten und kritisch gesichteten Material die Gemeinsamkeiten und Zusammenhänge der Musikentwicklung in allen Teilen der Erde bloszulegen, die Unterschiede aus den besonderen Kulturverhältnissen zu erklären, schliesslich durch Extrapolation auf die Ursprünge zurückzuschliessen."* (Abraham/Hornbostel 1904: 225) Als Vorbilder dieses räumliche und zeitliche Ordnungsmuster übereinanderblendenden Programms globalen Kulturvergleichs nennt Hornbostel die vergleichende Sprachwissenschaft, die Vergleichsverfahren in der physischen Anthropologie und die Ordnung von Ethnographica in den Völkerkundemuseen (vgl. Hornbostel 1986: 41).

Das musikethnologische Programm folgte damit den Paradigmen ethnologischer Theoriebildung um 1900. Ob bei Adolf Bastian, Friedrich Ratzel oder in der Kulturkreislehre bei Wilhelm Schmidt und Fritz Graebner, die verschiedenen, gleichermaßen aufeinander Bezug nehmenden wie sich radikal voneinander abgrenzenden Ansätze setzten zwar unterschiedliche Schwerpunkte in der Gewichtung von historischen und geographischen Faktoren, von evolutionistischen und diffusionistischen Erklärungsmustern. Gemeinsam war ihnen jedoch das Ziel einer umfassenden, globalen Ordnung und Klassifikation kultureller Erscheinungsformen, die jedem kulturellen Phänomen einen festen Ort in Raum und Zeit zuordnen sollte, um mit Hilfe des Vergleichs auf kulturelle Entwicklungen und geographische Zusammenhänge zu schließen.[7]

Den geographisch-naturwissenschaftlichen Vergleich hatte Adolf Bastian bereits 1869 als methodisches Fundament der neuen Disziplin Ethnologie

---

7   Eine Beschreibung der evolutionistischen Argumentationsfiguren der musikethnologischen Forschung um Hornbostel gibt Ames 2003. Zu den Verbindungen zwischen Musikethnologie und Diffusionismus der Kulturkreislehre vgl. Schneider 1976. Hornbostel (1911) selbst betonte in seinem grundlegenden Aufsatz *Über ein akustisches Kriterium für Kulturzusammenhänge* die Kompatibilität von evolutionistischen und diffusionistischen Erklärungsansätzen mit Verweis auf ein Zitat Adolf Bastians (zitiert nach Hornbostel 1986 [1911]: 207): „Nichts ist unsinniger als eine Kontroverse ‚Entlehnung' oder ‚Völkergedanke'."

propagiert[8] und ihn dabei in erster Linie von den Methoden der auf schriftliche Quellen beschränkten Geschichtswissenschaft abgegrenzt. Die Verbindung von vergleichender Erdkunde und Naturforschung, wie sie Bastian bei seinem Vorbild Alexander von Humboldt idealiter verwirklicht sah, stand (1.) für eine räumlich-geographische Erweiterung des Kulturstudiums: „Während die Geographie [...] ihre Herrschaft bereits über den ganzen Erdkreis ausgedehnt hat, bleibt die Geschichte, [...] noch immer auf die enge Umgrenzung des Alterthums beschränkt und wagt es kaum, den Oceanos desselben zu überschreiten" (Bastian 1870: 15). Dieser geographische Eurozentrismus der Geschichtswissenschaft war in erster Linie medial begründet. Philosophie und Geschichtswissenschaft definierten Kultur über Alphabetschrift und Literatur und schlossen damit die schriftlosen ‚Naturvölker' als Forschungsobjekt kategorisch aus.[9] Bastians programmatische Orientierung an Naturwissenschaft und Geographie implizierte daher (2.) auch eine neue Definition von Gegenstand und Quellen der kulturvergleichenden Forschung: „Bei der den [...] Analphabeten ermangelnden Schriftkunde haben für ihre Durchforschung, – an Stelle der den Bibliotheken einverleibten Textbücher [...] – die von ethnologischen Museen aufbewahrten Sammlungen auszuhelfen" (Bastian 1903: 24).[10] Zugrunde lag der vergleichenden Sammlung ‚materieller' Kultur damit eine gleichermaßen geographische wie mediale Erweiterung des Begriffs der Kultur.

Das europäische Leitmedium der Alphabetschrift bekam jedoch nicht nur durch die ethnographischen Objektsammlungen der Völkerkundemuseen me-

---

8 „Unsere heutige Weltanschauung erhält das ihr eigentümliche Gepräge dadurch, daß sie die Gesamtbasis der Erdoberfläche zu der ihrigen gemacht hat und in ihren wissenschaftlichen Deductionen überall mit Vergleichungen zu operieren vermag, die die gezogenen Folgerungen analytisch prüfen und aus der Zersetzung synthetisch wieder auferbauen" (Bastian 1870: 12).

9 Ein prominentes Beispiel für diese Haltung ist Hegel (1996: 100), der in seinen *Vorlesungen über die Philosophie der Weltgeschichte* die Behandlung Afrikas südlich der Sahara explizit ablehnte, weil die schriftlosen Völker dort „noch nicht in die Geschichte eingetreten" seien. Vgl. hierzu auch Zimmermann 2001: 38-61.

10 Ganz ähnliche Formulierungen einer Abgrenzung von geographischer vs. historischer Perspektive in Bezug auf die Medialität der Quellen finden sich auch bei Friedrich Ratzel (1882: 30): „Dem Geographen, der alle Völker der Erde gleichmässig ins Auge zu fassen hat, kommt es aber natürlich ganz ungerechtfertigt vor, eine so scharfe Grenzlinie, wie sie zwischen geschichtlichen und ungeschichtlichen Völkern und demgemäß zwischen Geschichte und Völkerkunde gezogen wird, auf die zufällige Thatsache des Besitzes einer zu dauernden Aufzeichnungen befähigenden Schrift, bzw. das Fehlen derselben zu begründen. [...] Denn was die Geschichte aus ihrem Gebiet wegen Schriftlosigkeit zurückweist, das fällt der Geographie im Sinn der älteren Länder- und Völkerkunde zu."

diale Konkurrenz. Die wissenschaftliche Aufwertung der ‚schriftlosen Völker' als Gegenstand einer neuen Wissenschaft vom Menschen und seiner Kultur verlief im 19. Jahrhundert unmittelbar parallel zum Einsatz neuer technischer Verfahren der Wahrnehmung und Aufzeichnung, die auch von der ethnologischen Forschung begeistert aufgegriffen wurden. Die neuen Techniken medialer Fixierung und Objektivierung kultureller Phänomene waren nicht nur unmittelbare Voraussetzung für die wissenschaftliche Operationalisierung jenes neuen materiellen Kulturbegriffs, sie bildeten auch die Grundlage des an naturwissenschaftlichen Verfahren orientierten geographischen Vergleichs[11] und des zugrunde liegenden Ideals der ‚Objektivität'.

Das mediale Versprechen einer auf mechanische Selbstaufzeichnung der Natur gründenden Objektivität, das im 19. Jahrhundert den Diskurs um den wissenschaftlichen Status der Photographie geprägt hatte (vgl. Daston/Gallison 2002), wurde auch in der Diskussion um den ethnographischen Einsatz des Phonographen immer wieder aufgerufen: „Mit der Erfindung des *Phonographen*", schreibt Hornbostel 1905, „ist nun der Musikwissenschaft ein Hilfsmittel geboten, um die musikalischen Äußerungen aller Völker der Erde in unanfechtbar exakter Weise zu fixieren und eine streng wissenschaftliche Bearbeitung zu ermöglichen" (Hornbostel 1986: 42). Das Gebot „interventionsloser Objektivität" (Daston/Gallison 2002: 94) bekam dabei in der *ethnologischen* Forschung einen spezifisch *kulturellen* Akzent. Die rein mechanische Tonaufzeichnung sollte nicht nur die immer subjektiv und kulturell vorgeprägte Wahrnehmung des einzelnen Forschers, sein „europäisch erzogene[s] Ohr" (Hornbostel 1923: 409)[12], als Störfaktor ausschalten. Daneben und vor allem hoffte Hornbostel durch die analoge Aufzeichnung ein methodisches Problem aller *symbolischen* Notationssysteme zu umgehen, nämlich ihre Arbitrarität und das heißt ihre Kulturgebundenheit. Anstelle der Übersetzung fremder Musik in den europäischen Code der Notenschrift, die – wie Hornbostel betonte – selbst eben ein kulturelles Spezifikum der europäischen Musik darstellt,[13]

---

11 Bastian (1869: 400) hatte bereits anlässlich der Gründung der *Berliner Gesellschaft für Anthropologie, Ethnologie und Urgeschichte* gefordert, neben der Sammlung von Ethnographica auch eine umfassende photographische Portraitsammlung fremder Völker anzulegen. Vgl. hierzu auch Theye (1998: 71).

12 Vgl. auch: „Denn wir haben eine schwer zu überwindende Tendenz, das Ungewohnte den geläufigen Vorstellungen anzupassen und exotische Musik europäisch zu hören" (Hornbostel 1986: 42).

13 An verschiedenen Stellen betont Hornbostel, dass gerade die europäische Notenschrift ein kulturelles Merkmal spezifisch europäischer Musikproduktion ist und daher nicht ohne weiteres zur Aufzeichnung fremder Tonsysteme und Intervallverhältnisse verwendet werden kann: „Wer einem ganz Fremden in Kürze auf die Dinge weisen wollte, die unsere musikalische Kultur von heute am deutlichsten

versprach die mechanische Aufzeichnung als quasi ‚kulturlose' Speichertechnik eine Art universaler Sprache, die es erlauben sollte, fremde Kulturphänomene jenseits der eigenen kulturspezifischen Wahrnehmung und Notation zu fixieren und vergleichbar zu machen. An die Stelle subjektiv-kulturgebundener Exegese sollten physikalische Verfahren des *Messens* und *Zählens* treten:

> Methodologisch einwandfrei und technisch meist ohne allzu große Schwierigkeiten ist die Messung der Phonographentöne [...]. Das Resultat der Tonmessung sind Schwingungszahlen, die, der Tonhöhe nach geordnet, die Leitern ergeben. (Hornbostel 1986: 47f)

Tonumfang und Tonhöhen, Leitern und Intervalle, Hornbostels Antwort auf die selbst gestellte Frage „Was ist Musik?" (Hornbostel 1986: 44) ist der Verweis auf mechanische Reproduzierbarkeit und physikalische Messbarkeit.

Der so definierte Gegenstand musikethnologischer Forschung impliziert eine spezifische Form oder ein spezifisches Verfahren der Erkenntnis und der Konstitution von Wissen. Mit Latour könnte man von einer ‚zivilisierten' Wissenschaft sprechen. Indirektes Vorbild war nicht nur die globale Perspektive der vergleichenden Erdkunde. Die Forderung „interventionsloser Objektivierung" der Musik entspricht auch unmittelbar jener Erkenntnisform, die Hornbostel die konvexe oder eben ‚gegenständliche' nennt. Musikalische Verortung im Sinne des geographisch-naturwissenschaftlichen Vergleichs bedeutete ein doppeltes Unternehmen: Die Lokalisierung der von der ethnographischen Aufnahmesituation abstrahierenden phonographischen Aufnahme im geographischen Raum der „musikalischen Weltkarte" ging einher mit der Verortung der mechanisch materialisierten Töne im physikalischen Raum isolierbarer Schwingungszahlen, die schriftliche Notation in Ziffern, Berechung und Vergleich ermöglichten.

Die theoretische Orientierung des studierten Naturwissenschaftlers Hornbostel an der Kulturkreislehre basierte auf ebendieser Grundlage. Sein „akustisches Kriterium für Kulturzusammenhänge" war – wie Hornbostel (1986: 210) betonte – ein „physikalisch-akustisches", es gründete auf der Messbarkeit und Vergleichbarkeit von absoluten Tonhöhen. Die globale Karte musikalischer Relationen, die Hornbostel vor Augen hatte, entwarf er in Form von

---

bezeichnen, der würde etwas diese drei nennen: Harmonie, Notenschrift und Klavier" (Hornbostel 1986: 60). Hornbostels Verhältnis zur Notation in europäischer Notenschrift ist allerdings äußerst ambivalent. Auch wenn Hornbostel die naturwissenschaftliche Methode der Vermessung propagiert, hält er doch die symbolische Transkription der Phonogrammaufnahmen in Notenschrift für „unerläßlich", wenn es um das Studium derselben geht. Vgl. hierzu Abraham/Hornbostel (1986: 113).

Schwingungszahltabellen, die die „*Genauigkeit der Übereinstimmung zahlenmäßig angeben*" sollten (ebd.: 222; vgl. Abb. 3).[14]

Tabelle II. Salomonen-Brasilien (Panpfeifen)

Brasilien	I. 414,5	II. 481,5	III. 560,5	IV. 651,3	V. 374,5	VI. 439,5	VII. 516	VIII. 598,5	IX. 699
		XVII. 478,5						XIII. 595	XIV. 684
Theoretisch...	414,5	481,6	559,6	650,4	378	439,2	510,5	593,4	689,6
Bambatana G...	I. 415	II. 473	III. 557	IV. 651	V. 379,3	VI. 440			
		VII. 475	VIII. 558,5	IX. 647					
Bambatana K...			II. 376,5	III. 439,5	IV. 510	V. 593			I. 686
			VII. 378	VIII. 435	IX. 507				VI. 682

Abb. 3: Nachweis von Kulturaustausch zwischen Salomonen-Inseln und Brasilien anhand von Schwingungszahlen (Hornbostel 1911: 613).

Der Entwurf einer global und universal gedachten Ordnung räumlicher Beziehungen gründete zuallererst auf der tonometrischen Vermessbarkeit von Instrumenten und Phonogrammen, der ‚objektivierenden' Übersetzung von Musik in abstrakte Zahlenwerte. Die *Objektivierung* als Grundlage räumlich-geographischer Verortbarkeit musikalischer Kulturphänomene spielte in der Arbeit des Archivs noch auf einer weiteren Ebene eine Rolle: Die phonographischen Wachswalzen in ihrer konkreten Materialität waren als handhabbare *Gegenstände* Bedingung der räumlichen Verortbarkeit und Adressierbarkeit von musikalischen Proben in der konkreten Ordnung der Sammlung, nämlich in den Schränken und Registern des nach *geographischen*[15] Kriterien organisierten

---

14 Hornbostels (1986: 222) Argument ist zusammengefasst folgendes: „Das Kriterium der absoluten Tonhöhen erfüllt [...] aufs beste alle Anforderungen, die man an ein Kriterium für Kulturzusammenhänge stellen kann. Es ist unabhängig vom Zweck des Objekts [d.h. des spezifischen Musikinstruments, S.W.] und seiner Handhabung: es ist außermusikalisch, wie die Einheit außermathematisch ist. Die absolute Tonhöhe ist ferner in so weiten Gegenden variabel, daß zufällige Koinzidenzen einen sehr hohen Grad von Unwahrscheinlichkeit hätten. Es läßt sich endlich die Genauigkeit der Übereinstimmung zahlenmäßig angeben und daher die Anwendung des Kriteriums und die Bewertung seiner Beweiskraft in jedem einzelnen Falle der subjektiven Willkür entziehen."

15 Das ursprüngliche Ordnungssystem des Phonogramm-Archivs lässt sich heute nur noch schwer rekonstruieren, da weder Photos aus der Frühzeit des Archivs noch genauere Ausführungen der Archivmitarbeiter hinsichtlich der konkreten materiellen Organisation vorliegen. Die Aufarbeitung der frühen Archivbestände, die durch kriegsbedingte Auslagerungen und die Aufteilung der Bestände nach dem 2. Weltkrieg lange Zeit kaum möglich war, zeigt jedoch, dass die eingehenden Walzen jeweils als zusammengehörige Aufnahmesammlung unter dem Namen des entsprechenden Reisenden zusammengefasst wurden. Die einzelnen Sammlungen wurden

Archivs: „Wichtig für die Erleichterung des Aufsuchens ist es, jede Walzenschachtel oben mit einer Etikette, die nicht nur eine Nummer, sondern auch möglichst ausführlich den Inhalt angibt, jeden Sammelkasten und jeden Schrank mit Aufschriften, am besten auf auswechselbaren Schildern, zu versehen", beschreibt der Archivar Hornbostel (1930: 438) die Bedingungen für ein „bequemes Hantieren" mit den phonographischen Walzen.

Auf der bisher beschriebenen Ebene folgt die musikethnologische Forschungspraxis also jenem von Latour am Beispiel der Kartographie beschriebenen Prozess der Konstitution von ‚zivilisiertem' wissenschaftlichem Wissen, der in der Übersetzung von konkreter räumlicher Erfahrung vor Ort hin zur zunehmend abstrakten Verzeichnung und Objektivierung mittels mobiler, standardisierter Inskriptionen führt. Die ethnographische Übersetzungskette reicht vom Erlebnis des Reisenden vor Ort über die phonographische Aufnahme hin zur Ordnung der Phonogramme im wissenschaftlichen Raum von Archiv und Zahlentabelle. Objektivierung und Verortung von Kulturphänomenen in einem universal und global gedachten, vom Betrachter unabhängigen Ordnungsraum beschreibt allerdings nur eine Seite des musikethnologischen Projekts. Hornbostels Hinweis auf die Bedeutung der Beschriftung verweist bereits auf die beschränkte Aussagekraft der phonographischen Aufnahmen selbst, auf die Notwendigkeit einer Kontextualisierung der Aufzeichnung, die das physikalisch Mess- und Objektivierbare der phonographischen Inskription übersteigt. Das Problem der Kontextualisierung, das heißt die Frage der Rückübersetzbarkeit der phonographischen Inskription vom global gedachten, abstrakten Ordnungsraum (Archiv und Tabelle) in den lokal-konkreten Entstehungsraum der Musik, war Hornbostel durchaus bewusst.[16]

---

dann als Kisten nach geographischen Kriterien geordnet in den Schränken des Archivs gelagert. (Für diesen Hinweis danke ich Susanne Ziegler, Mitarbeiterin des Phonogramm-Archivs. Eine Übersicht über den Bestand des Phonogrammarchivs und Hinweise zur Sammlungsgeschichte gibt Ziegler 2006.)

16 Auch Latour diskutiert die Frage der Rückübersetzbarkeit: „Translating the world towards the centres is one thing [...]. However, nothing is irreversibly gained at this point if there is no way to translate *back* the relation of strength that has been made favourable to the scientists' camp. [...] This movement from the centre to the periphery is to be studied as well" (Latour 1987: 247). Latour geht es an dieser Stelle allerdings in erster Linie um die *generelle* Frage nach der *Anwendbarkeit* wissenschaftlichen Wissens, den Rückbezug von wissenschaftlicher *Theorie* (d.h. im Sinne Latours: Inskriptionen höherer Ordnung) auf die konkrete Welt (vgl. hierzu ausführlich Latour 1987: 247ff.). Die Frage der Rückübersetzung von Inskriptionen höherer Ebene in die jeweils vorherige Inskriptionsstufe in einer *bereits vollzogenen*, *konkreten* Übersetzungskette wird an dieser Stelle jedoch nicht beantwortet. Bei jeder Übersetzung im Sinne Latours bleibt, so ließe sich das Problem auf den Punkt bringen, ein unübersetzter Rest, der – einmal verloren – nicht ohne weiteres durch

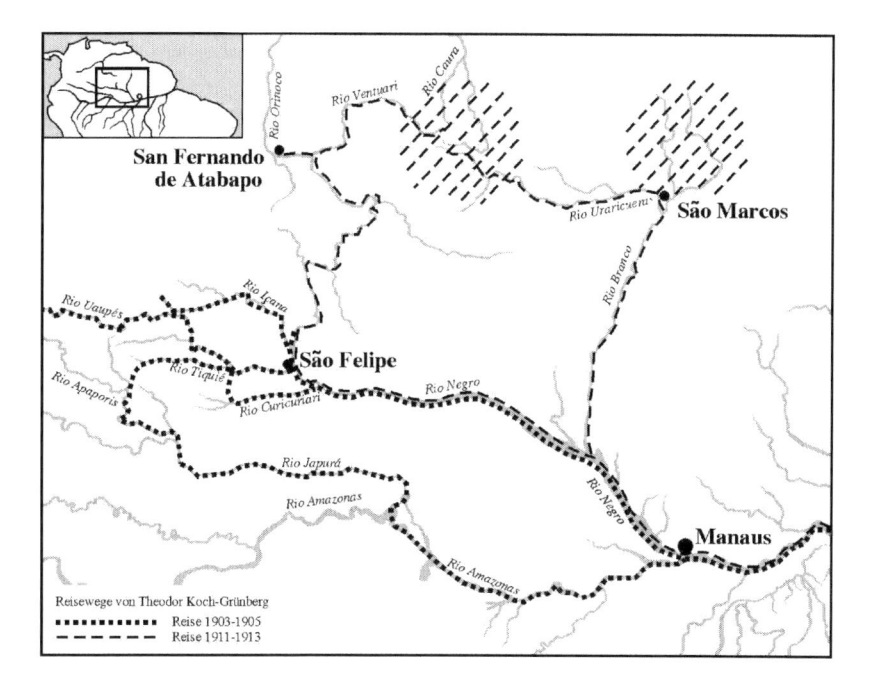

Abb. 4: Die Karte zeigt den Verlauf der Expeditionen Koch-Grünbergs, oben rechts die Gebiete der Taulipáng und der Makuschí, Expedition 1911–1913 (Renate Sander, Ethnologisches Museum Berlin).

Im Folgenden geht es darum, an einem konkreten Beispiel die einzelnen Schritte der musikethnologischen Übersetzungskette nachzuvollziehen, um damit auf die zentrale Frage nach der besonderen Rolle des Phonographen in diesem Prozess zurückzukommen.

5 Im Feld

1911 bricht Theodor Koch-Grünberg, studierter Altphilologe und ehemaliger Mitarbeiter am Berliner Museum für Völkerkunde, zu seiner dritten Reise in das südamerikanische Amazonasgebiet auf (vgl. Abb. 4). Die Urwälder und Savannen Nordbrasiliens waren ein lohnendes Expeditionsziel, versprach die

---

eine direkte Rückübersetzung einer Inskription in die ihr vorhergehende wiedererlangt werden kann. Diese Frage nach dem unzivilisierten, vielleicht unnzivilisierbaren Rest im Prozess der Übersetzung wird am Ende des vorliegenden Aufsatzes auf den Status analoger Aufzeichnungsmedien in der musikethnologischen Arbeit zurückführen.

Fahrt in „größtenteils unerforschtes Gebiet" (Koch-Grünberg 1917: v) doch Funde bisher unbekannter Ethnographica, an deren Sammlung insbesondere auch der Geldgeber der Expedition, der Berliner Baessler-Fond, interessiert war.[17] Das Völkerkundemuseum stellte der Expedition Photoapparate und Phonographen zur Verfügung. Die aufgezeichneten Phonogramme sollten in das Berliner Archiv eingehen, um einen weiteren weißen Fleck der musikalischen Weltkarte zu füllen. Die Hoffnung der Berliner Musikethnologen wurde nicht enttäuscht. Koch-Grünberg brachte nicht nur eine umfangreiche Sammlung indigener Musikinstrumente nach Berlin, die in den Bestand des Völkerkundemuseums übergingen, sondern auch zahlreiche Phonogramme von indigenen Arbeits-, Tanz- und Zaubergesängen. Exemplarisch geht es im Folgenden um eine Aufnahme, deren Walze im Phonogramm-Archiv mit „KGR Brasilien, 45" beschriftet ist und über die es in der maschinengeschriebenen Eingangsliste heißt: „Makuschí. Gesang beim Mandiokareiben. 2 Frauen" (vgl. Abb. 5).

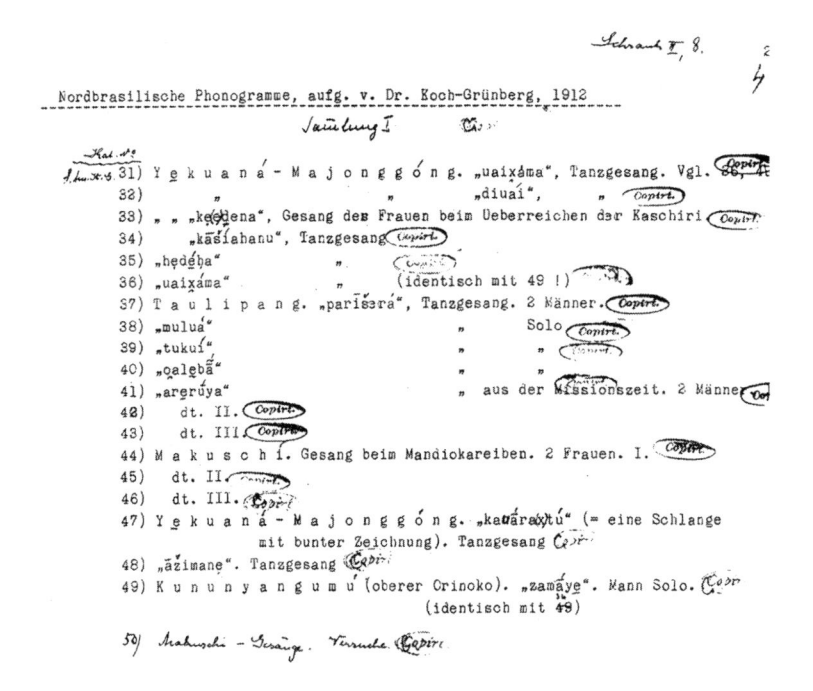

Abb. 5: Original-Eingangsliste der Phonographenwalzen Koch-Grünberg, Sammlung I (1912): Nr. 45, Gesang der Makuschí Frauen (Phonogramm-Archiv Berlin, Sammlung Koch-Grünberg. Mit freundlichem Dank an Susanne Ziegler).

---

17 Zu Koch-Grünbergs „Abhängigkeit von den Geld gebenden Institutionen" im Kontext dieser Expedition vgl. Kraus (2004: 121f).

Am 17. Juli 1911 erreicht die Expedition Koch-Grünbergs das Dorf Koimélemong, eine kleine Siedlung in der Savannenlandschaft brasilianisch Guyanas. Fast einen Monat verbringt Koch-Grünberg in dem Ort, in dem drei verschiedene ethnische Gruppen, die Wapischana, die Taulipáng und die Makuschí miteinander leben. Den für zeitgenössische Forschungsexpeditionen bemerkenswert langen stationären Feldaufenthalt[18] in Koimélemong nutzte Koch-Grünberg zur Erprobung des Einsatzes der neuen Medientechniken im ethnographischen Alltag. Erwähnenswert sind die Experimente mit einem Kinematographen, die Koch-Grünberg hier durchführte und deren Resultate heute die ältesten ethnographischen Filmdokumente aus dem Amazonasgebiet darstellen. Wegen der hohen Feuchtigkeit und Temperatur gestaltete sich diese medientechnische Pionierarbeit jedoch ebenso wie photographische Versuche äußerst schwierig. „Umso reinere Freude", schreibt Koch-Grünberg (1917: 52) in seinem Reisebericht, „machen mir die phonographischen Aufnahmen. Ich habe einige bespielte Walzen mitgebracht und spiele sie den Leuten vor, um sie daran zu gewöhnen, daß der Apparat die menschliche Stimme wiedergibt." Nachdem der Ethnologe den Makuschí deutsche Volkslieder vorgespielt hat, sind diese selbst an der Reihe: Auch die phonographischen Aufnahmen folgen dabei dem grundlegenden Prinzip völkerkundlicher Objektsammlungen, die sich zum Ziel setzten, das fremde ‚Kulturinventar' (wie es im zeitgenössischen Diskurs hieß) möglichst umfassend zu dokumentieren.

> Häuptling Pitá leistet mir auch bei dieser Arbeit wertvolle Hilfe. Er singt selbst mit schwacher Begleitung von Pirokaí die Tanzlieder der Makuschí in den Trichter, den Parischerá, den Tukúi, den Muruá, einen Oarebá, der nur bei Tag, einen anderen, der nur des Abends getanzt wird [...]. Zwei junge Mädchen singen mit ihren hellen, wohlklingenden Stimmen die einschmeichelnden Lieder, die das Maniokreiben begleiten. (Ebd.)

Es sind eben jene zwei Makuschí-Frauen, die Hornbostel später im Berliner Archiv auf Walze Nr. 45 zu hören bekommt und deren Gesängen er eine ausführliche musikethnologische Studie widmet (vgl. Hornbostel 1923).

Der Prozess der Aufnahme war gleichermaßen bedingt von der Situation vor Ort und der technischen Leistungsfähigkeit des Apparats. Zunächst einmal mussten Personen gefunden werden, die bereit waren in den Phonographen zu singen. Koch-Grünbergs Bericht zeigt, dass es sich dabei meist um Personen

---

18 Michael Kraus (2004: 278, 279) beschreibt Koch-Grünberg als den Südamerika-Ethnologen mit „den längsten stationären Aufenthalte[n]" und den „umfassendsten Felderfahrungen" während des deutschen Kaiserreichs und interpretiert ihn explizit als einen frühen Vertreter der Methode teilnehmender Beobachtung.

in direktem oder indirektem Abhängigkeitsverhältnis zum Expeditionsleiter handelte. Andere Sänger wurden für ihren Vortrag bezahlt. Voraussetzung des späteren musikethnologischen Vergleichs war eine möglichst genaue Formalisierung des Aufnahmeverfahrens. Bereits 1904 hatte Hornbostel deshalb eine *Anleitung zur Handhabung des Phonographen für Forschungsreisende und Missionare* verfasst, in der er für die systematische Archivierung und Auswertung der Aufnahmen notwendige Aufzeichnungsregeln festschrieb:

> 1. Uhrwerk vor jeder Aufnahme ganz aufziehen [...]. 3. Der Apparat ist festzustellen und während der Aufnahme nicht zu verrücken. [...] 5. Schallkörper des Instrumentes, Mund des Sprechers oder Sängers möglichst dicht an den Schalltrichter bringen, ohne diesen zu berühren. (Abraham/Hornbostel 1904: 232)

Wegen der begrenzten Aufnahmeleistung des Phonographen konnte auch Koch-Grünberg die Makuschí-Frauen nicht bei der Tätigkeit des Maniokreibens selbst aufnehmen, sondern nur den isolierten Gesangsvortrag in unmittelbarer Nähe des Trichters. Neben diesen äußeren Aufzeichnungsbedingungen war als Voraussetzung späterer tonometrischer Auswertung der Aufnahmen zudem bereits im Feld eine Referenz für die absolute Tonhöhe zu definieren: „Jede Aufnahme hat damit zu beginnen, dass das a des Stimmpfeifchens in den Apparat hineingeblasen wird" (Abraham/Hornbostel 1904: 232). Die so erfolgte Eichung der Aufnahme mittels Stimmpfeife war unerlässlich, da aufgrund der variablen Antriebsgeschwindigkeit des Phonographen ohne Vergleichston keine anschließende Bestimmung der absoluten Tonhöhen möglich gewesen wäre. Auf besagter Walze 45, der Aufnahme der Makuschí-Frauen, ist dieser Prüfton der Stimmpfeife deutlich zu hören.[19]

Die Auswahl der Aufzunehmenden, die technisch bedingte Isolierung der Aufgenommenen aus ihrem Tätigkeitskontext, die Tonometrisierung der Aufnahme durch die definierte Schwingungszahl der Prüfpfeife: Die Transformation von konkreter ethnographischer Situation zum abstrakten Tonwert in der musikethnologischen Tabelle, die schrittweise Übersetzung „von den Dingen zu den Worten, von der Referenz zum Zeichen" (Latour 2000: 53), beginnt bereits vor Ort, während der Aufzeichnung. Die wichtigsten Stationen dieser

---

19 Die hier zur Diskussion stehende Aufnahme findet sich auf der 1963 publizierten Langspielplatte *The Demonstration Collection of E.M. von Hornbostel and the Berlin Phonogramme-Archive* wieder und ist heute – in der vorerst letzten Übersetzungsstufe – auch digital über verschiedene Anbieter im Internet verfügbar. Die phonographischen Aufnahmen der Expedition Koch-Grünbergs wurden zudem 2006 vom Berliner Phonogramm-Archiv in digitalisierter Form als CD publiziert (vgl. Koch-Grünberg 2006).

Übersetzungskette sind (1.) die Aufführung im Feld, (2.) die mechanische Aufzeichnung auf der phonographischen Wachswalze, (3.) die mittels Tonhöhenbestimmung abstrahierten Schwingungszahlen und (4.) deren Ordnung in Intervall- und Leiterverhältnisse.

Für die Vermessung der phonographischen Aufnahmen und ihre Übersetzung in Zahlenwerte diskutierte die Musikethnologie um 1900 verschiedene Verfahren. Eine Apparatur des französischen Uhrmachers Henry Lioret ermöglichte es, die phonographischen Glyphen auf den Wachswalzen in größere, graphische Wellenkurven zu übertragen und damit vermessbar zu machen. Hornbostel lehnte diese graphische Methode jedoch – weil technisch zu kompliziert – ab und verwies in seinen methodischen Anleitungen auf verschiedene Arten von *akustischen* Tonmessern (so den Appun'schen Tonmesser, den Stern'schen Tonvariator oder das von ihm selbst entwickelte Reisetonometer). Alle diese Instrumente folgtem dem Prinzip einer kontinuierlich variierbaren Tonquelle mit Maßsystem – z.B. beim hornbostelschen Reisetonometer (vgl. Abb. 6): eine „Zungenpfeife, deren Zunge durch einen beweglichen, darüber geschobenen Balken in ihrer Schwingungslänge variiert wird" (Abraham/Hornbostel 1986: 138).[20] Der Vergleich zwischen dieser mit Messskala versehenen Tonquelle und den mechanisch isolier- und wiederholbaren Tönen der phonographischen – durch die Stimmpfeife geeichten – Aufnahme ermöglichte die Bestimmung der Tonhöhe.[21]

Der hier beschriebene Übersetzungsprozess geht einher mit einer schrittweisen Transformation des Raumes. Musikalische Praktiken, darauf verweist der Bericht Koch-Grünbergs explizit, sind stets in einen konkreten zeit-räumlichen Kontext von Arbeit, Tanz oder Ritual eingebunden. Der genau geregelte Aufnahmeprozess zielte darauf, diesen konkreten, *lokalen* kulturellen Raum schrittweise in den zunehmend abstrakten Raum *globaler*, objektiv-tonometrischer Vergleichbarkeit zu übersetzen. Die tonometrische Vergleichstabelle, die Hornbostel dann im Berliner Archiv anfertigen sollte, ist der vorerst letzte Schritt jener „*Kaskade* immer simplifizierender Inskriptionen" (Latour 2006: 281).

---

20 Dort auch ausführlich zu den verschiedenen Verfahren der tonometrischen Vermessung.

21 Den Prozess der mechanischen Isolation einzelner Töne des Phonogramms beschreibt Hornbostel so: „Der Phonograph hat noch besondere Vorzüge. Man kann ihn nach Belieben langsam oder schnell laufen lassen und kann so Musikstücke, deren Tempo im Original zu schnell war, um sie analysieren zu können, in ruhigem Zeitmass, in entsprechender Transposition, zu Gehör bringen. Weiterhin kann man das Musikstück in kleine Bruchstücke zerlegen, kann einzelne Takte, ja einzelne Töne allein erklingen lassen und genaue Notation und Messungen daran anschliessen" (Abraham/Hornbostel 1904: 229).

Abb. 6: Reisetonometer nach Hornbostel (Zimmermann 1912: 111).

Implizierte dieser räumlich-mediale Übersetzungsprozess einerseits die zunehmende ‚Objektivierung' des Forschungsgegenstandes (die Verwandlung des flüchtigen Schalls in ein ‚unveränderliches' Ding) und andererseits die zunehmende Abstraktion von Musik aus dem kulturellen Kontext ihrer Entstehung (die Verwandlung in ein ‚mobiles' Ding), so argumentierte Hornbostel in seinen Analysen – scheinbar paradoxerweise – doch immer wieder von der anderen Seite. Er verwies gerade auf die Bedeutung der kulturellen Eingebundenheit musikalischer Praktiken in den konkreten Raum ihrer lokalen Aufführungskontexte. So schreibt er in seiner Analyse von Koch-Grünbergs Aufnahme der Makuschí:

> Bei dem einen Arbeitslied der Makuschifrauen konnten wir sogar auf ein bestimmtes afrikanisches Vorbild hinweisen. Die Texte, vielleicht Jagdzauber, haben wohl inhaltlich mit der Maniokbereitung ursprünglich nichts zu tun, ihre Form entspricht nicht nothwendig dem Aufbau der Melodie [...]. Sie allein sind vermutlich Eigentum der Indianer, die Übung des Singens zur Arbeit und das musikalisch Wesentliche afrikanisches Lehngut. (Hornbostel 1923: 419)

Der Schluss auf den globalen Entlehnungszusammenhang erfolgt hier also gerade *nicht* anhand des Phonogramms. Die musikethnologische Interpretation argumentiert vielmehr mit dem auf der Aufnahme nicht festgehaltenen konkreten Aufführungszusammenhang. Diesen sozialen Kontext des Gesangs

(Arbeit, Tanz etc.) konnte der Phonograph nicht aufzeichnen, dafür wären andere Medien notwendig gewesen. Hornbostel war sich dieser begrenzten Aufzeichnungskapazität des Phonographen durchaus bewusst, bereits 1904 regte er deshalb Versuche einer synchronen Aufnahme von Phonograph und Kinematograph an – die Idee des Tonfilms.[22]

Die Kontextualisierung, d.h. die rückübersetzende Einordnung der phonographischen Aufnahmen in ihren ursprünglichen kulturellen Entstehungszusammenhang, blieb auf andere Medien angewiesen. Da die Tonfilmpläne Anfang des 20. Jahrhunderts noch technische Utopien blieben, mussten die notwendigen Kontextinformationen über die *Beschriftung* der Walzen erfolgen. So schreibt Hornbostels Anleitung zur Handhabung des Phonographen auch sehr genau das Führen eines begleitenden Aufnahmejournals vor. Notiert werden sollte zu jeder Aufnahme: „1. Fortlaufende Nummer der Aufnahme: 2. Datum und Ort der Aufnahme" (Abraham/Hornbostel 1904: 232). Außerdem: Angaben zu Person, Gegenstand, Titel, Gattung des Stücks und „7. Bemerkenswerte Nebenumstände (Haltung, Ausdruck des Vortragenden; Gebärden, Tanz, Zeremonien)" (ebd.: 233). Die „interventionslose Objektivität" der phonographischen Aufnahme – dessen war sich Hornbostel durchaus bewusst – blieb ohne schriftliche Kontextualisierung aussagelos, ein kontingentes Ereignis im Raum fremdartiger Klänge.

Dass – von der hier zitierten *Anleitung* abgesehen – dennoch alle methodisch-programmatischen Ausführungen Hornbostels stets auf das Medium der Phonogramme fixiert blieben, dürfte zum einen daran liegen, dass die schriftlichen Dokumentationen zu den Aufnahmen in der tatsächlichen Arbeit nur eine begrenzte Rolle spielen konnten. Die geforderten Aufnahmejournale wur-

---

22 Vgl. hierzu Abraham/Hornbostel (1904: 233). Dort heißt es: „Es sei uns gestattet, nebenbei auf ein Hilfsmittel der modernen Technik hinzuweisen, das den Forschungsreisenden hier gute Dienste leisten könnte, den Kinematographen. Simultane kinematographische Aufnahmen würden ein vollkommenes und bequemes Studium der Kindheit des Dramas ermöglichen; doch sind dies vorderhand Zukunftsträume, deren Ausführbarkeit die weitere Vervollkommnung und Verbilligung der Apparate zur Voraussetzung hat." Den gleichen Vorschlag macht in derselben Ausgabe der Zeitschrift der Direktor des Berliner Museums für Völkerkunde, Felix von Luschan, der sich davon neue Präsentationsformen im Kontext des Museums erhofft (vgl. Luschan 1904: 202). Ein besonders bemerkenswertes Detail der Amazonasexpedition Koch-Grünbergs ist, dass hier – wie bereits erwähnt – tatsächlich auch elf Minuten Filmmaterial überliefert sind. Die Aufnahmen zeigen unter anderem – natürlich nicht synchron zu den Phonogrammen – ebenjene beiden Makuschí-Frauen beim Maniokreiben. Die Filmaufnahmen Koch-Grünbergs wurden 1962 vom Institut für den wissenschaftlichen Film publiziert (vgl. *Aus dem Leben der Taulipang in Guayana – Filmdokumente aus dem Jahre 1911*; vgl. hierzu auch Zerries 1964).

den von den Reisenden so gut wie nie geführt, die mitgelieferten Beschreibungen der Aufnahmen, die im Berliner Archiv eintrafen, gingen in den seltensten Fällen über wenige Zeilen hinaus.[23] So finden sich im Phonogramm-Archiv auch zu den Aufnahmen Koch-Grünbergs keine weiteren Dokumente als die Eingangsliste (vgl. Abb. 5) und ein kurzer Briefwechsel zwischen Hornbostel und Koch-Grünberg.

Ein zweiter, noch weitaus wichtiger einzuschätzender Grund der theoretisch-methodischen Fixierung auf die akustischen Aufzeichnungen ist in den wahrnehmungstheoretischen Implikationen der phonographischen Technik und ihrer Rezeption um 1900 zu suchen. Die zeitgenössische Diskussion der neuen technischen Medien schrieb diesen nicht nur die Fähigkeit interventionsloser Objektivierung und neutraler Übersetzung fremder Kulturphänomene in wissenschaftlich handhabbare, unveränderlich mobile Objekte zu. Zugleich rezipierte man die analogen Aufzeichnungs- und Speichermedien als Möglichkeit eines scheinbar unvermittelten *Erlebens* des Fremden. Mit der Möglichkeit medientechnischer Aufzeichnung von *Sinnes*wahrnehmungen verband man die Hoffnung auf ein Überbrücken ebenjener Vermittlungs- und Übersetzungsschritte zwischen lokaler Erfahrung und wissenschaftlicher Gegenständlichkeit.

6   Der unzivilisierbare Rest

Die beschriebene Ambivalenz und Gegenläufigkeit der Argumentationslinien Hornbostels, die Betonung der konkreten Eingebundenheit von Musik in lokale Praktiken und Räume einerseits und das Gebot tonometrisch-abstrakter Objektivierung und Ordnung andererseits, so lassen sich die bisherigen Ausführungen thesenhaft zusammenfassen, liegt in der Ambivalenz der phonographischen Technik und ihrer zeitgenössischen Rezeption selbst begründet. Die beiden ineinandergreifenden Konzepte von Raum – lokaler Kontext und globale Ordnung – verweisen zurück auf Hornbostels eigene eingangs beschriebene Differenzierung verschiedener Raumwahrnehmungen: die konkave Erkenntnisweise als Eingebundensein des Wahrnehmenden in einen Umgebungsraum und die konvexe Erkenntnisweise als objektivierende Ordnung des Wahrgenommenen. Es war der Phonograph, der es der frühen musikethno-

---

23   Nach Angabe von Susanne Ziegler, die die Aufarbeitung des Berliner Phonogramm-Archivs betreut, finden sich in der mehrere tausend Walzen und die zugehörigen Dokumentationen umfassenden Sammlung nur zwei (!) Aufnahmejournale, die in Form und Umfang den Vorgaben von Hornbostels *Anleitung* entsprechen.

logischen Forschung erlaubte, zwischen diesen beiden methodischen und argumentativen Mustern hin- und herzuschalten. Einerseits versprach die phonographische Walze die ‚Objektivierung' von Musik, tonometrische Messbarkeit und räumlich-archivalische Verortbarkeit. Andererseits besaß die akustische Aufnahme einen Mehrwert, der die Stufen der Übersetzungskette von lokalem Kulturkontext zu globaler Ordnung vergessen ließ. Die analoge Aufnahme wurde nicht nur in den zeitgenössischen Werbekampagnen für den Phonographen als „illusion of real presence" (Thompson 1995: 135) verkauft, auch der Wissenschaftler Hornbostel war vom medialen Präsenzeffekt in den Bann gezogen. Anstatt von den empfindlichen Originalwalzen zunächst haltbarere Kopien für die tonometrische Vermessung herzustellen, konnte Hornbostel meist nicht warten, die eingehenden Aufnahmen umgehend abzu*hören*, wobei er sogar die mit jedem Abspielen verbundene Beschädigung der Originale in Kauf nahm.

Der Widerspruch von naturwissenschaftlicher Objektivierung und Kategorisierung fremder Kulturgegenstände im Archiv auf der einen Seite und dem emphatischen Konstatieren kultureller Kontextgebundenheit, der Bedeutung von Präsenz und Teilnahme im konkreten Raum lokaler Musikproduktion auf der anderen Seite schien sich mit der Technik des Phonographen überbrücken zu lassen. War die phonographische Walze einerseits Symbol und Manifestation der objektivierenden, gegenständlichen Raumordnung, so schuf die akustische Reproduktion doch zugleich die Illusion von Erlebnis und Teilnahme in einem konkreten Raum fremder Musik. Eben darin liegt die ambivalente Bedeutung des technischen Mediums Phonograph für die wissenschaftliche Arbeit der Musikethnologie begründet. Nicht nur die höhere Leistungsfähigkeit des Phonographen im Prozess der Übersetzung von fremder Musik in einen unveränderlich mobilen Gegenstand wissenschaftlicher Erkenntnis unterschied die analoge Technik von schriftlichen Aufzeichnungen und Beschreibungen fremder Kulturphänomene. Die technische Reproduktion von akustischen Sinnesdaten schuf zugleich die Illusion wirklicher Teilhabe in einem konkreten Raum akustischer Wahrnehmung. In erneuter Bezugnahme auf die eigenen Inversionsexperimente schreibt Hornbostel (1925: 296): „Kein Schall ist je so sehr Gegenstand wie ein starres sichtbares Ding. [...] – es gibt einen Hörraum, aber in diesem Raum ist kein Viereck möglich und kein Würfel."[24]

---

24 Auch im Aufsatz *Psychologie der Gehörserscheinungen* greift Hornbostel (1986: 315) den Gegensatz der verschiedenen Erscheinungsweisen noch einmal auf: „Die erste, objektive, gegenständliche Art des Gegebenseins wollen wir *Wahrnehmung* nennen, die zweite, subjektive, ungegenständliche, *Empfindung* nennen, und, als beide Arten umfassend, von *Erscheinungen* reden."

Mediengeschichtlicher Wandel, das zeigt das Beispiel der Musikethnologie, impliziert – anders als oft behauptet – gerade keine lineare Höherentwicklung wissenschaftlicher Objektivierungsleistungen. Der Präsenzeffekt technischer Aufzeichnungen führte im Gegenteil auch in der mit Zähl- und Messbarkeit argumentierenden Musikwissenschaft um 1900 zu einer Reflexion der Grenzen ebenjener an den Naturwissenschaften orientierten Objektivierungsverfahren. Wenn man von einer ‚Wiedergeburt primitiver Vermögen' in den neuen technischen Medien gesprochen hat (vgl. Taussig 1997: 241), dann gilt dies auch hier in einem spezifischen Sinn: Die analoge Technik verwies im wissenschaftlichen Einsatz immer auch auf das *Andere* wissenschaftlicher Objektivierungsverfahren. Begriffe wie Erlebnis, Erfahrung oder Teilhabe wurden ebendort zu Argumenten wissenschaftlicher Arbeit, wo die technische Reproduktion von Sinnesdaten an die Stelle symbolschriftlicher Aufzeichnung trat. Die hörbare Aufzeichnung erinnerte daran, dass die Transformation fremder Musik in einen „hübschen Satz von Ziffern" *eben nicht* „alles [ist, S.W.], was zählt" (Latour 2006: 280).[25] Wenn Hornbostel – wie eingangs zitiert – programmatisch formulierte, „nur *der* Forscher" werde „seinen Gegenstand nicht bloß von außen begreifen, der sich von ihm packen läßt, dem er lebendig, Erlebnis geworden ist" (Hornbostel 1921: 155f), dann steht dahinter eben auch jene Erfahrung des Musikethnologen, der vor dem Phonographen die noch nicht verzifferten Klänge fremder Kulturen erlebte. War die Phonographenwalze ein mobiler, kategorisier- und messbarer Gegenstand im globalen Raum tonometrischer Ordnung, so öffnete die mit den eigenen Ohren wahrgenommene Musik einen – wie Hornbostel formuliert – „Hörraum", der dem Forscher Erlebnis, Teilhabe und Eingebundensein suggerierte und damit an eine Form des Wissens erinnerte, die in der anschließenden Messung und Notation verloren gehen musste.

Hornbostels musikalische Weltkarte, die nicht nur auf Papier gezeichnet, sondern im Klangarchiv hörbar werden sollte, verband mithin zwei Raumkonzepte. Sie versprach eine gleichermaßen zivilisierte wie unzivilisierte Geographie der Musik.[26] Die wissenschaftliche *Verzeichnung* der Aufnahmen in tono-

---

25 Am vorläufigen Ende der wissenschaftlichen Übersetzung des Konkreten in abstrakte Inskriptionen stehe stets ein solcher „Satz von Ziffern", dieser sei für die Wissenschaft „alles, was zählt", schreibt Latour (2006: 280).

26 Von hier aus ließe sich auch die von Ethnologen wie Johannes Fabian angestoßene und von Latour (2006: 279) in *Drawing Things Together* zitierte Diskussion um die Bedingungen einer *anderen Ethnographie* noch einmal neu fokussieren. Fabian plädiert dafür, als Ethnologe „mit dem Schreiben zu experimentieren", um das Verhältnis persönlicher „Erfahrung von Präsenz" und verschrifteter „Daten" in der Ethnologie neu zu bestimmen (vgl. Fabian 1993: 358). Der historische Blick auf die Ethnologie im Zeitalter der technischen Medien zeigt, dass – scheinbar parado-

metrischen Tabellen war auch für Hornbostel der letzte Schritt der ethnologischen Übersetzungskette. Die *hörbare* Aufzeichnung im analogen Medium der Phonogramme jedoch gemahnte stets an jenen unzivilisierbaren Rest, der mit jedem Schritt wissenschaftlicher Übersetzung, Objektivierung und Verzeichnung geringer wird.

Literatur

Abraham, Otto/Hornbostel, Erich von (1904): „Über die Bedeutung des Phonographen für die vergleichende Musikwissenschaft", in: *Zeitschrift für Ethnologie* 36, 222-233.

Abraham, Otto/Hornbostel, Erich von (1986 [1909]): „Vorschläge für die Transkription exotischer Melodien", in: Christian Kaden/Erich Stockmann (Hrsg.), *Tonart und Ethos. Aufsätze zur Musikethnologie und Musikpsychologie*, Leipzig, 112-150.

Ames, Eric (2003): „The Sound of Evolution", in: *Modernism/Modernity* 10, 297-325.

Ankermann, Bernhard (1901): *Die afrikanischen Musikinstrumente*, Berlin.

Aus dem Leben der Taulipang in Guayana – Filmdokumente aus dem Jahre 1911 (Göttingen 1962, Regie: Theodor Koch-Grünberg).

Balázs, Béla (2001 [1924]): *Der sichtbare Mensch oder die Kultur des Films*, Frankfurt a.M.

Bastian, Adolf (1869): „Miscelle über die Gründung der BGAEU" in: *Zeitschrift für Ethnologie* 1, 399-400.

Bastian, Adolf (1870): *Alexander von Humboldt. Festrede bei der von den naturwissenschaftlichen Vereinen Berlins veranstalteten Humboldt-Feier. Gesprochen am Säkulartage, den 14. September 1869*, Berlin.

Bastian, Adolf (1903): *Das logische Rechnen und seine Aufgaben. Erweiterung einer der Versammlung deutscher Naturforscher und Ärzte 1903 überreichten Denkschrift*, Berlin.

Daston, Lorraine/Gallison, Peter (2002): „Das Bild der Objektivität", in: Peter Geimer (Hrsg.), *Ordnungen der Sichtbarkeit. Fotografie in Wissenschaft, Kunst und Technologie*, Frankfurt a.M., 29-99.

---

xerweise – gerade die Objektivierungsleistung analoger Medien schon zu Beginn des 20. Jahrhunderts eine grundlegende Reflexion ebenjener Schreibverfahren und ihrer Fixierung auf das symbolische Medium der Schrift mit sich brachte.

Fabian, Johannes (1993): "Präsenz und Repräsentation. Die Anderen und das anthropologische Schreiben", in: Eberhard Berg/Martin Fuchs (Hrsg.), *Kultur, soziale Praxis, Text. Die Krise der Repräsentation*, Frankfurt a.M., 335-364.

Gruppe, Gerd (1998): "E.M. von Hornbostel und die Erforschung afrikanischer Musik aus der *armchair*-Perspektive", in: Sebastian Klotz (Hrsg.), *,Vom tönenden Wirbel menschlichen Tuns'. Erich M. von Hornbostel als Gestaltpsychologe, Archivar und Musikwissenschaftler. Studien und Dokumente*, Berlin/Milow, 105-115.

Hegel, Georg W. F. (1996): *Vorlesungen über die Philosophie der Weltgeschichte. Berlin 1822/1823. Nachschriften von Karl Gustav Julius von Griesheim*, hrsg. v. Karl Heinz Ilting, Hamburg.

Hornbostel, Erich von (1986 [1905]): "Die Probleme der vergleichenden Musikwissenschaft", in: *Tonart und Ethos. Aufsätze zur Musikethnologie und Musikpsychologie*, hrsg. v. Christian Kaden/Erich Stockmann, Leipzig, 40-58.

Hornbostel, Erich von (1911): "Über ein akustisches Kriterium für Kulturzusammenhänge", in: *Zeitschrift für Ethnologie* 43(3,4), 601-615.

Hornbostel, Erich von (1986 [1911]): "Über ein akustisches Kriterium für Kulturzusammenhänge", in: *Tonart und Ethos. Aufsätze zur Musikethnologie und Musikpsychologie*, hrsg. v. Christian Kaden/Erich Stockmann, Leipzig, 207-227.

Hornbostel, Erich von (1986 [1912]): "Melodie und Skala", in: *Tonart und Ethos. Aufsätze zur Musikethnologie und Musikpsychologie*, hrsg. v. Christian Kaden/Erich Stockmann, Leipzig, 59-75.

Hornbostel, Erich von (1921): "Über optische Inversion", in: *Psychologische Forschung. Zeitschrift für Psychologie und ihre Grenzwissenschaften* 1, 130-156.

Hornbostel, Erich von (1922): "Vorwort des Übersetzers. (Zu: A.J. Ellis: Über die Tonleitern verschiedener Völker)", in: Carl Stumpf/Erich von Hornbostel (Hrsg.), *Sammelbände für vergleichende Musikwissenschaft*, Bd. 1, München.

Hornbostel, Erich von (1923): "Musik der Makuschí, Taulipáng und Yekuná", in: Theodor Koch-Grünberg (Hrsg.), *Vom Roroima zum Orinoco. Ergebnisse einer Reise in Nordbrasilien und Venezuela in den Jahren 1911–1913. Bd. 3: Ethnographie*. Stuttgart, 397-442.

Hornbostel, Erich von (1925): "Die Einheit der Sinne", in: *Melos. Zeitschrift für Musik* 5, 290-297.

Hornbostel, Erich von (1986 [1926]): "Psychologie der Gehörserscheinungen", in: *Tonart und Ethos. Aufsätze zur Musikethnologie und Musikpsychologie*, hrsg. v. Christian Kaden/Erich Stockmann Leipzig, 315-368.

Hornbostel, Erich von (1930): "Phonographische Methoden", in: Emil Abderhalden (Hrsg.), *Handbuch der biologischen Arbeitsmethoden, Abt. V: Methoden zum Studium der Funktionen der einzelnen Organe des tierischen Organismus, Teil 7 (1. Hälfte): Methoden zur Untersuchung der Sinnesorgane*, Berlin/Wien, 419-438.

Koch-Grünberg, Theodor (1917): *Vom Roroima zum Orinoco. Ergebnisse einer Reise in Nordbrasilien und Venezuela in den Jahren 1911–1913. Erster Band: Schilderung der Reise*, Berlin.

Koch-Grünberg, Theodor (2006): *Walzenaufnahmen aus Brasilien 1911–1913. Gravações em cilindros do Brasil 1911–1913*, (Berliner Phonogramm-Archiv, hrsg. v. Lars-Christian Koch/Susanne Ziegler), CD, Staatliche Museen zu Berlin.

Kraus, Michael (2004): *Bildungsbürger im Urwald. Die deutsche ethnologische Amazonienforschung (1884–1929)*, Marburg.

Latour, Bruno (1987): *Science in Action. How to Follow Scientists and Engineers through Society*, Cambridge, MA.

Latour, Bruno (1996): *Der Berliner Schlüssel. Erkundungen eines Liebhabers der Wissenschaften*, Berlin.

Latour, Bruno (2000): "Zirkulierende Referenz. Bodenstichproben aus dem Urwald am Amazonas", in: ders., *Die Hoffnung der Pandora. Untersuchungen zur Wirklichkeit der Wissenschaft*, Frankfurt a.M., 36-95.

Latour, Bruno (2006): "Drawing Things Together. Die Macht der unveränderlich mobilen Elemente", in: Andréa Belliger/David J. Krieger (Hrsg.), *ANThology. Ein einführendes Handbuch zur Akteur-Netzwerk-Theorie*, Bielefeld, 259-307.

Luschan, Felix von (1904): "Einige türkische Volkslieder aus Nordsyrien und die Bedeutung phonographischer Aufnahmen für die Völkerkunde", in: *Zeitschrift für Ethnologie* 36(2), 177-202.

Probst, Peter (1992): "Die Macht der Schrift. Zum ethnologischen Diskurs über eine populäre Denkfigur", in: *Anthropos* 87, 167-182.

Ratzel, Friedrich (1882): *Anthropo-Geographie oder Grundzüge der Anwendung der Erdkunde auf die Geschichte*, Stuttgart.

Schneider, Albrecht (1976): *Musikwissenschaft und Kulturkreislehre. Zur Methodik und Geschichte der Vergleichenden Musikwissenschaft*, Bad Godesberg.

Stumpf, Carl/Hornbostel, Erich von (1911): „Über die Bedeutung ethnologischer Untersuchungen für die Psychologie und Ästhetik der Tonkunst", in: *Bericht über den IV. Kongreß für experimentelle Psychologie in Innsbruck vom 19. bis 22. April 1910*, hrsg. v. F. Schumann, Leipzig, 256-269.

Taussig, Michael (1997): *Mimesis und Alterität. Eine eigenwillige Geschichte der Sinne*, Hamburg.

Theye, Thomas (1998): „Photographie, Ethnographie und physische Anthropologie im 19. Jahrhundert: Ein Überblick für den deutschen Sprachraum" in: *Revista de tradiciones populares* 58, 49-78.

Thompson, Emily (1995): „Machines, Music, and the Quest for Fidelity. Marketing the Edison Phonograph in America, 1877–1925", in: *The Musical Quarterly* 79, 131-171.

Wegner, Ulrich (2008): *MusikWeltKarte. Der Edison Phonograph und die musikalische Kartographie der Welt. The WorldMusicMap. The Edison Phonograph and the Musical Cartography of the World*, (Museum Collection Audiovisuell, hrsg. v. Lars-Christian Koch), DVD, Staatliche Museen zu Berlin.

Werkmeister, Sven (voraussichtlich 2009): *Kulturen jenseits der Schrift. Zur Figur des Primitiven in Ethnologie, Kulturtheorie und Literatur um 1900*.

Ziegler, Susanne (2006): *Die Wachszylinder des Berliner Phonogramm-Archivs*, Berlin.

Zerries, Otto (1964): *Aus dem Leben der Taulipáng in Guayana Filmdokumente aus dem Jahre 1911*, Begleitveröffentlichung, Göttingen.

Zimmermann, Andrew (2001): *Anthropology and Antihumanism in Imperial Germany*, Chicago, IL.

Zimmermann, E. (1912): *Psychologische und Physiologische Apparate. Illustrierte Liste No. 25*, Leipzig/Berlin.

Jörg Döring

Zur Geschichte der Literaturkarte (1907-2008)

1   Karten zur Literatur

Zunächst eine genauere Bestimmung des Gegenstandes: Wenn im Folgenden von Literaturkarte die Rede ist, sollen damit damit *nicht* Karten *in* der Literatur gemeint sein – also solche, die als Peritexte in literarische Darstellungen – zumeist Romane – eingeschaltet sind – entweder von den Autoren selber oder durch ihre Verleger – um den fiktionalen Handlungsraum zu veranschaulichen, der vom Text entworfen wird. Unabhängig davon, ob diese Karten den fiktionalen Handlungsraum der Literatur in der physischen Geographie verorten oder ein gänzlich erfundenes Territorium abbilden, bleiben sie integraler Bestandteil einer ästhetischen Ausdrucksgestalt und sind interpretationsbedürftig und interpretierbar nur als solche (vgl. dazu v.a. Stockhammer 2007; aber auch Huggan 1994; Mokre 2000; Stockhammer 2001; und jüngst Piatti 2008). Berühmte Beispiele für Karten *in* der Literatur wären etwa die Karte der Insel Lilliput in Swifts *Gulliver's Travels* (1726), die von Johann Gottfried Schnabels *Insel Felsenburg* (1731-43), die Schatzinselkarte Robert L. Stevensons (1883) oder Arno Schmidts Umschlagkarte seiner *Gelehrtenrepublik* (1957).

Mit Literaturkarte sollen im Folgenden vielmehr Karten *zur* Literatur gemeint sein – solche, die von Literaturwissenschaftlern als zusätzliches Material zur Erschließung ihres Gegenstandes erst angefertigt werden. Dabei können Thema solcher Karten Autoren, der einzelne Text oder ganze Textgruppen sein. Hier außer acht gelassen werden solche Karten zur Literatur, die keinen Bezug zum Raum der physischen Geographie herstellen, sondern sich der Darstellung rein imaginärer Territorien widmen – so etwa diejenigen Alberto Manguels und Gianni Guadalupis, die in ihrem *Dictionary of Imaginary Places* (1980) Alfred Jarrys Insel „Her" oder C.S. Lewis' „Narnia und dessen Umgebung" kartieren. Für die folgende historiographische Skizze zu literaturwissenschaftlichen Karten zur Literatur gilt das Augenmerk vielmehr solchen Beispielen, in denen Parameter des literarischen Textes (Autor, Autorenbewegung, Figur, Figurenbewegung, Handlungsschauplätze) auf einer Grundkarte des physischen „Georaums"[1] eingetragen werden. Kartographisch gesprochen, entstehen auf diese Weise so genannte thematische Karten. Im Unterschied

---

1   Ich schließe hier an die von Piatti vorgeschlagene Terminologie an, die unter Georaum „eine räumliche Realität (die Erdoberfläche)" verstanden wissen will (Piatti 2008: 23), die für die Parameter des literarischen Textes als Bezugsgröße fungiert.

etwa zu topographischen Karten, die eine möglichst lagegetreue Darstellung möglichst vieler physiognomisch erfassbarer erdoberflächlicher Erscheinungen anstreben und damit auch zur Orientierung im physischen Gelände taugen, konzentriert sich die thematische Kartographie auf die geographisch relevanten Aspekte einer selbst gewählten Fragestellung – die Darstellung der Lage, der Intensität, des Distanz-Relationsgefüges zu einem bestimmten Thema (vgl. Hüttermann 1979: 10). Dabei hat die thematische Kartographie größere Freiheit bei der Auswahl georäumlicher Darstellungselemente. Sie kann abstrakter, reduktiver verfahren und auch nicht-sichtbare Gegenstände georäumlich verorten. Deshalb ist sie in erster Linie themenbezogen verwendbar und muss nicht unbedingt geländetauglich sein. Das gilt für thematische Karten ganz allgemein. Ob das Thema Literatur im Besonderen jedoch überhaupt sinnvolle Parameter für eine Kartierung bereitstellt, ist in der Geschichte der Literaturgeographie niemals unumstritten gewesen. Egal ob man Autoren oder literarische Figuren georäumlich verortet, immer hat man es mit beweglichen, dynamischen Gegenständen zu tun (auch wenn sie – wie literarische Figuren – nur in der Vorstellung existieren):

> The human subject is difficult to map for numerous reasons. There is the difficulty of mapping something that does not have precise boundaries. There is the difficulty of mapping something that cannot be counted as singular but only as a mass of different and sometimes conflicting subject positions. There is the difficulty of mapping something that is always on the move, culturally, and in fact. There is the difficulty of mapping something that is only partially locatable in timespace. Then, finally, there is the difficulty of deploying the representational metaphor of mapping with its history of subordination to an Enlightenment logic in which everything can be surveyed and pinned down. (Pile/Thrift 1995: 2)

2 Wer hat Interesse an Karten zur Literatur?

Aufgrund dieser grundsätzlichen human- und kulturgeographischen Problemlage, die noch gar nicht einmal die Schwierigkeiten einer Literaturkartographie im Besonderen adressiert, haben sich die fachgeographisch verankerten Kartographen mit dem Thema Literatur überwiegend zurückgehalten. Alle hier im Folgenden verhandelten Beispiele für Karten zur Literatur sind literaturwissenschaftlichen Ursprungs. Es sind bezeichnenderweise nicht die Kulturgeographen, die auf die Idee kommen, thematische Karten zur Literatur in ihre Atlanten aufzunehmen, sondern die Literaturwissenschaftler, die sich laienkartographisch betätigen oder die kartographische Expertise in Anspruch nehmen, weil sie sich von thematischen Karten zur Literatur zusätzliche Aufschlüsse zu ihrem Gegenstandsbereich versprechen. Zwar war das Verhältnis von Germanistik und Geographie mindestens bis 1900 von wechselseitiger Hochachtung geprägt: So äußerte der Literaturgeschichtler Wolfgang Menzel 1838, Carl Ritters monumentale *Erdkunde* „beschäme die Romanliteratur" ob ihrer Weltläufigkeit und ihres Reichtums „von Naturerhabenheit und Schönheit" (Piatti 2008: 25); umgekehrt propagierte Friedrich Ratzel, der Erfinder der „Anthropogeographie", das Studium Stifters und Lenaus, um das Vermögen der Geographen in Natur- und Landschaftsschilderung zu schulen (Ratzel 1904; vgl. auch Floyd 1961). Aber obwohl die Karte bis weit ins 20. Jahrhundert als das wichtigste Hilfsmittel der Geographie angesehen wurde (August Petermann u. Oskar Peschel: „Die Karte ist in der Geographie der Stein der Weisen. Die Karte ist das Auge der Geographie." Vgl. Schultz 2006: 43), kartierten die Fachgeographen lieber andere kulturelle Gegenstände als ausgerechnet die Literatur. Deshalb war die Literaturgeographie, die hier thematisch sein soll, ausdrücklich nicht als weitere Bindestrichdisziplin der Fachgeographie anzusehen (und ist es nicht bis heute), sondern als methodisches Experiment im Kontext von Literaturwissenschaften. Das gilt im Übrigen nicht nur für die deutschsprachige Wissenschaftstradition, obwohl hier im Folgenden – bis auf eine Ausnahme – nur von dieser die Rede sein wird.

Auch die Autoren selber sind höchst unterschiedlicher Meinung darüber, inwiefern ein literarisches Territorium georäumlich überhaupt sinnvoll zu verorten sei – die Voraussetzung für so etwas wie kartengestützte Literaturgeographie. Zwei berühmte Kommentare: der erste, eher skeptische von Virginia Woolf, formuliert 1905 – ziemlich genau zu der Zeit, aus der die ersten literaturkartographischen Experimente überliefert sind:

> A writer's country is a territory within his own brain; and we run the risk of disillusionment if we try to turn such phantom cities into tangible brick and mortar. We know our way there without signposts or policemen, and we can greet the passers-by without need of introduction. No city indeed is so real as this that we make for ourselves and people to our liking; and to insist that it has any counterpart in the cities of the earth is to rob it of half its charm. (Woolf 1905: 35)

Die Gegenposition stammt von James Joyce (zit. n. Budgen 1960: 67-68): „I want to give a picture of Dublin so complete that if the city one day suddenly disappeared from the earth it could be reconstructed out of my book." In diesem Spannungsfeld bewegen sich grundsätzlich alle Bemühungen, literarische Parameter auf eine georäumliche Grundkarte einzutragen. In leichter Abwandlung einer Unterscheidung von Jeri Johnson (2000: 199) kann der Konflikt so pointiert werden: Entweder repräsentieren literarische Orte etwas anderes als den Ort (Woolf); oder sie repräsentieren mindestens den Ort (Joyce). Johnson macht darauf aufmerksam, dass die Woolf-Position in der Geschichte der Literaturwissenschaft die weitaus größere Zahl von Anhängern gefunden hat. Die Joyce-Position, sofern man daraus ein methodisches Programm ableitete, dass u.a. so etwas wie Literaturkartographie nach sich ziehen konnte, hat demgegenüber viel Skepsis hervorgerufen. Literaturkartographie stand von Beginn an (und steht bis heute[2]) unter im Wesentlichen drei Vorbehalten: (a) Faktengläubig überschätze sie das Objektivitätsversprechen der Karte als Darstellungspraxis; (b) Sie trivialisiere die Komplexität literarischer Raumkonstruktionen; (c) Im Hinblick auf ihren Gegenstand könne sie allenfalls illustrative oder ornamentale Funktionen wahrnehmen (Cerettis Kritik 1998 an Moretti, vgl. Moretti 2005; Winthrop-Young 1999; Matless 1999; Thacker 2005; Stockhammer 2007; Crang 2008).

Aufgrund dieser Vorbehalte ist die Geschichte der Literaturkartographie – mindestens in Deutschland – nicht sehr reichhaltig (aber in England, dem Stammland der Literaturgeographie, und auch in Frankreich sieht es nicht wesentlich anders aus; vgl. Piatti 2008). Die wenigen Beispiele erstrecken sich über einen Zeitraum von inzwischen mehr als hundert Jahren. Und dennoch scheint sich jüngst so etwas wie eine kleine Neukonjunktur abzuzeichnen – vor allem bedingt durch den kartographischen Medienumbruch von der analogen zur digitalen Kartographie. Geographische Informationssysteme (GIS) ermöglichen seither die Produktion dynamisch-interaktiver Literaturkarten, die ihrem Gegenstand angemessener erscheinen als die statisch-analogen. Ausdruck dieser literaturkartographischen Konjunktur ist das große internationale Forschungsprojekt *Ein literarischer Atlas Europas. Schauplätze – Handlungsräume – Raumphantasien*, das derzeit trilateral in Zürich, Göttingen und Prag realisiert wird und dem eine Kooperation von Kartographen und Literaturwissenschaftlern zugrunde liegt (wenngleich es wiederum von Literaturwissenschaftlern ersonnen wurde).[3] Ein erstes, kartographisch in vieler Hinsicht sehr beeindruckendes Zwischenergebnis liegt mit der Monographie von Barbara Piatti mittlerweile vor (Piatti 2008). Der andere Grund für die literaturkartographische Konjunktur könnte in dem mittlerweile relativ mühelosen Umgang mit

---

2   Die Kritik an zeitgenössischer Literaturkartographie wie Morettis Romanatlas von 1998 (z.B. Matless 1999, Winthrop-Young 1999) wiederholt Vorwürfe, die in ähnlicher Weise schon gegenüber Nagels *Literaturatlas* von 1907 erhoben wurden, teils von Kritikern, die ihrerseits mit literaturkartographischen Experimenten beschäftigt waren (vgl. Nadler 1929).

3   Informationen über den laufenden Stand des Projekts unter http://www.literatur atlas.eu/index.html, 17.12.2008.

Geobrowsern und laienkartograpischen Software-Tools (wie Google Maps) zu sehen sein, der zu einer beispiellosen Popularisierung kartographischer Praktiken im *Social Web* geführt hat, ohne dass eine spezialisierte GIS-Expertise noch erforderlich wäre (Scharl/Tochtermann 2007; Zook/Graham 2007). Weil es so leicht geworden ist, (freilich sehr primitive) Digital-Karten zu produzieren, werden mittlerweile auch auf Google-Maps-Basis laienkartographische Experimente zur Literaturanalyse veranstaltet (Döring 2008).

3 Illustrierende vs. analytische Literaturkarten?

In der Monographie von Piatti (2008) finden sich nicht nur die derzeit ambitioniertesten Literaturkarten weltweit, sondern auch ein sehr ergiebiger Forschungsbericht zur Geschichte der Literaturkartographie, der gerade in seiner internationalen Perspektive einer Pionierleistung gleichkommt.[4] Die Zentralunterscheidung, mit der Piatti die Tradition des literaturkartographischen Forschungsfeldes sortiert, lautet: *(rein) illustrierende vs. analytische* Karten zur Literatur (Piatti 2008: 50f. u. 120) Nicht zuletzt als eigenständige Akteurin auf dem Feld der Literaturkartographie verbindet sie mit der Unterscheidung einen klaren Wertungsanspruch: Illustrierend sind die entbehrlichen Karten zur Literatur. Sinnvolle Literaturkarten müssen analytisch sein. Auch das ist kennzeichnend für die Geschichte der Literaturkartographie, dass der Vorwurf des rein illustrativen Kartengebrauchs, der – wie gesehen – von außen gegen die Literaturkartographie im allgemeinen erhoben wird, unter den Befürwortern und Akteuren der Literaturkartographie als Distinktionsargument gegenüber Vorläufern wiederkehrt (vgl. auch Nadler 1929: 8f. gegenüber Nagel; Moretti 1999: 18 gegenüber Bradbury 1996; Moretti 2005: 53f. partiell als Selbstkritik).

Ich will mir im Folgenden für meine historiographische Skizze am Beispiel von einzelnen Literaturkarten bei Nagel (1907), Nadler (1912), Lüdtke/ Mackensen (1928-1938), Schlosser (1983), Moretti (1998) und Piatti (2008) die Wertunterscheidung *illustrativ vs. analytisch* nicht vorschnell zu Eigen machen. Vielmehr soll gefragt werden, zu welchem forschungsgeschichtlichen Zeitpunkt welche kartographische Praxis als illustrativ bzw. analytisch eingeschätzt wurde – für welche Zwecke, mit welchem Ertrag. Die *critical cartography* – eine kartenkritische Forschungspraxis innerhalb der anglo-amerikanischen *New Cultural Geography* seit Ende der 1980er Jahre (Harley 1988, 1989; Wood/Fels 1992; Wood 1992; Monmonier 1996; Pickles 2004) – hat eindrucksvoll unter

---

4   Nadler (1929) und Rasmussen et al. (2003) konzentrieren sich eher auf den je nationalliterarischen oder einzelsprachlichen Ausschnitt an literaturgeographischer Forschungsgeschichte.

Beweis gestellt, dass alle Karten – auch und gerade die unscheinbaren, die nicht-analytischen – als machtvolle Praktiken der Raumrepräsentation Anteil haben an der Ausprägung unserer geographischen Imaginationen (Gregory 1994). Analytische wie auch illustrierende oder gar dekorative Karten kommunizieren in je spezifischem Sinne persuasiv (vgl. Harley 1989: 11). Jede Karte selegiert mit Notwendigkeit Rauminformation aus der georäumlichen Totalität (täte sie das nicht, müßte die Karte so groß sein wie das Territorium, das sie darstellt[5]). Sie exekutiert Autorität, indem sie benennt, verortet, zählt (anderes ausblendet, verschweigt; vgl. Monmonier 1996: 69-86). Durch ihre Rhetorik der Neutralität (vgl. Kinross 1985) normalisiert sie unsere räumlichen Vorstellungen und suggeriert ein „spatial panopticum" (Harley 1989: 13) als Übersichts- und Orientierungsversprechen. Karten sind weniger Spiegel der Welt als kultureller Text (vgl. Stockhammer 2007: 52f.), der auch an der Produktion und Transformation der durch und durch sozialen Räume unserer Lebenswelt mitbeteiligt ist. Die *critical cartography* jedenfalls empfiehlt eine gleichsam rhetorische Lektüre aller Aspekte des Zeichenverbundsystems Karte als *thick text* (Harley 1988: 277; vgl. auch Schlögel 2003). Für die Geschichte der Literaturkartographie kann das nur heißen: Auch die vermeintlich rein illustrierende Karte zur Literatur verdient die gleiche kritische Aufmerksamkeit wie die (von wem? wann?) als analytisch bezeichnete.

4 Siegfried Robert Nagel (1907): „Deutsche Dichter im Todesjahr Goethes (1832)"

Die Vorarbeiten zu Siegfried Robert Nagels Atlasprojekt reichen bis in das Jahr 1897 zurück. Der *Deutsche Literaturatlas* mit „15 Haupt- und 30 Nebenkarten" erscheint 1907. Das erste Mal in der Germanistikgeschichte wird anlässlich dieser Publikation der Begriff Atlas auch mit einem Kartenwerk in Zusammenhang gebracht. Könneckes *Deutscher Literaturatlas* – in seiner ersten Fassung 1886 erschienen – war noch als reiner Bildatlas konzipiert gewesen, der Handschriften, Buchfrontispize und Dichterporträts als „Ergänzung zu jeder Literaturgeschichte" präsentierte (Könnecke 1896: b). Nagel hingegen geht es darum, „die Beziehungen zwischen Landschaft und Literatur durch Karten deutlich zu machen" (Nagel 1907: 5). Der Hinweis auf die lange Entstehungszeit dieses Atlas soll verdeutlichen, dass nicht etwa August Sauers berühmte Prager Rektoratsrede zu „Literaturgeschichte und Volkskunde" (vgl.

---

5 Jorge Luis Borges (1982) hat diese Phantasie zum Gegenstand seiner Erzählminiatur „Von der Strenge der Wissenschaft" gemacht.

Sauer 1907) die entscheidende Anregung zur Kartierung literaturgeschichtlicher Phänomene darstellte (anders als etwa für Josef Nadler im ersten Band seiner *Literaturgeschichte der deutschen Stämme und Landschaften*, s.u.). Zwar räumt Nagel in seinem Vorwort Austausch mit Sauer ein, aber der Kontakt muss allzu spät zustande gekommen sein, so dass Nagel die kulturgeographisch verheißungsvollen Karten zu einer frühen Sozialgeschichte der deutschen Literatur, die Sauer sich gewünscht hätte: „die Verteilung der Meistersingerschulen, der Universitäten, die Wanderungen der englischen Komödianten, die Entstehungsorte der Stadttheater, der Zeitungen" (Nagel 1907: 7) nicht mehr für seinen Atlas hatte realisieren können. Stattdessen zeigen Nagels Karten ausschließlich Literatur- als „*Literaten*geographie" (Piatti 2008: 70f.). Nagel verzeichnet Autorenherkunftsorte und Autorenwohnorte, in seltenen Fällen auch Autorenbewegung (in so genannten „Lebenskarten"). Er möchte zum einen aufzeigen, „welche Landschaften überhaupt an der Hervorbringung der bedeutenderen Dichter Anteil haben" (ein Wertungs- als Auswahlkriterium ist bei ihm ausdrücklich zugelassen), zum anderen, „welche Landschaften oder Städte zu gewissen Zeiten besondere Anziehungskraft für diese Geister gehabt haben" (Nagel 1907: 5). Bei dem hier ausgewählten Beispiel „Deutsche Dichter im Todesjahr Goethes (1832)" (Abb. 1) handelt es sich um den unteren Teil einer Doppelkarte zum Thema „Zeit des Jungen Deutschland", deren oberer Teil die räumliche Verteilung der „Deutsche(n) Dichter zur Zeit des Wiener Kongresses (1815)" zeigt. Das Prinzip wird deutlich: Nagel wählt für seine thematische Karte ein aus seiner Sicht relevantes Stichjahr zur Datenerhebung aus und stellt die zu diesem Zeitpunkt feststellbaren Lebensmittelpunkte der Autoren in ihrer räumlichen Verteilung dar.

Die „Festsetzung jener Zeitpunkte, die für die Literatur maßgebend waren" (Nagel 1907: 5), bezeichnet dieser Pionier der Literaturkartographie als Hauptschwierigkeit seines Unternehmens und stellt darüber einleitend manch skrupulösen Gedanken an; dass aber „das Todesjahr Goethes 1832" einen solchen historischen Relevanzpunkt bezeichnet, „bedarf" für ihn „keiner Rechtfertigung" (Nagel 1907: 6). Die Auszeichnung von 1832 als epochalen Einschnitt der deutschen Literaturgeschichte lässt im übertragenen Sinne auch eine räumliche Logik erkennen: die Logik der Inventur. Erst mit dem Tod des „Olympiers" ist *Platz geschaffen* für Neues, für das „Junge Deutschland", lohnt sich zu prüfen, wie die Bestände *verteilt* sind.

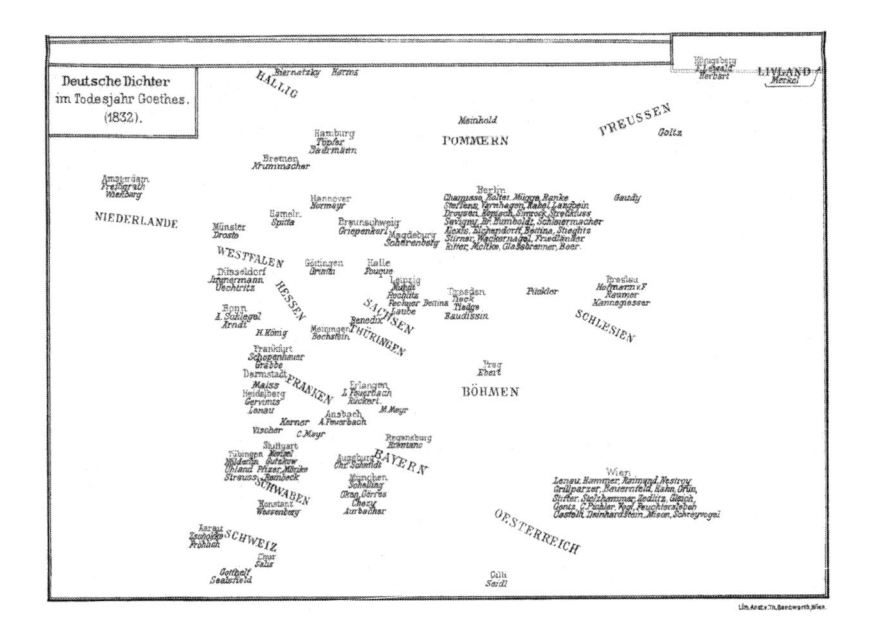

Abb. 1: Nagel (1907, Karte 12).

Kartographisch arbeitet Nagel mit drei Auszeichnungsfarben: blau zur Hervorhebung der Regionen (wobei die Schriftgröße für „Hallig" einerseits, für ganz „Oesterreich" andererseits nicht differiert: Größen- oder Bedeutungsnuancen der Regionen sollen durch die Beschriftung offenbar nicht mitkommuniziert werden), rot zur Kennzeichnung von ausgewählten Städten, schwarz und kursiv die Namen der Autoren am jeweiligen Ort. Damit sind auch schon beinah sämtliche Darstellungsmittel der Karte benannt (sieht man von parergonalen Elementen wie Kartentitel oder Kartenbeschreibung in Nagels Vorwort ab). Mit anderen Worten: Der Kartograph verfährt äußerst reduktiv bis asketisch. Von seinen Ausdehnungskoordinaten her betrachtet, bildet die Karte einen mitteleuropäischen Großraum von Amsterdam im Westen bis Livland im Osten (das graphisch über den Kartenrand hinausweisend dargestellt ist), von den deutschen Halligen im Norden bis hinunter südöstlich ins slowenische Cilli, südwestlich ins schweizerische Chur ab. Dies wird aber nur dadurch ermöglicht, dass das Koordinatennetz fehlt und die Orte und Regionen nur in relativer Lagebeziehung zueinander abgebildet werden müssen (die Hallig scheint von Hamburg etwa gleich weit entfernt wie Münster von Amsterdam) Deshalb handelt es sich insgesamt eher um eine topologisch-thematische Karte.

Rhetorisch gelesen, erhält bei einer so sparsam ausgestatteten Karte jede einzelne räumliche Information relativ mehr Gewicht: Die Dominanz von Berlin und Wien, das Ballungszentrum Stuttgart/Tübingen, die Unterzentren

Leipzig und München; die Einsamkeit des dichtenden Pfarrers Meinhold auf Usedom; die Alleinstellung des Humoristen Bogumil Goltz in den leeren Weiten Westpreußens. Kehrseitig verdient Beachtung, was die Karte verschweigt: sowohl jede topographische Information wie auch politische Grenzen. Die „Landschaft", deren „Beziehung zur Literatur" thematisch sein soll, ist nur durch die Namen der Städte und Regionen repräsentiert. Nicht durch hydrogeographische Informationen, nicht durch die Abbildung des Landschaftsreliefs, nicht durch infrastrukturelle Angaben. Auch die Städte sind überhaupt nur thematisch in Abhängigkeit von dem Dichter, der sie zu seinem Lebensmittelpunkt erklärt hat. So fehlen z.B. Köln oder Nürnberg, Weimar (verwaist schon im Todesjahr Goethes) oder Potsdam ganz (Potsdam vielleicht auch deshalb, weil die Aufzählung der in Berlin 1832 ansässigen Autoren seitenräumlich so viel Platz verschlingt, dass Berlin vielmehr Magdeburg benachbart erscheint). Deshalb kann schon hier festgehalten werden, dass Nagel jedenfalls nicht auf einen im strengen Sinne raumdeterministischen Ansatz hinaus will, der die Ansiedlung von Dichtern in bestimmten Regionen landschaftsmorphologisch erklärte: aus Hanglagen, Flussläufen, Gebietscharakteren. Stattdessen erstellt er eine Karte der geistigen und dichterischen Zentren, die nichts anderes zeigt als die räumliche Verteilung und numerische Intensität von Dichteransiedlungen. Die möglichen Gründe für die Attraktivität Berlins oder Wiens für die Dichteransiedlung thematisiert die Karte nicht über die Auszeichnung z.B. der allgemeinen Stadtgröße oder der politischen Bedeutung, vielmehr einzig über das absolute Dichteraufkommen zum gewählten Zeitpunkt. Das heißt, die verdoppelte Anzahl von Namenseinträgen zu Berlin 1832 (26) gegenüber 1815 (13) in den beiden Teilkarten zum „Jungen Deutschland" könnte kartenintern allenfalls durch das Matthäus-Prinzip („Wer hat, dem wird gegeben") erklärt werden: Weil schon so viele Dichter da sind, attrahiert Berlin weiteren Nachzug. Dass eine solche Deutung literatursoziologisch unterkomplex wäre, versteht sich. Eichendorff beispielsweise, den die Karte gegenüber 1815 als Berliner Neuzugang verzeichnet, war 1831 als preußischer Ministerialbeamter nach Berlin umgezogen, nicht in erster Linie wegen der hohen Dichterdichte. Überhaupt relativiert sich die Dominanz Berlins in Nagels Karte, wenn man – angesichts des Kartentitels – die zu Berlin aufgeführten Namen genauer qualifizierte: Mit dem Eintrag von Droysen, Ranke, Savigny, den Brüdern Humboldt, Schleiermacher, Ritter und Stirner beweist Nagel, dass er – gelinde gesagt – einen sehr weiten Dichtungsbegriff zugrunde legt.

Ist diese Karte nun „analytisch" – wie Piatti überzeugt ist (Piatti 2008: 71) – auch wenn Nagel keine Gründe für die räumliche Verteilung und punktuelle Intensität von Dichteraufkommen plausibilisieren kann? Oder ist sie „rein illustrierend", wegen ihrer minimalistischen Ästhetik vielleicht gar dekorativ? Meine These: Als Aussagezusammenhang verfährt diese Dichter-Karte nicht weniger reduktiv-funktional als etwa eine ADAC-Autobahnatlaskarte. Die ADAC-Autobahnatlaskarte behauptet die Bedeutung von Autobahnen durch deren privilegierte Darstellung (zuungunsten anderer möglicher Rauminformationen). Das Thema der ADAC-Autobahnatlaskarte wird immer sein: Automobilität und – im Vollzug der Praxen, die sich an diese Kartenlektüre anschließen – Legitimation von Automobilität. So verhält es sich auch bei Nagel mit den Dichtern: Seine Karte behauptet in erster Linie die Bedeutung von deutscher Dichtung im Todesjahr Goethes durch die (nicht bloß privilegierte, sondern radikal) einseitige Darstellung von Dichteraufkommen in räumlicher Verteilung. Das Thema von Karten zur deutschen Literatur – auch dieser – wird immer (auch) sein: Legitimation von Dichtung. Bis dahin hatte sich der Legitimationsdiskurs zur deutschen Dichtung anderer Kulturtechniken bedient: der Rede, der Schrift, der Buchgestaltung, des Denkmals. Nagel ist der erste, der deutsche Dichtung nun auch kartographisch legitimiert. Die Karte tut das in einer suggestiv panoptischen Zeigeweise, die neben den Ballungszentren auch die schiere Ausdehnung deutscher Dichterzunge thematisiert: die grenzländischen Vorposten in Livland und Ostpreußen (nach Kotzebues Ermordung: Herbart, eher ein Gelehrter, und die seinerzeit 21-jährige Fanny Lewald, die 1832 als Dichterin freilich noch gar nicht in Erscheinung getreten war), die schweizerischen Autoren (Gotthelf, Salis-Seewis) als Eingemeindete, die Ruhestandsschweizer (Sealsfield), auch die Berufsmigranten, die es nach Holland verschlagen hat (Freiligrath, Wienbarg), keiner wird vergessen. Das Reich deutscher Dichterzunge hat keine politischen Grenzen verdient.

5   Josef Nadler (1912): „Die Epiker der höfischen Zeit"

In Nadlers *Literaturgeschichte der deutschen Stämme und Landschaften* finden sich Literaturkarten nur im 1. Band der 1. Auflage von 1912, dann erst wieder in der berüchtigten vierten Auflage, erschienen zwischen 1938 und 1941, deren 4. Band „Reich" (Nadler 1941) gleich mit einer suggestiv-geopolitischen Karte eröffnet, die zeigen sollte, wie sich „die Juden [...] nach dem Niedergange des Morgenlandes zwischen die neu erstehenden Volksverbände des Abendlandes eingeschoben" hätten. Kartenrhetorisch deuten vor allem die geschwungenen Pfeilsymbole Stoßbewegungen aus allen Himmelsrichtungen an, die besonders das Territorium der (vornehm schraffierten) deutschen Altstämme zu umzingeln scheinen (vgl. Abb. 2). Wie die Nadlerforschung mittlerweile zeigen konnte, blieb im Fortgang des vierten Bandes „die Thematisierung jüdischer Autoren unverändert sachlich" (Kaiser 2008: 407f.), und erstaunlich wenig Textänderungen sind gegenüber den vor 1933 erschienenen Auflagen nachweisbar.

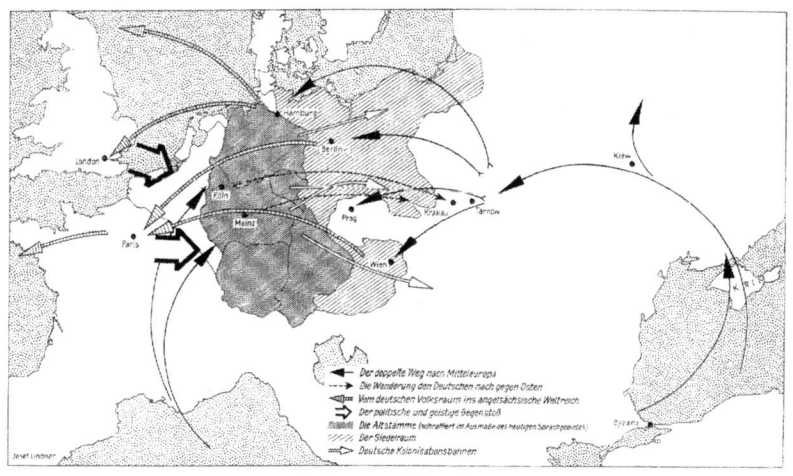

Abb. 2: Nadler (1941: 3).

Dennoch war nicht zuletzt durch diese Karte Nadlers Projekt im Ganzen – mitsamt seinen literaturgeographischen Aspirationen – nach 1945 gründlich und zu Recht diskreditiert.[6] Es fällt schwer, Nadlers literaturkartographische Anfänge von 1912 nicht unter diesen Vorzeichen zu sehen. Für eine Geschichte der germanistischen Literaturkarte muss man sich gleichwohl darum bemühen.[7] Denn auch wenn Nadler viele seiner kartographischen Vorstellungen nicht umsetzen konnte – überwiegend wohl aus technischen bzw. Kosten-Gründen – hat er sehr weitreichende methodologische Überlegungen zur Kartierung literaturgeschichtlicher Befunde angestellt (vgl. Nadler 1929). Erst wieder bei Moretti (1998) werden Literaturkarten konzeptuell so wichtig genommen wie bei Nadler. Doch der Reihe nach. Von Anfang an ist Nadlers „Stammes-Modell" der Literaturgeschichte als philologischer Protest gegen die von Dilthey begründete geistesgeschichtliche Literaturauffassung zu verstehen (vgl. Höppner 2007).

---

6   Die Forschungsliteratur zu Nadler ist sehr umfänglich und mittlerweile auch ausgesprochen differenziert. Vgl. die folgende Auswahl: Mecklenburg (1986); Meissl (1990); Hermsdorf (1999); Stellmacher (1999); Izumi (2001); Rohrwasser (2002); Höppner (2007); Piatti (2008); v.a. auch Kaiser (2008).

7   Rohrwasser ist noch dezidierter: „Ein einfacher Rückschluß, der von Nadlers Rolle in der nationalsozialistischen Germanistik auf seine *Literaturgeschichte* von 1912 schließt, ist so unzureichend wie die Kasuistik der Moskauer Expressionismusdebatte von 1937, in der die Positionen von Gottfried Benn oder Hans Johst als Belege dafür dienten, daß Expressionismus in Faschismus münde" (Rohrwasser 2002: 262).

Gegen historisches Selbstverstehen und die kunstmäßige Interpretation der nationalen Literaturheiligtümer setzte Nadler – angeregt vor allem durch Sauers Prager Rektoratsrede – dezidiert auf „eine Literaturgeschichte von unten" (Rohrwasser 2002: 258; vgl. Sauer 1907), die an Kanonfragen sich ostentativ desinteressiert zeigte, vielmehr auf ein Ordnungsmodell für die gesamte Stoffmasse der deutschsprachigen Literatur aus war, das sich an „Stamm" und „Landschaft" orientieren sollte – im Ergebnis ein Konstrukt aus Versatzstücken des Sozialdarwinismus, positivistischer Milieutheorie und spätromantischer Kollektivgeistvorstellungen (Meissl 1990):

> Literatur und Kunst, als ein Überschuß wirtschaftlicher Kräfte, mitbewegt von den Bedingungen und Erträgnissen materieller Arbeit, können nur dort erklärt und begriffen werden, wo der Mensch mit tausend Fasern an einem bestimmten Erdfleck festgewachsen ist, wieder nur aus der Gesamtheit aller Wirkungen, die zwischen Heimat und Abkunft spielen. (Nadler 1912: vi)

Nadlers merkwürdig inexplizite Vorstellung vom „Stamm" sollte – so weit zu erkennen ist – als Bindeglied zwischen Sprachsubjekt und Nationalkollektiv gedacht werden. In ihr schossen genealogische und Umwelt-Faktoren zur gesuchten (Kausal-)Erklärung eines literaturgeschichtlichen Befundes in eins:

> Wir brauchen Zwischenglieder zwischen dem Einzelnen und der letzten Einheit, eine Zwischeneinheit, die vor dem Einzelnen die Kontinuität der Entwicklung voraus hat und vor dem letzten Ganzen, der Nation, die Mannigfaltigkeit, die Vielheit solcher Entwicklungen. Das ist wieder der Stamm, die Sippe, die Landschaft. Das Problem ist dieses: Wir kennen eine Summe von Ursachen und von Wirkungen, im Schrifttum kristallisiert. Wo ist die Ursache, die zu dieser Wirkung gehört? Es müßte uns experimentell möglich sein, eine beliebige Ursache auszuscheiden, um zu sehen, welche Wirkung ausbleibt. Das Experiment können wir nicht machen, aber die Natur hat es gemacht, indem sie Menschen gleicher Herkunft – einen Stamm – in Landschaften verschiedener Bedingungen setzte, indem sie Elemente verschiedener Herkunft mischte, Teile verschiedener Stämme in gleichgebaute Landschaften hineinwachsen ließ. [...] Raum und Zeit! Zum zweiten auch das erste! Nicht eine Landschaft als Tummelplatz zufällig zusammengewürfelter Einzelner, sondern als Nährboden, als Materielles, als Trägerin eines ganz bestimmten Menschenschlages, von der aus beidem, aus Blut und Erde, das Feinste, das Geistigste wie in goldenen Dämpfen aufsteigt. Es gibt auch in den Geisteswissenschaften eine Spektralanalyse. (Nadler 1912: vii)

Nadler sei hier auch deshalb so ausführlich zitiert, weil er eher selten, mehr über ihn gelesen wird, und weil sich einerseits das Pathos des quasi naturwissenschaftlichen Geltungsanspruchs nur im Wortlaut mitteilt; andererseits wird deutlich, welchen Überbau als Ballast man mit sich herumzuschleppen bereit sein muss, wollte man ernsthaft Nadler zum Ahnherr einer regionalistischen oder Sozial-Geschichte der Literatur erklären, wie zuweilen geschehen (vgl. Seibt 2004: 62). Und dennoch: „Karten waren diesem Buche unentbehrlich", wie Nadler zum 1. Band der Erstauflage bekundet (Nadler 1912: iv). Dem Band sind fünf Karten beigegeben. Davon sind zwei keine Literaturkarten. Sie zeigen „Germanien um 150 n. Chr." und „Die deutschen Flussgebiete", wobei letztere Karte ohne jede historische Spezifizierung auskommt und deutsche Flussgebiete von der Rheinmündung bis zum Bug reklamiert. (Die politischen Implikationen dieser vorgeblich rein hydrogeographischen Karte aus dem Jahr 1912 seien hier außer acht gelassen...)

Für die drei Literaturkarten (genauer: Kartenverbünde) wartet Nadler mit einer literaturgeographischen Neuerung auf: Er trennt eine georäumliche Grundkarte (vgl. Abb. 3) von jeweils zwei am Kartenrand befestigten, semitransparenten Oleaten, auf denen die literaturgeschichtlichen Befunde eingetragen sind. Nach Belieben kann jetzt der Leser die Grundkarte „Deutschland zur Stauferzeit" entweder mit der Übersicht der „Epiker der höfischen Zeit" kombinieren (vgl. Abb. 4) oder mit der der „Lyriker der höfischen Zeit" oder sogar beide Oleaten übereinander auf die Grundkarte legen.

Die Wahl der Auszeichnungsfarben (rot für die Lyriker, blau für Epiker) gestattet, dass sowohl beide Deckblätter des Kartenverbundes – gleichsam als Gattungsschichten – distinkt genug bleiben, als auch die vielfarbig gestaltete Grundkarte hinreichend durchschimmert. Insofern haben wir es strenggenommen mit vier Karten in einer zu tun. Die Neuerung gegenüber Nagel: Zwar hält Nadler am Prinzip der *Literaten*geographie fest, insofern „Abkunftsort" und „Stammestum" der Dichter landschaftlich verortet werden (Nadler 1912: 403f.). Indem er aber nach literarischen Gattungen unterscheidet, ist ein weiteres, diesmal formalästhetisches Kriterium für die literaturgeschichtliche Kartierung eingeführt. Die Gattungskarten übereinandergelegt werfen die Frage auf, ob es Gründe für die räumlich unterschiedliche Verteilung von Gattungen geben mag: Gattungszentren, leere Räume, die Affinität bestimmter Räume für entweder das Epos *oder* die höfische Lyrik, vielleicht gattungsübergreifende Ballungsräume.

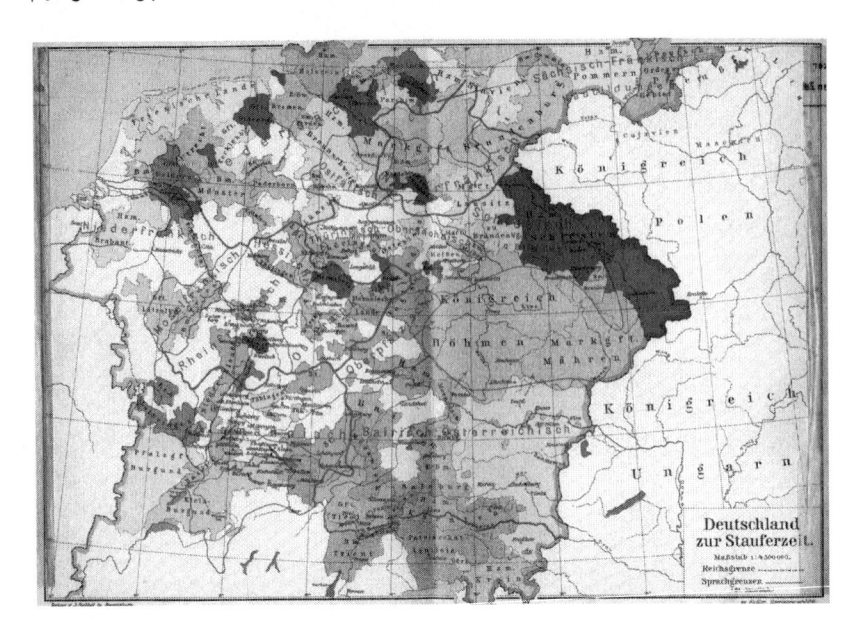

Abb. 3: Nadler (1912: 403ff.): *Grundkarte*.

Ein weiterer Unterschied: Die Grundkarte bleibt nicht „stumm" oder ausschließlich toponymisch – anhand verteilter Ortsmarken – organisiert wie bei Nagel, sondern integriert Flußsysteme, politische Grenzen, Städte ebenso wie die umschließende Reichsgrenze und die verschiedenfarbig hervorgehobenen Sprachregionen, die Nadler aus der seit Mitte des 19. Jahrhunderts florierenden sprachwissenschaftlichen Mundartkartierung übernimmt und von denen er seine Stammesgrenzen ableitet.[8] In den Gliederungselementen der Grundkarte – (a) politische Kleinräumigkeit, farblich hervorgehoben; (b) sprachliche Großregionen quer zu den politischen Grenzen – ist auch eine seinerzeit kurrente geopolitische Symbolik erkennbar: das geläufige Bild des „Flickenteppichs", mit dem vor 1871 die Reichsgründung kartographisch beschworen wurde (vgl. Schneider 2004). Wenn man genau hinsieht, will Nadler auf der Grundkarte sogar Wanderungsbewegungen der Stammessprachen in der Staufferzeit andeuten: kleine rote Pfeile, die vom oberpfälzischen und „bairisch-österreichischen" Sprachraum nach Osten in das Königreich Böhmen/Mähren weisen (das in dieser Karte noch als komplett sprachloser Raum firmiert: empfänglich für die Sprachkolonisation von Westen her...).

---

8   Auch in dieser Kartenkonzeption zeigt sich das letztlich Zirkuläre an Nadlers Grundmodell: Die Stammesräume werden erst sprachlich gebildet, dann aber sollen die Räume sich der Sprache/Literatur eingeschrieben haben (vgl. auch Meissl 1990).

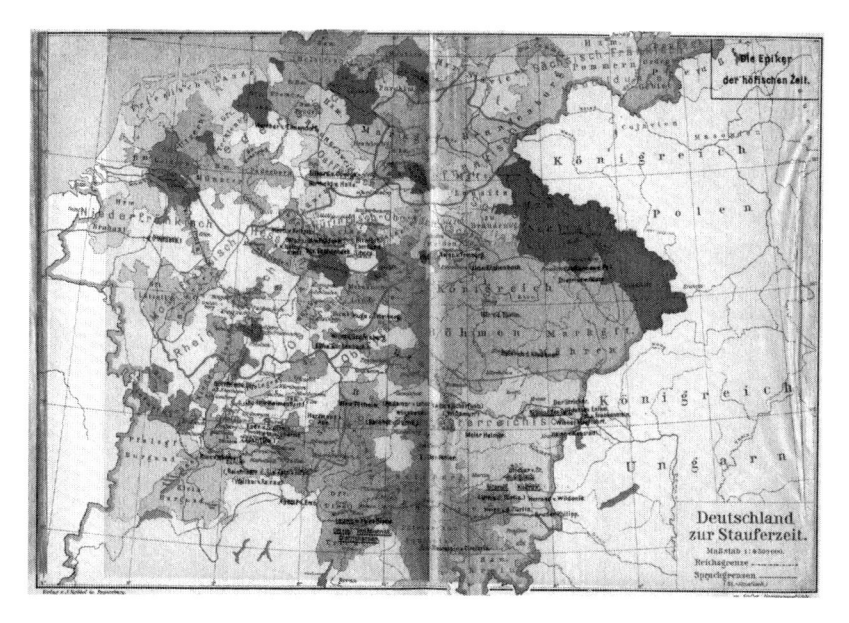

Abb. 4: Nadler (1912: 403ff.): *Grundkarte mit Oleat*

Nadler jedenfalls lässt keinen Zweifel daran, dass er über dieses Kartenmodell hinaus schon 1912 viel weitergehende literaturkartographische Ambitionen verfolgt:

> Es ist nur eine Skizze, und mir läge viel am Herzen. Vor allem müßte die Umgebung, die Heimat eines Dichters und einer Dichtung geradeso, wie sie sich in beiden spiegeln, auf der Karte festgehalten werden, die Berge, beim Sterzinger und Haller Volksspiel die Handelsstraße nach dem Süden; es müßten kulturbildende Örtlichkeiten, Universitäten, Klöster, Bibliotheken, Theater zur Anschauung kommen. Nicht die nackte Linie, sondern lebendige Farben müßten die Mischung einzelner Stämme ausdrücken [...]. Literarische Linien müßten auf den Oleaten den Gang der Bewegungen, das verbindende Leben festhalten. Die Karte müßte ein Bild der deutschen Erde werden, wie es sich zu dieser Zeit in den Dichtungen ausprägt. Ich kann nur geben, was unter diesen Umständen möglich war. (Nadler 1912: 403)

Auch Nadlers Karten geben den Einfluß von Sauers literaturgeographischem Forschungsprogramm zu erkennen; doch auch er entschuldigt sich dafür, dass er es noch nicht hat einlösen können. Immerhin zeichnet sich ab, welche Karten Nadler vorschwebten, hätte er über die kartographischen Mittel (und die nötigen Druckkostenzuschüsse) verfügen können: Literaturkarten, die in kulturgeographischer Hinsicht den engen raumdeterministischen Bezug hinter sich gelassen und den kulturstiftenden Einfluß von Institutionen, Bildungsinfrastruktur und Verkehrswegen hätten herausarbeiten können. Noch grundsätzlicher als in seiner Kartenerläuterung zu Band 1 der *Literaturgeschichte* bestimmt Nadler Sinn und Zweck einer Kartierung literaturgeschichtlicher Befunde an anderer Stelle und damit – kurios genug – das Programm einer jeden künftigen Literaturkartographie: in seinem Aufsatz „Die Literaturkarte" von 1929. An keiner anderen Stelle hat sich Nadler so eingehend mit literaturgeographischen Fragen beschäftigt wie in dieser Schrift. Und der Sache nach finden sich Überlegungen wie die folgenden in den ambitioniertesten Atlasprojekten zur Literatur bis heute – bei Moretti ebenso wie bei Piatti:

> Geisträumliche Beziehungen an einem Kartenbilde sichtbar zu machen, dieses Verfahren ist an sich unbeschränkt. Denn [...] es handelt sich um sinnliche Verkörperungen geistiger Vorgänge. Die aber sind an den Menschen gebunden und also durch den Menschen im Raum. Daher besagt der Ausdruck ‚Geisträumliche Beziehungen' schon mehr als zunächst im Wesen der Sache liegt. Denn nicht ‚Beziehungen' vermag die Literaturkarte eigentlich ersichtlich zu machen, sondern vorerst nur Verteilung ihrer Stoffe im Raum. Auf ‚Beziehungen' wird lediglich geschlossen, wenn die Brennpunkte des literarischen Stoffes, nach dem man ihn unter allen möglichen Gesichtspunkten gedreht hat, immer in die gleichen umgrenzten Stellen des Raumes gefallen sind. Daraus ergibt sich sofort die wissenschaftliche Aufgabe der Literaturkarte. Sie ist nicht Begleiterin eines darstellenden Textes, sie ist nicht ‚Illustration', sie ist nicht graphischer Behelf, sondern sie ist im wahrsten Sinne ‚Methode', sie ist Erkenntnismittel, ja sie ist die Prämisse des Textes. Nicht die literaturhistorische Untersuchung und Darstellung des Raumgeistigen ist eine besondere ‚Methode', wie unentwegt behauptet wird, sondern die Literaturkarte ist es [...]. Sie stellt ein besonderes Findevermögen dar, sie ist ‚Heuristik' wie kaum ein zweites Verfahren, sie bietet die einzige und einwandfreie Möglichkeit, mit geistesgeschichtlichen Tatsachen zu ‚experimentieren'. (Nadler 1929: 8f.)

So profiliert Nadler sein Projekt u. a. auch gegenüber Nagels Atlaskarten, die als analytisch wertlos geschmäht werden („Aber sind es überhaupt Karten?"; Nadler 1929: 3). Wichtiger aber: Der Aufsatz gipfelt in der Vision eines großen Atlasprojektes, das aus Gattungskarten bestehen sollte, die auch Textsorten wie „Predigt und Staatsrede", „Reisebuch" und „Zeitung" umfassen sollten, welche in Abhängigkeit von „Volkszahl", „Volksbildung", „Zahl und Leistungsfähigkeit der Druckereien" dargestellt sein würden (Nadler 1929: 14f.); weiterhin aus so genannten „synthetischen Karten", die Fragen stellten wie: „welche Wege nehmen die geistigen Güter?"; oder die den „Geltungsbereich großer Kulturvorgänge" visualisierten: „die Aufnahme der Antike über karlingische Renaissance, Humanismus, Barock, Klassizismus, wobei auf dem Grundblatt neben dem Geographischen ein getreues Bild des römischen Nachlasses in Städten, Kastellen, Straßen, Fundstellen erscheinen müßte"; ferner die „drei Kulturkreise des Barock" (Nadler 1929: 17); schließlich schweben Nadler sogar ganze „Weltübersichtskarten" vor, „die das deutsche Geistesleben mit dem anderer Völker verwurzelt zeigen würden" und die „wechselseitigen Beziehungen zwischen der deutschen und französischen, der deutschen und der englischen Literatur und so fort" (ebd.). Man stelle sich für einen Moment vor, Nadler mit der ihm eigenen literaturkartographischen Phantasie und Emphase hätte schon über die technsischen Möglichkeiten von GIS verfügt! Aus heutiger Perspektive erweist sich sein Atlasprojekt gar als ausgesprochen modern. Es adressiert ein ganzes Bündel von Fragestellungen, die gegenwärtiger Geschichtstheorie lieb und teuer sind: Mikrohistorie; Infrastrukturgeschichte; Makrotheorien einer *longue durée*; die Idee einer transnationalen, gar globalen Verflechtungsgeschichte am Beispiel literarischer Formen. Man darf bedauern, dass Nadler dieses Atlasprojekt nicht realisierte (stattdessen sich nach 1933 lieber in Rechtsstreitigkeiten darüber verstrickte, inwiefern sein „Stammesbegriff" mit dem „Rasse"-Begriff der Nazis inkompatibel sei, bevor er antisemitische Karten ersann). Vor allem auch deshalb, weil Nadlers (methodologisch redlich) ergebnisoffen konzipierten literaturkartographischen Experimente spätestens auf der transnationalen Stufe auch die stammeskundlichen Prämissen seines eigenen Modells hätten erschüttern müssen. Erst dieser Atlas hätte Nadler als Ahnherr einer modernen Sozialgeschichte und Kulturgeographie der Literatur qualifiziert. Die Karten in seiner *Literaturgeschichte* gewiss noch nicht. An Nadlers programmatischem Aufsatz „Die Literaturkarte" hingegen, der im gegenwärtigen literaturgeographischen Diskurs (von Moretti bis Piatti) auffällig unterrepräsentiert (bis unbekannt) ist, müssten sich heutige Atlasprojekte eigentlich abarbeiten.

6 Gerhard Lüdtke/Lutz Mackensen (1928-38): „Das Leben Fausts" und „Der Roman des Barock"

Lüdtke/Mackensens *Deutscher Kulturatlas* – fünfbändig erschienen zwischen 1928 und 1938, unbeschadet durch die Zäsur 1933 und unter Beteiligung einer Vielzahl von Autoren unterschiedlichster Fachprovenienz – enthält Literaturkarten nur unter anderem, er gilt dem Gesamt der deutschen Kultur: von der „Vor- und Frühzeit", vom „Ritter zum Patrizier", von „Goethe zu Bismarck" bis hin zum „Aufbau der Gegenwart" durch „Kaiserreich und Weltkrieg". Zwei Karten sollen hier thematisch sein, weil sie gegenüber Nagel und dem frühen Nadler literaturkartographische Innovationen bezeichnen.

> Das Leben Fausts

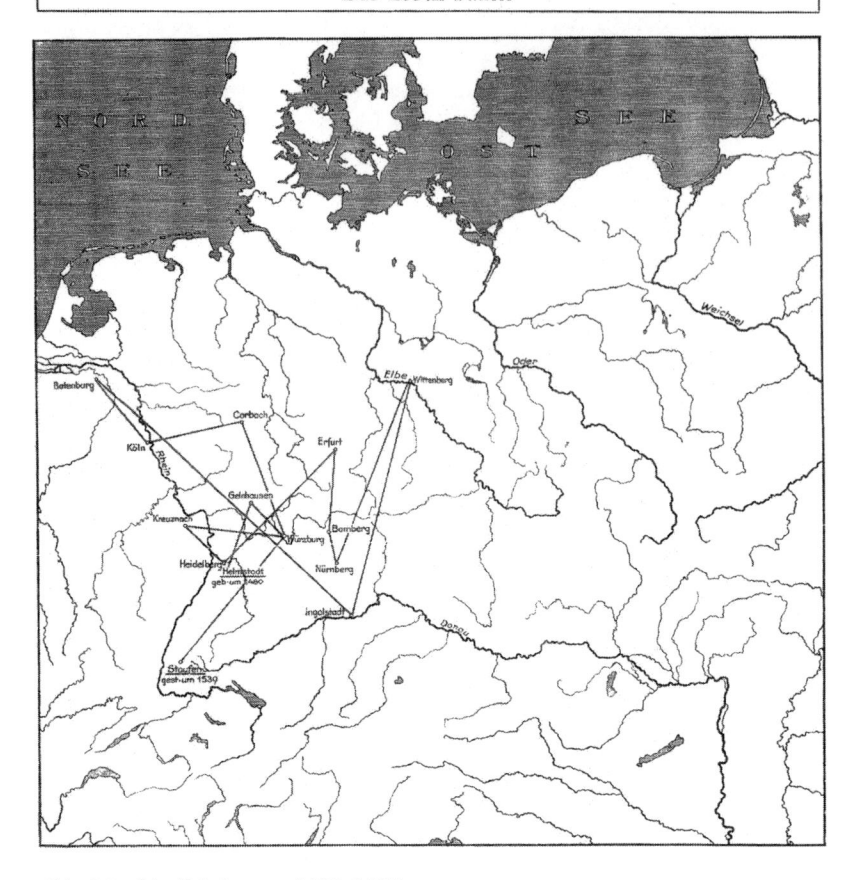

Abb. 5: Lüdtke/Mackensen (1937: 242b).

Das erste Beispiel (Abb. 5) zeigt, wie erste Vorkehrungen zu einer Kartierung nicht mehr nur der Autoren und Autorenbewegungen, sondern auch der literarischen Stoffe und Figuren getroffen werden. Zwar sind es vorerst noch nicht die Reisen des literarischen Faust, die die Karte wiedergibt, sondern die Lebenswege der historisch-legendären Figur, aber im Hinblick auf den möglichen Gegenstandsbereich einer Literaturkarte (diese ist produziert von Georg Ellinger) muss diese thematische Frage als Registererweiterung angesehen werden. Der Karte beiseite gestellt ist ein ausführlicher Kommentartext, der die kartographisch verzeichneten Lebensstationen des historischen Faust quellenkritisch beschreibt und vor allem chronologisch ordnet. Denn bis auf den Geburts- und Todeszeitraum (geboren um 1480 in Helmstadt bei Heidelberg, ermordet – angeblich vom Teufel selbst – um 1539 im badischen Staufen) annotiert die Karte keine weiteren temporalen Angaben. Man kann der

Lebensreise Fausts auf der Karte mit dem Finger folgen, weiß aber nicht, wann er sich wo befunden haben soll. Insofern gehört die parergonale Beschreibung als Erläuterung und Legitimation der Relevanz des auf dem Kartenbild Dargestellten noch stärker dieser Karte hinzu als die Paratexte bei Nagel und Nadler – nicht nur seitenräumlich (was unser Abbildungsausschnitt leider nicht zeigen kann). Was die georäumlichen Grundkartenelemente angeht, entscheiden sich Lüdtke/Mackensen für eine Variante zwischen Nagel und Nadler: Die Karte gibt immerhin – anders als bei Nagel – einen Umriss der Landmasse, in dem ihr Thema verzeichnet ist, zu erkennen, einschließlich der Flussläufe, aber ohne Geländerelief. Gegenüber Nadler verzichtet sie auf politische, kulturelle Grenzen, Städte und Regionsbezeichnungen, erscheint mithin kulturfrei – mit Ausnahme der Orte, die für den historischen Faust überliefert sind.

Die Meere sind blau, die Städte rot ausgezeichnet, ansonsten entbehrt die Karte fast aller weiteren Gestaltungselemente. Die Flüsse sind typographisch leicht größer als die Ortsnamen ausgeführt (woraus man eine subliminale Tendenz zur Privilegierung der natürlichen gegenüber den kulturellen Raumfaktoren ablesen mag). Die Städte für sich genommen werden nicht nach Größe oder Bedeutung typographisch differenziert. Im Ergebnis ist es gleichsam erst die legendäre Figur, die den Raum kulturell beschriftet und damit wie neu hervorbringt. Die ‚Leere‘ eines solchen Kartendesigns lässt – kartenrhetorisch betrachtet – den durchaus großräumigen Aktionsradius der frühneuzeitlichen Sagenfigur nur umso markanter hervortreten. Gerade die Abwesenheit der politischen Grenzen auf der Karte macht imaginäre Grenzsetzungen durch den Betrachter noch wahrscheinlicher. Der mag jetzt auf seiner *mental map* die äußersten Eckkoordinaten des Faust-Territoriums miteinander verbinden und den Großraum bestaunen, in dem schon der historische Faust seine Spuren hinterlassen hat – als künftige nationale Identifikationsgröße.

Das zweite Beispiel (Abb. 6) zeigt den „Roman des Barock" (Kartenautor ist Werner Zirus) weniger als Karte denn als ein geometrisiertes Kartogramm: Hier ist das Darstellungsprinzip von Nagels Literaturkarten weiterverfolgt, aber in gattungsgeschichtlicher Hinsicht deutlich erweitert. Die Karte zeigt einen gegenüber allen anderen Literaturkarten erstaunlichen Zugewinn an thematischer Differenzierung: neben Ortsmarken und Autorennamen noch Romanentstehungsdaten, dazu eine kartensymbolische Binnendifferenzierung des Textkorpus („*kursiv* = realistische Richtung" des Barockromans), zudem die Autoren, Titel und Entstehungsdaten der wichtigsten ausländischen Vorbildtexte für den deutschen Barockroman samt deren räumlicher Verteilung. Erkauft wird diese thematische Tiefe – wie so häufig bei Kartogrammen – durch einen fast radikalen Verzicht auf jegliche geographische Tiefe – auch verglichen mit Nagel.

Der Roman des Barock

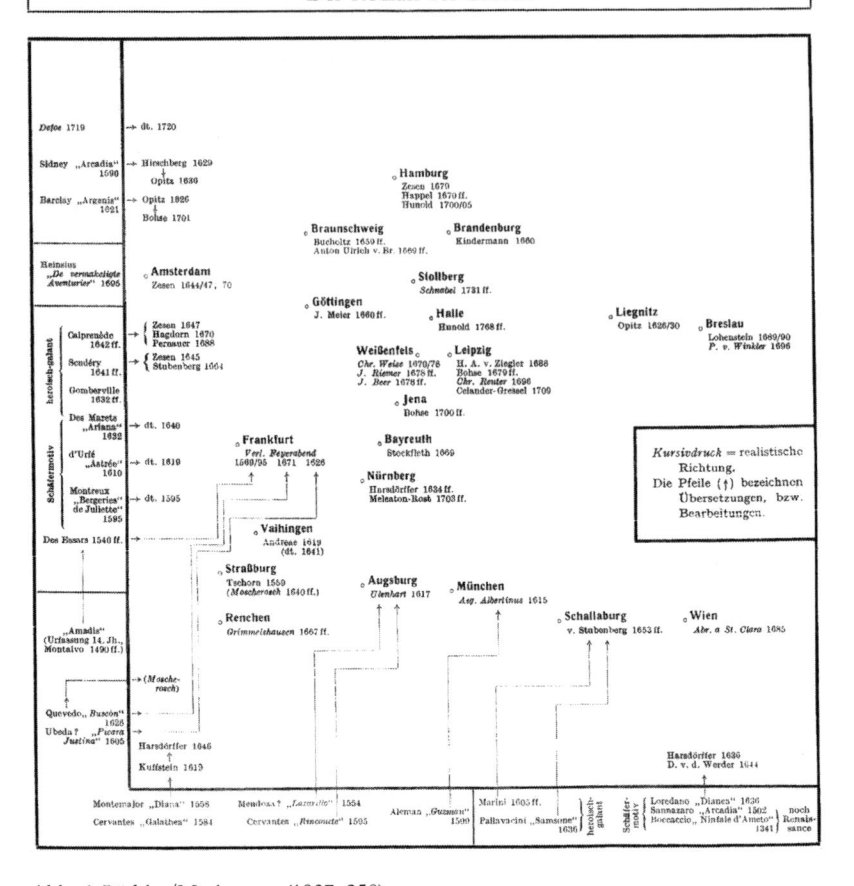

Abb. 6: Lüdtke/Mackensen (1937: 250).

Wenn nicht die relative Lage der deutschsprachigen Ortsmarken zueinander angedeutet und die Herkunftsländer der wichtigsten Einflußtexte für den deutschen Barockroman grobgenordet angeordnet wären (Spanien unten links, Italien unten mittig, Frankreich links mittig, darüber der Niederländer Heinsius, oben links die englischen Romane), müsste man eher als von einem Kartogramm von einer diagrammatischen Darstellung sprechen. Interessant ist die Veränderung gegenüber Nagel: Die Karte verzichtet auf die Regionsnamen und damit auf eine These bezüglich der innersprachlichen Landschaftsverbundenheit jener Literatur, die thematisch ist. Stattdessen fügt sie kartensymbolisch die Sprachgrenze hinzu, die durch ihre Geometrisierung so abstrakt wirkt, dass beinah jeder Bezug zum georäumlichen Grenzverlauf getilgt erscheint. Dadurch wird die Einflussgeschichte durch einen Intertext, die dargestellt werden soll, einerseits generalisiert: Es handelt sich in jedem Fall um

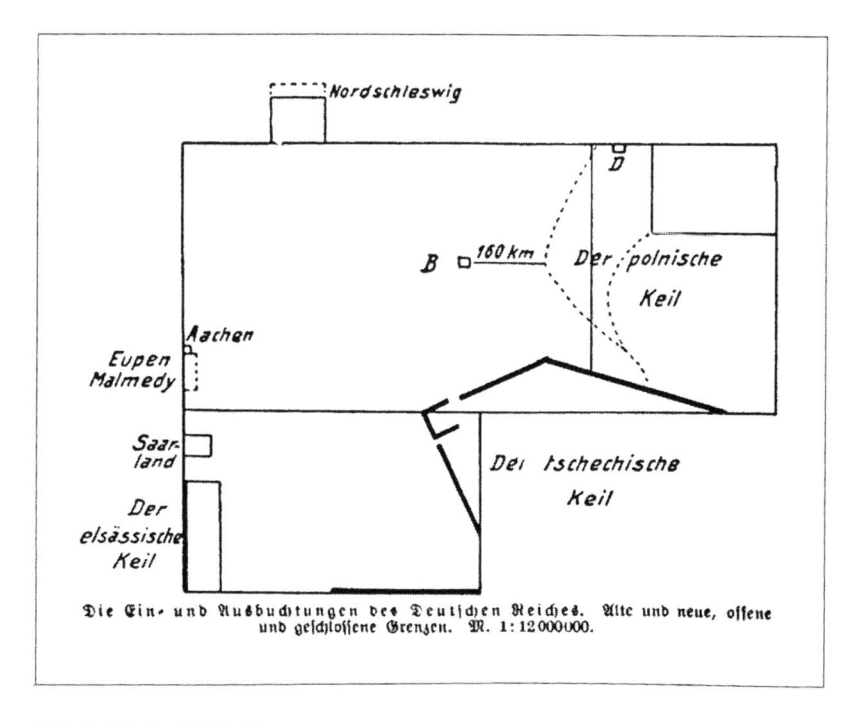

Abb. 7: Schultz (2007: 18).

eine fett-durchgezogene Linie, die überwunden werden muss – die Sprachbarriere – soll der fremdsprachige Vorläufertext seine Wirkung auf den deutschen Barockroman entfalten können. Andererseits soll durch die abstrahierte Grenzverlaufsdarstellung ein nun dezidiert räumlicher Aspekt der Einflussgeschichte umso sinnfälliger gemacht werden: Wahrscheinlicher sei die Überwindung der Sprachbarriere (durch Übersetzung oder Nachdichtung) – so will die Karte uns demonstrieren – bei räumlich benachbarten Literaturen. Die Migration von Gattungsformen suche sich vor allem den kürzesten Weg: Die spanischen Stoffe landen eher im deutschsprachigen Südwesten und Süden, die italienischen wandern ins Österreichische, die englischen verbleiben im Norden. Ob das gattungshistorisch präzise ist, sei hier außer acht gelassen (schaut man genau, verzeichnet die Karte ebenso viele Abweichungen von diesem Prinzip), deutlich aber ist der Ehrgeiz der Karte, diese räumliche Logik zu behaupten. Nur deshalb wird eine Karte überhaupt noch als Darstellungsprinzip gewählt und nicht etwa eine Tabelle oder Zeittafel.

Die optische Gewöhnung an solche stark geometrisierten Kartogramme wurde nicht zuletzt durch die Schulgeographie entscheidend mitbefördert (vgl. Schultz 2007) Dort galt seit dem Kaiserreich als didaktischer Königsweg, die Verbundenheit der Schüler mit Heimatsprengel, Reichsgebiet oder Kolonien dadurch zu steigern, dass man sie täglich aus dem Kopf Karten dieser Territorien zeichnen ließ („[...] das Vaterland im ganzen vollen Bild im Kopf und Herzen tragen". Zit. n. Schultz 2006: 44). Der Einprägsamkeit halber und um raschen Lernerfolg zu gewährleisten, durften diese Schülerkarten als stark geometrisierte Umrisszeichnungen ausgeführt werden (vgl. Abb. 7). Insofern zeigt die Karte bei Lüdtke/Mackensen zum „Roman des Barock" von Ferne auch ihre Herkunft aus dem geographischen Tafelbild.

7 Horst Dieter Schlosser (1983): „19. Jahrhundert: Heine"

Nicht zuletzt die geopolitischen Implikationen einer solchen Didaktik[9] waren mitursächlich dafür, dass auch die räumliche Literaturbetrachtung im Westdeutschland der Nachkriegszeit für längere Zeit eine schlechte Presse gehabt hat. „Raum" wurde zum Lemma im „Wörterbuch des Unmenschen" (Köster 2002; Schlögel 2003). Die Schulgeographie rettete sich vorübergehend ins Naturwissenschaftliche, die Germanistik in die werkimmanente Interpretation. Es dauerte bis in die 80er Jahre, bis ein Atlas zur deutschsprachigen Literatur wieder kommensurabel erschien – dann aber nachhaltig: Horst Dieter Schlossers zuerst 1983 aufgelegter *dtv-Atlas zur deutschen Literatur* (Schlosser 1996) ist bis heute das bestverkaufte und sicher auch meistrezipierte Kartenwerk zur deutschsprachigen Literatur (was in erster Linie auf seine Mehrfachadressiertheit an Schüler wie Studierende zurückzuführen ist). Im Vorwort zur ersten Auflage glaubt Schlosser noch, den Fluch seiner diskreditierten Vorläufer bannen zu müssen: „Dennoch geht es hier nicht um den Nachweis, daß die Geographie die Literatur mache wie einst Nadlers Stammesideologie die Dich-

---

9   Noch während des ersten Weltkriegs hatten die Schulgeographen über die schlechte Landkartenkenntnis des deutschen Soldaten Klage geführt: „Aus einem Kriege, der seine Seele für das ganze Leben bereichern konnte, kehrt er so arm heim, wie er ausgezogen ist" (zit. n. Schultz 2006: 70). Nach der länderkundlichen und kartographischen Unterweisung einer künftigen Soldatengeneration „im Kampf gegen Versailles" hätten die Kriegsteilnehmer des deutschen Angriffskrieges zwischen 1939 und 45 besser gerüstet sein müssen. Die Bilanz aber, die der frühere Kolonialgeograph und Geomorphologe Schmitthenner in den fünfziger Jahren verkündet (nicht zuletzt um den Bedarf weiterer schulgeographischer Didaktik anzumahnen), fällt ernüchternd aus: Die Kriegsteilnehmer, „in der Welt herumgeworfen", hätten zwar praktisches Orientierungswissen erworben, aber ohne Kenntnis der Topographie hingen „auch diese Kenntnisse, länderkundlich angewendet, in der Luft". Nach dem Krieg, so Schmitthenner über das Vermögen seiner Geographiestudenten, einfache Erdteilskizzen anzufertigen, sei der Sambesi in Gefahr gewesen, „durch Mehrheitsbeschluß der Studenten zu einem Zufluß des Atlantischen Ozeans zu werden" (zit. n. Schultz 2006: 71).

tung [...]" (zit. n. Piatti 2008: 81). Im Vorwort ab der 3. Auflage (1987) entfällt dieser Hinweis: „Ein Atlas zur Literatur? Also eine Sammlung von Landkarten, die Aufenthaltsorte und Reisewege der Dichter verzeichnen? Ein dtv-Atlas ist mehr, so auch dieser. Auf den 116 Farbtafeln zeigen über 200 Schaubilder Zeitdiagramme, Wirkungsschemata und natürlich auch Karten" (Schlosser 1996: unpag.). Der Erfolg rechtfertigt das Unternehmen, und Schlosser muss dann nur mehr gegenüber Kritik von (werkimmanent sozialisierten) Atlas-Benutzern sich immunisieren, „die den lebendigen Geist der Literatur nicht auf abstrakte Zeichen reduziert sehen möchten. Solche Reduktion ist hier aber keineswegs nur ein Tribut an die zweifellos gewachsenen Neigungen zur *visuellen Kommunikation*, sondern entspringt auch und zuallererst der Überzeugung, daß keine noch so wohlklingende Aussage über Literatur die unmittelbare Begegnung mit ihr, durch Selber-Lesen, ersetzen kann" (ebd.). Dennoch will Schlosser auch seine Karten keineswegs nur als illustrative Beigaben verstanden wissen. Im Gegenteil: Dem literaturgeschichtlichen Text gegenüber hätten seine Karten gerade den analytischen Vorzug eines (sympathisch deutungsoffenen, sprich: lesedemokratischen) Interpretationspluralismus:

> Insofern sollen die graphischen Abstraktionen, selbst und gerade dort, wo sie bestimmten Deutungen folgen, weniger als eine ausformulierte Interpretation (die bei so beschränktem Raum leicht zu unannehmbaren Simplifikation geraten kann) den Benutzer auf ein fremdes Urteil festlegen. (Schlosser 1996)

Mit anderen Worten: Gerade weil das Buchformat dem Literaturgeschichtler so wenig Raum bietet, seine Deutungen auszuführen, entwickelt er kartographische Abstraktionen, die der Leser dann deuten mag, wie er will. Bösartig gesprochen, artikuliert sich hier die Herablassung des *close reading*-geschulten Literaturwissenschaftlers, der Schlosser selber ist, gegenüber dem *distant reading*, das seine eigenen Karten erzwingen (vgl. Moretti 2005). Wohlwollender gesagt, verweist dieser kartenskeptische Begleittext des Autors auf ein grundsätzliches Problem jeder Kartenlektüre: dass nämlich Texte niemals so viel sagen können wie Karten es *implizit* tun – aufgrund der Menge aller *denkbaren* Lagebeziehungen oder Verlaufsbeschreibungen, die in der Karte als Verbundsystem räumlicher Indizes aufgehoben sind. Die wenigen gerichteten Linien, die der Autor dem – mit Lotman gesprochen – sujetlosen klassifikatorischen Text der georäumlichen Grundkarte hinzufügt, um eine thematische Karte zu produzieren, deuten zwar eine rudimentäre Kartenhandlung an. Doch diese entmächtigt noch längst nicht das „Simulacrum" jeder Karte: dass ihr Leser zum „absoluten Reisenden" wird, der „überall hin" könnte, der jedes (denk-)mögliche Itinerar realisierte, das in ihrer Zustandsbeschreibung eines Raumausschnitts enthalten ist (Stockhammer 2007: 75f.).

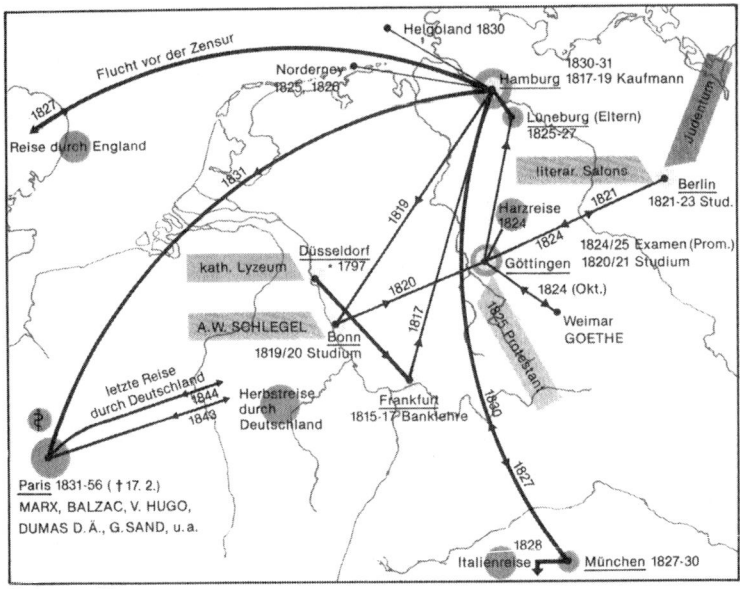

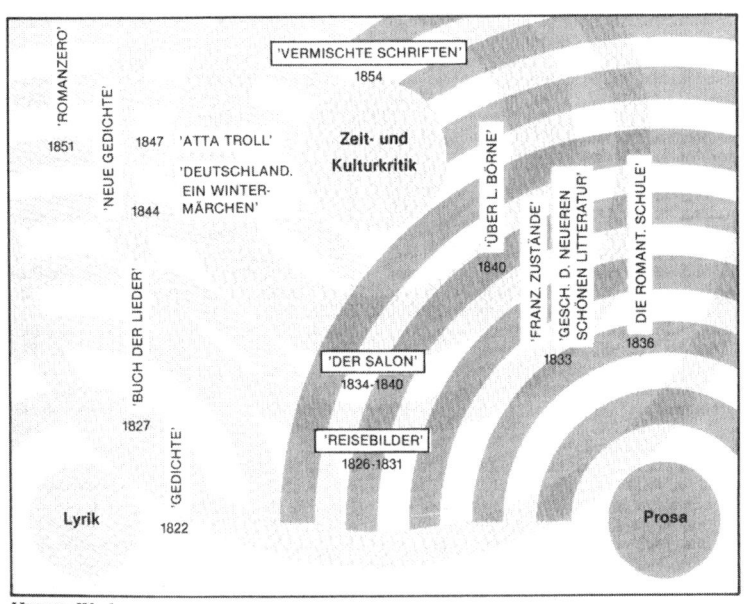

Jörg Döring | Zur Geschichte der Literaturkarte

Abb. 8: Schlosser (1996: 190), © 1983 Deutscher Taschenbuch Verlag, München.

Welche Art von Literaturkarten produziert nun diese latente Kartenskepsis Schlossers? Das hier gewählte Beispiel (Abb. 8) widmet sich dem „19. Jahrhundert: Heine" und besteht aus einem Verbundsystem aus thematischer Karte und Text-Graphik übereinander. Die Karte hat das Thema der Lebensreise Heines, ein bewährtes Sujet also aus der alten *Literaten*geographie. Aber sie wählt einen räumlichen Ausschnitt, der zwar alle deutschen Lebensstationen Heines veranschaulicht, auch die Flucht nach England und das Pariser Exil, aber z.B. die Italienreise 1828 nicht darstellen kann. Ein Pfeil und ein Kreis weisen südlich über den Kartenrand hinaus. Gegenüber Lüdtke/ Mackensens „Faust"-Karte bemüht sich die Heine-Karte um graphische Gewichtung der Ortsmarken: Die für Heines Werkbiographie besonderen Orte wie Hamburg, Paris oder der Harz sind hervorgehoben, wobei der ‚Wichtigkeitskreis' für die „Harzreise 1824" minimal kleiner ausfällt als der für die „Herbstreise durch Deutschland", der geographisch etwa auf der Höhe des heutigen Luxemburg eingetragen ist (obwohl Heines *Wintermärchen* auch anderswo verortet werden müßte). Damit signalisiert die Karte einen werkbiographischen Wertungsgesichtspunkt, der allerdings im Begleittext nicht weiter begründet wird. Das Aeskulap-Stab-Symbol bei Paris steht – laut Kartenlegende – für „Krankheit, Erkrankung". Sofort fragt sich der Kartenleser, warum nicht andere Krankheits- oder Erkrankungsorte auf Heines Lebensreiseroute eingetragen sind und ab welcher Diagnose einer Krankheit oder Erkrankung kartensymbolischer Wert zugesprochen wird. Weiterhin fragt man sich, ob es etwas zu bedeuten hat, dass neben dem Erkrankungssymbol bei Paris nur noch das „Judentum"-Schild, das von Nordosten her auf Berlin weist, in dem gleichen Braun-Rot eingefärbt ist? Ganz unabhängig von dem historischen Heine kann man sich zu dieser Kartenhandlung jedenfalls eine ganze Reihe räumlicher Narrative vorstellen. Die gegenüber Nagel und Lüdtke/Mackensen größere Darstellungstiefe führt – wie von den Kartenmachern beabsichtigt – jedenfalls zu einer Pluralisierung der möglichen Lesarten. Das gilt allein für die Karte. Denn das analytische Gewicht des graphischen Verbundsystems ist in diesem Falle dem unteren Teil aufgebürdet, in dem der Grafiker – in Anlehnung an Goethes Naturformen der Dichtung bzw. Julius Petersens konzentrische Gattungsringe (Petersen 1939: 124) – das Werk Heines in einer Art Typenkreis den drei Gattungspolen „Lyrik", „Prosa" und „Zeit- und Kulturkritik" zugeordnet hat – sowohl seitenräumlich als auch chronologisch. Die Aussage zu Heines Gesamtwerk, die damit getroffen wird – und die einen Satz des Begleittextes graphisch beglaubigen soll: „Im Zentrum seines Werkes steht die *Zeit- und Kulturkritik* [...]" (Schlosser 1996: 191) – ist nun alles andere als deutungsoffen und legt den Leser auf ein dezidiertes Urteil fest. Deshalb ließe sich sagen, dass in Schlossers Atlas die betont vieldeutigen Karten dem Leser rhetorisch ein Beteiligungsangebot machen: Sie sollen einen Interpretationsspielraum wieder eröffnen, der vom Text und den „Zeitdiagrammen und Wirkungsschemata" gerade geschlossen wird.[10]

8 Franco Moretti (1998): „Jane Austen's Britain" und eine Balzac-Karte

Eine entschiedene Weiterung des Gegenstandsfeldes thematischer Literaturkarten findet sich in Morettis *Atlas des europäischen Romans* (Moretti 1998[11]). Hier erst emanzipiert sich die Kartographie der Literatur entschieden von der alten *Literaten*geographie, deren Fixierung auf das Autorensubjekt – gleichsam als Realsubstrat des Entstehungszusammenhangs von Literatur – ja letztlich auf die Virginia-Woolf-Position (vgl. Kap. 2 dieses Beitrags) zurückverweist: einer grundsätzlichen Skepsis gegenüber der Frage, inwieweit die fiktionalen Gegenstände der Literatur überhaupt sinnvoll zu kartieren seien. Moretti jedenfalls ist davon überzeugt, dass der Aufwand sich lohnt. Sein Atlas ist zweigeteilt. Im zweiten Teil kartiert er „Literatur im Raum": die Verteilung von Bibliotheken in der viktorianischen Provinz, die Verbreitungsgeschichte von Erfolgsromanen wie *Don Quichotte* oder *Buddenbrooks*. Man könnte sagen, hier wird das Sauersche Forschungsprogramm zur Literaturgeographie von 1907, zu dessen Realisierung Nagel und Nadler noch die technischen Mittel fehlten, endlich in Angriff genommen (auch Moretti kartographiert auf der Basis von GIS). Dieser zweite Teil, in dem nützliche Realien zur Buchgeschichte und Kanonforschung in ihrer räumlichen Verbreitung diskutiert werden, kann als relativ krisenfestes literaturgeographisches Forschungsdesign gelten und hat bislang wenig Widerspruch hervorgerufen (Ausnahme: der Verriss von Matless 1999 – bezeichnenderweise ein Fachgeograph).

Radikaler und wirklich innovativ ist der erste Teil in Morettis Atlas. Hier kartiert Moretti den „Raum in der Literatur", also die imaginären Handlungsgeographien von Romanen des 19. Jahrhunderts, sofern diese genug realweltliche Toponyme aufweisen, die sich relativ mühelos auf einer georäumlichen Grundkarte eintragen lassen (vgl. Döring 2008: 599-602). Nur aus diesem ersten Teil sollen hier Kartenbeispiele diskutiert werden. Sie sind ausgewählt, um

---

10 Piatti (2008: 81) gibt zu bedenken, ob nicht manche der Literaturkarten in Schlossers Atlas einem Formatzwang geschuldet sein könnten: Gerade weil das Buch-(erfolgs)format Karten vorsieht, müssen Karten auch dort produziert werden, wo die diagrammatische Darstellung allein plausibler gewesen wäre.

11 Ich zitiere die Karten und ihre parergonalen Texte nach der englischen Ausgabe (Moretti 1998), weil sie drucktechnisch in mancher Hinsicht besser ausgestattet sind. Den Fließtext von Morettis Atlas zitiere ich nach der deutschen Ausgabe (Moretti 1999).

den thematischen Umfang von Morettis Kartengegenständen zu veranschaulichen: Moretti kartiert sowohl Textgruppen (die Orte in den Romanen Jane Austens), als auch Einzeltexte (das Paris in Balzacs Roman *Verlorene Illusionen*). Entschieden jedenfalls reklamiert Moretti für seine Karten zum Raum in der Literatur einen „analytischen" Anspruch (gegenüber den selbstredend rein „dekorativen" Literaturkarten seiner Vorläufer): „Einem literarischen Phänomen seinen Ort zuzuweisen, kann nicht das Ende der geographischen Analyse sein, sondern lediglich deren Anfang." (Moretti 1999: 18) Moretti versteht die Karten – ähnlich wie Nadler – als „Versuchsanordnungen" zur Literaturanalyse, in der

> ich die verschiedenen Elemente (welche Personen und wie viele darstellen? welche Momente der Erzählung? welche Aspekte des Kontexts?) so lange austauschte, bis ich sicher war, eine überzeugende Antwort gefunden zu haben. Eine Antwort, das heißt eine Figur, ein *Pattern*, ein räumlicher Aufbau, der sich für die Interpretation eignet [...]. Das Gelingen des Experiments war mit anderen Worten von einem vorgängigen Prozeß der *Abstraktion* und *Quantifizierung* abhängig: regelmäßige, kohärente und umfassende Serien, in denen die *Gesamtbedeutung* einer bestimmten Form immer mehr ist als die Summe der einzelnen Teile. (Moretti 1999: 15)

Mit Nadler teilt er – ohne es zu wissen (denn Nadlers literaturkartographische Konzeption kommt bei Moretti nicht vor) – die Idee der Karte als heuristisches Instrument und die Logik des Experiments (Nadler 1929: 9). Deutlicher aber als Nadler spricht Moretti auch die Fehlerquellen beim Kartenexperiment an, die „Individualität" der Literaturkarte, den konstruktiven Anteil des Kartenautors im Hinblick auf Datenmaterial, Basiskarte und Darstellungsmethoden (vgl. Hüttermann 1979). Was die scheinbare Objektivität der fertigen Karte verschleiert, sind die Experimente mit der Datenauswahl, Versuchsanordnungen im Hinblick auf den geeigneten Kartenmaßstab, auf die geographische Tiefe der Basiskarte – lauter scheiternde Kartenversuche, solange bis eine bestimmte Anordnung, ein *pattern* emergiert, das etwas Neues zeigt, das der Interpretation der Literatur, als reines sprachliches Syntagma betrachtet, etwas hinzufügte. Daran bemisst sich der Wert der Karte: Der Kartenautor abstrahiert von der Totalität räumlicher Information, aus der der literarische Text besteht (unter anderem), er quantifiziert bestimmte Elemente, er vereinfacht, selegiert, bildet Gruppen, Typen, Klassen, bewertet und generalisiert. Damit übersetzt er einen Ausschnitt der Literatur in die Sprache der Karte. Erst durch diese

Jörg Döring | Zur Geschichte der Literaturkarte

1. Jane Austen's Britain

△ beginnings
○ endings

1. *Northanger Abbey*
2. *Sense and Sensibility*
3. *Pride and Prejudice*
4. *Mansfield Park*
5. *Emma*
6. *Persuasion*

Pemberley ○
④ Thornton Lacey
Woodston △ Longbourn
① Hartfield ⑤ Highbury
Fullerton
Kellynch-Hall △ ② △ △ Norland Park
Delaford Portsmouth

> Neighbours in Jane Austen are not the people actually living nearby; they are the people living a little less nearby, who, in social recognition, can be visited. What she sees across the land is a network of propertied houses and families, and through the holes of this tightly drawn mesh most actual people are simply not seen. To be face-to-face in this world is already to belong to a class [. . .] The country [. . .] becomes real only as it relates to the houses which are the real nodes.
>
> RAYMOND WILLIAMS, *The Country and the City*

Abb. 9: Moretti (1998: 12).

Vereinfachung und Generalisierung soll in der Sprache der Karte: ein Übersichtsgewinn, in der Sprache Morettis: eine Form sichtbar werden. Paradoxerweise soll sie, gerade weil sie ein Selektionsprodukt darstellt, mehr sein als die Summe ihrer Teile. Für die Literaturkarte kann das nur heißen: Sie muss etwas zeigen können, was man entweder mit anderen literaturwissenschaftlichen Analysemitteln nicht sieht oder aber nicht aussagen kann: „There is a simple question about literary maps: what exactly do they *do*? What do they do that cannot be done with words, that is, because, if it can be done with words, then maps are superfluous [...] Do maps *add* anything to our knowledge of literature?" (Moretti 2005: 35). Die Antwort sollen Morettis eigene Karten geben: solche, deren Versuchsanordnung sich offenbar bewährt haben.

Die Grundkarte zu „Jane Austen's Britain" (vgl. Abb. 9) ist außerordentlich stumm. Sie zeigt Großbritannien nur als Umriß, keine Flüsse, kein Relief, keine Grenzen, keine Städte. Die Karte besteht auch im Original nur aus Graustufen, die Symbolik der Ortsnamen ist sparsam und geometrisch (Dreiecke und Kreise). Führt man sich vor Augen, welche Textmenge hier kartographisch traktiert wird, verdeutlicht sich erst das Ausmaß der experimentellen Generalisierung und Vereinfachung räumlicher Informationen. Moretti stellt eine monographische Werkgruppe von sechs Romanen allein anhand von elf Ortsmarken dar. Diese Übersichtlichkeit wird ermöglicht durch die strikte Beschränkung auf nur zwei handlungsrelevante räumliche Parameter, die auf der Karte verzeichnet werden: die Orte des Erzählanfangs in Relation zu denen des Erzählendes. So entstehen mindestens sieben distinkte Kartenschichten. Sechs je einzelwerkbezogene Handlungsgeographien, von denen eine Interpretation des Einzelwerks Gebrauch machen könnte; dazu eine Karte, die die Summe der Handlungsgeographien einer ganzen Werkgruppe abbildet. Was hat nun diese Übersichtskarte in heuristischer Hinsicht einer schlichten Toponymtabelle voraus? (a) Wir sehen die Handlungsorte in ihrer Relation zueinander: Nachbarschaften, räumliche Zentren, je distinkte Handlungsradien; (b) Indem die Handlungsschauplätze auf einer georäumlichen Grundkarte verortet werden, laden sie sich mit georäumlicher Ortsvalenz auf, d.h. mit der Summe unseres geographischen Wissens, unserer geographischen Annahmen über einen physischen Raum, den wir als Ort der Romanhandlung identifizieren. Dieses Wissen freilich ist in der Grundkarte, wie Moretti sie konzipiert, nicht gespeichert. Welche georäumliche Ortsvalenz die Austenschauplätze auszeichnet, wissen wir aus eigener Anschauung oder aus anderen geographischen Quellen. Dass es ein bestimmtes England ist, das die Handlungswege der Austenschen Figuren durchmessen (im Unterschied zu anderen Regionen), was diese Grenzen ausmacht, die die Figuren offenbar nicht überschreiten wollen oder können, was jenseits dieser Grenzen liegt, will Morettis Karte nicht benennen (allenfalls umrisshaft andeuten).

Eines steht fest: Nadlers Beifall hätte diese Karte genauso wenig gefunden wie seinerzeit die von Nagel. Eine stumme Grundkarte bedeutet für Nadler im Ergebnis: nicht-analytische Literaturkarte. Der Vorwurf, dass solche Karten stumm bleiben für den, der nicht über eigene Anschauung oder andere geographische Quellen verfügt, bleibt auch dann bestehen, wenn man nicht Nadlers kulturmorphologische Prämisse von der Landschaftsgebundenheit von Dichter und Dichtung teilt. Moretti freilich konterkariert diesen Mangel, indem er seine Karte mit einer *subscriptio* konstelliert: einem längeren Austen-Kommentar von Raymond Williams aus *The Country and the City*.[12] Williams entwickelt eine These zur Sozialgeographie der Austenschen Schauplätze. Diese erwiesen sich gerade nicht als landschafts-, vielmehr als klassengebunden:

> What she sees across the land is a network of propertied houses and families, and through the holes of this tightly drawn mesh most actual people are simply not seen. To be face-to-face in this world is already to belong to a class [...]. The country [...] becomes real only as it relates to the houses which are the real nodes. (Williams, zit. n. Moretti 1998: 12)

Die These passt insofern perfekt zur kartographischen Darstellung, weil sogar die Stummheit der Grundkarte plausibel würde. In ihr spiegelte sich mithin nur die soziale Ignoranz der Austen-Charaktere, auf deren *mental maps* nur Ihresgleichen verzeichnet sind und deren Handlungsraum eben nur aus dem Netzwerk der Gutshöfe und *country houses* besteht. Was es dazwischen gibt, räumlich wie sozial, bleibt praktisch unsichtbar: für die Romanfiguren ebenso wie für den Kartenleser. Weil auch die Interpretation dieser Karte, die Moretti im Fließtext seines Atlas vornimmt, dieser These Williams' verpflichtet bleibt, drängt sich der Eindruck auf, dass das Kartenexperiment in diesem Fall die Plausibilität einer literaturwissenschaftlichen Annahme überprüfen wollte (Williams' These stammt von 1973). Hier zeichnet sich ein Potential des Verfahrens ab, dass von Moretti gar nicht thematisiert wird: die Karte als graphisches Instrument zur Hypothesenüberprüfung in der Literaturwissenschaft. Moretti ist das offenbar zu wenig. Statt Fallibilismus will er lieber schlechthin neue Thesen zur Frage des Raums in der Literatur generieren. Die Atlas-Realität von Morettis Karten zeigt viel eher, dass zum Beispiel die Austen-Karte erst Aussagekraft gewinnt im Verein mit dem Williams-Zitat. Boshaft gefragt: Eine Karte, wie gemalt zur These – soll man das nicht „illustrierend" nennen dürfen?

---

12 Deshalb ist die Wiedergabe dieser Karte bei Piatti als Zitat strenggenommen unvollständig, weil sie den Williams-Kommentar wegschneidet (Piatti 2008: 51). Das Kartenbild als Aussagezusammenhang mit dem parergonalen Textelement macht erst das Kartenganze aus – nicht nur in diesem Fall. Es wird sich als ein Prinzip von Morettis literaturkartographischer Darstellungsweise herausstellen, die Karte nicht für sich allein „sprechen" zu lassen.

41. *Lost Illusions*

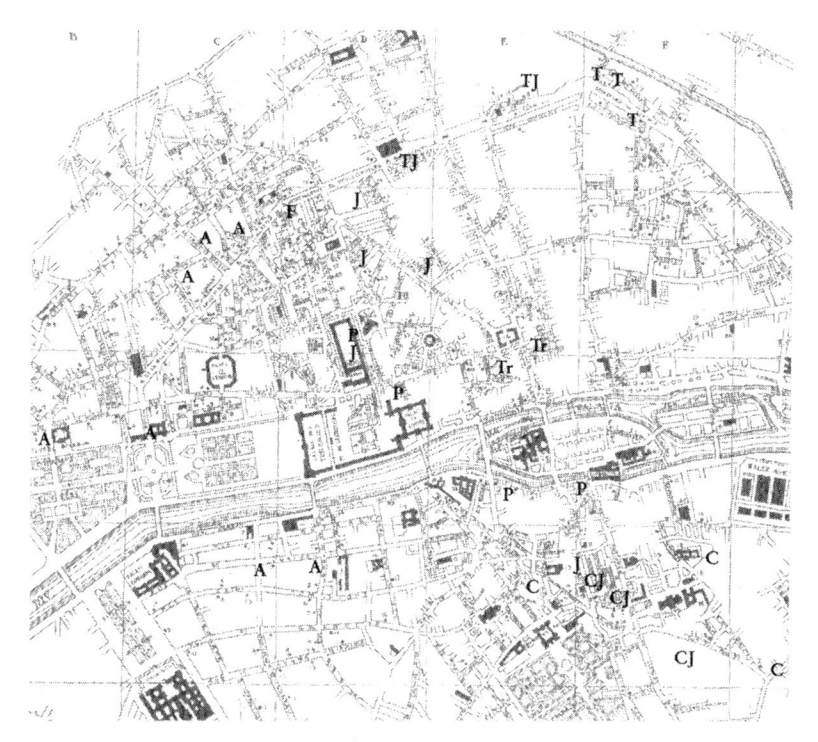

location of social groups
A aristocracy: chapter 1
C Cenacle, students: chapters 2, 4–6, 8–9, 20
F Frascati gambling house
J journalism: chapters 7, 17, 21–30
P publishing: chapters 3, 10–13
T theater: chapters 14–16, 18–19
Tr trade

The processes of segregation establish moral distances which make the city a mosaic of little worlds which touch but do not interpenetrate. This makes it possible for individuals to pass quickly and easily from one moral milieu to another, and encourages the fascinating but dangerous experiment of living at the same time in several different contiguous, but otherwise widely separated, worlds. All this tends to give to city life a superficial and adventitious character; it tends to complicate social relationships and to produce new and divergent individual types. It introduces, at the same time, an element of chance and adventure which adds to the stimulus of city life and gives it, for young and fresh nerves, a peculiar attractiveness.

ROBERT E. PARK, 'The City: Suggestions for the Investigation of Human Behaviour in the Urban Environment'

Abb. 10: Moretti (1998: 89).

Morettis Literaturkarten zum Einzeltext – hier zu Balzacs Roman *Verlorene Illusionen* – sind ähnlich gebaut (vgl. Abb. 10): eine stumme Grundkarte des zeitgenössischen Paris, gegeben als Verkehrswegekarte mit den Umrissen nur der allergrößten Gebäude; dazu eine Buchstabensymbolik, die Handlungsorte bestimmter sozialer Gruppen innerhalb des Romanpersonals bezeichnet. In der Legende dazu sind die Romankapitel mit angegeben, in denen diese sozialen Räume thematisch sind. Man soll also nicht nur eine Aufsicht über den Handlungsraum des Romans gewinnen und die Lageverhältnisse der sozial distinkten Räume zueinander, sondern auch eine Groborientierung über die Handlungs- und damit Ortschronologie des Romans, bezogen offenbar auf die Hauptfigur Lucien de Rubempré (obwohl das aus der Legende nicht hervorgeht – man muss den Roman schon kennen): Luciens Romanweg beginnt im aristokratischen Milieu (Kap. 1), das gleich mit der Welt der Studenten im Künstlerverein konfrontiert wird (Kap. 2, 4-6), dann werden im Wechsel die Schauplätze des Verlagswesens (Kap. 3) und der Presse (Kap. 7) etabliert usf. Die Karte zeigt, dass diese Räume, die offenbar als soziale scharf voneinander geschieden sind, räumlich dennoch eng benachbart sein können. Konstelliert ist dieses Kartenbild bei Moretti diesmal mit einer *subscriptio*, die sich gar nicht auf Balzac und den Roman bezieht, sondern aus der Großstadtsoziologie der Chicago-School zitiert:

> The processes of segregation establish moral distances which make the city a mosaic of little worlds which touch but do not interpenetrate. This makes it possible for individuals to pass quickly and easily from one moral milieu to the other, and encourages the fascinating but dangerous experiment of living at the same time in several different continuous, but otherwise widely separated, worlds. All this tends to give to city life a superficial and adventious character [...]. (Robert E. Park, zit. n. Moretti 1998: 89)

Morettis Interpretation des Kartenbildes im Fließtext bietet dann auch kaum Mehrwert (eher Komplexitätsverlust, weil der Aspekt der *moralischen* Distanz, den Park stark macht, außer acht gelassen wird). Er liest Balzacs *Verlorene Illusionen* als Roman zu Parks Theorie. Und die Karte beglaubigt nur, was der Autor theoretisch schon wußte: „Das Paris der *Verlorenen Illusionen* hat nicht zwei, sondern fünf oder sechs Räume, deren Grenzen in jedweder Richtung am helllichten Tag überquert werden. Das ist die plurale Stadt Robert Parks: ein Mosaik kleiner Welten, wo die gesellschaftliche Arbeitsteilung sich gleichsam in die urbane Oberfläche gemeißelt hat [...]" (Moretti 1999: 118). In diesem Fall fungiert die Karte zum Roman faktisch als Hypothesenüberprüfung einer soziologischen Theorie, was das methodologische Problem aber nur potenziert: In Frage steht nicht nur weiterhin Nutzen und Nachteil der Literaturkarte, sondern einmal mehr auch die Eignung fiktionaler Stoffe als Anwendungsfall einer soziologischen Theorie. Insofern kann man resümieren, dass Morettis Karten seinen eigenen Ansprüchen nur bedingt gerecht werden. Diese Einschätzung gilt den Karten in Morettis Atlas. Der Umstand, dass in seinem folgenden Buch *Graphs, Maps, Trees* (Moretti 2005) die Karten nur noch als ein Verfahren quantifizierender Literaturgeschichtsschreibung unter anderen firmieren, nicht mehr als der Königsweg, lässt auf eine gewisse Kartenskepsis rückschließen, die Moretti im Umgang mit seinen eigenen Literaturkarten mittlerweile befallen haben mag. Dem Einwand von geographischer Seite, seine Karten seien gar keine, weil sie nichts als Distanz-Relations-Gefüge darstellen könnten und daher eher einer geometrischen denn geographischen Logik folgten (Ceretti in Moretti 2005: 54), begegnet Moretti entwaffnend offensiv – er macht ihn sich kurzerhand zu eigen: „[I]f I keep making diagrams, then, it is because for me *geometry ‚signifies' more than geography*" (Moretti 2005: 56). Strenggenommen will also Moretti heute gar nicht mehr als Literaturgeograph verstanden werden.

9 Barbara Piatti (2008): „Exogene Fiktionalisierung 1800-2004 (violett)"

Piattis jüngst erschienene Monographie *Die Geographie der Literatur. Schauplätze, Handlungsräume, Raumphantasien* (Piatti 2008) ist als Vorgriff auf den großen „Literarischen Atlas Europas" zu verstehen, insofern sie die dafür zugrunde gelegten literaturkartographischen Prinzipien an einer Modellregion veranschaulicht. Ihre beigefügten 17 Literaturkarten basieren alle auf einer topographischen Grundkarte der (an literarischen Schauplätzen überreichen) Region Vierwaldstättersee/Gotthardmassiv in der Zentralschweiz.

Im Ergebnis beruht das kartographische Verfahren bei Piatti auf einer Mischung aus Moretti und Nadler, indem jeweils bestimmte Aspekte dieser Vorläufer unter GIS-Bedingungen ausgereizt und radikalisiert werden. Von Moretti übernimmt sie die Konzentration auf die literarischen Schauplätze (statt der *Literaten*geographie Nadlers), von Nadler das Beharren auf einer ‚sprechenden' Grundkarte (statt der stummen Umrißkarten bei Moretti). Wie Moretti interessiert sie sich für die Mikrogeographie des Einzeltextes („Karte 1: Handlungsraum von Friedrich Schiller: *Wilhelm Tell* (1804)"; Piatti 2008); wie Nadler für die Mesogeographie einer literarischen Region („Karte 6: Der literarische Metaraum Vierwaldstättersee/Gotthard, 1477-2004 = Grundkarte"; Piatti 2008) in diachroner Perspektive (Nadler spricht hier von „kartenmäßig [...] lotrechten Dichtebündeln" eines literarischen Phänomens, sofern man es „durch die Jahrhunderte" hindurch verortet; Nadler 1929: 12f.). Wie Nadler in seiner nie realisierten Vision eines literarischen Atlas fasst auch Piatti schließlich die Kartographie literarischer Makroräume ins Auge. Moretti avisiert ohnehin längst eine Weltliteraturgeschichtsschreibung, in der z.b. die Verbreitung des Romans als erster globaler literarischer Gattung (karto-)graphisch expliziert würde (Moretti 2006).

Der vielleicht größte Vorzug der Studie liegt in der Ausarbeitung eines literaturgeographischen Vokabulars, das – viel präziser als bei Moretti (1998) oder Döring (2008) – die referentielle Beziehung zwischen literarischem Text und außersprachlicher Wirklichkeit zu fassen vermag, die man als Prämisse voraussetzen muss, will man literarische Befunde georäumlich kartieren. Piatti konstruiert eine Skala, auf der die unterschiedlichen Referenzgrade fiktionaler Schauplatzgestaltung eingetragen werden können, je nachdem ob sie eher zum „Pol des Realen" oder zur „Sphäre des Imaginären" hin tendieren. Zur „Sphäre des Imaginären" gehören fingierte Schauplätze und Handlungszonen wie z.B. die synthetisch aus Bodensee und Mittelmeer zusammengesetzte Handlungslandschaft in Jüngers *Marmorklippen*. Transformierte Räume nennt Piatti solche Fiktionalisierungen, in denen ein erfundenes Territorium in den bestehenden Georaum eingeschrieben wird und ihn gleichsam remodelliert: so wie Hardys *Wessex*, Faulkners *Yoknapatawpha County*, oder – um ein aktuelles Beispiel zu geben, das Piattis Modell bestätigt – wenn beim Geobrowser *Google Earth* der fiktiven Pirateninsel von *Fluch der Karibik II* ein Platz auf der Erdoberfläche zugewiesen wird, an den man sich heranzoomen kann (sie liegt in der Nähe von Jamaica und dient als Werbefläche zum Downloaden von Wallpapers, Trailern, Bildergalerien zum Film etc.). Näher zum Pol des Realen hin tendieren die sogenannten *immigrant objects* der Literatur: aus der physischen Geographie importierte Handlungszonen und Schauplätze, die in der Regel toponymisch ausgewiesen sind. Das Toponym des literarischen Schauplatzes entspricht einem georäumlich-vorausgesetzten (*Berlin Alexanderplatz*). Dieser terminologische Differenzierungsgewinn bei Piatti verdankt sich allerdings weniger ihren literaturkartographischen Experimenten, sondern eher einer äußerst überzeugenden Auswahl und Neusortierung narratologischer Begriffsangebote. Deshalb stellt sich die Frage, ob dieses Niveau begrifflicher Differenzierung auf einer Karte überhaupt darstellbar ist.

Das Beispiel zeigt die Modellregion Vierwaldstättersee/Gotthard und ihren literarischen „Metaraum" (wie es in der Terminologie Piattis heißt) unter dem Gesichtspunkt „Exogene Fiktionalisierung 1800-2004" (vgl. Abb. 11). Man sieht sofort, dass wir es hier mit einer viel komplexeren Karte zu tun haben als in allen Beispielen zuvor. Das liegt zum einen an der topographischen Grundkarte, deren (weil es eine Schweizer Karte ist) kunstvolle Schummerung ein wunderbar plastisches Kartenbild des Hochgebirges vermittelt.

Jörg Döring | Zur Geschichte der Literaturkarte

Karte 9: Exogene Fiktionalisierung 1800-2004 (violett)

● Schauplätze, punktgenau

Schauplätze, zonal / Handlungszonen

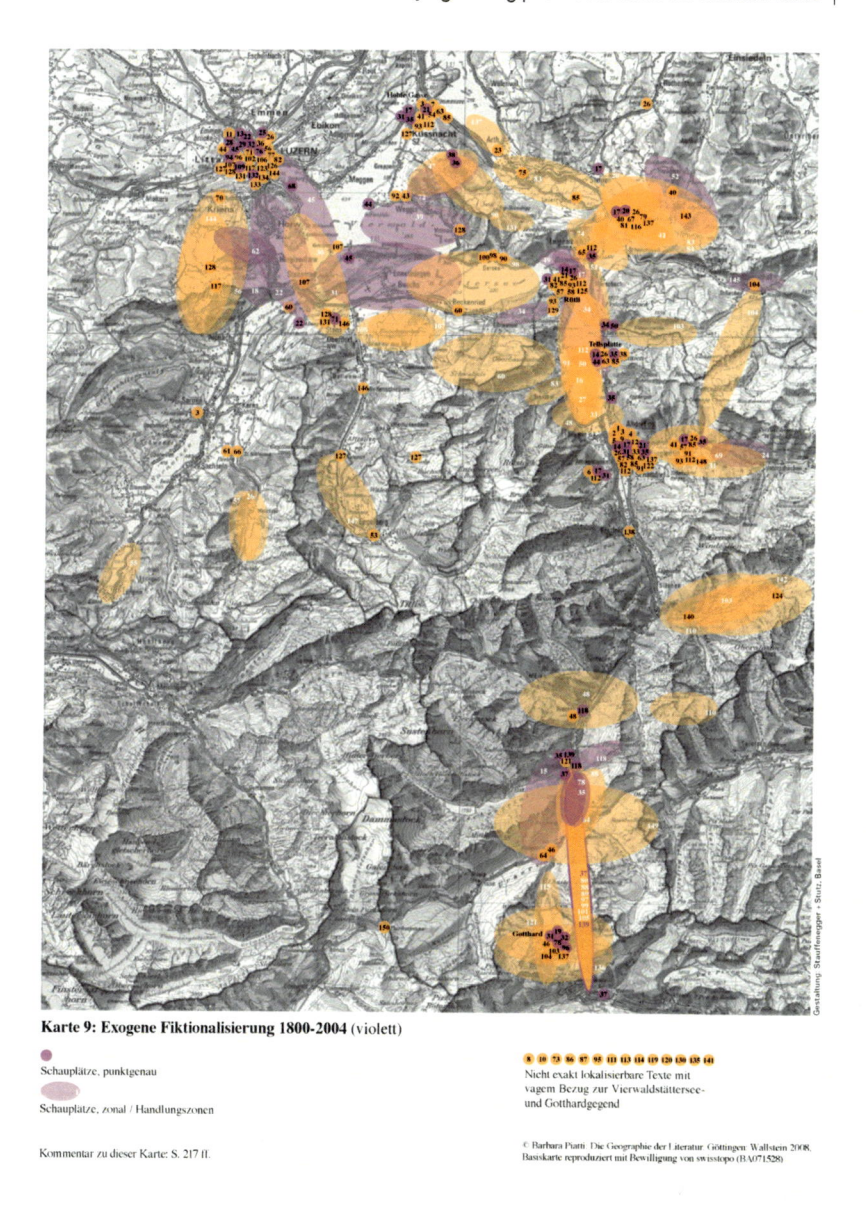

Nicht exakt lokalisierbare Texte mit vagem Bezug zur Vierwaldstättersee- und Gotthardgegend

Kommentar zu dieser Karte: S. 217 ff.

© Barbara Piatti: Die Geographie der Literatur. Göttingen: Wallstein 2008. Basiskarte reproduziert mit Bewilligung von swisstopo (BA071528)

Abb. 11: Piatti (2008), © bei der Autorin.

Die Grundkarte schon enthält – so scheint es – das Maximum an topographischer Information, das bei diesem Maßstab darstellbar ist. Weil die Karte als thematische auch einen zeitlichen Index enthält (sie schichtet Befunde aus mehr als 500 Jahren Literaturgeschichte[13]), drängt freilich die Frage sich auf, welchen Zeitpunkt in der Geschichte des Georaums das Grundkartenbild festhält: Es zeigt den amtlich vermessenen Georaumausschnitt von Stand 2004. Dieses Problem ist – aller kartographischen Akkuratesse zum Trotz – unvermeidbar, wenn die thematische Karte eine diachrone Perspektive verfolgt: Welchen historischen Zustand des Georaums legt man zugrunde, auf den man seine diachrone Schichtung projiziert?

Nun könnte man einwenden gegen diesen Einwand, dass in den von der Karte umfassten 500 Jahren naturgeschichtlich die georäumliche Ausstattung des Untersuchungsgebietes im Wesentlichen unverändert geblieben sein wird. Aber diese wunderbare topographische Grundkarte ist so reich, dass sie sich eben keineswegs auf die naturräumlichen Aspekte beschränkte. Sie zeigt – wenn man durch die literaturkartographischen Flächensignaturen hindurch schaut – unter anderem den Flughafen Buochs, die Luzerner Stadtautobahn und die Eisenbahnlinie nach Engelberg. Was man wegen der *Layer*-Ballung nicht erkennen kann, ist, wie die Grundkarte den Gotthard-Tunneleinstieg bei Göschenen darstellt. Weder das kartographische Zeichen für den Eisenbahn-Scheiteltunnel von 1882 noch das für den Straßentunnel von 1980 schimmert durch. Mit anderen Worten: Eine *bestimmte* Form historisch-konkreter georäumlicher Referenz in der Literatur (sagen wir: wenn in der Literatur um 1800 die Stadt „Luzern" thematisch wäre) ist auf einer solchen topographischen Gegenwartskarte nur sehr bedingt darstellbar. Wenn, dann nur auf zweierlei Weise: Entweder man wählt den Maßstab und den Umfang seines Korpus so, dass durch die „lotrechten Dichtebündel" an Luzern-Literatur-Einträgen die Gegenwartstopographie Luzerns auf der Grundkarte zugedeckt würde. Oder man abstrahiert als Kartenleser aktiv von den in der Grundkarte dargestellten kulturräumlichen Veränderungen und denkt sich, wenn in Schillers *Tell* von Stans die Rede ist, den Buochser Flughafen einfach weg. Wenn man aber im Detail zu abstrahieren genötigt ist, welchen Mehrwert hat dann noch die ‚geographische Tiefe' der Grundkarte? Wie gesagt: Dieses Problem diachroner thematischer Karten mit dem Zeitindex der Grundkarte ist unlösbar – auch unter GIS-Bedingungen. Aber es stellt sich mit größerer Dringlichkeit, wenn man Gegenstände kartieren will wie die Literatur, die jederzeit einen Resonanzraum auch für kulturräumlichen Mikrowandel bereitstellt. Vielleicht ist das auch ein Grund dafür, dass Moretti seine Grundkarten topographisch entleerte.

---

13 Die Zeitangabe im Kartentitel bezieht sich nur auf die violett eingefärbten Kartenbestandteile. Die orange eingefärbten Kartenbestandteile bezeichnen literarische Schauplätze zwischen 1477 und 2004.

Die thematische Schicht der Karte besteht aus einem ganzen Ensemble von Darstellungsmitteln: Ziffernsignaturen, die sich auf das primärliterarische Gesamtkorpus beziehen – 150 kanonische Texte aus der Zeit zwischen 1477 bis 2004, in denen die Modellregion als Schauplatz gewählt wurde. Jede Ziffer entspricht einem Text, dessen Titel man einer Anhangtabelle entnimmt. Die Karte verzeichnet nicht sämtliche Schauplätze der 150 Texte innerhalb der Modellregion, sondern lediglich Handlungsschwerpunkte. Des Weiteren sind Punkt- und Flächensignaturen zu unterscheiden: Die Punktsignaturen verweisen – wo nicht anders angegeben – auf ziemlich exakt lokalisierbare Handlungsschauplätze der bezifferten Korpusliteratur. Die elliptischen Flächen können dreierlei bedeuten: (1.) sie können Handlungszonen anzeigen, d.i. der Zusammenschluss mehrerer Schauplätze; (2.) sie können markieren, dass „eine exakte Lokalisierung der Handlung unmöglich" ist (Piatti 2008: 212); (3.) sie verweisen darauf, dass „ein Schauplatz zwar präzise benannt ist, aber eine gewisse Ausdehnung hat, die über einen Punkt hinausgeht, z.B. eine Schlucht, ein Seearm" (Piatti 2008: 212). Das Flächige der Ellipse soll auf eine kartographische Interpretationshandlung hindeuten, dort wo die punktgenaue Lokalisierung unmöglich ist. Schließlich gilt es noch, die verschiedenen Farbschichten zu unterscheiden. Orange ist die Grundfarbe zur Lokalisierung des gesamten Textkorpus auf der topographischen Grundkarte. Violett ist als Kontrastfarbe gewählt, um den Ausschnitt des Korpus zu markieren, der in der speziellen Karte thematisch ist.

Jetzt schauen wir, wie sich das Zusammenspiel dieser (zugegeben:) sehr komplexen kartographischen Darstellungsmittel an unserer Beispielkarte analytisch bewährt. Das Thema der Beispielkarte ist „Exogene Fiktionalisierung 1800-2004". Exogen soll heißen: Literatur von Nicht-Schweizer Autoren. Violett eingefärbt sind demnach solche Texte aus dem Korpus, die zwischen 1800 und 2004 von ausländischen Schriftstellern stammen, die Modellregion zum Handlungsschauplatz erwählt haben. Was kann nun eine solche Karte zeigen? Laut Piatti zeigt sie „eine Art ‚Kolonisierung' des Raumes durch ausländische Autoren" (Piatti 2008: 217). Ein nicht unbeträchtlicher Anteil des Schauplatzreichtums der Modellregion geht auf Impulse ausländischer Literatur in einem gewissen Zeitraum zurück. Das Thema dieser Karte ist deshalb außerordentlich ehrgeizig gewählt, weil es gewissermaßen einen Moretti- und einen Nadler-Gesichtspunkt miteinander verbindet. Wie Moretti fragt die Karte nach den Schauplätzen der Literatur; wie Nadler fragt sie nach der Herkunft der Autoren und wie sich diese auf die Wahl ihrer Schauplätze auswirkt. In der Summe ergibt sich ein literarischer Metaraum, der aus endogenen und exogenen Anteilen zusammengesetzt ist, die die Karte jetzt zu gewichten gestattet. (Zwei Folgenkarten gliedern den Gesamtzeitraum der exogenen Kolonisierung in zwei historische Längsschnitte, um bestimmte Kolonisierungsschübe, Phasenverläufe der exogenen Fiktionalisierung zu differenzieren). Bei diesem Beobachtungsausschnitt – so meine These – bewährt sich jetzt auch die geographische Tiefe der Grundkarte. Denn man kann sich fragen, ob es bestimmte Zentren der exogenen Fiktionalisierung gibt, und wenn ja, welche georäumlichen Qualitäten diese auszeichnen. Geographisch bezeichnet die Modellregion einen globaltouristischen *hot spot*. Man kann vermuten, dass diese Attraktivität der Region das Ausmaß der exogenen Fiktionalisierung entscheidend mitbefördert hat. Die Karte zeigt nun, wo genau sich exogene Fiktionalisierung konzentriert, kehrseitig dazu welche Ausschnitte der Modellregion der Kolonisierung durch den ausländischen Blick eher verborgen bleiben. Die Annahme drängt sich auf, dass exogene Fiktionalisierung dominant entlang der touristischen Hochwerträume (Luzern, Vierwaldstätter See, Rütli, Urnersee, Gotthard ober- und unterirdisch) erfolgt. Und die endogene Fiktionalisierung aufgrund ihres Heimvorteils auch die *remote spots* des Hinterlandes (sofern man in der Region überhaupt von Hinterland sprechen darf) fiktional ausschlachtet. Der analytische Wert der Karte besteht darin, diese (vielleicht etwas schlichte) Hypothese nun auch anhand des Korpus belegen und quantifizieren zu können.

Ästhetisch lebt dieses Verfahren der Literaturkartographie entschieden von der Plastizität und Suggestibilität der Grundkarte, bei der man die Berge förmlich greifen möchte. Wer kartenpathetisch nicht ganz unmusikalisch ist, wird sich dem Eindruck dieser wunderschönen topographischen Grundkarte nicht entziehen können. Weil aber die Grundkarte so suggestiv ist, fällt umso mehr das Störende der farbig-elliptischen Flächensignaturen ins Gewicht. Bildlich gesprochen, breiten sie sich wie ein blass-giftiger Schleier über die Landschaft. Diese Irritation mag darin begründet liegen, dass wir uns als Kartenleser an den Gebrauch geometrischer Basisformen als Kartensignaturen gewöhnt haben. In der ‚Klarheit' dieser Formen spricht sich für uns der Objektivitätsanspruch der Karte aus. Die unscharfen Ränder der elliptischen „Handlungszonen" empfinden wir tendenziell als unkartographisch.[14] Dieses leichte ästhetische Unbehagen ist aber überhaupt kein Argument gegen den heuristischen Wert dieser weltweit derzeit wohl elaboriertesten Form von Karten *zur* Literatur.

---

14 Das könnte auch ein Grund dafür sein, warum wir – karto-ästhetisch sozialisiert durch das Nüchternheitsideal des *spatial approach* (vgl. Hard 2008) – heute die notorischen „Grenzsäume" in den geopolitischen Karten der 1930er Jahre bei Haushofer und anderen als so häßlich empfinden.

10 Fazit

Die entscheidende Frage: Lohnt angesichts dieser analytischen Erträge der teils immense Aufwand der Datenerhebung und -darstellung? Das ist nicht prinzipiell zu beantworten, sondern wird mit jeder Karte zur Literatur neu verhandelt. Es entbehrt jedenfalls nicht einer gewissen Ironie, dass ausgerechnet in dem Moment, als die Fachgeographie nach dem langen Abschied von ihrem (streng szientistisch ausgelegten) *spatial approach* nun erstmals nachhaltig kartenkritisch zu werden beginnt, die Literaturwissenschaft ihre Kartenemphase plötzlich wiederbelebt. So wundert sich auch der Kulturgeograph Mike Crang:

> Gradually geographers have begun to push a little harder on the role that the language of space plays in cultural analysis. Indeed, there often seems a curious inversion in senses of terms; where many geographers associate the activity of mapping with the trappings of power and the production of a form of Cartesian knowledge using a logic of visuality, for literary studies mapping is often taken as implying equality and multiplicity of subjects. (Crang 2008: 313)

Literatur

Borges, Jorge Luis (1982): „Von der Strenge der Wissenschaft", in: ders., *Borges und ich*, Gesammelte Werke, Bd. VI, übers. v. Karl August Horst/Gisbert Haefs, München, 121.

Bradbury, Malcolm (Hrsg.) (1996): *The Atlas of Literature*, London.

Budgen, Frank (1960 [1934]): *James Joyce and the Making of „Ulysses"*, Bloomington, IN.

Crang, Mike (2008): „Placing Stories, Performing Places: Spatiality in Joyce and Austen", in: *Anglia. Zeitschrift für Englische Philologie* 126(2), 312-329.

Döring, Jörg (2008): „Distant Reading. Zur Geographie der Toponyme in Berlin-Prosa seit 1989", in: *Zeitschrift für Germanistik* N.F. 3, 596-620.

Floyd, Barry N. (1961): „Toward a More Literary Geography", in: *The Professional Geographer* 13(4), 7-11.

Gregory, Derek (1994): *Geographical Imaginations*, Cambridge, MA.

Hard, Gerhard (2008): „Der Spatial Turn, von der Geographie her beobachtet", in: Jörg Döring/Tristan Thielmann (Hrsg.), *Spatial Turn. Das Raumparadigma in den Kultur- und Sozialwissenschaften*, Bielefeld, 263-316.

Harley, J. Brian (1988): „Maps, Knowledge, and Power", in: Denis Cosgrove/ Stephen Daniels (Hrsg.), *The Iconography of Landscape. Essays on the Symbolic Representation, Design and Use of Past Environments*, Cambridge, 277-312.

Harley, J. Brian (1989): „Deconstructing the Map", in: *Cartographica* 26(2), 1-20.

Hermsdorf, Klaus (1999): *Regionalität und Zentrenbildung. Kulturgeographische Untersuchungen zur deutschen Literatur 1870-1945*, Frankfurt a.M. et al.

Höppner, Wolfgang (2007): „Die regionalisierte Nation. Stamm und Landschaft im Konzept von Literaturgeschichtsschreibung bei August Sauer und Josef Nadler", in: András F. Balogh et al. (Hrsg.), *Visionen und Konzepte im deutschsprachigen Mitteleuropa*, Berlin, 29-50.

Hüttermann, Armin (1979): *Karteninterpretation in Stichworten. Band II: Thematische Karten*, Kiel.

Huggan, Graham (1994): *Maps and Mapping Strategies in Contemporary Canadian and Australian Fiction*, Toronto et al.

Izumi, Masato (2001): „Zur Entstehung der Literaturgeschichte der deutschen Stämme und Landschaften von Josef Nadler", in: Josef Fürnkäs (Hrsg.), *Zwischenzeiten – Zwischenwelten. Festschrift für Kozo Hirao*, Frankfurt a.M., 449-461.

Johnson, Jeri (2000): „Literary Geography: Joyce, Woolf and the City", in: *City* 4(2), 199-214.

Kaiser, Gerhard (2008): *Grenzverwirrungen. Literaturwissenschaft im Nationalsozialismus*, Berlin.

Kinross, Robin (1985): „The Rhetoric of Neutrality", in: *Design Issues* 2(2), 18-30.

Könnecke, Gustav (1896): *Deutscher Literaturatlas*, Marburg et al.

Köster, Werner (2002): *Die Rede über den „Raum". Zur semantischen Karriere eines deutschen Konzepts*, Heidelberg.

Krotz, Friedrich (1997): „Das Wohnzimmer als unsicherer Ort. Aufzeichnungen zu den ‚Aufzeichnungen'", in: *montage/av* 6(1), 97-104.

Lüdtke, Gerhard/Mackensen, Lutz (Hrsg.) (1928): *Deutscher Kulturatlas, Bd. 1: Vorzeit und Frühzeit bis zum Jahre 1000 n. Chr.*, Berlin/Leipzig.

Lüdtke, Gerhard/Mackensen, Lutz (Hrsg.) (1936): *Deutscher Kulturatlas, Bd. 2: Vom Ritter zum Patrizier*, Berlin/Leipzig.

Lüdtke, Gerhard/Mackensen, Lutz (Hrsg.) (1937): *Deutscher Kulturatlas, Bd.3: Vom Humanismus zum Rokoko*, Berlin/Leipzig.

Lüdtke, Gerhard/Mackensen, Lutz (Hrsg.) (1938): *Deutscher Kulturatlas, Bd. 4: Von Goethe bis Bismarck*, Berlin/Leipzig.

Lüdtke, Gerhard/Mackensen, Lutz (Hrsg.) (1938): *Deutscher Kulturatlas, Bd. 5: Aufbau der Gegenwart: Kaiserreich und Weltkrieg*, Berlin/Leipzig.

Manguel, Alberto/Guadalupi, Gianni (1980): *The Dictionary of Imaginary Places. Illustrated by Graham Greenfield. Maps and Charts by James Cook*, London.

Matless, David (1999): „Book Review: An Atlas of the European Novel 1800-1900", in: *Progress in Human Geography* 23, 659-660.

Mecklenburg, Norbert (1986): „Stammesbiologie oder Kulturraumforschung? Kontroverse Ansätze zur Analyse regionaler Dimensionen der deutschen Literatur", in: Karl Pestalozzi et al. (Hrsg.), *Vier deutsche Literaturen? – Literatur seit 1945 – nur die alten Modelle? – Medium Film – das Ende der Literatur?*, Tübingen, 3-15.

Meissl, Sebastian (^{2}1990): „Zur Wiener Neugermanistik der dreißiger Jahre: Stamm, Volk, Rasse, Reich. Über Josef Nadlers literaturwissenschaftliche Position", in: Klaus Amann/Albert Berger (Hrsg.), *Österreichische Literatur der dreißiger Jahre. Ideologische Verhältnisse – Institutionelle Voraussetzungen – Fallstudien*, Wien/Köln, S. 130-146.

Mokre, Jan (2000): „Kartographie des Imaginären. Von Ländern, die es nie gab", in: Hans Petschar (Hrsg.), *Alpha & Omega. Geschichten vom Ende und Anfang der Welt*, Wien, 21-42.

Monmonier, Mark (1996 [1991]): *Eins zu einer Million: die Tricks der Kartographen*, Basel et al.

Moretti, Franco (1998 [1997]): *Atlas of the European Novel 1800-1900*, London et al.

Moretti, Franco (1999 [1997]): *Atlas des europäischen Romans. Wo die Literatur spielte*, Köln.

Moretti, Franco (2005): *Graphs, Maps, Trees. Abstract Models for a Literary History*, New York.

Moretti, Franco (Hrsg.) (2006): *The Novel Vol.1: History, Geography, and Culture*, Princeton.

Nadler, Josef (1912): *Literaturgeschichte der deutschen Stämme und Landschaften, Band 1: Die Altstämme (800-1600)*, Regensburg.

Nadler, Josef (1929): „Die Literaturkarte", in: *Euphorion* 30, 1-19.

Nadler, Josef (1941): *Literaturgeschichte der deutschen Stämme und Landschaften, Band 4: Reich (1914-1940)*, Berlin.

Nagel, Siegfried Robert (1907): *Deutscher Literaturatlas. Die geographische und politische Verteilung der deutschen Dichtung in ihrer Entwicklung nebst einem Anhang von Lebenskarten der bedeutendsten Dichter*, Wien/Leipzig.

Petersen, Julius (1939): *Die Wissenschaft von der Dichtung. System und Methodenlehre der Literaturwissenschaft, Bd. 1: Werk und Dichter*, Berlin.

Piatti, Barbara (2008): *Die Geographie der Literatur. Schauplätze, Handlungsräume, Raumphantasien*, Göttingen.

Pickles, John (2004): *A History of Spaces. Cartographic Reason, Mapping and the Geocoded World*, London/New York.

Pile, Steve/Thrift, Nigel (1995): *Mapping the Subject: Geographies of Cultural Transformations*, London.

Rasmussen, R. Kent et al. (Hrsg.) (2003): *Cyclopedia of Literary Places*, Pasadena, CA.

Ratzel, Friedrich (1904): *Über Naturschilderung*, Berlin.

Rohrwasser, Michael (2002): „Josef Nadler als Pionier moderner Regionalismuskonzepte?", in: Instytut Filologii Germanskiej der Uniwersytet Opolski (Hrsg.), *Regionalität als Kategorie der Sprach- und Literaturwissenschaft*, Frankfurt a.M., 257-280.

Sauer, August (1907): *Literaturgeschichte und Volkskunde*, Prag.

Scharl, Arno/Tochtermann, Klaus (Hrsg.) (2007): *The Geospatial Web: How Geobrowsers, Social Software and the Web 2.0 are Shaping the Network Society*, London.

Schlögel, Karl (2003): *Im Raume lesen wir die Zeit. Über Zivilisationsgeschichte und Geopolitik*, München/Wien.

Schlosser, Horst Dieter (⁷1996 [1983]): *dtv-Atlas zur deutschen Literatur. Tafeln und Texte. Mit Grafiken von Uwe Goede*, München.

Schneider, Ute (2004): *Die Macht der Karten. Eine Geschichte der Kartographie vom Mittelalter bis heute*, Darmstadt.

Schultz, Hans-Dietrich (2006): „Im Norden liegt..., nach Osten fließt... Vom Lesenlernen des Kartenbildes", in: Christof Dipper/Ute Schneider (Hrsg.), *Karten-Welten. Der Raum und seine Repräsentation in der Neuzeit*, Darmstadt, 42-73.

Schultz, Hans-Dietrich (2007): „Sie wussten, was sie taten! Die propagandistische ‚Kraft der Karte' in der deutschen Schulgeographie der Zwischenkriegszeit", in: Sabine Tzschaschel et al. (Hrsg.), *Visualisierung des Raumes. Karten machen – Macht der Karten*, (forum ifl 6), Leibniz-Institut für Länderkunde, Leipzig, 13-37.

Seibt, Gustav (2004): „Körper im Weltmeer. Wie der moderne Großstadtroman endlich Eingang in die akademische Geschichtsschreibung findet. Zu Karl Schlögel: *Im Raume lesen wir die Zeit*", in: *Literaturen* 1/2, 60-62.

Stellmacher, Wolfgang (1999): „Raum und Zeit als Koordinaten der Literaturgeschichte", in: Peter Wagener (Hrsg.), *Sprachformen. Deutsch und Niederdeutsch in europäischen Bezügen. Festschrift für Dieter Stellmacher zum 60. Geburtstag*, Stuttgart, 289-295.

Stockhammer, Robert (2001): „‚An dieser Stelle'. Kartographie und die Literatur der Moderne", in: *Poetica* 33, 273-306.

Stockhammer, Robert (2007): *Kartierung der Erde. Macht und Lust in Karten und Literatur*, München.

Thacker, Andrew (2005): „The Idea of a Critical Literary Geography", in: *New Formations: a Journal of Culture, Theory, Politics* 57, 56-73.

Winthrop-Young, Geoffrey (1999): „How the Mule got its Tale: Morettis Darwinian Bricolage", in: *Diacritics* 29(2), 18-40.

Wood, Denis/Fels, John (1992): *The Power of Maps*, New York.

Wood, Denis (1992): „How Maps work", in: *Cartographica* 29(3), 66-74.

Woolf, Virginia (1986 [1905]): „Literary Geography", in: Andrew McNeille (Hrsg.), *The Essays of Virginia Woolf*, Vol. I (1904-1912), London, 32-36.

Zook, Matthew A./Graham, Mark (2007): „Mapping DigiPlace: Geocoded Internet Data and the Representation of Place", in: *Environment and Planning B: Planning and Design* 34, 466-482.

Stefan Zimmermann

Filmgeographie – Die Welt in 24 Frames

> We live every day in a familiar terrain: the place where we sleep, the place where we work, the place where we hang out when not working or sleeping. From these places we acquire a geography of experience. We live everyday also in another terrain, equally familiar: the terrain created by the television, the telephone, the telecommunications networks crisscrossing the globe. These ‚vectors' produce in us a kind of experience, the experience of telesthesia – perception at a distance. This is our ‚virtual geography', the experience of which doubles, troubles, and generally permeates our experience of the experience of the space we experience first hand.
> (Wark 1994: vii)

Das Medium Film und seine Organisation von Raum und Zeit ermöglicht eine Form der Wahrnehmung, die sich der lebensweltlichen Wahrnehmung gegenüber mitunter sogar als überlegen erweist. Auch das scheint Film als Gegenstand geographischer Forschung zu prädestinieren.[1] Anderson (1996: 97) beschreibt die alltägliche lebensweltliche Dimension dieser Wahrnehmung folgendermaßen:

> Spatially, we can perceive things as small as a grain of sand or as large as a mountain, and our sense of time ranges from about a tenth of a second to perhaps three generations of our family.

Filmische Wahrnehmung kann Einblicke in sowohl räumlich wie historisch Entferntes gestatten, das lebensweltlicher Wahrnehmung entzogen ist. Dubbini (2002) spricht künstlerischen Darstellungen ganz allgemein einen Hang zum Geographischen zu. Für unsere Rezeption solcher filmischen Geographien ist die Frage der Wiedererkennung von großer Bedeutung. Nur bereits Gesehenes (sei es filmisch erfahren oder physisch gesehen) kann auch wiedererkannt wer-

---

1   Der vorliegende Beitrag widmet sich in gekürzter und aktualisierter Form einem theoretischen Teilaspekt der Inauguraldissertation des Autors (Zimmermann 2007a).

den. Dieses gilt insbesondere für wahrgenommene Geographie, für perzeptive Landschaften.

> The topography that the geographer has before his eyes and attempts to understand depends of course on elements as material as geological formations, but it also depends much more than one would think, on mental representations, value systems, and an ideology. Moreover, it represents the translation, the inscription on the terrain, of the whole of a culture. (Duby/Lardreau 1980, zit. n. Dubbini 2002: 10)

Insofern lässt sich sagen, dass visuelle Wahrnehmung wie jede Form von Wahrnehmung u.a. auch von bildhaften Erbschaften geprägt ist (Kabatek 2003: 44). Wie diese Aneignung und kognitive Umsetzung filmischer Inhalte und deren Bedeutung für die Geographie konzeptualisiert werden, basiert auf unterschiedlichsten Ansätzen, die zumeist aus dem Bereich der Landschafts- und Umweltwahrnehmung stammen (vgl. Lukinbeal 1995). So ist es auch nicht erstaunlich, dass das Aufkommen filmgeographischer Arbeiten besonders von Vertretern der *perceptional geography* oder Wahrnehmungsgeographie vorangetrieben wurde (vgl. Zonn 1984, 1985; Zube/Kennedy 1990).

Bei allen gegenwärtigen Diskussionen darüber, inwiefern sich Geographie mit Medien beschäftigen soll und darf, sei daran erinnert, dass Burgess/Gold (1985: 1) bereits früh den Umstand beklagten, dass Massenmedien lediglich als peripherer Forschungsgegenstand in der Geographie vorkämen. Die Autoren wollten dies geändert wissen. Schaut man etwas genauer, lässt sich feststellen, dass die Massenmedien, insbesondere das Kino respektive der Film, durchaus eine längere und lebendige Forschungstradition innerhalb der Geographie aufweisen (vgl. Manvell 1953, 1956). Die institutionalisierte Geographie nahm sich schon sehr früh visueller Medien an. Nicht als Gegenstand der Beobachtung, sondern in erster Linie als heuristisches Instrument: als Mittel der Ergebnisdokumentation sowie als Orientierungsmedien – so wie Globen, Karten, Landschaftsbilder, Fotografien und in der präwissenschaftlichen Phase der Geographie auch in Form von Reisebeschreibungen (vgl. Zimmermann 2007b).

Bevor hier eine Agenda gegenwärtiger filmgeographischer Ziele und Praktiken vorgeschlagen werden soll, bleibt festzuhalten, dass ein bloßer Fokus auf Visualität den eigentlichen Gegenstand Film nicht umfassend gerecht würde. Film sei hier vielmehr als Schnittmenge von Visualität und Sound, als Textur und Emotion sowie Erinnerung und Erfahrung verstanden. Darüber wird hier Filmrezeption als ein Gesamtprozess gedacht, der jenseits sensorischer Subjektivität und bloßem Voyeurismus als ein Werk aus simulacren, repräsentativen und nichtrepräsentativen, haptischen, affektiven und performativen Praktiken betrachtet werden sollte (vgl. Lukinbeal/Zimmermann 2008: 15). Diese Forderung erschwert einen kohärenten methodischen Zugang zu einer Filmgeographie nachhaltig.

Geographen scheinen aufgrund ihrer fachlichen Herkunft aus der Empirie darauf zu bestehen, dass Okularzentrismus eine, wenn nicht die vorrangige Grundfeste geographischen Wissens ist. Rose (2003, 2001) stellt die Frage, auf welche Art und Weise das Visuelle geographisches Wissen strukturiert, und bietet damit einen zentralen methodischen Rahmen, der einen möglichen *Modus operandi* vorgibt. Geographie ist als visuelle Kultur zu verstehen, was zur Folge hat, dass die Auseinandersetzung mit den Alltag generierenden geographischen Inhalten eine noch stärkere Notwendigkeit erfährt. Geographisches Wissen beruht jedoch nicht ausschließlich auf visuellen Informationen, sondern kann und muss seinerseits als visuelle Kultur verstanden werden. Bedeutende Träger und Multiplikatoren dieser kulturellen Dimension sind unter anderem Bilder, Fotos und Filme. Da die häufig diskutierte Frage nach der strukturierenden Kraft des Visuellen auch für die Filmgeographie eine erhebliche Rolle spielt, schlagen Lukinbeal/Zimmermann (2008: 16) einen Dreischritt filmgeographischer Betrachtung vor. So ist die Betrachtung des Inhalts, also dessen, was zu sehen ist, die Art und Weise, wie gesehen wird, und die Wirkung des Gesehenen Gegenstand filmgeographischer Forschung. Diese drei Grundpositionen erlauben die Integration und wechselseitige Nutzung ganz verschiedenartger theoretischer Positionen.

Geographie, Massenmedien und Alltag

Die als „Neue Kulturgeographie" oder *new cultural geography* bezeichnete Öffnung der Humangeographie für neue Methoden, ein erweitertes Gesellschaftsverständnis sowie ein nachdrückliches Bewusstsein gegenüber kulturellen Dimensionen alltäglicher Wirklichkeit sollten als Entwicklungsmöglichkeit des Faches Geographie verstanden werden, nicht zuletzt um die Konkurrenzfähigkeit im universitären Kontext zu erhalten (vgl. Shurmer-Smith/Hannam 1994; Shurmer-Smith 2002; Gebhardt et al. 2003). Dazu zählt zweifellos eine gezielte und kritische Beschäftigung der Geographie mit den Massenmedien (vgl. Zimmermann 2003), von denen das Medium Film immer noch als wirkmächtiges, wenn nicht gar als Leitmedium angesehen wird (vgl. Paech 2005), weshalb es aus kulturgeographischer Sicht gesonderte Beachtung verdient (vgl. Lukinbeal/Zimmermann 2006).

Die Vorstellung der Geographie als einer visuellen Disziplin ist keineswegs neu. Vielmehr existiert eine lange Geschichte dieser Auffassung (vgl. Driver 2003). Bilder im Besonderen und Repräsentationen im Allgemeinen sind bislang zu großen Teilen von der Geographiedidaktik thematisiert worden. Aber auch außerhalb der Didaktik existiert ein Interesse für die visuellen Grundlagen geographischer Forschung (vgl. Lehmann 1968). Deutlich wird dies unter anderem in den klassischen Darstellungsvariationen der Geographie, den Landschaftsgemälden und -zeichnungen, den Landkarten und Satellitenbildern, den Krokis, den Fotos und schlussendlich auch in den Images und Vorstellungsbildern, die für die Alltagsgeographie unerlässlich sind und in imaginären Geographien münden. So müssen Massenmedien als visuelle und audiovisuelle Produkte Gegenstand geographischer Forschung sein, und dies nicht nur im Sinne der von der Geographie und von Geographen produzierten Bilder, sondern auch und ganz besonders in den Bildern, die gesellschaftliche Standards und Wahrnehmungsmuster produzieren. Rose (2003: 212) verweist darauf, dass die Forderung danach, der Visualität geographischer Gegenstände besondere Beachtung zu schenken – besonders in den vergangenen Jahren – zu einem Allgemeinplatz geworden ist. Die Geographie beruft sich seit jeher auf ihre fachspezifische Kompetenz in Sachen Visualität. Sie ist neben der Anthropologie die einzige Sozialwissenschaft, die in ähnlichem Maße auf dem Visuellen beruht (ebd.). Dies alles vor dem Hintergrund, dass eine Visualisierung, eine bildhafte Umsetzung, niemals nur eine Illustration ist, sondern immer eine Konstruktion darstellt, die Untersuchungsgegenstand sein sollte. Visualisierungen beinhalten immer Wertungen und Deutungsmöglichkeiten und spiegeln auf diese Weise Machtverhältnisse wieder (Sachs-Hombach 2005). Die Frage, die jedoch immer wieder aufgeworfen wird, ist die nach empirischen Arbeiten, die sich visueller Geographien annehmen (vgl. Rose 2001, 2003; Driver 2003). Eine Schwierigkeit liegt darin, dass Bilder häufig nicht oder nur unzureichend interpretiert werden oder gar an Stelle von Interpretationen eingesetzt werden (vgl. Crang 2003: 241). Sprach- und Text-Informationen sind in diesem Kontext leichter verhandelbar und werden gemeinhin als alltagstauglicher und verlässlicher betrachtet als Bild-Informationen (vgl. Aitken 1994).

Wichtig ist die Unterscheidung der unterschiedlichen Dimensionen von Visualität, die der Disziplin eingeschrieben sind (vgl. Ryan 2003) So gilt es die verschiedenen Ebenen des Bilderkonsums, der Produzenten, der Bilder, der Rezipienten und der Orte des Konsums, zu betrachten. Rose (2001) regt besonders die Untersuchung der räumlichen Dimension der Präsentation an, greift damit jedoch nicht weit genug. Bilder jeglicher Art sollten im Verständnis einer kulturellen Geographie auch als historische Spuren – im Sinne zu untersuchender Quellen – verstanden werden (vgl. Zimmermann 2008). Auf diese Weise gewähren sie auch Einblicke in die Konstruktion populärer Geographien (vgl. Lutz/Collins 1993). Crang (2003: 243) unterstreicht die Bedeutung einer genaueren Untersuchung der visuellen Geographien und präferiert diese vor einer Untersuchung der Bildproduzenten. Er unterstreicht damit die vom Publikum konstruierte Autorität, die der Institution Kino und dem Fernsehen eingeräumt wird.

Wort und Bild gelten als Hauptinhaltskategorien medialer Kommunikation, wobei die auf Bildern dargestellten Objekte in gleichem Maße zugänglich sind wie die Objekte der direkten visuellen Wahrnehmung. Schließlich können Objekte auch nur als Bild auf der Netzhaut wahrgenommen werden. Anders verhält es sich mit Objekten, die durch Sprache erschaffen werden, da Sprache sich „abstrakter, symbolischer Codes bedient, die ihrerseits lediglich Beschreibungen von Wahrnehmungsinhalten sind" (Singer 2004: 56). In unserer gegenwärtigen Welt werden Inhalte neben den oralen und textlichen zunehmend in visueller Form kommuniziert. Bilder und Images transportieren Informationen, können Freude und Ablehnung hervorrufen, Meinungen beeinflussen, Konsum oder das Verlangen danach wecken und Machtpositionen vermitteln sowie aufrechterhalten (vgl. Rogoff 2000: 29). Wer und was in diesen medial verbreiteten Bildern zu sehen ist, bestimmt unsere Wahrnehmung nachhaltig und formt damit schlussendlich die Konstruktion individueller Weltentwürfe. Welche Bereiche historischer Informationen in Bilder verpackt zugänglich sind, formt die Vorstellung historischer Ereignisse und betont oder negiert lebensweltlich Faktisches. Visuelle Repräsentationen steuern zweifelsfrei die Wahrnehmungen von Fakt und Fiktion und erschweren eindeutige Unterscheidungen, lösen diese bisweilen auf und lassen Differenzen verschwimmen. Massenmedien in ihren audiovisuellen Erscheinungen verwässern die Distinktion von Fakt und Fiktion und erschweren die graduelle Unterscheidung (vgl. Baudrillard 1994). Medien erschaffen auf diese Weise auch Räume der Vorstellung, die Schritt für Schritt alltagsweltliche Bedeutung erlangen.

Dieser Zugang kann als Alltagsgeographie, aber auch als imaginierte Geographie verstanden werden, also als eine Geographie, die in hohem Maße auf Repräsentationen beruht (vgl. Said 1978; Gregory 1994). Repräsentationen sowohl von Landschaften als auch von dort lebenden Menschen, den ihnen zugeschriebenen Kulturen und den zugrunde liegenden Wünschen, Phantasien und auch stereotypen Vorurteilen; ebenjenen vorgefertigten Meinungen, die alltägliche Routinen strukturieren helfen und als kommunizierte Wahrheiten Eingang in das kollektive Gedächtnis von Gesellschaften finden. Dabei spielt es keine Rolle, welches Gesellschaftsverständnis zugrunde liegt. Was aber geradezu belanglos erscheint, wenn man Manovich (2001: 94) folgt, denn: „we may debate whether our society is a society of spectacle or of simulation, but, undoubtedly it is a society of the screen."

Seit mehr als fünfzig Jahren wird das Massenmedium Film mittlerweile als Gegenstand der Kulturgeographie betrachtet (vgl. Manvell 1953, 1956; Burgess/Gold 1985; Aitken/Dixon 2006; Lukinbeal/Zimmermann 2006). Dabei hat sich bislang jedoch keine einheitliche Forschungsagenda und erst recht kein einheitlicher Methodenapparat herauskristallisiert (vgl. Kennedy/Lukinbeal 1997; Lukinbeal/Zimmermann 2006, 2008). Kritische Analysen des Visuellen sollten den Raum und den Ort in den Mittelpunkt geographischer Medienforschung rücken. Die Beschäftigung mit Film aus geographischer Perspektive und die unterschiedlichsten Vorgehensweisen dokumentieren nicht zuletzt die divergente theoretische Orientierung der Filmwissenschaften (vgl. Felix 2003). Zu den besonderen Fähigkeiten des Mediums Film gehört u.a. die Bewegungsdarstellung, deren Bedeutung auch schon Kracauer (1963). herausstellte, die aber auch methodische Restriktionen zur Folge hat. Diese Polysemie visueller Medien ermöglicht verschiedenste Deutungen ermöglicht und erschwert den methodischen Zugang (vgl. Hall 1997). Film, als kulturelles Produkt, ist im postmodernen Kontext nichts anderes als ein Text (vgl. Aitken 1994). Auch aus diesem Grund muss Film Gegenstand einer gesellschaftswissenschaftlich orientierten Geographie sein (vgl. Aitken/Dixon 2006; Lukinbeal/Zimmermann 2006). Deshalb erscheint eine weiterführende Auseinandersetzung mit dem Medium Film zwingend notwendig. Die einhergehenden Überlegungen stehen in unmittelbarem Zusammenhang mit den zahlreichen Neugestaltungen und Umorientierungen der Geistes- und Kulturwissenschaften, den verschiedenen *turns*, die neben dem *cultural turn* (vgl. Blotevogel 2003; Bachmann-Medick 2006) den *visual turn* (vgl. Rose 2001; Sachs-Hombach 2005) oder den *iconic turn* (vgl. Maar/Burda 2004) berücksichtigen und nach wie vor die aktuelle Forschungslandschaft prägen (vgl. Gebhardt et al. 2003).

Shurmer-Smith/Hannam (1994) greifen weiterhin einen ebenfalls nicht zu vernachlässigenden Grund der geographischen Beschäftigung mit Film auf, der aber gleichzeitig zu hoher Sorgfalt und Methodengenauigkeit mahnt: den Spaß an der Forschung und der Auseinandersetzung mit audiovisuellen Medien innerhalb der Kulturgeographie. Filme anschauen macht Spaß, ihre Analyse bedarf jedoch einer differenzierten, theoriegeleiteten und soliden Grundlage (vgl. Kennedy/Lukinbeal 1997). Die Verbreitung von Filmen durch das Kino, das Fernsehen und das zunehmende Angebot auf digitalen Speichermedien sowie auf diversen Internetplattformen sorgen dafür, dass bewegte Bilder mittlerweile ubiquitär verfügbar sind. Gleichzeitig sind ihre Wirkungen auf Rezipientenseite, speziell aus geographischer und raumwissenschaftlicher Perspektive, bislang nur rudimentär oder gar nicht untersucht worden. Ausnahmen bilden lediglich die Arbeiten von Jancovich et al. (2003) und Mee/Dowling (2003) sowie Studien, die sich mit dem Phänomen des Drehort- oder Film-Tourismus beschäftigen, der als mittelbare Medienwirkung verstanden werden muss (vgl. Zimmermann 2003).

Cresswell/Dixon (2002: 1) postulieren: „Film has clearly become a cutting-edge research and pedagogical tool for geographers in a wide array of subfields and a diverse set of institutional contexts." Filmgeographie ist auf dem besten Wege zu einer neuen Teildisziplin der Kulturgeographie heranzuwachsen, die am Schnittpunkt zwischen Geographie, Kommunikations- und Medienwissenschaft sowie den Literatur-, Politik- und Filmwissenschaften angesiedelt ist und neue Perspektiven aufzeigen kann, moderne Gesellschaften und deren Verständnis von Welt zu erfassen (vgl. Lukinbeal/Zimmermann 2006). Die Hauptschwierigkeit früher geographischer Beschäftigung mit den Massenmedien ist die normative Setzung, dass Film die Repräsentation eines absoluten Raumes ermöglicht. Der seit den 1990er Jahren geführte Diskurs, ob materielle Realität der nichtmateriellen vorzuziehen sei, bewahrt die geradezu klassisch-binäre Unterscheidung, die wie ein Schwarz-Weiß- oder Richtig-falsch-Gegensatz die Auseinandersetzung innerhalb der Geographie bestimmt (vgl. Cosgrove 1984; Price/Lewis 1993; Duncan/Ley 1993; Jackson 1993). Harvey (1989: 308) bereichert diese Diskussion, indem er die Behauptung aufstellt, dass in der endgültigen Analyse Film lediglich ein Schauspiel sei, das innerhalb eines abgeschlossenen Raums auf einer tiefen und zudem losen Leinwand stattfindet. Für Harvey (1989: 322) ist die materielle Komponente des Films immer bedeutender als die Repräsentation, denn kein Film besäße die Kraft, etablierte Wege des Sehens und Verstehens über den Haufen zu werfen.

Eine konträre Position vertreten Burgess/Gold (1985) und weisen darauf hin, dass Massenmedien integrale Bestandteile der Populärkultur sind und demenstprechend gesellschaftliche Relevanz besitzen. Als solche stellen sie ein essentielles Element im Prozess der Verschmelzung von individueller und kollektiver Erfahrung dar, und zwar indem sie das Verhältnis zwischen Menschen und Orten regeln. Aitken/Zonn (1994) argumentieren, dass *space* und *place* im Spielfilm grundlegend mit soziokulturellen Prozessen und politischen Strategien verwoben sind. Aus diesem Grund fordern Aitken/Zonn (1994: 5):

> [...] if we, as geographers, agree with many of the commentators on the postmodern condition who see little difference between our political culture and our celluloid culture, between real-life and reel life, then cinematic representation needs to be a part of geographic investigation.

Escher/Zimmermann (2001) untersuchen systematisch filmische Landschaften und diskutieren mehrere geographische Perspektiven auf das Medium Film, bevor sie sich der Konstruktion und Wirkweise filmisch gestalteter Städte zuwenden (Zimmermann/Escher 2001, 2005a; Escher/Zimmermann 2004). Die Stadt im Film scheint eines der aussichtsreichsten und ergiebigsten Themenfelder für Geographen zu sein. So nutzen Bollhöfer (2003) und Fröhlich (2007) die filmische Stadt, um die Diskussion der neuen Kulturgeographie zu befördern. Einen deutlichen konzeptionellen Schritt machen Cresswell/Dixon (2002), indem sie ein neues Verständnis der Ontologie filmischer Repräsentation einfordern. Film ist ihrem Verständnis nach vielmehr Ausdruck sozialer Innovationen, indem er die vertraute Welt kontinuierlich konstruiert, verwirft und dekonstruiert und damit letztlich Welt erschafft und lebensweltliche Rückbindung ermöglicht (Cresswell/Dixon 2002: 3f.). Ähnlich argumentiert auch Lukinbeal (2004: 247), der feststellt, dass die Unterscheidung zwischen Realität und Repräsentation, primärer und sekundärer Erfahrung, Beobachtung aus erster und zweiter Hand in einer Welt, die endlos zwischen Top-Gun-Präsidenten, Terminator-Gouverneuren und Reality-TV wechselt, nahezu unmöglich ist. Zudem beobachten Cresswell/Dixon (2002) die Entwicklung, dass der Unterschied zwischen der lebensweltlichen und der filmischen Dimension des Mediums wissenschaftsintern verstärkt wird, was durch die stärkere Berücksichtigung der Text-Metapher in der Landschaftskunde und der Filmgeographie begründet ist. Funktioniert die Anwendung der Text-Metapher auf materielle Landschaften, so versagt sie für den Einsatz in der Filmanalyse, denn Film entzieht sich solchen Beharrungen, wie Cresswell/Dixon (2002: 4) feststellen. Das Medium Film ist als Simulacrum zu verstehen und weniger als Repräsentation der lebensweltlichen Wirklichkeit, da die Bilder oftmals erst die Vorstellung und die Idole, die sich dann in der Lebenswelt auswirken, erschaffen (vgl. Clarke 1997).

Filmdiegetische Geographie

Das Medium Film vermag nicht nur einen Ort zu repräsentieren, sondern vielmehr zahllose Orte; deren Bezüge und Geschichten aufzuzeigen und diese durch ihre besondere Verkettung und Verbindung zu einem System zahlloser Orts-Konnotationen werden zu lassen. Diese besondere Form einer diegetischen Geographie oder einer *geography in film* (Lukinbeal 1995) ist zweifelsfrei eine der Stärken filmisch transportierter Geographie. Nicht die Darstellung des einzelnen Ortes, sondern besonders die mit den filmischen Mitteln des Schnitts und der Montage ermöglichte Verkettung unendlicher Bilderwelten arrangiert eine exponentielle, polyseme und fraktale Geographie. Die Geographie im Film, im Gegensatz zur Geographie des Films, befasst sich mit den zahlreichen Ebenen der Repräsentation und nicht mit der Produktion (vgl. Lukinbeal 1995). Sofern es darum geht, die repräsentierte diegetische Geographie theoretisch zu fassen, muss geklärt werden, welche Begriffe in welcher Form und vor welchem fachlichen Hintergrund verwendet werden. Wird der Terminus Raum benutzt, erfolgt dies meist aus filmtheoretischer Perspektive, was zu einigen Verständnisproblemen führen kann, wenn man eine geographische Herangehensweise voraussetzt. Der filmische Raum ist eine Kategorie, die so unterschiedlich verstanden werden kann wie das Medium Film selbst. Raum als soziale Konstruktion ist analog zum filmischen Raum, der medial und technisch konstruiert wird. Diese verschiedenen Artikulationen sind umso schwieriger in eine Analyse und ein daraus resultierendes Verständnis zu integrieren, wenn es sich um eine geographische Arbeit handelt. Beller et al. (2000: 7) heben besonders die kreative Tätigkeit des Mediums Film hervor, das seit mehr als hundert Jahren Räume cinematographisch erschafft, erkundet und strukuriert. Dabei ist das audiovisuelle Bild immer ein zweidimensionales, welches über das fotografische Abbilden die Illusion der Dreidimensionalität erzeugt. In der spezifischen Verzahnung von Zeit und Raum, in der „Dynamisierung des Raumes" und der „Verräumlichung der Zeit" liegt die Besonderheit dieses Mediums (Panofsky 1967: 343ff.). Bei all diesen Ansätzen ist aus geographischer Sicht jedoch einzig die Frage nach den filmischen Räumen, Orten sowie Landschaften und damit nach den cinematographischen Geographien und ihren gesellschaftlichen Implikationen und Rückbindungen relevant.

Visueller filmischer Raum wird analog zu Raum- und Landschaftsdarstellungen in den bildenden Künsten als szenischer Raum betrachtet (vgl. Lehmann 1968). Dieser wiederum gliedert sich in den Einstellungsraum, den montierten Raum und als nicht visuelle Komponente in den Ton-Raum. Technische Abgrenzungskriterien, die den filmischen Raum als gestalterisches Problem erfassen, sind die gebräuchlichen Merkmale. Letztlich ist filmischer Raum, in technischem Sinne, immer die Addition verschiedener Einstellungen, die unterschiedliche Raumsegmente repräsentieren. Interessanterweise können einzelne Einstellungen völlig verschiedene Handlungsorte aufbauen. Durch entsprechende Montage auf der einen und Rezeptionsgewohnheiten der Zuschauer auf der anderen Seite entsteht eine filmische Geographie, die aus dem Zusammenhang einzelner Raumelemente gebildet wird. Hickethier (1996: 42) ergänzt, dass das kommunizierte Bild traditionell als eine „ortsgebundene Organisation der Dinge" erscheint, dabei jedoch ohne Zeitstruktur auskommt. Hayward (2000: 343) reduziert Raumdarstellung im Spielfilm darauf, neben der Kategorie Zeit dafür verantwortlich zu sein, den Realitätseffekt zu bedienen und durch die Verbindung einzelner Einstellungen räumliche Bezüge herzustellen, die es dem Zuschauer ermöglichen, ein sinnhaftes Ganzes zu betrachten. Film ermöglicht auch Orte, Städte, Regionen und Länder virtuell aufzusuchen, die den Rezipienten lebensweltlich unzugänglich sind. Diese Unerreichbarkeit kann darin begründet sein, dass es sich um imaginative Orte handelt oder um solche Länder und Landschaften, die aufgrund politischer Probleme und infrastruktureller Widrigkeiten nicht oder nur äußerst schwierig zu bereisen sind (vgl. Lukinbeal 2006). Der filmische Raum ist bislang in seiner ganzen Komplexität nur selten Gegenstand der Filmanalyse gewesen (Faulstich 2002: 144).

Filmische Bilder sind genau genommen Flächen, die im so genannten *Frame* zu sehen sind. Eine vergleichbare filmische Raumillusion existiert ansonsten auch in weiteren visuellen Medien wie der Malerei und der Fotografie. Der filmische Raum stellt einen künstlich konstruierten Raum dar, der in der Regel zunächst keine Entsprechung in der sogenannten Wirklichkeit hat. Die Konstruktion erfolgt, wie in der darstellenden Kunst häufig zu beobachten, zentralperspektivisch und knüpft damit an unsere alltägliche, der Orientierung dienende Raumwahrnehmung an und ermöglicht auf diese Weise das Zustandekommen filmischer Illusion. Diese Illusion kann durch narrative Konventionen bestätigt werden, aber auch durch diese aufgehoben werden. So macht es wenig Sinn, in einem Film alle Personen nur im oberen Bildsegment zu verankern, unter Umständen sogar kopfüber, und dieses Vorgehen auch noch durch die Geschichte erklären zu wollen. Die narrative Struktur sollte in aller Regel mit der bekannten Vorstellungswelt des Zuschauers übereinstimmen oder zumindest schlüssig sein (vgl. Zimmermann/Escher 2005b). Die Illusion von Räumlichkeit wird durch unterschiedliche filmische Mittel erreicht. So kann Räumlichkeit z.B. durch die Verwendung verschiedener Objektgrößen erreicht werden; je kleiner ein Objekt erscheint, desto tiefer wirkt der Bildraum. Ähnliches kann durch gefilmte Objektüberschneidungen herbeigeführt werden, was Dreidimensionalität vortäuscht. Entsprechendes kann auch durch den gezielten Einsatz von Farben erzielt werden. Der Vordergrund wird dabei in kräftigen Farben gehalten, während der Hintergrund durch helle, strahlende Farben in Szene gesetzt wird, was zu einer Vorstellung von Plastizität führt und dabei nicht zuletzt auf unterschiedliches Reflexionsvermögen der Objekte zurückzuführen ist (Winkler 2002: 491).

Filmraum

> Die alte Erfahrung des Kinobesuchers, der die Straße draußen als Fortsetzung des gerade verlassenen Lichtspiels wahrnimmt, weil dieses selber streng die alltägliche Wahrnehmungswelt wiedergeben will, ist zur Richtschnur der Produktion geworden. Je dichter und lückenloser ihre Techniken die empirischen Gegenstände verdoppeln, um so leichter gelingt heute die Täuschung, daß die Welt draußen die bruchlose Verlängerung derer sei, die man im Lichtspiel kennenlernt. Seit der schlagartigen Einführung des Tonfilms ist die mechanische Vervielfältigung ganz und gar diesem Vorhaben dienstbar geworden. Das Leben soll der Tendenz nach vom Tonfilm nicht mehr sich unterscheiden lassen. (Adorno/Horkheimer 1988: 134)

Geographie als auch Filmwissenschaft beschäftigen sich mit Räumen, jedoch aus verschiedenen Perspektiven und mit unterschiedlichen Grundannahmen. Die Kontinuität der raumzeitlichen Abfolgen im Film wird auch durch eine Vielzahl in den Filmbildern eingeschriebene Elemente hergestellt und verstärkt. Es sind vor allem Verweise, die auf der visuellen Ebene Anknüpfungspunkte in den einzelnen Einstellungen anbieten (z.B. Blicke, die aus dem Bild hinausgehen und im folgenden Bild scheinbar erwidert werden, sowie Bewegungsabläufe, die in der nächsten Einstellung eine Fortsetzung finden). Auf der Tonebene stellen Geräusche, Musik und einstellungsübergreifende Texte Verbindungen her. Der narrative Raum weist auch in der Binnenstruktur seiner Bilder bereits eine Vielzahl von Klammern auf, welche die Herstellungen des Kontinuums unterstützen und fördern.

Filmraum kennzeichnet häufig den Bildausschnitt, den das fertige Filmprodukt als Wahrnehmungsfiguration dem Zuschauer anbietet. Räume in Film- und Fernsehtexten beeinflussen Handlungen und haben symbolische Funktionen (Wulff 1999: 103f.). Der Ort des Geschehens lässt bestimmte Folgehandlungen innerhalb der narrativen Struktur erahnen (vgl. Moretti 1999; Mikos 2003), wobei die angesprochene symbolische Funktion von Räumen nicht filmspezifisch ist, sondern auch in der Alltagswelt der Zuschauer wiederentdeckt werden kann, was die Lesbarkeit für den Rezipienten vereinfacht. Aber auch die Rolle des Regisseurs hat eine nicht zu unterschätzende Bedeutung für die Erschaffung des Filmraums:

> Durch das Zusammenfügen der einzelnen Stücke bildet der Regisseur sich seinen eigenen, ganz filmischen Raum. Er vereinigt einzelne Elemente, die vielleicht von ihm an verschiedenen Orten des realen, tatsächlichen Raums auf das Filmband gebannt sind, zu einem filmischen Raum. (Pudowkin 1928: 74)

Dennoch sind der filmische Raum und die daran geknüpften räumlichen Repräsentationen, die das Unterhaltungskino verbreitet, in hohem Maß durch Konventionen bestimmt. Um die filmischen Vorgaben und die Konventionen in ihrer vollen Bedeutung verstehen zu können, ist die Kooperation der Zuschauer notwendig, wobei diese Seh-Erfahrung besitzen müssen, um die bildhaft vermittelten Repräsentationen dekodieren zu können und diese in sinnhafte Komponenten des Schauspiels oder der Erzählung zu transformieren. Erst wenn die bestehenden Erfahrungen und Erwartungen die notwendige Lesart zulassen, kann der Zuschauer sich auf die kommunizierten Inhalte stützen und diese entsprechend der filmischen Erzählung in bestehende Konventionen einbetten und gemäß der Vorgaben verstehen. Maltby (1995) weist zwar darauf hin, dass diese Konventionen im Laufe der Geschichte des Kinos zwar Änderungen unterworfen waren, diese jedoch so gering sind, dass der überwiegende Teil an Erwartungen und Idealvorstellungen kongruent geblieben sind, was besonders die Bildsprache betrifft. Gleiches gilt für die verwendeten Bilder und Tropen, die als Verankerungen den Film für den Zuschauer nachvollziehbar und kategorisierbar machen.

Filmlandschaften und filmische Orte

Während die Untersuchung des Filmraums immer die konzeptionelle Nähe zu filmtechnischen und gestalterischen Ebenen des Films berücksichtigt, sind Analysen der Landschaften und Orte des Kinos stärker von narrativen Funktionen bestimmt (vgl. Escher/Zimmermann 2001; Lukinbeal 2005; Lefebvre 2006). Arnheim (1932) und Kracauer (1963) benutzen die Begriffe Natur und Landschaft häufig synonym und zeugen so von der inhärenten Schwierigkeit, mit filmtheoretischer Literatur geographisch zu arbeiten. Filmische Landschaften haben ihren Ursprung in lebensweltlichen Umwelten, die von den Rezipienten als virtuelle Geographie erfahren werden. Sofern Film als Kunstform verstanden wird, eröffnet er Einblicke in die Art und Weise, wie eine Gesellschaft zur Zeit der Filmentstehung das Visuelle erschafft und für ihre Zwecke nutzt (Rodaway 1994: 160). Bei allen technischen und ökonomischen Rahmenbedingungen, die zum visuellen Gesamteindruck des Mediums Film führen, kann und darf nicht außer Acht gelassen werden, dass Film von Zuschauern gesehen wird, in einem bestimmten sozialen Milieu, einer politischen Kultur entstanden ist und letztlich noch ein kulturelles Produkt darstellt. Die Krux, dass das Medium Film sowohl Gesellschaft reflektiert, gar als Spiegel gesellschaftlicher Konventionen herangezogen werden kann (Kracauer 1963), als auch ein Gesellschaft beeinflussendes Medium ist, bezeichnet Rodaway (1994: 161) als komplexe Dialektik.

Cineastische Geographie besteht zum einen aus geographischen Images – Landschaften und Orten, die auf einer Synthese aus unterschiedlichen Kameraperspektiven, verschiedenen Einstellungsgrößen und Blickpunkten beruhen – und zum anderen aus tradierten visuellen Vorgaben und deren eingeschriebenen Geschichten. Diese sind von Filmschaffenden konzipiert und greifen bestehende Bilder auf, die den Zuschauern als Erkennungshilfe dienen. Eine Melange aus lebensweltlichen Locations, Studiosets und mittlerweile immer häufiger digitalen Szenerien erschafft entsprechend aneinander geschnittene, imaginierte, aber nicht selten realistisch wirkende Landschaften, welche die Grundlage einer cineastischen Geographie darstellen. Filmische Landschaften, die auf diese Art generiert werden, werden im Wahrnehmungsprozess zu einem Zeichen von Realität (Higson 1987: 9).

Die Faszination für filmische Bilder ist zentraler Bestandteil einer cineastischen Geographie, die im weitesten Sinne der *geography in film* nach Lukinbeal (1995) folgt, diese jedoch um die globale Vernetzung der Geschichten und filmisch erzählten Orte erweitert. Rodaway (1994: 162) führt ebenfalls die Faszination an, die beim Konsumieren von Filmbildern entsteht und deren Konsum er als fundamental betrachtet. Der Konsum filmischer Landschaften spiegelt eher eine hedonistische als eine kritische Lesart wider und stellt daher eher eine subjektiv-persönliche als eine gesellschaftliche Rezeption dar. Filmisch durchschrittene Landschaften werden zumeist aus dem Blickwinkel der Protagonisten präsentiert, der zugleich Identifikationsfigur und Führer durch filmische Welten ist.

Escher/Zimmermann (2001) analysieren Hollywoodspielfilme im Hinblick auf deren Vermögen, filmische Landschaften zu konstruieren, und entwickeln eine Typologie. Die Konzeption greift nur bedingt den Begriff des filmischen Raums auf, da er implizit Bestandteil einer filmischen Landschaft ist. So lässt sich festhalten, dass Film Orte konstruiert, Landschaften erfindet, Geschichten erzählt und Bedeutungen im Kontext der Kategorien Raum und Zeit erzeugt (vgl. Higson 1987; Escher/Zimmermann 2001; Lukinbeal 2005). Eine lebensweltliche reale Landschaft und ihr repräsentiertes Abbild in einem Film sind ontologisch identisch, wenn der Zuschauer sein Misstrauen gegenüber der filmischen Landschaft ablegen und diese als real betrachten kann (vgl. Bazin 1967). Geschieht dies, ist der Zuschauer bereit und in der Lage, der filmisch transportierten Geschichte zu folgen und sich auf diese zu konzentrieren und einzulassen (vgl. Lukinbeal 1998). Das Verständnis von Lacoste (1990: 72), dass es in ein und demselben Raum mehrere unterschiedliche Landschaften geben kann und deren Erscheinung einzig von der Beobachtungsposition abhängig ist, kommt auch hier zum Tragen. Dies untermauert die Position der Filmgeographie, dass die Verbindung von Geographie und visuellen Massenmedien Erkenntnisse bezüglich der Wahrnehmung und Adaption von Weltwissen liefern kann. Landschaft – im filmischen Kontext – ist immer ein Ort des Sehens, ein kulturelles Image und auch ein Vorstellungsbild (vgl. Jakle 1987), das die Umwelt repräsentiert, strukturiert und subjektiv konstruiert. Dabei ist Landschaft eher aktiv als passiv, zumindest wenn es darum geht, dass bestimmte Landschaftselemente eine Reaktion des Zuschauers heraufbeschwören (Zonn 1984: 145). Die Massenmedien bedienen die Rezipienten gezielt mit Bildern filmischer Landschaften und helfen Prädispositionen hinsichtlich bestimmter Landschaftstypen aufzubauen, zu erhalten und zu verstärken. Spielfilm erschafft eine besondere Form von Landschaft, da das Medium aufgrund von Präsentationstechniken einen subjektiv gerichteten Blick aus einem spezifischen Betrachtungswinkel, d.h. nur einen Ausschnitt thematisiert. Das Kino produziert Landschaften und erschafft Orte, die es ohne Film in dieser Form nicht gäbe (vgl. Escher/Zimmermann 2001).

Filmische Landschaften müssen als ästhetisches Produkt verstanden werden, während der filmische Raum gemeinhin eher als symbolischer Mittler oder als filmtechnischer Terminus Verwendung findet. Filmische Orte können ebenso symbolische wie auch narrative Funktionen haben, untermauern jedoch häufig die lebensweltliche Rückbindung. Auf diese Weise markieren sie zudem populär-geopolitische Bezüge, die als Anker und Verbindung in die Realität erster Ordnung dienen. Topographische Genauigkeit spielt lediglich für das Wiedererkennen eine Rolle, die im *Establishing Shot* besonders augenscheinlich ist. Der hohe Wiedererkennungswert und die ikonographische Qualität der abgelichteten Orte, die sich als fester Bestandteil einer nicht nur cineastischen, sondern vielmehr visuellen Welt etabliert haben, lenken die Wahrnehmung filmischer Landschaften. Der filmische Raum sowie der filmische Ort dienen der Orientierung und dem Verständnis der Zuschauer. Der Raum ermöglicht den Film in kollektive Vorstellungen einzubetten, während filmische Orte eine narrative Orientierung ermöglichen (vgl. Anderson 1996). Das Aufscheinen spezifischer Handlungsorte kann ebenso wie die Nutzung filmischer Landschaften oder symbolischer Räume Genre stiftend sein, zumindest jedoch räumliche Wahrnehmungsmuster begründen und für deren weitere Verbreitung sorgen.

Die filmische Repräsentation hängt von vielen verschiedenen Faktoren ab: zum einen vom politischen Umfeld, vom sozialen Milieu, in dem der Film entstanden ist (vgl. Lukinbeal/Kennedy 1993; Gold 1985), den kulturellen und ideologischen Einstellungen des Filmemachers (vgl. Zimmermann/Escher 2005b; Aitken 1991; Jenkins 1990), vom Bedürfnis, den Film als Unterhaltung zu konzipieren (vgl. Liverman/Sherman 1985), von Farbgebung und Beleuchtung (vgl. Ford 1994) und natürlich von der eigentlichen Thematik und dem Genre des Films und nicht zu vergessen von ökonomischen Zwängen und Anforderungen. Da es der Zuschauer mit verschiedenen Perspektiven und unterschiedlichen visuellen Informationen, die kulturelle Subtexte implizit in sich tragen, zu tun bekommt, ist der kognitive Zugang zur filmischen Wirklichkeit ein intensiviertes Wirklichkeitserlebnis (vgl. Anderson 1996). Zuschauer betrachten Filme ohnehin nicht als Ganzes, sondern widmen sich unterschiedlichsten Aspekten (Braudy 2002: 9). Die filmische Aufeinanderfolge der Teilansichten und fragmentierten Raumsegmente orientiert sich dabei an der menschlichen Wahrnehmung, die den Gesamtumfang der Umwelt ebenfalls nie als gleichzeitig erfasste Totale aufnimmt, sondern in unterschiedlichen Teilansichten, in verschiedenen Blicken auf die Welt. Gerade durch die Multiperspektivität und die multifokale Mobilität der Kamera konstituiert sich der Gegenstand erst als Gegenstand, denn „nicht nur die Konstanz der Objekte stellen wir immer wieder her, sondern auch die des raumzeitlichen Rahmens" (Morin 1958: 140).

Sehen und Erkennen

Kognitive Muster der Wirklichkeitskonstruktion durch das Kino sind in der Regel autobiographisch und subjektiv (vgl. Kennedy 2008), und dennoch werden bei vielen Menschen – zumindest im Großen und Ganzen – ähnliche Vorstellungen evoziert. Ein und derselbe Film kann je nach Persönlichkeit des Zuschauers positive, negative oder neutrale Bewertungen hervorrufen, was auch für die Darstellung filmischer Geographien gilt. Die Frage ist infolgedessen nicht, ob die dargestellte Landschaft tatsächlich so dargestellt wird, wie die physische Welt erscheint, sondern ob der Rezipient der Darstellung vertraut und in welcher Art und Weise er selektiv bestimmte Landschaftselemente wahrnimmt. Das Medium Film erlangt dabei eine Glaubwürdigkeit der Darstellung, die weit über das Maß an Glaubwürdigkeit hinausreicht, welches man einer Einzelperson gegenüber aufbringen würde (vgl. Escher/Zimmermann 2001). Das Kino verbreitet die dafür grundlegenden Bilder, die „gelegentliche signifikante Kristallisationszonen schematischer Wahrnehmung bilden" (Kabatek 2003: 44).

Medial gewonnene Erfahrung der Rezipienten ist nicht mit der individuellen gleichzusetzen. Sie wird vielmehr durch Dritte, z.B. Autoren, Filmemacher bzw. Regisseure vorgegeben. Der Rezipient bedient sich der Sinne eines anderen und ist auf dessen Darstellung und Beschreibung angewiesen. Jeder Rezipient nimmt subjektiv wahr und konstruiert demnach auch sein Weltbild unterschiedlich. Rodaway (1994) verweist darauf, dass die Rezipienten filmische Landschaften nicht teilnehmend im Sinne einer täglichen oder zumindest regelmäßigen Alltagserfahrung wahrnehmen, sondern diese als kameragelenkte Erfahrung aus zweiter Hand erfahren. Filmische Orte werden demnach konsumiert und nicht aktiv erfahren. Die visuellen Bestandteile der filmischen Landschaften und Orte sind *Icons* oder Symbole, die ihrerseits eine eigene Geschichte transportieren und somit die cineastischen Orte zusätzlich mit Bedeutung aufladen. Diese synthetischen Orte entstammen einer externen Bildwelt, die, mit Hilfe lebensweltlicher Bezüge, archetypische Images erzeugt, die wiederum auf kulturellen Traditionen und häufig stereotypen Zuschreibungsmustern basieren. Innerhalb der so geschaffenen Filmwelt besteht ein verhandelter Code, der ein Repertoire an visuellen Images parat hält, auf denen diese filmische Welt basiert. Diese Bilder sind gesellschaftlich etabliert, werden unentwegt wiederholt und verstärken auf diese Weise eine Struktur, die eine *cinematic world* erschafft (vgl. Zimmermann/Escher 2005a, 2005b; Escher 2006; Lukinbeal/Zimmermann 2008). Der Fokus liegt dabei nicht auf der technischen Gestaltung und Grundlage, wie bei der Betrachtung des Filmraums, sondern in der kognitiv-räumlichen Wirkung auf den Rezipienten. Der kognitive Zugang zur Erschließung der cineastischen Geographie durch die Rezipienten ist in weiterführenden Konzepten einer kognitiven Filmtheorie eingebettet (vgl. Anderson 1996; Wuss 1999). Diese Struktur bezeichnet Anderson (1996: 108) als Konstruktionen der dritten Art – in Bezug auf die schon zuvor angesprochene Kontinuität – und beschreibt damit die Fähigkeit der Zuschauer, auch jenseits der projektiven Geometrie, Erkenntnisse aus den photographischen Bildern, die der Film transportiert, zu ziehen. Dabei liefern die Bilder Informationen, welche die Zuschauer umfassend die gesamte diegetische Filmwelt erschließen lassen, ohne dass der Zuschauer diese in einer Einstellung und einer Perspektive sehen kann. Dies hängt mit einer Fähigkeit des menschlichen Hirns zusammen, die es ermöglicht, dass räumliche Informationen hierarchisch strukturiert werden und sie zudem auch noch abrufbar sind, ohne dass die dazugehörigen Orte erneut lebensweltlich aufgesucht werden müssen (Neisser 1988: 368f.). Demzufolge unterliegen diese Wahrnehmungskonstruktionen der dritten Kategorie nicht den verwendeten Kameraperspektiven und den genutzten Montagen, sondern vielmehr der Leistungsfähigkeit der Rezipienten, aus den gesehenen Bildern ein hierarchisches räumliches Muster zu erkennen, was Anderson (1996: 109) mit den Worten „a gestalt of places nested within places" umschreibt. Der Zuschauer erstellt eine Art kognitive Karte, die den filmischen Raum mit all seinen Einzelelementen gliedert, und verortet auf diese Weise die filmische Narration.

Abspann

Kinofilme haben immer schon Vorstellungen der Zuschauer gelenkt, Sehnsüchte aufgegriffen und Meinungen verfestigt, aber auch zum Nachdenken sowie zur Imagination angeregt und sind politisch instrumentalisiert worden. Im Gegensatz zu kognitiven Karten (vgl. Downs/Stea 1982) sind imaginative Geographien niemals nur das Ergebnis rein kognitiver Prozesse. Sie sind in viel stärkerem Maße von bereits bestehenden Dispositionen, der eigenen Phantasie und Vorstellung, von gesellschaftlichen Zwängen und Vorgaben abhängig, als dies kognitive Karten – ihrer Grundannahme gemäß – zulassen. Diese Repräsentationen von Orten, Menschen und, nicht zu vernachlässigen, Landschaften, Kulturen und Natur wurden immer wieder unter dem Begriff der imaginativen Geographie (vgl. Said 1978) subsumiert, wodurch jedoch nur eine Perspektive des Begriffs abgedeckt ist. Erst wenn die Relationen zwischen Produzent und Produkt aufgedeckt werden, kann von einer tatsächlichen imaginativen Geographie im Sinne von Said (1978) und Gregory (1994) gesprochen werden. Imaginationen sind vielfach von Wunschphantasien begleitet (Kabatek 2003: 45). Diese Wunschphantasien sind daran beteiligt, „Überzeugungen über die Welt zu unterstützen, die unserem Wissen über die Welt, wie sie wirklich ist, widersprechen" (Allen 1995: 518). Der Einfluss von Film und Fernsehen ist mittlerweile Allgemeinplatz geworden. Das Kino oder ganz allgemein der Konsum visueller Medien bietet eine verdichtete Form lebensweltlicher Informationen und Emotionen, die kognitiv in persönliche Erfahrungen und Handlungsstrategien der Rezipienten eingebaut werden. „Das Kino ist nicht das Leben, und es ist es doch", versucht es Blothner (1999: 23) zu fassen und zeigt damit die Schwierigkeit auf, die volle gesellschaftliche Tragweite und Bedeutung des Kinos zu charakterisieren und zu deuten. Die Freude, die Spielfilme beim Zuschauer erwecken können, indem sie eine eigene filmische Geographie erschaffen, sollte am Schluss der Betrachtung stehen und zu weiterer filmgeographischer Arbeit aufrufen (vgl. Hopkins 1994: 47). Nicht zuletzt aus diesem Grund sollte die Filmgeographie als eigenständige Teildisziplin der Kulturgeographie daran interessiert sein, die Mythen und fiktionalen Filmwelten sowie deren gesellschaftlichen Niederschlag zu dekonstruieren, auch und ganz besonders, damit wir die Bilderwelt, in der wir uns bewegen, verstehen lernen (vgl. Escher/Zimmermann 2001; Lukinbeal/Zimmermann 2006, 2008).

Schlussendlich sei nochmals darauf verwiesen, dass bislang keine einheitlicher theoretischer Rahmen für das Spannungsfeld Film und Geographie existiert (vgl. Kennedy/Lukinbeal 1997; Lukinbeal/Zimmermann 2006, 2008; Fröhlich 2007). Die konzeptionellen Grundannahmen umfassen zahlreiche Positionen und belegen die Methodenvielfalt sowie bisher den Mangel an einer einenden Herangehensweise. Ohne eine systematische Weiterentwicklung bestehender Ansätze und des dazugehörigen Methodenapparates wird es auf Dauer sehr schwer sein, eine Geographie der Massenmedien – mit einem Schwerpunkt im Bereich der visuellen Massenmedien – zu implementieren. Geschieht dies nicht, ist zu befürchten, dass andere Disziplinen, namentlich die Kultur-, Literatur- und auch die Film- und Medienwissenschaften die konsequente Aufbereitung medialer Orts-Konstruktionen und Repräsentationen übernehmen und sich damit ein geographisches Themenfeld einverleiben. Ein großes, wenn nicht das größte Manko ist, dass die interdisziplinäre Zusammenarbeit sich in allen erdenklichen Fächern Anregungen verschafft hat, nur nicht in der Geographie. Dieses Manko mag darin begründet liegen, dass die Geographie außerhalb ihres Fachs häufig als reine Naturwissenschaft betrachtet und in der Wahrnehmung anderer Kultur- und Sozialwissenschaften nicht mit medienrelevanten Themen in Verbindung gebracht wird.

Literatur

Adorno, Theodor W./Horkheimer, Max (1988 [1947]): *Dialektik der Aufklärung. Philosophische Fragmente*, Frankfurt a.M.

Aitken, Stuart C. (1991): „A Transactional Geography of the Image-Event: the Films of Scottish Director, Bill Forsyth", in: *Transactions: Institute of British Geographers* 16, 105-118.

Aitken, Stuart C. (1994): „I'd Rather Watch the Movie than Read the Book", in: *Journal of Geography in Higher Education* 18(3), 291-307.

Aitken, Stuart C./Dixon, Deborah C. (2006): „Imagining Geographies of Film", in: *Erdkunde* 60(4), 326-336.

Aitken, Stuart C./Zonn, Leo E. (Hrsg.) (1994): *Place, Power, Situation, and Spectacle: A Geography of Film*, Lanham/London.

Aitken, Stuart C./Zonn, Leo E. (1994): „Re-Presenting the Place Pastiche", in: dies. (Hrsg.), *Place, Power, Situation, and Spectacle: A Geography of Film*, Lanham/London, 3-25.

Allen, Richard (1995): „Film, Fiktion und psychoanalytische Theorie", in: *Deutsche Zeitschrift für Philosophie* 4(3), 507-530.

Anderson, Joseph D. (1996): *The Reality of Illusion – an Ecological Approach to Cognitive Film Theory*, Carbondale, IL.

Arijon, Daniel (2000): *Grammatik der Filmsprache*, Frankfurt a.M.

Arnheim, Rudolf (1932): *Film als Kunst*, Berlin.

Bachmann-Medick, Doris (2006): *Cultural Turns. Neuorientierungen in den Kulturwissenschaften*, Reinbek bei Hamburg.

Baudrillard, Jean (1994): *Simulacra and Simulation*, Ann Arbor.

Bazin, André (1971): *What is Cinema?* Bd. 2, Berkeley/Los Angeles, CA.

Beller, Hans et al. (Hrsg.) (2000): *Onscreen/Offscreen: Grenzen, Übergänge und Wandel des filmischen Raumes*, Ostfildern bei Stuttgart.

Blotevogel, Heinrich (2003): „‚Neue Kulturgeographie'– Potenziale und Risiken einer kulturalistischen Humangeographie", in: *Berichte zur deutschen Landeskunde* 77(1), 7-34.

Blothner, Dirk (1999): *Erlebniswelt Kino – Über die unbewußte Wirkung des Films*, Bergisch Gladbach.

Bollhöfer, Björn (2003): „Stadt und Film – Neue Herausforderungen für die Kulturgeographie", in: *Petermanns Geographische Mitteilungen* 147(2), 54-59.

Braudy, Leo (2002): *The World in a Frame – What we see in Films*, Chicago, IL.

Burgess, Jacqueline/Gold, John R. (1985): „Introduction: Place, the Media and Popular Culture", in: dies. (Hrsg.), *Geography, the Media and Popular Culture*, London, 1-32.

Clarke, David B. (Hrsg.) (1997): *The Cinematic City*, London.

Cosgrove, Denis (1984): *Social Formation and Symbolic Landscape*, Madison, WI.

Crang, Mike (2003): „The Hair in the Gate: Visuality and Geographical Knowledge", in: *Antipode* 35(2), 238-243.

Cresswell, Tim/Dixon, Deborah C. (Hrsg.) (2002): *Engaging Film: Geographies of Mobility and Identity*, Lanham et al.

Driver, Felix (2003): „On Geography as a Visual Discipline", in: *Antipode* 35(2), 227-231.

Downs, Robert/Stea, David (1982): *Kognitive Karten: Die Welt in unseren Köpfen*, New York.

Dubbini, Renzo (2002): Geography of the Gaze in Early Modern Europe, Chicago/London.

Duncan, James/Ley, David (1993): „Introduction: Representing the Place of Culture", in: James Duncan/David Ley (Hrsg.), *Place, Culture, Representation*, New York, 1-21.

Escher, Anton (2006): „The Geography of Cinema – a Cinematic World", in: *Erdkunde* 60(4), 307-314.

Escher, Anton/Zimmermann, Stefan (2001): „Geography meets Hollywood – Die Rolle der Landschaft im Spielfilm", in: *Geographische Zeitschrift* 89(4), 227-236.

Escher, Anton/Zimmermann, Stefan (2004): „Hollywoods wahre nordafrikanische Städte", in: Günter Meyer (Hrsg.), *Die Arabische Welt im Spiegel der Kulturgeographie*, Mainz, 162-167.

Faulstich, Werner (2002): *Grundkurs Filmanalyse*, München.

Felix, Jürgen (Hrsg.) (2003): *Moderne Filmtheorie*, Mainz.

Ford, Larry (1994): „Sunshine and Shadow: Lightning and Color in the Depiction of Cities on Film", in: Stuart Aitken/Leo E. Zonn (Hrsg.), *Place, Power, Situation, and Spectacle: A Geography of Film*, Lanham/London, 119-136.

Fröhlich, Hellmut (2007): *Das Neue Bild der Stadt. Filmische Stadtbilder und alltägliche Raumvorstellungen im Dialog*, Stuttgart.

Gebhardt, Hans et al. (2003): „Kulturgeographie – Leitlinien und Perspektiven", in: Hans Gebhardt et al. (Hrsg.), *Kulturgeographie – Aktuelle Ansätze und Entwicklungen*, Heidelberg, 1-27.

Gold, John R. (1985): „From ‚Metropolis' to ‚The City': Film Visions of the Future City, 1919-1939", in: Jacqueline Burgess/John R. Gold (Hrsg.), *Geography, the Media and Popular Culture*, London, 123-143.

Gregory, Derek (1994): *Geographical Imaginations*, Oxford.

Hall, Stuart (1997): „The Spectacle of the ‚Other'", in: ders. (Hrsg.), *Representation. Cultural Representations and Signifying Practises*, London, 223-279.

Harvey, David (1989): *The Condition of Postmodernity – an Enquiry into the Origins of Cultural Change*, Oxford/Cambridge.

Hayward, Susan (2000): *Cinema Studies: The Key Concepts*, London/New York.

Hickethier, Knut (²1996): *Film- und Fernsehanalyse*, Stuttgart.

Higson, Andrew (1987): „The Landscapes of Television", in: *Landscape Research* 12(3), 8-13.

Hopkins, Jeffrey (1994): „A Mapping of Cinematic Places: Icons, Ideology, and the Power of (Mis)representation", in: Aitken, Stuart C./Leo Zonn (Hrsg.), *Place, Power, Situation, and Spectacle: A Geography of Film*, Lanham/London, 47-65.

Jackson, Peter (1993): „Berkeley and Beyond: Broadening the Horizons of Cultural Geography", in: *Annals of the Association of American Geographers* 83, 519-520.

Jakle, John A. (1987): *The Visual Elements of Landscape*, Amherst.

Jancovich, Mark et al. (2003): *The Place of the Audience – Cultural Geographies of Film Consumption*, London.

Jenkins, A. (1990): „A View of Contemporary China: A Production Study of a Documentary Film", in: Leo Zonn (Hrsg.), *Place Images in Media*, Totowa, NJ, 207-229.

Kabatek, Wolfgang (2003): *Imagerie des Anderen im Weimarer Kino*, Bielefeld.

Kennedy, Christina (2008): „Living with Film: An autobiographical Approach", in: Chris Lukinbeal/Stefan Zimmermann (Hrsg.), *The Geography of Cinema – a Cinematic World*, Stuttgart, 187-204.

Kennedy, Christina/Lukinbeal, Chris (1997): „Towards a Holistic Approach to Geographic Research on Film", in: *Progress in Human Geography* 21, 33-50.

Kracauer, Siegfried (1963): *Das Ornament der Masse*, Frankfurt a.M.

Lacoste, Yves (1990): „Wozu dient die Landschaft? Was ist eine schöne Landschaft?", in: ders., *Geographie und politisches Handeln*, Berlin, 63-91.

Lefebvre, Martin (2006): „Between Setting and Landscape in Cinema", in: ders. (Hrsg.), *Landscape and Film*, New York/London, 19-59.

Lehmann, Herbert (1968): „Formen landschaftlicher Raumerfahrung im Spiegel der bildenden Kunst", in: *Mitteilungen der Fränkischen Geographischen Gesellschaft* 13/14, Erlangen, 1-51.

Liverman, Diana/Sherman, Douglas R. (1985): „Natural Hazards in Novels and Films: Implications for Hazard Perception and Behaviour", in: Jacqueline Burgess/John R. Gold, *Geography, the Media and Popular Culture*, London, 86-95.

Lukinbeal, Chris (1995): *A Geography in Film, A Geography of Film*, Master Thesis, California State University, Hayward.

Lukinbeal, Chris (1998): „Reel-to-Real Geographies: The Top Five Cinematic Cities in North America", in: *The California Geographer* 38, 64-78.

Lukinbeal, Chris (2005): „Cinematic Landscapes", in: *Journal of Cultural Geography* 23(1), 3-22.

Lukinbeal, Chris (2006): „Runaway Hollywood: Cold Mountain, Romania", in: *Erdkunde* 60(4), 337-345.

Lukinbeal, Chris/Kennedy, Christina (1993): „Dick Tracy's Cityscape", in: *Association of Pacific Coast Geographers' Yearbook* 55, 76-96.

Lukinbeal, Chris/Zimmermann, Stefan (2006): „Film Geography: A New Subfield", in: *Erdkunde* 60(4), 315-326.

Lukinbeal, Chris/Zimmermann, Stefan (2008): „A Cinematic World", in: dies. (Hrsg.), *The Geography of Cinema – a Cinematic World*, Stuttgart, 15-23.

Lutz, Catherine A./Collins, Jane L. (1993): *Reading National Geographic*, Chicago, IL/London.

Maar, Christa/Burda, Hubert (Hrsg.) (2004): *Iconic Turn – Die neue Macht der Bilder*, Köln.

Maltby, Richard (1995): *Hollywood Cinema*, Oxford.

Manovich, Lev (2001): *The Language of New Media*, Cambridge, MA.

Manvell, Robert (1953): „The Geography of Film-Making", in: *The Geographical Magazine* 25, 640-650.

Manvell, Robert (1956): „Geography and the Documentary Film", in: *The Geographical Magazine* 29, 417-422.

Mee, Kathleen/Dowling, Robyn (2003): „Reading Idiot Box: Film Reviews Intertwining the Social and Cultural", in: *Social & Cultural Geography* 4(2), 185-199.

Mikos, Lothar (2003): *Film- und Fernsehanalyse*, Konstanz.

Moretti, Franco (1999): *Atlas des europäischen Romans: Wo die Literatur spielt*, Köln.

Morin, Edgar (1958): *Der Mensch und das Kino*, Stuttgart.

Neisser, Ulric (1988): „What is Ordinary Memory the Memory of?", in: Ulric Neisser/Eugene Winograd (Hrsg.), *Remembering Reconsidered*, Cambridge, MA.

Paech, Joachim (2005): „Medienwissenschaft", in: Klaus Sachs-Hombach (Hrsg.), *Bildwissenschaft*, Frankfurt a.M., 79-96.

Panofsky, Erwin (1967): „Stil und Stoff des Films", in: *Filmkritik* 6, 343-355.

Price, Marie/Lewis, Martin (1993): „The Reinvention of Cultural Geography", in: *Annals of the Association of American Geographers* 83, 520-522.

Pudowkin, Vsevolod (1928): *Filmregie und Filmmanuskript*, Berlin.

Rodaway, Paul (1994): *Sensuous Geographies: Body, Sense and Place*, London/New York.

Rogoff, Irit (2000): *Terra Infirma: Geography's Visual Culture*, London.

Rose, Gillian (2001): *Visual Methodologies*, London.

Rose, Gillian (2003): „On the Need to Ask How, Exactly, Is Geography ‚Visual'?", in: *Antipode* 35(2), 212-221.

Ryan, James R. (2003): „Who's Afraid of Visual Culture?" in: *Antipode* 35(2), 232-237.

Sachs-Hombach, Klaus (Hrsg.) (2005): *Bildwissenschaft. Disziplinen, Themen, Methoden*, Frankfurt a.M.

Said, Edward W. (1978): *Orientalism*, New York.

Shurmer-Smith, Pamela (Hrsg.) (2002): *Doing Cultural Geography*, London et al.

Shurmer-Smith, Pamela/Hannam, Kevin (1994): *Worlds of Desire – Realms of Power – a Cultural Geography*, London.

Singer, Wolf (2004): „Das Bild in uns – Vom Bild zur Wahrnehmung", in: Christa Maar/Hubert Burda (Hrsg.), *Iconic Turn – Die neue Macht der Bilder*, Köln, 56-76.

Wark, McKenzie (1994): *Virtual Geography: Living With Global Media Events*, Indianapolis.

Winkler, Hartmut (2002): „Raum", in: Thomas Koebner (Hrsg.), *Reclams Sachlexikon des Films*, Stuttgart, 491-493.

Wulff, Hans J. (1999): *Darstellen und Mitteilen. Elemente der Pragmasemiotik des Films*, Tübingen.

Wuss, Peter (²1999): *Filmanalyse und Psychologie: Strukturen des Films im Wahrnehmungsprozess*, Berlin.

Zimmermann, Stefan (2003): „‚Reisen in den Film' – Filmtourismus in Nordafrika", in: Heike Egner (Hrsg.), *Tourismus – Lösung oder Fluch? Die Frage nach der nachhaltigen Entwicklung peripherer Regionen*, Mainz, 75-83.

Zimmermann, Stefan (2007a): *Wüsten, Palmen und Basare – Die cineastische Geographie des imaginierten Orients*, Dissertation, Universität Mainz.

Zimmermann, Stefan (2007b): „Media Geographies: Always Part of the Game", in: *Aether. The Journal of Media Geography* 1, 59-62, http://geogdata.csun.edu/~aether/pdf/volume_01/zimmermann.pdf, 27.11.2008.

Zimmermann, Stefan (2008): „Landscapes of Heimat in Post-War German Cinema", in: Chris Lukinbeal/Stefan Zimmermann (Hrsg.), *The Geography of Cinema – a Cinematic World*, Stuttgart, 169-180.

Zimmermann, Stefan/Escher, Anton (2001): „Géographie de la ‚cinematic city Marrakech'", in: *Cahier d' Etudes Maghrébines – Zeitschrift für Studien zum Maghreb* 15, 113-124.

Zimmermann, Stefan/Escher, Anton (2005a): „‚Cinematic Marrakesh'. Eine Cinematic City", in: Anton Escher/Thomas Koebner (Hrsg.), *Mitteilungen über den Maghreb. West-Östliche Medienperspektiven I*, Remscheid, 60-74.

Zimmermann, Stefan/Escher, Anton (2005b): „Spielfilm, Geographie und Grenzen. Grenzüberschreitungen am Beispiel von Fatih Akins Spielfilm ‚Gegen die Wand'", in: *Berichte zur deutschen Landeskunde* 79(2/3), 265-276.

Zonn, Leo E. (1984): „Landscape Depiction and Perception: A Transactional Approach", in: *Landscape Journal* 3(2), 144-150.

Zonn, Leo E. (1985): „Images of Place: A Geography of the Media", in: *Royal Geographical Society of Australia, South Australian Branch* 84, 35-45.

Zube, Ervin/Kennedy, Christina (1990): „Changing Images of the Arizona Environment", in: Leo E. Zonn (Hrsg.), *Place Images in Media: Portrayal, Experience, and Meaning*, Totowa, NJ, 20-35.

Paul Reuber/Anke Strüver

Diskursive Verräumlichungen in deutschen Printmedien: Das Beispiel Geopolitik nach 9/11

1 Einleitung: Die Geopolitik der Medien im Angesicht globaler Konflikte

Das Foto wirkt wie aus einem amerikanischen Kriegsfilm herausgeschnitten: Ein GI patrouilliert schwer bewaffnet vor einer von Granateinschlägen zernarbten Häuserzeile irgendwo im Irak. In der Ferne hinter den Ruinen steigen Rauchschwaden in den Himmel, die von laufenden Kämpfen zeugen. In dieser ‚Mondlandschaft des Krieges' wirkt der amerikanische Soldat fremd und seltsam ambivalent. „Was sehen Sie?" fragt entsprechend auch die taz in der Titelzeile für das Foto, das sie im Rahmen einer Anzeigenkampagne im August 2003 verwendete, und sie schlägt auch gleich zwei Antwortalternativen vor: „a) Befreier, b) Besatzer". Diese Entscheidung liegt, wie die taz richtig feststellt, nicht von vornherein fest, denn, so lautet der Untertitel des Fotos: „Wie Sie das Weltgeschehen einordnen, hängt von Ihren Informationen ab."[1]

Der Plot dieser Anzeige ‚funktioniert' auf der Basis einer grundlegenden Erkenntnis: Die Einschätzung und Beurteilung von Krisen und Konflikten in der Weltpolitik wird, auch bei Auseinandersetzungen um Raum und Macht, entscheidend durch tiefer liegende, kollektive Begründungsmuster und Wertvorstellungen geprägt (Reuber/Wolkersdorfer 2004). Bei deren Verbreitung und Festigung im gesellschaftlichen Diskurs nehmen die Medien eine Schlüsselstellung ein. Aus politisch-geographischer Perspektive spielt dabei im Kontext der neuen Konflikte und Krisen nach dem Ende des Kalten Krieges der Aspekt der ‚Verräumlichung', der territorialen Verortung und der Schaffung einer globalen Topographie des Eigenen und des Fremden, eine herausragende Rolle für das diskursive *Framing* und die Ver- und Aufarbeitung der Ereignisse, in den Medien wie auch in der Politik.

Die Macht solcher geopolitischer Leitbilder und entsprechender Verräumlichungen tritt besonders eindrücklich bei und seit den Anschlägen vom 11. September und den nachfolgenden Kriegen gegen Afghanistan und den Irak in den Blickpunkt, und zwar sowohl als komplexitätsreduzierende Verarbeitungsstrategie als auch als rhetorische Legitimationsgrundlage des gewaltbasierten Handelns. Bereits die unmittelbare Berichterstattung nach den Anschlägen und

---

1 Anzeigenkampagne der taz im August 2003.

die quantitative und qualitative Fokussierung auf das World Trade Center (im Gegensatz zur eher spärlichen Berichterstattung über den Anschlag auf das Pentagon) zeigt ebenso wie die CNN-Headlines im unmittelbaren Verlauf der Katastrophenberichterstattung, wie schnell und subtil sich im Fluss des medialen Diskurses eine sprachlich-territoriale Umdeutung im Sinne eines ‚Anschlages auf Amerika' verfestigen konnte. Während das Pentagon als Kern des militärisch-industriellen Komplexes Amerikas die Gemüter durchaus hätte spalten können, bot sich das WTC als gemeinsames Symbol der Empörung nicht nur für ganz Amerika, sondern für die gesamte ‚freie' Welt an. Erst in dieser Form ließ sich der zunächst in keiner Weise territorial-nationalstaatlich verfasste Angriff in ein ‚räumliches', d.h. hier in ein nationales und international anschlussfähiges geopolitisches Projekt umdeuten. Erst in dieser ‚verräumlichten' Form erhielt der Kampf gegen den Terror ein geopolitisch gerahmtes Format (vgl. Reuber/Wolkersdorfer 2004).

Eine solche ‚Verräumlichung' fand aber nicht nur bezogen auf die ‚Angegriffenen' statt, sondern auch bezogen auf die ‚Angreifer'. Erst durch den rhetorischen Schwenk von einem ‚Krieg gegen den Terror' zu einem ‚Krieg gegen Staaten, die Terroristen unterstützen',[2] sowie in der dabei erfolgenden Konkretisierung des ersten Hauptgegners Afghanistan entstand dann folgerichtig der ebenso territoriale und – wichtiger noch – in den klassischen Kriegs-Chiffren nationalstaatlicher Gegnerschaft verortbare „Andere" (Smith 2001). Auf diese Weise verfestigte sich im Zuge des Krieges gegen den Terror (und gegen Regime, die solche Terroristen unterstützen) in subtiler Weise eine der wirkungsmächtigsten neuen Doktrinen der internationalen Geopolitik aus der Zeit nach dem Kalten Krieg, Samuel Huntingtons „Kampf der Kulturen".

2 Geopolitische Leitbilder und ihre Analyse aus der Perspektive einer poststrukturalistischen Politischen Geographie

Vor dem Hintergrund einer solchen Renaissance geopolitischer Deutungsmuster nach dem Ende des Kalten Krieges ist es notwendig, deren Auftreten und Wirksamkeit im Kontext von Politik und Medien aus wissenschaftlicher Sicht zu analysieren und kritisch zu hinterfragen. Eine solche Form von Forschung steht im Zentrum der Politischen Geographie. Sie setzt ein konstruktivistisches Verständnis voraus, wie es in dieser Disziplin verstärkt in den 1990er Jahren in der angloamerikanischen Schule der Critical Geopolitics entwickelt

---

2 Beispielhaft zu verfolgen nicht nur in den Medien, sondern auch im politischen Kontext in der ersten Rede von George W. Bush vor dem Kongress in Washington am 20.11.2001.

worden ist (Ó Tuathail 1996). Die Critical Geopolitics wenden sich erkenntnistheoretisch von ‚realistischen' Konzeptionen ab. Sie begreifen Geopolitik als einen Diskurs um Macht und Raum, der immer wieder neue Vorstellungen über den räumlichen Zuschnitt, die inhaltlichen ‚Interessengegensätze' (z.B. ideologischer oder kultureller Art) und die daraus resultierenden potentiellen Konfliktlinien in die Welt setzt. Die kritische Geopolitik als Teilbereich der Politischen Geographie analysiert solche geopolitischen Repräsentationen und Leitbilder und zeigt,

- wie sie im gesellschaftlichen Diskurs in Form von Sprache, Zeichen und kartographischen Repräsentationen entstehen,
- wie sie von den politisch Mächtigen, von wissenschaftlichen Beratern und Medien verwendet werden und
- wie sie schließlich als Kategorien des alltäglichen Denkens auch die Einstellungen und geopolitischen Loyalitäten der Menschen in den aktuellen Krisen und Konflikten unserer Zeit beeinflussen.

Das methodische Vorgehen einer wissenschaftlichen Analyse im Sinne der Critical Geopolitics ist an das der Dekonstruktion angelehnt. Es setzt an den geopolitischen Sprachspielen und kartographischen Repräsentationen an und legt ihren diskursiven Charakter offen. Ihr Ziel besteht nicht darin, am Ende einer vergleichenden Analyse geopolitischer Leitbilder und Ordnungsvorstellungen eine vermeintlich ‚richtige' geopolitische Landkarte der Welt zu zeichnen. Sie will vielmehr die geopolitischen Regionalisierungen selbst als ‚Sprachspiele', oder, mit Bezug auf Foucault, als ‚Machtdiskurse' enttarnen.

Zur Entwicklung einer solchen Form von geopolitischer Analyse haben neben Ó Tuathail (1996) vor allem Gregory (1994; 1998), Massey (1999), Dodds/ Sidaway (1994), Ó Tuathail/Dalby (1998) und andere maßgeblich beigetragen. Eine ihrer frühen Inspirationsquellen bildete Edward Saids Buch *Orientalism* (1978), auf das sich bereits Gregory (1994) mit seinen ‚Geographical Imaginations' bezog. Said und Gregory zeigen am Beispiel der in Europa und Amerika kursierenden Vorstellungen vom ‚Orient', dass solche geopolitischen Weltbilder einschließlich ihrer kartographischen oder fotografischen Repräsentationen aus einseitigem Blickwinkel konstruierte und zu politischen Zwecken verbreitete Regionalisierungen darstellen.

Diese Form der Analyse lässt sich mit Gewinn auch für eine Untersuchung der medialen Berichterstattung verwenden, denn auch diese Diskurse nutzen entsprechende Leitbilder als Grundlage für ihre Nachrichten und Kommentare, d.h., sie ‚rahmen' die entsprechenden Geschehnisse in Konflikten und Kriegen mit Hilfe der in solchen geopolitischen Repräsentationen angelegten Logiken. Das ist derzeit besonders deutlich für die Verwendung von Huntingtons Thesen eines kommenden *Clash of Civilizations* (durchaus missverständlich übersetzt als *Kampf der Kulturen* (1996)). Der dichotomen Logik seiner geopolitischen Weltkarte folgen die Medien latent oder offen. Sie verwenden dabei zum Teil auch die in einem solchen Diskurs angelegten Simplifizierungen Huntingtons, der die komplexen Konfliktstrukturen nach dem Ende des Leitbildes vom Kalten Krieg durch eine ähnlich pauschalisierende Verkopplung von ‚Kultur und Raum' auf einfache, eingängige und damit auch öffentlichkeitswirksame Chiffren zu reduzieren sucht. Dabei geht es konkret um

- die Reduktion komplexer Konfliktstrukturen durch die untrennbare Verkopplung von Kultur und Raum sowie die damit einhergehende territorial-kulturelle Pauschalverortung der Menschen,

- die nahezu alleinige Reduktion kultureller Unterschiede auf das Hauptmerkmal der Religion und die pauschale Bezeichnung von Religion und Fundamentalismus jenseits aller vorhandenen Differenzierungen als potentiell gefährlich und expansionsorientiert,

- die Dichotomisierung der Welt entlang kultureller und territorialer Freund-Feind-Schemata,

- die Repräsentationen solcher Vorstellungen in Form vermeintlich wissenschaftlicher kultureller Weltkarten, auf denen gleichzeitig die künftigen Konfliktlinien schon eingezeichnet sind,

- die Konstruktion zukünftiger Bedrohungsszenarien (z.B. ‚islamisch-konfuzianische Allianz'),

- das Schüren der Ängste ‚des Westens' vor den ‚Anderen' (z.B. mit scheinbar wissenschaftlichen Analysen über eine gewaltbereite, orientierungslose Jugend in anderen Kulturerdteilen),

- die Ableitung der Forderung nach militärischer Aufrüstung und Konfliktbereitschaft im ‚Westen' (Reuber 2005; vgl. auch Reuber/Wolkersdorfer 2002; 2004).

3 Geopolitische Repräsentationen und Leitbilder in der Medienberichterstattung nach dem 11. September 2001

Entsprechende Zusammenhänge lassen sich anhand der Berichterstattung über die Anschläge von New York und Washington sowie über die nachfolgenden Ereignisse in den Printmedien beispielhaft verfolgen. Es kann gezeigt werden, wie sehr in den Medien ein ‚räumlicher Reflex' nachvollzogen wird, d.h., wie sehr die Ereignisse mit Hilfe geopolitischer Repräsentationen und Stereotype auch für die Alltagsbetrachtung in Form eines geographisch lokalisierbaren ‚Eigenen' und ‚Fremden' repräsentiert werden. Nachfolgend werden solche Aspekte anhand eines Forschungsprojektes nachgezeichnet, das mit Hilfe diskursanalytischer Verfahren die im Kontext der Anschläge medial vermittelten geopolitischen Rhetoriken, Leitbilder und Metaphern mit besonderem Blick auf ihre verräumlichenden Be-Deutungen untersucht hat. Aus der Fülle der einzelnen Ergebnisse sollen hier eher exemplarisch einige kurze, für den thematischen Kontext des vorliegenden Bandes besonders relevante Aspekte vorgestellt werden. Dabei stützt sich die Betrachtung des Medienereignisses ‚11. September' zunächst auf quantitative Betrachtungsweisen und anschließend in vertiefender Hinsicht auf qualitative Aspekte, um die verräumlichenden Diskurse und geopolitischen Implikationen nach den Terroranschlägen zu rekonstruieren.

4 Der 11. September als Medienereignis

Der 11. September 2001 ist – auf der populärkulturellen Ebene – vor allem als Medienereignis in die Geschichte eingegangen. Bilder und Berichte von den einstürzenden Türmen des World Trade Centers sowie über mögliche Identitäten und Motive der Attentäter liefen tagelang als Endlosschleifen im Fernsehen und zierten die Tages- und Wochenpresse in ungekannter Intensität und Nachhaltigkeit. Die Wirkmächtigkeit der medialen Schilderungen ist in der auf die Terroranschläge folgenden Berichterstattung besonders deutlich. Während direkt nach den Anschlägen Deutungsrahmen für die Ereignisse noch fehlten, wurden sie von den Massenmedien in kürzester Zeit in Wort und Bild ‚angeboten'. Zur Dokumentation des Diskursspektrums sowie für die quantitative Analyse des Diskursfeldes in den deutschen Printmedien wurden mit Hilfe einer Datenbank die relevanten Artikel zum Themenkomplex Terror(ismus) aus digital verfügbaren Zeitungen und Zeitschriften zusammengestellt. Der Schwerpunkt wurde bewusst auf sogenannte ‚Qualitätszeitungen' in der deutschen Presselandschaft gelegt. Die Analyse umfasst die Wochenzeitung *Die Zeit* sowie die Tageszeitungen *Frankfurter Allgemeine Zeitung* (FAZ), *die tageszeitung* (taz) und *Süddeutsche Zeitung* (SZ). In Ergänzung dazu wurde die Wochenzeitung *Der Spiegel* im Hinblick auf kartographische Repräsentationen untersucht.

Im Rahmen der Einarbeitung in die Chroniken vom 11. September und des Krieges gegen Afghanistan sowie einer Querschnittslektüre der deutschen Printmedien erfolgte die Zusammenstellung der Artikel in der Datenbank anhand von Suchbegriffen. Sie wurden in zwei Beobachtungs- bzw. Analyse-Zeiträume unterteilt: Der erste umfasst die Berichterstattung von den Anschlägen bis zum Beginn des US-Militäreinsatzes in Afghanistan am 7.10.2001; der zweite Analysezeitraum schließt direkt daran an und beinhaltet die Berichterstattung bis zum offiziellen Arbeitsbeginn der afghanischen Übergangsregierung und dem UN-Beschluss zur Stationierung von Sicherheitstruppen für Afghanistan (ISAF) am 20.12.2001.

Wie oben bereits erläutert, bezieht sich das Gesamtprojekt auf neuere Ansätze der Politischen und der Kulturgeographie und deren Herangehensweise an geopolitische Diskurse. Es ist damit in der poststrukturalistischen Tradition verankert, die sich mit der Bedeutung von Zeichen und Sprache für die Entstehung von Ideologien und Wissensordnungen beschäftigt (vgl. bspw. Bublitz 2003; Bublitz et al. 1999). Zugleich ist es aber auch interpretativ-hermeneutisch verortet und damit eine Diskursanalyse, wie sie vornehmlich in der Tradition soziologischer Wissensanalysen vorangetrieben wird (z.B. Keller 2004). Diese Verschneidung liegt in dem Fehlen konkret anzuwendender poststrukturalistisch diskursanalytischer *Methoden* begründet[3] und dem daraus resultierenden Rückgriff auf bereits bekannte Instrumente quantitativer wie qualitativer Sozialforschung.

5 Eindrücke aus der quantitativen Analyse des Diskursfeldes

Der 11. September war ohne Zweifel ein Medienereignis, bei dem die Printmedien ihre traditionelle Rolle als Quelle für ausführliche Berichterstattung, trotz ‚schnellerer' und ‚bunterer' Berichterstattung in Fernsehen und Internet, bestärkt haben (vgl. Zelizer/Allen 2002). Dies ist nicht zuletzt auch durch die Auflagensteigerungen ausgewählter deutscher Printmedien zu belegen, die zwischen 100 und 150 Prozent lagen. Und auch der *Umfang* der Berichterstattung zum Thema ‚Terroranschläge' war beachtlich: Dieser betrug in der *SZ* am 13.09.2001 knapp 50% und am 19.09.2001 immer noch 44% des gesamten

---

3 Für die Critical Geopolitics vgl. Dodds (2001). Allgemein vgl. bspw. Keller et al. (2003).

Inhalts. In der *taz* umfasste die „Terror"-Berichterstattung am 13.09.2001 gar 57% – und in der *ZEIT* nahm das Thema in den fünf Ausgaben von 13.09. bis einschließlich 11.10.2001 immer zwischen 45 und 60% der Artikel ein. Dazu ist anzumerken, dass das Thema ‚Terror' in den Tagen nach dem 11. September *alle* Sparten der Printmedien durchzog – Nachrichten, In- und Ausland, Wirtschaftsteil, Feuilleton und auch den Sport (vgl. Abb. 1).

Anhand der Artikel des Textsamples für eine quantitative Feinanalyse (knapp 500 aus insgesamt knapp 6000 für die Analyse berücksichtige Artikel) lässt sich einführend die Quantität der Berichterstattung sowie deren Abhängigkeit von den laufenden Ereignissen (11.9. bzw. 7.10.2001) ablesen:

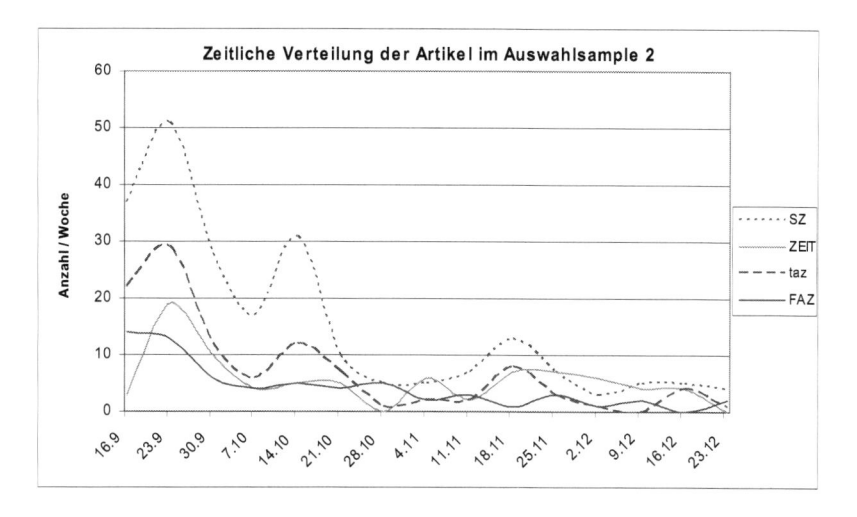

Abb. 1: Frequenzanalyse der Printmedien-Berichterstattung im Kontext der Terroranschläge und des Afghanistan-Krieges (Auswahlsample 2 = 485 Artikel).

Auf einer stärker inhaltlichen Ebene erfolgte ein erster, noch sehr schematischer Zugriff durch eine Frequenzanalyse unterschiedlicher Schlüsselbegriffe. Betrachtet man hier zunächst eher exemplarisch Begriffe wie Geopolitik, Kampf der Kulturen, Schurkenstaaten oder Weltordnung, so werden bereits unterschiedliche Akzente bei den untersuchten Tageszeitungen in den beiden unterschiedlichen Analysezeiträumen vor und nach dem Beginn des Militäreinsatzes in Afghanistan deutlich (vgl. Abb. 2). Dabei nehmen die anfangs noch häufiger anzutreffenden Begriffe vom Kampf der Kulturen und von den Schurkenstaaten nach dem Afghanistan-Krieg an Häufigkeit ab, während gleichzeitig generellere Fragen der ‚Geopolitik' bzw. – in etwas geringerem Umfang – der ‚Weltordnung' an Frequenz zunehmen. Neben diesen generellen

Leitlinien treten jedoch gleichzeitig auch Differenzen zwischen den unterschiedlichen Zeitungen in der Verwendung der o.a. Begrifflichkeiten zu Tage. Dies zeigt sich beispielsweise im Hinblick auf die generelle Häufigkeit der Verwendung des Schlagwortes vom ‚Kampf der Kulturen', das *Die Zeit* im Vergleich zu den drei anderen Medien häufiger anspricht, aber auch im Hinblick auf Häufigkeitsunterschiede bezogen auf die Berichterstattung über die Anschläge in der Periode nach dem 11. September bzw. nach Beginn des Afghanistan-Krieges.

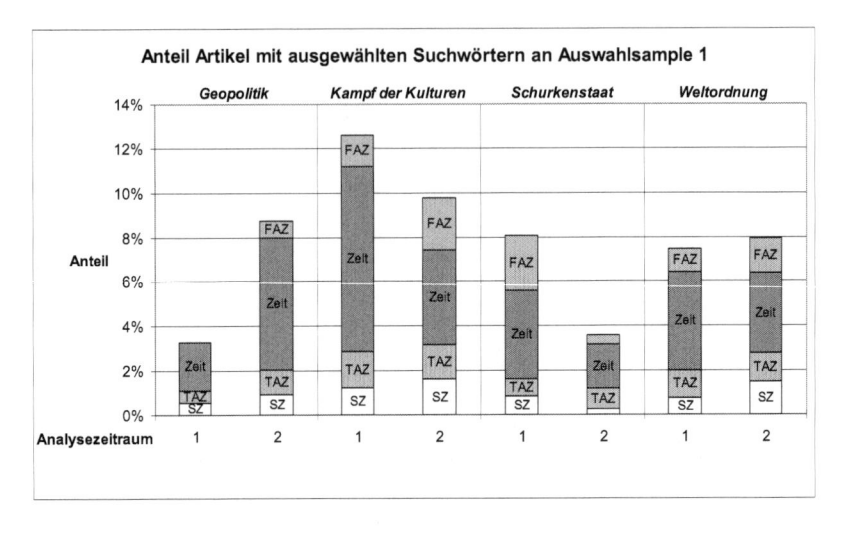

Abb. 2: Dominanz ausgewählter Suchwörter, sortiert nach Zeitungen und Zeiträumen (1 = 12.9. bis 6./7.10.2001; 2 = 8.10. bis 22.12.2001) (Auswahlsample 1 = 5775 Artikel).

Bereits diese wenigen Hinweise aus der insgesamt viel umfangreicheren quantitativen Analyse machen deutlich, dass direkt nach den Anschlägen in den Medien reflexhaft der ‚Kampf der Kulturen' als wichtigster Erklärungsverweis verwendet wurde. Erst später gewannen allgemeinere geopolitische Aspekte sowie die Frage nach einer neuen Weltordnung stärker an Gewicht. Solche Befunde deuten auf eine gewisse diskursive Verschiebung von der supranationalen Ebene der Kulturen auf die stärker an klassisch nationalen Logiken der ‚Weltordnung' orientierten Rahmungen hin. Entsprechende Ergebnisse lassen sich mit einer gewissen Vorsicht durchaus als Hinweis für die wiedererstarkte Rolle nationalstaatlicher Kompetenzen im Zuge der internationalen terroristischen Bedrohungen interpretieren, und sie passen insofern zu ähnlich lautenden Diagnosen aus dem Feld der Politikwissenschaften im Bereich der internationalen Beziehungen ebenso wie zum Erstarken der innenpolitischen ‚Homeland Security'. Sie lassen sich mit Methoden der qualitativen Analyse noch deutlicher herausarbeiten, wovon nachfolgend ebenfalls einige ausgewählte Aspekte exemplarisch dargestellt werden sollen.

6 Qualitative Tiefenanalyse des diskursiven Spektrums

Die Rekonstruktion der nach dem 11. September visuell und textuell verwendeten geopolitischen Leitbilder beruht in ihrer qualitativen Herangehensweise auf einer interpretativ-hermeneutischen Diskursanalyse und ist von der soziologischen Wissensanalyse inspiriert. Denn auch in den Schriften Foucaults, die den theoretisch-konzeptionellen Überbau diskursanalytischen Arbeitens liefern, lässt sich kein methodisches Instrumentarium zur Analyse von Diskursen finden – allerdings die Forderung nach einer *„interpretativen Analytik"* (Dreyfus/ Rabinow 1987) – in deren Anwendung häufig hermeneutische Verfahren aufgenommen werden. So hat beispielsweise Diaz-Bone (1999) ein diskursanalytisches Vorgehen gewählt, in dem quantifizierte und qualitativ-interpretative Verfahren miteinander zur „interpretativen Rekonstruktion" (vgl. auch Diaz-Bone/Schneider 2003) kombiniert sind. Im Rahmen des hier vorliegenden Untersuchungsgegenstandes wurde die interpretative Rekonstruktion zur Systematisierung des Textmaterials sowie zur Interpretation von Einzelpassagen und visuellen Repräsentationen aufgegriffen.

Vor diesem Hintergrund werden, basierend auf einem Arbeitssample von 21 Artikeln, im Folgenden die Ergebnisse der Tiefenanalyse wirkungsmächtiger Einzeltexte vorgestellt. Ihr lagen dabei folgende übergeordneten Fragestellungen zugrunde: „Welche geopolitischen Argumentationen werden in den Zeitungsartikeln verwendet?", „Wie werden die Terroristen bzw. die amerikanische Regierung und ihre Verbündeten dargestellt?" sowie „Welche territorialen Semantiken einer neuen geopolitischen Gegnerschaft dienen zur argumentativen Legitimation der politischen und kriegerischen Gegenmaßnahmen?"

Diese Fragen wurden auch im Hinblick auf die zeitliche Verschiebung der geopolitischen Diskurse in der Berichterstattung nach dem 11. September (12 Artikel) und nach Beginn des Militärschlages in Afghanistan am 7. Oktober (9 Artikel) analysiert.[4]

---

4 Die Zeitungsartikel werden der Übersichtlichkeit halber mit ihrem im Projekt registrierten PD-Titel (z.B. „P 1" oder „P 347") zitiert – nur jeweils ohne den vorangehenden Buchstaben. Die vollständigen Angaben sind dem Quellenverzeichnis im Anhang zu entnehmen.

6.1 Die Berichterstattung in den deutschen Printmedien direkt nach 9/11 (12.9.–7.10.2001)

Im Hinblick auf die in den Zeitungsartikeln verwendeten geopolitischen Leitbilder scheint Grundtenor zu sein, dass die Welt nach dem Ende des Kalten Krieges unübersichtlich geworden ist, „ein neues Koordinatensystem" bzw. neue Ordnungen der Weltpolitik erfordert. Verlangt wird damit ein neues, überschaubares geopolitisches Leitbild – und diesbezüglich scheinen sich alle Autoren der Metaerzählung von Huntingtons *Clash of Civilizations* anzupassen. Allerdings wird der konstruierte Charakter dieses Leitbildes nicht enttarnt, sondern es dominieren realistische Erklärungsmuster[5] als Lesarten der Weltpolitik rund um die Anschläge des 11.9. in den Artikeln (ganz besonders 21, 261, 442).

Im Gebrauch territorialer Semantiken im Zusammenhang mit der Definition eines (geopolitischen) Feindes und der Legitimation kriegerischer Gegenmaßnahmen sind sich die Autoren einerseits darin einig, dass sich die Terroristen außerhalb eingegrenzter Räume, gewissermaßen analog zu Castells' Netzwerkgesellschaft bewegen (Castells 1996). Kennzeichen dieser Exterritorialität ist dabei insbesondere, dass der Feind anfangs nicht bekannt ist, dass man ihm weder in konventioneller Weise den Krieg erklären noch sich gegen ihn wehren kann, denn „[d]ieser Krieg [...] werde anders sein" (261). Der Feind ist „unsichtbar, konkret nicht greifbar" und gewissermaßen „entwurzelt". Er operiert „in einem Aktionsraum, der jede Verbindung zur territorialen Basis gelöst hat" (442).

Andererseits müssen die Terroristen ‚verräumlicht', d.h. in diesem Zusammenhang an Staaten gekoppelt werden, um die Vergeltung des Anschlags in eine staatliche Kriegführung ‚westlichen' Zuschnitts überführen zu können. Das Bindeglied zwischen Terror und Territorium geben dabei, neben anderen ‚Schurken', zunächst vor allem die Taliban ab, die den Terroristen Schutz gewähren und mit dem Staat Afghanistan verknüpft werden (z.B. 1, 317, 240). Erst durch diese Verknüpfung einer exterritorialen Gruppe an einen spezifischen Raum können die Terroristen sichtbar gemacht und bekämpft werden. Doch scheint sich zu dieser Zeit der Diskurs noch nicht ausschließlich auf Afghanistan und die Taliban verengt zu haben. Neben dieser generellen Verknüpfung von ‚Schurken' und Terroristen ist es erst die Verbindung zu den Taliban, wodurch die ‚islamischen' Regimes „potentiell das Ziel einer ameri-

---

5 ‚Realistisch' bezieht sich hier durchweg nicht auf einen der Realität ähnelnden Zustand, sondern auf politikwissenschaftliche Theorien aus der Strömung des ‚Realismus', die das Machtstreben und interessegeleitetes Vorgehen der Staaten in den Mittelpunkt rücken.

kanischen Militäraktion" (425) und zum Gegner im ‚Kampf gegen den Terror' werden. Die Verkopplung des Terrorismus mit den Taliban und ihre Verortung in Afghanistan wiederum wird langsam sichtbar, ist allerdings in den dominanten Narrativen noch nicht abschließend an den Staat Afghanistan gebunden.

Die territorialen Semantiken stehen in direkter Beziehung zur These vom ‚Kampf der Kulturen', der insbesondere in der Wahrnehmung des ‚Eigenen' und des ‚Fremden' nachgewiesen wird (s.u.). Gearbeitet wird dabei mit Huntingtons These von den Unterschieden zwischen den Kulturen als unhinterfragte ‚objektive' Ontologie. Allerdings geht es bei dieser für die Autoren der Zeitungsartikel realen Möglichkeit des ‚Kampfes der Kulturen' nicht darum, nachzuweisen, dass die ‚westlichen' Politiker einen *Clash of Civilizations* heraufbeschwören wollen. Die drohende Auseinandersetzung wird vielmehr als geopolitisches Ziel der ‚Anderen' deklariert, wenn bspw. „radikal islamistische Autoren" den ‚Kampf der Kulturen' bereits „propagiert haben" (240).

Wie bereits angedeutet, umfasst die Semantik vom Kampf der Kulturen auch die Eigen- und Fremdwahrnehmung. D.h., in der Darstellung der USA, ihrer Verbündeten und der Terroristen gibt es durchweg eine bipolare Blockbildung mit den USA auf der einen und den Terroristen auf der anderen Seite. Zwischen den bipolaren Blöcken werden, von Autor zu Autor verschieden, die Staaten der Erde eher der einen oder eher der anderen Seite zugeschrieben.

Es scheint für sämtliche Autoren zunächst einmal festzustehen, dass „der islamistische Terror monströse Wahrheit ist" (425), wodurch er als Tatsache, nicht aber als Konstrukt dargestellt wird. Und weil dieser Terrorismus in der Regel als grausam gilt, werden die Terroristen oft mit wertenden Adjektiven belegt, welche diese Schrecken zusätzlich betonen sollen: „radikal" wird häufig in Verbindung mit „Islam" (442), „islamisch" (1, 347), „islamistisch" (347) oder den „Palästinensern" (1) verwendet. Und anstelle von „radikal" sind auch weitere negativ konnotierte Adjektive wie „militant" (347, 240), „fanatisch" (239) oder „fanatisiert" (316), manchmal auch „fanatisch indoktriniert" (240) in Gebrauch oder es ist von „muslimischen Extremisten" die Rede (424).

An der verwendeten Sprache ist leicht zu erkennen, dass die Terroristen vor allem als „Bedrohung des Eigenen" und als „religiöse Fanatiker" charakterisiert werden. Abseits der Religion und des durch ihn ausgelösten Schreckens bleiben die bezeichneten Gruppen aber in der Regel blass und ohne eigene Identität. Sie werden vielmehr in dualistischer Manier dadurch bestimmbar, dass sie an den Kategorien des ‚Eigenen' gemessen werden: Sie sind „antiwestlich" (239, 347), „antiamerikanisch" (425) oder sie sind durch ihren „Antiamerikanismus" (347) gefährlich.

Die Charakterisierung der Terroristen verläuft noch über weitere dichotome Chiffren (vgl. Abb. 3: Semantische Strickleiter): Gegenüber der Betonung demokratisch-parlamentarischer Strukturen der USA und ihrer ‚westlichen' Verbündeten (z.B. in 239) werden die Taliban als „Miliz" und ihre Regierungsbeauftragten als „Taliban-Anführer" bzw. „Taliban-Regime" (52) bezeichnet. Auffällig ist dabei, dass im Gegensatz zu den Beschreibungen der Taliban diejenigen ‚arabischen Länder', die als (potentielle) Verbündete gehandelt werden, „Regierungen" (Pakistan in 52) haben und dass sogar ‚Schurkenstaaten' wie Syrien und Irak „Staatspräsidenten" (347) besitzen.

Doch läuft die Identifikation des ‚Eigenen' nicht nur über das Ideal der Zivilisation und den jeweils erreichten Stand der Technik, sondern immer auch, ähnlich wie die Beschreibung des ‚Anderen', ex negativo, d.h. über bedeutungskonstituierende sprachliche Verweise im Differenzprinzip: So wird das von den USA initiierte weltweite Staatenbündnis zu einer „antiterroristischen Koalition" (347, 425), einer „Internationale des Anti-Terrors" (21) bzw. einer „Allianz gegen den Terror" (261), einem „weltweiten Bündnis gegen den Terrorismus" (424), das einen „Kampf gegen den Terrorismus" führt (425). Die dichotome Identitätskonstruktion durch Unterscheidung wird einmal mehr deutlich, wenn Kategorien wie ‚Westen', ‚gut', ‚viel', ‚Verbündete', ‚Menschlichkeit', ‚Solidarität' und ‚Nation' auf der einen Seite solchen wie ‚Islam', ‚böse', ‚wenig', ‚Grausamkeit', ‚Terror' und ‚Netzwerk' auf der anderen Seite gegenüberstehen (insbesondere 21 und 240).

Das Andere	„islamisch" „islamistisch"	„radikal" „militant" „fanatisch"	„archaisch"	Grausamkeit	Regime	Terror-Netzwerk
Das Eigene	„westlich"	„zivilisiert"	„technologisiert"	Menschlichkeit	Regierung	Staatenbündnis

Abb. 3: „Semantische Strickleiter" der polarisierenden Differenzen in der Identifikation des Eigenen und des Anderen.

6.2 Neue geopolitische Verortungen des Eigenen und Fremden

Im Hinblick auf die Konstruktion eines Konzepts der Verbündeten im „Krieg gegen den Terror" ist zwar kein einheitlicher Entwurf erkennbar, doch können einige Grundzüge der Wahrnehmung möglicher Alliierter ausfindig gemacht werden, da das Schema der Abgrenzung stets das gleiche zu sein scheint: Es ähnelt von der räumlich-geographischen Repräsentation her einem Kreismodell mit mehreren angrenzenden Ringen, die jeweils nach innen stark homogenisiert, nach außen dagegen entlang des Freund-Feind-Schemas scharf abgegrenzt werden.

In Artikel 261 gibt es beispielsweise drei Ringe in diesem Modell: Die USA mit Großbritannien – sowie evtl. noch weiteren ‚westlichen' Staaten – im Kern, umgeben von den „Staaten, die bereit sind, den Militäreinsatz zu unterstützen oder ihn überhaupt erst zu ermöglichen". Außen liegt der „weitaus größte Ring" der Länder, die humanitäre, wirtschaftliche oder diplomatische Hilfe leisten; dieser äußere Ring umfasst auch „einige ‚Schurkenstaaten'".

- Der *Kern*: Obgleich selbst Verbündete wie Deutschland Terroristen des 11.9. beherbergt haben, wird in der hegemonialen Art der Repräsentation – natürlich – keine von Deutschland ausgehende terroristische Bedrohung erkannt (52, 240, 424). Gleiches gilt auch für die USA. Die Grenzen des netzwerkartigen Feindes des Terrorismus verlaufen aus Sicht der Autoren nicht durch diesen engeren Kreis ‚westlicher' Verbündeter.

- In diesem, den Kern der Verbündeten umschließenden *zweiten Ring* liegen auch Staaten wie Russland, das sich aufgrund gemeinsamer Interessen mit den USA zum neuen amerikanischen Verbündeten entwickelt (insbesondere 21, 442, 261).

- In dem *dritten Ring* werden in vielen Artikeln die „islamischen Länder" gesehen. Bedingungslos werden sie zwar nicht in das ‚Bündnis gegen den Terror' integriert; im Falle Pakistans beispielsweise wird diese Maxime aber durch geostrategische Überlegungen erleichtert.

- Potentiell ist in einem *vierten Ring* die ganze restliche Welt mit den USA verbündet. Dies zeigt sich u.a. darin, dass „Staats- und Regierungschefs aus aller Welt [...] sich bestürzt über die Anschläge" äußerten (1; ähnlich 261) und sogar „Schurkenstaaten" wie der Iran die Anschläge verurteilten.

Allerdings bleibt die mögliche Bündnispartnerschaft des äußersten Ringes einem hypothetischen Stadium verhaftet. Denn während die Staaten der inneren Ringe unumstritten auf Seiten der Amerikaner stehen und durch ihr eigenes Interesse Russland und China zu den Verbündeten der USA gezählt werden, wird den Staaten des äußeren Kreises ungesagt ein Charakterfehler zugeschrieben, der eine Bündnispartnerschaft mit dem ‚Westen' verhindert.

6.3 Der Wandel des Diskurses: Die Medienberichterstattung während des Krieges in Afghanistan (8.10.–20.12.2001)

Auch nach Beginn des US-Militärschlages in Afghanistan am 7.10.2001 wird auf bereits existierende geopolitische Leitbilder rekurriert, allen voran Huntingtons „Kampf der Kulturen". Dabei ist auffällig, dass der *Clash of Civilizations* von den meisten Autoren nun so stark verinnerlicht worden zu sein scheint, dass das Leitbild oft ungesagt als Metaerzählung eines künftigen bzw. schon gegenwärtigen Bedrohungsszenarios verwendet wird: ein ‚Kampf der Kulturen', der aber vor allem von ‚islamischer Seite' postuliert und propagiert wird. Die Deutungsschablone vom ‚Kampf der Kulturen' hat damit im medialen Diskurs einen Normalisierungseffekt erfahren, der nicht länger hinterfragt wird und den Status der Realität bekommt.

Insgesamt hat sich die Berichterstattung vor allem dahingehend gewandelt, dass die Territorialisierung des feindlichen Netzwerkes sowie die Kriegslegitimation nun ausdrücklich als Verortung des Terrorismus über das Bindeglied der Taliban in Afghanistan geschieht. Die Darstellungen der Terroristen und der USA bzw. die Identifikation und Abgrenzung des ‚Eigenen' gegen das ‚Andere' sowie die Typifizierung der ‚Kreise' möglicher Verbündeter setzen sich nahezu unverändert aus der Zeit unmittelbar nach den Terroranschlägen fort und verfestigen sich somit als Deutungsmuster.

7 Zusammenfassung und Schlussbemerkung

Die vorgestellten Ergebnisse erhärten von Seiten der quantitativen wie auch der qualitativen Medienanalyse aus wissenschaftlicher Sicht den seinerzeit bereits in den Feuilletons diskutierten Verdacht, dass die Anschläge vom 11. September zur Polarisierung geopolitischer Leitbilder und Diskurse beigetragen haben. Die Auswertungen zeigen, wie dabei konkret die schon in den 1990er Jahren ausgearbeitete ‚geopolitical imagination' von einem ‚Kampf der Kulturen' nach dem Anschlag als hegemoniales Diskursfragment die Deutungshoheit übernimmt. Sehr schnell ist der Anschlag eines weltweit verzweigten, kaum räumlich verortbaren terroristischen Netzwerks in ein geopolitisches Format ‚umgerahmt' worden. Etwas polarisiert formuliert könnte man sagen, dass der ‚Krieg gegen den Terror' nach dem 11. September medial als ‚Krieg der Welten' geführt worden ist, dem das Leitbild vom ‚Kampf der Kulturen' als Metaerzählung zugrunde liegt. Dabei wird der Begriff selbst zunächst selten genannt. Vergleicht man etwa die Häufigkeiten der Verwendung des Terminus ‚Kampf der Kulturen' nach den Anschlägen und nach dem Streit um die dänischen Mohammed-Karikaturen, so taucht er bei Letzteren bereits in vielen

Zeitungen dick gedruckt an prominenter Stelle in den Schlagzeilen auf, während die Berichterstattung nach dem 11. September hier noch indirekter erfolgt. Das große Labeling als ‚Kampf der Kulturen' ist noch selten, aber vor allem die Tiefeninterpretationen ausgewählter Schlüsselartikel zeigen, dass die wesentlichen Elemente, die dieses Leitbild in der diskursiven Repräsentation ausmachen, hier bereits an vielen Stellen vorhanden sind. Dazu gehören konkret folgende Aspekte:

- die bipolare Blockbildung (USA – Terroristen) sowie die dichotomen und wertenden Abgrenzungszuschreibungen (Grausamkeit – Menschlichkeit; militant – zivilisiert etc.) werden zum ‚realistischen' Erklärungsmuster der medialen Berichterstattung,

- der konstruierte Charakter des Leitbildes sowie seiner Prämissen, d.h. die homogenisierende und essentialisierende Kopplung von Kulturen bzw. Religionen an bestimmte Räume werden dabei nicht mehr kritisch hinterfragt, sondern als *taken for granted* abgehandelt, und

- die Zwecke und Folgen (z.B. Kriegslegitimation), die aus der Verwendung des Leitbildes in der politischen und sozialen Praxis erwachsen, bleiben weitgehend unreflektiert.

Somit verdeutlicht die sprachlich-territoriale Umdeutung der Terroranschläge als Kampf der Kulturen die Rolle der Medien als eine der Instanzen, die gesellschaftliche Bewertungssysteme und die Wirklichkeit internationaler Politik konstruieren. Dies findet sich nicht zuletzt in den textuellen und visuellen Repräsentationen im Zusammenhang mit dem ‚Krieg gegen den Terror', die die ‚Versinnbildlichung' geopolitischer Deutungsmuster und Regionalisierungen nach dem 11. September darstellen – den Dualismus der Anti-Terror-Allianz, in dem die ‚zivilisierte Welt' der ‚Weltfront des Islam' gegenübersteht.

Eine solche Form von Analyse ist auf einer generalisierten Ebene in der Lage, sowohl den Konstruktionscharakter als auch die weltanschauliche Einseitigkeit geopolitischer Weltbilder zutage treten zu lassen. Damit wird der Blick auf ihre Rolle im Rahmen politischer Praktiken frei. Und sobald sie als Konstruktion (und nicht als quasi-‚natürliche' Gegensätze) dargestellt werden, verlieren sie einen Großteil ihrer oft subtilen rhetorischen Wirkungskraft. Hierin liegen Stärke und Auftrag einer Untersuchung geopolitischer Repräsentationen in den Medien aus kritisch-konstruktivistischer Sicht: Die Analyse der entsprechenden Medienberichterstattung nach den Anschlägen vom 11. September und den kommenden Konflikten zeigt dabei exemplarisch, wie Identitäten, geopolitische Regionalisierungen und Feindbilder gemacht werden und welchen Zwecken sie dienen, wie das Andere und das Eigene im politischen Alltag konstruiert und mit geographischen Grenzen versehen wird. Eine solche Form von Forschung, die den ‚Geocode in den Medien' mit Konzepten einer poststrukturalistischen Politischen Geographie untersucht, ist in dieser Lesart ein aktiver Beitrag zur politischen Bildung und zur Friedenssicherung in einer partizipativen Zivil- und Bürgergesellschaft.

Literatur

Bublitz, Hannelore (2003): *Diskurs*, Bielefeld.

Bublitz, Hannelore et al. (Hrsg.) (1999): *Das Wuchern der Diskurse*, Frankfurt a.M.

Bush, George W. (2001): „Address to a Joint Session of Congress Concerning the Sept. 11, 2001 Terrorist Attacks on America", in: *September 11 News.com*, 20.11.2001, http://www.september11news.com/PresidentBushSpeech.htm, 11.01.2007.

Castells, Manuel (1996): *The Rise of the Network Society*, Oxford.

Diaz-Bone, Rainer (1999): „Probleme und Strategien der Operationalisierung des Diskursmodells im Anschluß an Michel Foucault", in: Hannelore Bublitz et al. (Hrsg.), *Das Wuchern der Diskurse*, Frankfurt a.M., 119-135.

Diaz-Bone, Rainer/Schneider, Werner (2003): „Qualitative Datenanalysesoftware in der sozialwissenschaftlichen Diskursanalyse – Zwei Praxisbeispiele", in: Reiner Keller et al. (Hrsg.), *Handbuch Sozialwissenschaftliche Diskursanalyse*. Band 2: Forschungspraxis, Opladen, 457-494.

Dodds, Klaus (2001): „Political Geography III: Critical Geopolitics after Ten Years", in: *Progress in Human Geography* 25(3), 469-484.

Dodds, Klaus (2000): *Geopolitics in a Changing World*, London.

Dodds, Klaus/Sidaway, James D. (1994): „Locating Critical Geopolitics", in: *Environment and Planning D: Society and Space* 12, 515-524.

Dreyfus, Hubert L./Rabinow, Paul (1987): *Michel Foucault. Jenseits von Strukturalismus und Hermeneutik*, Frankfurt a.M.

Gregory, Derek (1994): *Geographical Imaginations*, Cambridge.

Gregory, Derek (1998): *Explorations in Critical Human Geography*, Heidelberg.

Huntington, Samuel P. (1996): *Kampf der Kulturen. The Clash of Civilizations. Die Neugestaltung der Weltpolitik im 21. Jahrhundert*, München.

Keller, Reiner et al. (Hrsg.) (2003): *Handbuch Sozialwissenschaftliche Diskursanalyse*. Band 2: Forschungspraxis, Opladen.

Keller, Reiner (2004): *Diskursforschung. Eine Einführung für SozialwissenschaftlerInnen*, Opladen.

Massey, Doreen (1999): „Spaces of Politics", in: Doreen Massey et al. (Hrsg.), *Human Geography Today*, Cambridge, 279-294.

Ó Tuathail, Gearóid (1996): *Critical Geopolitics. The Politics of Writing Global Space*, London.

Ó Tuathail, Gearóid/Dalby, Simon (1998): *Rethinking Geopolitics*, London.

Reuber, Paul (2005): „Geopolitik", in: *Handwörterbuch Raumordnung*, Hannover, 376-381.

Reuber, Paul/Wolkersdorfer, Günter (2002): „Clash of Civilization aus der Sicht der kritischen Geopolitik", in: *Geographische Rundschau* 54(7/8), 24-29.

Reuber, Paul/Wolkersdorfer, Günter (2003): „„Geopolitische Leitbilder und die Neuordnung der globalen Machtverhältnisse", in: Hans Gebhardt et al. (Hrsg.), *Kulturgeographie. Aktuelle Ansätze und Entwicklungen*, Heidelberg, 47-65.

Reuber, Paul/Wolkersdorfer, Günter (2004): „Auf der Suche nach der Weltordnung? Geopolitische Leitbilder und ihre Rolle in den Krisen und Konflikten des neuen Jahrtausends", in: *Petermanns Geographische Mitteilungen* 148(2), 12-19.

Said, Edward W. (1978): *Orientalism*, New York.

Smith, Neil (2001): „Scales of Terror and the Resort to Geography: September 11, October 7", in: *Environment and Planning D: Society and Space* 19, 631-637.

Zelizer, Barbie/Allen, Stuart (Hrsg.) (2002): *Journalism after September 11.*, London.

Quellenverzeichnis der Artikel der Tiefenanalyse

Bauer, Antje: „Rücksicht auf die Opposition daheim", in: *taz*, 20.09.2001, 9. [zitiert als 347]

Bösler, Daniel: „Allianz der Angst", in: *Süddeutsche Zeitung*, 14.09.2001, 4. [zitiert als 21]

Chauvistré, Eric: „Jenseits von Afghanistan. Die USA denken an neue Kriegsziele", in: *taz*, 29.11.2001, 12. [zitiert als 415]

Frankenberger, Klaus-Dieter: „Die Zeit ist abgelaufen", in: *FAZ*, 08.10.2001, 1. [zitiert als 458]

Joffe, Josef: „Honigmond der Rivalen", in: *Die Zeit*, 22.11.2001. [zitiert als 293]

Lerch, Wolfgang Günter: „Was tun gegen den Terror?", in: *FAZ*, 16.10.2001, 1. [zitiert als 464]

Münch, Peter: „Angriff zur Verteidigung", in: *Süddeutsche Zeitung*, 08.10.2001, 4. [zitiert als 144]

Naß, Matthias: „Die Welt zwischen Terror und Krieg", in: *Die Zeit*, Sonderausgabe Nr. 39, 17.09.2001. [zitiert als 239]

Naß, Matthias: „Wenn aus Schurken Alliierte werden", in: *Die Zeit*, 04.10.2001. [zitiert als 261]

N.N.: „Bush kündigt Krieg an", in: *taz*, 13.09.2001, 2. [zitiert als 317]

N.N.: „Der Feind", in: *FAZ*, 19.09.2001, 49. [zitiert als 442]

N.N.: „Der Krieg beginnt", in: *taz*, 08.10.2001, 1. [zitiert als 380]

N.N.: „Koalitionen", in: *FAZ*, 14.09.2001, 16. [zitiert als 425]

N.N.: „Truppenaufmarsch an der Grenze zu Pakistan", in: *Süddeutsche Zeitung*, 18.09.2001, 1. [zitiert als 52]

N.N.: „Verheerende Anschläge in New York und Washington", in: *Süddeutsche Zeitung*, 12.09.2001, 1. [zitiert als 1]

N.N.: „Washington bereitet weltweites Bündnis gegen den Terrorismus vor", in: *FAZ*, 14.09.2001, 1. [zitiert als 424]

Rogow, Sergey: „Ausbaufähiges Zweckbündnis", in: *Süddeutsche Zeitung*, 14.11.2001, 10. [zitiert als 196]

Rotter, Gernot: „Die grausame Logik des Märtyrertums", in: *Die Zeit*, Sonderausgabe Nr. 39, 17.09.2001. [zitiert als 240]

Semler, Christian: „Suche nach dem Bösen", in: *taz*, 13.09.2001, 1. [zitiert als 316]

Sommer, Theo: „Einen Blitzsieg gibt es nicht", in: *Die Zeit*, 11.10.2001. [zitiert als 267]

Thumann, Michael: „Putin tritt dem Westen bei", in: *Die Zeit*, 11.10.2001. [zitiert als 269]

James Schwoch

The Curious Life of Telstar: Satellite Geographies from 10 July 1962 to 21 February 1963

> Catch a falling Sputnik,
> Put it in a basket,
> Send it to the USA.
> They'll be glad to have it,
> Very glad to have it,
> And never let it get away
> (Sprague Committee 1960)

This witty refrain permeating British schoolyards in the late 1950s captured majority attitudes across the UK. The first time a majority of Britons would place the USA ahead in the space race was five years away, during the middle phases of the Gemini project. The comfort of historical hindsight tempts trivializing these concerns regarding the global image of America and space achievements in 1961, but a preponderance of global public opinion and stark rhetoric bode ill from an American Cold War perspective.

On 14 April 1961, cosmonaut Yuri Gagarin arrived at the Moscow airport to celebrate his pioneering outer space orbit of two days earlier. Television cameras beamed the celebration to millions of homes in the USSR and Eastern Europe. However, for the first time, live television transmissions crossed the Iron Curtain and relayed the Gagarin celebration on to the national television networks of Western Europe. The first live all-Europe telecast of the Cold War projected a triumphant Soviet space program (Beadle 1961; BBC Press Release n.d.). Soon after, TV coverage of the Red Army's annual May Day parade in Moscow's Red Square was also telecast live beyond the Iron Curtain. Americans saw coverage of the Gagarin celebration and May Day events a day or so later via videotape recordings and film newsreels flown across the Atlantic Ocean. Over a year before the first Telstar live transatlantic television satellite relay from the United States to Europe, live television from the USSR had penetrated the televisual manifestation of the Iron Curtain and reached audiences across all of Europe, while transatlantic television remained a tape-delayed, film-in-the-can, ocean-crossing experience devoid of liveness. Live television programming from the United States to Europe seemed to have as much trouble getting off the ground as did so many of the early American rockets and satellites of the space race.

Live trans-European television coverage of Soviet space achievements was a propaganda coup, but the Soviets themselves were not solely responsible for

333

this feat. Rather, the engineering heroes – or culprits, depending on your point of view – resided at the BBC. The 1961 Soviet telecasts were the high point in a decade of BBC accomplishments toward live all-Europe television. Live conversion began in exchanges with France in 1952, and reached over 1,000 such programs yearly across Western Europe by 1959. In 1961, BBC, Finnish, and Soviet engineers accomplished a live hook-up between the TV towers in Helsinki and Tallinn (Eden et al. 1996: 225). Describing these events to the New York chapter of the Academy of Television Arts and Sciences in October 1961, former BBC President Gerald Beadle told the Americans

> of course, you saw them several hours late. The 3,000 miles of the Atlantic Ocean has so far proved to be an insuperable barrier to live television [...]. We want to be able to see your great events in their entirety while they are in progress [...] [global television will] give us all something of that sense of world citizenship, without which the human race is surely doomed (Beadle 1961).

In the 21st century, whether we are all surely doomed without something of that sense of world citizenship is a crucial question for global society. In the context of superpower tensions during 1961, global observers such as Beadle had good reason to speak with such a stark rhetoric. Beadle, like some others in the 1960s, also began to speak about global communication – in this case, television – as a possible catalyst for mutual understanding and shared interests through a consensual global public opinion. For others in 1961 who were intensely concerned with global public opinion, such as the U. S. Information Agency (USIA), the impact of Soviet space and military achievements broadcast live on television screens across Europe represented a disaster for the global image of America. From the perspective of USIA public opinion polling on global leadership in outer space, it was not a sense of world citizenship but rather the global image of America that was surely doomed (USIA 1970). For Americans interested in globalizing American television, one might as well dream conquering the heavens above rather than try and cross the Atlantic Ocean via microwave relays with a live TV signal.

When all was said and done, that is exactly what happened. As discussed herein, live American television reached Europe through the communication satellite, a technology exemplary of what Alexander Geppert recently identified as the "spatial turn" in global history (Geppert 2008; 2007). But knowing American television conquered outer space is one thing: how American television turned to the satellite as a technological path, what other electronic communication networking technologies were explored, and how events led to the emergence of Telstar are questions worth exploring in detail.

Satellites and the Search for Secure Global Electronic Communications

Despite a growing American awareness of the potential of satellites, detailed knowledge about satellites was a rather closely held secret prior to the mid-1950s. Given this context, the early emergence of a discreet dialogue about satellites and American foreign policy confined in such areas as the military, the intelligence community, and the executive branch is predictable. Questions about satellites had roots in dialogues stemming from the Second World War about ballistic missiles and about photoreconnaissance. Within days of the formal surrender of Japan in 1945, the Office of Strategic Services (OSS) finished a report on global intelligence and photoreconnaissance that called for the first global photomapping project by the United States (OSS 1945). OSS envisioned a one-time plan of photomapping followed up by using human intelligence assets on a regular returning basis to targeted areas for updates. The RAND Corporation, the Air Force, and other defense, intelligence, and military agencies, both public and private, first reported on satellites as a possible technology for reconnaissance in 1946, and a decade of research led to two major developments: inauguration of a highly classified design and development project between the Air Force and Lockheed Missiles and Space Company that would eventually result in the *Corona* photoreconnaissance satellite system, and public announcements that satellites for science would be a part of the upcoming International Geophysical year (IGY) (Day et al. 1998; Richelson 2001; Bergaust and Beller 1956).

Public predictions at this time included a prominent role for satellites and television, if omitting the details. The overarching public information regarding space, satellites, and science during this period was the IGY. Sputnik 1 and 2 were launched during the IGY, and after some early failures, the USA successfully launched its first satellite, Explorer 1, in January 1958 and launched 3 more satellites in 1958 as a part of the IGY. The fifth USA satellite in 1958, Project *Score*, was not part of IGY but rather a direct address to the world. *Score* stood for Signal Communications Orbital Relay Experiment, and was in fact the world's first broadcast satellite, relaying a good will message from President Eisenhower (NASC 1959). Although *Score* was programmed to send its messages in Russian, French, Chinese, and Spanish as well as English, the National Security Council (NSC) decided against using languages other than English (NSC 1958).

The American formula of linking space-based telecommunications with missile strength reached another zenith at this time. Experiments investigated the possibility of temporarily creating an atmospheric zone -- usually somewhere in the troposphere or ionosphere -- to serve as a passive reflector for telecommunications signals (Dickson 2001: 207-209). The signal communications component of these atomic weapons tests (code named *Teak, Orange*, and *Argus*) tried to temporarily increase the reflectivity of the ionosphere to make possible, for example, beaming radar signals into remote regions of the USSR. Atmospheric reflectivity could also be augmented by releasing a metallic cloud of small metal fragments (usually copper) into an upper atmospheric layer. This particular application, code-named *West Ford*, also boosted upper atmospheric reflectivity to improve transoceanic telecommunications (Ezell/Ezell 1978).

While by 21st century standards these temporary conditions enhancing transoceanic communications may seem fruitless, full-time round-the-clock wireless transoceanic communications were still not reliable services even in standard short-wave based transoceanic telephony through much of the 1950s; in one of his many books Arthur Clarke recalled shortwave-based transatlantic telephone calls as "shouting over a high wind during a thunderstorm" (Clarke 1973: 17). Telecommunications engineers and scientists researching applications for enhancing global and transoceanic wireless communications in this period looked for a wide range of possible enhancements to the global telecommunications systems of their own era. *West Ford* experiments by the Air Force continued into May 1963 (Kennedy NSC 1962a). The Kennedy Administration went through the Cuban Missile Crisis with serious strategic communication challenges. On 25 October 1962, McGeorge Bundy and Robert McNamara convened a National Communications Systems Working Group tasked with improving communications between the USA and Latin America. The group learned that strategic and military communications were its "highest urgency" (Kennedy 1962b). The National Communications Systems Working Group coalesced into the NSC Subcommittee on Communications, which reported in May 1963 (soon after a *West Ford* test) "marked improvement" in communications with Latin America, where electronic communications problems had previously "loomed so large" in the Cuban Missile Crisis. Now, round-the-clock survivable and restorable electronic communications were in place for hemispheric security, and

> slower, but measurable progress has been witnessed in the construction of the European and Trans-Mediterranean tropospheric scatter systems, as well as in communications improvements in other areas of the world (Kennedy NSC 1963a).

In retrospect, *Score, Teak, Orange, Argus*, and *West Ford* along with NSC committees, White House telecommunications reorganization, communications survivability, tropospheric scatter systems, and the Cuban Missile Crisis suggest that, despite the increasing potential of satellites as a communications resource, the quest to develop a wide range of feasible American technologies of global strategic communication begun in the early 1950s by systems such as Ultrafax, Stratovision, and the UNITEL global microwave network (see Schwoch 2009) did not come to a quick end after the first successful satellite launches.

Strategic and defense communication issues were not the only global communication concern of the Kennedy White House. Global television also drew attention, and in the waning months before Telstar the Kennedy Administration pursued with the USSR the possibility of an exchange of television programs between the two nations, with Kennedy and Khrushchev speaking on the TV networks of each other's nation. US Ambassador to Moscow Llewellyn Thompson suggested disarmament as a general topic (Kennedy NSC 1962c). George Kennan, also asked to comment, found recommendations difficult without first knowing the focus, purpose, and length of the telecast, but thought it was not a "suitable occasion for direct personal solemnizing with Khrushchev." Kennan also suggested disarmament, and closed on a personal note suggesting a new, global theme:

> I have personally long wished to see our government espouse [the] principle that all matters affecting physically [the] lives and interests of [the] world population as a whole, as for example outer space [...] ought eventually to be [the] subject not (rpt not) just of coordination [of] national efforts [...] but rather of direct administration by international authority with real power to decide and act [...] [this] would make [the] best possible central point [...] [and take the] attention of [the] listening public off sterile and shopworn polemics of [the] Cold War (Kennedy NSC 1962d).

Rather than only advocate a static security discourse, Kennan argued to open a new rhetorical and theoretical line for international relations, offering a cornucopia of extraterritorial spaces and places for superpower reconsideration as sites of current tension and future resolution: environmental issues, Antarctica, and outer space. This new line of thought echoed Gerald Beadle and his call to promote "something of that sense of world citizenship." Beadle and Kennan may be retrospectively seen as invoking Geppert's "spatial turn" by hinting at an emergent awareness among global publics of planetary issues such as outer space, or a rising "space consciousness" in global thought and discourse. While for various reasons – mainly the resumption of nuclear weapons tests (Kennedy NSC 1962e) – the planned superpower TV exchange never came to pass, policymakers and intellectuals showed signs of rethinking the basic values and beliefs of superpower rhetoric, global public opinion, and Cold War propaganda just as television was becoming a global phenomena in practice as well as in theory. Postwar growth of consumer culture, international science such as the IGY, Antarctica, natural resources, outer space, atomic weapons testing, and mutually assured destruction all, in their own way, signified world citizenship – and perhaps global television also belonged, or could be placed, on that list of signifiers.

Any applications of global television in the early 1960s would have to be conveyed through the various national television networks of the world. For satellite relay, this meant agreements with national networks to accept and receive live satellite feeds which they would then retransmit to viewers over their own domestic terrestrial networks. One American TV success story in this regard had already been achieved prior to satellite distribution: "A Tour of the White House With Mrs. John F. Kennedy" was widely circulated by USIA, and over a dozen nations broadcast the tour on their own national networks in 1962 (Kennedy WHCF 1962a). Capitalizing on the world popularity of the glamorous First Lady, this was, nevertheless, not an example of live international TV program distribution. Similarly, the orbital flight of astronaut John Glenn on 20 February 1962 was watched live by 40 million TV homes in the United States, but coverage of the Glenn flight on overseas TV sets in Europe and elsewhere had to be done by tape and film relay across the oceans (Kennedy WHCF 1962b).

In the weeks preceding the Telstar launch and tests of 10-11 July 1962, the potential implications for the Americanization of global television were analyzed by Tedson Meyers of the Federal Communications Commission (FCC) (Minow Papers 1962). Meyers warned to "prepare now for the imminent era of global mass communication through international television and radio broadcasting." The distinction of global television, unlike radio with the possibility of direct short-wave reception, would be the need for television programs to be placed on to the national network of a given nation: a "central authority will be in a position to decide whether or not a television broadcast will be able to reach individual listeners." Global television would "open a new era of massive and immediate contact among all peoples" where "a single broadcast will touch the minds of millions." This would mean that any nation "with the imagination and money, technical resources and the will, can exploit international broadcasting as an unparalleled instrument in the achievement of its international objectives." Meyers also discussed the recent round of Soviet and Eastern European TV activities, hinting that the US had failed to keep pace with recent developments in international television. Closing with the observation that "mankind's saving grace may be that our technological capacity for mass communication has kept pace with our mastery of the means of mass destruction," Meyers concluded "at this moment in history, keeping pace is not enough" and that the "rewards of mass communication must overtake and extinguish the threat of mass destruction" in the future (Minow Papers 1962).

Telstar debuts on the world stage

The imminent saving grace of mass communication was about to go celestial, courtesy of American Telephone & Telegraph (AT&T): on 10-11 July 1962 Telstar, the first privately funded commercial satellite, launched, reached orbit and successfully began an array of high-publicity global communications experiments and demonstrations. During a nationwide TV program about Telstar, a telephone call relayed via Telstar from AT&T Chairman Frederick Kappel in Andover, Maine reached Vice-President Lyndon Johnson in Washington DC, who reported Kappel's voice was "coming through nicely."

Figure 1 and 2: First phone call relayed through an active satellite in space. Frederick R. Kappel, Chairman of the Board of AT&T, in Andover (right), to Vice-President Lyndon B. Johnson in Washington (left) (Solomon 1963: 14f.).

The TV program also showed prominent Senators commenting on Telstar, and Telstar breakthroughs including the first facsimile from a satellite (see figure 3), data transmission via satellite, and news that a TV signal showing the image of the American flag had been received at an earth station in France. In Andover, FCC Chairman Newton Minow forecast Telstar and communication satellites would improve the flow of global communication, and would serve as an antidote to global conflict (AT&T 1962; O'Neill 1991). Despite an orbit that only allowed for limited periods of transatlantic relay, Telstar proved popular as a global marvel of American science, spawning a multitude of newspaper articles, outpourings of mail, and a hit song by the British rock group the Tornadoes, later covered on an American label by the Ventures. No American satellite to date had so captivated global audiences.

Figure 3: "News shot of the day," a snapshot of Telstar, sent to space and relayed back to earth on 10 July 1962 (Solomon 1963: 19).

From Italy, Joseph Colella, a University of Rochester medical student studying in Florence, wrote the President on 26 July that a recent America-Europe Telstar relay was "received with great enthusiasm here, as people hurried home from work or gathered in neighborhood cafes so as not to miss any of the long-awaited program." Colella told Kennedy that viewers "were often heard to exclaim or sigh at views of the Statue of Liberty, the World's Fair, and Niagara Falls," and flattered the President that his own "image was received with many smiles and a good deal of conversation as parents explained who you were to their youngsters." Remembering in the days after the Telstar relay "America was on the lips of everyone with whom I spoke," Colella believed Telstar promoted a greater degree of global intimacy, and closed with confirming that Telstar had "done a great deal to stimulate thoughts and ideas about America, making the world more receptive to exchanges of opinion on a personal basis" (Kennedy WHCF 1962c).

Vice-President Johnson also received numerous congratulatory messages from Americans excited about Telstar. Albert Price of Philadelphia proclaimed world-wide television was now a reality. The Van Broock family of Scranton, Pennsylvania sent a greeting card with the handwritten missive that Telstar will broadcast live television all over the universe. C. G. Wykoff of New York City reported he saw the Vice-President on television during the Telstar broadcast the night before, and thought Telstar was a stunning "piece of public relations" Khrushchev could not claim the Russians had invented. The private ownership of Telstar was not lost on some correspondents. Writing in black crayon from Hollywood Florida, A. Arthur Gardner, a self-proclaimed "lobbyist for the people", asked Johnson to make sure that AT&T did not extend its current world monopoly to a monopoly of the entire universe. M. M. "Pop" Myers, the District Governor of the Downtown Lions Club of Dallas, assured the Vice-President that the Lions of Dallas were behind him all the way, exclaiming "The 200 members of the Downtown Lions Club of Dallas at noon today voted to wire you to influence the Senate, as only you can, to allow Telstar to remain under private enterprise with government supervision." Elizabeth Rogers of Hyde Park, Mississippi summed it all up with this succinct message: "You, the space people, and the Telephone Company are certainly to be congratulated for making this possible" (Johnson 1962a; 1962b; 1962c; 1962d; 1962e; 1962f). Finally, British public opinion of the American space program in the wake of Telstar during July 1962 reached the highest approval ratings ever given by British samples – still slightly behind the USSR, but nearly even – and an approval rating that would be equaled only by Ranger moon probes in 1964 and finally surpassed by various Gemini space missions in 1965 (USIA 1970).

Telstar also made headlines around the Pacific Rim. In Fiji, reports about Telstar competed for column space along with another big global telecommunications story: the completion of the Sydney-Auckland link in the Commonwealth undersea cable telephony system, with Fiji scheduled to be networked within a few months (Fiji Times 1962a). Telstar did command headlines 3 days later when Fijians learned "millions of televiewers saw communications history" with the first exchange of images between the USA and Europe via Telstar relay (Fiji Times 1962b). Already aware that Telstar signified the global expansion of American space-based communication systems, the *Fiji Times* had in the weeks before Telstar argued that Americans building tracking stations and dish installations on remote South Pacific islands might do well to prepare for the possibility of "Cargo Cult" phenomena among some remote islanders:

> people are gripped spasmodically by the rumor that Cargo Cult ships are just over the horizon [...] (authorities) are asking educated local

men to convince the Cultists that they are being thrust into the Space Age and not being given something for nothing (Fiji Times 1962c).

In San Francisco, the *Examiner* praised Telstar with accolades such as the first "private Moon", a "switchboard in the sky", and a "world-wide TV antenna" (San Francisco Examiner 1962b). The rival *Chronicle* headlined Telstar as the world's "First Space TV," exclaiming "Telstar Beams It to Europe," meaning "the citizens of two continents [...] watched a live television program relayed by satellite for the first time in history [...] the television picture[...]was virtually perfect" (San Francisco Chronicle 1962d). Finally, the *Manila Times* suggested that the first images from Telstar represented a "history-making television program" (Manila Times 1962). At AT&T, scientists, engineers, technicians, and management were more than delighted – they were, as Eugene O'Neill recalled, "astonished at the public reaction [...] front page news [...] all over the world." O'Neill surmised this was because Telstar was a satellite that "did not seem to have any military or threatening aspect. It seemed to promise only wider and entirely peaceful vistas for mankind" (O'Neill 1991).

What only a few high-ranking American military, intelligence, and executive branch officials knew (along with a few observant scientists) was that the saving grace of mass communications represented by Telstar was nearly done in by the increasing mastery of the means for mass destruction. On (GMT) 9 July 1962, Project *Starfish Prime*, part of a series of American high-altitude nuclear tests known as Operation *Fishbowl*, had successfully detonated a 1.45 megaton explosion about 400 kilometers above Johnson Island in the Pacific Ocean.

Telstar versus *Starfish Prime*: Celestial Conflict

Starfish Prime introduced significant radiation into the upper atmospheric layers that eventually reached the Van Allen Belts (and temporarily increased the radioactive levels of the Van Allen Belts), while also creating an electromagnetic pulse (EMP) that disrupted power across the Pacific from Hawaii to New Zealand. This was one of several *Fishbowl* high-altitude nuclear explosions that conclusively proved, by the end of 1962, high-altitude nuclear explosions were a very effective anti-satellite weapon: radiation seriously damaged satellite circuitry and reduced the operating life of satellites (Jones-Imhotep 2000; Ullrich 1997). Telstar's relay circuitry, damaged by *Starfish Prime*, first failed in August 1962, and while engineers staved off total failure for several months, *Starfish Prime* had on its virgin orbit exposed Telstar to more radiation than had been expected for the entire life of the satellite. Telstar, a saving grace of global communication, was also a casualty of the weapons of mass destruction, its shelf-life shortened by excessive radiation in its orbital regions of the upper atmosphere (Barth et al. 2003; Early 1990). The greatest American device yet developed for global communication fell victim to the greatest American device yet developed for global destruction.

A second model of the Telstar series of satellites was subsequently launched and live transatlantic television continued beyond the original Telstar, but the threat of high-altitude nuclear testing to satellite technologies was becoming better known in the international scientific community. Allouette, the first Canadian satellite, was launched in September 1962 after undergoing extensive engineering tests for radiation reliability (Jones-Imhotep 2000). At least 7 of the 21 known LEO (low-earth orbit) satellites in orbit during *Starfish Prime* suffered radiation damage (see DuPont 2004). High-altitude nuclear testing presented long-term problems for satellite growth. While it was possible to build or "harden" satellites with sufficient shielding to give greater protection against radiation, this was still an era when questions of maximum orbitable payload, or weight, of satellites was a significant challenge, and shielding added considerable weight to the payload. Photosurveillance satellites of this era, such as *Corona*, returned canisters of exposed film to Earth, rather than relay electronic images to Earth, and film was also susceptible to radiation damage. So both superpowers, now deploying their first round of elaborate space reconnaissance systems, had good reason for concern over high-altitude nuclear testing and subsequent radiation risking their emergent technical intelligence systems.

Additional high-altitude non-atomic experiments, particularly *West Ford*, also received new scrutiny late in 1962 and early in 1963. In May 1963 the USSR filed a written protest with the UN titled "Dangerous United States Activities in Outer Space" (Kennedy NSC 1963b). Claiming *West Ford* was a danger undertaken without consulting the international scientific community, the Soviets also denounced American high-altitude nuclear tests. Secretary of State Dean Rusk pointed out that the Soviets had been less than forthcoming on their own high-altitude nuclear tests. But these kinds of heated exchanges between the superpowers over high-altitude nuclear testing, cutting-edge global telecommunications experiments, and outer space policy were about to take steps towards toning down the bellicose rhetoric.

The radiation risk to satellites ended for the Cold War period in October 1963 with the Limited Test Ban Treaty. The treaty implied outer space was a zone of disarmament and a zone deterritorialized, by prohibiting "radioactive debris to be present outside the territorial limits of the State." This hint at deterritorialization, or desovereignization, of outer space hinted at world citizenship and represented a resolution of extraterritorial tensions. But in the era of space satellites before the 1963 Treaty, the coincident timing of the Telstar launch and the *Starfish Prime* test raises a number of questions. For one, the scheduling of these atomic weapons tests was not a complete secret. Indeed, it could be argued that the high-altitude atomic weapons tests at Johnston Island received as much advance publicity as did Telstar: both had their shining moments as symbols of the global image of America.

Cecil Coale, who ran magnetometer tests on Canton Island for the U. S. military as part of the *Fishbowl* atomic test series, recalls that

> [...] when Starfish Prime was scheduled, the hotels in Hawaii offered roof top bomb watching parties. It seemed that everyone in the Pacific hemisphere was watching the sky [...] a brilliant white flash erased the darkness like a photoflash. Then the entire sky turned light green for about a second. In several more seconds, a deep red aurora, several moon diameters in size, formed where the blast had been. A white plasma jet came slowly out of the top of the red aurora (over Johnston Island) and painted a white stripe across the sky from north to south in about one minute. A deep red aurora appeared over Samoa at the south end of the white plasma jet. This visual display lasted for perhaps ten minutes before slowly fading. There was no sound at all (Coale n.d.).

While virtually everyone now remembers Telstar as a communications satellite, Telstar was also designed for one specific scientific application beyond its formidable communications capabilities: the measurement of radiation levels in the upper atmosphere. AT&T engineer James Early recalls being tasked to "design and test radiation-resistant high-efficiency solar cells" as part of Telstar development, including a potentially lethal test involving exposure of the radiation-resistant solar cells to strontium 90 at a level of 1,000,000 curies that, if unshielded, would deliver a fatal dose to a human up to 100 feet away in 10 to 15 seconds exposure time (Early 1990). Existence of the Van Allen Belts and other space radiation fields around the planet was already known, and Early assumed the radiation testing and manufacture for radiation resistance was part of planning for long-duration. AT&T engineer Alton C. Dickieson, Telstar project manager (see figure 4), attributed problems in the Telstar command channel to increased radiation levels in the Van Allen Belts from *Starfish Prime* (Dickieson n. d.). The National Space Science Data Center (NSSDC), a sub-agency of NASA, describes Telstar as "primarily a communications satellite" with an electronics package for "an experiment designed to measure the energetic proton and electron distribution in the Van Allen belts"(NSDDC 2008). Telstar 2, launched in May 1963, had radiation-resistant command system transistors, and also had a higher apogee in order to spend less orbit time in the Van Allen Belts (Martin 2000). The Telstar series were not geosynchronous satellites but rather relay satellites that had a low perigee over the Atlantic and a high apogee over the Pacific, useable for transatlantic signal exchange for about 25 to 40 minutes of each orbital pass at (and near) perigee over the Atlantic.

Figure 4: Alton C. Dickieson while testing Telstar at the Bell Telephone Laboratories in Hillside, New Jersey. Lined with plastic foam pyramids, this chamber simulated the radio environment of space so that engineers could test the antennas (Solomon 1963: 36).

Imagining Outer Space and the Bomb: High-Altitude Tests and Hawaii

Island residents throughout the Hawaiian chain, particularly in Honolulu, had anticipated the high-altitude atomic tests for weeks, both encouraged by press reports from the U.S. military and subsequently discouraged when tests were cancelled, postponed, or failed on the launch pad. A big crowd of sightseers turned out at Waikiki Beach and other locales throughout Honolulu the evening of 20 June 1962, when the test was supposed to take place. Earlier that day, the *Honolulu Advertiser* reported

> residents anticipated witnessing 'the biggest man-made explosion ever unleashed in public' in the southern skies later that night between 11:30pm and 2am. The US military [announced] 'the fireball and mushroom cloud from the detonation is expected to be clearly visible' [...]. Long-distance radio communication disruptions were also predicted by scientists who thought the blast would 'shake up and black out long-range radio and radar communication all over the Pacific' (Honolulu Advertiser 1962).

Figure 5 and 6: Cartoon in *The Manila Times*, 20 June 1962. People watching *Starfish Prime* on Waikiki Beach, Honolulu *(LIFE Magazine* 1962).

The 20 June test failed, followed by several days of delays, unacceptable weather, postponements, and launching problems. Honolulu newspapers reported daily on the problems and bomb-watchers turned out on several evenings only to have the explosion postponed yet again at the last minute. By 5 July, the pressure was mounting:

scientists and technicians were running through checklists once more, determined, that this shot – with the eyes of the world on it – won't end in a third 'fizzle.' Lofting the high-yield nuclear device to a height of some 200 miles and successfully setting off a devastating blast which will clearly be seen from the Islands has become something more than a scientific experiment [...] this third test attempt from Johnston is being talked about as a 'face saver' (Honolulu Star-Bulletin 1962a).

Honolulu residents voiced impatience:

> 'I hope they don't have this much trouble if they ever have to use these things,' one man said as he turned toward his car [...].' I wish they'd never told us about the bomb,' a woman said. 'My curiosity is strong but my patience is getting weak.' Some children slept in cars as the old folks chatted, parted, and drove away [...]. The box office seemed to be going out of the H-bomb business. (Honolulu Star-Bulletin 1962b).

By the second week of July, everyone in the islands was beyond restless as all hands waited for the explosion to light up the night sky:

> Ranks of the frustrated civilians include newsmen, photographers, airline officials, watch-the-bomb party givers, and intrepid transistor-equipped spectators who drive up the heights. Most grimly frustrated are the scientists and military men of Joint Task Force Eight: 'I guess nobody would come right out and say it, but I think most of us feel we have lost face. We had the whole world looking on and we didn't deliver the goods.' [...] for many, the whole thing has become a costly ritual. Sort of like a bullfight. Or a cocktail party [...]. The delays have raised problems for even the nuclear protestors (Honolulu Star-Bulletin & Advertiser 1962).

On 7 July 1962, Joint Task Force 8 on Johnston Island felt the pressure to come through with a successful detonation as soon as possible. Global attention was increasing, Moscow was feasting with gusto on a propaganda double-dip by attacking USA atomic weapons testing and ridiculing USA missile failures, and the local Hawaiian audience was losing patience – along with the world press. The Honolulu newspapers reported that getting the "device off the ground has now become a 'life or death' matter to scientists and technicians." Anything less than a successful launch and detonation some 200 miles above the earth would present another opportunity for Russia to score with its propaganda (Honolulu Star-Bulletin 1962d). Hopes ran high on 8 July 1962.

The weather was finally cooperating. In other local news, John Wayne and Lee Marvin arrived on the *Matsonia*, having sailed over from California to begin filming *Donavan's Reef* with director John Ford (Honolulu Star-Bulletin 1962e). Finally, at 11:00pm local time on 8 July 1962, the night sky exploded.

LIFE Magazine correspondent Dick Stolley, on the scene in Honolulu, reported that a buzz built among the citizens during the late afternoon and into the evening as it looked like, finally, this might be the night:

> [...] at noon short-wave radio sets began to pick up monotonous voices broadcasting time checks to Johnston Island 800 miles to the west [...] another countdown had indeed begun [...]. There were coeds in muumuus, college boys in swimsuits, tourists in newly purchased resort wear, sleepy kids [...]. A show girl from the Royal Hawaiian Hotel slipped outdoors in her ti-leaf-skirt, hoping to see the shot between acts [...] at 10:45 the word came that the Thor rocket was off its pad and rising. Honolulu radio stations cut their programs and broadcast the continuing countdown [...] the remote counting voice from Johnston Island grew higher, almost girlish. It read off the final five seconds. Then it was precisely 11 o'clock (LIFE 1962).

Stolley's fellow LIFE correspondent Thomas Thompson watched from his hotel courtyard as *Starfish Prime* shattered the night sky:

> The blue-black tropical night suddenly turned into a hot lime green. It was brighter than noon. The green changed into a lemonade pink and finally, terribly, blood red. It was as if someone had poured a bucket of blood on the sky (LIFE 1962).

Seeing things a bit differently from Waikiki, Stolley watched as the blast

> turned almost instantly to bright bilious green, a color so unexpected that watchers on the beach gasped [...] a red glow began expanding upward [...]. A quarter-moon [...] glowed not pale but a rich, strange yellow [...]. We stood there, with only the gentle sounds of sea and civilization murmuring around us (LIFE 1962).

The next morning, the *Honolulu Star-Bulletin* sent its inquiring reporter out on the streets to quiz residents about the blast (Honolulu Star-Bulletin 1962c). Kathi Zane "heard this soft plop – then it looked like someone had turned the lights on. Everyone just sat there [...]. It was terribly eerie." Bruce Eby had expected to "see a mushroom-shaped cloud and more form to it. It looked more like a natural phenomenon than something man conceived." Pat Leske thought it would never "go off – they kept crying wolf too many times. But I was happy for them that they finally did it." Some were at a bit of a loss for words, including Al Bernhardt, who was "sitting on a hill and I saw this kind of rising greenish light. Then it started fading into a sunset with yellows and reds. It wasn't too awe-inspiring – I expected a mushroom and more light. Actually, I didn't know what to expect." Among those at the Royal Hawaiian was Jan DuPlain, who "saw a big green and yellow glare – everything was white – it looked as though someone had just taken a flash picture. Then the sky got red." Pete Purugganan remembered driving on the Nimitz Highway when it was "pitch dark [...] one second later it was like daylight. Then the sky started to get darker and darker until there was a red glow." Others, including Gloria Taguchi, found the spectacle overwhelming, recalling "the red started spreading and I was a little scared – that's why I went back inside." The blast was visible across much of the Pacific, and witnesses from the Hawaiian Islands, other atolls, airplanes, and elsewhere described a full palette of colors.

Other reactions ranged from unabashed praise for American strength to strident criticism of nuclear weapons. The *San Francisco Chronicle* ran an extra edition to highlight the *Starfish Prime* explosion with the headline "Space A-Blast" telling readers the "Van Allen blast" was expected to "knock a hole" in the ionosphere, but would also "gather valuable scientific data in the nuclear arms race" (San Francisco Chronicle 1962c). Linguist S. I. Hayakawa, in residence in Hawaii that summer at the East-West Institute, told local reporters that both thermonuclear war – and also direct-dial seven-digit telephone numbers – were new technologies that threatened to destroy American society (Honolulu Star-Bulletin 1962i). Hayakawa argued there was common cause between nuclear testing and the campaign on the mainland to oppose doing away with human operators and dialing assistance in local telephony. Reporting that Hayakawa "is worried about the horrors of nuclear war and the digits in telephone numbers," readers learned that both atomic weapons and direct-dial telephony were technologies that threatened to overwhelm everyday life, although Hayakawa acknowledged that atomic war protestors and the Anti Digit-Dial League, of which he himself was a member of the San Francisco chapter, represented different constituencies (San Francisco Chronicle 1962a; 1962b; San Francisco Examiner 1962a). University of Hawaii Professor of Zoology Albert Banner wrote the local newspaper and conjured up both the past milestones of long-distance telegraphy and the nightmares of atomic fallout run amok, asking

> What hath man wrought? [...] could a home or family on Oahu survive? [...] could our civilization survive? [...] Should the fallout poison all inheritance, could man survive the monsters begot by his loins? (Honolulu Star-Bulletin 1962f).

In addition to the radiation from *Starfish Prime*, Telstar and other satellites in orbit faced radiation from a number of other USA atomic bomb tests, most of them airdrops. Two USA satellites – Injun 1 and TRAAC – recorded data about the *Starfish Prime* blast and its impact on the Earth's magnetic field. Several sounding rockets were launched from the vicinity of Johnson Island immediately after the explosion (San Francisco Examiner 1962c), although there is some doubt as to whether data from these sounding rockets was ever recovered (Crooker et al. n.d.). *Starfish Prime* had temporarily "tilted" the earth's magnetic field and produced other "odd results." For about 30 minutes, the local magnetic field in Hawaii was off by 1/3 degree from standard observations and measurements. In long-distance radio wave reports, though effects were not as

> drastic or prolonged as expected [...] the ionosphere [...] was definitely disturbed and in an uneven pattern [...] fluctuations were 'exceedingly large' [...] instruments in Boulder 'pegged' when the blast came. That is, the electrical disturbance was so great that measuring needles bounced against the restraining pegs [...]. One of the most significant phenomena was the experience of four Navy low-frequency broadcast units [...]. These low frequency high-power units transmit 'uniform' signals which do not, under normal circumstances, vary. Yet local transmission was disrupted and Boulder reports strong variation in the Panama and Washington, D.C. circuits (Honolulu Star-Bulletin 1962g; 1962h).

Some speculated that the aims and goals of high-altitude tests such as *Starfish Prime* included mastering the ability to "deflect or destroy an incoming missile by disrupting the 'homing' signals either sent or built into the device" or introduce other communication and signal disruptions between a command center and attacking forces and-or ordnance (Honolulu Star-Bulletin 1962j). All of this above-ground atomic weapons testing, particularly high-altitude testing, increased levels of radioactivity in outer space, yielding unpredictable outcomes. Of all various belts of outer space radioactivity in near earth proximity, the greatest problem was posed by the South Atlantic Anomaly.

Positioned approximately 200 miles above the planet – encompassing a region roughly demarcated by the mouth of the Amazon River, the southern tip of Africa, the Falkland Islands, and the Galapagos Islands – the South Atlantic Anomaly is an irregular feature in the Van Allen Belts. Basically, the South Atlantic Anomaly is an area where the Van Allen and similar radiation belts come much closer to the earth's surface than anywhere else on the planet, causing significant increases of radiation exposure to spacecraft when orbiting within the South Atlantic Anomaly. Like the entirety of the Van Allen Belts, the intensity of radiation in the South Atlantic Anomaly increased as a result of these blasts, and slowly decreased its radiation levels only over a period of several years.

The South Atlantic Anomaly may, on the one hand, seem relatively benign, as it does no known harm to earth's inhabitants, its proximity over the earth partially coincides with an ocean, and it is possible to route manned space missions in ways to minimize the risk of exposure. However, the skies above that sparsely populated area of the South Atlantic Ocean are in fact a prime "highway" of sorts for certain satellites, particularly those in polar, and in sun-synchronous, orbits. All three of the USA Mercury manned missions that took place during the broken moratorium period (Glenn, Carpenter, Schirra) had orbital paths passing through, or traversing, the South Atlantic Anomaly. The South Atlantic Anomaly remains a space hazard to this day. The skies of the South Atlantic Anomaly were accessed by many satellite orbits prior to 1963. Sputnik 1 orbited through the South Atlantic Anomaly in October 1957. A sampling of Sputnik 1, 4, and 6, plus the John Glenn Mercury mission orbital flight paths suggests that it was routine to at some point in the orbital flight plan traverse the South Atlantic Anomaly.

In addition to manned missions, science missions, and communications applications, the South Atlantic Anomaly is also a significant factor in surveillance satellites, particularly those in polar, and in sun-synchronous, orbits (as many are.) In the early 1960s, polar orbits and sun-synchronous orbits were the crucial orbits used for photoreconnaissance satellites by the superpowers. Polar orbits were used by the superpowers for satellite PHOTOINT mapping of each other, particularly USA PHOTOINT of the USSR. This was routinely accomplished through north-south, or polar, orbits yielding long photographic datasets of the USSR landmass on north-south axes. PHOTOINT satellites are often both polar orbits and sun-synchronous orbits, with the latter orbits timed to place the satellite above the target at the same relative solar or "daylight" time each day, thus producing consistent shadow lengths of photographed objects (which are a key to measurement of land and surface sea-based objects via PHOTOINT.)

Yet another factor for superpower satellite PHOTOINT, particularly USA PHOTOINT of the USSR, was the geospatial relationship between the South Atlantic Anomaly and the USSR landmass. In order to conduct satellite PHOTOINT over the USSR via polar and sun-synchronous orbits, the USA had to use orbits that routinely traversed the South Atlantic Anomaly. Among the surveillance targets in the USSR in orbits coinciding with the South Atlantic Anomaly were the USSR-Finland border, Murmansk, Leningrad, the Ukraine, Magnitogorsk, Sverdlosk, virtually the entire northern half of Siberia, the Kamchatka peninsula, and the Bering Straits. In other words, nearly half of the landmass of the USSR coincided with polar and sun-synchronous USA PHOTOINT satellite orbits traversing the South Atlantic Anomaly.

Therefore, in the early era of satellites and manned missions, it was basically inconceivable to orbit objects without eventually traversing the South Atlantic Anomaly, and increasing radiation levels in the South Atlantic Anomaly as a byproduct of above-ground and high-altitude atomic testing posed serious risk to space travel, communications satellites, and most of all satellite surveillance of the USSR by the USA. Because surveillance imperatives had now become both global and continuous for the indeterminate strategic future of the USA, and surveillance satellites were a vital component of the growing arsenal of global surveillance, the South Atlantic Anomaly and the Van Allen Belts needed to be protected from excessive levels of radioactivity. Thus both superpowers had mutual strategic defense interests in the Limited Test Ban Treaty of 1963: the Treaty was vital for preventing excessive space radiation in order to ensure the future growth of space-based surveillance.

Above-ground and high-altitude atomic testing prior to the Limited Test Ban Treaty of 1963 did more than create EMPs, entertain Hawaiian tourists, visually overwhelm observers, stoke the fires of disarmament protestors, and disrupt Telstar and communication satellites: testing also increased radiation levels in the Van Allen Belts and especially in the South Atlantic Anomaly. The Telstar-*Starfish Prime* experience hints that atomic weapons testing risked the long-term security and espionage applications of satellite technology just as both superpowers were beginning to fully deploy PHOTOINT and SIGINT satellite reconnaissance systems at global scales. At particular risk were certain satellite orbit patterns, such as polar orbits and sun-synchronous orbits, orbits and flight paths absolutely crucial for strategic security. Thus, it is likely that both space reconnaissance and communication satellites circa 1962 without orbital access to the South Atlantic Anomaly for polar and sun-synchronous orbits proved scientifically and strategically inconceivable for both superpowers.

A Martyr for Peace (ful Coexistence): Telstar and the spatial turn

The Limited Test Ban Treaty of 1963 can be rightfully hailed as a victory for disarmament, for the environment, for the peace movement, even for transoceanic television viewers, and of course for global society. Above-ground and high-altitude atomic testing created health hazards, stoked the arms race, added to world tension, disrupted global electronic communications, and wreaked damage to the planet. If anyone lost anything from the prohibition of above-ground and high-altitude atomic testing, it was the hoteliers and tourism entrepreneurs of Hawaii, and they had plenty of other spectacles and attractions to turn to in making up lost revenues from filling hotels with tourists eager to watch atomic tests. But, in the end, the biggest winner from the prohibition of above-ground, atmospheric, and high-altitude atomic testing codified by the 1963 Treaty was probably not the environment, the disarmament movement, the people of the South Pacific, global TV audiences, the global image of America, or global society. The biggest beneficiaries were the individuals and institutions at the center of the American nexus of global security. Without the 1963 Treaty and the protection it offered to strange space phenomena such as Van Allen Belts and the South Atlantic Anomaly, the American global electronic surveillance network we have lived with for over forty years, now the most extensive information network surrounding and permeating planet Earth, may have never emerged and grown to the levels of scale, scope, and complexity we now take for granted.

The Limited Test Ban Treaty was entered into force on 10 October 1963. However, Telstar did not live to see the Treaty come to pass. Its signal first failed from radiation sickness in December 1962 and was briefly recovered in January 1963. About a month later, Telstar finally succumbed to its battlefield wounds, permanently fading into oblivion on 21 February 1963. Telstar glimmered all too briefly in outer space. All things considered, the lifespan of Telstar was Hobbsean: a fleeting existence rendered short, nasty, and brutish by the global *realpolitik* of the Cold War atomic weapons race.

One final factor needs mention in all of this, and that is the factor of chance, because the confluence of *Starfish Prime* and Telstar is a chapter in the history of error. For the series of atomic weapons tests including *Starfish Prime*, the designation "prime" indicates the second attempt at that test. *Starfish* was originally scheduled for 20 June 1962 but launch pad and takeoff malfunctions scuttled the original test, thus inadvertently putting *Starfish Prime* on the same countdown as Telstar. Despite the mutual interests of the American government's biggest user of telecommunications and the biggest American telecommunications corporation, what the Department of Defense and AT&T shared between 9 July and 10 July 1962 was chance, coincidence, error, unanticipated outcomes, and unintended consequences.

Yet this "error" of coincident deployment involving *Starfish Prime* and Telstar also intensified the global awareness during the early 1960s of what Alexander Geppert identifies as the spatial turn. Together, Telstar and *Starfish Prime* amplified the spatial turn in global consciousness by their joint appearances in global headlines, often sharing the front pages of newspapers the world over. Beyond July 1962 and the specificity of these two deployments in outer space, a succession of events, observations, and moments in everyday life during the early 1960s, such as British schoolboy rhymes, cosmonaut celebrations telecast live across European TV screens, calls for American TV programming to cross the Atlantic, concepts of "world citizenship" from Gerald Beadle and the call to act globally on outer space and environmental issues from George Kennan, and even the advice from newspaper editors at the *Fiji Times* that Americans building tracking stations need to take heed of Cargo Cult mentalities among remote South Pacific Islanders as they ushered in the Space Age – these and other events signify a waxing global awareness of the spatial turn in the run-up to Telstar and *Starfish Prime*. In 1962, the spatial turn became a double feature depicting the global image of America. With Telstar and *Starfish Prime*, global audiences experienced two different American outer space technologies acting in celestial tandem with their own distinct means of communication. For two days in July, as world citizens gazed into space, *Starfish Prime* and Telstar lit up the heavens to global acclaim.

Bibliography

AT&T (1962): "Behind the Scenes of Telstar." (DVD release International Historic Films, 2006; includes some archival footage of 1962 Telstar USA TV special broadcast.)

Barth, Janet L. et al. (2003): "Space, Atmospheric, and Terrestrial Radiation Environments," in: *IEEE Transactions on Nuclear Science* 50(3), 466-482.

BBC Press Release (n.d.): "BBC TV Triumphs at Montreax," in: *Minow Papers*, Box 6, Folder "British Broadcasting Corporation 1961, Mar-1963, May."

Beadle, Gerald (1961): "Global Television – A Force for World Unity," Speech at the Waldorf-Astoria Hotel to the New York Chapter of the Academy of Television Arts and Sciences, 5 October, in: *Minow Papers*, Box 6, Folder "British Broadcasting Corporation 1961, Mar-1963, May".

Bergaust, Erik/Beller, William (1956): *Satellite!*, New York.

Clarke, Arthur (1973): *Voice Across the Sea*, New York.

Coale, Cecil (n.d.): "Operation Dominic: US Atomic Veterans," in: *Atomic Veterans History Project*, http://www.aracnet.com/~pdxavets/cecil-co.htm, 05.11.2008.

Crooker, Donald et al. (n.d.): "Operation Dominic. The Johnston Island Atmospheric Nuclear Test Series", http://www.hmm-364.org/dominic.html, 05.11.2008.

Day, Dwayne A. et al. (eds.) (1998): *Eye in the Sky: The Story of the Corona Spy Satellites*, Washington.

Dickieson, Alton C. (n.d): "Interview," in: *Southwest Museum of Engineering, Communications*, and Computation, http://www.smecc.org/a_c_dickieson.htm, 05.11.2008.

Dickson, Paul (2001): *Sputnik: The Shock of the Century*, New York.

DuPont, Daniel G. (2004): "Nuclear Explosions in Orbit," in: *Scientific American* 290(6).

Early, James (1990): "Telstar I – Dawn of a New Age," in: *SMEC Vintage Electrics* 2.

Eden, Rauno et al. (1996): *Yleisradio 1926-1996*. Yleisradio Oy.

Ezell, Edward C./Ezell, Linda N. (1978): "The First Dryden-Blagonravov Agreement – 1962," in: *The Partnership: A History of the Apollo-Soyuz Test Project*, (NASA Special Publication-4209), Washington, DC, http://www.hq.nasa.gov/office/pao/History/SP-4209/ch2-3.htm#explanation2, 05.11.2008.

Fiji Times (1962a): "Communication Benefits and Prospects" (editorial), in: *The Fiji Times*, 9 July.

Fiji Times (1962b): "Image Bounces Off Satellite in Space Orbit," in: *The Fiji Times*, 12 July.

Fiji Times (1962c): "Cargo Cult Still Exists in New Guinea Islands," in: *The Fiji Times*, 23 June.

Geppert, Alexander C. T. (2007): "Flights of Fancy: Outer Space and the European Imagination, 1923-1969," in: Steven J. Dick/Roger D. Launius (eds.), *Societal Impact of Spaceflight*, Washington, DC, 585-599.

Geppert, Alexander C. T. (2008): "Keynote Address, and Further Comments," at: Imagining Outer Space, 1900-2000 Conference, Zentrum für interdisziplinäre Forschung (ZiF), Universität Bielefeld, 6-9 February.

Honolulu Advertiser (1962): "All is 'Go' for Giant Nuclear Blast," in: *Honolulu Advertiser*, 20 June.

Honolulu Star-Bulletin & Advertiser (1962): "Bomb Delays Bug You? Welcome To The Club," in: *Honolulu Sunday Star-Bulletin & Advertiser*, 8 July.

Honolulu Star-Bulletin (1962a): "Johnston Isle N-Test Slated Tonight," in: *Honolulu Star-Bulletin*, 5 July.

Honolulu Star-Bulletin (1962b): "N-Test Loses Appeal as Spectator Sport," in: *Honolulu Star-Bulletin*, 6 July.

Honolulu Star-Bulletin (1962c): *Honolulu Star-Bulletin* (inquiring reporter column), 10 July.

Honolulu Star-Bulletin (1962d): "Nuclear Blast Postponed Again, Slated for Tonight," in: *Honolulu Star-Bulletin*, 7 July.

Honolulu Star-Bulletin (1962e): "Actor John Wayne Arrives on *Matsonia*," in: *Honolulu Star-Bulletin*, 7 July.

Honolulu Star-Bulletin (1962f): "To Those Who Saw It," (letter from Albert H. Banner, Professor of Zoology, U-Hawaii), in: *Honolulu Star-Bulletin*, 10 July.

Honolulu Star-Bulletin (1962g): "Johnston Island Nuclear Blast Tilted Earth's Magnetic Field," in: *Honolulu Star-Bulletin*, 12 July.

Honolulu Star-Bulletin (1962h): "N-Test produced Odd Results," in: *Honolulu Star-Bulletin*, 12 July.

Honolulu Star-Bulletin (1962i): "Nuclear, War, Phone Digits Worry Professor," in: *Honolulu Star-Bulletin*, 19 July.

Honolulu Star-Bulletin (1962j): "Johnston Tests May be Vital to Defense," in: *Honolulu Star-Bulletin*, 14 July.

Johnson, Lyndon (1962a): "Price to Johnson," 24 July, in: *Vice-Presidential Papers of Lyndon Johnson*, Box 183, Folder Science Space and Aeronautics Telstar, Johnson Library, Austin, TX.

Johnson, Lyndon (1962b): "Gardner to Johnson," 1 August, in: *Vice-Presidential Papers of Lyndon Johnson*, Box 183, Folder Science Space and Aeronautics Telstar, Johnson Library, Austin, TX.

Johnson, Lyndon (1962c): "Myers to Johnson," 27 July, in: *Vice-Presidential Papers of Lyndon Johnson*, Box 183, Folder Science Space and Aeronautics Telstar, Johnson Library, Austin, TX.

Johnson, Lyndon (1962d): "Wykoff to Johnson," 12 July, in: *Vice-Presidential Papers of Lyndon Johnson*, Box 183, Folder Science Space and Aeronautics Telstar, Johnson Library, Austin, TX.

Johnson, Lyndon (1962e): "The Van Broock family to Johnson," 16 July, in: *Vice-Presidential Papers of Lyndon Johnson*, Box 183, Folder Science Space and Aeronautics Telstar, Johnson Library, Austin, TX.

Johnson, Lyndon (1962f): "Rogers to Johnson," 11 July, in: *Vice-Presidential Papers of Lyndon Johnson*, Box 183, Folder Science Space and Aeronautics Telstar, Johnson Library, Austin, TX.

Jones-Imhotep, Edward (2000): "Disciplining Technology: Electronic Reliability, Cold-War Military Culture and the Topside Ionogram," in: *History and Technology* 17, 25-175.

Kennedy NSC (1962a): "Weisner, Memorandum," 27 April, in: *Kennedy NSC Papers*, Box 284, Kennedy Library, Boston, MA.

Kennedy NSC (1962b): "Weisner to Kennedy," 25 October, in: *National Security Files, Meetings and Memoranda Series*, Box 339, Kennedy Library, Boston, MA.

Kennedy NSC (1962c): "Thompson to Rusk," 21 February, in: *Kennedy NSC Papers*, Box 190a, Folder US/USSR Television Exchange Broadcast, Kennedy Library, Boston, MA.

Kennedy NSC (1962d): "Bundy to Sorenson," 23 February, in: *Kennedy NSC Papers*, Box 190a, Folder US/USSR Television Exchange Broadcast, Kennedy Library, Boston, MA.

Kennedy NSC (1962e): "Bohlen to Bundy," 9 March, in: *Kennedy NSC Papers*, Box 190a, Folder US/USSR Television Exchange Broadcast, Kennedy Library, Boston, MA.

Kennedy NSC (1963a): "Orrick to the Executive Committee of the National Security Council," May 21, in: *National Security Files, Meetings and Memoranda Series*, Box 339, Kennedy Library, Boston, MA.

Kennedy NSC (1963b): "Rusk to US UN Delegation," 6 June, in: *Kennedy NSC Papers*, Box 308, Kennedy Library, Boston, MA.

Kennedy WHCF (1962a): "Minow to O'Donnell," 26 June, in: *Kennedy Presidential Papers, White House Central Files (WHCF)*, Box 247, Kennedy Library, Boston, MA.

Kennedy WHCF (1962b): "Nielsen News," Press Release, 21 March, in: *Kennedy White House Central Files (WHCF)*, Box 654 Folder OS 4 3-1-62–3-31-62, Kennedy Library, Boston, MA.

Kennedy WHCF (1962c): "Colella to Kennedy," 26 July, in: *Kennedy Presidential Papers, White House Central Files (WHCF)*, Box 991, Folder UT 1 11-1-61–4-17-62, Kennedy Library, Boston, MA.

LIFE (1962): *LIFE Magazine* 53(3), 20 July.

Manila Times (1962): "Telstar Pic Seen In Europe," in: *The Manila Times*, 12 July.

Martin, Donald (⁴2000): *Communication Satellites*, El Segundo, CA.

Minow Papers (1962): "Meyers to Dungan, 'International Broadcasting'," 24 May, in: *Minow Papers*, Box 18, Folder International Communications 1961-1963, SHSW.

NASC (1959): "United States Aeronautics and Space Activities, January 1-December 31 1958, Year One of the Space Age," in: *RG 59, Executive Secretariat Records Relating to the National Aeronautics and Space Council*, Lot 65-D-464 Box 2, NARA.

NSC (1958): "Discussion at the 392nd Meeting of the National Security Council, Tuesday, December 23, 1958," in: *Eisenhower NSC Papers*, Box 10, Folder 392nd Meeting of NSC, Eisenhower Library.

NSDDC (2008): NSSDC Master Catalog: Spacecraft, "Telstar 1," http://nssdc.gsfc.nasa.gov/database/MasterCatalog?sc=1962-029A, 05.11.2008.

O'Neill, Eugene (1991): "Commentary on the Telstar Project," 13 July, http://www.smecc.org/eugene_o%27niell_-_telstar.htm, 05.11.2008.

OSS (1945): Office of Strategic Services, R&A #2775, "The World-Wide Intelligence Photographic Documentation Project," National Archives Microfilm Publication M1221, #2775, RG 59, NARA.

Richelson, Jeffrey T. (2001): *The Wizards of Langley: Inside the CIA's Directorate of Science and Technology*, Boulder, CO.

San Francisco Chronicle (1962a): "ADDLs Sign Up In Numbers," in: *San Francisco Chronicle*, 22 June.

San Francisco Chronicle (1962b): "We're Six-Digit People in a Seven Digit World," in: *San Francisco Chronicle*, 24 June.

San Francisco Chronicle (1962c): "Space A-Blast," in: *San Francisco Chronicle*, 9 July, Final extra edition, Headline story.

San Francisco Chronicle (1962d): "First Space TV," in: *San Francisco Chronicle*, 11 July.

San Francisco Examiner (1962a): "Is It Over the Hill for UNderhill?", in: *San Francisco Examiner*, 3 July.

San Francisco Examiner (1962b): "Launch Telstar, First Private Moon," in: *San Francisco Examiner*, 10 July.

San Francisco Examiner (1962c): "Space Blast Turns Night Into Day," in: *San Francisco Examiner*, 10 July.

Schwoch, James (forthcoming 2009): *Global TV: New Media and the Cold War, 1946-69*, Urbana, IL.

Solomon, Louis (1963): *Telstar: Communication Break-Through by Satellite*, New York et al.

Sprague Committee (1960): "The Impact of Achievements in Science and Technology Upon the Image Aboard of the United States," Part III, p. 1, draft 9, June, Box 7, Folder Science and Technology #23 [file #4] (2), Eisenhower Library.

Ullrich, George W. (1997): "Testimony, House of Representatives Hearings on Threats Posed by Electromagnetic Pulse to U.S. Military Systems and Civilian Infrastructure," July 16, http://www.fas.org/spp/starwars/congress/1997_h/h970716u.htm, 05.11.2008.

USIA (1970): "Records of the U.S. Information Agency," in: *RG 306, Office of Research, Research Memorandums*, 1963-1982, "British Public Opinion on Space Leadership," M-36-70, 4 December, Box 12, NARA.

Wolfgang Hagen

Zellular – Parasozial – Ordal.
Skizzen zu einer Medienarchäologie des Handys

Die folgenden Überlegungen empfehlen keine Verbesserungen oder Optimierungen für bestehende Mediensysteme, also auch nicht für den Handygebrauch. Sie versuchen vielmehr zu zeigen, welche parasoziale und zugleich vorneuzeitliche Struktur die Nutzung dieses modernsten aller neuen Medien einschließt. Dass die parasoziale Funktion des Handygebrauchs Ordalstruktur hat, ist kein Verdikt, sondern legt am gewählten Beispiel eine Strukturbeziehung bloß, die über die evolutive Funktion von Medien generell Aufschluss geben könnte. Ob man deswegen nun seiner begierigen achtjährigen Tochter ein eigenes Handy kaufen sollte oder nicht, ist damit nicht entschieden. Eine Medientheorie kann wohl zeigen, was Medien in ihrer historischen Formation für die Gesellschaft oder Zivilisation erschließen, in die sie verändernd eingreifen. Aber jede Medientheorie ist selbst schon abhängig von diesem Eingriff, den sie nicht mehr aufhalten kann als der legendäre Lorenz'sche Schmetterlingsschlag in Brasilien den Tornado in Texas (vgl. Lorenz 1972).

1

1.1 Symptome und Camouflagen

Ohne konstruktivistische Verspannungen muss jede epistemologisch orientierte Medientheorie die Unterscheidung von Medium und Form treffen. Der Grund ist sehr einfach: Medien existieren nur in konkreten Formen oder Formaten. „Ohne Medium gibt es keine Formen, und ohne Formen gibt es auch kein Medium." (Esposito 2008: 117)[1] Den Plural solcher Formen nennen wir dann wieder, der Einfachheit halber, doch um den Preis einiger Unschärfen: Medien. Denn von hier aus ergibt sich ein Begriff des Mediums, der eben nicht die Einzahl von ‚Medien' umfasst, sondern eine Gruppe von Medienformen. So gesehen – aber eben nur so gesehen – ist das Handy ein ‚Medium', weil es eine (z.B. gleichartige) Gruppe von Medienformen bezeichnet.

---

1 Elena Esposito bezieht sich hier auf Niklas Luhmann (1995: 167 ff.; 1997: 195).

In der Einheit der Differenz von Medium und Form verkapselt liegt noch eine weitere Unterscheidung: Medien haben eine Art historischen Index; es gab sie ja nicht immer. Die Differenz besteht darin, dass die Medien zwar historisch sind und dazu noch kulturell hoch differenziert, aber in ihren Formaten selbst auf eine spezifische Weise enthistorisierend und entdifferenzierend operieren. In ihren Formaten, Ausdrucksweisen, Programmen etc. tun Medien so, als hätten sie keine Geschichte. Die Geschichte der Medien erfahren wir aus ihren Programmen und Selbstbeschreibungen bestenfalls in der Form von ontologisierenden Camouflagen. So redet man im Netz von dem neuesten Internet-Hype als vom ‚Web 2.0', aber eine Formatversion ‚Web 1.0' hat es nie gegeben. Am liebsten würden die Medien von sich behaupten, sie seien die engelhaften Boten des Dazwischen – immer schon gewesen, heute und morgen noch mehr (vgl. Krämer 2008). Boten sind sie vielleicht auch; aber tief gespaltene und mehrfach doppelgesichtige. Einerseits enthalten Medien nämlich materialiter das Wissen, das sie möglich gemacht hat; andererseits aber zugleich (und darin verkapselt) ein formatiertes Wissen, das auf ein Nichts-von-sich-wissen-wollen gründet. Diese Abwehr des Wissens-von-sich artikuliert sich in unterschiedlichen Diskursen, je anders beim Nutzer als bei den Herstellern von Medienformaten. Ohne diese fundamentale Doppelgesichtigkeit ihres Wissens zu berücksichtigen, macht es wenig Sinn, mit ethnologischen, globalisierungstheoretischen, deterministischen, ontologisierenden oder Netzwerk-Akteurs-mäßigen Fragen auf Medien loszugehen.

In ihren Formaten (Artikulationen, Programmen, Nutzungsformen etc.) bleiben Medien auf das Projekt einer je durch sie neu formatierten Gegenwart absolut fixiert. Da behaupten sie die schlichtesten Boten zu sein, die bloßen Verkünder des Jetzt. Wenn einmal etwas Geschichtliches in Bezug auf ihren eigenen Kontext zur Sprache kommt, dann schwankt das bestenfalls zwischen Nostalgie und finalistischer Klitterung. Diese Überspielung, dieses Nicht-wissen-wollen, diese Wissensverdrängung der eigenen Geschichte gehört als Diskursform zum Wissen der Medien untrennbar dazu. Deshalb ist keine Äußerung in den Medien unverstellt zu nehmen. Medien sagen nicht, ‚wie es ist', sondern sagen nur, wie es ist, indem sie nicht sagen, dass sie es nur sagen. Medien formatieren, um zu existieren, die ganze Welt in ein Handhabbares und generieren damit ein unaufhörliches Jetzt ihrer Nutzungsprojektionen (vgl. Hagen 2003). Diese Beziehung ist im Übrigen völlig reziprok. Der formatierten Verdrängung von Historie auf Seiten ihrer Hersteller entspricht – auf Seiten des ‚Publikums' – eine Projektion ihrer Nutzung und ihres Gebrauchs, die genau dies erwartet, nämlich ein kommendes Jetzt. Medien erschließen in ihrer Nutzung gleichsam ontologische Erwartungen (Bedürfnisse, Gewohnheiten etc.), die zudem behaupten, dass es sie immer schon gab.

Die hier vorgeschlagene Differenz einer Historizität der Medien, die durch gegenwartsvergessene Formenproduktion bleibt, entspricht der von der Systemtheoretikerin Elena Esposito vorgeschlagenen Definition,

> dass Medien (alle Medien) ins Spiel kommen, wenn eine Notwendigkeit in Kontingenz umgewandelt wird: Etwas, das früher als ein Datum erschien, auf das man nicht zugreifen konnte, wird zu einer Variablen, über die man verfügen kann und (inzwischen) muss – weil sie anders sein könnte und ihr Status auch von externen Eingriffen abhängt. Man könnte auch sagen, dass Medien (alle Medien) ‚Unwahrscheinliches in Wahrscheinliches transformieren' [Luhmann 1984: 220]. Sie machen etwas verfügbar, das früher nicht verfügbar war, und schaffen das Problem, es zu verwalten – aber zugleich bereiten sie seine Lösung vor (ohne welche das Problem nicht einmal hätte wahrgenommen werden können). (Esposito 2008: 114)

Medien – mit einem Wort – sind Teil einer sehr viel umfassenderen Form der Welterschließung, für die die Systemtheorie den Begriff der Evolution reserviert hat. Aber auch Esposito kommt nicht umhin, in den begrifflichen Nachvollzug dieser Evolution Realgeschichtliches, um nicht zu sagen: materiale Geschichte einzubauen. Das Herstellen von „Kontingenz" über die Verfügung von vorher starren ‚Notwendigkeiten', das Verfügbarmachen dessen, was „früher nicht verfügbar war", bleibt immer auch ein historischer Prozess, der rekonstruierbar ist und deshalb der genealogischen Darstellung unterzogen werden kann. Schränkt man die systemtheoretischen Konzepte der Evolution nicht durch historisch reflektierte Genealogien ein, so bleibt auch ihr medientheoretischer Teil tautologisch; nämlich dann erschlössen die Medien neue Kontingenzen und Verfügbarkeiten einfach so, wie sie es gerade zu tun wissen, ohne dass der epistemologische Status dieses Wissens erkennbar würde.

Deshalb scheint es mir so wichtig zu sein, in Prozessen der Medienevolution seit 1820 auf die Dimensionen des in ihnen ausgeschlossenen Wissens hinzuweisen. Dieses durch ihre eigenen Formationen (und oft auch schon durch ihr bloßes ‚Funktionieren') ausgeschlossene Wissen ihrer Historizität ‚transportieren' die Medien gleichwohl mit, auch wenn es nur stumm und scheinbar bedeutungslos an ihnen haftet. Es existiert in den Blaupausen und Anleitungen, Patentierungen, Experimentations-Berichten, Programmierungen etc., die man nur genau genug lesen muss, um sie zum Sprechen zu bringen. Diese Diskursschicht markiert dann die Schwelle, diesseits deren der Diskurs der Verdrängung beginnt und die engelhaften Boten unsere Blicke täuschen. Im Ergebnis artikuliert sich ihre eigene Diskursgeschichte und Genealogie in den Medien selbst nur als verworfenes Symptom ihrer Formation. Jedes Format, jede Version, jedes Programm ist genealogisch mit Diskursformen infiziert, die sich im Bestreiten dieses Tatbestands üben. Will man sie verstehen, muss man diese verwerfende Symptomatik der Medienformationen einrechnen – oder ihnen auf den Leim gehen.

1.2 Codex Hammurapi

Nur scheinbar unvermittelt führt uns das auf den Begriff des Ordalen. Denn auch das Ordale ist ein – zugegeben reichlich veraltetes – Muster der Weltbewältigung. Wörtlich genommen ist das Ordal ein mittelalterliches Wort für unseren Begriff des Gerichtsurteils (Ordal – Urteil). Aber das Ordal bezeichnet weniger das Urteil selbst als vielmehr die Art und Weise des Richterspruchs, ja nicht einmal diesen Spruch selbst, sondern vielmehr das Verfahren, wie es zu diesem Spruch kommt. Das Ordal bezeichnet eine auf Kontiguität gegründete, ortsgebundene Prozedur, in der sich ein Beklagter an der Stelle seiner vermeintlichen Tat einer Prüfung zu unterwerfen hat, ob er sie begangen hat. So war das „Bahregehen"[2] im Mittelalter eine Probe, in der der vermeintliche Täter den Erschlagenen berühren musste; reagierte dieser durch Blutabsonderung o.ä., war der Täter überführt.

Ordal meint also neben dem Richterspruch, den es enthält, zugleich die Beweisführung der Urteilsfindung. Es geht um eine Beweisführung, die aus vorneuzeitlicher Zeit stammt und deshalb völlig davon absieht, dass es Individuen oder Personen sein mögen, die da als Angeklagte vor Gericht stehen. Ordal ist eine an verwandte Gegenstände, benachbarte Orte, ähnliche Prozeduren oder spiegelbildliche Organe geknüpfte Struktur der vorneuzeitlichen Urteilsfindung unter der Voraussetzung der Inexistenz personaler Identitäten. Um die Struktur des Ordalen besser zu verstehen, nützt ein Blick in das älteste uns bekannte Gesetzesbuch, in dem diese Art der Urteilsfindung definiert wird. Es ist nicht der Koran, nicht die Bibel und auch nicht die Tafel mit den zehn Geboten des Moses. Das Ordal wurde definiert im Codex Hammurapi aus der frühen babylonischen Bronzezeit, verfasst vom König Hammurapi irgendwann zwischen 1810 und 1750 vor Christi. Die Restauration des in drei Teile zerspaltenen Steins ist heute im Louvre zu besichtigen. In Hammurapis Gesetzbuch ist vieles definiert, was in der Jahrhunderte späteren Bibel wiederkehrt, und manches, was heute noch in den Aberhunderten Versionen der Scharia des Islam Vorschrift ist, dem inzwischen wieder in einigen muslimischen Staaten gültigen Gesetzbuch. Zum Beispiel die ‚Spiegelstrafe': Einem Dieb, der geklaut hat, wird die Hand – als sei es das metonymische Werkzeug seiner Tat – abgehackt. Das alles findet sich schon bei Hammurapi.

---

2   Auch „Bahrrecht", „Bahrgericht", „ius feretri", „ius cruentationis" genannt (Brunner 1892: 405, 411f.).

Das zweite Lemma, der zweite Paragraph des Hammurapi-Codes liest sich in der einschlägigen englischen Übersetzung des Assyriologen Leonard William King so:

> If any one bring an accusation against a man, and the accused go to the river and leap into the river, if he sink in the river his accuser shall take possession of his house. But if the river prove that the accused is not guilty, and he escape unhurt, then he who had brought the accusation shall be put to death, while he who leaped into the river shall take possession of the house that had belonged to his accuser. (King 1910)

Assyrologen werden die Konnotation genauer erklären können, die in dieser Serialisierung von Fluss und Haus besteht, welches mit seinem Bewohner entweder besteht oder untergeht. Für unsere Zwecke genügt der Hinweis, dass die unrühmlichen Perversionen des Ordals im Mittelalter beginnen, in denen es zum Gottesurteil umgedeutet wird. Von der frühen Inquisition des 13. Jahrhunderts wird das Ordal daraufhin streng verboten, was sein Unwesen in allen Hexenprozessen bis weit ins 18. Jahrhundert nicht verhindert hat (vgl. Majer (1970 [1795]).

Wichtig bleibt festzuhalten, dass das Ordal in einem Rechtssystem gilt, das keine Rechtspersonen kennt. Wie der Bibel oder der Scharia fehlt auch Hammurapis Gesetzbuch der Begriff des Individuums. In vorneuzeitlichen Systemen wie dem ordalen Recht existiert keine Personalität und keine Identität; so dass in Bezug auf eine Tat von einem Subjekt allein nichts bezeugt oder bewiesen werden kann, was von einem anderen (und niemandem sonst) getan oder nicht getan wurde. In naturrechtlichen Systemen tritt an Stelle dieser strukturellen Ungewissheit personaler Bezeugungen die kontingente Gewissheit einer Probe aufs Naturelement, also beispielsweise die Flussprobe, die je nach Flussgeschwindigkeit dem Einzelnen eine Chance lässt oder nicht. Das Ordal ist kontingent (wie das ‚Ich' des Augustinus es von sich sagt), aber unabänderlich arbiträr. Es geschieht an einem eindeutigen Ort zu eindeutiger Zeit und verurteilt am Ort, an dem viele zuschauen, den Probanden gleichsam von Natur aus endgültig. Das Ordal ersetzt das Fehlen einer bezeugbaren personalen Identität des Menschen. Wir sagen ja noch heute: Er hat seine Feuerprobe bestanden.

Die Frage bleibt: Welche Probe besteht einer, der ein Handy nutzt und in diesem neuesten informellen Medium seine privatesten Geheimnisse anvertraut?

2

2.1 Das erfolgreichste der Neuen Medien

Eine Geschichte der Superlative: Vier Milliarden Handys, sagt uns die Branche, gab es im Jahr 2007 weltweit. 200 Millionen Geräte fliegen jährlich auf den Müll. Noch immer gilt (Stand 2008): Mindestens 300 bis 500 Millionen werden pro Jahr neu wieder angeschafft. Innerhalb von nur 15 Jahren hat das Mobiltelefon eine Durchdringungstiefe von 91 Prozent aller Haushalte in den entwickelten Industrienationen erreicht. Damit hat das Handy die Zahl der über Jahrzehnte gewachsenen Festnetzanschlüsse in gerade mal zehn Jahren weit übertroffen.

Auch in Deutschland sind (2008) mehr Handys in Betrieb als es Einwohner gibt. Der Trend geht in Deutschland also zum Zweithandy. Die USA liegen dagegen mit einer Durchdringungstiefe von nur 75 Prozent aller Haushalte diesmal auf den hinteren Plätzen. Gleichwohl finden die Marktbeobachter auch hier zweistellige Wachstumszahlen pro Jahr. Kurzum: Wir befinden uns – immer noch oder gerade eben wieder – mitten in einem bemerkenswerten Medienboom. Solche Phasen – das wissen Medienforscher wie Börsianer gut genug – sind mit falschen Erwartungen, Übertreibungen und Übersteigerungen, Phantasmagorien und Irrungen aufgeblasen. Ein Teil dieses Booms erklärt sich dabei dann durch sich selbst.

Am Maßstab seiner so beschriebenen Ausbreitungsgeschwindigkeit ist das Mobilphon das erfolgreichste technische Kommunikationsmedium aller Zeiten. Das gilt übrigens selbst für den afrikanischen Kontinent, der ansonsten so rettungslos abgehängt erscheint. Wenn Globalisierung heißt, dass die vielen Einzelnen auf dieser Welt von immer entfernteren Orten, Ländern und Kontinenten her immer schneller miteinander kommunizieren können, dann wäre das Handy ein ganz entscheidender Treiber dieser Globalisierung. Wenn man Medien in diesem Sinn überhaupt zu Treibern der Globalisierung erklären dürfte, dann wäre das Handy nach der Telegrafie (1820ff.), dem Kabeltelefon (1875ff.), der Radiotelegrafie (1900ff.), dem Rundfunk (1920ff.) und dem Internet (1980ff.) ein Treiber im sechsten Globalisierungsschub.

2.2 Zellularität

Bei alledem muss das Handy als ein völlig neuartiges Medium der Kommunikation verstanden werden, dessen wesentliches Kennzeichen darin liegt, dass seine Nutzer, um zu kommunizieren, auch dann kommuniziert, wenn sie nicht kommuniziert. Die Definition eines Handys wird deshalb am besten durch seine amerikanische Bezeichnung (cellphone) ausgedrückt, die weder auf

Prothetik noch auf Mobilität anspielt, sondern auf Zellularität. Handys sind dadurch definiert, dass sie als Teil eines komplexen Zellensystems fungieren und funktionieren. Seine Zellularität bezeichnet die funktionale Verkoppelung in einem komplexen Netzwerk, zu dessen Aufrechterhaltung ein Handy auch dann beiträgt, wenn es nur in Bereitschaft ist. Das Handy ist immer im Netz und im Funkloch wird sofort die Netzsuche aktiv. Ohne dass wir darüber nachdenken, sind wir immer ‚verbunden', ‚senden' und ‚empfangen' unaufhörlich. Das Handy ist kein Tele-phon. Tele-Medien melden weder ihren Empfang noch ihre Bereitschaft dazu irgendeinem System zurück.

Insofern erweist sich auch hier die Devise als nicht ganz falsch, Mediengeschichte als eine Geschichte des Wissens und nicht als eine Frage der Beschreibung (phänomenologischer oder sonstiger Art) zu begreifen. Man sieht einem schnurlosen Festnetz-Telefon und einem Handy ihre medial entscheidende Differenz nicht an. Die wird erst sichtbar, wenn man in die Genealogie, in die Wissensgeschichte beider Medien einsteigt.

2.3 Bell

Auf die Kontingenz, auf das Wissensumfeld, dem Alexander Graham Bell 1875 sein Telefon verdankt, kann hier nicht ausführlich eingegangen werden, aber so viel sei hier vorausgeschickt: Seiner Entdeckung ging kein formalisiertes Wissen voraus (vgl. Hagen 2000). Bell hatte nämlich keine Ahnung von der Physik des Elektrischen. Es war vielmehr die manische Experimentiersucht eines oralistischen Taubstummenlehrers im Kontext des zeitgenössischen Phantasmas der Elektrizität, die ihn antrieb. Bell arbeitet in den späten 1860er Jahren, wo noch kaum jemand wusste, was Elektrizität tatsächlich ist, aber wo das Elektrische schon gut ein Jahrhundert lang als ein faszinierendes, romantisches Paradigma fungiert.[3] Bei Bell ist das Ganze zudem noch eingebettet in seine oralistische Ideologie, die Taubstumme (zu ihrem Heil) zum Sprechen zwingen will.

Das kontingente Moment seiner Entdeckung besteht darin, dass sich alles in Boston abspielt (wohin er als Taubstummenlehrer verschlagen ist). Bell arbeitete 1875, vermutlich nicht einmal mit Wissen Edisons, in dessen alten elektrischen Werkstätten, in denen aber noch Edisons Assistenten tätig waren; unter ihnen der legendäre Watson (1926), Bells Mitarbeiter und glühender Anhänger eines Elektro-Spiritismus. Auch Heinrich Hertz' Entdeckung des Elektromagnetismus lag übrigens an zufälligen Umgebungsbedingungen: Der große

---

[3] Einen systematischen Einblick gibt Stichweh (1984); übergreifend vgl. auch Meya/Sibum (1987).

Hörsaal, in dem er 1887/88 die Radiowellen entdeckte, war aus Holz und Balken gebaut. Nur ein Eisenträger im Raum – und er hätte keine einzige Welle finden können. Die Entdeckung zweier wichtiger Medien der Moderne, die des Telefons und die des Radios, war an ganz und gar kontingente topografische Umgebungsbedingungen geknüpft. Hertz' Versuche konnten erst nach zwei Jahren und nur mit großem Aufwand (Sarasin/La Rive 1890), Bells Original-Experimentationen bis heute überhaupt nicht repliziert werden. So dass die Einzelheiten wohl weiterhin unklar bleiben, wie Watson und Bell, der bekennende Spiritist und der besessene Oralist, dazu kamen, das Telefonprinzip im Chaos ihrer Werkstatt zu ‚erbasteln'.

2.4 Ring & Young

Das Zellphon hingegen war und ist die Umsetzung eines weitgehend formalisierten Wissens; schon 1947 gab es dazu das erste weltweit portierte Memorandum aus den Bell Labs der USA. Man wollte damit an die neuen Computerwissenschaften der späten 1940er Jahre anschließen. Ein zweiter Schub erfolgte mit einer Patentschrift von 1972, die wiederum mathematisch kalkulierte Netztopologien aus den frühen 1970er Jahren nutzbar machen wollte. Ab 1975 war das Wissen für eine Mobilfunkkommunikation also verfügbar, aber es sollte noch sieben Jahre dauern, nämlich bis 1982, bis sich die europäische Postkonferenz CEPT auf eine „Group Spècial Mobil" (GSM), verständigte. Erst weitere zehn Jahre später konnte man sich auf einen einheitlichen europäischen Mobilfunkstandard einigen. Nach einigem Geknirsche haben sich die USA 1991 dem in etwa angeschlossen. Standardisierungen sind für die Entwicklung der Medien entscheidende Bedingungen. Dass sie gar weltweit gelingen, ist allerdings eine ebenso große Ausnahme und Unwahrscheinlichkeit wie die Luhmannsche Vermutung, dass Kommunikation überhaupt gelingt. Es sind oft genug desaströse, unendlich lang gezogene Prozesse des Scheiterns. Man denke nur an die Wellenkonferenzen im VHF-, UHF-, UKW- oder Mittelwellenbereich, die nun schon seit Jahren die Medienentwicklung des digitalen europäischen Radios massiv behindern.

Die zellulare Architektur des GSM-Systems basiert, nach einem Vorschlag der Bell-Lab-Kriegsingenieure Douglas Ring und W. Rae Young von 1947, auf hexagonalen Zellen, die zusammengefügt eine lückenlos gepackte Wabenmuster ergeben (vgl. Ring 1947). Ein Hexagon wird elektromagnetisch durch drei Antennen abgebildet, die ihre Sendefelder in drei 120 Grad breite Abstrahlungen ausrichten. Durch diese Richtwirkung erhält das Hexagon seine Struktur. Schon drei gepackte Hexagone ergeben im Inneren die wiederum hexagonale Kernzelle eines zellularen Telefonnetzes; Kernzelle deshalb, weil ein zellulares

Telefon idealiter von drei gleich weit postierten Sendemasten umgeben ist. Realiter indessen ist ein Handy immer einem Sendemast am nächsten, in den es dann auch über ein relativ kompliziertes Verfahren einloggt, das hier weiter nicht von Interesse ist.

Ring und Young schlugen schon 1947 vor, die digitale Sprachübertragung (seit den 1920er Jahren als PCM-Verfahren bekannt, vgl. Hagemeyer 1979) in pulsförmig getaktete Datenströme zu ‚multiplexen'. Auf Deutsch heißt das: Mehrere Apparate empfangen einen Datenstrom und jeder einzelne fischt sich aus diesem Strom das ihm gehörende Datenpaket heraus. Das Paradigma des Digitalen, hier also die pulscodierte Modulation, ist keineswegs an Computer gekoppelt, von denen es 1947 ja bestenfalls eine Handvoll Prototypen gab. Die Digitalisierung (analoger Frequenzereignisse) geht mathematisch auf eine Funktionenalgebra des frühen 19. Jahrhunderts zurück, nämlich auf Joseph Fourier. Insofern klang es 1947 für niemand überraschend, dass Sprachsignale digital ausgestrahlt werden sollten. Innovativ und patentwürdig allein war die Beschreibung, den Pulscode der Sprachdaten in Zeitschlitze zu verpacken, um so auf ein und derselben Frequenz mehrere Telefonate übertragen zu können.

Bereits in diesem Papier von 1947 wurde erörtert, dass das Zellphon irgendwie fähig sein müsse, die Waben zu wechseln, also unterbrechungsfrei Sender- und Empfangskanäle zu wechseln. Das Verfahren dafür, ‚Handover' genannt, wurde allerdings erst 1972 vom Bell-Lab-Ingenieur Amos Joel entwickelt. Sein Patent klärt im Rückgriff auf einige Tricks der Kryptographie die Frage, wie die getakteten Pulse einer zeitschlitzcodierten Nachrichtenquelle (nach Ring und Young) nahtlos von einer Zelle zur anderen herübergereicht werden können (vgl. Joel 1972).

All das resümiert ein Patent von 1975 aus der Feder des Motorola-Entwicklungschefs Martin Cooper mit dem Ergebnis eines funktionsfähigen digitalen Zellphons namens *DynaTAC*, das immerhin noch zwei Pfund schwer war und eine maximale Sprechzeit von 35 Minuten erlaubte (vgl. Cooper et al. 1975). 1975 existiert das Wissen über die Bauweise des Zellphons und die Firma Motorola baut das erste (vgl. Abb. 1). Das Prinzip verlangt, dass ein Zellularphon entweder nicht existiert oder sich ununterbrochen selbst lokalisiert und jede seiner Aktionen aktiv quittiert. Stumm ist ein Telefon, wenn's nicht läutet, stumm ist ein Zellphon nie. Es ist stets lokalisierbar, weil es sich selbst lokalisiert. Um 1975 diese Blaupause schon gebrauchsfertig umzusetzen, war es allerdings schlicht ein Paar Zyklen des Moore'sche Gesetzes zu früh. Noch war alles zu schwer, zu dick und zu unhandlich.

Abb 1.: *DynaTAC*-Prototyp, präsentiert von Martin Cooper am 03.04.1973 in New York.

2.5 Moore's Law

Nichts, was seit 1965 im Bereich der elektronischen Hardware geschieht, läuft unabhängig vom Moore'schen Gesetz. Das Moore'sche Gesetz stammt von Gordon Moore, dem Gründer der Firma Intel, einem der sogenannten ‚Traitorous Eight', der acht Ingenieure also, die 1957 ihren großen Lehrmeister – den unerträglich autoritären, nobelpreisgekrönten Transistorentdecker William Shockley – verließen, um ihre eigenen Firmen zu gründen. Moore sagte im Jahr 1965 voraus, dass es möglich sei, die Zahl der Transistoren auf einem gegebenen Schaltkreis alle drei Jahre zu verdoppeln.

Mit anderen Worten: Moore's Law besagt, dass die Zahl der integrierten Schalt-Elemente und die Geschwindigkeit ihrer Logiken auf einer identischen Siliziumfläche sich alle drei Jahre[4] verdoppeln, und zwar zum gleichen Preis. Für die letzten Jahrzehnte kann man eine solche exponentielle Kurve tatsächlich finden, auch im Bereich der Festplattentechnologie, die mit den technischen Verfahren der Chip-Entwicklung (Photo-Maskierung, metallische Bedampfungsverfahren etc.) kaum zu tun hat. Das Moore'sche Verdopplungsgesetz steckt zwar, seit den 1960er Jahren, als Trendformel hinter nahezu jeder Technologie der Elektronik-Miniaturisierung, aber es ist eben kein technizisti-

---

4 Die Definition schwankt, was das Zeit-Delta betrifft, von 18 über 24 bis 36 Monate. Da es darauf nicht ankommt, habe ich hier das größte Abstandsmaß gewählt.

scher Determinismus. Es ist, wie sein Entdecker Moore freimütig zugibt, ein Glaubensgesetz, eine technoökonomische ‚self fulfilling prophecy', an die die Branche nur glauben muss, damit es Bestand hat. Nur weil sich – im Kontext eines hochexpansiven Marktes – alle Marktteilnehmer an eine gemeinsame Roadmap halten, beschreibt das Moore'sche Gesetz tatsächlich seit fast vier Jahrzehnten die exponentiellen Entwicklungszyklen der Hardware-Branche ziemlich gut.

Das ist ein frappanter Befund, der es gestattet, schon hier den Begriff des ‚Ordalen' einzubringen. Denn wo Glaubenssätze zu Leit-Gesetzen im Marktgeschehen werden, ist das Ordale nicht weit. Das Muster des Moore'schen Verdopplungsgesetzes ist ordal deshalb, weil es nur existiert, insofern alle, die diesem Muster unterworfen sind, davon profitieren, dass sie an dieses Muster glauben und alles dafür tun, sich daran zu halten. Jede Eigenwilligkeit im Marktverhalten wird hier mit Ausschluss bedroht. Ordale Beweise wie die erwähnten Wasser- und Feuerproben des Hammurapi-Codes haben eine vergleichbare Struktur: Es ist besser, dass man an sie glaubt, als das Risiko einzugehen, von ihrer Kontingenz betroffen zu werden. Das Moore'sche Gesetz gilt ja – negativ – auch für die zahllosen gescheiterten Chip-Industrie-Firmen, die es mit anderen Entwicklungszyklen versuchten. Ihr Scheitern bestätigte aber bislang immer nur das Gesetz der anderen; so wie das Zucken des Toten beim ordalen Bahrrecht; oder wie der Campi, dieser lederbeschuhte Fußkämpfer aus der Zeit Karls des Großen, der für den Angeklagten mit seinen Füßen andere Verdächtige zu Tode trat. Und wenn der Campi, getragen vom Gejohle der Menge, gewann, dann wussten alle von der Unschuld des Angeklagten. Dieser ordale Campi ist unser heutiger Champion, wortgeschichtlich gesehen.

2.6 Ruf aus dem Nichts

Zwischen 1975 und 1992 ist das Grundprinzip von GSM entwickelt und weltweit standardisiert worden. Seither ist eine wichtige Kulturtechnik aus der davorliegenden Epoche dem Untergang geweiht: die Vermittlung. Vermittlung war die entscheidende systemprägende Eigenschaft des Telefons, solange es eben ein Tele- und kein Zellphon war. Das Telefon, daran hat Avital Ronell in ihrer 1989 erschienenen Studie *The Telephon Book* eindrücklich erinnert, ist ein Ruf, der aus dem Nichts kommt und in das Nichts geht. Damit nicht Nichts zustande kommt, muss vermittelt werden. Vermittlungslos bleibt nur die Nacht. „Die Nacht, aus der [Telefongespräche]" kommen, schreibt Benjamin, ist die „gleiche, die jeder wahren Neugeburt vorhergeht" (Benjamin 2002: 403). „Es gibt nichts, das mehr Orakel sein könnte als das Telefon", bemerkt Cocteau (1953; zit. nach Jens 1989: 63) in der ersten Blütezeit der internationalen Festnetzanschlüsse. Telefonieren (das vom technischen Grundprinzip her nichts verkoppelt, sondern einen einzigen Schaltkreis ‚durchschaltet', der den Ort des Rufers wie des Angerufenen prinzipiell unbestimmt lässt) ist die Anrufung des Anderen und darin die Erzeugung einer Ambivalenz, die durch die Prozedur der Vermittlung entsteht und sich nur in ihr auflösen lässt. Wer ein Telefon abnimmt, der kann ja bekanntlich nicht Nein sagen, weil der Schaltkreis schon geschlossen ist. Telefonhörer abnehmen und „Nein" sagen geht nicht. Ein Nein zum analogen Telefonat ist ausgeschlossen, nämlich dort, wo das Telefonat erst überhaupt gar nicht zustande kommt („falsch verbunden"). Das affirmativ fragende „Ja – hallo?" und zahllose weitere auf Bestätigung und Affirmation drängende Telefonphrasen zeugen von der Ungewissheit, ob wir, als wir an den Apparat gingen, weil es geklingelt hatte, überhaupt gemeint waren. Zwischen den Akteuren eines Telefonanrufs stand über einhundert Jahre lang die Vermittlung und damit das Risiko ihres Scheiterns. Das Telefonieren ist eine exklusive Verbindung, die das Ergebnis einer Aushandlung darstellt, die ein- und ausschließen muss. Wer telefoniert, besetzt die Leitung. Deshalb gehörte zur Ordnung des Telefonierens über Jahrzehnte: Fasse Dich kurz.

In einem durch die Oszillation der Vermittlung gestellten Ruf des Telefons, dem An-Ruf, liegt ein gleichsam transzendentales Versprechen, weil er konstituiert ist dadurch, dass weder ich noch der andere definitiv gemeint sein müssen, und beide genau deshalb in kantianischer Tiefe die Freiheit haben, sich als tatsächlich Gemeinte konstituieren zu können. Nach dem Brief wäre also das Telefon das zutiefst und eigentlich bürgerliche Medium, käme nicht die gewaltige und prinzipiell unstillstellbare Irritation der Stimme hinzu. Die Stimme – mit der Einführung des Telefons bekommt sie einen unkontrollierbar intimen Ort am Ohr des anderen – konnte in der bürgerlichen Welt nur durch eine gewaltige Normierungsanstrengung im Zaum gehalten werden, indem man dem Sprechen ein streng normiertes Belcanto verordnete.[5]

2.7 Unüberprüfbare Prozesse

In der GSM-Zellularität gibt es keine Vermittlung, sondern nur Attachment und Detachment, worunter die Ein- bzw. Ausschaltung ins zellulare Netz zu verstehen sind. Attachment und Detachment laufen auf Kanälen, die parallel zu allem anderen mitlaufen. Eröffnet wird das Attachment durch das jedem Handy-User bekannte Ritual, wenn er seine SIM-Karte aktiviert und das Han-

---

5   Vgl. Siebs (1910). Dieses Normbuch existiert seit der Jahrhundertwende 1900. Vgl. hierzu auch Meyer-Kalkus (2001).

dy nun sein Netz zu suchen beginnt. Ist das Zellphon „attached", wird es mit all seinen Bewegungen im sogenannten „Home Location Register" geführt, bis es wieder „detached" wird. Ich will daran erinnern, dass jedes Zellphon in kurzen Abständen die Feldstärken der Nachbarzellen, genauer gesagt also die Feldstärken der zwei jeweils benachbarten Antennen im Hexagonal, misst und selbsttätig auf die stärkere wechselt. Ein GSM-Provider kann also ein Zellphon mit einer Dreipunkt-Ortung fast auf den Punkt genau lokalisieren. Womit ein weiterer, wichtiger Punkt der ungewöhnlichen Kommunikationsstruktur des Zellphones angesprochen ist, nämlich das Überwachtwerden. „Home Location Register" und Straßenkarte übereinandergelegt ergäbe: Es gab einen Gang in den Supermarkt am frühen Morgen, dann in die Videothek, dann an den Arbeitsplatz, später ins Fitnesscenter und zu McDonalds, in die Buchhandlung, ins Ticketcenter und dann in die Schwulenkneipe. Das Handy immer empfangsbereit in der Tasche, doch kein Gespräch geführt.

In der zellularen Telefonie kommt die McLuhan'sche These, dass das Medium seine Message ist, noch einmal auf den Punkt. Erst kürzlich hat Dirk Baecker, in Anschluss an diesen McLuhan'schen Satz, die Definition seines Medienbegriffs präzisiert, der für unseren Kontext noch hilfreicher ist. Baecker sagt: „In einem Medium kommuniziert, wer sich auf Voraussetzungen verlässt, die im Prozess nicht überprüfbar und im Ergebnis nicht mehr sichtbar sind" (Baecker 2008: 140). In der Tat: Wenn wir ein Zellphon angeschaltet haben, dann ist Verlass auf dieses Gerät nur zu haben, wenn das Zellphon eine signifikante Spur markiert, die uns verborgen bleiben muss. Das gilt nicht so sehr für den vergesslichen User, der sein Handy den ganzen Tag unbenutzt, aber eingeschaltet durch die Gegend führt. Er könnte ja immerhin noch wissen, wo er überall gewesen ist und insofern die durch seinen Handy-Provider aufgezeichnete Spur überprüfen. Dann aber, wenn wir wirklich Verbindung aufnehmen, mit dem Zellphon also telefonieren, werden wir erst richtig blind. Denn jede Verbindung zu einem anderen Zellphon legt weitere Spuren, indem sie unsere Spuren in das Spurenprofil der anderen, mit denen wir sprachen, einschreibt. Wir wissen aber nicht, welche Songs der andere sich gerade heruntergeladen oder welche SMS-Pokerrunden unsere Gesprächspartner zuvor durchgespielt hatten. Wundern wir uns also nicht, wenn demnächst eine unauffällig auffällige Werbebotschaft zum Einstieg in eine kostenlose Pokerrunde aufblinkt. Das kann geschehen, wenn wir mit signifikant vielen Zellphon-Pokerspielern telefoniert haben, ohne das überhaupt zu ahnen.

Dirk Baecker hat seine Mediendefinition noch um ein Element erweitert, das hier ebenfalls trägt: „Von Kommunikation zu Kommunikation", sagt Baecker, verschafft dieses Sichverlassen auf unsichtbare Voraussetzungen dem im Medium Kommunizierenden „eine Sicherheit, [...] die nur insofern Strukturwert erhält, als sie unabhängig vom Risiko einer spezifischen Form [...] nicht zu haben ist" (ebd.). Was dem Medium Handy einen weltweit so rasanten Erfolg beschert hat, ist möglicherweise also nicht so sehr die Sicherheit, als vielmehr das Risiko (oder Erwartungsspannung), die eine zellulare Kommunikation auslöst. Anders als beim transzendentalen Anrufmedium Telefon, erhält das Zellphon seine Bedeutung nämlich nicht so sehr durch die unerfüllbare Erwartung einer Stimme (wie sie niemand eindringlicher exponiert hat als Klaus Kinski am Ende von Cocteaus *La Voix Humaine*: „Ich habe die Schnur um meinen Hals gelegt, ich habe deine Stimme um meinen Hals", zit. n. Schneider 1987: 677) als vielmehr durch die scheinbar risikolose Symbolisierung einer Verbindung. Das Zellphon ist kein transzendentales Anrufmedium, sondern ein symbolisches Verbundmedium.

3

3.1 Symbolischer Verbund

Ich kann mich hier weitgehend dem Handy-Forschungsstand anschließen. Dort ist diese These vom symbolischen Verbund Konsens und es werden interessante Konkretisierungen vorgeschlagen. Zum Beispiel Kenneth Gergen, der für den Handy-Gebrauch den treffenden Ausdruck „Absent Presence" geprägt hat. Bei Gergen hat „Absent Presence" eine zweifache Bedeutung: Sie meint die medial vermittelte Anwesenheit trotz physischer Abwesenheit, und zugleich die mentale oder emotionale Abwesenheit trotz physischer Anwesenheit. „We are present but simultaneously rendered absent; we have been erased by an absent presence" (Gergen 2002: 227). Gergen argumentiert aus der Richtung von Anthony Giddens, von dem die Beobachtung stammt, „dass in Fällen physischer Ko-Präsenz von Personen ein Gefühl der Nähe nicht nur durch die Kommunikation selbst, sondern bereits durch die jederzeitige Möglichkeit hierzu vermittelt wird" (Hanekop/Wittke 2005: 114).

Die durchaus lebhafte Handyforschung innerhalb der Soziologie ist stark von der Chicagoer Schule des Symbolischen Interaktionismus bestimmt. Die Soziologen Katz/Aakhus (2002) und Burkart (2000) sprechen beispielsweise von einem „Perpetual Contact", den eine Handykommunikation bereitstellt, und sie beschreiben damit die seltsame soziale Konstruktion dieses neuen Kommunikationsraums, „der vom physischen Raum abgekoppelt ist und dennoch oder gerade deswegen die Poren des Alltags durchdringen kann". Das ist die Paradoxie der absenten Präsenz des zellularen Telefons, die jetzt eher als eine zellulare Konnektivität aufgefasst werden muss.

Denn mobile Kommunikation verlängert [so die These] die Anwesenheit [aus] primären sozialen Kontexten (Familie, Freunde, enge Kollegen) in solche Phasen des Alltags hinein, in denen man sich zwar an getrennten Orten aufhält, aber dennoch miteinander in Kontakt bleibt. (Hanekop/Wittke 2005: 114)

Die paradoxe symbolische Interaktion der Handynutzer bestehe also darin, dass sie ihren Freundeskreis symbolisch immer ‚mit sich führen‘, aber nicht als Poesiealbum, sondern als zwar risikobehaftete, aber technisch jederzeit aktualisierbare Zell-Interaktion. Das Risiko: Man ist zwar zellular mit all seinen Freunden verbunden, aber niemand meldet sich; und wenn man selbst anruft, wird man im Zweifel ‚weggedrückt‘.

3.2 Reassurance

Dieser zellulare Symbolismus stimmt gut mit den empirischen Beobachtungen zusammen, die der Erfurter Kommunikationswissenschaftler Joachim Höflich in dem Begriff der „Reassurance" (Höflich 2005) zusammengefasst hat.

Daily relationship communications via mobile phone are linked with constant reassurance: ‚How are you? I'm fine! I love you! I'm thinking of you!' And when a verbal exchange is not possible, then a text exchange is made. (Höflich 2006)

Wie Höflich herausgefunden hat, sind inhaltsleere Rückversicherungen einer der Hauptgegenstände der Handykommunikation zumindest unter Jugendlichen, begleitet von den zahllosen vorgestanzten Akronymen der SMS-Kommunikation. Unterstützt auch durch die Serie der Emoticons. Emoticons geben auf eine ironische und damit eben paradoxale Weise gefühllos Gefühle kund. Gefühlsäußerungen als symbolische Interaktion. Emoticons, die ja auch in E-Mails üblich sind, geben zudem eine weitere Bestätigung für die These, dass Kommunikationen im Rechnerverbund stets ihre eigene Metakommunikation mitführen, also das Mediale an ihrer medialen Botschaft im McLuhan'schen Sinn mit signalisieren.

Inhaltsleere, rein symbolische Rückversicherungen von Präsenz im Modus der Apräsenz bilden also die Rückseite der Protokolle des zellularen Berechnetseins, das die Handykommunikation epistemologisch definiert. Was hier geschieht, ist eine massive symbolisch-soziale Umwidmung rein technischer Gegebenheiten. Der kontrollierte, in jedem Bit zeit- und frequenzgenau berechnete Adressraum des Zellularhexagons wird von den Nutzerinnen und Nutzern umstandslos sozial umgedeutet, so als sei er ein Raum des höchsten

Vertrauens, eine Stätte des Arrangiertseins größter Intimitäten. Es gibt bekanntlich kein öffentliches Handytelefonbuch. Nichts halte ich geheimer als meine Handynummer. Eine Zellphon-Nummer bekommt man nur direkt vom Zellphon-Besitzer, und es gibt die ungeschriebene Netiquette (oder sollte man sagen: ‚Zelliquette'), dass man Handynummern von vertrauten Personen nicht ohne ausdrückliche Einwilligung weitergibt. Da aber die Erfahrung lehrt, wie schwer das durchzuhalten ist, nimmt der Trend zum Zweithandy zu. Zweit- oder Dritthandys sind rollengebunden. Handys haben ja längst die Berufswelt durchdrungen und überschreiben hier den Arbeitstag zugunsten einer Rundum-die-Uhr-Erreichbarkeit. Erst die dritte SIM-Karte stellt den hochvertrauten Intimraum wieder her.

Akt der symbolischen Rückversicherung des Nicht-allein-Seins, aber auch, paradoxerweise, eine radikale Unmittelbarkeit, plötzlich, aus dem Nichts heraus, einfach jemanden zu ‚callen', als ein rein affektiver, ein rein konativ gesteuert Akt, produzieren im Ergebnis die paradoxalen und von außen so absurd wirkenden Erscheinungsformen des Zellphon-Gebrauchs. Da werden an den öffentlichsten Orten, in Museen, auf großen Plätzen, aber auch in Zugabteilen und Straßenbahnen die intimsten und privatesten Konversationen durchgeführt. Man sieht es den Gesichtsgesten an, man hört es aus den Stimmlagen heraus, die in Wortfetzen herüberwehen: Hier ist eine neue, ganz bizarre „Tyrannei der Intimität" (Sennett 1996) am Werk, bei der allerdings nicht, wie bei Sennet, das Öffentliche dem Privaten aufgezwungen wird, sondern das Private dem Öffentlichen.

3.3 Extension des Körpers

Aus der Sicht der Sozialempiriker ermöglicht das Zellphon darüber hinaus eine Überlagerung der Mikrokoordination des Alltäglichen mit einer Hyperkoordination des Emotionalen. „Hypercoordination" bezeichnet hier

> die emotionale, expressive Dimension der jederzeitigen Erreichbarkeit. Hierbei geht es weniger um den eigentlichen Inhalt der Kommunikation, sondern vielmehr darum, dass Kommunikation überhaupt stattfindet. Microcoordination hingegen dient der Feinabstimmung von Alltagsabläufen durch Just-in-time-Absprachen, z.B. zur Organisation des modernen Familienlebens bei berufstätigen Eltern. (Hanekop/Wittke 2005: 115)

Und so kommt, ziemlich überraschend für alle Beteiligten, ein weiterer McLuhan' scher Befund zur Geltung: die Extension des Körpers. In Finnland, einer der dichtesten GSM-Regionen der Welt, heißt das Zellphon ‚Känny'. Im

Finnischen heißt ‚Känny' der Schuh, in den man schlüpft. Oksman und Rautiainen (2003) haben bei finnischen Jugendlichen herausgefunden, dass für sie ihr Känny auch tatsächlich eine Intimität und Hautnähe repräsentiert wie Schuhe und Strümpfe. Bei uns heißt das Känny ‚Handy', ein Wort, dessen Wurzel auf die Hand verweist. Mit Schuh und Hand ist das Handy eine buchstäbliche Extension des Körpers geworden, und in jedem Handyladen können wir staunen, wie das Ding wie ein Schmuckstück behandelt und wie eine formschöne Prothese mit allerlei Accessoires ausgeschmückt werden kann.

Ob Schuh oder Hand, in Wahrheit ersetzt das zellulare Telefon als prothetisches Körperglied kein Körperteil und weitet auch keine Gliedmaße aus. Es klang immer schon etwas seltsam und verdinglicht, wenn McLuhan (1994) in seinen *magischen Kanälen* davon sprach, das Fernsehen extendiere unsere Augen und der Hörfunk unsere Ohren. Das Zellulartelefon jedenfalls extendiert keine Gließmaße, sondern bringt vielmehr die Extensionsthese selbst auf den Begriff. Das Handy, das Känny oder das Cellphone extendieren die Kommunikation selbst, die Kommunikation als apräsente Präsenz der Kommunikation.

Gerade wegen der fraglosen Selbstverständlichkeit, mit der von den Handynutzerinnen und -nutzern ein ganzes Füllhorn an sozialer Symbolik über die Technologien der zellularen Medien gestülpt wird, muss diese Figuration auf ihre Risiken hin befragt werden. Denn die absente Präsenz, die entfernte Nähe, die Rückversicherung von Selbstständigkeit, die jede faktische Abhängigkeit und ihren Kontrollverlust darüber in Kauf nimmt – alles dies sind paradoxale Figuren, die, indem sie sich in Handy-Kommunikation auflösen, zugleich immer wieder aufladen und in Spannung halten. Ein Zellphon-Nutzer macht in seinen ‚Calls' und ‚Sends' all diese Paradoxien und die in ihnen verborgenen Risiken unsichtbar und bleibt doch auf sie angewiesen. Als gleichsam euphemistische Bestätigung des symbolischen Interaktionismus schreibt Höflich am Ende einer seiner Studien: „A medium, and this includes the mobile phone, does not do something with people in a deterministic sense, rather people do something with the medium." (Höflich 2006) – In der Tat.

Was das zellulare Telefonieren betrifft, so feiert hier der aus den frühen 1980er kommende „Uses and Gratifications Approach" (Stöber 2008: 127ff.) der Medienforschung noch einmal Urständ. Und zwar sozusagen *in actu*. Denn was wären alle diese zellphon-typischen Emotionen, diese fetischisierenden Ausschmückungen des Handys, leeren Bestätigungs-SMSe und traurigen Blicke aufs Display anderes als parasoziale Interaktionen?

3.4 Parasozial

Ein Zentralbegriff der Chicagoer Schule kommt hier ins Spiel, geprägt lange vor der Handy-Zeit. Er hat – folgt man dem plausiblen Teil der Handyforschung – die Gestalt einer medialen Praxis angenommen. Zu Beginn der 1970er Jahre, in der Epochenwende der Medienforschung und in der Abkehr von der reflexologischen Stimulus-Response-Analyse, entwickelte sich der bis heute gültige „Uses and Gratifications"-Ansatz. Zentraler Bestandteil dieses Ansatzes war und ist das Konzept einer ‚parasozialen Funktion' der Medien. Dieses beruht auf der Annahme, der Medien-User handele ‚quasi-sozial'. Auf ebendieser Annahme baut das ganze Konstrukt des aktiven Medienrezipienten in der aktuellen Medienforschung überhaupt erst auf. Damals kannte man allerdings nur Radios und Fernseher und konnte insofern nur aus dem Dunklen hinter den Lautsprechern und Bildschirmen ungefähr erschließen, was der Medienkonsument nun tatsächlich tat.

Umso kühner waren die Annahmen von Donald Horton und Richard Wohl aus dem Jahr 1956, die den Begriff der „parasozialen Interaktion" in die Welt setzten (Stöber 2008: 127ff.). Vor einer fiktiven Kulisse fremder Menschen auf dem Fernsehschirm, so Horton und Wohl, reagiert der Rezipient nicht „orthosozial" wie in der U-Bahn zum Beispiel. Das sind Orte, wo es verpönt ist, Mitreisende anzuglotzen oder Gegenübersitzende auszulachen. Medial soziale Reaktionsweisen (also das Auslachen von Menschen auf dem Bildschirm beispielsweise) sind demgegenüber, so die These, aktiv fiktional, nahezu Schauspielleistungen also, Handlungen in einer Art ‚Para'-Zustand. Parallelzustände solcher Art lassen sich durch Fragebögen gut indizieren und deshalb auch empirisch messen; Beispiel: „Würden Sie gern dabei sein, einer von denen sein, tauschen?", etc. Das führt zu hohen Antwortkonsistenzen, zeigt deutliche Zeichen einer gelungenen Internalisierung auf. Das reicht dann (insoweit) der empirischen Medienforschung, die an epistemologischen Tiefenstrukturen in der Regel nicht interessiert ist.

Umso mehr lohnt ein Blick auf die ursprüngliche Definition des Parasozialen bei Horton und Wohl:

> In television, [...] sometimes the ‚actor' – whether he is playing himself or performing in a fictional role – is seen engaged with others; but often he faces the spectator, uses the mode of direct address, talks as if he were conversing personally and privately. The audience, for its part, responds with something more than mere running observation; it is, as it were, subtly insinuated into the programme's action [...]. The more the performer seems to adjust his performance to the supposed response of the audience, the more the audience tends to make the re-

sponse anticipated. This simulacrum of conversational give and take may be called para-social interaction. (Horton/Wohl 1956: 215)

Insinuation, Justierung, Antizipation und Simulacrum: Horton und Wohl müssen ganz dezidiert Anleihen machen bei der Beschreibung eines Rituals der Identifikation, um den Zentralbegriff der modernen Fernsehforschung zur Geltung zu bringen. Auffällig auch, wie sie mit äußerster Vorsicht argumentieren. Bei dem angezielten Setting handelt es sich offenbar um eine durchaus bewegliche, unsichere Insinuation der Antizipation, die stets nachjustiert werden muss. „Parasoziale Interaktion" bleibt auch in den Augen ihrer Urheber eine prekäre Sache, ein Simulacrum, das sich selbst auch bei deutlichster intermedialer Ritualisierung von stummen und unsichtbaren Scheinhandlungen nie völlig auflöst.

3.5 Das Ordal

Die Nutzung des Zellphons ritualisiert nichts anderes als eine parasoziale Interaktion. Anders als eine Fernseh- oder Hörfunk-Nutzung, in der typisierte Rollenmuster in der Rezeption parasozial ausagiert werden (so die Vermutung), ist der Gebrauch des Handys umgebungsbedingt eine parasoziale Aktion schlechthin. Der Zellphon-Gebrauch stärkt insofern eine auf Identifikation und Internalisierng basierende Medienrezeption. Beides stärkt sich gegenseitig und übt sich dadurch umso besser ein. Der Handygebrauch übt Muster internalisierter symbolischer Parasozialität ein. Denn am Handy telefonieren heißt ganz und gar unfreiwillig in einem Medium sozial zu interagieren. Im vermittlungslosen Verbund-Dialog mit den nächsten Nächsten glauben wir, ein ganz individuelles und absolut portables Gerät zu besitzen. In Wahrheit aber versetzt uns der Handygebrauch in den Status eines genau verrechneten Elementes im Überwachungsnetz.

Das zu vergessen wäre ein ordaler Akt, vor dem es allerdings kaum einen Schutz gibt. Vom Ort des Nutzers aus ist nämlich nicht zu überprüfen, welches Profil seine Nutzung im Zellennetz hinterlässt. Das wiederum zu bezweifeln, hieße an das Bahregehen zu glauben. Wer glaubt, dass das ‚Was', ‚Mit wem', ‚Wie lange' und ‚Wo' am Zellphon Gesprochene und x weitere Indikatoren mehr verschlossen blieben vor seinem privatesten Akt der Interaktion, den er am Handy begeht, befindet sich schon mitten in seiner Wasserprobe. Kann sein, dass er oben schwimmt, kann auch sein, dass er untergeht. Woraus nur zu folgern ist: Mediengebrauch, der auf parasozialer Interaktion basiert, ist ein auf neuester, modernster naturwissenschaftlich gesicherter Technologie aufsetzender, ordaler, also zutiefst vorneuzeitlicher Akt.

Der Schub an Welterschließung neuer, vormals an statische Determinismen geknüpfte, nunmehr kontingente, vor allem aber ungeheuer beschleunigte Möglichkeiten der Kommunikation und globalen Erreichbarkeit durch das Zellphon ist unbestreitbar. Insofern entspricht auch das Handy sehr genau Elena Espositos Medienbegriff, den ich oben zitiert habe. Genauer aber, nämlich genealogisch besehen, geht der Handy-Boom allerdings einher mit einer Etablierung eines neuen, para-sozialen Konzepts von Individualität, das in der Neuzeit, der Geburtsstätte des Personenbegriffs und der Wissenschaft der Moderne, keine Wurzeln mehr hat. Das para-soziale Konzept des Individuums schafft sich, so könnte man meinen, im Handy ganz eigene neue Wurzeln. In Wahrheit aber gründen sie, wie ich zeigen wollte, auf der Verwerfung seiner Epistemologie, auf dem Nichts-wissen-Wollen von der Genealogie dieses neuesten Mediums.

Literatur

Baecker, Dirk (2008): „Medienforschung", in: Stefan Münker/Alexander Roesler (Hrsg.), *Was ist ein Medium?*, Frankfurt a.M., 131-143.

Benjamin, Walter (2002): *Medienästhetische Schriften/Walter Benjamin. Mit einem Nachw. von Detlev Schöttker*, Frankfurt a.M.

Burkart, Günter (2000): „Mobile Kommunikation: Zur Kulturbedeutung des ‚Handy'", in: *Soziale Welt: Zeitschrift für sozialwissenschaftliche Forschung und Praxis* 2, 209-231.

Brunner Heinrich (1892), *Deutsche Rechtsgeschichte II*, Leipzig.

Cocteau, Jean (1953): *Gespräche über den Film*, hrsg. v. André Fraigneau, Esslingen.

Cooper, Martin et al. (1975): „Radio Telephone System", Motorola Inc., Chicago, IL, United States Patent 3.906.166, September 16.

Esposito, Elena (2008): „Die normale Unwahrscheinlichkeit der Medien: der Fall des Geldes", in: Stefan Muenker/Alexander Roesler (Hrsg.), *Was ist ein Medium?*, Frankfurt a.M., 112-130.

Gergen, Kenneth J. (2002): „The challenge of absent presence", in: James E. Katz/Mark Aakhus (Hrsg.), *Perpetual Contact: Mobile Communication, Private Talk, Public Performance*, Cambridge, 227-241.

Hagemeyer, Friedrich-Wilhelm (1979): *Die Entstehung von Informationskonzepten in der Nachrichtentechnik – Eine Fallstudie zur Theoriebildung in der Industrie- und Kriegsforschung*, Dissertation, FU Berlin.

Hagen, Wolfgang (2000): „Gefühlte Dinge. Bells Oralismus, die Undarstellbarkeit der Elektrizität und das Telefon", in: Stefan Münker/Alexander Roesler (Hrsg.), *Telefonbuch. Beiträge zu einer Kulturgeschichte des Telefons*, Frankfurt a.M., 35-60.

Hagen, Wolfgang (2003): *Gegenwartsvergessenheit: Lazarsfeld, Adorno, Innis, Luhmann*, Berlin.

Hanekop, Heidemarie/Wittke, Volker (2005): „Die Entwicklung neuer Formen mobiler Kommunikation und Mediennutzung", in: Svenja Hagenhoff (Hrsg.), *Göttinger Schriften zur Internetforschung*, Bd. 1, Göttingen, 109-137.

Höflich, Joachim R. (2005): „An mehreren Orten zugleich: Mobile Kommunikation und soziale Arrangements", in: ders. (Hrsg.), *Mobile Kommunikation. Perspektiven und Forschungsfelder*, Frankfurt a.M., 19-42.

Höflich, Joachim R. (2006): „The Duality of Effects – the Mobile Phone and Relationships", in: *Receiver* 15, http://www.vodafone.com/flash/receiver/15/articles/index06.html, 18.11.2008.

Horton, Donald/Wohl, R. Richard (1956): „Mass Communication and Parasocial Interaction: Observations on Intimacy at a Distance", in: *Psychiatry* 19, 215-29.

Jens, Walter (1989): *Kindlers neues Literatur-Lexikon*, München.

Joel, Amos (1972): „Mobile Communication System", Patent 3.663.762, May 16.

Katz, James E./Aakhus, Mark (2002): *Perpetual Contact: Mobile Communication, Private Talk, Public Performance*, Cambridge.

King, Leonard W. (1910): *Hammurabi's Code of Laws*, London, http://eawc.evansville.edu/anthology/hammurabi.htm, 18.11.2008.

Krämer, Sybille (2008): „Medien als Mitte und Mittler. Grundlinien einer Medientheorie aus dem Geiste des Botenganges", in: Klaus Siebenhaar (Hrsg.), *Medien im 21. Jahrhundert*, Berlin et al., 19-33.

Lorenz, Edward N. (1972): „Predictability: Does the Flap of a Butterfly's wings in Brazil Set Off a Tornado in Texas?", 139th Meeting of the American Association for the Advancement of Science, Typoskript December 29.

Luhmann, Niklas (1984): *Soziale Systeme*, Frankfurt a.M.

Luhmann, Niklas (1995): *Die Kunst der Gesellschaft*, Frankfurt a.M.

Luhmann, Niklas (1997): *Die Gesellschaft der Gesellschaft*, Frankfurt a.M.

Majer, Friedrich (1970 [1795]): *Geschichte der Ordalien: Insbes. d. gerichtl. Zweikämpfe in Deutschland. Ein Bruchstück aus d. Geschichte u. d. Alterthümern d. dt. Gerichtsverfassung*, (unveränd. fotomechan. Nachdr. d. Orig.-Ausg.), Jena/Leipzig.

McLuhan, Marshall (1994): *Die magischen Kanäle/Understanding Media*, Dresden/Basel.

Meya, Jörg/Sibum, Heinz O. (1987): *Das fünfte Element. Wirkungen und Deutungen der Elektrizität*, Reinbek.

Meyer-Kalkus, Reinhart (2001): *Stimme und Sprechkünste im 20. Jahrhundert*, Berlin.

Moore, Gordon E. (1965): „Cramming More Components Onto Integrated Circuits", in: *Electronics* 38(8), 114-117.

Oksman, Virpi/Rautiainen, Pirjo (2003): „,Perhaps It Is a Body Part'. How the Mobile Phone Became an Organic Part of the Everyday Lives of Children and Adolescents", in: James E. Katz (Hrsg.) (2003), *Machines That Become Us. The Social Context of Personal Communication Technology*, New Brunswick, NJ, 293-308.

Ring, D. H. (1947): „Mobile Telephony", Bell Telephone Laboratories, Case 20564, December 11.

Ronell, Avital (1989): *The Telephone Book. Technology – Schizophrenia – Electric Speech*, Lincoln.

Sarasin, Édouard/La Rive, Lucien de (1890): „Sur la résonance multiple des ondulations électriques de M. Hertz", in: *Archives des sciences physiques et naturelles* 23, 113-160.

Schneider, Peter-Paul (1987): *Literatur im Industriezeitalter*, Marbach.

Sennett, Richard (1996): *Verfall und Ende des öffentlichen Lebens: Die Tyrannei der Intimität*, Frankfurt a.M.

Siebs, Theodor ([8/9]1910): *Deutsche Bühnenaussprache. Nach den Beratungen zur ausgleichenden Regelung der deutschen Bühnenaussprache, die im April 1898 in Berlin unter Mitwirkung der Herren Graf von Hochberg, Freiherr von Ledebur, Dr. Tempeltey, Prof. Dr. Sievers, Prof. Dr. Luick, Prof. Dr. Siebs und nach den ergänzenden Verhandlungen, die im März 1908 in Berlin mit der Genossenschaft deutscher Bühnenangehöriger stattgefunden haben*, Berlin et al.

Stichweh, Rudolf (1984): *Zur Entstehung des modernen Systems wissenschaftlicher Disziplinen: Physik in Deutschland 1740–1890*, Frankfurt a.M.

Stöber, Rudolf (2008): *Kommunikations- und Medienwissenschaften: Eine Einführung*, München.

Watson, Thomas A. (1926): *Exploring Life: The Autobiography of Thomas A. Watson*, New York et al.

Mediengeographie digital:
Geobrowsing

Lev Manovich/Tristan Thielmann

Geomedien: Raum als neue Medien-Plattform?
Ein Interview mit Lev Manovich

Abb. 1: Google Earth Street View Panorama Bubbles auf der Pont au Change in Paris.

Am 15.04.2008 veröffentlichte Google die neue 4.3 Version der Google Earth Software mit neuen Features wie einer ‚Sonnenstandsfunktion'[1] oder ‚Google Street View'[2]. Da sich nach internen Marktstudien die meisten Internet-User

---

1   Hierbei handelt es sich um einen Zeitschieberegler, mit dessen Hilfe man Sonnenauf- oder -untergang in den digitalen Häuserschluchten und Landschaften beobachten kann.

2   Zoomt man sich auf Google Earth nahe genug an einzelne Straßen heran, werden die zuvor sichtbaren Fotosymbole zu „Street View Panorama Bubbles". Zoom man sich in diese georeferenzierten Kugeln hinein (vgl. Abb. 1), erscheint ein 360-

des Unterschieds zwischen Google Maps and Google Earth nicht bewusst sind,[3] hat Google neue Navigations- und Steuerelemente in Google Earth integriert, um den Geobrowser als 3D-Anwendung zu etablieren, mit der man auf Bodenhöhe durch Straßen navigiert. Für die 4.3 Version wurden dazu zwei verschiedene Joysticks entwickelt: Mit dem „Augen-Joystick" kann man sich von einem Aussichtspunkt aus umsehen, „so als ob Sie Ihren Kopf drehen würden", ein Gebäude betrachten, „als ob Sie direkt davor stehen würden".[4] Mit dem „Verschiebe-Joystick" kann man sich auf dem Boden bewegen, „als ob man darauf laufen würde".[5] Die Zoom-Funktion wurde ebenfalls bearbeitet: Sobald man sich dem Boden nähert, verlangsamt sich die Bewegung und kippt die Ansicht, „als ob man einen Fallschirm öffnet und am Boden entlang gleitet".[6] Mit diesen neuen Funktionen will Google dem Modus der „street-level navigation", den man typischerweise in Videospielen findet, mehr Priorität verleihen. Dieser weitere Schritt in Richtung einer immersiven Form der Geovisualisierung bot den Anlass für das folgende Interview, das im Mai 2008 in San Diego geführt wurde.

Tristan Thielmann: Sie haben die 1990er Jahre als ein Jahrzehnt des Virtuellen charakterisiert.[7] Wie würden Sie das Jahrzehnt beschreiben, in dem wir uns gegenwärtig befinden? Vielleicht als ein Jahrzehnt der *locative virtuality*?

Lev Manovich: Mir fallen spontan mehrere mögliche Antworten auf diese Frage ein. Zunächst: Ich habe den Eindruck, dass die Unterhaltungsindustrie, die Software- und die ‚Web-Industrie' immer aggressiver und experimentierfreudiger werden. Dies kann man an den Benutzeroberflächen vieler Software-

---

    Grad-Panroramablick des jeweiligen Ortes im 3D-Viewer. Über 40 Metropolen in den USA sind mit diesen ‚Schnappschussaufnahmen' bereits fotografiert worden. Neben Berlin werden zurzeit München und Frankfurt a.M. für Google Street View abgelichtet. Vgl. Erdtracht, Till (2008): „Google fotografiert deutsche Großstädte", in: *Spiegel Online*, 13.07.2008, http://www.spiegel.de/netzwelt/web/0,1518,565099,00.html, 31.12.2008.

3   Nach Angaben von Google auf dem Workshop „Mapping for the Masses", *Annual Meeting der Association of American Geographers*, Boston, 18.04.2008.

4   So die Selbstbeschreibung auf der Google-Earth-Homepage http://earth.google.de, 31.12.2008.

5   Birch, Peter (2008): „Introducing Google Earth 4.3", in: *Google Lat Long Blog*, 16.04.2008, http://google-latlong.blogspot.com/2008/04/introducing-google-earth-43.html, 31.12.2008.

6   Ebd.

7   Manovich, Lev (2006): „The Poetics of Augmented Space", in: *Visual Communication* 5(2), 219-240, hier 220.

Programme erkennen, und natürlich auch am Web-Interface, das sich zwar weiterentwickelt hat, aber dennoch gab es in den letzten 10, 15, 20 Jahren keine wesentlichen Veränderungen. Erst in den letzten Jahren stieg die Entwicklungskurve steiler an. Würde man z.b. Webseiten aufsuchen, die die Entwicklung der verschiedenen Web 2.0-Anwendungen festhalten – ein historisches Webware[8] sozusagen –, würden dort jeden Tag fünf neue Anwendungen zu finden sein. Alles, was wir herausfinden müssten, wäre: Wie sieht die nächste Entwicklungsstufe der, so wie ich sie nenne, ‚Softwarekultur' aus? Wie kann die riesige Menge an Informationen und Metadaten miteinander verbunden werden, die durch die Entwicklung sozialer Netzwerke sowie die in deren Umfeld entstandenen kulturellen Praktiken, plus GPS, plus user-generiertem Content freigesetzt wurden? Als Beispiel sei hier das Touch-Interface von Apples iPhone zu nennen. Die Idee der ‚Touch-Oberfläche' besteht bereits seit mehr als 20 Jahren; die Technologie existiert ebenfalls seit vielen, vielen Jahren; plötzlich kommt Apple innerhalb eines Jahres damit auf den Markt, und andere große Hersteller versuchen nachzuziehen, als ob wir dieses Handy schon immer gewollt hätten. Ich denke, dies liegt an einer allgemeinen Innovationsbeschleuningung oder zumindest an dem erhöhten Wunsch, Ideen direkt in Mainstream-Produkte umzusetzen. Das mag ein Resultat der Globalisierung sein. Die Globalisierung hat schließlich viele Unternehmen und Branchen zu Innovationen gezwungen, weil sie nun mit zahlreichen internationalen Unternehmen konkurrieren müssen; zugleich hat sie uns aber auch neue Dinge entdecken lassen. Heute scheint es, als ob Unternehmen mehr Energie in die Software und das Design von Benutzeroberflächen und Unterhaltungselektronik investieren. In meinem Buch *Info-Aesthetics* werde ich genau auf diese Ästhetisierung von Informationsschnittstellen und Informationsinstrumenten zu sprechen kommen. Dabei geht es darum, dass Handys, Laptops usw. nicht mehr nur für Geschäftszwecke genutzt werden und in einem standardisierten Business-Design erscheinen, sondern Objekte sind, die seit den letzten drei oder vier Jahren mit den entsprechenden Farben und Materialien im Sinne eines *Emotional Design* auch für den Privatverbraucher gestaltet werden. Soweit zu diesem ersten Punkt.

Als eine Konsequenz daraus erleben wir derzeit, wie diese neuen Benutzeroberflächen in elektronischen Massenprodukten wieder auftauchen. Nehmen wir zum Beispiel die von Samsung patentierte Gestenerkennung, die den Raum um den Telefonhörer detektiert – eine Art Body-Interface –,[9] oder die

---

8 Vgl. http://www.webware.com, 31.12.2008.
9 Davies, Chris (2008): „Samsung Patent Cellphone Visual Gesture Control", in: *PhoneMag*, 18.04.2008, http://www.phonemag.com/samsung-patent-cellphone-visual-gesture-control-042413.php, 31.12.2008.

neuen Navigationselemente der 4.3 Version von Google Earth, über die wir sogleich zu sprechen kommen. All diese Technologien konnte man sich vor zehn, ja sogar acht Jahren nur auf Ausstellungen zur digitalen Kunst anschauen. Mittlerweile tauchen diese Features in kommerziellen Produkten auf. Bei dem neuen Google-Earth-Interface wurden nun die dreidimensionalen Ansichten, mit denen man z.b. an Gebäude heranzoomen kann, fest in die zweidimensionale Ebene integriert – und offenbar gibt es zudem eine automatische Bewegungssteuerung für die dreidimensionale Perspektive. Wenn wir uns in eine Stadt zoomen, haben wir die sogenannten ‚Street Views', dies sind Videoaufnahmen, die Google auf der ganzen Welt aufzeichnet (vgl. Abb. 1). Die Schnittstelle ist zu fast 100 Prozent genauso konzipiert wie bekannte Kunstwerke, die virtuellen Räumen entlehnt sind, z.B. Jeffrey Shaws *Place-Ruhr* (2000) oder *Place: A User's Manual* (1995).[10] Dies ist ein interessanter Nebeneffekt dieser Innovation: die Tatsache, dass Unternehmen die Fähigkeit und Bereitschaft zeigen, zu bestimmten Momenten, zu passenden Trajektorien oder Strategien, neue Ideen, die erst kürzlich mit digitaler Kunst in Verbindung gebracht wurden, in Massenprodukte zu integrieren. Soviel zum zweiten Punkt.

Der dritte Punkt dreht sich um Folgendes: Wenn wir an Phänomene wie Google Earth denken und damit verbunden an die Entwicklung revolutionärer Schnittstellen, kann man sagen, dass wir es mit einer beständigen historischen Trajektorie oder Genealogie, vielleicht sogar mit einer ganzen Reihe von Genealogien zu tun haben, die zusammenlaufen. Eine Genealogie hat ihren Ausgangspunkt bei 3D-Computergrafiken der 1960er Jahre genommen. Boeing arbeitete damals mit Drahtgittermodellen, die Flugzeuge in einer Luftströmung simulierten, indem eine Serie von ‚Gerüsten' erstellt und animiert wurden. In den 1960er Jahren gab es bereits die Idee und die Technologie für einen Flugsimulator, aber es fehlte noch die Computergrafik. Daher baute man ein dreidimensionales Modell eines Flughafens und seiner Umgebung, richtete darauf eine Videoüberwachungskamera und verband diese mit dem Simulator, um darstellen zu können, was man aus einem Pilotenfester sehen würde.[11] Dies war die Tele-Technologie bei Flugsimulatoren der späten 1950er bis Ende der 1960er Jahre. 1968 gründete Ivan Sutherland, einer der Pioniere der Computergrafik, der praktisch die ‚virtuelle Realität' erfand,[12] ein Unternehmen, das sich ‚Evans & Sutherland' nannte. Sie entwickelten die ersten Drahtgitter-

---

10 Vgl. http://www.jeffrey-shaw.net/html_main/frameset-works.php3, 31.12.2008.
11 Vgl. den Beitrag von Annette Vowinckel in diesem Band.
12 Vgl. Schröter, Jens (2007): „Von grafischen, multimedialen, ultimativen und operativen Displays. Zur Arbeit Ivan E. Sutherlands", in: Tristan Thielmann/ders. (Hrsg.), *Display II: Digital*, (Navigationen 7(2)), Marburg, 33-47.

Computergrafiken für 3D-Simulatoren für die University of Utah, wo in den nächsten fünf Jahren neue Techniken für einen verbesserten visuellen Realismus, für Flächenschattierungen usw. entwickelt wurden. In den 1980ern gab es dann Flugsimulatoren mit 3D-Texturen. Google Earth erscheint in einem bestimmten Augenblick und ist ein neues Blatt an dem Ast dieses Baums, das aus der Idee erwachsen ist, durch einen virtuellen Raum zu navigieren. Man kann eine virtuelle Kamera manuell steuern oder eine Art Helikopter simulieren oder eine Flugansicht entlang bestimmter Bahnen, Trajektorien im Raum. Mike Jones hat 2007 einen sehr guten Artikel über die Poetik virtueller Kameras, die heutzutage im Kino, in Computerspielen oder Anwendungen wie Google Earth verwendet werden, geschrieben.[13] Dabei spricht er über die allumfassende Technik dieser virtuellen Kamera, warum diese in unserer digitalen Kultur als selbstverständlich empfunden wird und wie sie als Black Box in verschiedene kulturelle Bereiche eingeführt wird. So werden virtuelle Kameras, indem sie in Google Earth, in Games, in Filme eingeführt werden, damit natürlich auch jedes Mal neu kulturell kontextualisiert, was wiederum neue Features erforderlich macht, neue künstlerische Techniken, die später dann auch in anderen Bereichen Anwendung finden.

Letztendlich kann man das ganze Phänomen von Google Earth aber auch komplett anders betrachten: Wenn man sich einen beliebigen kulturellen Bereich anschaut, sei es Kultur insgesamt oder die digitale Kultur oder meinethalben nur Filme, findet man etwas, was die russischen Formalisten ‚Techniken' nannten. Ich würde eher von einer kulturellen DNA sprechen – so wie bei einer biologischen Identität, die aus DNA besteht, und die dann von einem Organismus zum anderen übertragen wird.[14] Ich denke, wir können Evolution, Übertragung und Entwicklung von Kultur in derselben Weise betrachten. Man könnte also sagen, dass Google Earth mehrere Dutzend verschiedener kultureller DNAs beinhaltet. Wenn also Google Earth die meisten seiner Gene mit anderen teilt, können daraus viele neue Objekte, Produkte oder Bereiche der digitalen Kultur entstehen. Aber das Einzigartige an Google Earth ist nicht unbedingt die Einzigartigkeit jeder verwendeten DNA, sondern vielmehr das Zusammenspiel aller DNAs. Man hat z.B. Satellitenbilder, das ist eine DNA, man hat 3D-Modelle, man hat die Viabilität der Menschen, die ihre eigenen ‚Bookmarks' als eine Art DNA sozialer Medien einbringen. Eine andere DNA ist das Layer-Konzept, das Geographischen Informationssystemen (GIS) entlehnt wurde. In der neuen 4.3 Version sind

---

13 Jones, Mike (2007): „Vanishing Point: Spatial Composition and the Virtual Camera", in: *Animation* 2(3), 225-243.
14 Vgl. hierzu ausführlicher Lev Manovichs neuestes Buch *Software Takes Command*, http://www.softwarestudies.com/softbook, 31.12.2008.

nun wiederum einige neue DNAs integriert worden, die Google Earth noch fotorealistischer erscheinen lässt und eine noch immersivere Erfahrung vermittelt. Für mich veranschaulicht Google Earth sehr gut diese hybride Natur der digitalen Kultur, die auf Software basiert und dadurch in der Lage ist, verschiedene Stufen zu modulieren. Es ist also mehr als logisch, verschiedene kulturelle Objekte, z.B. Computerprogramme wie Google Earth, in ihre kulturellen DNA-Komponenten aufzuschlüsseln, da sie letztendlich eigene Teilorganismen oder eigene Codes sind und sich von Produkt zu Produkt weiterentwickeln.

Tristan Thielmann: Bereits in den 1960er und 1970er Jahren versuchten eine ganze Reihe von Geographen all diese Effekte mit professionellen Geoinformationssystemen zu entwickeln.[15] Würden Sie sagen, dass die Ästhetisierung der Benutzeroberfläche den wichtigsten Unterschied zwischen GIS und Google Earth darstellt?

Lev Manovich: Ja und Nein. In der Human-Computer Interaction (HCI) Community hat man erst in den letzten vier oder fünf Jahren offener, expliziter und systematischer über andere Designdimensionen als nur die funktionelle ‚Usability' diskutiert. Es geht zwar auch um den *aesthetic turn* durch eine ästhetische Annäherung an die Mensch-Computer-Interaktion,[16] aber nicht nur. Design sagt auch etwas über die Emotionen aus, über die Art und Weise, wie das Gehirn, der Körper, die Arme usw. einbezogen werden. Es gibt sehr viele verschiedene Dimensionen.

Tristan Thielmann: Aber warum ist die Google-Earth-Oberfläche so attraktiv und populär, dass Geographische Informationssysteme nicht mithalten können?

Lev Manovich: Letztendlich sind diese offenbar nicht in der Lage, qualitative Distinktionen zu schaffen. Das Argument dieser Unternehmen ist schlicht und einfach, dass die Benutzeroberfläche von GIS nun einmal so ‚gestrickt' sei – als eine sehr aufwändige und erfolgreiche Akkumulierung von Elementen, die einem das Gefühl verleiht, die Daten fast physisch zu durchkämmen. Im Gegensatz dazu klickt man bei Google Earth einfach auf ein Kästchen. Man könnte natürlich auch ein GIS-Programm entwickeln, das dieselbe Funktiona-

---

15 Vgl. hierzu ausführlich: Chrisman, Nick (2006): *Charting the Unknown. How Computer Mapping at Harvard Became GIS*, Redlands, CA.
16 Vgl. Udsen, Lars Erik/Jørgensen, Anker Helms (2005): „Aesthetic Turn: Unraveling Recent Aesthetic Approaches to Human-Computer Interaction", in: *Digital Creativity* 16(4) 205-216, http://www.larsudsen.com/files/DC_aesthetics.pdf, 31.12.2008.

lität wie Google Earth hätte, dennoch wird es niemals genauso begeistern können. Denn das Interessante an Google Earth ist, dass es mehr darstellerische DNAs kombiniert als andere Anwendungen. Es gibt etwas an dieser Oberfläche, was eine tiefe Bindung schafft, und das obwohl die Immersion und Virtualität eher übergestülpt ist, die Anwendung teilweise überflutet und theoretisch nicht durchdacht erscheint. Dennoch schafft es das Interface, eine tiefe Bindung zu erzeugen, vielleicht weil man den Eindruck hat, als ob man es mit physischem Papier zu tun hätte. Ein Unterschied zu GIS ist natürlich auch, dass die professionellen Anwendersysteme aus Angst, nicht professionell zu wirken, anders gestaltet sind. Durch die emotionalen, eher ‚femininen', weichen Ecken und dreidimensionalen Formen im Design der Hardware und der Benutzeroberflächen werden wir derart tief emotional, kognitiv und körperlich in das Interface einbezogen, dass die nicht-professionellen Systeme beginnen, in die Sphäre der professionalen Systeme einzudringen.

Tristan Thielmann: Würden Sie sagen, dass die neuen, nennen wir sie ‚Geomedien' in der Web 2.0-Community dabei eine besondere Rolle spielen, oder sind diese nur ein weiteres Phänomen der Remix-Kultur?

Lev Manovich: Ich denke, Sie haben da mit ‚Geomedien' einen sehr guten, besonders treffenden Begriff geprägt, und ich stimme Ihnen für dieses Jahrzehnt zu. Mapping hat sich zu einer großen neuen Modalitätsdimension entwickelt mit einer starken Präsenz in der zeitgenössischen, computervermittelten, elektronischen Medienkultur. Natürlich sind die prädestinierten Beispiele hierfür Google Earth und das ganze Phänomen der virtuellen Globen, die durch die immer breitere Nutzung von GIS in Unternehmen, bei Regierungen usw. nur noch interessanter und attraktiver werden. Grundlegend kann man sagen, dass Geographische Informationssysteme längst überall genutzt werden, nur nicht im kulturellen Bereich. Das ganze Phänomen der Mapping-Anwendungen, Google Maps, Routenplaner etc. beginnt sich erst jetzt zu entfalten, ebenso wie die *Locative Media*-Industrie. Es gibt viele Möglichkeiten, sich diesem Thema anzunähern. Zum Beispiel kann man sagen, dass die Entwicklung der Computermedien in den 1960er und 1970er Jahren ein Ergebnis dieser Entwicklung ist. Von Sutherland bis zur Gegenwart wurden alle möglichen Techniken und Konzepte entwickelt, die es uns heute ermöglichen, die meisten vormals existierenden physischen und elektronischen Medien auf dem Computer mit Mal-, Bildbearbeitungs- und Zeichenprogrammen und 3D-Räumen zu simulieren. Dabei kommen wichtige Fragen nach Kunst, Ästhetik, Medientheorie, Sozialgeschichte usw. auf.

Tristan Thielmann: Was könnte Ihrer Meinung nach eine übergreifende Plattform oder Metapher sein, durch die diese Medien integriert werden? Wie könnte ein solcher ‚allumfassender Raum' ausschauen?

Lev Manovich: Ich bin der Meinung, dass das Musterbeispiel dafür von Xerox Park stammt: das der ‚Seite'. Schon bei Xerox Park wurde eine Art Textverarbeitungsprogramm entwickelt, welches das Einfügen von Bildern ermöglichte; dann gab es Weiterentwicklungen beim Hypertext oder Anwendungen wie *Macromedia Director, der* Multimedia-Anwendung der 1990er Jahre, von der die erste Version bereits 1985 erschien. Interessanterweise war Mark Canter, der *Director* im Wesentlichen designt hat, ein Opernsänger. Da haben wir also Leute wie Mark Canter, die mit dieser Plattform ein ‚Gesamtkunstwerk' vorlegen, durch das verschiedene semantische Medien integriert und zu einer zweidimensionalen Medienplattform gemacht werden. Es gibt also die Idee der ‚Seite', die wiederum eine Metapher für die ‚Bühne' ist, die von *Director* befehligt wird. Letztendlich ist dies aber eine Metapher, die von unterschiedlichen Medien stammt und aus einer Reihe von Gründen zweidimensional ist.

In der Entwicklung der *Virtual Reality Modeling Language* (VRML) während der 1990er Jahre fragte man sich, wie es weiter gehen könne. Sollen wir anstatt der zweidimensionalen Plattformen oder ‚Theaterbühnen' den dreidimensionalen Raum als eine Art Plattform nutzen oder nicht? Was wäre, wenn wir eine dreidimensional simulierte, raumgenerierende Plattform schaffen würden, die erweitert werden kann, so etwas wie ein ‚Gesamtkunstwerk', in dem andere Medien integriert sind? Natürlich ging das in den 1990ern nicht so einfach, weil die Computer noch nicht schnell genug waren; aber Google Earth und auch andere Mapping-Anwendungen bringen dieses Thema erneut auf den Tisch. Auch wenn sie die zweidimensionale ‚Seiten'-Plattform wahrscheinlich nicht ersetzen werden, wird die dreidimensionale Plattform als ein Raum für die Integration der Medien immer wichtiger. Das haben wir bei der Veröffentlichung von Google Earth gesehen; hier werden Videos (Google Street View), hochauflösende Fotografien und Texte bereit gestellt, und dann haben wir auch noch die Möglichkeit, Ebenen (Layer) kreieren zu können. Eine sehr interessante Entwicklung, die ich als einen wichtigen Faktor des *spatial turn* erachte: Raum als eine neue Plattform für Multimedia und die Integration von Medien.

Tristan Thielmann: Und das wirklich Neue daran ist, dass diese Plattform auf Topographien des physischen Raums basiert?

Lev Manovich: Auf dem Ideal einer Karte – ganz im Gegensatz zu VRML, das aufgrund seiner Virtualität vergleichbar ist mit Second Life, jenen leeren und nur von Vakuum ausgefüllten leblosen Räumen. Dies ist eine Karte, die bereits vollständig ausgefüllt ist, auf der bereits alle Daten verzeichnet sind und wir einfach noch mehr ‚draufpacken'.

Tristan Thielmann: Und wenn man Second Life mit Google Earth vergleicht, sind sie wahrscheinlich in einigen Punkten gar nicht so verschieden. Die realräumliche Topographie scheint den größten Unterschied auszumachen.

Lev Manovich: Das würde folgendes bedeuten: Wenn ich mich z.b. zu Second Life begebe, muss ich mich sehr anstrengen, um die interessanten Plätze zu finden. Wenn ich aber zu Google Earth oder Google Maps gehe, ist es an sich schon interessant, weil die Grundlage, der Basis-Layer einen schon fesselt. Allein durch ihn kann man so vieles über die Welt erfahren.

Tristan Thielmann: Sie beziehen also den *spatial turn* genau auf das Phänomen, dass einerseits durch Google Earth und Google Maps ‚echte' topographische Daten verfügbar gemacht werden und wir es andererseits hierbei aber eigentlich mehr mit 3D- statt mit 2D-Bildern zu tun haben?

Lev Manovich: Ja, so kann man das sagen. Ich bin an einer statistischen Kulturanalyse interessiert, die ich ‚Cultural Analytics' nenne. Da wir über all die hierfür notwendigen digitalen Daten verfügen, wird deren Durchführung immer einfacher möglich sein. Wie Sie wissen, komme ich aus der ersten Generation der Künstler, die an 3D gearbeitet haben ... nein, das ist nicht wahr. Na, vielleicht doch! Vor mehr als zehn Jahren hatten wir mehr reine 3D-Bilder, heutzutage sind es mehr Hybridisierungen, in denen immer 3D enthalten ist. Wenn man sich z.B. die große Masse anschaut, sieht man, dass ein großer Teil von Werbung, Musikvideos, *Motion Graphics* und *Special Effects* mit 3D produziert wurde. Ihre Bestandteile werden in dreidimensionalen Räumen zusammengesetzt, ungefähr auf dieselbe Weise wie bei Google Earth. Dreidimensionale Räume sind hier eine Art Plattform, auf die man verschiedene Grafiken und flache Bilder genauso wie dreidimensionale Objekte platzieren kann. In 3D ist dies viel einfacher, auch wenn das Ergebnis wie 2D aussehen mag, aber die zugrundeliegende Logik dieser Bilder – ihre Ästhetik und oft nur partiell vorhandenen visuellen Narrationen – ist 3D. Dies ist aber nicht das Einzige: Einerseits haben Sie absolut recht, wenn Sie sagen, dass das, was am *spatial turn* interessant und wichtig ist, der reale Raum ist – das unterscheidet im Übrigen den *spatial turn* dieses Jahrzehnts vom *spatial turn* der 1990er Jahre, als Begriffe wie ‚virtuelle Realität', ‚Cyberspace', ‚Microverse' aus der Science Fiction-Literatur aktuell waren. Andererseits gibt es bei Künstlern, Designern und Unternehmen aber auch ein wachsendes Interesse, Prozesse in Diagrammen abzubilden. Dieser rasante Bedeutungszuwachs, die hineingesteckte Energie und einfach die schiere Zahl von Projekten in den Bereichen des Informationsdesigns, der Informationsgrafik und Informationsvisualisierung sind meines Erachtens nach ebenfalls Teil des *spatial turn*. Das bisher beste Buch zu diesem Thema ist *Else/Where. Mapping New Cartographies of Networks and Territories*, welches 2006 vom University of Minnesota Design Institute in Minneapolis veröffentlicht wurde.[17] Es demonstriert auf äußerst interessante und ziemlich logische Weise, wie drei verschiedene Bereiche des Mapping kombiniert werden: (a) das Mapping von Netzwerken – also die Informationsvisualisierung und das Informationsdesign, (b) manchmal auch das Mapping von Konversationen, und (c) natürlich das Mapping von Territorien, was sich üblicherweise in topographischen, kartenbasierten Visualisierungen manifestiert. Der *spatial turn* bedeutet für mich sowohl ein gestiegenes Interesse an der Analyse, Visualisierung, Darstellung von Prozessen und Prozessbeziehungen wie auch dass er ein neues Augenmerk auf Topographie und Video richtet. Ich weiß, dies ist nicht der Begriff vom *spatial turn*, wie wir ihn bislang verwendet haben, aber ich finde ihn persönlich sehr treffend. Wenn man ihn als Überbegriff für alle Phänomene, in denen es um Raum geht, nutzt, was dann auch Informationsdesign, Informationstraditionen und die Diagrammatisierung von Informationen einschliest, wird er nur kraftvoller. Es geht schließlich um die topographischen, geometrischen und analogen Beziehungen. Darum ist der *spatial turn* so wichtig, er deckt alle wichtigen Entwicklungen der digitalen Kultur in diesem Jahrzehnt ab.

Tristan Thielmann: Selbst in kulturgeographischen Publikationen,[18] können wir sehen, dass Sie diese Art von *spatial turn* mit Ihrer Abhandlung über den „augmented space"[19] mit inspiriert haben. Schauen wir uns einmal aktuelle Medienprodukte und -innovationen in diesem Bereich an: Nokias *Mobile Augmented Reality Application* (MARA) nutzt z.B. neben GPS auch Bilderkennungsverfahren, um den genauen Ort eines beliebigen Objektes, das die Handykamera erfasst, so zu berechnen, dass man auf zusätzliche Information aus einer externen Datenbank zugreifen kann, beispielsweise zu Sehenswürdigkeiten wie Notre Dame (vgl. Abb. 2). Dachten Sie auch an solche Phänomene, als Sie den Begriff *augmented space* prägten?

---

17 Abrams, Janet/Hall, Peter (Hrsg.) (2006): *Else/Where: New Cartographies of Networks and Territories*, Minneapolis, MN.

18 Vgl. u.a. Crang, Mike/Graham, Stephen (2007): „Sentient Cities: Ambient Intelligence and the Politics of Urban Space", in: *Information, Communication & Society* 10(6), 789-817.

19 Mehrfach veröffentlicht, u.a. als: Manovich, Lev (2005): „Die Poetik des erweiterten Raumes: von Prada lernen", in: ders., *Black Box – White Cube*, Berlin, 105-143.

Abb 2: Nokias *Mobile Augmented Reality Application* (MARA) vor der Pont au Change in Paris.

Lev Manovich: So ist es. Ich habe versucht, das Konzept sehr allgemein zu halten. Als ich von sechs bis acht verschiedene Technologien sprach, die dieses Phänomen beschreiben, war damit dezidiert mehr gemeint als z.B. nur *augmented reality*, die, wie das Nokia-Beispiel zeigt,[20] immer noch als Konzept kursiert, obwohl ich nicht ganz verstehe warum. *Augmented reality* scheint mir immer noch ziemlich problematisch zu sein.

Tristan Thielmann: Warum problematisch?

Lev Manovich: Ganz einfach: Es gibt diese digital gesteuerten elektromagnetischen Netzwerke und verschiedene Signaltypen, die auf bestimmte Weise diese Information in unseren Raum bringen, was objektiv betrachtet, auch der Fall ist. Natürlich kann man diese Information auf einem Smart Phone oder einem Handy sehen, man kann durch GPS seinen Aufenthaltsort bestimmen – aber es geht nicht nur um Menschen, es geht auch um die Sinne. Das hat auch mit Überwachung und einem ‚Sinn' für Netzwerke zu tun. Die Idee des physischen

---

20 Vgl. N.N. (2008): „Augmented Reality: Nokia Research Labs Visit", in: *BBC News Technology*, 26.02.2008, http://blip.tv/file/695570, 31.12.2008.

Raums ist nun eine neue Ebene, ein neuer Layer, der hinzugefügt wurde und genauso wichtig ist wie die physische Struktur, weil es dabei wirklich um Information geht. Das bedeutet, dass man dem Raum Information hinzufügen kann, indem man Signale sendet oder RFID-Chips[21] in Gebäuden und Objekten installiert, und die Informationen mit Lesegeräten wieder aus dem Raum entnimmt. Es gibt auch Technologien, die Information aus einem Raum gewinnen und den Raum in Information verwandeln. Damit ist nicht nur Videoüberwachung gemeint, sondern alle möglichen Kameraformen. Und RFID-Tags – dieselben Geräte, die Informationen in den Raum bringen – verfolgen, tracken natürlich auch diese Information. Was problematisch ist: Offensichtlich handelt es sich hierbei keinesfalls um ein neues Konzept. Menschen haben schon immer Information im Raum platziert. Stellen wir uns einmal vor, wir befänden uns im Mittelalter und wollten eine Kathedrale bauen. Man könnte sagen, dass die Fassade dieser Kathedrale Informationen an den Raum abgibt. Hierbei liegt der Unterschied natürlich darin, dass die Information räumlich beschränkt war, praktisch unbeweglich, und dass sie heutzutage dynamisch und aktiv ist. Ich glaube, die Fähigkeit, Information aus dem Raum zu ‚saugen', die Überwachung und Kontrolle, ist neu. Nun ja, vielleicht ist es gar nicht so problematisch, wie ich dachte. Jetzt wo ich es erkläre, macht es irgendwie Sinn!

Tristan Thielmann: Im Kontext von Lokalisierungstechnologien und dem Geoweb besteht die Frage, ob man nicht von *cyberplace* oder *digital place* anstatt von *cyberspace* sprechen sollte, weil virtuelle Räume immer mehr von echten georäumlichen Koordinaten abhängen.[22] Wie Sie jetzt argumentieren, scheinen Sie eher das Konzept eines *augmented place* ins Auge zu fassen. Würden Sie nicht zustimmen, dass es einen kleine Begriffsverlagerung seit 2002 gab, als Sie den Begriff *augmented space* u.a. am Beispiel von Janet Cardiffs „audio walks" ins Spiel gebracht haben?

Lev Manovich: Vielleicht kann ich dazu eine Aussage treffen, die geht zwar in eine andere Richtung, aber in jedem Fall ist es eine wichtige Richtung. Also sagen wir mal, Sie machen ein Foto von einem Gebäude mit einem Nokia-

---

21 *Radio Frequency Identification* (RFID) ermöglicht die automatische Identifizierung und Lokalisierung von Gegenständen und Personen, die mit einem RFID-Chip oder -Tag (Etikett) ausgestattet sind.

22 Wellman, Barry (2001): „Physical Place and Cyber Place: The Rise of Networked Individualism", in: *International Journal of Urban and Regional Research* 25(2), 227-252; Zook, Matthew/Graham, Mark (2007): „From Cyberspace to DigiPlace: Visibility in an Age of Information and Mobility", in: Harvey Miller (Hrsg.), *Societies and Cities in the Age of Instant Access*, Dordrecht, 241-254.

Handy, das über GPS verfügt und eine spezielle Software hat, die eine Datenbank ansteuert. Sie haben dadurch weder einen ‚erweiterten Ort' noch einen ‚erweiterten Raum'. Was sich erweitert, ist das Gerät und der User. Für jemanden, der dieses Kamera-Handy nicht hat, existiert diese Information gar nicht. Ich glaube, da besteht ein bestimmtes ideologisches und ökonomisches Durcheinander, wenn wir sagen, dass ‚objektive Realitäten', Räume oder unsere Körper neue Eigenschaften gewinnen. Eigentlich sind diese Eigenschaften Bestandteil des digitalen elektronischen Gerätes. Erst wenn man das Gerät hat, verfügt man über dessen Eigenschaften. Hat man das Gerät nicht, hat man auch dessen Eigenschaften nicht. Bis dahin geht es also nicht so sehr um ‚erweiterten Raum', sondern vielmehr um ‚erweiterte Wahrnehmung'. Und vielleicht liegt darin der große Unterschied. Es ist eine Sache, öffentlichen Raum zu beschildern, den jeder sehen kann – Reiche wie Obdachlose –, oder den privaten Raum. Das macht einen großen Unterschied. Man muss über die Technologie verfügen, einen solchen Service zu abonnieren. Die Art der Personalisierung ist der wirkliche Unterschied. Man hat eine Informationsverlagerung aus dem öffentlichen Raum auf das eigene Gerät – schließlich muss man zudem dafür bezahlen, man hat eine Art Dienstleistungsvereinbarung geschlossen. Mit anderen Worten, es ist nicht da draußen [Manovich zeigt aus seinem Bürofenster], es ist hier drinnen [er zeigt auf sein Handy].

Vielleicht kann ich Ihnen ein weiteres Beispiel für ein ähnliches strukturelles Problem geben. Es gibt eine Reihe von Projekten, die mit Microsofts *MyLifeBits* ihren Anfang nahmen. *MyLifeBits* war ein Projekt, das ein ganzes Genre begründete. Es kam aus einem sehr kleinen Labor, wo nur drei Leute für Microsoft arbeiteten. Es begann im Jahr 2000 und sollte das komplette Leben einer bestimmten Person digital darstellen. Sie entschieden sich für einen Informatiker des Labors. Zunächst digitalisierten sie all seine Bücher und Unterlagen und begannen dann damit, immer mehr aus seinem Leben zu digitalisieren. Dieses Projekt wurde reichlich gefördert und errang schnell Popularität. Derzeit gibt es eine ganze Reihe dieser Projekte, manchmal *Life Blogs*, *Life Capture* oder *Time Capture* genannt. Zudem gibt es auch noch Konzepte wie *Reality Mining* usw. Als ich versuchte, *MyLifeBits* einzuordnen, musste ich sehr schnell feststellen, dass alle Kategorien für das Erfassen und Visualisieren des Lebens einer Person im Grunde genommen zum Scheitern verurteilt sind. Es ist nicht das Leben, die Erinnerung oder die Existenz einer Person, das Projekt erfasst lediglich das ‚Medienleben' einer Person. Die Wiederaufnahme zeigt nur die Ausschnitte der eigenen Existenz und der sozialen Kommunikation, die digitale Spuren hinterlassen. Also was wird da digitalisiert? Man digitalisiert seine Bewegungen durch GPS, man erfasst seine E-Mails, seine Telefongespräche, seine Chat-Nachrichten, seine SMS und URLs, die er besucht, und er trägt eine Webcam, die alles in niedriger Qualität in einem 180-Grad-Blickfeld aufnimmt. Das Leben ist aber anders. Diese Art von Konfusion ist ziemlich systematisch für die Kulturperiode, in der wir uns gegenwärtig befinden.

Um auf die Frage nach dem Raum zurückzukommen, kann ich abschließend sagen, dass nicht die Unterscheidung zwischen Ort und Raum wichtig ist, sondern die Unterscheidung zwischen Ort und der eigenen Person, Ort und Gerät, Ort und Oberfläche, Ort und Technologie viel bedeutender ist.

Tristan Thielmann: Wenn der Ort die Basis für Ihre Unterscheidungen und all diese neuen medialen Erweiterungen ist, und wenn man bedenkt, dass in der Medienwissenschaft derzeit ethnografische Methoden und Theorien, wie die der Akteur-Netzwerk-Theorie, die den Fokus auf Dinge anstatt Menschen richtet, eine größere Bedeutung gewinnen, würden Sie dann heute in einer Neuauflage Ihrer „Poetik der erweiterten Raumes" für die mediale Überlagerung und Annotierung auf der Basis von Geobrowsern den Begriff des ‚erweiterten Ortes' präferieren?

Lev Manovich: Ich denke, auch dieser Begriff trifft es nicht ganz, aber ich bin mir noch nicht sicher, wie ich es nennen würde. Denn Google Earth befindet sich nicht wirklich bei mir, es ist auf einem Server weit weg vom eigenen Ort. Nur solange ich das entsprechende Gerät mit einem Client habe, kann man an die Informationen gelangen. Auch wenn es in vielleicht in fünf Jahren so etwas wie Google Earth auf einer Uhr geben sollte, so braucht man doch noch immer einen Client, denn die Grundlage für das gesamte System ist nunmal das Client-Server-Modell. Diese Information ist also nicht im Raum, sie wurde gesammelt, geordnet, digitalisiert, kategorisiert, indexiert und dann auf einen Server hochgeladen. Im Fall von GPS ist es das Gerät, das diese Information erstellt. Im Fall von Google Maps und Google Earth sitzt die Information auf einem Server, aber nicht im Raum selbst. Das ist ein wichtiger Unterschied. Auch wenn es eine ganze Reihe von *Locative Art-* und *Locative Game-*Projekten gibt, die es vielleicht nahe legen würden, einen ‚erweiterten Ort' zu proklamieren, handelt es sich doch bislang um kleine Wogen. Noch haben wir es nicht mit einer großen Welle zu tun.

Tristan Thielmann: Vielen Dank für das Gespräch!

Eric Gordon

The Metageography of the Internet: Mapping from Web 1.0 to 2.0

Introduction

We tend to think of mapping as a cognitive and analytical process. It is something that abstracts space so that it might be made legible, or make legible the data that exists within space. This is what sets a map apart from a representation. A single photograph of a street scene is a representation of a street, whereas a map of a street scene treats the street as data fed into a larger spatial context.

Figures 1a and 1b: Two Images of Seaport Blvd. in Boston from Google's Street View.

The images above illustrate this point. On the left is an image from Google's Street View with the wayfinding elements removed. On the right is an image from Google's Street View that includes the tools for navigation. The image on the left provides information about the street, but it does not demand to be read in a larger context. The image on the right, however, is a tool, a mechanism for 'reading' space. This distinction between a representation and a tool is subtle, but central to life shrouded by a rapidly expanding digital network. Physical space, when rendered a tool, becomes a metaphor for the network. While it continues to provide instructions about how to navigate the physical city, increasingly, it provides a platform on which all data is plotted. Lior Ron (2008), product manager for geo search in Google, makes the claim that we should no longer refer to 'Google Maps,' but 'Google on maps'. In other words, the map is becoming another way (and a dominant way) of interacting with the network.

Most importantly, according to GIS expert Michael Goodchild, mapping is no longer the sole responsibility of experts. "It's like the effect of the personal computer in the 1970s, where previously there was quite an elite population of computer users. Just as the PC democratized computing, so systems like Google Earth will democratize GIS" (Butler 2006). Geographic Information Systems (GIS) have and continue to be useful in spatializing data of all sorts for the purpose of analysis. But as some of the basic functionality of GIS is made available in Google Earth and even more widely available in Google Maps, there is a shift, not only in what constitutes *analysis*, but also in what constitutes *data*. The map has become the standard method of both navigation *and* representation as the culture is inundated with massive amounts of new data. The tiny details of everyday life, from instant messaging conversations, to search histories, to snapshots, are now part of the world to be mapped. The impulse to map is responsive to the accelerated production and organization of this newly visible data.

But the map has long been a metaphor for the Internet. While it is now symbolic of a localized and manageable engagement with the network, it once represented the radically other, external grid. In the 1990s, cyberspace was commonly referred to as a map – a layer of data nodes and connections that existed outside of everyday life. It was a visible representation separate from the territory it was ordering. Social media, or Web 2.0, coupled with an advance in location-aware technologies, has transformed the map into an invisible tool for the display of the newly visible aspects of everyday life. It is now deeply integrated into our daily interactions with information, friends, places and our own memories. In other words, the map has shifted from a *representation* of an external digital network to a *tool* for internally navigating that same network. Understanding this shift in the meaning of the map metaphor sheds light on the differences between what we can call Web 1.0 and Web 2.0. Each technology is understood as a map, and each has carried with it presuppositions about the relative truth of its effects on social organization. As I will explain, the Internet, whether representation or tool, gathers its cultural significance through the manufacture and communication of this structuring metaphor.

Metageography

The desire to see space accompanies all technological advancements in visualization. But seeing through maps serves a peculiar function: maps, through visual abstraction, have traditionally been used to *contain* the material world. In the second century, Ptolemy wrote in the opening lines of his *Geographia*, that maps are "a representation in picture of the whole known world together with the phenomena which are contained therein" (Ptolemy 1932 [1475]: 25). The *Geographia* was 'lost' to scholars until the fifteenth century, when it was widely used by Renaissance cartographers in the rapidly expanding project of mapping the world (Woodward 1989: 56). Ptolemy's simple definition would have profound impact on the cultural value of maps in modernity.

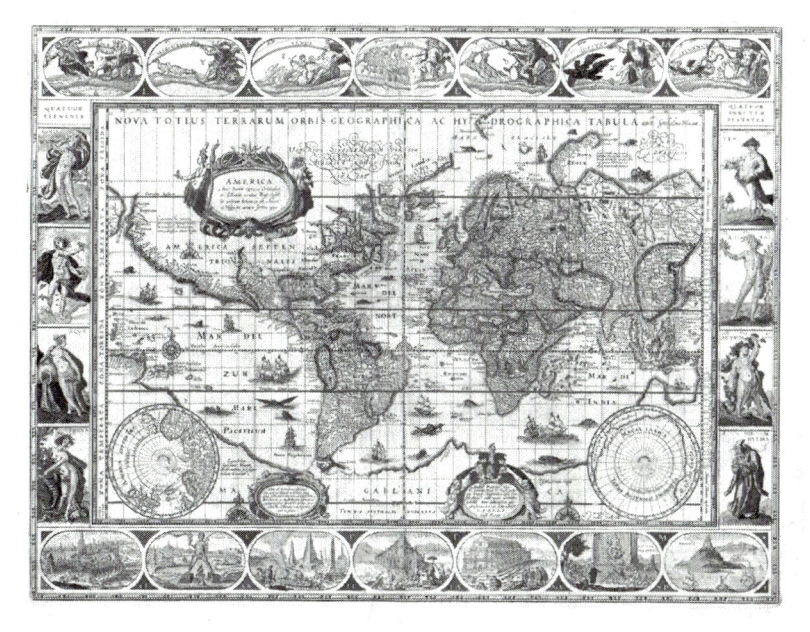

Figure 2: Willem Janszoon Blaeu (1638), Mercator Projection *Nova totius terrarum orbis geographica ac hydrographica tabula* (Leventhal Map Center at the Boston Public Library).

The history of mapmaking has been tied to the struggle to find more accurate and more useful methods of containing the physicality of the globe. For instance, Geradus Mercator, in the 16th century, was the first to devise a method for representing the whole of the earth in two dimensions. With the recent invention of the printing press, it was the first of such representations to be mass-produced and distributed, making it, even to this day, the most recognizable projection of the globe. Mercator's projection has been iconic, despite its glaring geographic inaccuracies. Europe, and the rest of the northern hemisphere, is well out of proportion to the rest of the world – a distortion that became familiar and convenient for oceanic navigation. By drawing a straight line between any two points on the map (or rhumb line), one could easily plot the necessary coordinates. So while the geographic information was distorted, it was a useful abstraction for the reader of the map to orient himself to the globe. As Terry Harpold (1999: 14) points out, "Distortion is simply a mathematical consequence of how maps do what they do."

Mercator's projection of the globe was made possible through the extrapolation of geographic information onto a network of parallels and meridians known as a *graticule*. This cartographic grid would soon come to represent, even outside of geographical data, the "picture of the whole known world" – perhaps even more so than the specific representation of continents and oceans.

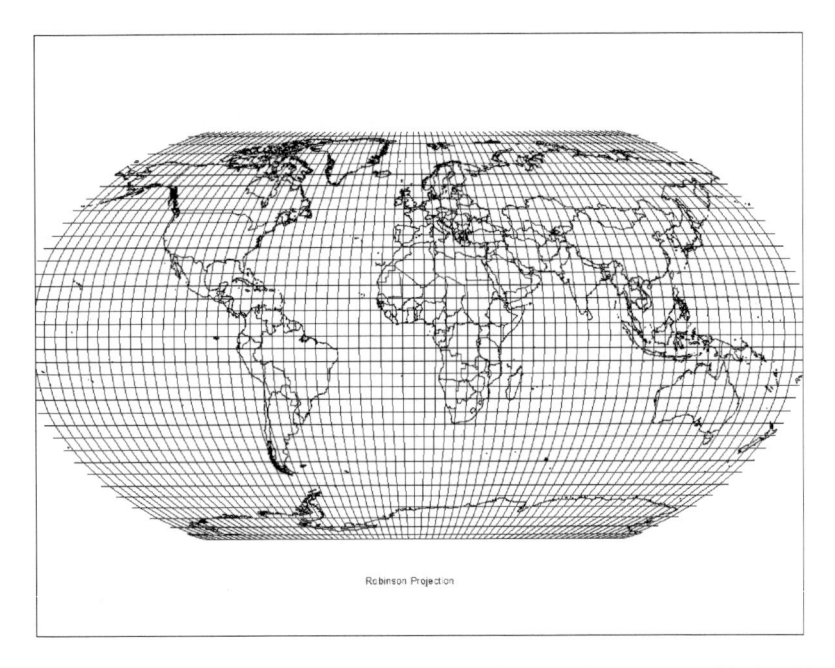

Figure 3: This Robinson Projection is an example of a graticule (courtesy of Arthur H. Robinson Map Library, University of Wisconsin, Madison)

Even though the graticule was a necessarily distorting mechanism. For instance, in cylindrical projections, the apparent lengths of the lines of latitude are stretched so that all are equal to the length of the equator. The result is that the landmasses near the poles appear much larger than they actually are. The inevitable distortion of landmass to accommodate the logic of the map is expected. The geographer David Woodward (1989: 14) explains that there is a general trend in the history of cartography "towards abstraction and separation of geometry from geography. The extremes of this abstraction can be seen when the *graticule* of the world becomes so much a part of the everyday graphic vocabulary that the icon becomes a stereotype removed from reality."

Graticule derives from the Medieval Latin word *craticula*, which means "little grating". The definition of the word grating is a material used for containment or preventing access. The abstraction of the graticule to symbolize earth, then, might be understood as the abstraction of containment. Very often the graticule has little connection to the actual map, but it is almost always included as a shorthand means of communicating the stable globe as reference point, and thus a mastery of whatever is plotted therein.

It is here that we can draw connections between cartography and digital networks. The existence of virtual spaces, communities, and friends, introduced to a wide public in the 1990s, posed problems for the existing social organization. This network, growing each day with new kinds of data and possibilities for their use, needed to be integrated into the existing understandings of space and spatial organization. Here was a world of information that needed an intuitive metaphor to coincide with existing presumptions about the interrelationship between information and space. Because of its unwieldy nature, there was incentive to conceptualize the network as distinct from everyday life. As such, it was commonly characterized as a *graticule* – a symbol that communicated nothing in particular, only that it contained what was inside of it.

This formulation is made explicit in films like *Tron* (1982), in which digital networks were represented as an alternate world that literally imprisoned human beings. Or in the novel *Neuromancer* (1984), William Gibson describes cyberspace as a 'matrix' – an immersive information-scape that exists parallel to the real world wherein users leave their bodies (called wetware) behind to navigate the jarring data terrain. In this version of virtual reality, cyberspace is all map – a virtual space with no necessary correlation to the physical world. If it influences the territory at all, it is only from involuntary seepage or lack of security. And as the Web makes its debut in the early 1990s, bringing the Internet into popular view, this model is referenced in several motion pictures, including *Strange Days* (1995), *Johnny Mnemonic* (1995), *The Matrix* (1999), *eXistenZ* (1999), and others. These dystopian fantasies each represent a version of the *graticule*. In all cases, the network is distinct from the territory, threatening to limit the authority or authenticity of the physical world.

It is always the case that the *graticule* does not depart specific geographical information; instead, it acts as a *metageography* – or what Harpold (1999: 8) describes as a "sign system that organize[s] geographical knowledge into visual schemes that seem straightforward [...] but which depend on historically – and politically – inflected misrepresentations of underlying material". Metageography is the culturally accepted misrepresentation of abstracted territory. As it applies to early representations of cyberspace, the metageography is the manner in which the new technology is organized spatially to accommodate existing cultural assumptions. Networks were distinct from the subject, potentially disruptive of existent social realities, and even in their most positive light, promised a completely separate organization of people, places and things.

Containment

The metageography of cyberspace was reflected in the business development of the World Wide Web. Along with an exuberance over expanding markets, the dot-com boom of the late 1990s brought speculation about a new economy that might defy traditional geographical limitations, where businesses could decentralize and experience unbridled growth through electronic networks. In magazines such as *Mondo 2000* and *Wired*, the new economy was often characterized as one of de-spatialization, de-territorialization, and disembodiment. In Nicholas Negroponte's influential book *Being Digital*, he wrote:

> If I really could look out the electronic window of my living room in Boston and see the Alps, hear the cowbells, and smell the (digital) manure in summer, in a way I am very much in Switzerland. If instead of going to work by driving my atoms into town, I log into my office and do my work electronically, exactly where is my workplace? (Negroponte 1995: 165)

Negroponte's assumption that atoms were distinct from bits in the emerging digital society was responsive to how new technologies were positioning themselves in popular culture. Spatial metaphors were commonly used to describe where one's bits could 'go' when online: information super*highway*, web*site*, chat *room*, internet *café*, etc. They would seem to create a world entirely to themselves – liberated from the tedious behaviors of atoms. There was little indication that these spaces could ever assimilate with the physical world.

For more than a decade before the web, computer networks were used to cultivate communities and generate alternate worlds (Wellman/Gulia 1999; Rheingold 1993). Well before Tim Berners-Lee put the first webpage together in August of 1991, virtual activity was seen as enticingly separate from physical space. For example, the *Minitel*, circa 1982, was a network of computers in France whose sole purpose was to give online access to the phone directory. An accidental outcome of this system was the online message board. Designed to support the phone directory, these message boards quickly become the most popular aspect of the system. Erotic message boards (*messageries roses*) accounted for the majority of traffic – activity quite distinct from the real world networks the system was intended to enable. In the United States, message boards were one of the first features of the popular Internet. They came into wide use in the early 1990s as the Internet became available in universities. While email was the most popular feature of this new network, chat rooms called multi-user dungeons (MUDs) were immediately popular as well. These forums began primarily as fantasy game spaces, where users in the tradition of *Dungeons and Dragons* would assume alternate identities, gather treasure and slay monsters. Users could walk around, solve puzzles, chat with other characters, or just generally 'hang out.' These spaces were early examples of online social networks in which people could form relationships in a completely 'virtual' realm. While MUDs held on to their gaming origins, increasingly, they were used for socializing around specific topics. People would gather online in non-traditional communities that were organized around special interests, not geographical proximity. Howard Rheingold describes this as an "electronic agora" in his 1993 book *The Virtual Community*.

So it is no surprise that the dominant discourse in the commercialization of the web would focus so heavily on social connection through spatial abstraction. Network interactions were largely characterized as divergent from real world interactions. Although there was convincing evidence that people used technologies to connect, not to separate. "Despite all the talk about virtual community transcending time and space *sui generis*, much contact is between people who see each other in person and live locally" (Wellman et al. 1988). But those who celebrated the coming digital world were quick to distinguish between the world of atoms and the world of bits (Kapor 1993). John Perry Barlow, in his "Declaration of Independence of Cyberspace", writes

> Cyberspace consists of transactions, relationships, and thought itself, arrayed like a standing wave in the web of our communications. Ours is a world that is both everywhere and nowhere, but *it is not where bodies live*. (Barlow 1996, italics added)

Barlow's conceptualization of cyberspace became a well-known manifesto for digital culture and importantly set the stage for a utopian, parallel world of bits. For some, this was a point of liberation, giving new strength to an identity politics that could transcend physical markers of difference (Haraway 1991).

But this form of disembodied sociality was also associated with a postmodern dystopia. Jean Baudrillard, writing in the early 1980s, decried the overwhelming power that representational space was wielding over its physical counterpart. In reference to a Borges' story about a map so realistic that it covered its corresponding territory, Baudrillard writes: "The territory no longer precedes the map, nor survives it. Henceforth, it is the map that precedes the territory" (Baudrillard 2006 [1983]: 389). The map, or the simulation of the territory is more important than the territory itself. When subjects engage with spaces, they engage only with its simulation; and the real eventually loses all distinction. As popular discussions on virtual environments increased throughout the mid-1990s, Baudrillard's totalizing axiom seemed to harness the anxieties associated with the new technology. Mapping that disembodied space, the one Baudrillard decried as a colonizing force on the culture's weakening sense of the 'real' world, was necessary for the containment of the emerging virtual space.

Baudrillard's formulation demands a subject that is both everywhere and nowhere at the same time. If signs construct a new social order outside of the influence of subjects, then the subject is either looking onto or buried underneath the map. Just as in Gibson's characterization of cyberspace, the subject was either 'jacked in' or outside – he was never formative in the production of social space. This becomes clear in the film, *The Matrix* (1999), which shows a real world covered over by the virtual world; this is done so completely that what *was* real loses all function within a society totally adapted to the method of containment. The subject can act within the matrix, but cannot change it; the map is intractable, predetermined by the network of machines that compose it. In this space, there is no possibility of forming meaningful places.

Locality

Fredric Jameson articulates another version of postmodernism that offers the possibility of a much more active subject. He suggests that the threat is not that the map precedes the territory, but that the territory has become unmappable. Late capitalism creates conditions in which real space, like the virtual, are rendered incoherent. Space is a pastiche of disconnected signifiers caused by the inundation of global capital, disrupting any possibility for material consistency, but made to appear cohesive through the ideological glue of consumerism. Caught in this harrowing environment outside of coordinates, Jameson turns to the map as a way of resisting the chaos that emerges from its absence. Borrowing from Kevin Lynch's *cognitive map*, Jameson proposes a solution by the same name that extends beyond the form of the city and into culture. For Jameson, the concept of culture has almost complete coverage of social life:

> a prodigious expansion of culture throughout the social realm, to the point at which everything in our social life – from economic value and state power to practices and to the very structure of the psyche itself – can be said to have become 'cultural' in some original and yet untheorized sense. (Jameson 1991: 48)

The cognitive map is more than the literal notations in which Lynch had his subjects engage; it is a perceptual practice wherein one can represent their position within an unrepresentable world.

Jameson's cognitive map operates in opposition to a postmodern culture that, as he maintains, resists the act of mapping. The forces of late capitalism have led to an "incapacity of our minds […] to map the great multinational and decentered communicational network in which we find ourselves caught as individual subjects" (Jameson 1984). In this sense, mapping is an act of defiance, a dialectical overlay onto the uncharted postmodern pastiche. If late capitalism produces unimaginable spaces, the cognitive map (typically art) makes sense of them, and space transforms to follow its lead. The cognitive map allows the spectator to achieve a "breakthrough to some as yet unimaginable new mode of representing" (Jameson 1991: 54). For Jameson, mapping is active, albeit within an existing dialectical structure.

According to Janet Abrams and Peter Hall, the mapping impulse Jameson describes is literally reflected in contemporary digital culture.

> Mapping has emerged in the information age as a means to make the complex accessible, the hidden visible, the unmappable mappable. As we struggle to steer through the torrent of data unleashed by the Internet, and to situate ourselves in a world in which commerce and community have been redefined in terms of networks, mapping has become a way of making sense of things. (Abrams/Hall 2006: 12)

Jameson's cognitive map, originally conceived as an individual effort to reframe and oppose the obfuscated spaces of global capitalism, has manifested itself squarely within the logic of global capitalism as an instrumental strategy for coping with new demands on individual subjectivity. Jameson's prediction of an emerging aesthetic of mapping has indeed come to pass; however, it is not a dialectical response to late capitalism, but a function of networked capitalism.

When the business of the Web reinvented itself after the bust in 2000, its characterization as map was the first thing to change. In 2002, the social networking site *Friendster* was an overnight success. The introduction of *MySpace* in 2003, *Facebook* in 2004, and Google's IPO also in 2004, suggests that the social aspects of the Web became dominant during this time. Instead of a network composed of connected pages, the Web was becoming a platform to connect users, most of who create, share and/or distribute content. In 2004, Tim O'Reilly organized the first industry conference about this newly structured web, which he christened 'Web 2.0.' The notion of a new and improved web, friendly for investors, and newly exciting for users, manufactured a synthetic rift between the old and the new webs. The practical result of this rift was a somewhat coordinated marketing effort that lumped a number of simultaneously emerging technologies together into a cultural phenomenon or even an epochal transition, leading Ross Mayfield, the CEO of *SocialText*, to tell *Wired News* that "Web 1.0 was commerce. Web 2.0 is people" (Mayfield 2006).

The bluster of industry professionals had no small part in the public's changing perception of digital media. While the new social software presented distinct changes in how media could be produced and consumed and how social connections could be formed, these few applications succeeded in appointing a new metaphor for the entire network. No longer a distant container for everyday life; now a location from which everyday life emerges. No longer Baudrillard's map covering the territory, now Jameson's cognitive map, transformative and personal. Web 2.0 quickly came to define the entire Web, if not the entire Internet. And anything that hadn't properly adopted the key elements of participatory media would garner the disparaging 1.0 title. As if Web 2.0 had nothing to do with commerce.

Google's entry into the mapping business in February 2005 was the event that most succinctly transformed the meaning of the map metaphor. The dynamic capabilities of Google's mapping software would give every user the tools to produce a cognitive map – a personal expression of order and location in an expanding network. Unlike existing mapping software like Yahoo and Mapquest, Google's application included the functionality of a search engine and the dynamic drag and drop qualities of an operating system. When the user enters an address, store name, or type of business, Google Maps retrieves a range of possibilities and locates them with virtual pushpins. It is capable of locating any of the Web's data assigned with geo-coordinates, including images, videos, and wikipedia articles, the map has become yet another interface from which to access and organize the network's massive material. As more and more data is geo-coded, Google is moving toward making the map yet another interface to search and retrieve the web's vast data. And increasingly, the web's vast data is comprised of places, things *and* people. Locating oneself has become the prerequisite of locating data.

The near ubiquitous presence of Google Maps today is not the sole product of Google engineers. It emerged out of a rather surprising reception to the new and flexible mapping technology. Very soon after the launch of Google Maps, people began to appropriate the API (application programming interface) to create 'mash-ups' from existing datasets. Adrian Holovaty, an early Google explorer, overlayed Chicago Police Department crime statistics with a Google Map (see http://chicagocrime.org). Users were able to search for crimes by type, street, date, police district, zip code, ward or location. It immediately became popular with homeowners or prospective homebuyers who wanted to determine the safety of neighborhoods. When Holovaty debuted his site in May 2005, Google had not given him permission to use its API, yet it did nothing to stop him (Sandoval 2005). Within a few months, several other experiments, including *Housingmaps.com*, which mapped the apartment listings from *Craig's List* and *Cytadia.com*, which mapped real estate listings, brought the

Google Map mash-up into popular view. The company was adopting a wait and see strategy as legions of hackers swarmed to the new technology.

By July 2005, Google had decided to release its API to anybody who wanted it. Not only could programmers make their own application with Google's technology, they were also free to make money by retaining a percentage of the Google AdSense revenue (Google retained the right to advertise on any site that used its API.). Countless personalized maps have resulted from Google's open sourcing of their API. It was now possible to chart everything from personal photos to the best bike paths in town to the content of movies and television shows. In April 2005, Mike Pegg started a blog called 'Google Maps Mania' (Pegg 2005-2006) as a means of keeping track of these projects. The site references thousands of maps, and is updated on a daily basis. He has the maps organized into categories such as: current events, transit and transportation, housing and real estate, weather and earth, beer and wine, blogs, TV, movies, celebrities, etc. The range of maps featured on the site (which Pegg left in 2008 to go work for Google), from television shows to garage sales, point to a change in how users understand their relationship to data. And this has extended to numerous web or mobile applications that use Google Maps to enable people to plot social relationships, personal histories, or shared data. Datasets normally disassociated from location are spatially organized so as to clarify their proximity to the user, thus making them easier to navigate and comprehend. Each of these cognitive maps is a reframing of the graticule, essentially positioning the user within the contained territory, not outside of it.

This reframing takes unique focus in mobile applications. Consider *Plazes*. This Berlin-based company, acquired by Nokia in July 2008, characterizes itself as "the social web to go." It allows users to identify their location, correlate their location with the location of their friends and contacts, and explore upcoming or current events in that location. It has all the functionality of a web-based social software system, but one that is primarily ordered around geo-coordinates. *Plazes* automatically retrieves user location through whatever means available, including IP Address, ambient technical data (including default gateway's MAC ID, GSM/3G cellId, Wifi access points, GPS coordinates etc.), and cookies. By signing up with the system, users are giving it permission to persistently identify their location. However, the system only makes that information public when users check-in to a specific site. In other words, they have to log on to *Plazes* and tell it they have arrived someplace for it place that location in the public log, or even to make it available to themselves.

This voluntary self-surveillance facilitates a located browsing. *Plazes* is designed to construct the illusion that the geo-location of the user's body is the figurative and literal gateway into the network – an effect that is reflected in the design of the user interface. When a user first logs on to the system, they are told where they were last, and they are instructed to tell the system where they are now or where they intend to go. They are informed of any of their contacts or groups that are nearby, and, like most social software systems, encouraged to click on those profiles to find more information about the places other people have been. It reproduces the feel of familiar applications, but reorders the user experience to focus primarily on the variable of location. It does this by placing a high value on the integration of existing applications. *Plazes* information can be fed into any site with an RSS feed, and it can be integrated into calendar applications like *Outlook* or Apple's *iCal*. And after the Nokia acquisition, the push towards integration with existing services, including Nokia Maps, became much more pronounced.

Plazes is mostly an annotation system. What one does with *Plazes* is keep track of travels, even local travel, and annotate those locations with photos and text comments. The result of this annotation is a kind of guest book for the world, where in addition to pulling up the geo-coordinates of a place on Google Maps, *Plazes* tells you who was there, when, and what they had to say about it. When investigating locations, users can click on the profile of those who have been there, add them as a contact, or click on locations within their profiles to inform the system that they have been there as well. For instance, when doing a search for Times Square during a recent visit to New York, I stopped into the *Starbucks* on 7th Avenue, identified others who had been there recently, clicked the 'me too' button and followed the prompt which inquired into what I was doing there. My profile was added to the guestbook, ostensibly providing useful data about that site.

As smart phones and unlimited data plans grow in popularity, so too does the number of located browsing opportunities. And as the potential for location aware advertising expands, there is actually a viable business model for these kinds of applications. The company *Loopt*, which provides much of the same services as *Plazes*, including updates on nearby friends, and access to reviews of nearby places and businesses, made a deal with *CBS* in 2008 to push location aware ads to users. Big companies are investing big money in this arena. Ulocate, the maker of *Where.com*, made a deal with *AT&T* for location specific ads, and everyday there are announcements about new partnerships. There is a rush of new start-ups clambering to compete in the emerging market of mobile social software. Especially after Apple opened up the *iPhone* to third-party applications in July 2008, breaking into the market is ostensibly as easy as producing a popular *iPhone* application. Not surprisingly, dozens of companies are competing for that critical mass of users that would propel them to the status of the next *Facebook* or *Flickr*. And with so many companies competing, so many applications vying for the same finite audience base, the functionality of all the platforms is limited by the inevitable atomization of social networks. To combat this problem, each is seeking to integrate into existing platforms to capture networks of people where they already reside. For instance, when entering updates into the *Loopt iPhone* application, users can arrange for those updates to be published on *Twitter*, *Facebook* and *Friendfeed*. And, instead of entering reviews into *Loopt* itself, *Loopt* provides access to *Yelp*, which is one of the largest review sites on the Web. This allows the application to be usefully populated with user data so that locating oneself in a search can be meaningful. More importantly, by allowing users to maintain and access their existing networks (*Yelp*, *Facebook*, *Flickr*, etc.), it is an attempt to mitigate the user anxiety over investing time in something new.

This is clearly the strategy of Ulocate's *Where.com*. *Where* provides an orbit of location-oriented widgets, including *Yelp!*, *Friendfinder*, and others, so that "you can keep track of your people, places and things." *Where's* tagline is interesting because it focuses on personal possession, not location. My collection of nouns can now trail me and adjust to my particular geographical context. *Where's* map is even more personalized and more adaptable to user circumstances than is the case in other similar applications. But all of these applications seek to do the same thing: transform one's experience of the network from something distant and external to something intimate and internal. The network appears to be subordinate to the everyday actions of users, as opposed to the other way around.

Outside the Graticule?

Harpold describes metageography as a geographical sign system that seems straightforward, but which is constructed from misrepresentations of underlying material. Web 1.0 was represented as a *graticule*, an abstract system apart from the "underlying material" it mapped. The world of bits, the grid, the vast expanse of data, were all attempts to spatialize the new technological infrastructure so as to construct the user, the spectator, or the body as distinct from digital networks. But with the rapid changes in the market and technological and commercial innovations in the social aspects of the Internet, the map as distinctly other has given way to a cognitive mapping that has the appearance of being subjective and localized. As casual conversations, friendship networks, search histories, bookmarks and tags, photographs and thoughts are made visible and searchable through the networked social media, the geographical sign system has turned to personal mapping. And as digital networks become increasingly prevalent through wi-fi, GPS, and other location-based technologies, the personal map will only grow in importance. The territory, progressively more subordinate to its annotations, will just be added to the mounting piles of personal data to be organized. No longer outside of everyday life, these mounting piles of data (and their organization) become the very structure of everyday life. While the map does not precede the territory, as Baudrillard claimed, the map has become the territory. There is nothing outside of the graticule.

Henri Lefebvre defines the everyday as a set of functions that "connect and join together systems that might appear to be distinct" (Lefebvre 1987). In this scenario, the act of mapping becomes the means through which the unique systems of family, work, and leisure are organized into a manageable whole. The map, or the spatial organization of everyday life, "constitutes the platform upon which the bureaucratic society of controlled consumerism is erected" (Lefebvre 1987). In this sense, the cognitive map, as the individualized symbol of order within complex systems is meta-geographic, a misrepresentation of underlying material. Maps always distort. While the ability to locate oneself and one's data within global networks is potentially empowering, it also, as Lefebvre warns, transforms the everyday into a product. The cost of locating oneself within digital networks is being *located* within those same networks – not as a person, but as a commodity, as data. The dominant metaphor of Internet technologies is no longer one of containment; however, it would seem that users are just as likely to be contained by the promise of their own freedom as they were by the disembodied matrix. While the prominence of location in networked social media promises to strengthen physical connections and supply unprecedented access to existing communities, it should not be left unquestioned. The cognitive map, as Jameson hoped, can give us new clarity on the spaces of capitalism; it can also integrate us so seamlessly into those same spaces that seeing beyond them is impossible.

Bibliography

Abrams, Janet/Hall, Peter (2006): "Where/Abouts", in: Janet Abrams/Peter Hall (eds.), *Else/Where: New Cartographies of Networks and Territories*, Minneapolis, MN, 12-17.

Barlow, John Perry (1996): "A Declaration of Independence of Cyberspace", http://homes.eff.org/~barlow/Declaration-Final.html, 15.10.2008.

Baudrillard, Jean (³2006): "The Precession of Simulacra" (1983), in: John Storey (ed.), *Cultural Theory and Popular Culture: A Reader*, Harlow/New York, 389-396.

Butler, Declan (2006): "The Web-Wide World", in: *Nature* 439, 776-778.

Gibson, William (1984): *Neuromancer*, New York.

Haraway, Donna J. (1991): *Simians, Cyborgs, and Women: the Reinvention of Nature*, New York.

Harpold, Terry (1999): "Dark Continent: A Critique of Internet Metageographies", in: *Postmodern Culture* 9(2), http://www.iath.virginia.edu/pmc/text-only/issue.199/9.2harpold.txt, 15.10.2008.

Jameson, Fredric (1984): "Postmodernism, or the Cultural Logic of Late Capitalism", in: *New Left Review* 146, 53-92.

Jameson, Fredric (1991): *Postmodernism; or the Cultural Logic of Late Capitalism*, Durham, NC.

Kapor, Mitchell (1993): "Where is the Digital Highway Really Heading?", in: *Wired Magazine* 1(3), 53-59, http://wired.com/wired/archive/1.03/kapor.on.nii_pr.html, 15.10.2008.

Lefebvre, Henri (1987): "The Everyday and Everydayness", in: *Yale French Studies* 73, 7-11.

Negroponte, Nicholas (1995): *Being Digital*, New York.

Pegg, Mike (2005-2006): "Google Maps Mania", http://googlemapsmania.blogspot.com, 15.10.2008.

Ptolemy (1932): *The Geography*, transl. and ed. by Edward Luther Stevenson, New York. [*Geographia*, Venice 1475]

Rheingold, Howard (1993): *The Virtual Community: Homesteading on the Electronic Frontier*, Reading, MA.

Ron, Lior (2008): "Google Maps = Google on Maps", *Where 2.0 Conference*, Burlingame, CA, 14.05.2008, http://blip.tv/file/969411, 15.10.2008.

Sandoval, Greg (2005): "Tinkerers Invade Google Map Room", in: *The Courier Mail*, 18.06.2005.

Singel, Ryan (2005): "Are You Ready for Web 2.0?", in: *Wired News*, 06.10.2005, http://www.wired.com/science/discoveries/news/2005/10/69114, 15.10.2008.

Wellman, Barry/Carrington, Peter et al. (1988): "Networks as Personal Communities", in: Barry Wellman/Steve Berkowitz (eds.), *Social Structures: A Network Approach*, Cambridge, MA, 130-184.

Wellman, Barry/Gulia, Milena (1999): "Net Surfers Don't Ride Alone: Virtual Communities as Communities", in: Peter Kollock/Marc Smith (eds.), *Communities and Cyberspace*, New York, 331-366.

Woodward, David (1989): "The Image of the Spherical Earth", in: *Perspecta* 25, 2-15.

Annette Vowinckel

As in a Nutshell.
Die Schrumpfung der Welt im Flugsimulator

Reisen ist in mancherlei Hinsicht teuer und gefährlich: Wer nicht das Privileg eines vom Arbeitgeber bezahlten Urlaubs genießt, muss Einkommensverluste hinnehmen, Bahn- oder Flugtickets und gegebenenfalls einen Mietwagen bezahlen, Hotelrechnungen begleichen, auswärts essen und sich möglicherweise auch noch zusätzlich versichern. Bahnen können entgleisen, Flugzeuge abstürzen, Autos können sich auf Autobahnen überschlagen, am Urlaubsort könnten Terroristen Anschläge verüben, die Flugbegleiter könnten streiken und einem den Rückweg abschneiden, man könnte an Malaria erkranken, mit einer Fähre untergehen oder aus dem Skilift fallen. Paranoide Szenarien? Mit Sicherheit. Gleichwohl können wir beobachten, dass ‚echte' Reisen immer häufiger durch virtuelle Reisen ergänzt werden, in deren Verlauf alle Katastrophen folgenlos bleiben und die zudem noch (fast) zum Nulltarif zu haben sind.

Eine Möglichkeit, eine solche virtuelle Reise anzutreten, bietet der digitale Flugsimulator. Er erlaubt es dem Nutzer, abgelegene Orte zu besuchen, die Welt aus der Vogelperspektive zu betrachten und dabei auch noch in die Haut des Piloten hineinzuschlüpfen, der selbst die Kontrolle über das Flugzeug übernimmt. Die Umsatzentwicklung der Branche – wie auch der Umstand, dass *Google Earth* in die jüngste Version eine Flugsimulationsfunktion integriert hat – lassen ahnen, dass diese Art des Reisens auch (und möglicherweise gerade) von solchen Menschen praktiziert wird, die auf echten Bahnhöfen und Flughäfen eher selten anzutreffen sind.

Ich werde im Folgenden zeigen, dass es sich bei diesen virtuellen Reisen nicht um Ersatzhandlungen handelt, sondern um eine Form der Bewegung in Zeit und Raum, die gänzlich anderen Gesetzen unterliegt und andere Praxen hervorbringt als die ‚echte' Reise, und dass darin der besondere Reiz liegt, den die traditionelle Reise gerade nicht bietet. Die Reise im Flugsimulator ist, so meine These, keine Reise, die einen Anfang und ein Ende und dazwischen einen linearen Verlauf hat, sondern eine flexible Bewegung, die – auch wenn sie ursprünglich ganz anderen Zwecken diente, nämlich der Ausbildung von Piloten – nichts anderes ist als eine phantastische Zeitreise.

Zunächst jedoch möchte ich ein paar einleitende Sätze über das Medium der Simulation verlieren. Generell bilden Simulationen in der Forschung ein drittes Standbein neben Theorie und Experiment. Ihre Aufgabe ist es, größtmöglichen Aufschluss über zu erwartende Abläufe bei gleichzeitiger Minimierung von Kosten, Verbrauch und Risiko zu geben. Es geht in der Simulationsforschung also nicht darum, Differenzen zwischen Realität und Simulation zu beschreiben, sondern die Übereinstimmungen möglichst Gewinn bringend auszuwerten.

Im Kontext der Luftfahrt zeigte sich dabei recht früh, dass Forschungsprogramme nicht nur der Kosteneinsparung und der Verbesserung der Pilotenausbildung dienten, sondern dass sie auch einen vermarktbaren Mehrwert für die Unterhaltungsindustrie abwarfen, der von dem Bedürfnis nach Mimikry im Bereich des Technischen und von der Attraktivität der von Freiheitsklischees durchdrungenen Welt des Fliegens getragen wurde. Zu fragen ist deshalb nicht, ob die Marsoberfläche auf der Grundlage unserer Kenntnisse überhaupt simuliert werden kann, sondern eher umgekehrt, ob die ursprüngliche Motivation technischer Simulationen nicht vielleicht im Bereich von Spiel, Spaß und Phantasie zu suchen ist. Bevor ich auf die Frage nach der Bedeutung von Zeit und Raum in der analogen und digitalen Flugsimulation zurückkommen werde, möchte ich deshalb einen kurzen Überblick über die Geschichte der Flugsimulation geben.

Schon mit dem Beginn des Motorflugs um die Wende zum 20. Jahrhundert wurden erste Modelle gebaut, in denen die Flugpioniere bestimmte Handgriffe und Abläufe am Boden – quasi spielerisch – einüben konnten. Bei diesen frühen Modellen handelte es sich um Kisten, die mit den entsprechenden Griffen und Rudern ausgestattet waren und die die Bewegungen des Flugkörpers darstellten bzw. erfahrbar machten (vgl. Abb. 1).

Abb. 1: Antoinette-Trainer (Moore 2006).

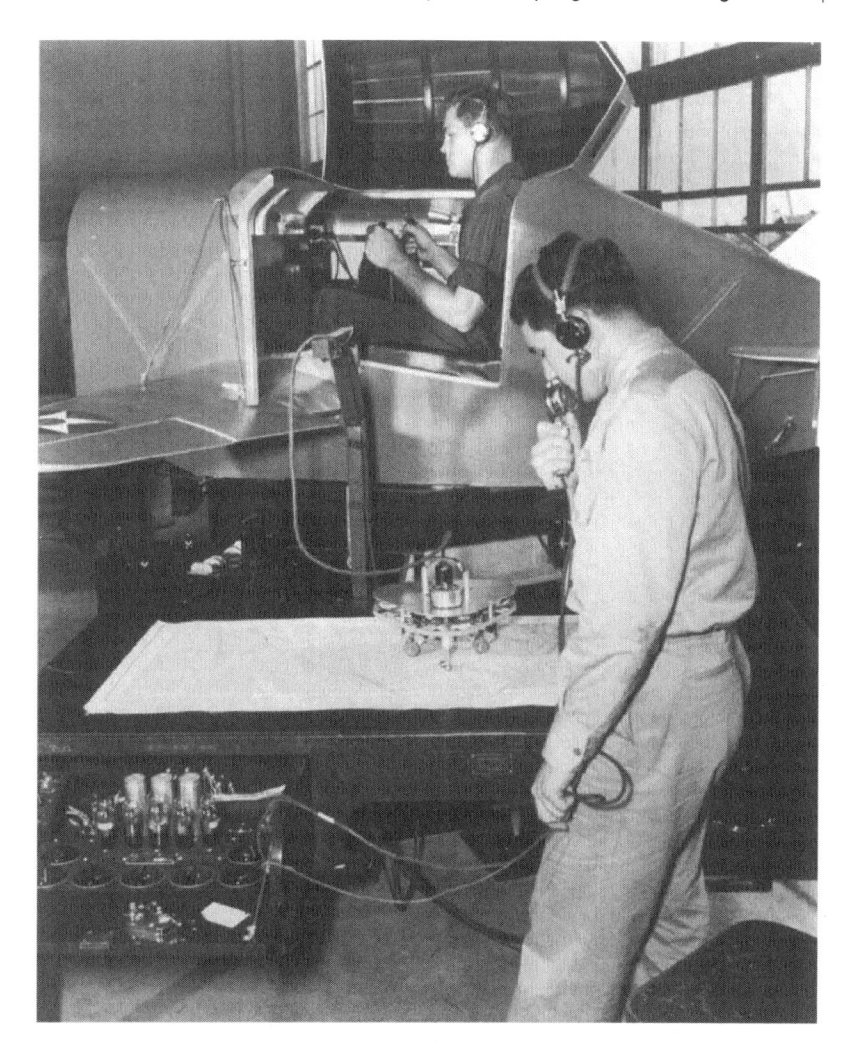

Abb. 2: Link-Trainer, 2. Weltkrieg (Craven/Cate 1955: 572).

Um 1930 konstruierte der amerikanische Fluglehrer Edwin A. Link ein bereits recht komplexes Gerät, das mit Hilfe eines beweglichen Trägers die Lageveränderungen des ‚Cockpits' auf den Körper des Piloten übertrug (vgl. Abb. 2). Während sich das Auge an einem künstlichen Horizont außerhalb des ‚Cockpits' orientierte, wurde das Nicken und Rollen (d.h. die Senk- und Steigebewegungen und die Bewegung um die Längsachse) nun auch innerhalb des Geräts mit Hilfe des Gleichgewichtssinns wahrnehmbar (vgl. Auth 1988: 85). Bei späteren Versionen des nach seinem Erfinder benannten Link-Trainers wurde noch deutlich mehr Wert auf den Blind- oder Instrumentenflug gelegt: Ziel war es, die Steuerung des Flugzeugs ganz ohne Außensicht zu ermöglichen. Zu diesem Zweck wurde der analoge künstliche Horizont an der Wand außerhalb des Cockpits durch eine analoge Bildschirmanzeige ersetzt, auf der das Flugzeug selbst in Relation zu einem künstlichen Horizont angezeigt wurde – wobei zunächst allerdings noch nicht festgelegt war, ob der Horizont oder das Flugzeug als feste Größe fungierte.

Abb. 3: Modellraum für die Sichtsimulierung einer Redifon-Anlage („Schulung und Praxis mit Flugsimulatoren" 1964: 1107).

Ab Mitte der 1950er Jahre wurde der Flugraum im Inneren des Cockpits durch Bilder bzw. dreidimensionale Modelle angezeigt (vgl. Abb. 3 und Abb. 4). Diese Bilder oder Modelle wurden von einer analogen Kamera aufgezeichnet, die den Bewegungen des simulierten Flugzeugs entsprechend über das Gelände fuhr und ihre Bilder mit Hilfe von Spiegeln ins Cockpit des Simulators übertrug (vgl. Abb. 5). Mit dieser Technik arbeiteten auch noch frühe Raumfahrtsimulatoren, die statt der Erdoberfläche die Mondoberfläche ins Innere der Raumkapsel übertrugen (vgl. Abb. 6).

Abb. 4: Redifon-Simulation, Blick aus dem Cockpit (http://history.nasa.gov/SP-4302/ch3.8.htm, 04.08.2008).

Zu den Bildern. Unten links die Schulungskabine des TL-39 „im steilen Steigflug" – Bild oben zeigt die Elemente des TL-39, ausgestellt auf der 29. Maschinenbaumesse in Brno. Die Anordnung in der Praxis ist aus dem Grundriß des TL-39-Ausbildungsgebäudes (links unten) ersichtlich: 1 – Raum für die Schulungskabine; 1.1 – Bewegungsbereich von 1.2; 1.2 – bewegliche Plattform; 1.3 – Schulungskabine; 1.4 – Projektionsfläche; 1.5 – Spiegel; 1.6 – Fernsehprojektor; 1.7 – Steuerblock des Fernsehprojektors; 1.8 – Hochspannungsquelle der Bildröhre; 1.9 – Steuersysteme für die bewegliche Plattform; 1.10 – Grundplattform; 1.11 – Führungsstütze; 1.12 – Hydraulikzylinder; 2 – Raum des Instrukteurs; 2.1 – Sitz des Instrukteurs; 2.2 – Instrumentenbrett; 2.3 – Steuerpult; 2.4 – Flugwegschreiber; 2.5 – Monitor; 2.6 – Rechenanlage; 2.7 – Spannungsstabilisator; 3 – Raum für Geländemodelle mit Fernsehanlage; 3.1 – Geländemodell; 3.2 – Fernsehkameras mit Führungsgestänge; 4 – Maschinenraum; 4.1 – Hydraulikaggregat zum Antrieb der beweglichen Plattform; 4.2 – Kühlanlage des Hydraulikaggregats; 4.3 – Unterrichtsraum. Fotos: Omnipol; Zeichnung: Grönwald

Abb. 5: Flugsimulator TL-39, DDR, frühe 1970er Jahre (*Flieger-Revue* 1975(1), 27).

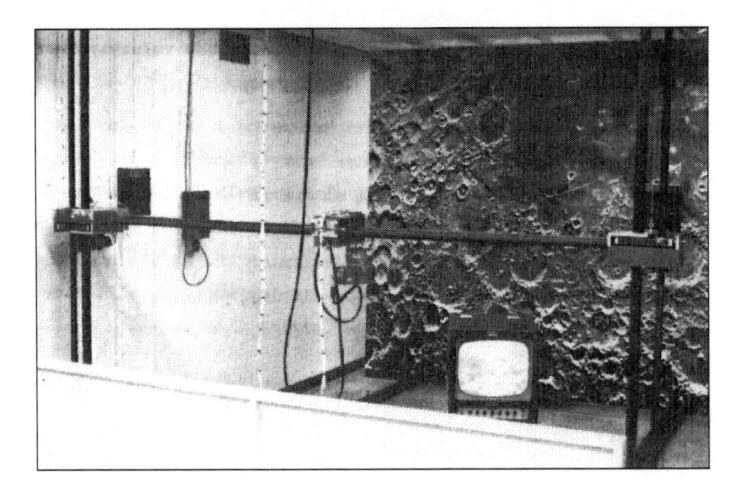

Abb. 6: Analoge Simulation der Mondoberfläche (Summers 1965, Abb. 12).

Im Lauf der 1960er Jahre wurde von der analogen Bild*übertragung* per Fernsehkamera auf die digitale Bild*produktion* umgestellt. Seither zeigen *Computer Generated Images* (*CGIs*) die Umgebung des Flugzeugs im Cockpit des Simulators an. Es scheint dies der wichtigste Faktor im Übergang vom eher statischen Modell zu einer dynamischen Simulation zu sein, wie wir sie in heutigen Simulatoren und Simulationsspielen vorfinden. Zunächst aber sind – etwa zeitgleich mit der Einführung der *CGIs* – auch die Bewegungen des Simulatorcockpits qualitativ verändert worden: Das Gestell mit den drei Bewegungsachsen wurde nun auf eine Schiene montiert, die bei Beschleunigung vorwärts gefahren und nach dem Ende des Beschleunigungsprozesses so langsam wieder auf ihre Ausgangsposition zurückgefahren wurde, dass der Pilot die Rückwärtsbewegung nicht wahrnehmen konnte. Wirksam ist dieses Verfahren, weil Menschen zwar Beschleunigungen oberhalb einer gewissen Schwelle wahrnehmen, nicht aber eine sehr langsame oder gleichförmig schnelle Bewegung vom Stillstand unterscheiden können. Einfacher gesagt: Die Beschleunigung beim Start eines Flugzeugs nehmen wir deutlich wahr, doch wenn wir eine Reisegeschwindigkeit von 750 km/h erreicht haben, können wir diese nicht mehr vom Stillstand oder auch einer langsamen Rückwärtsbewegung unterscheiden (Auth 1988: 87).

Erfahrungsberichten zufolge ist das Fluggefühl in einem *Full Flight Simulator* so authentisch, dass es von dem Zustand, in den der Körper an Bord einer tatsächlich fliegenden Verkehrsmaschine versetzt wird, kaum zu unterscheiden ist. Darüber hinaus werden in *Full Flight Simulators* auch die Cockpits mitsamt ihrer Innenausstattung exakt denen der jeweiligen Verkehrsmaschinen nachgebildet (vgl. Abb. 7).

Abb. 7: Simulatorcockpit einer Comet 4, 1958 (Moore 2006).

Das ist zwar teuer, aber doch rentabel – schließlich amortisieren sich die Investitionen in der Pilotenausbildung recht schnell durch die Einsparungen bei Treibstoff, Start- und Landegebühren und Wartung – ganz abgesehen davon, dass die Unfallgefahr auf null sinkt und man für bestimmte Übungen nun nicht mehr auf das entsprechende Wetter oder die erwünschte Tageszeit zu warten braucht. Darüber hinaus wurde der immer voller werdende Luftraum über den Ballungszentren entlastet, der CO_2-Ausstoß und die Lärmbelästigung für Flughafenanwohner verringert und angeblich in Ermangelung eines Nachtflugverbots im Simulator auch die effektive Nutzungszeit ausgeweitet (Auth 1988: 94f.). (Ob allerdings tatsächlich noch Piloten zwischen null und sechs Uhr morgens geschult werden, mag man durchaus bezweifeln.)

Beklagt wird seitens der Piloten jedoch, dass im *Full Flight Simulator* gerade das ‚fliegerische Gefühl' auf der Strecke bleibt, das Hermann Grote (1936: 4) in einer philosophischen Doktorarbeit beschrieben hat. Ein gutes fliegerisches Gefühl hat demnach derjenige, der glaubt, „nicht die Maschine zu steuern, sondern selbst zu fliegen"; ein schlechtes fliegerisches Gefühl hingegen hat jemand, der „stets dem Flugzeug als etwas Fremdem gegenübersteht, dieses als ein Produkt der Technik ansieht, das vom Menschen zu zweckmäßigen Bewegungen und Fluglagen gezwungen werden muß" (Grote 1936: 2). Als Hinweis auf die Anlage eines guten fliegerischen Gefühls beim Flugschüler isolierte Grote eine Begabung, die weder mit technischer Kompetenz noch mit Kraft oder Intelligenz in Verbindung gebracht wird, nämlich die Begabung zum Tanz, die in diesem Kontext als Synonym für ein ‚gutes Körpergefühl' fungiert.

Zwanzig Jahre später beschrieb der Luftfahrtpsychologe Siegfried Gerathewohl[1] das fliegerische Gefühl etwas elaborierter als die Fähigkeit, mit dem Flugzeug ‚eins zu werden':

> Dabei wird das Flugzeug wie jede andere Prothese in den taktilen Sinnesapparat derart eingegliedert, daß alle taktil-sensorischen Wahrnehmungen aus den körperlichen Empfindungsstellen in die entsprechenden Teile des Flugzeugs verlegt und die Steuerorgane des Flugzeugs völlig in den taktil-motorischen Bewegungsapparat eingegliedert werden [...]. (Gerathewohl 1954: 138f.)

Die ‚Prothese Flugzeug' soll nicht als Prothese, sondern (wie Tobias Nanz es in Anlehnung an McLuhans Medientheorie beschrieben hat) als Extension des eigenen Körpers wahrgenommen und gesteuert werden (vgl. Nanz 2005: 43-45). Wird dieses fliegerische Gefühl schon durch hydraulische Kraftübertragungen und digitale Visualisierung beeinträchtigt, so ist es im Flugsimulationsspiel vollends bedeutungslos geworden.

Damit sind wir bei denjenigen Produkten, die die Unterhaltungsindustrie in Anlehnung an die Schulungsgeräte für Piloten entwickelt hat. Digitale Flugsimulationsspiele, die allein dem Spiel dienen, die sich aber in ihrer optischen Gestaltung eng an die Flugsimulatoren der Luftfahrtindustrie anlehnen, kamen nach einer Vorlaufzeit von etwa fünf Jahren erstmals 1980 auf den Markt und bilden seit den 1990er Jahren ein stabiles Segment des Computerspielmarktes.[2] Zu den frühesten Produkten zählt das von Apple auf den Markt gebrachte Programm *Flight Sim*, das noch zweifarbig (grün auf schwarz) erschien, in dem die Instrumente deutlich mehr Raum einnahmen als die ‚Landschaft' außerhalb des Cockpits und in dem die Erdoberfläche zum Zweck der Orientierung mit einem Koordinatennetz überzogen war (vgl. Abb. 8 und Vollmer 2007: 185-187).

Abb. 8: Screenshot, *Flight Sim II* für Apple (1988), http://video.google.com/videoplay?docid=-7055863411391274141, 04.08.2008.

1　Gerathewohl bezieht sich auf Metz (1936, o. S.). Den Hinweis auf dieses Zitat verdanke ich Rebekka Ladewig.

2　Zur Geschichte der Flugsimulation vgl. Rolfe/Staples (1986); zur Geschichte der Simulationsspiele z.B. http://fshistory.simflight.com/fsh/timeline.htm, 04.08.2008.

Heute sind Flugsimulationsspiele weit komplexer: Sie erlauben es, zwischen verschiedenen Flugzeugmodellen zu wählen, Abflugort und Ankunftsort frei zu bestimmen, und sie bemühen sich, eine möglichst realistische Ansicht der Erdoberfläche zu zeigen. Die Welt der ‚FluSis', wie sie im Benutzerjargon heißen, teilt sich derzeit in zwei Haupt- und zahlreiche Nebengruppen; zu den Ersten zählen die den Markt beherrschenden Programme *MS Flight Simulator* und *X-Plane* (vgl. Abb. 9), von denen das Erste nur für Windows, das Zweite auch für Macintosh verfügbar ist.

In Ermangelung veränderter Muskelspannungen und einer entsprechenden Reizung der Gleichgewichtsorgane beim Start, bei der Landung und beim Kurvenfliegen (nach Auskunft vieler Fluglehrer die schwierigste Flugübung noch vor dem Looping) wird bei diesen Spielen umso akribischer an der visuellen und akustischen Gestaltung der Umwelt gefeilt. Die Geräusche der Triebwerke zeigen die Beschleunigung beim Start und das gleichmäßige Arbeiten der Turbinen im Normalflug an, und im Hintergrund hört man ein für Laien unverständliches Funkrauschen, das nur dann von Alarmsignalen unterbrochen wird, wenn Unvorhergesehenes passiert: zum Beispiel wenn das Flugzeug auf Kollisionskurs geht oder zu schnell an Höhe verliert. Dann ertönt bei *X-Plane* die akustische Warnung „Pull up! – Pull up! – Pull up!".

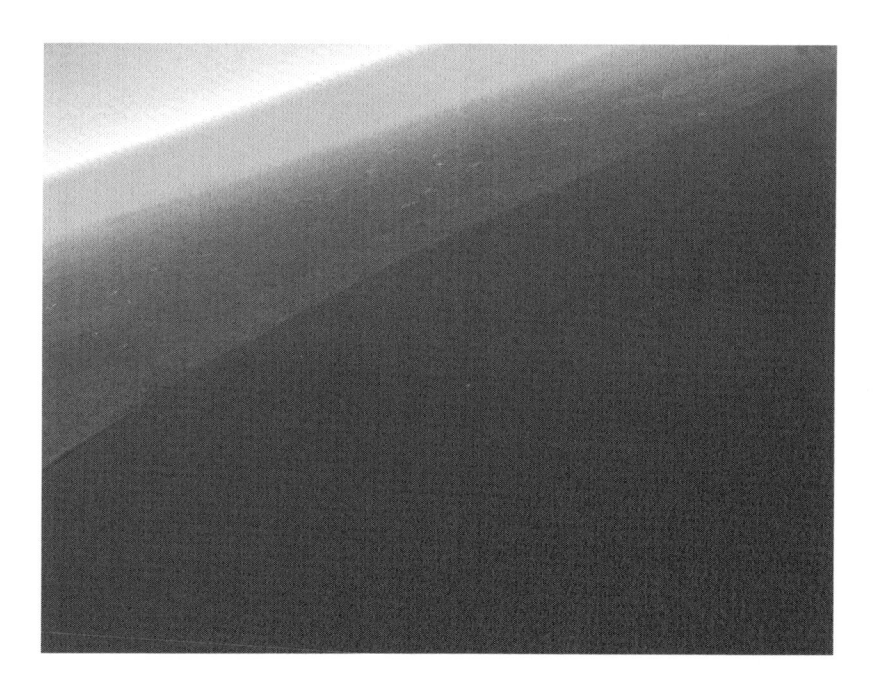

Abb. 9: Screenshot, kalifornische Pazifikküste, *X-Plane*.

Abb. 10: Screenshot, kalifornische Pazifikküste, *Google Earth*.

Die visuelle Gestaltung des Simulators für den Freizeitgebrauch umfasst die Abbildung des Cockpits wahlweise in 2D oder 3D sowie die Darstellung des Blicks durch das Cockpitfenster. Während das Cockpit im Prinzip statisch ist, verschieben sich Landschaft und Himmel in Relation dazu, wobei der Pilot seinen Kopf virtuell nach links oder rechts wenden und damit auch den sichtbaren Ausschnitt des Cockpits verschieben kann.

Sowohl der *MS Flight Simulator X* als auch *X-Plane* und zahlreiche weitere Programme simulieren dabei einen großen Teil der Erdoberfläche, zahlreiche Stadtansichten aus der Vogelperspektive sowie alle größeren Flughäfen. Gleichwohl liegt der Anreiz der Simulatoren nicht in der Landschaftsbetrachtung; für dieses Bedürfnis ist *Google Earth* (vgl. Abb. 10) vermutlich auch viel besser zugeschnitten, zumal die Landschaften und Städte der FluSis allen Bemühungen zum Trotz sehr schematisch bleiben (vgl. Abb. 9).

Abb. 11: Screenshot, Blick auf den Sinai, *X-Plane*.

Zwar lässt sich ein Onlinerezensent zu einem onomatopoetischem Höhenflug inspirieren, wenn er bemerkt, die Gebirge von *X-Plane* sähen ihm einfach „zu zackick" aus (Thomas E. 2006). Sergio Di Fusco hingegen hat die virtuellen Berge als eine Art „psychedelische Rauhfasertapete" (Di Fusco 1997) beschrieben – eine Assoziation, die bei aller Ironie durchaus realistisch ist (vgl. Abb. 11). Landschaftsbetrachtung ist, mit anderen Worten, nicht Ziel, sondern lediglich ein ästhetisches Mittel zum Zweck der Bewegungssimulation.

Auf das Problem der ästhetisch fragwürdigen Landschaftsansichten hat *Google Earth*, wie eingangs erwähnt, reagiert, indem es seinerseits eine Flugfunktion entwickelt hat, mit der dem Betrachter auch eine Steuerungsfunktion eingeräumt wird – wenngleich die Auswahl der Flugzeugtypen und der Startbahnen im Vergleich zu anderen Flugsimulationsprogrammen deutlich eingeschränkt ist (vgl. http://earth.google.de).

Nebenwelten der zivilen Flugsimulation werden in den vielen militärisch aufgemachten Flugprogrammen eröffnet, die überwiegend Episoden aus dem Zweiten Weltkrieg nachstellen und bei denen neben der eigentlichen Flug-,Performance' vor allem das Abschießen gegnerischer Flugzeuge trainiert wird. Anhand historischer Aufzeichnungen besteht hier z.B. die Möglichkeit, sich mit den Piloten des Zweiten Weltkriegs zu messen bzw. deren Scores gar noch zu überbieten.³ Neu im Angebot ist bei *Falcon 4.0* beispielsweise der Bosnienkrieg, der von einem User mit folgenden Worten kommentiert wird: „Mir gefällt die neue Kampagne in Bosnien recht gut, vor allem, wenn man nicht an der ‚Zeitmaschine' dreht, sondern das Szenario im ‚echten' Zeitraum fliegt" (Schmidt 2006). Unklar bleibt allerdings, was Echtzeit und was per Zeitmaschine eingestellte Zeit ist bzw. was beide unterscheidet.

Bei der qualitativen Bewertung von Flugsimulationsprogrammen durch die Nutzer steht eindeutig der Aspekt der Authentizität oder Realitätsnähe im Vordergrund. Einem Nutzerkommentar zufolge überzeugt *X-Plane* „durch sein realistisches Flugverhalten", durch „originalgetreue Cockpits in 2D und 3D" und nicht zuletzt durch eine „traumhafte Wettersimulation mit Live-Wetterdaten aus dem Internet".⁴ *X-Plane* simuliert fast alle Landebahnen auf der Erde, und neuerdings können Heimpiloten auch auf dem Mars unter „realistischen Bedingungen fliegen (die Mars-Daten basieren auf tatsächlichen NASA-Messungen)"⁵ (vgl. Abb. 12).

Ein anderer Nutzer merkt an, das Flugverhalten der *X-Plane*-Maschinen sei „sehr nahe am echten Fliegen, da die am Flugzeug wirkenden Kräfte in Echtzeit berechnet werden. [...] In Verbindung mit dem realistischen Echtzeitwetter ist das dann fast wie zu Hause!" (Schley 2006) Unklar bleibt auch hier, was Echtzeit ist. Selbst bei Kritikern rangiert – mit negativem Vorzeichen versehen – das Kriterium der ‚Echtheit' ganz vorn: „Wenn sich ein B1b Lancer Bomber fast genauso schnell in die Kurve legt wie eine F14, dann hört der Spaß auf!", moniert kochi1 und rät: „Lieber FS 2004 zulegen – viel realistischer und schönere Grafik" (Koch 2005).

Die Produzenten des *MS Flight Simulator X* werben entsprechend damit, dass das Programm eine „beispielhafte Realitätstreue [biete], die von echten Piloten in aller Welt geschätzt" werde; außerdem sorge die „atemberaubende 3D-Grafik" für „realistische Wetter-, Tageszeit- und Jahreszeit-Effekte".⁶

---

3   Der Tod wird dabei zur spielerischen Größe, wenn Spieler *Deathmatch* oder im *Teamdeathmatch* gegeneinander oder gegen den Computer antreten. Vgl. Produktbeschreibung des Herstellers von *Air Conflict* (Frogster Interactive Pictures AG), http://www.amazon.de/Frogster-Interactive-Pictures-AG-Conflicts/dp/B000EM G7J2/ref=pd_sbs_vg_3/028-9167129-8542127, 03.08.2008.

4   Produktbeschreibung des Herstellers von *X-Plane* (Application Systems Heidelberg), http://www.amazon.de/gp/product/B0007YJRZ8/ref=pd_huc_gp_ss_3/ 028-9167129-8542127, 04.08.2008.

5   Ebd.

6   Produktbeschreibung des Herstellers von *Flight Simulator X* (Microsoft), http:// www.amazon.de/Flight-Simulator-X-Professional-Edition/dp/B000H6SY9G/sr= 1-1/qid=1164028132/ref=sr_1_1/302-4558510-5956865?ie=UTF8&s=videogames, 04.08.2008.

Abb. 12: Screenshot, Blick auf die Marsoberfläche, *X-Plane*.

Doch auch hier gibt es Kritik, z.b. dass der Sidestick „wie abfotographiert" aussehe (flusihase 2005) und dass auf den Flughäfen keine Menschen zu sehen seien („Für alle Hobby-Piloten" 2006). Es kommt allerdings auch vor, dass Spieler selbst Manipulationen vornehmen, die zwar auf Kosten der Realitätstreue gehen, dafür aber die Bequemlichkeit erhöhen oder schwerer wiegende Missstände beheben:

> Nervig ist [...] das Geräusch der Trimmung welches den ganzen Flug über immer wieder zu hören ist, besonders wenn das Wetter [...] nicht gerade besonders ist. Ich bin hergegangen und hab dieses Soundfile gelöscht. Ist zwar nicht real aber somit habe ich meine Ruhe auf dem Flug. (Schumacher 2006: 51)

Nur schwer lässt sich einschätzen, ob Unwahrscheinlichkeiten wie die ‚realistische Darstellung der Marsoberfläche' oder Paradoxien wie die ‚Simulation von Echtzeit' ironisch oder vielleicht auch in naivem Ernst beschrieben werden. Allerdings scheint in der Welt der FluSis Einigkeit darüber zu herrschen, dass die eigene Kenntnis der ‚Realität' ausreicht, um die Kopie des Simulators mit dieser abzugleichen und zu bewerten. Simuliert wird, mit anderen Worten, nicht nur der Flug, sondern – im Bewusstsein des Users – auch die ‚reale'

Kenntnis der Welt, die als Vergleichsgröße dient und die traditionell nur durch tatsächliches Reisen erworben werden konnte.

Es ist allerdings anzunehmen, dass die Selbstverständlichkeit, mit der die simulierte mit der realen Welt abgeglichen wird, nicht Folge mangelnder individueller Intelligenz ist. Vielmehr bilden diese Spiele und ihr Jargon sowohl ein historisches Abfall- oder Überschussprodukt der Simulation komplexer Prozesse als auch deren im wahren Wortsinn phantastischen Urgrund: Ohne die kreativen Energien, die die Phantasiereisen der ‚Simulanten‘ (wie die Spieler im FluSi-Jargon genannt werden) antreiben, wäre auch die Simulation komplexer Systeme in Atomkraftwerken, Strömungskanälen etc. kaum denkbar. Es handelt sich also nicht um einen Prozess der Abfolge von technischer Entwicklung und anschließender Verwertung durch die Unterhaltungsindustrie, sondern eher um eine perfekte Symbiose, in der beide von den Angeboten und Bedürfnissen der jeweils anderen profitieren.

Abgesehen von der erhabenen Phantasie, eine Boeing 747, eine Concorde oder eine B52 in ferne Länder zu steuern, liegt der besondere Kick der Flugsimulation ganz offensichtlich in der Möglichkeit, das Raum-Zeit-Kontinuum zu duplizieren bzw. ganz aufzumischen. Dupliziert werden Raum und Zeit im paradoxen Fall der Echtzeit-Simulation: Wenn ich mit dem Simulator (sei es ein *Full Flight Simulator* der Lufthansa, sei es ein *X-Plane*-Programm) von Berlin beispielsweise nach San Francisco fliege, dann kann ich mir selbst auferlegen, den gesamten Flug im Cockpit zu erleben und mir nicht die vorzeitige Landung in Grönland oder das Ausschalten des Computers um Mitternacht zu erlauben. Nur so wird aus dem unterhaltsamen Spiel eine Simulation; nur so kann ich ‚tatsächlich virtuell‘ nach San Francisco fliegen bzw. testen, ob ich dazu überhaupt in der Lage bin. In der Tat geht die Identifikation von Echtzeit und Flugzeit bei vielen ‚Simulanten‘ so weit, dass sie sich scheuen, einen Flug auch nur für kurze Zeit zu unterbrechen. Dem Autopiloten wird deshalb ‚im Spiel‘ die gleiche Bedeutung beigemessen wie im echten Flugzeug: „Bei den weiten Flügen von fast mehreren Stunden will man ja auch mal einfach nur den Kurs einstellen [...] und in der Zwischenzeit daheim mal was anderes machen" (Callahan 2006).

Es scheint hier etwas zu greifen, das Claus Pias (2005) als die ‚Pflicht des Spielers‘ beschrieben hat: Nicht nur steuert der Mensch die Maschine, sondern die Maschine erlegt dem Menschen die Pflicht der Anwesenheit auf, die Pflicht, auf Signale zu antworten. Reagiert der Spieler nicht mehr auf das Spielgeschehen, wird das Spiel selbst obsolet – es sei denn, Mensch und Maschine verständigen sich darauf, dass der Autopilot einspringt, die Maschine sich also selbst weitersteuern darf.

Eine Aufhebung des Raum-Zeit-Kontinuums ist der Flug im Simulator aber auch in einem ganz anderen Sinn: Beliebig lassen sich der Tag, das Jahr, die Uhrzeit wählen; der Pilot kann sich – wie es bei vielen militärisch aufgemachten FluSis der Fall ist – in den Zweiten Weltkrieg zurückversetzten, nach Dresden oder Pearl Harbour, oder auch in die jüngere Vergangenheit, nach Korea oder nach Bosnien. Darin unterscheidet sich der Flugsimulator entscheidend von H. G. Wells Zeitmaschine, die zwar durch die Zeit, nicht aber durch den Raum reisen konnte (vgl. Liessmann 2004). Flugsimulatoren hingegen erlauben die Reise in Zeit *und* Raum; sie ähneln darin den Wurmlöchern, die eine Art raumzeitliche ‚Abkürzung' zwischen weit voneinander entfernten Orten im All bilden, indem sie in ein Paralleluniversum mit anderer Zeitrechnung überleiten. Ein durchschnittlicher Spieler kann sich durch solch ein digitales Wurmloch auch ohne allzu viel Phantasie hindurchmogeln (vgl. Drösser 2003).

Eines allerdings ist merkwürdig an den Flugsimulationsspielen. Nicht nur bewegt sich der Simulant durch Zeit und Raum, auch kann er dabei das Flugzeug verlassen und es im Flug von vorne, von hinten, von rechts und links und oben und unten betrachten, sich also dem durchaus spezifischen Raum-Zeit-Gefüge des Cockpits entziehen – und trotzdem weiter am Steuer sitzen. Tatsächlich ist es sogar so, dass ein großer Teil der Filme, die mit Flugsimulationsprogrammen erstellt und über *YouTube*, *Google Video* oder einschlägige Nutzerforen ins Netz gestellt werden, ausschließlich die Außensicht auf das Flugzeug wiedergeben, die vom eigentlichen Cockpitgefühl mit seiner stets ans Klaustrophobische rührenden Eigenart nichts mehr vermittelt. Die Vermutung liegt nahe, dass es hier nicht um die Nachstellung einer ‚authentischen' Pilotenperspektive geht (und dass folglich auch die Landschaft kaum interessiert), sondern darum, das Steuerungsphantasma durch den virtuellen Ausstieg noch zu verstärken: Der Pilot sieht sich eine Maschine steuern, an deren Steuer er gar nicht mehr sitzt.

Bei diesem phantastischen Paralleluniversum der Flugsimulatoren handelt es sich keineswegs um eine Welt des Als-ob, wie Hans Vaihinger sie in seiner *Philosophie des Als-ob* gegen Ende des 19. Jahrhunderts beschrieben hat und die in der Realität nichts ist als ein Konglomerat von theoretischen, praktischen und religiösen Fiktionen, ohne die eine Orientierung in der Welt quasi unmöglich wäre. Wo Vaihinger eine platonische Zweiteilung der Welt in ‚wahres Sein' und ‚bloße Erscheinung' voraussetzt und sich bemüht, die Kollateralschäden dieser Zweiteilung zu minimieren, sind wir gut beraten, die Welt der FluSis als eine Welt von eigener Qualität zu begreifen, in der Mikro- und Makrostrukturen in eins fallen: Die ganze Welt passt (metaphorisch gesprochen) auf einen Chip – eine Welt zumal, die uns nicht nur mit Bildern und Geräuschen aus der Flugwelt versorgt, sondern die gleichermaßen von realen und fiktiven Charakteren bewohnt wird. FluSi-Spieler treffen in ihren Programmen auf virtuelle Gestalten, aber sie können in der Welt der vernetzten FluSis auch direkt miteinander interagieren: Sie können gemeinsam zu einem Flug starten, im Chat darüber kommunizieren und dann wieder ‚nach Hause' gehen, ohne sich (‚analog') vom Fleck bewegen zu müssen.

Diese Welt ist mitnichten eine von solipsistischen Computernerds bewohnte Enklave, sondern ein intersubjektives und interaktives Feld mit eigenen Codes und Regeln: Schon in den 1990er Jahren gab es regelmäßige *Fly Ins* auf dem virtuellen Flughafen von Compuserve, zu denen sich Piloten aus aller Welt verabredeten, um gemeinsam zu Flügen zu starten und sich beim anschließenden Hangar-Talk über ihre Erlebnisse auszutauschen: über „Gewitter, Ärger mit dem Autopiloten, verstopfte Außentanks, Radiostationen, die nicht zu empfangen waren, und Flugzeuge, die ihren Schatten verloren haben" (Di Fusco 1997).

Das Reale wird in solchen Paralleluniversen nicht, wie Baudrillard meinte, durch das Hyperreale in Gestalt der Simulation verdrängt (Baudrillard 1985: 12; vgl. Franke 2004: 57); vielmehr schafft die Simulation einen Raum für die Realisierung des Imaginären (das – in Form freudiger Erwartung – auch den Reiz der ‚realen' Welt des Reisens ausmacht). Doch während das Imaginäre beim Reisen wie auch in der (Simulations-)Forschung stets in der Zukunft liegt, bedienen sich unsere digitalen Flugsimulatoren auch der Imagination des Vergangenen bzw. eines genuin Imaginären, das gar nicht realisierbar ist. Nichts anderes geschieht, wenn ein Pantoffelpilot seine Maschine anschmeißt, das Mittelmeer überfliegt und dann „in einer diesigen Nacht in Casablanca [landet, A.V.], wo ein merkwürdiger Amerikaner einer schönen Frau beim Einsteigen in das Flugzeug hilft" (Di Fusco 1997).

Der Flug mit dem Simulationsspiel wird zu einer Zeitreise in eine Vergangenheit, die es nie gegeben hat. Aufgelöst wird dabei nicht nur das (narrative) Raum-Zeit-Kontinuum des Kinos, sondern die Abfolge von Vergangenheit, Gegenwart und Zukunft – eine Auflösung, die die Simulation vom Experiment, von der Erzählung und auch von der Geschichte unterscheidet. Im Modus der Simulation müssen wir nicht mit ansehen, wie die schöne Frau in das Flugzeug steigt und davonfliegt; wir können mit einsteigen, das Flugzeug an einen sicheren Ort und in die Gegenwart fliegen und die blonde Frau auch endlich in Farbe sehen. Anfassen können wir sie indes nicht. Wollen wir Neues riechen, schmecken oder fühlen, wollen wir die fernen Länder sehen, in denen die Zitronen blühen, dann müssen wir auch im 21. Jahrhundert noch die Strapazen einer Fernreise auf uns nehmen.

Literatur

Auth, Heinz (1988): „Technik und Nutzen der Flugsimulation", in: *Lufthansa Jahrbuch* 5, 84-95.

Baudrillard, Jean (1985): *Die fatalen Strategien*, München.

Callahan, Harry (2006): „Günstig und lohnenswert für Einsteiger!", http://www.amazon.de/Flight-Simulator-2002-Soft-eXclusive/dp/3898742563/sr=8-6/qid=1164029213/ref=pd_ka_6/302-4558510-5956865?ie=UTF8&s=videogames, 04.08.2008.

Craven, Wesley F./Cate, James L. (1955): *The Army Air Forces in World War II, Vol. 6: Men and Planes*, Chicago.

Di Fusco, Sergio (1997): „Der Microsoft-Flugsimulator: ein denkwürdiger Langstreckenflug. Siebzehn Zoll blauer Himmel", in: *Die Zeit*, 18.07.1997, http://www.zeit.de/1997/30/flugsimu.txt.19970718.xml, 04.08.2008.

Drösser, Christoph (2003): „Kein Weg zurück", in: *Die Zeit*, 02.10.2003, http://www.zeit.de/2003/41/Zeitreisen, 04.08.2008.

flusihase (2005): „Gutes neues Flugzeug", http://www.amazon.de/review/product/B000850FY8/ref=cm_cr_dp_synop?%5Fencoding=UTF8&sortBy=bySubmissionDateDescending#R2PKGNH6BO0SY1, 04.08.2008.

Gerathewohl, Siegfried (1954): *Die Psychologie des Menschen im Flugzeug*, München.

Grote, Hermann (1936): *Das fliegerische Gefühl, seine Erforschung und Bedeutung*, Philosophische Dissertation Universität Hamburg, Bochum.

Franke, Elk (2004): „Simulation der Realität oder Realität der Simulation – Bild, Sprache, Handlung im (modernen) Medienbetrieb", in: Peter Frei (Hrsg.), *Sport – Medien – Kultur*, Sankt Augustin, 55-74.

Koch, Eva (2005): „Realistisch? Nein....", http://www.amazon.de/gp/product/B0007YJRZ8/ref=pd_huc_gp_ss_3/028-9167129-8542127, 04.08.2008.

Liessmann, Konrad Paul (2004): „‚Zum Raum wird hier die Zeit'. Kleine Geschichte der Zeitreisen", in: Thomas Macho (Hrsg.), *Science und Fiction. Über Gedankenexperimente in Wissenschaft, Philosophie und Literatur*, Frankfurt a.M., 209-229.

Metz, Peter (1938): „Funktionale und charakterologische Fragen der Fliegereignung", in: *Zeitschrift für angewandte Psychologie*, Beiheft 72.

Moore, Kevin (2006): „A Brief History of Flight Simulators", http://homepage.ntlworld.com/bleep/SimHist1.html, 04.08.2008.

N.N. (1964): „Schulung und Praxis mit Flugsimulatoren", in: *Interavia* 19(8), 1105-1107.

N.N. (2006): „Für alle Hobby-Piloten", 02.03.2006, http://www.amazon.de/ Flight-Simulator-2002-Soft-eXclusive/dp/3898742563/sr=8-6/qid=1164 029213/ref=pd_ka_6/302-4558510-5956865?ie=UTF8&s=videogames, 04.08.2008.

Nanz, Tobias (2005): „Das Fliegen schreiben", in: Cornelius Borck/Armin Schäfer (Hrsg.), *Psychographien*, München, 43-59.

Pias, Claus (2005): „Die Pflichten des Spielers. Der User als Gestalt der Anschlüsse", in: Martin Warnke (Hrsg.), *HyperKult II: Zur Ortsbestimmung analoger und digitaler Medien*, Bielefeld, 313-341.

Rolfe, John M./Staples, Ken J. (1986): *Flight Simulation*, Cambridge, MA.

Schley, Richard (2006): „Ich bin zufrieden!", http://www.amazon.de/gp/product/ B0007YJRZ8/ref=pd_huc_gp_ss_3/028-9167129-8542127, 04.08.2008.

Schmidt, Andreas R. (2006): „Richtig gut, nur am Boden kleine Schönheitsfehler...", http://www.amazon.de/review/product/B000AMW7W2/ref= cm_cr_dp_synop?%5Fencoding=UTF8&sortBy=bySubmissionDateDesc ending#R39DFCVUYWF3NE, 04.08.2008.

Schumacher, Martin (2006): „Wilco's Hattrick?", in: *Flugsimulator.de Magazin* 4(16), 33-52.

Summers, Leland G. (1965): „Human Performance Capabilities in Spacecraft Control", in: Paul Horowitz (Hrsg.), *Physiological and Performance Determinants in Manned Space Systems*, Baltimore/San Diego, 149-165.

Thomas E. (2006): „Fast perfekt", http://www.amazon.de/X-Plane-incl-Global-Scenery-PC-DVD%2BMAC%2BLinux/dp/B000GW8O5U/sr=8-1/qid=1162385548/ref=pd_ka_1/028-9167129-8542127?ie=UTF8&s= videogames, 04.08.2008.

Vaihinger, Hans (1911): *Die Philosophie des Als ob. System der theoretischen, praktischen und religiösen Fiktionen der Menschheit auf Grund eines idealistischen Positivismus*, Berlin.

Vollmer, Dennis Ray (2007): „Does it have to be 3D? Zum Phänomen der 3D-Technologie in Computerspielen", in: *Navigationen. Zeitschrift für Medien- und Kulturwissenschaften*, „Display II: Digital", hrsg. v. Tristan Thielmann/ Jens Schröter, 7(2), 181-198.

Lisa Parks

Ausgrabungen in Google Earth.
Eine Analyse der ‚Darfur-Krise'

Am 10. April 2007 gaben Vertreter der *Google Corporation* und des *United States Holocaust Memorial Museum* (USHMM) in Washington D.C. eine gemeinsame Pressekonferenz.[1] Darin wurde die Veröffentlichung eines neuen „Global Awareness Layers" in Google Earth mit dem Titel „Crisis in Darfur" angekündigt. In Anbetracht des Mangels an investigativen Journalisten und TV-Nachrichtenteams, die aus Afrika berichten (Fair/Parks 2001), nahmen das USHMM und Google die seltene Gelegenheit wahr, Öffentlichkeit für eine ernsthafte Krise herzustellen, die in der internationalen Medienberichterstattung kaum Beachtung fand. Sie taten dies, indem sie audiovisuelles und schriftliches Datenmaterial aus unterschiedlichen Quellen bündelten, die Daten mittels einer Georeferenzierung räumlich kontextualisierten und so in Google Earth einzubetten vermochten. Die Initiative zur Darfur-Krise, so die Argumentation, würde es „der Welt schwerer machen, diejenigen zu ignorieren, die uns am meisten brauchen" (Google 2007; dieses und alle folgenden englischsprachigen Originalzitate in der Übersetzung von Daniel Knapp). Darüber hinaus sollte das Projekt die humanitären Möglichkeiten neuer Informationstechnologien hervorheben. So erklärte Elliot Schrage von Google (2007): „Wir bei Google sind davon überzeugt, dass Technologie ein Katalysator für Bildung und Handeln sein kann." Deshalb habe seine Firma beschlossen „den Plan des Museums, auf diese internationale Krise zu reagieren", zu unterstützen.

Googles Pressevertreter suggerierten, „Crisis in Darfur" sei ein Beispiel für den Erfolg von Google Earth, „ganz konkret zu beeinflussen, was am Boden passiert" (Moore 2007). Ob allerdings mittels Google Earth, das als mediale Schnittstelle Zugang zu einem Potpourri aus weiteren medialen Repräsentationen des Konfliktes eröffnet, die Geschehnisse vor Ort tatsächlich beeinflusst worden sind oder gar zu einer kohärenten Strategie humanitärer Intervention geführt haben, ist eine offene Frage.

Im Folgenden sollen anhand einer Diskursanalyse einige Aspekte dieser konzertierten Aktion von Google Earth und des USHMM zur Darfur-Krise kritisch untersucht werden. Obwohl das Projekt zweifelsohne mit der hehren Absicht entwickelt wurde, internationale Aufmerksamkeit auf die ausufernde

---

[1] Ich möchte mich bei den Teilnehmern der Human Rights Lecture Series an der University of Michigan für ihre hilfreichen Kommentare zu einem früheren Entwurf dieses Aufsatzes bedanken.

Gewalt in Darfur zu lenken, ist es wichtig, grundsätzlich zu analysieren, wie sich Repräsentationen globaler Konflikte durch neue Informationstechnologien verändern und ob solche Repräsentationen tatsächlich den beabsichtigten Einfluss haben und die erwünschten Effekte hervorrufen.

Indem Google Earth weltgeschichtliche Ereignisse abbildet, baut es zwar auf den Praktiken klassischer Rundfunk-Nachrichtenagenturen auf, öffnet jedoch das Feld der medialen Repräsentation in bisher ungekannter Weise für einen Nutzerkreis, der über den gesamten Globus verstreut ist und dessen Mitglieder über höchst unterschiedliche Blickwinkel, soziale Hintergründe und politische Überzeugungen verfügen. Das Material in der Datenbank des Projekts zur Darfur-Krise ist nicht auf die Nutzung innerhalb von Google Earth beschränkt, sondern kann heruntergeladen und somit außerhalb des Google-Earth-Kontextes in neuer Form rearrangiert werden. In diesem Aufsatz soll das Interesse allerdings ausschließlich darauf gerichtet sein, wie die Informationen strukturiert sind, wenn man direkt auf Google Earth zugreift und deren Software nutzt. Zu Beginn soll die Entstehungsgeschichte des Projekts ‚Darfur-Krise' skizziert werden. Es folgt eine Analyse der Presseberichterstattung zum Projekt, die in eine Kritik des Layers münden wird. Leitend dabei sollen vier verschiedene Analysekategorien sein: (1) die sich wandelnde Rolle des Satellitenbildes; (2) die Temporalität der Nutzeroberfläche; (3) die Praxis, einen Konflikt zum Markenartikel zu machen (*conflict-branding*) und (4) die Praxis der ‚informativen Intervention'. Den gesamten Aufsatz hindurch soll untersucht werden, wie die Präsentation von darfurbezogenen Informationen in Google Earth problematische westliche Stereotypen von Afrika als tragischem Kontinent reproduziert und es versäumt, öffentliche Kompetenz in der Interpretation von Satellitenbildern zu fördern. Ich werde ebenfalls zeigen, dass der *modus operandi* in Google Earth humanitäre Bestrebungen mit einem digitalen Katastrophenkapitalismus verknüpft, und verdeutlichen, dass hohes visuelles Kapital keine globalen Konflikte lösen kann.

Das Projekt ‚Darfur-Krise'

Im Jahr 2005 begann Google damit, die Standardversion seiner Google-Earth-Software zum kostenlosen Download anzubieten. Damit stellte Google der Weltöffentlichkeit eine Nutzeroberfläche zur Verfügung, die es ermöglicht, durch eine umfassende Sammlung von Datenbanken zu navigieren, die mittels einer Georeferenz räumlich kontextualisiert sind. Mit dieser Software knüpft Google an ältere geospatiale Projekte wie GIS, Terraserver und Digital Earth an (Parks 2003). Die Nutzeroberfläche von Google Earth stellt die Welt als Globus dar, der gleich einem Mosaik oder Flickenteppich aus einzelnen Satellitenbildern und Luftaufnahmen zusammengesetzt ist. Die einzelnen Bilder werden aus verschiedenen Quellen und zu unterschiedlichen Zeitpunkten von Google bezogen und ermöglichen es Computernutzern mit einem Breitbandinternetanschluss, über den Globus zu ‚fliegen' und unseren Planeten als eine kollaborativ produzierte digitale Entität zu erforschen. Google Earth dient als eine Art *world player* oder *globe browser*, indem es Zugang zu Inhalten und Datenbanken ermöglicht, die von Agenturen, Firmen oder einzelnen Individuen aus der ganzen Welt in ein vernetztes System räumlicher Repräsentation hochgeladen wurden. Eine der technischen Voraussetzungen, die Welt in dieser Art und Weise zu reproduzieren, war Googles Übernahme der *Keyhole Corporation* im Jahr 2004, einem Spezialisten für digitale Kartographie mit einer mehrere Terabyte umfassenden Datenbank, die aus mit Luftaufnahmen und Satellitenbildern verknüpften Landkarten besteht.

Schon seit ihrem Launch 2005 wurde die Google-Earth-Plattform dazu genutzt, Informationen zu verschiedensten Konflikten zu verbreiten; beispielsweise zum Irakkrieg und dem Afghanistankonflikt. Das in Kooperation mit dem *United States Holocaust Memorial Museum* (USHMM) entwickelte Projekt zur Darfur-Krise ist allerdings das profilierteste Unterfangen dieser Art. Im Jahr 2004 begann das USHMM mit Nachdruck damit, durch konzertierte Bemühungen öffentliche Aufmerksamkeit auf den Darfur-Konflikt zu lenken. Gemeinsam mit dem *Committee on Conscience* war es die erste US-amerikanische Organisation, die den Darfur-Konflikt als Genozid bezeichnete. Als Institution, deren erklärtes Ziel es ist, über „den Holocaust und verwandte Themen, einschließlich solche von gegenwärtiger Relevanz" (United States Holocaust Memorial Museum 2005) aufzuklären, nahm das USHMM den Konflikt in Darfur auf seine Agenda. So erklärte das Museum:

> Bisher wurden von Soldaten der sudanesischen Regierung und von ihr unterstützten Paramilitärs, den sogenannten Janjahweed, etwa 2.500.000 Zivilisten aufgrund ihrer ethnischen Identität oder Rasse aus ihrer Heimat vertrieben, mehr als 300.000 Menschen umgebracht und mehr als 1.600 Dörfer zerstört. (United States Holocaust Memorial Museum 2007, zit. n. http://richesforgood.blogspot.com/2007_04_01_archive.html, 08.10.2008)

„Crisis in Darfur" war das erste von mehreren Projekten des USHMM innerhalb einer Programmreihe mit dem Titel „Genocide Prevention Mapping Initiative". Von 2004 bis 2007 sammelte ein Team aus Museumsmitarbeitern Informationen zum Darfur-Konflikt und baute eine Datenbank auf, die sich nach ihrer Fertigstellung aus Berichten und Informationen von Organisationen wie *Amnesty International, Human Rights Watch* und dem *US State Department*, aber auch aus Zeugenaussagen von Opfern, professionell hergestellten Fotos, Videos sowie Datenmaterial zu Vertriebenen und Flüchtlingen zusammensetzte. Die Direktorin des USHMM, Sara Bloomfield, erklärte, das Museum habe Google als potentiellen Projektpartner angesprochen, nachdem es erfahren hatte, dass Google Earth bis dato von weltweit ca. zwei Millionen Menschen heruntergeladen worden war. Die Museumsmitarbeiter waren der Auffassung, dass ihnen eine Partnerschaft mit Google ermöglichen würde, Belege für einen Völkermord in Darfur auf „der weltgrößten Pinnwand" (Butler: 2007) zu veröffentlichen.[2] Michael Graham, der Koordinator der *Genocide Prevention Mapping Initiative*, unterstrich diese Ambition folgendermaßen:

> Wir hatten all diese Informationen [zu Darfur] von Menschenrechtsgruppen, dem State Department und anderen, aber sie waren nicht zugänglich, da die Mehrheit der Menschen keine 80-seitigen Berichte zur Lage der Menschenrechte liest. (Graham, zit. n. Lovgren 2007)

Eines der Ziele des Darfur-Projekts war es daher, diese langen investigativen Berichte in Formate zu überführen, die eine öffentliche Auseinandersetzung mit den darin enthaltenen Erkenntnissen und Enthüllungen erleichtern würden.

Am 10. April 2007 kam es dann zu der eingangs erwähnten, hochkarätig besetzten Pressekonferenz in Washington D.C., auf der Google und das USHMM den öffentlichen Start von „Crisis in Darfur" bekanntgaben. Sowohl Vertreter von Google und des USHMM als auch der Darfurflüchtling Daowad Salih gaben dort ein Statement ab. Der gemeinsame Tenor: Die Dokumentation von Beweisen für einen Völkermord durch Google Earth würde es der Weltöffentlichkeit künftig schwerer machen, die Lage in Darfur zu ignorieren. Die Weltöffentlichkeit sollte nicht mehr so einfach ihren Blick abwenden können, wie etwa im Falle der Völkermorde in Ruanda in den 1990er Jahren und einer Vielzahl anderer Konflikte des 20. Jahrhunderts, wie sie etwa Samantha Powers in ihrem Buch *A Problem from Hell* beschreibt. Auf der Pressekonferenz erklärte die Direktorin des USHMM, Sara Bloomfield (zit. n. Labott 2007):

> Was öffentliche Reaktionen auf Völkermord angeht, so ist die weltweite Bilanz erschreckend. Wir hoffen, dass es dieses bedeutende Gemeinschaftsprojekt mit Google der Welt wesentlich erschwert, diejenigen zu ignorieren, die uns am meisten brauchen.

---

2 Aus dieser Partnerschaft sind einige weitere Museumsprojekte hervorgegangen. Beispielsweise nutzt das USHMM Google Earth zur besseren Kartierung von Orten, deren Geschichte vom Holocaust geprägt wurde. So stellt es auf den Kartenpositionen von Auschwitz, Dachau, Bergen-Belsen, Treblinka, Warschau und Lodz historisches Datenmaterial aus seinem Archiv bereit.

Der Vizepräsident der Abteilung *Global Communications and Public Affairs* bei Google, Elliot Schrage, verkündete (zit. n. Labott 2007):

> ‚Crisis in Darfur' wird es Google-Earth-Nutzern ermöglichen, in nie da gewesener Weise die Zerstörung in Darfur mit eigenen Augen zu sehen, mehr darüber zu lernen und sich wie das Museum daran zu beteiligen, auf diese internationale Katastrophe zu reagieren.

Sowohl Bloomfield als auch Schrage stellten das Projekt als eine Art ‚informative Intervention' dar, die sich auf die Möglichkeiten digitaler Technologie stützt, um die von der internationalen Gemeinschaft größtenteils ignorierte fortlaufende politische Gewalt in der Darfur-Region an die Öffentlichkeit zu bringen.

Um das Projekt in Google Earth näher zu erkunden, muss der Nutzer auf den „Global Awareness"-Layer klicken und dann „USHMM: Crisis in Darfur" auswählen. Neben dem Darfur-Projekt sind dort noch weitere Projekte aufgeführt, wie etwa die *WWF Conservation Projects*, der *UNEP Atlas of Our Changing Environment* und einige weitere Initiativen, die von Google Earth freigegeben wurden. Nach dem Anklicken der „Crisis in Darfur" wird der Nutzer dem Blick auf die Darfur-Region ausgesetzt, basierend auf US-Satellitenaufnahmen, die zwischen 2004 und 2007 erstellt wurden. In diese Ansicht eingebettet ist eine Vielzahl kleiner Symbole einschließlich Zelte, Flammen, Kameras und Anführungszeichen (vgl. Abb. 1).

Abb. 1: Google Earth 3D-Viewer „USHMM: Crisis in Darfur".

Wie die Webseite des USHMM erläutert, ermöglicht es der Layer dem Nutzer „heranzuzoomen und zu erfahren, wie etwa ein abgebranntes Dorf oder die Zelte der riesigen Flüchtlingslager von oben aussehen, oder sich Fotos von den Flüchtlingen anzuschauen, wie sie am Boden ums Überleben kämpfen" (http://www.ushmm.org/googleearth, 30.07.2007). Indem der Nutzer auf eines der Symbole klickt, kann er einzelne Fenster anwählen, die Zusatzinformationen bieten. So finden sich beispielsweise Statistiken zur Zahl der Flüchtlinge und Vertriebenen an einzelnen Konfliktschauplätzen, Stellungnahmen von Menschen, deren Dörfer zerstört wurden, Fotos von Orten und Menschen in der Region sowie Videos von Ausländern, die darin erzählen, was sie während ihrer Arbeit in der Region erlebt haben. Klickt man ein Kamerasymbol an, so gelangt man zu Fotos, die von professionellen Fotografen aufgenommen wurden. Unter ihnen befinden sich etwa der Direktor des *Committee on Conscience*, Jerry Fowler; Mark Brecke, ein professioneller Fotograf und Filmemacher, der schon in Ruanda, im Westjordanland, im Kosovo und Irak tätig war; der Regisseur Michael Wadleigh; der Fotojournalist Ryan Spencer Reed; Ron Haviv, der als professioneller Kriegsfotograf bereits im ehemaligen Jugoslawien und in Afghanistan gearbeitet hat; sowie der ehemalige *US-Marine* und jetzige Beobachter für die *African Union Monitoring Force*, Brian Steidle. Darüber hinaus sind ebenfalls Fotos der Hollywoodschauspielerin Mia Farrow in der Datenbank enthalten, die mehrere Reisen in die Krisenregion unternommen hat. Die Webseite des USHMM (http://www.ushmm.org/googleearth, 30.07.2007) erklärt hierzu:

> Die Bilder ermöglichen es jedem Nutzer, die systematische Zerstörung zehntausender Häuser, Schulen, Moscheen und anderer Gebäude nachzuvollziehen.

Weiterhin wird der Nutzer eingeladen,

> Zeuge der Zerstörung zu sein. [...] Schaue dir mehr als 1.600 beschädigte oder gar komplett zerstörte Dörfer an. Zoome an 133.000 Häuser, Schulen und Moscheen und viele andere bis auf die Grundmauern abgebrannte Gebäude heran.

Die Nutzeroberfläche bedient sich klassischer Visualisierungskonventionen aus der Kartographie, dem *National Geographic* Foto-Essay, der Kriegsfotografie sowie der Menschenrechtsbeobachtung und kombiniert diese Elemente mit der Absicht, ein globales Bewusstsein für den Darfur-Konflikt zu wecken. Was allerdings auf der Seite fehlt, ist eine Geschichte der postkolonialen Geopolitik in der Darfur-Region, Informationen zu den verschiedenen Waffenstillstandsabkommen, die erst beschlossen und dann wieder gebrochen wurden, Details zu Entwicklungshelfern und Friedenstruppen, die während des Konflikts getötet wurden, sowie Informationen zu Gewaltverursachern, ihren Ressourcen und militärischen Bewegungen.

Trotz dieser Mängel wurden die Pressekonferenz und die Veröffentlichung des Darfur-Projekts von der Presse euphorisch aufgenommen. Doch obwohl die Initiative zu diesem Projekt vom USHMM ausging, machten die Schlagzeilen in erster Linie Google als Verantwortlichen aus und lobten die wohlwollenden Bemühungen der Firma, öffentliche Aufmerksamkeit auf Darfur zu lenken. So lautete eine *BBC*-Schlagzeile zum Thema „Google Earth Turns Spotlight on Darfur" (Smith-Spark 2007). *SF Gate*, das Onlineportal des *San Francisco Chronicle*, verkündete: „Google Earth Zooms in on Darfur Carnage" (Kopytoff 2007), und die Zeitschrift *Tech News World* schrieb „Google Earth Zooms Into Heart of Darfur's Darkness" (Maxcer 2007). Solche Schlagzeilen sind nicht nur deshalb problematisch, weil sie westliche Stereotypen von Afrika als „düsterem Kontinent" beschwören, der „freigelegt" und „aufgeklärt" gehört, sondern weil die Schlagzeilen die Firma Google und deren Software Google Earth als Produkt der Zusammenführung von Ressourcen und Technologien darstellen, das bei Bedarf dazu herangezogen werden kann, Krisenherde zu identifizieren und zu überwachen, und das sogar als Triebkraft für zivilgesellschaftliches Handeln dient. In eigenen Beschreibungen des Projekts wähnt Google die Nutzer auf globaler Wachpatrouille und erklärt:

> Der rasche Zugriff auf Satellitenbilder ermöglicht es Google-Earth-Nutzern auf der ganzen Welt, einen Beitrag zur Überwachung von durch Völkermord bedrohten Regionen zu leisten und Organisationen zu helfen, effektiver auf derartige Bedrohungen zu reagieren. Die Ausweitung der Nutzung von Satellitenbildern könnte dazu beitragen, mögliche Täter davon zu überzeugen, dass ihre Aktionen gegen Zivilisten von der internationalen Gemeinschaft nicht unbemerkt bleiben. (Moore 2007)

In der Medienberichterstattung wurde ebenfalls Googles humanitäre Einstellung als Firma gewürdigt. Die Zeitschrift *Wired* behauptete, das Darfur-Projekt beweise, dass Google Earth ein „Leben rettendes humanitäres Instrument" (Gilbertson 2007) sei. *PC World* stellte heraus, das Projekt sei deckungsgleich mit Googles Firmen-Mantra „Do No Evil", und ging sogar soweit zu resümieren, Google habe durch die Veröffentlichung des neuen Google-Earth-Layers dieses Firmenmotto „einen Schritt weitergedacht" (Spring 2007). Ein Kommentar in der *Washington Post* verkündete:

> Nun kann niemand mehr behaupten, er habe nichts gewusst. Dieses Software-Tool wird den Scheinwerfer auf eine sehr dunkle Ecke der Welt richten und indirekt dazu beitragen, die Opfer zu beschützen. Es

ist wie David gegen Goliath, und Google Earth hat David gerade einen Stein für seine Schleuder in die Hand gegeben. (John Prendergast, Senior Adviser der International Crisis Group, zit. n. Boustany 2007)

Während die Presse humanitäre Ambitionen in erster Linie Google zuschrieb und ironischerweise die Rolle des USHMM nur marginal behandelte, setzte sic sich so gut wie überhaupt nicht mit der Komplexität des Darfur-Konflikts selbst auseinander, ganz zu schweigen von der Schwierigkeit, diesen Konflikt visuell zu repräsentieren. Stattdessen wurde verkündet, die im Darfur-Projekt gebündelten Informationen entsprächen der ‚Wahrheit' oder würden ‚die Wahrheit aufdecken'. Schon vor Veröffentlichung des Projekts kommentierte ein Weblog mit dem Titel *Ogle Earth* Satellitenbilder der Darfur-Region, die zwischen Januar und März 2006 bei Google Earth erschienen waren. Das Weblog erkannte in diesen Bildern eine

> unmissverständliche Anklage der Janjahweed und der sudanesischen Regierung, deren stillschweigende Unterstützung sie erhalten haben, weil auf diesen Bildern jedes einzelne niedergebrannte Gottia sichtbar wird. („Darfur" 2006)

Das britische Onlineportal *The Register* berichtete:

> Das Projekt ‚Crisis in Darfur' liefert eindrückliche Beweise für das wahre Ausmaß des Massakers, etwa den Standort von mehr als 1.600 ganz oder teilweise zerstörten Dörfern, sowie Beweise in Audio- und Bildform. (Haines 2007)

Es mag zwar zutreffend sein, dass viele Dörfer von den Janjahweed zerstört wurden. Dennoch muss der Wahrheitsgehalt von Satellitenaufnahmen und anderem Bildmaterial in Google Earth einer kritischen Prüfung unterzogen werden. Anstatt unreflektiert als Abbild der Wirklichkeit angenommen zu werden, muss das Bildmaterial sehr viel behutsamer in den Darfur-Kontext eingebettet werden: Mit Hilfe von Satellitenaufnahmen allein ist es nicht unbedingt möglich herauszufinden, wer bestimmte Dörfer niedergebrannt hat. Einer der wenigen Presseberichte, der Bedenken über die Darstellung im „Crisis in Darfur"-Layer äußerte, fand sich im *Telegraph*. In diesem Bericht bemerkte David Blair (2007), dass Google Earth

> den Konflikt fraglos als ‚Genozid' bezeichnet, auch wenn eine 2005 von den Vereinten Nationen durchgeführte Untersuchung zu dem Schluss kam, dieser Begriff sei auf die Vorgänge in Darfur nicht anwendbar.

Blair schrieb weiter:

> Die bei Google Earth beschriebenen Gräueltaten gehen fast ausschließlich auf die Janjahweed zurück [...]. Rebellenarmeen haben ebenfalls Angst und Schrecken in Darfur verbreitet, das aber wird auf der Webseite nicht erwähnt. Das sudanesische Regime könnte darüber hinaus auch fragen, weshalb Google sich gerade mit diesem Krieg und nicht mit anderen Krisen beschäftigt.

Diese kritischeren Überlegungen machen deutlich, dass man der weit verbreiten Einstellung zu Google Earth, das dort Gesehene sei auch zweifelsfrei richtig und wahr, mit Misstrauen begegnen muss. Trotz der Anstrengungen des USHMM, Informationsmaterial von angesehenen und vertrauenswürdigen Organisationen wie *Amnesty International* und *Human Rights Watch* zu verwenden, gibt es immer noch eine immense Vielfalt an Möglichkeiten, diese Informationen darzustellen und zu interpretieren. Im digitalen Zeitalter muss selbst das dem Anschein nach am meisten belastende Bildmaterial genau untersucht und in einen weiteren institutionellen, politischen und geopolitischen Kontext eingeordnet werden (Parks 2005; Parks 2006). Behauptungen, ein Bild spräche für sich selbst, sind nicht mehr haltbar. Es sind allerdings nicht nur die potentiell grundlegend verschiedenen Interpretationsweisen von Nutzerseite, die die Unabhängigkeit visueller Information fraglich machen: Die mittlerweile weit entwickelten Möglichkeiten digitaler Bildbearbeitung und damit auch der Verfälschung lassen die Glaubwürdigkeit des digitalen Bildes an sich erodieren.

Die Presse lobte das Projekt ‚Darfur-Krise' beinahe ausnahmslos in den höchsten Tönen. Dabei vergaß sie zu erwähnen, dass die Nutzeroberfläche nur eine sehr begrenzte historische Kontextualisierung der Situation in Darfur zulässt. Die Presse identifizierte Satellitenfotos und anderes Bildmaterial vorbehaltlos als ‚Beweise' und gab Lesern keinerlei Anhaltspunkte, ob Google Earth die Politik beeinflusst oder zu einer tatsächlichen humanitären Intervention in Darfur beigetragen hat. Das Projekt mag zwar in der Tat das öffentliche Bewusstsein für die Gewalt in Darfur vergrößert haben, doch hat die tatsächliche Gewalt seit Projektbeginn nicht abgenommen. Man muss sich auch fragen, welche Art von ‚Bewusstsein' der Layer genau wecken möchte. Ein Autor der Organisation *ICT for Peacebuilding* bemerkte scharfsinnig:

> Auch wenn diese (Google-Earth-)Technologie [...] versucht, die internationale Politik wachzurütteln und rasches Handeln fordert, um einer weiteren Eskalation der Lage in Darfur entgegenzuwirken, so ist fraglich, ob technologische Versuche jemals erfolgreich waren, den Grad an Aufmerksamkeit und Mitgefühl zu erzeugen und aufrecht zu erhalten, der für die Adressierung einer solchen Krise notwendig wäre. (Hattotuwa 2007)

In der Tat haben US-Informationstechnologien und Bewusstseinskampagnen ihre inhärenten Grenzen und sind womöglich nicht ausreichend, einen Bürgerkrieg im Sudan aufzuhalten. Dieser und andere Kriege haben ihre Ursachen in der kolonialen Vergangenheit, in die der Westen eng verstrickt ist. Eine interessante Möglichkeit, dem Rechnung zu tragen, wäre, beim Navigieren durch den „Crisis in Darfur"-Layer Sven Lindqvists Buch *Durch das Herz der Finsternis* – eine geographische Meditation über die Geschichte des europäischen Völkermordes in Afrika – neben sich zu haben.

Zusammenfassend lässt sich sagen, dass die Presse und der öffentliche Diskurs zum Darfur-Projekt das Politische auf das Sichtbare reduziert und den Glauben in die Aussagekraft des Bildes gestärkt haben. Der Nutzer und Bürger wurde zum Wachposten auf globaler Patrouille ernannt, das humanitäre Potential einer amerikanischen Firma und der Informationstechnologie gefeiert und eine Vorliebe für die Macht des Bildes gegenüber dem Bedürfnis nach kohärenten Strategien demonstriert, die der Darfur-Region tatsächlich zum Frieden verhelfen könnten.

Verfinsternde Satellitenbilder

Innerhalb der letzten fünfzehn Jahre sind immer wieder US-Satellitenbilder in den Nachrichtenmedien aufgetaucht – sei es, um auf Vertriebene in Zentralafrika aufmerksam zu machen, auf die Position von Massengräbern in Bosnien oder auf vermutete Waffenfabriken im Irak (Fair/Parks 2001; Parks 2005; Parks 2006). In diesen Fällen handelte es sich um vom US-Verteidigungsministerium vorher freigegebene Bilder, die von den Nachrichtenagenturen als neue Perspektiven auf das Berichtete gehandelt wurden: Entweder offenbarten die Bilder neue Details über Konflikte am Boden, illustrierten deren Grausamkeit oder boten Hintergründe zu strategischen und taktischen Aspekten.

Demgegenüber haben Satellitenbilder in Google Earth eine andere Funktion. Anstatt im Kontext einer Print- oder TV-Nachrichtengeschichte im Lage-/Blickzentrum zu stehen, dienen Satellitenbilder bei Google Earth als Ausgangspunkt oder oder Einfallstor (*gateway*) zur näheren Betrachtung. (Dieser Wandel wird in Tabelle 1 illustriert.) Die „Crisis in Darfur"-Benutzeroberfläche ist so strukturiert, dass sie zum Durchzoomen animiert und den User darin bestärkt, die Satellitenbilder zu umgehen (anstatt sie eingehend zu prüfen), immer auf der Suche nach näheren und vermeintlich bedeutsameren Perspektiven. Obwohl Satellitenbilder prominent und flächendeckend in Google Earth vertreten sind, werden sie so doch zu einer Art Einwegprodukt (*throughaway*). Leider wird die Fähigkeit, Satellitenbilder zu lesen, ironischerweise eher verringert, und das genau an der Stelle, an der das Potential der Satellitenbild-Literatät gefördert und ausgebaut werden könnte.

Schauplatz	In etablierten Nachrichtenmedien	In Google Earth
Quelle	Vom Verteidigungsministerium freizugeben	Multiple Quellen
Datierung	Genau datiert	Ungenau oder gar nicht datiert
Veröffentlichungsumfang	Gering	Hoch
Status der Aufnahme	Einzigartig	Belanglos (*Gateway*/*Throughaway*)
Rahmung	Einzelbild	Zusammengesetztes Bild/Mosaik
Fokus der Betrachtung	Das Satellitenbild selbst	Nahaufnahmen
Zielsetzung	Lesen/Interpretieren	Durchzoomen
Interpretationshandeln	Hervorgehoben	Heruntergespielt
Funktion	Öffentliche Diskussion	Private Navigation
Bild-Literarität	Höheres Potential	Geringeres Potential
Ökonomischer Wert	Gering	Flexible Akkumulation

Tabelle 1: Wandel des Stellenwerts von Satellitenbildern in der US-amerikanischen Medienkultur.

Wie ich anderenorts argumentiert habe, stellen Satellitenbilder einen nützlichen Lage-/Blickfokus dar, da sie durch ihre Abstraktheit und Unbestimmtheit Prozesse der Interpretation und Praktiken des Wissens dynamisch halten. Als Teilgebiet des Visuellen sind sie nicht von einer realistischen Ästhetik beherrscht, die an der Oberfläche bereitwillig zu entschlüsseln wäre. Das Satellitenbild ist eine Lage-/Ansicht, die gelesen werden will (Parks 2005; Parks 2006). Beim „Crisis in Darfur"-Interface dienen Satellitenbilder nur als Durchgangsstation für Nahaufnahmen und anthropomorphe Repräsentationen, von denen viele vertriebene Frauen, Kinder und Verwundete zeigen.

Wählt man z.B. eines der zahlreichen Kamerasymbole an, so gelangt man zu Fotos mit Bildunterschriften wie „Ein unterernährtes Mädchen in einer therapeutischen Ernährungsstation von ‚Ärzte ohne Grenzen' in Inba, Tschad, Mai 2004" (vgl. Abb. 2) oder „Mihad Harrid, ein einjähriges Mädchen, deren Mutter versucht hat, vor Hubschrauberangriffen und Plündertrupps der Janjahweed aus ihrem Heimatdorf Allet im Oktober 2004 zu fliehen" (vgl. Abb. 3).

Abb. 2: Google-Earth-Screenshot „USHMM: Crisis in Darfur": Unterernährtes Mädchen in einer Ernährungsstation.

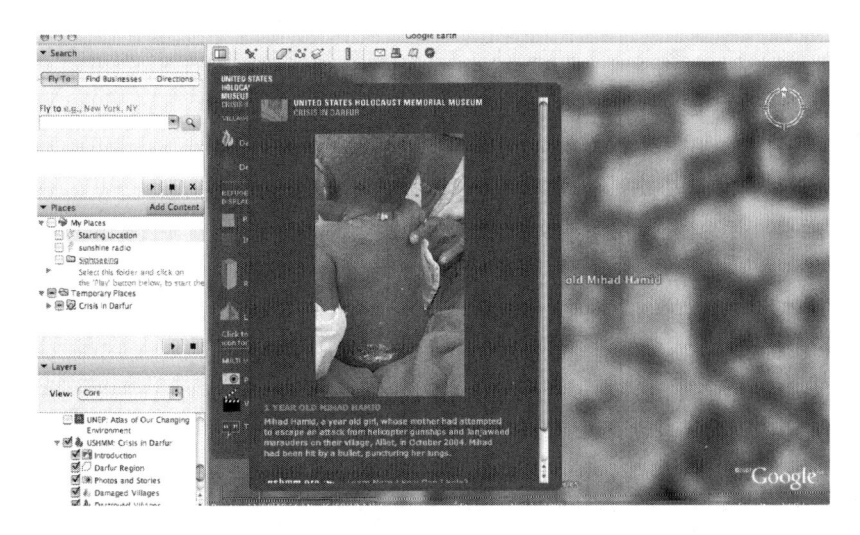

Abb. 3: Google-Earth-Screenshot „USHMM: Crisis in Darfur": Einjährige Mihad Harrid.

Die Nutzeroberfläche von Google Earth ist so strukturiert, dass sie die Satellitenbilder in den Hintergrund drängt und durch Nahaufnahmen ersetzt, die vorherrschenden westlichen Stereotypen von Tragödien in Afrika entsprechen. Indem diese Bilder sich auf Einzelschicksale konzentrieren, anstatt sich mit der komplexen Dynamik politischer Gewalt in Darfur auseinanderzusetzen, stehen sie für ein Phänomen, das Michael Shapiro (1988: 129) als „personal code" eines Konfliktes bezeichnet. Wie Campbell (2007) in seiner Analyse von Zeitungsfotos des Darfur-Konflikts herausstellt, können solche Bilder Afrikaner im gleichen Maße als Opfer reifizieren wie sie Aufmerksamkeit auf den Konflikt lenken. Darüber hinaus ist es denkbar, dass die Nahaufnahmen in dem „Crisis in Darfur"-Layer nicht, wie vom USHMM beabsichtigt, Bewusstsein und Verständnis fördern. So schreibt David Campbell (2007: 380):

> Auch wenn viele Menschen, die solche Bilder produzieren und veröffentlichen, hoffen, dass wir uns betroffen und zum Handeln verpflichtet fühlen, können die affektiven Reaktionen auf diese symbolischen Konfliktdarstellungen aufgrund ihrer uns geläufigen Form genauso gut Desinteresse und Gleichgültigkeit hervorrufen.

Satellitenbilder nehmen in der Repräsentation politischer Konflikten möglicherweise eine einzigartige Rolle ein. Ihre kartographischen und abstrakten Qualitäten machen sie zu eher atmosphärischen denn klar umrissenen Repräsentationen, die Untersuchungs-, Erkundungs-, Reflexionsvorgänge und Fragen hinsichtlich Standpunkt und Perspektive auslösen können. Anders ausgedrückt: Anstatt Fragen über irgendwelche Bodenaktivitäten zu beantworten, ist dieses Medium vor allem dazu geeignet, Nachforschungen zur komplexen Dynamik politischer Gewalt eine Bühne zu geben, die nicht einfach nur mit bloßem Auge gesehen oder durch Anschauung verstanden werden können. Weitaus weniger hilfreich sind sie, um Fragen zu den Geschehnissen am Boden direkt zu beantworten. Historisch betrachtet haben einige Einzelbilder die Essenz eines Konfliktes auf den Punkt gebracht und sich im kollektiven Bewusstsein zu Symbolen für bestimmte gewaltsame Auseinandersetzungen entwickelt. Allerdings besteht die Notwendigkeit, Methoden auszudenken und auszuarbeiten, wie mit Hilfe von Bildern *anders* über Akte politischer Gewalt berichtet werden kann. Satellitenbilder könnten dazu genutzt werden, räumliche und geopolitische Aspekte von Konflikten darzustellen, deren Erklärung nicht auf Fotos von Verwundeten reduziert werden kann. Beispielsweise könnten Satellitenbilder die territorialen Dimensionen von Gewalt, wie abgebrannte Dörfer, Flüchtlingslager und Bewegungen und Verstecke der Täter dokumentieren. Ihre abstrakte Perspektive kann dazu beitragen, Sensibilität für die Komplexität von Konflikten zu fördern, anstatt Konflikte auf die bekannten Topoi aus Opfern, ethnischen Säuberungen und Stammeskriegen zu reduzieren – Topoi, die ebenso Produkte westlicher Phantasie und Missinterpretationen wie auch genaue Beschreibungen der tatsächlichen Lage sein können. Dadurch soll keinesfalls der Eindruck erweckt werden, die abgebildete Gewalt in Darfur habe in Wirklichkeit gar nicht stattgefunden. Vielmehr möchte ich dazu anstoßen, kritisch über die Art und Weise nachzudenken, wie visuelle Informationen genutzt wurden und in Zukunft genutzt werden könnten, um zur Wissensproduktion über Weltkonflikte beizutragen.

Das Plusquamperfekt

Der zweite Punkt, der hier angesprochen werden soll, betrifft die Frage nach der Zeitlichkeit (*temporality*) und vor allem der Zeitform (*tense*) der Nutzeroberfläche im Projekt ‚Darfur-Krise'. Eines der erklärten Ziele des USHMM war es, im Darfur-Konflikt zu intervenieren und – so die Öffentlichkeitsarbeit des Projektes – die Situation am Boden zu verändern. Wenn sich eine Intervention auf eine akute Situation, also auf eine Veränderung der Gegenwart bezieht, dann ist die Datierung von Satellitenbildern und anderen Aufnahmen von zentraler Bedeutung. Tatsächlich aber sind viele Bilder in Google Earth lediglich sehr ungenau mit einfachen Jahresangaben versehen (zwischen 2004 und 2007) oder sogar vollkommen undatiert. Zwar sind aktualisierte Satellitenbilder erhältlich, aber neue Bilder der Darfur-Region werden nicht regelmäßig und flächendeckend von Google hochgeladen. Darüber hinaus sind auch einige der professionellen Nahaufnahmen nicht mit einem genauen Datum versehen. Diese begrenzte oder sogar fehlende zeitliche Information ist insofern problematisch, als sie westliche Vorstellungen von Afrika als einem ahistorischen Kontinent bedient, der sich kontinuierlich in Unfriede befindet und auf dem sich Lebensbedingungen nie ändern.

„Crisis in Darfur" eröffnet den Nutzern zwar ein weiteres Feld an Informationen und Standpunkten als etwa Fernsehnachrichten. Dennoch fungiert es eher als Medium der Vergangenheit anstatt der Gegenwart. Der Layer verfügt über einen ganz anderen temporalen Status als Fernsehnachrichten, die in ihrem Anspruch, ständig ‚live' und ‚topaktuell' zu sein, gezeigtes Bildmaterial mit genauen Entstehungsdaten versehen. Das Projekt mag zwar mit dem Ziel entwickelt worden sein, Interventionen an Ort und Stelle zu begünstigen. Doch das Fehlen genauer Zeitangaben macht das Interface so für alle diejenigen, die auf exaktes Timing angewiesen sind, praktisch nutzlos – sei es für Maßnahmen zur Flüchtlingshilfe, die Verfolgung von Menschenrechtsverletzungen oder auch die Recherche und Anfertigung von Nachrichtenbeiträgen. Letztendlich ist das Projekt ‚Darfur-Krise' *ein Archiv der Eskalation eines gewaltsamen Konfliktes, der zwar laufend beobachtet, aber in dem nicht interveniert wurde*. Es ist eine Sammlung von Informationen, eine Datenbank von Dokumenten und Bildern, die dazu genutzt wird, Wissen über einen Lage-/Blick-Konflikt zu produzieren, *in dem hätte interveniert werden können*. In dieser Hinsicht ist das Projekt die bildliche Repräsentation des *Plusquamperfekts*, und mehr als alles andere *veranschaulicht es das Vermögen zu sehen und zu wissen, aber nicht zu handeln.*

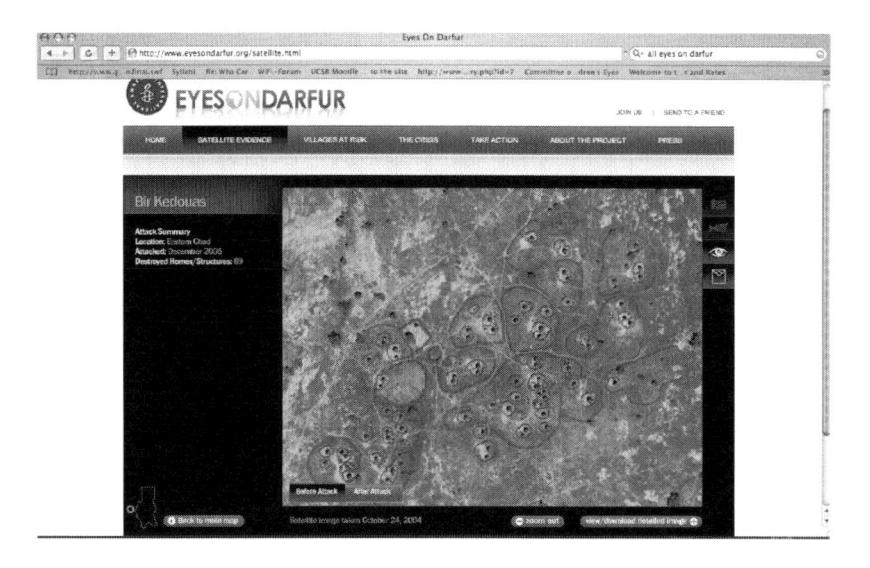

Abb. 4: Screenshot des Projekts „All Eyes on Darfur", http://www.eyesondarfur.org/satellite.html.

Auch wenn das Projekt Bewusstsein für die Lage in Darfur schafft und versucht, eine Intervention herbeizuführen, steht es ironischerweise für ein durchgängiges Schema des 20. Jahrhunderts, das Samantha Power (2002) in ihrem Buch *A Problem from Hell* eindrücklich beschreibt: den Widerspruch zwischen dem Wissen, dass Völkermord geschieht, und der Untätigkeit, ihn aufzuhalten.

Wahrscheinlich ist es dieses Paradoxon, das *Amnesty International* dazu bewogen hat, an einem Projekt zu arbeiten, das Angriffe in Darfur *live* verfolgt. Das „All Eyes on Darfur"-Projekt, das im Juni 2007 veröffentlicht wurde, bedient sich kommerzieller Satellitenbilder, um dreizehn Dörfer in Darfur und im östlichen Tschad zu beobachten, die einer direkten Angriffsgefahr ausgesetzt sind (vgl. Abb. 4). In diesem Projekt sind Satellitenbilder nicht nur die bevorzugten Stellen/Ansichten der Erkundung, sie sind darüber hinaus auch genau datiert. Zusätzlich ist das Projekt bemüht, durch eine Analyse von Satellitenaufnahmen bisher angegriffener Orte und dem räumlichen Muster bisheriger Attacken vorherzusagen, welche Dörfer zukünftig bedroht sein könnten. Das Projekt dauert an, hat aber nicht ansatzweise soviel öffentliche Aufmerksamkeit erhalten wie das Darfur-Projekt in Google Earth. Das liegt vermutlich daran, dass es nicht vom mächtigen Markennamen ‚Google' getragen wird.

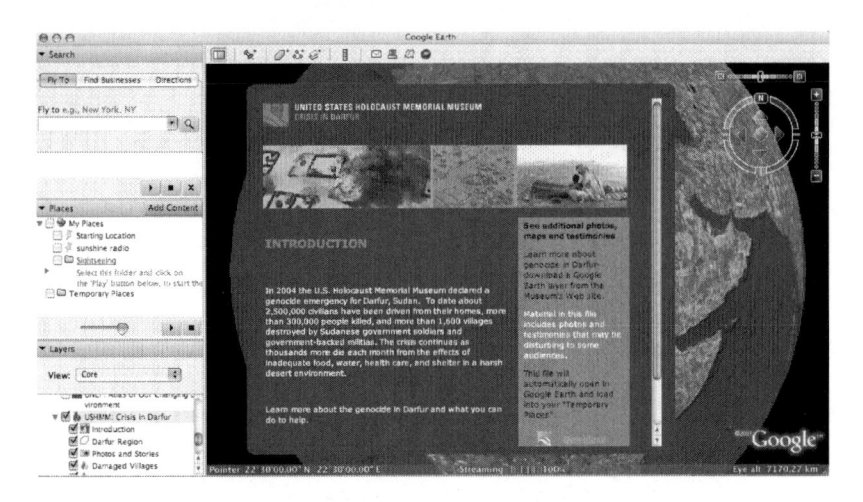

Abb. 5: Google-Earth-Screenshot „USHMM: Crisis in Darfur": Einleitung.

Konflikt-Branding

Ein dritter Punkt, der hier Erwähnung verdient, betrifft das Verhältnis zwischen digitalem Unternehmen und globalen Konflikten. Die Google-Earth-Software wird weltweit von vielen Menschen zu den unterschiedlichsten Zwecken genutzt und hat dabei im Laufe der Zeit offensichtlich eine ausgeklügelte Form des digitalen Kapitalismus hervorgebracht. Google Earth transformiert die souveränen Territorien der Nationalstaaten in sichtbare, digitale, navigierbare und privatisierte Domänen, die (größtenteils) im Besitz einer einzigen US-amerikanischen Firma, nämlich Google, sind. Während der Nutzer durch die „Crisis in Darfur"-Datenbank (wie auch andere) mit der Google-Earth-Software navigiert, wird kontinuierlich das Google-Logo in der unteren rechten Ecke des Bildschirms eingeblendet. Google beansprucht das Urheberrecht für jedes Einzelbild mit Ausnahme ursprünglich als lizenzfrei klassifizierter Bilder (so bleiben beispielsweise NASA-Satellitenbilder auch dann gemeinfrei, wenn sie in die Google-Earth-Datenbank integriert werden). Innerhalb von Google Earth mag ein Satellitenbild zwar verdeckt oder undatiert sein, aber das Markenlogo von Google wird immer angezeigt (vgl. Abb. 5).

Die Beteiligung von Google am Projekt ‚Darfur-Krise' und die Instrumentalisierung seines Engagements als Werbung für die eigene Marke ist ein mustergültiges Beispiel für neoliberales Handeln. Harvey (2005: 2) beschreibt Neoliberalismus als eine Reihe wirtschaftspolitischer Praktiken, die suggerieren, menschliches Wohlbefinden könne am besten durch individuelle unternehmerische Freiheiten und Fähigkeiten innerhalb eines institutionellen Rahmens gefördert werden, der sich durch starke Eigentumsrechte, freie Märkte und freien Handel auszeichnet.

Eines der erklärten Ziele des Neoliberalismus sei es „diverse Formen von Eigentumsrechten (gemeinsame, kollektive, staatliche, etc.) in exklusive Eigentumsrechte" (Harvey 2005: 159) zu verwandeln. In dem hier diskutierten Fall wurde vorab als öffentlich klassifiziertes geistiges Eigentum (z.B. Dokumente des *US State Department*, der Vereinten Nationen, *NASA*-Satellitenaufnahmen sowie Berichte von *Amnesty International* und *Human Rights Watch*), in einer Datenbank zusammengestellt, die in dieser Form nur durch die privatisierte Schnittstelle von Google Earth zugänglich ist. Im Gegensatz zum Staat, zu internationalen Behörden oder NGOs wird die *digitale Korporation* zum primären Verbreitungsinstrument darfurbezogener Informationen. Öffentliche Berichte und Dokumente werden umstrukturiert und neben *privatisierter* Information gezeigt, die Google gehört und auch den Google-Markennamen trägt. Selbstverständlich besitzt Google nicht den gesamten Inhalt der „Crisis in Darfur"-Datenbank, doch es hat die Mittel, diese Inhalte zu verbreiten, und daher auch die Macht, den Zugang zu diesen Informationen zu kontrollieren und zu regulieren. Darüber hinaus ist bemerkenswert, wie geistiges Eigentum in Google Earth vermischt und so die Eigentumsrechte unklar und schlechter differenzierbar werden. Dieser Trend wird noch verstärkt, indem Google Earth in dem Bewusstsein, über die entsprechenden Distributionsmöglichkeiten zu verfügen, seinen Markennamen auch über gemeinfreies Material legt. Durch die Beteiligung an der weltweiten Verbreitung von öffentlichem und privatisiertem Material zur Krise in Darfur erhebt Google korporativen Besitzanspruch auf den Konflikt.

Zudem übernimmt Google die Verantwortung für die globale Bildgebung, die einst von dem *US National Reconnaissance Office* und der *Central Intelligence Agency* administriert wurden. Staatliche Behörden haben Satellitenbilder beinahe 50 Jahre lang gesammelt, doch Google Earth hat neuerdings die Funktion übernommen, diese Informationen zugänglich und im Sinne der globalen Wirtschaft verwertbar zu machen. Schon die Entwicklung der Google-Earth-Software an sich ist symptomatisch für eine Weltwirtschaft, in der die meisten Nationalstaaten nicht in der Lage sind, die Anfertigung und die Verbreitung von Repräsentationen ihres eigenen Territoriums zu kontrollieren, und in der transnationale Unternehmen, die im Besitz von Satelliten- und Computertechnologie – Technologien mit hohem visuellen Kapital – sind, enorme Profite aus dieser Disparität schöpfen können. Google hat keine formale Erlaubnis einzelner Staaten erbeten, Satellitenbilder und weitere Abbildungen ihres Territoriums in seine firmeneigene Datenbank und Nutzeroberfläche einzuspeisen. Länder wie Indien, Südkorea und Marokko haben aufgrund von Datenschutzverletzungen und aus Sorge um die nationale Sicherheit sogar Beschwerde gegen Google eingereicht.

Letztlich steht die Nutzeroberfläche im Darfur-Projekt auch für einen ökonomischen Wandel, den Naomi Klein als „Katastrophen-Kapitalismus" bezeichnet. Diese neue Form des Kapitalismus entstand durch die schnelle Privatisierung und Expansion globaler Sicherheitsfirmen und der Informationsindustrie nach dem 11. September 2001. Klein zufolge ist der Katastrophen-Kapitalismus charakterisiert durch „konzertierte Überfälle auf die öffentliche Sphäre nach verheerenden Ereignissen und die Haltung, Desaster als entzückende Marktchancen zu begreifen" (Klein 2007: 16). Klein vergleicht diesen Wandel in der ökonomischen Betrachtung von Katastrophen mit der Wirtschaft während der High-Tech-Blase:

> Der Größenordnung nach ist der Katastrophen-Kapitalismus-Komplex mit den Booms des ‚neuen Marktes' und der Informationstechnologie in den neunziger Jahren vergleichbar. [...] [D]ie Katastrophenwirtschaft [hat] wahrscheinlich viel dazu beigetragen, den Weltmarkt vor der ausgewachsenen Rezession zu bewahren, die nach dem 11. September drohte. (Klein 2007: 28)

Google Earth ist zu einem Teil dieser Katastrophen-Wirtschaft geworden, da es ein System zur Abbildung der Erde bereitstellt, das zum Konflikt- und Katastrophenmanagement genutzt wird. Das Darfur-Projekt ist dabei nicht die einzige Katastrophe, die von Google Earth visuell repräsentiert wurde: Frühere Projekte befassten sich beispielsweise mit dem Hurrikan Katrina, dem Irak-Krieg, dem Tsunami in Indonesien und Waldbränden in Kalifornien. Klein untersucht, welche Rolle einzelne Aspekte des Katastrophen-Kapitalismus bisher in verschiedenen Teilen der Welt gespielt haben und stellt die rhetorische Frage: „Warum soll man UN-Blauhelme nach Darfur schicken, wenn private Sicherheitsfirmen wie Blackwater neue Kunden brauchen?" (Klein 2007: 27). In Anlehnung daran könnte man ebenfalls fragen, weshalb *Human Rights Watch* und *Amnesty International* ihre eigenen Berichte über Darfur veröffentlichen sollten, wo doch Google diese Aufgabe übernehmen kann. Mit diesem Gedankenspiel soll gezeigt werden, dass Google Teil eines Wirtschaftssystems ist, das darauf ausgelegt ist, US-amerikanische Unternehmen von der Erosion der Förderung insbesondere konflikt-, katastrophen- und sicherheitsbezogener Programme durch die Öffentlichkeit, den Staat und NGOs profitieren zu lassen. Kurzum, Google Earth bietet keine neutrale Sicht auf den Planeten, sondern die Perspektive einer Firma mit enormem visuellem Kapital. Und wie andere US-amerikanische Unternehmen, seien es Sicherheitsfirmen oder Medienkartelle, zielt auch Google darauf ab, von Katastrophen und Konflikten zu profitieren.[3]

Informative Intervention und der Google-Earth-Effekt

In ihrem Buch *Forging Peace* betrachten Monroe Price und Mark Thompson (2002: 8) „informative Intervention" als einen Kernaspekt der gegenwärtigen Kriegsführung, der das „großflächige Fremd-Management, Manipulationen oder die Besitzergreifung des informativen Raums in Konfliktgebieten einschließt". Praktiken der „informativen Intervention" reichen von der Operation mit Störsendern bis zur Verbreitung von Friedensnachrichten und schließen

> Handlungen eines mächtigen Staates oder einer Gruppe von Staaten, manchmal im Namen der ‚internationalen Gemeinschaft', ein. Diese Handlungen können unternommen werden, um Konflikte zu verhindern, sie können aber auch selbst Bestandteil von Konflikten sein oder im Rahmen von Wiederaufbaumaßnahmen erfolgen. (Price/Thompson 2002: 8)

Militärische Organisationen nutzen Techniken der informativen Intervention nicht nur, um Kriege zu gewinnen, sondern auch um Mediensysteme zu ‚demokratisieren' und zu ‚liberalisieren'. Im Zeitalter von Neoliberalismus und Katastrophen-Kapitalismus werden zunehmend auch digitale Unternehmen zu Akteuren in diesem Bereich. Man kann Google Earth ohne Zweifel als Mitwirkenden am ‚Fremd-Management', an der ‚Manipulation' und der ‚Besetzung' des sudanesischen Informationsraums bezeichnen, der die wohlmeinende Absicht hat, weitere Gewalt in der Region zu verhindern. In diesem Sinne kann Google Earth als weitere Technik im Arsenal der informativen Intervention verstanden werden.

---

3 Nicht nur Google Earth kann als ‚Outsourcing' internationaler Diplomatie gelten, sondern auch Hollywood. Im Zusammenhang mit dem Darfur-Konflikt ist eine ganze Medienindustrie entstanden. Dokumentarfilme wie beispielsweise *Save Darfur Now* und *The Devil Came on Horseback* wurden in vielen Kinos gezeigt, unabhängige Filmproduktionen wie *A Journey to Darfur* und *Darfur Diaries* wurden auf DVD veröffentlicht, und das Buch *They Poured Fire on Us From the Sky: The True Story of Three Lost Boys from Sudan* fand sich auf einer Vielzahl von Bestsellerlisten. Hollywoodgrößen von Mia Farrow bis George Clooney haben sich aktiv eingesetzt, öffentliches Bewusstsein für den Darfur-Konflikt zu schaffen, und haben diesbezüglich sogar vor den Vereinten Nationen gesprochen.

Während „Crisis in Darfur" selbst nicht in der Lage war, die Gewalt in Darfur aufzuhalten, betonte ein Google-Sprecher die anderen Erfolge des Projekts:

> Die Reaktion auf das Projekt war prompt: Weltweit haben die Medien darüber berichtet, Zugriffe auf die USHMM-Webseite haben sich vervierfacht, und Reporter und Menschenrechtsorganisationen haben durch das Informationsmaterial im Projekt begonnen, kritischere Fragen zu stellen. (Moore 2007)

Hieran ist bemerkenswert, dass nicht etwa der Einfluss auf die internationale Politik oder die Situation in Darfur als Maßstab für den Erfolg herangezogen wird, sondern der Zuwachs an medialer Aufmerksamkeit für das Darfur-Projekt selbst und dass die Zahl der Zugriffe auf die Webseite des USHMM als Erfolgsindikator dient. Diese Bewertung von Erfolg macht deutlich, dass ein großer Bestandteil des Projekts für Google PR in eigener Sache ist. Wenn man bedenkt, dass die sudanesische Bevölkerung selbst gar keinen Zugang zum Projekt ‚Darfur-Krise' hat, da US-Exportkontrollen und Handelssanktionen das Herunterladen amerikanischer Software im Sudan verhindern, wird die Funktion des Projekts als strategisches Element der Öffentlichkeitsarbeit noch offensichtlicher.

Unter dem Aspekt der informativen Intervention stellt sich ebenfalls die Frage, ob vermehrte Zugriffe auf Google Earth und seine vermeintliche Wirkung mit dem wachsenden Einfluss von CNN in den 1990er Jahren vergleichbar sind, als der Sender begann, sich international aufzustellen. Kann man das Projekt ‚Darfur-Krise' also in Beziehung zum sogenannten ‚CNN-Effekt' setzen? Der Begriff ‚CNN-Effekt' entstand in den 1990er Jahren, als deutlich wurde, dass die Berichterstattung eines rund um die Uhr sendenden globalen Fernsehnachrichtennetzwerks nationalstaatliche Außenpolitik beeinflusst. So erläutert Steven Livingston (1997): „Umfang, Tiefe und Geschwindigkeit der neuen globalen Medien haben eine neue Spezies von Effekten hervorgebracht", die sich von früheren Spezies unterscheiden. Es ist noch zu früh, um abschließend zu sagen, ob „Crisis in Darfur" (oder verwandte Datenbanken in Google Earth) tatsächlich in der Lage waren, außenpolitisches Handeln derart zu beeinflussen, dass man von einem ‚Google-Earth-Effekt' sprechen könnte. Ich spreche diese Frage hier lediglich an, um zu betonen, dass Google Earth aufgrund seiner kapitalistischen Wesenszüge und seiner globalen Ambitionen in Zukunft stärker der Operationsweise von CNN gleichen könnte, als es enthusiastische Befürworter der neuen digitalen Welt wahrhaben möchten. Auch wenn sich die Darstellungsweise der Informationen von einem klassischen Fernsehbericht unterscheidet, so verlässt sich das Projekt ‚Darfur-Krise' dennoch auf vergleichbare Praktiken, indem es Informationsmaterial aus verschiedenen Quellen kombiniert, öffentliche Archive privatisiert, Konflikte zu Markenartikeln stilisiert und welthistorische Ereignisse multimedial darstellt. Google Earth könnte somit zum CNN der Zukunft werden.

Schlussfolgerung

Google Earth eröffnet aufregende neue Integrations- und Zugriffsmöglichkeiten auf Dokumente und audiovisuelle Daten in georeferenzierter Art und Weise. Dennoch müssen informative Interventionen wie „Crisis in Darfur" einer kritischeren Betrachtung und Bewertung unterzogen werden als bisher geschehen. Das Projekt ‚Darfur-Krise' zwingt uns, über die Problematik der visuellen Repräsentation politischer Gewalt nachzudenken und zu untersuchen, welche Repräsentationsmöglichkeiten nicht nur das öffentliche Bewusstsein, sondern auch die politische Gestaltung realer Konfliktlösungen fördern können. So erinnert Power (2002: 512):

> Die Geschichte hat gezeigt, dass die Leiden der Opfer selten ausreichend waren, die USA zum Intervenieren zu bewegen. [...] Humanitäre Interventionen wurden nur in den seltenen Momenten eingeleitet, in denen die kurzfristigen politischen Interessen der amerikanischen politischen Entscheidungsträger auf dem Spiel standen.

Vielleicht ist der Diskurs um Google Earth bislang durch zu viel blinde Zustimmung gekennzeichnet und zu wenig durch eine Diskussion und genauere Prüfung der Implikationen von Googles visuellem Kapital. Wie steht es um die Bedingungen der Akkumulation visuellen Kapitals? Sollte sie an eine Rechenschaftspflicht gebunden werden, angemessene Reaktionen auf diejenigen Gräueltaten nachzuweisen, die durch visuelle Technologien sichtbar gemacht werden? Es lohnt sich, eingehender über diese Frage nachzudenken.

Anstatt in der Vorvergangenheit zu operieren, also zu beobachten, *worin hätte interveniert werden können,* besteht der dringende Bedarf nach einer Sichtbarkeit der unvollendeten Zukunft *(future imperfect)* – eine Betrachtungsweise, die nicht bedauert und klagt, sondern zur Kenntnis nimmt und zu handeln beabsichtigt. Der Blickwinkel eines *future imperfect* würde der großen Herausforderung Rechnung tragen, die die Repräsentation globaler Konflikte – ob via Satellit oder am Boden – darstellt. Er wäre hinreichend sensibel für die Spannungen, Disparitäten, Ungerechtigkeiten und Traumata, die aus der Geschichte des Kolonialismus, dem Kalten Krieg und dem Krieg gegen den Terror resultieren. Diese historischen Kontexte sind nicht einfach nur Kulissen, sondern ihrerseits konstitutiv für das, was heute sichtbar wird. Unsere visuelle Erfahrung sollte vor allem dann historisch wachsam bleiben, wenn die Sichtweisen auf globale Konflikte von den Plattformen des visuellen Großkapitals erzeugt und nur durch diese rezipierbar werden.

Aus dem Amerikanischen übersetzt von Daniel Knapp.

Literatur

Blair, David (2007): „Google Earth Maps ‚Genocide' in Darfur", in: *Telegraph*, 13.04.2007, http://www.telegraph.co.uk/news/worldnews/1548406/Google-Earth-maps-genocide-in-Darfur.html, 14.10.2008.

Boustany, Nora (2007): „Museum, Google Zoom In on Darfur", in: *Washington Post*, 14.04.2007, http://www.washingtonpost.com/wp-dyn/content/article/2007/04/13/AR2007041302189_pf.html, 08.10.2008.

Butler, Desmond (2007): „Google Earth Focuses on Sudan Atrocities", in: *MSNBC*, 10.04.2007, http://www.msnbc.msn.com/id/18045002/, 08.10.2008.

Campbell, David (2007): „Geopolitics and Visuality: Sighting the Darfur Conflict", in: *Political Geography* 26(4), 357-382.

Fair, Jo E./Parks, Lisa (2001): „Africa on Camera: Televised Video Footage and Aerial Imaging of the Rwandan Refugee Crisis", in: *Africa Today* 48(2), 35-58.

Gilbertson, Scott (2007): „Google Earth Zooms in on Darfur Genocide", in: *Wired*, 27.06.2007, http://www.wired.com/techbiz/it/news/2007/06/google_darfur, 14.10.2008.

Google (2007): „U.S. Holocaust Memorial Museum and Google Join in Online Darfur Mapping Initiative", Pressemeldung, Washington, DC, http://www.google.com/intl/en/press/pressrel/darfur_mapping.html, 14.10.2008.

Gross, Grant (2007) „Visuals of Darfur Tragedy Now on Google Earth", in: *InfoWorld*, 10.04.2007, http://www.infoworld.com/article/07/04/10/HN googledarfur_1.html, 14.10.2008.

Haines, Lester (2007): „Darfur Genocide Mapped from Space", in: *The Register*, 11.04.2007, http://www.theregister.co.uk/2007/04/11/crisis_in_darfur/print.html, 14.10.2008.

Harvey, David (2005): *A Brief History of Neoliberalism*, Oxford.

Hattotuwa, Sanjana (2007): „Darfur Through Google Earth: The Reality of Conflict through ‚Crisis in Darfur'", in: *ICT for Peacebuilding*, 12.04.2007, http://ict4peace.wordpress.com/2007/04/12/darfur-through-google-earth-the-reality-of-conflict-through-crisis-in-darfur/, 14.10.2008.

Klein, Naomi (2007): *Die Schock-Strategie. Der Aufstieg des Katastrophen-Kapitalismus*, Frankfurt a.M. [*The Shock Doctrine: The Rise of Disaster Capitalism*, New York 2007].

Kopytoff, Verne (2007): „Google Earth Zooms in on Darfur Carnage", in: *SFGate*, 11.04.2007, http://www.sfgate.com/cgi-bin/article.cgi?f=/c/a/2007/04/11/MNGPNP6D8D1.DTL&type=printable, 14.10.2008.

Labott, Elise (2007): „Google Earth Maps Out Darfur Atrocities", in: *CNN*, 15.04.2007, http://edition.cnn.com/2007/TECH/04/10/google.genocide/index.html, 14.10.2008.

Latham, Robert/Sassen, Saskia (2005): *Digital Formations: IT and New Architectures in the Global Realm*, Princeton.

Livingston, Steven (1997): „Clarifying the CNN Effect: An Examination of Media Effects According to Type of Military Intervention", Research Paper, Harvard, http://www.ksg.harvard.edu/presspol/research_publications/papers/research_papers/R18.pdf, 14.10.2008.

Lindqvist, Sven (1999): *Durch das Herz der Finsternis*. Mit einem Vorwort von Urs Widmer, Zürich [,*Exterminate all the Brutes': One Man's Odyssey into the Heart of Darkness and the Origins of European Genocide*, New York 1996].

Lovgren, Stefan (2007): „Photos, Video Expose Darfur Activities in Google Earth", in: *National Geographic News*, 25.04.2007, http://news.nationalgeographic.com/news/2007/04/070425-google-darfur.html, 14.10.2008.

Maxcer, Chris (2007): „Google Earth Zooms into Heart of Darfur's Darkness", in: *Tech News World*, 11.04.2007, http://www.technewsworld.com/story/56827.html, 14.10.2008.

Moore, Rebecca (2007): „Raising Global Awareness with Google Earth", in: *Imaging Notes Magazine* 22(4), 24-29.

N.N. (2006): „Darfur", in: *Ogle Earth*, 03.10.2006, http://www.ogleearth.com/2006/10/darfur.html, 14.10.2008.

Oates, John (2007): „Amnesty's Spy in the Sky for Darfur", in: *The Register*, 07.06.2007, http://www.theregister.co.uk/2007/06/07/amnesty_darfur_satellite_pictures/, 14.10.2008.

Parks, Lisa (2003): „Satellite and Cyber Visualities: Analyzing ‚Digital Earth'", in: Nicholas Mirzoeff (Hrsg.), *Visual Culture Reader 2.0*, New York, 279-294.

Parks, Lisa (2005): „Satellite Witnessing: Views and Coverage of the War in Bosnia", in: dies., *Cultures in Orbit: Satellites and the Televisual*, Durham, 76-107.

Parks, Lisa (2006): „Planet Patrol: Satellite Images, Acts of Knowledge, and Global Security", in: Patrice Petro/Andrew Martin (Hrsg.), *Rethinking Global Security: Media, Popular Culture, and the ‚War on Terror'*, Piscataway, NJ.

Power, Samantha (2002): *A Problem From Hell: America and the Age of Genocide*, New York.

Price, Monroe E./Thompson, Mark (2002): *Forging Peace: Intervention, Human Rights and the Management of Media Space*, Bloomington.

Shapiro, Michael (1988): *The Politics of Representation: Writing Practices in Biography, Photography, and Political Analysis*, Madison, WI.

Sites, Kevin (2007): *In the Hot Zone: One Many, One Year, Twenty Wars*, New York.

Smith-Spark, Laura (2007): „Google Earth Turns Spotlight on Darfur", in: *BBC News*, 11.04.2007, http://news.bbc.co.uk/2/hi/africa/6543185.stm, 14.10.2008.

Spring, Tom (2007): „A Closer Look: Google Earth Darfur Awareness", in: *PC World*, 11.04.2007, http://blogs.pcworld.com/staffblog/archives/004070.html, 14.10.2008.

Taylor, Frank (2007): „Crisis in Darfur – The Google Effect", in: *Google Earth Blog*, 11.04.2007, http://www.gearthblog.com/blog/archives/2007/04/crisis_in_darfur_the.html, 14.10.2008.

United States Holocaust Memorial Museum (2005): „Securing the Living Legacy. A Strategic Plan for the Second Decade", Washington, DC, http://www.ushmm.org/notices/strategic/2005.pdf, 08.10.2008.

Jeremy W. Crampton

Die Bedeutung von Geosurveillance und Sicherheit für eine Politik der Angst

1 Eine Politik der Angst

Im Folgenden geht es um die Bedeutung geographischer Informationstechnologien (GIT) für die Produktion einer Politik der Angst.[1] Während Kartographie und geographische Informationssysteme (GIS) Problemlösungen für die Bedrohung durch Terrorismus, Kriminalität oder Katastrophen anzubieten scheinen, können sie auch dazu instrumentalisiert werden, Angst für politische Zwecke zu mobilisieren. Bei der Untersuchung der Frage, wodurch eine Politik der Angst aufrechterhalten wird, lege ich besonderes Augenmerk auf die politischen Rationalitäten von Technologie. Mein Kernargument ist, dass sich durch GITs risikobezogenes Wissen über Bevölkerungen produzieren lässt und dass Angst vor Risiken als Rechtfertigung für den Einsatz von *mass-geosurveillance* und weiterer bevölkerungsgruppenspezifischer Datenanalyse missbraucht werden kann. Anhand zweier Fallbeispiele – der Kartographie des 19. Jahrhunderts und der gegenwärtigen Kriminalkartographie – werde ich herausstellen, welche Schwächen eine Risikoanalyse mittels GITs birgt. Denn nur durch eine Erforschung der Ursachen für die Entstehung von Angst haben wir eine Chance, sie zu mildern (vgl. Sparke 2007).

Einer der vorherrschenden Diskurse nach dem 11. September 2001 war der über die Angst, die nun das Vertrauen in die Unantastbarkeit des amerikanischen Heimatterritoriums erschüttert habe. Auf der CD-ROM „Homeland Security", die kurz nach 9/11 von ESRI, dem weltweit führenden Hersteller geographischer Informationssysteme, verbreitet wurde, formulierte es der Feuerwehrchef von Livermore/Pleasanton folgendermaßen:

> I think now that everyone's reminded that anytime, anywhere, a significant catastrophic event can occur: An industrial accident, internal sabotage, external terrorism, a bad weather that has not come in a hundred years, and that our citizens expect everybody to be prepared for that. (ESRI 2002)

---

1 Es handelt sich hierbei um eine aktualisierte Fassung des 2008 erschienenen Original-Beitrags „The Role of Geosurveillance and Security in the Politics of Fear", in: Daniel Z. Sui (Hrsg.), *Geospatial Technologies and Homeland Security*, Dordrecht et al. 2008, 283-300. Ich möchte mich bei den Teilnehmern des Seminars zu Geosurveillance und Sicherheit (Frühjahr 2003) für ihre Kommentare bedanken.

Anders gesagt: Dieser Redeausschnitt stellt die Selbstgefälligkeit der Vereinigten Staaten vor dem 11. September 2001 heraus – eine Selbstgefälligkeit, die möglicherweise der Friedensdividende geschuldet ist und dem Sieg über den Kommunismus im Kalten Krieg. 9/11 war ein angsterfüllter Weckruf, der alles veränderte. Die geopolitische Argumentation der politischen Elite nach 9/11 entwickelte sich aus dem Bedürfnis, wieder zu einer binären Weltsicht zurückzukehren, in der klar nach Freund und Feind differenziert werden kann. Dazu zählen die von Präsident Bush im Jahr 2002 in seiner Ansprache zur Lage der Nation eingeführte geopolitische Rhetorik der „Achse des Bösen" und der von Condoleezza Rice 2005 geprägte Ausdruck von „Außenposten der Tyrannei".

Angst freilich ist eine politische Idee mit beachtlicher Geschichte. Der Angst-Diskurs kann von Michel de Montaigne (der erklärte: „Was ich am meisten fürchte, ist Angst") über das Werk Hannah Arendts bis in die McCarthy-Ära verfolgt werden, wie Robin (2004: 3) belegt. Das Attentat vom 11. September wurde dazu benutzt, den politischen Angst-Diskurs wiederzubeleben. Agamben (2005) verdeutlicht in seiner Geschichte der Außerkraftsetzung von Recht (was er „Ausnahmezustand" nennt), dass der 11. September als nur eine von vielen solcher Außerkraftsetzungen seit der Französischen Revolution angesehen werden kann. Die Verabschiedung des *USA PATRIOT Act* vom Oktober 2001 war durch den Wunsch motiviert, viele der Befugnisse eines Herrschers, der in einem Ausnahmezustand handelt, wieder einzuführen.

> [Präsident] Bush [ist] derzeit dabei, eine Lage zu schaffen, in welcher der Notfall zur Regel wird und in der eben jene Unterscheidung zwischen Frieden und Krieg (und zwischen Krieg nach außen und weltweitem Bürgerkrieg) sich als unmöglich erweist. (Agamben 2004: 31f.)

Ängste können geschürt und zerstreut werden (vgl. Lawson 2007). Politische Ängste können dazu benutzt werden, die Akzeptanz politischer Maßnahmen (einschließlich des Ausnahmezustands) zu erhöhen, die diese Ängste zwar scheinbar mildern, sie jedoch faktisch nähren und noch vergrößern können (vgl. Siegel 2005). Eine Strategie, Angst auf diese Weise politisch zu instrumentalisieren, ist es, mehr Sicherheit auf der einen und größeres Risiko auf der anderen Seite als Wahlmöglichkeiten zur Disposition zu stellen. Die meisten rational denkenden Menschen werden sich eher für vermeintlich mehr Sicherheit (und die dazu notwendigen Formen von Überwachung) entscheiden als für Risiken. Da mehr Sicherheit allerdings mit Unannehmlichkeiten verbunden ist und deshalb möglicherweise von der Bevölkerung zurückgewiesen werden würde, muss zusätzliche Angst generiert werden, um sie zu rechtfertigen. Doch während in den USA ein Gefühl der Angst immer mehr um sich greift, war das Leben dort statistisch gesehen nie sicherer. Die Menschen leben gesünder und länger (die Lebenserwartung hat sich von 1900 bis 2000 um etwa 60 Prozent erhöht), sie haben besseren Zugang zu sauberem Wasser und Nahrung, und ihre Arbeitsplätze sind sicherer als jemals zuvor (vgl. Siegel 2005). Die Diskrepanz zwischen wahrgenommenem und tatsächlichem Risiko nimmt zu. Siegel erwähnt, dass obwohl die Mordrate in den USA zwischen 1990 und 1998 um 20 Prozent zurückgegangen ist, die Zahl der Medienberichte zu Mordfällen im gleichen Zeitraum um 600 Prozent angestiegen ist – die Berichterstattung zum O.J.-Simpson-Prozess nicht mitgezählt (vgl. Siegel 2005: 56f.).

Dass unsere Ängste konstruiert sind, lässt sich leicht an unserer schlecht entwickelten Fähigkeit demonstrieren, reales von potentiellem Risiko zu unterscheiden. Wir fürchten die Vogelgrippe (A/H5N1), die laut der Weltgesundheitsorganisation WHO im Jahr 2006 80 Menschen das Leben gekostet hat – die meisten von ihnen alt und aus Ländern mit einem überlasteten Gesundheitssystem –, während wir die menschliche Variante der Grippe (Influenza), der allein in den USA jedes Jahr 35.000 bis 40.000 Menschen zum Opfer fallen, ignorieren. Forscher nennen dies den *dread risk effect* (Schreckensrisiko-Effekt), der sich durch eine Überreaktion auf ein hoch profiliertes, aber bedrohungsarmes Risiko auszeichnet (vgl. Gigerenzer 2004). Nach dem 11. September vermieden viele Menschen beispielsweise die Reise im Flugzeug und benutzten stattdessen das Auto. Angesichts der Tatsache, dass Autofahren wesentlich gefährlicher als Fliegen ist, kam es so schätzungsweise zu 1.500 zusätzlichen Todesopfern in den zwölf Monaten nach dem 11. September (vgl. Gigerenzer 2006). Generell, so hat die bekannte Arbeit von Tversky und Kahnemann (1974) gezeigt, ist der menschliche Entscheidungsfindungsprozess unter Bedingungen von Unsicherheit durch einen unerschütterlichen Fokus auf marginale Informationen (*anchoring*), das Ausklammern der Tatsache, dass das Eintreten vieler Ereignisse sehr unwahrscheinlich ist (*base rate fallacy*), und die übermäßige Beachtung eines rahmenden Diskurses (*framing*) getrübt. In politischer Hinsicht bedeutet dies, dass viele Menschen auf Angst damit reagieren, dass sie Sicherheit und die damit verbundene Rekonfiguration des Politischen als Konsequenzen akzeptieren – als ob Angst und Sicherheit die beiden einzigen Optionen wären (vgl. Kahneman/Renshon 2007). Mit anderen Worten: Es ist unwahrscheinlich, dass ein risikobasierter Ansatz dazu beiträgt, realistische von unrealistischen Ängsten zu unterscheiden.

In ihrer Untersuchung des 9/11-Diskurses stellen Gregory und Pred (2007) zwei Reaktionsweisen heraus, die besonders geeignet sind, der Angst zum Durchbruch zu verhelfen. Zum einen die Reaktionsweise derjenigen, die sich an der Rhetorik des *war on terror* beteiligen, um damit den eigenen Repressionsapparat zu intensivieren und zu legitimieren, und zum anderen:

diejenigen, die eine rein technisch-instrumentelle Antwort auf 9/11 offerierten – auf der Basis politischer Technologien (die ebensowohl geographische Technologien sind) zur Vorhersage und zum Management terroristischer Gefahren – und damit einen nachhaltigen Modus spätmodernen Regierens bezeichneten. (Gregory/Pred 2007: 1, dieses und alle folgenden noch nicht anderweitig übersetzten Originalzitate in der Übersetzung von Daniel Knapp)

Hier sollen im Folgenden diese geographischen Informationstechnologien – Kartierung und GIS – detaillierter untersucht und die ihnen zugrunde liegenden Annahmen und deren Konsequenzen diskutiert werden.

2 Geographische Imagination und der 11. September

Diskussionen über al-Qaida, Abu Ghuraib, Abhören ohne richterliche Anordnung, Folter-Memos, Bagdad und Terrorismus haben eines gemeinsam: Sie basieren auf Wissen. Eine große Menge dieses Wissens ist geographischer Art, nicht nur im traditionellen Sinne von Wissen darüber, wo Dinge sind und wohin Dinge gehen, sondern im Sinne von Wissen darüber, wie Identität geformt wird. Diese Betonung von Wissen, die oft mit Autoren wie Foucault und seinem Begriff von ‚Macht-Wissen' assoziiert wird, ist ein geläufiger Tropus der Wissenschaft. In ihrem jüngsten Buch über geographische Methoden definieren Montello und Sutton z.B. die wissenschaftliche Methode als „die Erschaffung und Evaluation von Wissen" (Montello/Sutton 2006: 3). Die spezifischen Kategorien von Wissen, die durch und von GIS und Kartographie geschaffen werden, sind der Gegenstand von Critical GIS und Kritischer Kartographie (als jüngste Fortschrittsberichte vgl. O'Sullivan 2006; Perkins 2004). Diese Untersuchungsverfahren sind erst relativ spät ins Blickfeld geographischer Forschung gerückt. Sie versuchen, das schwierige Terrain zwischen kritischer Geographie und geospatialen Technologien zu beackern, und spielen bislang – vielleicht gerade weil sie dies tun – in den Worten O'Sullivans „eindeutig eine Nebenrolle" im geographischen Methodentableau (O'Sullivan 2006: 783). Die Ereignisse des 11. September freilich hatten eine reichliche Produktion von GIS und kartographischem Wissen zur Folge. Und die daraus erwachsenen geographischen Imaginationen sind mitursächlich für jene technisch-instrumentelle ‚Reaktionsweise', die von Gregory/Pred so leidenschaftlich abgelehnt wird.

Nach dem 11. September bot ein GIS-Unternehmen (ESRI) im ganzen Land eine Reihe von Seminaren darüber an, wie GIS bei Notfallprävention und der Reaktion auf Notfälle helfen könnte. ESRI veröffentlichte Weißbücher, eine CD-ROM über Sicherheit und erstellte eine Website für GIS und

Sicherheit. Des Weiteren verlieh das Unternehmen *Homeland and Security Grants* im Wert von 2,3 Millionen US-Dollar an Städte und Behörden in den ganzen USA. Die *Association of American Geographers* (AAG) startete derweil einen durch die *National Science Foundation* (NSF) geförderten Workshop zum Thema „Geographische Dimensionen im Terrorismus" und stellte eine Liste von Handlungsprioritäten und vorrangig zu bearbeitenden Forschungfragen zusammen. Kartographie und GIS sind zentrale Komponenten dieser Initiative. Ganz oben auf der Liste der Handlungsprioritäten steht die Forderung, eine differenzierte nationale geospatiale Infrastruktur als Grundlage für die innere Sicherheit zu schaffen (Cutter et al. 2002: 2). Als Basis dafür sollten geospatiale Datenbanken und GIS-Analysen dienen. Dieses Bestreben basiert auf einer Budgetanfrage durch die Abteilung *Information Analysis and Infrastructure Protection* (IAIP) des *Department for Homeland Security* (DHS) mit dem Ziel der „Entwicklung und Aufrechterhaltung einer *vollständigen und genauen Kartierung* der kritischen Infrastruktur und der bedeutendsten Vermögenswerte der Nation" (US Government Office of the President 2003: 472, Hervorhebung J.C.). Die Abteilung IAIP hat folgende Aufgaben:

> Analysing law enforcement, intelligence, and other information to evaluate terrorist threats to the homeland; Assessing the vulnerabilities of key U.S. resources and critical infrastructures; Mapping threat information against our current vulnerabilities; and, Working with federal, state, local, and private stakeholders to issue timely warnings and take or effect appropriate preventive and protective action. (US Government Office of the President 2003: 471)

Die *Assocation of American Geographers* (AAG) beeilte sich ebenfalls, die Bedeutung der Geographie für die Bekämpfung von Terrorismus aufzuzeigen, doch leider haben sowohl die Anlage als auch die zugrunde liegenden Annahmen des NSF-finanzierten Studie (vgl. Cutter et al. 2003), die als Ergebnis präsentiert wurde, dazu geführt, dass dieser Schritt von vielen eher bereut als gefeiert wurde. Eine Nahost-Expertin folgert dazu im *Geographical Review* der *American Geographical Society*:

> They failed to remember that conflict and terrorism are the result of human agency and not conducive to modeling the way natural hazards such as El Nino may be. The volume failed to offer any understanding of the societal context that has produced many of today's Middle-East terrorist groups; the terms ‚Islam' and ‚Middle-East' do not even appear in the volume's index. (Stewart 2005: iv)

Auch die eigene Vorzeigezeitschrift der AAG reagierte nur lauwarm auf das Buch (vgl. z.B. de Blij 2004; Johnston 2004). Diese Reaktionen resultierten aus der Frustration darüber, dass die „geographische Imagination" nicht ausreiche, den Gesamtkontext des Terrorismus als politisches Problem zu sehen. Terrorismus erschien neutralisiert zu einer Sache von Gefahren und Risiken. Die Studie schätzte Technologie als „nichtpolitisch" ein, anstatt geospatiale Technologie als Teil politischer Entscheidungsprozesse zu behandeln. Im Gegensatz dazu betonten andere Fach-Organisationen wie die *American Sociological Association* (ASA) gerade die „religiösen und kulturellen Aspekte" des Terrorismusproblems. 2002 verabschiedete sie eine Resolution, die offenen Zugang zu gelöschten Datensätzen forderte, und stimmte 2003 einer Resolution zu, die die US-Invasion im Irak verurteilte (vgl. Rosich 2005). Im Jahr 2006, als die Bush-Administration androhte, die Finanzierung für Teile der vom statistischen Bundesamt durchgeführten Sammlung von Einkommens- und Armutsdaten einzustellen, organisierten sich Dutzende von nationalen Organisationen, um den Kürzungen entgegenzutreten – allerdings nicht die AAG (vgl. Center for Economic and Policy Research 2006). Dieser eingeengte Fokus auf Technologie, verbunden mit einer anhaltend politisch-passiven Herangehensweise führt im Effekt zu nichts anderem als einer Schwächung der geographischen Imagination im 21. Jahrhundert.

3 Das ‚Risiko' von Risiko

Was geschieht, wenn ein Risiko-Diskurs etabliert wird? Ich behaupte, dass dies zu negativen unbeabsichtigten Konsequenzen führt. Diese Konsequenzen schließen Profiling ein (das wiederum auf Rassismus, Stereotypisierung und Normalisierung basiert), ferner Geosurveillance und den Einsatz von Angst als Taktik von Regierungshandeln. Diese Konsequenzen richten sich ebenso gegen den vermeintlichen ‚Feind' oder den Ursprung der Bedrohung wie gegen die eigene Bevölkerung – beispielsweise wird durch Überwachungstechnologien wie ohne jegliche richterliche Genehmigung installierte Abhörgeräte in das Leben von Millionen von Amerikanern beständig und zunehmend eingegriffen. Doch Risikobewertung ist eine entscheidende Komponente von GIS-gestützten Bemühungen zur Förderung der inneren Sicherheit.

Es gibt mehrere Komponenten von Risiko. Einige davon sind statistischer Natur und betreffen das Problem falscher ‚positiver Treffer' und fehlerhafter Basissätze. Selbst scheinbar sehr genaue Tests können weit mehr fälschlicherweise positive als wahre Treffer erzeugen, vor allem dann, wenn der Basissatz niedrig ist. Dies ist besonders problematisch im Fall der Data-Mining-Surveillance, wie bei den in großem Umfang ohne richterliche Genehmigung durchgeführten Abhörmaßnahmen durch die USA. Der Mathematiker John Allan Paulos beschreibt die Schwächen dieser Überwachung am Beispiel eines Profiling-Tests, der zu 99 Prozent sicher ist, und zwar in folgender Weise: Das Profil entdeckt in 99 Prozent aller Fälle Terroristen korrekt und Nicht-Terroristen ebenso zu 99 Prozent. Geht man von einem Basissatz von einem Terroristen pro eine Million Menschen aus (das wären dann, gemessen an der amerikanischen Bevölkerung, ca. 300), dann wird das Profil 297 Terroristen identifizieren. Aber man wird auch herausfinden, dass ein Prozent des Rests ebenfalls in das Profil passen – mit anderen Worten: etwa *drei Millionen fälschlicherweise positive Treffer* (vgl. Paulos 1996; 2006a). Da man nicht wissen kann, welche der positiven Treffer falsch und welche richtig sind, muss man alle positiven Treffer untersuchen und überwachen. Dies ist die Logik, aus der sich die Massenüberwachung speist. Aus demselben Grund lehnen viele Ärzte ein unangemessenes Screening (wie z.B. das Brustkrebs-Screening) ab, da es viele falsche Positive anzeigt und damit zu unnötigen Ängsten und Sorgen führt.

Ein ähnliches Problem betrifft die schon oben erwähnte menschliche Wahrnehmung. Wie gut schätzen wir ein Risiko korrekt ein? In der Folge des 11. September entwickelte Vizepräsident Dick Cheney seine ‚Ein-Prozent-Doktrin', nach der man in dem Fall, in dem es eine auch nur einprozentige Wahrscheinlichkeit dafür gibt, dass das Unvorstellbare wahr wird, man so handeln muss, als ob es eine Gewissheit ist (vgl. Suskind 2006: 62). Dies ist genau jenes wenig wahrscheinliche, aber sehr folgenreiche Ereignis, das als *dread risk* bekannt ist – ein Risiko, das wir weit zu übertreiben neigen. Wenn diese ‚Ein-Prozent-Doktrin' auch von Ärzten, Spielern oder Wissenschaftlern geteilt würde, könnte das desaströse Konsequenzen haben. Auf dem Feld der internationalen Beziehungen würde dies zu einer immensen Zahl von fälschlich angenommenen Bedrohungen führen (vgl. Paulos 2006b). Für wissenschaftliches Arbeiten ist es aus gutem Grund typisch, nicht Wahrscheinlichkeiten von einem Prozent, sondern von 95 Prozent zu fordern. Selbst eine 95-prozentige Wahrscheinlichkeit bedeutet aber, dass man in einem von zwanzig Fällen falsch liegt.

Ein drittes Problem entsteht im Zusammenhang mit Normalisierung. Zur Risikoabschätzung muss man wissen, was einen Normalzustand ausmacht und wann von diesem Normalzustand abgewichen wurde. Das mag offensichtlich erscheinen, aber mehr als ein Autor hat darauf hingewiesen, dass die Festlegung von Normen nachteilige Konsequenzen für diejenigen haben kann, die außerhalb dieser Normen stehen. Die Geschichte des Rassismus, der Homosexuellen, von Immigrantengruppen und Geisteskranken zeigt, dass ‚Nicht-Normale' schnell Opfer von Ausgrenzung, schlechter Behandlung, Gruppendruck und medizinischen Experimenten wurden. Im 19. Jahrhundert wurde ein weites Spektrum formaler Techniken entwickelt, die die Etablierung von

Normen unterstützen, einschließlich der Wahrscheinlichkeitstheorie und der Normalverteilungskurve. Viele Formen der Kartierung wurden auch für die Bestimmung dessen erfunden, was im Rahmen der Geographie einer Nation als ‚normal' galt. Diese neuen Techniken wurden für die Erstellung von Gruppenprofilen benutzt. Wenn demnach jemand zu einer Gruppe gehörte, dann wurde gefolgert, dass diese Person auch in das Gruppenprofil passte. Die Analyse fand auf der Gruppenebene statt. Dies war einfacher, als Menschen individuell zu erfassen (so zeigen thematische Landkarten im Normalfall auch die Distributionen von Populationen und nicht von Individuen).

Wenn man sich also dem Phänomen des Terrorismus in einem Bezugssystem von Risiko und Angst nähert, dann hat dies die folgenden negativen unbeabsichtigten Konsequenzen: Es stellt das Risiko in den Mittelpunkt (das wir dann falsch wahrnehmen und übertreiben), es schafft gewaltige Zahlen falscher Positiver, es normalisiert (und anormalisiert) durch Profile, und es erfordert eine allgegenwärtige Überwachung zur Sammlung von Daten des Normalen und Anormalen. Wenn man in Angst lebt, ist alles ein Risiko.

Wie wirken Kartierung und andere Quellen geographischen Wissens, so dass diese Politik der Angst entsteht? Die Antwort darauf heißt nicht, dass man aufhört, GIS und Kartierungstechnologien zu benutzen (oder dass man sich nur auf die ‚guten' beschränkt), sondern dass man sorgfältig und kritisch mit dem Wissen umgeht, das mit diesen Instrumenten geschaffen wird und den aus ihnen abgeleiteten politischen Denkweisen. Diese Forderung mag offensichtlich erscheinen, aber in Wirklichkeit wird sie oft ignoriert. So untersuchte zum Beispiel der *National Research Council of the National Academies* 2006 in einem umfassenden Bericht die Implikationen von neuen Technologien in GISci und kam zu dem Ergebnis, dass „wie bei jeder Technologie" GIS an sich und aus sich heraus neutral ist (Committee on Beyond Mapping 2006: 47). Ein solcher Standpunkt verleumdet zwei Jahrzehnte der Arbeit auf dem Gebiete der kritischen GIS und Kartographie. Natürlich ist es nicht die Neutralität der Technologie, sondern die filigrane Verwobenheit von Technologie, Macht-Kenntnis und Gesellschaft – ihre geographisch situierte und inhärent politische Natur –, die sie so interessant und wichtig macht (vgl. Livingstone 2003). Man kann nicht begreifen, wie Technologien funktionieren, oder die Denkweisen bewerten, in denen sie operieren, wenn man den Kontext außer Betracht lässt, in dem diese Technologien politisch eingesetzt werden. Vor diesem Hintergrund ist ein neuerer Aufsatz von Klinkenberg (2007) entscheidend, in dem er einräumt, dass GIT immer im Zusammenspiel politischer Ziele befangen bleibt und dass man, wenn man diese Ziele erkennt, Hoffnung statt Angst befördern kann. Um dieses Ziel zu erreichen, so sagt er voraus, „werden in der Zukunft [...] geographische Informationstechnologien als integraler Bestandteil multipler Forschungsmethoden in einem breiteren gesellschaftlich wahrgenommenen Umfeld situiert sein" (Klinkenberg 2007: 356). Ich möchte Klinkenbergs Analyse hier insofern erweitern, als ich aufweise, dass Risikoanalyse besonders empfänglich ist für die politische Produktion von Angst.

4 Karten regieren: Bio-Macht

Der Wert, der neuerdings wieder auf Sicherheit und Überwachung gelegt wird, ist Teil einer langen Reihe historischer Verbindungen zwischen Regierung, Wissen und Technologien der Macht. Diese historischen Verbindungen wurden während des Aufstiegs der modernen Industriegesellschaften im 18. Jahrhundert geschmiedet. Die Politik ist zwar abhängig von den Arten des geographischen Wissens, die zum Einsatz kommen, sie bietet jedoch gleichzeitig einen wichtigen Kontext, in dem sich manches Wissen gegenüber anderem behauptet. Karten sind eine Regierungsform.

Das Forschungsgebiet, das die Frage untersucht, wie Menschen sich selbst und andere regieren, heißt „Gouvernementalität" (Foucault 2000) und hat sich als produktiver Forschungszweig in einer Reihe von Disziplinen, darunter auch der Geographie, bewährt (vgl. Elden 2007). Im engeren Sinne geht es um die Untersuchung der Beziehungen zwischen Macht und Wissen und der Rationalitäten (Denkweisen), welche sie durchdringen. Foucaults Analyse von Regierung beschäftigte sich mit der Frage, wie Individuen und Bevölkerungen nach Normen aufgeteilt und gruppiert werden. Wenn dies bei Gruppen oder Bevölkerungen vorkam, nannte er es „Bio-Macht" (Foucault 1986). Es gibt spezielle Datenerfassungsverfahren, um bevölkerungsbezogenes Wissen zu produzieren – den Zensus, thematische Kartographie, Statistiken zur Messung und Aufzeichnung von Geburts- und Sterberaten, Verbrechen, Krankheit usw. Das Ziel von Bio-Macht ist die Verteilung der Bevölkerung über ihr Territorium. Obwohl Foucault bestimmte Praktiken in ihren zeitlichen und räumlichen Kontexten untersuchte, verstand er sie als grundlegend für umfassendere Denkweisen bzw. Rationalitäten. Diese Rationalitäten entstehen und werden zu bestimmten Zeiten dominant. Allerdings können sie sich ändern – oder geändert werden. Je mehr wir über sie wissen, desto mehr können wir ihnen widerstehen.

Um die Entstehung von Gouvernementalität zu verstehen, können wir Disziplin und Bio-Macht im Kontext historischer Veränderungen von Rechtsprechung und Kriminalität untersuchen. Vor den Rechtsreformen des 18. und frühen 19. Jahrhunderts, so argumentiert Foucault, konzentrierte sich das Rechtswesen auf die Art des verübten Verbrechens, die Beweise für Schuld und Unschuld und das anzuwendende System von Strafen. Mit anderen Worten: Verbrechen und Strafe. Die Person des Kriminellen war normalerweise nur insofern wichtig und Gegenstand der Untersuchung, wenn es sich um das Individuum handelte, dem das Verbrechen zugeschrieben wurde. Mit den Rechtsreformen wurde diese Hierarchie umgekehrt; das Verbrechen war nur ein Indikator für etwas Schlimmeres – das ‚gefährliche Individuum' (vgl. Foucault 1976: 323). Das Rechtswesen war nun an der potentiellen Gefahr des Einzelnen interessiert:

> [D]er rechtstheoretische Begriff der *Gefährlichkeit* [...] besagt, dass der Einzelne von der Gesellschaft nicht auf der Ebene des tatsächlichen, sondern des potentiellen Verhaltens betrachtet werden sollte; nicht auf der Ebene der tatsächlichen Verstöße gegen vorhandene Gesetze, sondern *auf der Ebene möglichen Verhaltens*. (Foucault 2003: 84)

In Bezug auf Überwachung verschiebt die entstandene Veränderung also die genaue Untersuchung vom beschuldigten Individuum als Objekt auf die potentiell gefährliche Bevölkerungsgruppe (die gleichwohl keine Straftaten begangen hat). Überwachung bewegt sich vom eigentlichen Verdächtigen weg hin zu einer gewissen Art von Massen-‚Vor-Kriminellem'. Bestrafende Reaktionen mussten demzufolge auf die *wahrgenommene* Bedrohung zugeschnitten werden, gemessen in Bezug auf das Risiko (z.B. einer ‚Risikooberfläche' in GIS). Während Risikoanalyse in ökologischen oder natürlich vorkommenden Systemen typisch ist und Techniken wie das Kriging-Verfahren und Kerndichteschätzung verwendet werden (vgl. Schröder 2006), ist ihre Anwendung auf die Gesellschaft viel neueren Datums.

Wir können Foucaults historische Methode benutzen, um zu untersuchen, wie Kartierung und GIS gegenwärtig für Überwachung und die Herstellung von Sicherheit genutzt werden. Eine Parallele aus der Kartographie im frühen 19. Jahrhundert ist besonders informativ, da sie Licht auf die Politik der Angst des 21. Jahrhunderts wirft. Erstens wurden die Konzepte Sicherheit und Risiko im Zusammenhang mit der Vorstellung von Raum und Menschen als Ressourcen, die es zu managen und zu schützen gilt, verwendet. Zweitens wurden Raum und Individuen mittels einer normierenden Überwachung erfasst. Überwachung (inklusive einer ‚Geosurveillance', die sich spezifisch mit Orten und Verteilung über räumliche Territorien beschäftigt) war daher eine wichtige Technologie des Regierens, eng verknüpft mit Diskursen über Ressourcenmanagement und Normierung. Aus diesem historischen Vergleich können wir schließen, dass es nicht Überwachungstechnologien – Kartierung oder GIS per se – sind, die problematisch sind, sondern dass es eher die *zugrundeliegende politische Rationalität der Normierung* ist, die Menschen und die Umwelt zu bedrohten Ressourcen macht, die einer Gefährdung ausgesetzt sind. Diese politische

Rationalität ist der Kontext, in dem wir Überwachungstechnologien verstehen können.

5 Karten regieren: Statistiken der Moral im Europa des frühen 19. Jahrhunderts

Im Europa des frühen 19. Jahrhunderts wurde eine völlig neue Form der Kartierung entwickelt – thematische bzw. statistische Kartographie. Thematische Karten wurden genau dann entwickelt, als die Verwaltung und Zählung der Bevölkerung problematisch wurde; zudem sind sie wichtig für Volkszählungen, Zensus-Kartierung und Verteilung von Bevölkerungen über und auf Territorien.

Im Jahr 1829 hatte die Angst vor der Bedrohung durch Kriminalität ein solches Ausmaß erreicht, dass es in Frankreich einen gewaltigen Aufschrei gab, als dort eine Landkarte publiziert wurde, die keinen Zusammenhang zwischen Kriminalitätsraten und Bildungsstand erkennen ließ. Bislang war angenommen worden, dass Bildung ein effektives Mittel zur Verhinderung von Kriminalität sei und dass Gegenden mit einem höheren Bildungsstand geringere Kriminalitätsraten aufweisen würden. Kriminalität war eine Aktivität der ungebildeten unteren Klassen; sie hatten einen „Hang zum Verbrechen" (Robinson 1982: 161). Allerdings zeigten die Karten von 1829, die die modernsten Techniken der ‚deskriptiven Statistik' nutzten, das genaue Gegenteil – Gegenden mit hohem Bildungsniveau hatten hohe Kriminalitätsraten. Wie es ein Kommentator beschrieb:

> Such a conclusion was sensational. Paris saw itself as being in the grip of a terrible crime wave. Ask a New Yorker of today [i.e. 1990] about muggings, then double the fear: that was how Parisians felt. The [illustrated] police gazettes, rich in reports of crimes, were taken in weekly [...] naturally one supposed that the degeneracy and ignorance of the working classes was the source of their criminal propensity. (Hacking 1990: 78)

Aber wenn mangelnde Bildung nicht die Ursache von Kriminalität war, was dann? Es drängte sich die erschreckende Möglichkeit auf, dass Verbrechen überall vorkommen konnten. Diese Verbrechens-Karten wurden von den italienischen bzw. französischen Statistikern Adriano Balbi und André Michel Guerry veröffentlicht, die an ‚Statistiken der Moral' interessiert waren, an Statistiken, die soziale Probleme wie etwa Kriminalität, Bildung, Geburtenrate oder Selbstmorde behandelten. Die Karten waren noch aus einem anderen Grunde bemerkenswert: Sie waren die ersten Beispiele für Flächenkartogramme, die drei Jahre zuvor von Charles Dupin mit Hilfe seiner Choroplethen-

Technik entwickelt worden waren (vgl. Robinson 1982). Dupins Flächenkartogramme waren außergewöhnlich beliebte Methoden, mit denen man die Statistiken der Moral jener Zeit darstellen konnte – zudem wurden sie extensiv angewandt. Auf Balbi und Guerry (dem 1864 von der Akademie der Wissenschaften für seine Arbeit ein Sonderpreis verliehen wurde) folgten 1836 D'Angeville mit Flächenkarten zu Gesundheit und Reichtum, Charles Joseph Minard, der in der Mitte des 19. Jahrhunderts proportionale Symbolkarten populär machte, und viele andere. Sobald also soziale Probleme in ihrer territorialen Verteilung verstanden werden konnten, war es möglich, politische Richtlinien zu implementieren, mit denen man dieser Probleme Herr zu werden hoffte.

Solche Richtlinien sind nötig, um zu regieren und zu regulieren. Gordon argumentiert, dass das 17. Jahrhundert „ein Programm von erschöpfend-detailliertem Wissen und Regulierung" (Gordon 2000: xxvii) entwickelte, das die von einem Individuum ausgehende Bedrohung oder seine ‚Gefährlichkeit' bewertete und das Technologien hervorbrachte, die dazu beitragen sollten, die soziale Ordnung durch Überwachung zu sichern (vgl. Foucault 1994).

Karten sind lange mit diesem Bestreben assoziiert worden, weil sie ein Bild davon geben können, wo sich Dinge befinden, so dass es ein ‚richtiges Verfügen' über Ressourcen und Menschen innerhalb eines Territoriums geben kann (Foucault 2000: 52). Dieser Gedanke der rechtmäßigen Verteilung ist deshalb wichtig, weil er einen Vergleich mit einer Norm erfordert. Die Erstellung von territorialen Karten wird seit Jahrtausenden benutzt, um Inventarisierung und Besteuerung zu unterstützen. Daher ist es vielleicht überraschend, dass thematische Karten erst im frühen 19. Jahrhundert entwickelt wurden. Warum geschah dies nicht früher? Tatsächlich stellt sich heraus, dass thematische bzw. statistische Karten Teil eines allgemeineren Bestrebens waren, mittels statistischer Analysen zu regieren. Erst, als die deskriptive und probabilistische Statistik entstand und damit die Erfassung der Gesellschaft in Form von Wahrscheinlichkeiten und Normen, wurde die Entwicklung thematischer Karten überhaupt möglich. Thematische statistische Karten traten genau in dem Augenblick auf den Plan, in dem die Gesellschaft sich selbst in statistischen Kategorien begriff, die für Zwecke der Regulierung (bzw. Kontrolle im gröberen Sinne) und der Verwaltung zu nutzen waren. Einige Beispiele sollen veranschaulichen, wie dies geschah.

Der belgische Statistiker Adolphe Quételet entwickelte in den 1820er Jahren die neue Analytik der Wahrscheinlichkeitstheorie und der Normalverteilungskurve. Diese Fortschritte zielten auf die Lösung gesellschaftlicher Probleme, von denen man annahm, dass sie durch Regierungsinterventionen gelöst werden konnten. Quételet war über die sozialen Umwälzungen in Europa während der 1830er Jahre besorgt und organisierte seine Analyse sozialer Variation um den Idealtyp des *homme moyen*, also des Durchschnittsbürgers (genauer gesagt um seine Bedürfnisse und sein typisches Verhalten sowie Art und Ausmaß möglicher Abweichungen von dieser Norm). Die totale menschliche Variation konnte so mit Fug und Recht auf Divergenz von einer Norm reduziert werden. Sir John Herschel drückte es 1857 folgendermaßen aus: Wenn diese Normen richtig und verlässlich bestimmt werden könnten, wäre dies von großem Nutzen für den Umgang mit den „großen Massen von gesammelten Informationen" über Bevölkerungen (Atkins/Jarrett 1979). Die positivistische Konzeption von Wissenschaft, die am Ende des 17. Jahrhunderts aufkam, gab empirischen, wertfreien Daten wie sie durch die Statistik generiert werden konnten, epistemologischen Vorrang. Wie Atkins und Jarrett zeigen, war es möglich, durch Tests zur statistischen Interferenz und Signifikanz anhand von Proben Bevölkerungen zu vergleichen und zu erschließen (z.B. wie stark sie um einen Mittelwert der Anfälligkeit zur Kindersterblichkeit variieren). Kurz gesagt: Die neu entstehenden positiven Wissenschaften waren rund um die Belange der Regierung in Sachen Wissen, Statistik und Bevölkerung gegründet worden.

Im Laufe des 19. Jahrhunderts machte die Wissenschaft große Fortschritte in den Bereichen Statistik, Wahrscheinlichkeitsrechnung und statistische Kartierung. Weder entstanden diese Fortschritte unabhängig voneinander, noch entstanden sie unabhängig von der Politik – tatsächlich wurden sie durch ‚politische' Probleme stimuliert und für deren Lösung herangezogen. Thematische Kartierung war Teil dieser politischen Problematik. Godlewska dokumentiert z.B. die im Jahre 1811 von Alexander von Humboldt geäußerte Bemerkung, dass „natürliche Geographie durch ihre Eigenschaft, naturhistorische Daten in Ziffern und Statistiken ausdrücken zu können, beträchtlich zu einer exakten Vorstellung des territorialen Reichtums eines Staates beitragen konnte" (Godlewska 1999: 247). Die Fähigkeit, die Ressourcen eines Staates zu identifizieren und konsequenterweise auch auszubeuten, war notwendige Voraussetzung für sicheres Regieren dieses Staates.

Das vielleicht offensichtlichste und einflussreichste Beispiel, Statistik als Hilfsmittel zur Regierung des Staates heranzuziehen, sind die alle zehn Jahre stattfindenden großen Volkszählungen in vielen europäischen Ländern (ab 1790 auch in den USA). Obwohl diese Volkszählungen seit dem frühen 19. Jahrhundert kartographisch dargestellt wurden, kam diese Praktik in den USA erst mit dem neunten Zensus im Jahre 1870 zur Anwendung. Diese Karten erschienen 1874 im ersten US-amerikanischen statistischen Atlas (vgl. Hannah 2000; Walker 1874).

Die exzellente, von Hannah mit Bezug auf Foucaults Konzept der Gouvernementalität durchgeführte Analyse der Volkszählung von 1870 wirft ein bedeutendes Licht auf die räumliche Politik des Wissens zu dieser Zeit. Der

Atlas hatte enorme Auswirkungen auf die kartographische Repräsentation von Raum in den folgenden Jahrzehnten. Insbesondere wurde dadurch die thematische Kartierung in konzertierter Weise eingeführt (obgleich einige Karten der Volkszählung von 1860 erschienen sind; vgl. Schwartz/Ehrenberg 2001: Abb. 177). Karten zu dieser Volkszählung wurden zum ersten Mal 1871 bei der *American Geographical Society* (AGS) präsentiert. Laut John B. Jackson erhielten sie dort so viel Aufmerksamkeit, dass der Innenminister

> was persuaded to authorize a special atlas. [...] Walker was the first American to try to show the spatial dimension of social and economic facts, to relate social problems to their physical setting and thereby throw new light on them. (Jackson 1972: 15)

Der Atlas war, wie in seinem Vorwort beschrieben wird, zur politischen Bildung konzipiert; viele seiner 5.000 Exemplare wurden an Schulen und Hochschulen verschickt (Jackson 1972: 14). Dieser Atlas gab der Art und Weise, wie man über Raum und dessen menschliche Erschließung dachte, einen Rahmen und bereitete den Weg für den 1883 entwickelten *Scribner's Statistical Atlas of the United States* von Fletcher W. Hewes und Henry Gannett (der auf der zehnten Volkszählung basiert) sowie den 1932 von Paullin veröffentlichten *Atlas of the Historical Geography of the United States*.[2]

Der Atlas traf eine fundierte Aussage über das Verhältnis von Politik und Raum, und zwar eine über das notwendige Verhältnis zwischen den beiden. Er ist ein beispielhaftes Dokument, das die Entwicklung von Strategien räumlicher Überwachung für Regierungszwecke illustriert. Die heutige Rolle von GIS für die Geosurveillance und Sicherheit liegt in jener uralten Praktik der behördlichen Überwachung begründet, die mit den ersten Atlanten eingeführt wurde.

6   Geosurveillance: Eine aktuelle Diskussion

Geht man davon aus, dass der moderne Staat auf Normen der Gefährlichkeit basiert, dann erfordert die Anwendung dieser Normen eine Menge von Experten. Diese Experten wiederum benötigen Werkzeuge. Im Folgenden möchte ich diesen Gedanken im Kontext aktueller Beispiele untersuchen und eine Pa-

---

[2]   Der Einfluss der Daten der Volkszählung von 1870 ist in Paullins Bevölkerungskarten offensichtlich. Vgl. besonders seine Abbildungen 67B bis 70B zur „farbigen Bevölkerung" und Abbildungen 71 bis 76A zur „im Ausland geborenen Bevölkerung" (Hannah 2000: 152f.). Dieser Einfluss ist unmittelbar anerkannt, vgl. Paullin (1932: 48).

rallele ziehen zwischen pauschalen Überwachungsprogrammen der Regierung und Kriminalitätskartierung im Rahmen von GIS.

Die Kriminalitätskarte ist ein wichtiges Mittel für die Entwicklung von Wissen über eine Stadt und ihre Einwohner und auch dafür, politische Strategien zur Beherrschung der Kriminalität zu implementieren. Viele der hierfür notwendigen Analysen sind prädiktiver oder präventiver Art. Sie stützen sich auf Überwachung und Datensammlung auf der Ebene der Bevölkerung. Die Ursprünge von Kriminalitätskarten sind eng verbunden mit dem Entstehen sozialer Statistiken wie dem *FBI Uniform Crime Report* (UCR), der seit den 1930er Jahren erstellt wird, aber ebenso auch mit lokalen Polizeistatistiken, Opferstatistiken und Statistiken über Verluste von Firmen. Diese Karten helfen dabei, einen Diskurs über Risiken in Gang zu setzen, die als potentielle Gefahr überwacht werden müssen.

Eine Art dieser Produktion von Risikobewertung bei der Kriminalitätskartierung ist das ‚Geoprofiling'. Geoprofiling ist eine wissenschaftliche Technik, mit der die typischen räumlichen Bewegungsmuster eines Individuums mit dem Ziel bestimmt werden können, das Verhalten dieser Person vorherzusagen oder sie zur Überwachung ins Visier zu nehmen. Auf der Basis von Geoprofiling lassen sich Karten über Gefahrenherde der Kriminalität und ungefährliche Gegenden recht einfach erstellen. Die Theorie des Geoprofiling wurde 1995 von Kim Rossmo entwickelt und wurde seither in dem Softwaresystem *Rigel* implementiert – einem System, das eine prädiktive Oberfläche des Standorts eines Kriminellen erstellen kann. Rossmo (2000) behauptet, dass seine Software bei fünf bis sechs Vorfällen, die auf eine Person zurückführbar sind, das Suchgebiet um bis zu 90 Prozent reduzieren kann.

Verbrechenskarten ermöglichen es dem Geoprofiling, nicht normgerechtes Verhalten zu isolieren. Aber Profiling kann auch umstritten sein. Nach einer Serie von auffälligen Vorfällen auf der Autobahn in New Jersey, bei denen die Polizei überproportional viele afro-amerikanische Fahrer anhielt, wurde beklagt, dass die Polizei Schwarze als solche stoppte und nicht aufgrund ihres tatsächlichen Verhaltens (vgl. Colb 2001). Das heißt, Kriminalitätsurteile wurden auf der Basis *potentieller Gefährlichkeit* gefällt statt auf der Basis von tatsächlich begangenen Gesetzesübertretungen (d.h., die Suchen wurden ohne eine wahrscheinliche Ursache gemacht). In einem ähnlichen Fall hat das FBI damit begonnen, geodemographische Profile von Orten zu erstellen, die die Zahl der Moscheen in einem Gebiet einschließen (vgl. Isikoff 2003). Wie diese Beispiele zeigen, wird hier Verbrechen als eine Abweichung vom Normativen verstanden.

Ein Beispiel für verbrechensbezogene Geosurveillance-Technologien ist die Überwachung Straffälliger. Eine verbreitete Technologie ist ein Fußband oder ein Anhänger, der ein Signal auf einer Radiofrequenz aussendet, das von einem Gerät, das mit dem Telefonnetz verbunden ist, in der Wohnung empfangen werden kann. Ein fortschrittlicheres Verfahren ist der Einsatz von GPS. Es besteht ebenfalls oft aus einem Fußring, den der Straffällige trägt und der GPS-Signale empfangen und seine Position über ein Mobilphon-System an die Überwachungszentrale senden kann. Beispielsweise hat die Polizei in Iowa von einigen Straffälligen verlangt, ein Gerät der Firma *iSecureTrac* zu tragen, die GPS-gestützte Straffälligen-Überwachung anbietet. Diese Überwachung ist geographisch flexibel:

> Jede Karte ist für einen spezifischen mit Auflagen Entlassenen maßgeschneidert. Eine Karte kann z.b. Gegenden anzeigen, von denen ein unter Auflagen stehender Pädophiler fernbleiben muss – wie etwa eine Schule – wenn er auf dem Weg zu oder von einer außerhalb seiner Wohnung stattfindenden Beratungssitzung ist. (Chabrow 2002)

Andere technische Mittel umfassen häusliche Atemanalysegeräte oder Zündungssperren nach schweren Verstößen wegen Trunkenheit am Steuer und Geräte, die beständig Signale aussenden. Allerdings ist die elektronische Überwachung sehr teuer, und die Firma meldete im Jahr 2007 zunehmende Verluste (vgl. Larson 2007).

Graham (1998) diskutiert die Implikationen der Regulierung von Raum über den Begriff der „Überwachungs-Simulation" (vgl. auch Bloomfield 2001), die in der beschriebenen Weise diszipliniere. Graham stellte vier Fälle von Überwachung heraus: als soziale Kontrolle speziell von Kriminellen; bei und im Zusammenhang mit Konsum; bei der Bewegung im Raum (Transport-Informatik); und im Kontext von Energie- und Wasserversorgung.

Die vielleicht drängendste Frage ist hier jedoch, wie der Diskurs über Angst und Hoffnung zu einer Wahl zwischen Überwachung von bedrohlichem (d.h. riskantem) Verhalten und Sicherheit geronnen ist. Mit anderen Worten: Warum akzeptiert die Öffentlichkeit Maßnahmen der Massenüberwachung im Allgemeinen gern? Einige Beispiele sollen diesen Punkt konkreter illustrieren.

Auf der Ebene des Alltagslebens gibt es zweifellos einige kleinere Unannehmlichkeiten bei der Sicherheit auf Flughäfen, die jedoch von den meisten Leuten akzeptiert werden. Aber gelegentlich gibt es Hinweise darauf, dass das Ausmaß dieser Maßnahmen wesentlich umfassender ist, als es die meisten Betroffenen wahrnehmen, wie etwa im Fall des *US Automated Targeting System* (ATS), das jeden Reisenden in eine Rangordnung bringt:

> The scores are assigned to people entering and leaving the United States after computers assess their travel records, including where they are from, how they paid for their tickets, their motor vehicle records, past one-way travel, seating preference and what kind of meal they ordered. (Associated Press 2006)

Der Bericht von *Associated Press* fährt fort, dass Reisende kein Recht darauf haben, die Risikobewertungen, die die Regierung 40 Jahre lang aufzubewahren beabsichtigt, einzusehen oder in Frage zu stellen. Diese Überwachung ist offensichtlich sehr umfassend, aber wegen der angenommenen Sicherheitsvorteile, die diese Risikoliste (und speziell die *No-Fly*-Liste) zur Folge haben, sind Amerikaner mehr als gewillt, sie zuzulassen.

Eine Untersuchung von *CBS* im Herbst 2006 wies jedoch zahlreiche wichtige Probleme der *No-Fly*-Listen auf. Eines betrifft deren Anschwellen. Am 11. September 2001 befanden sich nur 16 Namen darauf, im Dezember 2000 waren es mehr als 1.000, und im März 2006 über 44.000, dazu auf einer weiteren Liste 75.000 Personen, die einer zusätzlichen Sicherheitsüberprüfung unterzogen werden sollten. Ein zweites Problem betrifft deren Ungenauigkeit. *CBS* fand u.a. heraus, dass 2006 noch 14 der 19 mittlerweile toten Terroristen vom 11. September 2001 noch auf dieser Liste waren (vgl. den aktualisierten Bericht von Kroft 2007). Die Medien haben auch über eine Menge anderer fälschlicherweise positiver Fälle berichtet – so etwa, dass dem Sänger Cat Stevens, der heute den Namen Jussuf Islam benutzt, der Eintritt in die USA verwehrt wurde. Aber da diese Liste geheim ist, kann ihre Genauigkeit nicht zuverlässig eingeschätzt werden. Schließlich muss bedacht werden, dass diese Liste – wie groß auch immer ihre Fehlerrate ist – insoweit symptomatisch für die moderne Überwachung und Risikoanalyse ist, als sie auf der Sammlung von Daten über jedermann beruht und auf der Einschätzung jedes Einzelnen vor dem Hintergrund eines Risikoprofils. Dadurch wird die gesamte Bevölkerung eines Landes – sei sie unschuldig oder schuldig – überwacht, um diejenigen Individuen zu identifizieren, die Risiken darstellen.

Umfragen nach dem 11. September 2001 wiesen eine fast universale Angst vor weiteren Angriffen auf. Nach einer gemeinsam von *CBS* und der *New York Times* veranstalteten Umfrage vom Oktober 2001 befürchteten 85 Prozent der Amerikaner einen weiteren Terrorangriff „in den nächsten Monaten". Im September 2007 lag diese Zahl bei 48 Prozent – der niedrigste Stand seit dem 11. September 2001, aber historisch gesehen immer noch hoch. Nach einer Umfrage von *Fox/Opinion Dynamics* vom September 2007 glauben darüber hinaus ungefähr 90 Prozent der Amerikaner, dass sich heute Mitglieder der al-Qaida in den USA aufhalten. Umfragen zeigen übereinstimmend an, dass die Öffentlichkeit bereit ist, sich Überwachungstechnologien zu unterwerfen, wenn diese mit dem Kampf gegen den Terrorismus verbunden werden. So fragte beispielsweise *Newsweek* im Juli 2007, ob das FBI Moscheen abhören sollte, um radikale Predigten von muslimischen Geistlichen im Auge zu behalten. Über die Hälfte der Antwortenden (52 Prozent) stimmten zu. Eine andere Umfrage durch das *Pew Research Center for People and the Press* von Dezember 2006 bis Januar 2007 ergab, dass 40 Prozent der Antwortenden es als notwendig erachteten, Bürgerrechte aufzugeben, um den Terrorismus einzudämmen. Es ist nicht schwer, die Gründe für diese Ergebnisse zu erkennen: Die meisten Amerikaner halten sich für gesetzestreu und es deshalb für unwahrscheinlich, dass sie von diesen Technologien selbst betroffen sind.

Dieser Diskurs rückte anlässlich der Debatte über eine andere Überwachungstechnologie in den Vordergrund, nämlich das Abhören ohne richterliche Anordnung. Im September 2005 berichtete die *New York Times*, dass die USA kurz nach dem 11. September 2001 die Praxis der Telefonüberwachung ohne die gesetzlich geforderte richterliche Anordnung auf dem Gebiet der Vereinigten Staaten eingeführt hatten (vgl. Risen/Lichtblau 2005). Meinungsumfragen hierzu stellten eine ambivalentere Einstellung von Amerikanern diesem Programm gegenüber heraus. Eine Umfrage von *USA Today/Gallup* im Mai 2006 ergab beispielsweise, dass 54 Prozent der Antwortenden glaubten, dass dieses Programm gegen das Gesetz verstieß, und dass 57 Prozent der Auffassung waren, dass es ihre Privatsphäre verletzte, wohingegen 43 Prozent diesem Programm immer noch zustimmten. (Die Regierung gab zu, dass sie Abhörmaßnahem ohne richterliche Anordnung durchführte und argumentierte, dass dies ein notwendiges Mittel sei. Gleichwohl stimmte sie nach den Wahlen [*mid-term elections*] einer Einstellung dieser Praxis zu, und der damalige Generalstaatsanwalt Alberto Gonzales ist seitdem zurückgetreten. Im Sommer 2007 setzte der Kongress die Überwachung ohne richterlichen Beschluss zeitweise wieder ein. Allerdings ist die Zukunft dieses Programms unklar.)

Was immer die Legalität dieser Maßnahmen ausmacht, die Unterstützung, die sie erfahren oder ihre Auswirkungen auf die öffentliche Ordnung – es ist an dieser Stelle wichtig zu betonen, dass sie von Techniken der Massenüberwachung und des Data-Minings abhängen. Da diese Techniken auf der Ebene der Bevölkerung und nicht auf der des angeklagten Individuums operieren, nutzen sie große Mengen von Daten und sieben sie hinsichtlich riskanter Verhaltensweisen. Deshalb werden Staatsbürger umgewandelt auf eine „kartierbare Landschaft der Erwartung" (Hannah 2006), die die Landschaft als eine Art von mit Risiko gesättigter Decke abbildet. Diese ‚Risiko-Decke' steht im Zentrum vieler Techniken der Verbrechenskartierung durch GIS.

Dasselbe Denkmuster gilt für die umstrittenen Pläne der Bush-Regierung zu einem TIPS (*Terrorism Information and Prevention System*), das Anfang 2002 vorgeschlagen, aber inzwischen für das Innere-Sicherheits-Programm fallen gelassen wurde. Nach diesem Plan sollten Bürger und Arbeiter, die (wie Mitarbeiter der Post, Installateure für Kabelfernsehen oder Lieferwagenfahrer) häufig Wohngebiete aufsuchen, dafür rekrutiert werden, eine Hotline der Regierung anzurufen, wenn sie eine verdächtige Aktivität beobachteten. Der Gedanke war, auf diese Weise bis zu einer Million lebender Überwachungsquellen in zehn (nie spezifizierten) Pilot-Städten nutzen zu können.

Wir haben so eine Situation erreicht, die analog ist zu derjenigen der Bürger von Paris im Jahr 1829, als diese mit den Kriminalitätskarten von Balbi und Guerry konfrontiert wurden: Wir befürchten Verbrechen und Bedrohungen unserer Sicherheit von überall, und es ist deshalb nicht überraschend, dass eine normative Rationalität der Regierung eine verbreitete Geosurveillance entstehen lässt, um diese Bedrohungen zu bewältigen.

7   Fazit

Ziel dieses Aufsatzes war zu zeigen, dass eine allein technologische Antwort auf Gefahr an sich unzureichend ist. Die Risiko- und Gefahrenforschung hat eine lange Tradition in der Geographie und ist GIS-Analysen zugänglich (eine Durchsuchung der ISI-Datenbank ergibt fast 1000 Treffer zu den Stichworten „GIS und Risiko" und beinahe 400 Treffer zu „GIS und Gefahr"). Prominente Fach-Antworten der AAG, die durch die NSF gefördert wurden (vgl. Cutter et al. 2002; 2003; 2004; mitherausgegeben durch den Geschäftsführer der AAG), rücken allerdings genau solch einen technologischen Denkansatz in den Vordergrund. Ich möchte jedoch mit der Rekapitulation einiger Punkte schließen.

(1.) Obwohl wir vielleicht dazu geneigt sind, Technologie und Politik als distinkte Ansätze zu betrachten, sind sie es nicht. Technologie ist Teil des politischen Entscheidungsprozesses und keine neutrale Aktivität. So hat nämlich die GIS- und Kartierungsindustrie etablierte Verbindungen zu Geheimdiensten und Militär (vgl. Cloud 2002). In den USA ist z.B. ESRI neben der CIA und der *National Geospatial-Intelligence Agency* (NGA) ein ‚strategischer Partner' der *US Geospatial Intelligence Foundation* (USGIF), die das jährliche GEOINT Symposium sponsert. Der Vorstandsvorsitzende von ESRI ist Vorstandsmitglied der USGIF. Im Jahr 2006 war der Hauptredner des GEOINT-Symposiums der damalige Direktor nationaler Nachrichtendienste John Negroponte, der den „Wert geospatialer Geheimdienstinformationen für unsere nationale Sicherheit" unterstrich (Negroponte 2006: 1).

Ich habe besonders hervorgehoben, wie eine Rationalität der Sicherheit konstruiert wird, in der Geosurveillance als Antwort auf Gefährlichkeit eingesetzt wird und in der die Umwelt und Menschen als gefährdete Ressourcen konstruiert sind, die Normierung und Verwaltung unterliegen. Die Frage ist, ob wir uns dafür entscheiden, die politischen Implikationen unserer Technologien anzuerkennen und uns damit auseinanderzusetzen.

(2.) Aus diesem Grund bedeutet, sich den ‚guten' Gebrauch von GIS herauszupicken und vom ‚schlechten' abzusondern, wie der NRC-Bericht vorschlägt (vgl. Committe on Beyond Mapping 2006), das Wesentliche nicht zu begreifen – nämlich, dass GIS eine unverkennbare politische Rationalität des

Regierens produziert. Diese Rationalität ist Ausdruck von Bio-Politik, die das Problem der ‚Bevölkerungen' und ihre rechtmäßige territoriale Ausbreitung über Territorien verhandelt (vgl. Legg 2005). Massenüberwachungstechniken wie Abhören ohne richterlichen Beschluss und auf der Erzeugung von Normen und Profilen basierendes raumbezogenes Data-Mining sind heutzutage fester Bestandteil der modernen Gesellschaft. Hier stellt sich abermals die Frage, ob wir zur Produktion und Verbreitung von Geosurveillance und Geoprofiling beitragen oder ihr widerstehen wollen.

Fälschlicherweise positive Ergebnisse stellen eine weitere Gefahr dar. Selbst wenn Datenerhebungsmethoden (mit 99,9 Prozent Genauigkeit) nahezu perfekt erscheinen, wird es bei der Sammlung von Daten mit Milliarden von Einträgen viele falscher ‚Treffer' geben, die alle untersucht werden müssen, was Arbeitskraft und Ressourcen vergeudet.

Ich habe argumentiert, dass diese Faktoren zu einer Politik der Angst beitragen. Kurz gesagt, es besteht das Risiko, eine technologische Analyse von Risiko als Antwort auf komplexe geopolitische Ereignisse und Prozesse in den Vordergrund zu stellen. Das Risiko liegt in den negativen unbeabsichtigten Auswirkungen von Profiling, Geosurveillance und der politischen Instrumentalisierung von Angst. Angst ist eine komplexe menschliche Emotion, die schwer auszuschalten ist, sobald sie einmal aktiviert ist. In den Vereinigten Staaten wurde diese Angst zur Rechtfertigung von einer Reihe besorgniserregender Überwachungsprogramme benutzt. Dennoch kann geographische Expertise (und auch das Wissen aus Kreisen der GIS- und Kartierungsforschung) auf verschiedenste Weise als Mittel zur Angstbewältigung fungieren. So könnten Forscher prüfen, ob ihre Arbeit zur profilgenerierenden Risikoforschung und ebenso motiviertem Data-Mining instrumentalisiert werden kann. Geographen könnten auch einen größeren Beitrag zur Untersuchung der sozialen und theoretischen Aspekte von Kartierungstechnologien leisten. Schuurman und Kwan (2004) fanden in einer Literaturübersicht heraus, dass in weniger als vier Prozent der Artikel, die in führenden wissenschaftlichen Fachzeitschriften zu GIS erschienen, überhaupt solch ein Hinweis zu finden war. Vor diesem Hintergrund werden die aufstrebenden Teildisziplinen Critical GIS und Kritische Kartographie sowie die Bewertung der Produktion geographischen Wissens (vgl. Castree 2006) eine entscheidende Rolle zu spielen haben.

Zusätzlich zu dieser Kritik ist offensichtlich, dass Widerstand gegenüber einer Politik der Angst auch Handeln einschließen wird. Hier ist ein vorsichtiger Optimismus berechtigt, wo wir doch eine Wiedererstarkung der Rolle von öffentlichen Geographien, Diskursen und Praktiken wie gemeinschaftliche GIS sehen (vgl. Murphy 2006), was Menschen bildet und die Angst vor dem Mysterium des ‚Anderen' nimmt. Hinzu kommt der Aufstieg neuer politischer Grassroots-Bewegungen in Netroots und Blogs (vgl. Armstrong/Zúniga 2006) sowie der Zugang zu Open-Source-Daten und Karten-Mashups (vgl. Crampton 2008, 2009; Miller 2006). Währenddessen kritisieren nichttraditionelle Militärgeographien die Überstellung von Terrorverdächtigen durch die CIA ohne juristische Grundlage (vgl. Paglen/Thompson 2006) und die mannigfachen Beziehungen zwischen Terror und politischer Gewalt (vgl. Gregory/Pred 2007). Zudem haben Bundesrichter nun schon zum zweiten Mal Bestimmungen des *PATRIOT Act* zur nationalen Sicherheit und zum Anforderungskatalog für ein hinreichendes Verdachtsmoment für grundrechtswidrig erklärt.

Falls diese Entwicklungen zu einem gefühlten und tatsächlichen Mehr an Kontrolle (und damit weniger Überwachung) und zu einer Abkehr von übertriebenen und unwahrscheinlichen *dread risks* führen, dann könnte dies möglicherweise den Ansatzpunkt für eine Dekonstruktion der gegenwärtigen Politik der Angst darstellen. Wie Klinkenberg kürzlich argumentierte, sind geographische Informationstechnologien nicht nur eine Technik, sondern „eine völlig neue Art zu sehen" (Klinkenberg 2007: 357), die das Technologische, das Politische und das Soziale miteinander verbindet. Unsere Verantwortung als Nutzer dieser Technologien besteht deshalb auch darin, auf die politischen und sozialen Entwicklungen dieser Technologien zu achten.

Aus dem Amerikanischen übersetzt von Daniel Knapp.

Literatur

Agamben, Giorgio (2005): *Ausnahmezustand*, Frankfurt a.M.

Armstrong, Jerome/Zúniga, Markos M. (2006): *Crashing the Gate. Netroots, Grassroots and the Rise of People-Powered Politics*, White River Junction, VT.

Associated Press (2006): „US Assigns Terror Score to International Travelers", in: *The New York Times*, 01.12.2006, A1, 28.

Atkins, Liz/Jarrett, David (1979): „The Significance of ‚Significance Tests'", in: John Irvine et al. (Hrsg.), *Demystifying Social Statistics*, London, 87-109.

Bloomfield, Brian (2001): „In the Right Place at the Right Time: Electronic Tagging and the Problems of Social Order/Disorder", in: *The Sociological Review* 49, 174-201.

Castree, Noel (2006): „Research Assessment and the Production of Geographical Knowledge", in: *Progress in Human Geography* 30(6), 747-782.

Center for Economic and Policy Research (2006): „Petition to Save SIPP", http://www.ceprdata.org/savesipp/orgletter-name.pdf, 06.12.2008.

Chabrow, Eric (2002): „Every Move You Make, Every Breath You Take...", in: *Information Week*, 30.08.2002, http://www.informationweek.com/story/ IWK20020830S0027, 06.12.2008.

Cloud, John (2002): „American Cartographic Transformations During the Cold War", in: *Cartography and Geographic Information Science* 29(3), 261-282.

Colb, Sherry F. (2001): „The New Face of Racial Profiling: How Terrorism Affects the Debate", http://writ.news.findlaw.com/colb/20011010.html, 06.12.2008.

Committee on Beyond Mapping (2006): *Beyond Mapping. Meeting National Needs Through Enhanced Geographic Information Science*, Washington, DC.

Crampton, Jeremy W. (2008): „Will Peasants Map? Hyperlinks, Maps Mashups and the Future of Information", in: Joseph Turow/Lokman Tsui (Hrsg.), *The Hyperlinked Society. Questioning Connections in the Digital Age*, Ann Arbor, MI, 206-226.

Crampton, Jeremy W. (voraussichtlich 2009): „Mapping Without a Net: What the Geospatial Web can Learn from the Political Blogosphere", in: Tristan Thielmann (Hrsg.), *Locative Media and Mediated Localities, (Aether. The Journal of Media Geography* 5), Northridge, CA, http://www.aetherjournal.org.

Cutter, Susan L. et al. (Hrsg.) (2002): *The Geographical Dimensions of Terrorism: Action Items and Research Priorities*, Washington, DC.

Cutter, Susan. L. et al. (Hrsg.) (2003): *The Geographical Dimensions of Terrorism*, London/New York.

Cutter, Susan L. et al. (2004): „The Geographical Dimensions of Terrorism: Future Directions", in: *Annals of the Association of American Geographers* 94(4), 1001f.

De Blij, Harm J. (2004): „Explicating Geography's Dimensions – An Opportunity Missed", in: *Annals of the Association of American Geographers* 94(4), 994-996.

Elden, Stuart (2007): „Rethinking Governmentality", in: *Political Geography* 26 (1), 29-33.

ESRI (2002): *GIS Solutions for Homeland Security*, CD-ROM, Redlands, CA.

Foucault, Michel (1976): *Überwachen und Strafen. Die Geburt des Gefängnisses*, Frankfurt a.M.

Foucault, Michel (1986): *Sexualität und Wahrheit. Band 1: Der Wille zum Wissen*, Frankfurt a.M.

Foucault, Michel (1994): "Omnes et singulatim. Zu einer Kritik der politischen Vernunft", in: Joseph Vogl (Hrsg.), *Gemeinschaften. Positionen zu einer Philosophie des Politischen*, Frankfurt a.M., 65-93.

Foucault, Michel (2000): "Die Gouvernementalität", in: Ulrich Bröckling et al. (Hrsg.), *Gouvernementalität der Gegenwart. Studien zur Ökonomisierung des Sozialen*, Frankfurt a.M., 41-67.

Foucault, Michel (2003): *Die Wahrheit und die juristischen Formen*, Frankfurt a.M.

Gigerenzer, Gerd (2004): "Dread Risk, September 11, and Fatal Traffic Accidents", in: *Psychological Science* 15(4), 286f.

Gigerenzer, Gerd (2006): "Out of the Frying Pan Into the Fire: Behavioral Reactions to Terrorist Attacks", in: *Risk Analysis* 26(2), 347-351.

Godlewska, Anne M. C. (1999): *Geography Unbound. French Geographic Thought from Cassini to Humboldt*, Chicago, IL.

Gordon, Colin (2000): "Introduction", in: James D. Faubion (Hrsg.), *Power, Essential Works of Foucault 1954-1984*, Vol. 3. New York, xi-xli.

Graham, Stephen (1998): "Spaces of Surveillant Simulation: New Technologies, Digital Representations, and Material Geographies", in: *Environment and Planning D-Society & Space* 16(4), 483-504

Gregory, Derek/Pred, Allan (2007): *Violent Geographies*, New York/London.

Hacking, Ian (1990): *The Taming of Chance*, Cambridge, UK/New York.

Hannah, Matthew G. (2000): *Governmentality and the Mastery of Territory in Nineteenth-Century America*, Cambridge.

Hannah, Matthew G. (2006): "Torture and the Ticking Bomb: The War on Terrorism as a Geographical Imagination of Power/Knowledge", in: *Annals of the Association of American Geographers* 96(3), 622-640.

Isikoff, Michael (2003): "The FBI Says, Count the Mosques", in: *Newsweek*, 3. Februar, 6.

Jackson, John B. (1972): *American Space: The Centennial Years*, New York.

Johnston, Ron (2004): "Geography, GIS, and Terrorism", in: *Annals of the Association of American Geographers* 94(4), 996-998.

Kahneman, Daniel/Renshon, Jonathan (2007): "Why Hawks Win", in: *Foreign Policy, Jan/Feb* (158), 34-38.

Klinkenberg, Brian (2007): "Geospatial Technologies and the Geographies of Hope and Fear", in: *Annals of the Association of American Geographers* 97(2), 350-360.

Kroft, Steve (2007): „Unlikely Terrorists On No Fly List", in: *CBS News*, 07.06.2007, http://www.cbsnews.com/stories/2006/10/05/60minutes/main2066624.shtml, 06.12.2008.

Larson, V. (2007): „iSecureTrac Loss Grows Larger", in: *Omaha World Herald*, 10. August, 2D.

Lawson, Victoria (2007): „Introduction: Geographies of Fear and Hope", in: *Annals of the Association of American Geographers* 97(2), 335-337.

Legg, Stephen (2005): „Foucault's Population Geographies: Classifications, Biopolitics and Governmental Spaces", in: *Population, Space and Place* 11(3), 137-156.

Livingstone, David N. (2003): *Putting Science in its Place: Geographies of Scientific Knowledge*, Chicago, IL.

Miller, Christopher C. (2006): „A Beast in the Field: The Google Maps Mashup as GIS/2", in: *Cartographica* 41(3), 187-199.

Montello, Daniel R./Sutton, Paul C. (2006): *Introduction to Scientific Research Methods in Geography*, Thousand Oaks, CA.

Murphy, Alexander B. (2006): „Enhancing Geography's Role in Public Debate", in: *Annals of the Association of American Geographers* 96(1), 1-13.

Negroponte, John D. (2006): *Remarks and Q&A by the Director of National Intelligence*, http://www.dni.gov/speeches/20061116_speech.pdf, 06.12.2008.

O'Sullivan, David (2006): „Geographical Information Systems: Critical GIS", *Progress in Human Geography* 30(6), 783-791.

Paglen, Trevor/Thompson, A. C. (2006): *Torture Taxi. On the Trail of the CIA's Rendition Flights*, Hoboken, NJ.

Paullin, Charles O. (1932): *Atlas of the Historical Geography of the United States*, Washington, DC/New York City.

Paulos, John A. (1996): *A Mathematician Reads the Newspapers*, New York.

Paulos, John A. (2006a): *Of Wiretaps, Google Searches and Handguns*, http://abcnews.go.com/Technology/WhosCounting/story?id=1560771, 06.12.2008.

Paulos, John A. (2006b): „Cheney's One Percent Doctrine", in: *ABC News*, 02.07.2006, http://abcnews.go.com/Technology/story?id=2120605&page=1, 06.12.2008.

Perkins, Chris (2004): „Cartography – Cultures of Mapping: Power in Practice", in: *Progress in Human Geography* 28(3), 381-391.

Risen, James/Lichtblau, Eric (2005): „Bush Lets US Spy on Callers Without Courts", in: *The New York Times*, 16.12.2005, A1.

Robin, Corey (2004): *Fear. The History of a Political Idea*, Oxford.

Robinson, Arthur H. (1982): *Early Thematic Mapping in the History of Cartography*, Chicago, IL.

Rosich, Katherine J. (2005): *A History of the American Sociological Association, 1981–2004*, Washington, DC.

Rossmo, D. Kim (2000): *Geographic Profiling*, Boca Raton, FL.

Schröder, Winfried (2006): „GIS, Geostatistics, Metadata Banking, and Tree-Based Models for Data Analysis and Mapping in Environmental Monitoring and Epidemiology", in: *International Journal of Medical Microbiology* 296(1), 23-36.

Schuurman, Nadine/Kwan, Mei-Po (2004): „Guest Editorial: Taking a Walk on the Social Side of GIS", in: *Cartographica* 39(1), 1-3.

Schwartz, Seymour I./Ehrenberg, Ralph E. (^{2}2001): *The Mapping of America*, Edison, NJ.

Siegel, Marc K. (2005): *False Alarm. The Truth About the Epidemic of Fear*, Hoboken, NJ.

Sparke, Matthew (2007): „Geopolitical Fears, Geoeconomic Hopes, and the Responsibilities of Geography", in: *Annals of the Association of American Geographers* 97(2), 338-349.

Stewart, Dona J. (2005): „Geography and the Middle East", in: *Geographical Review* 95(3), iii-vi.

Suskind, Ron (2006): *The One Percent Doctrine*, New York.

Tversky, Amos/Kahneman, Daniel (1974): „Judgment under Uncertainty: Heuristics and Biases", in: *Science* 185, 1124-1131.

US Government Office of the President (2003): *Budget of the United States Government, Fiscal Year 2004 – Appendix*, Washington, DC.

Walker, Francis A. (1874): *Statistical Atlas of the United States*, New York.

Stuart Aitken/James Craine

Affektive Geovisualisierung

> Anhand des [...] Films [...] wäre es möglich, gewisse Fächer wie die Geographie, die derzeit nur in Form lebloser, eintöniger Beschreibungen betrieben wird, mit dem pulsierenden Leben einer Metropole zu erfüllen.
> (Albert Einstein)

Man kann die Auffassung vertreten, dass das wirkliche Herzstück der Geographie und Geographischer Informationssysteme (GIS) zum Großteil aus der Praxis des Schauens besteht und dass ihr eigentliches Material Bilder sind.[1] Wenn wir darin übereinstimmen, dann zeichnet sich die Geovisualisierung als wichtiges disziplinäres und praktisches Unterfangen aus. Die letzten 20 Jahre haben immer klarer zu erkennen gegeben, dass die Macht ausdrucksfähiger, bewegter Bilder in die laufenden Veränderungen alltäglicher Geographie eingreift. Dennoch herrscht in der Gemeinschaft derer, die sich mit Geovisualisierung beschäftigen, immer noch eine gewisse Zurückhaltung gegenüber den emotionalen Wirkungspotentialen des Kinos.

Dieses Essay befasst sich mit der Intensivierung des emotionalen Erlebens, die durch bewegte räumliche Bilder möglich wird. Unsere Kernhypothese lautet, dass, obwohl die durch GIS visualisierten Daten anregend sein können, die Ergebnisse häufig freudlos und überberechnet ausfallen, mit der programminhärenten Tendenz, dass die Inhalte verschüttet gehen. Selbst die besten GIS-Datenvisualisierungen reichen in ihrer sinnlichen Erfahrung selten an die gedankliche Auseinandersetzung heran; die Erstellung dieser Visualisierungen ist oft interessanter als deren Betrachtung. Offensichtlich handelt es sich oft weniger um das Produkt einer suchenden Seele als vielmehr eines höchst computerkundigen Geistes.

Daher behaupten wir, dass, obgleich die heutigen Geovisualisierungen sich in ihrer äußerlichen Erscheinung und ihren Funktionen von digital formatierten Filmen unterscheiden mögen, es sich in beiden Fällen um digitale, pixelförmige, räumliche Daten handelt, die Nutzer/Betrachter in ähnlicher Weise

---

1   Der Original-Beitrag erschien als *Guest Editorial* unter dem Titel: „Affective Geovisualizations", in: *Directions: A Magazine for GIS Professionals* 4(1) vom 07.02.2006. Er wurde für den Wiederabdruck geringfügig überarbeitet und aktualisiert. Alle englischsprachigen Original-Zitate werden in der Übersetzung von Tristan Thielmann wiedergegeben.

einbeziehen. Das Problem für Geographen und GIS-Spezialisten besteht nach unserer Einschätzung darin, dass filmische Landschaften, in denen Menschen und von Menschen geschaffene Kultur eine wichtige Rolle spielen, sehr viel stärker emotionale Geographien erzeugen als statische oder animierte Kartographien – und das unabhängig von der Art ihrer Visualisierung. Wenn sich das Kino mehr für einnehmende Emotionen als für die Zelebrierung computerisierter Bilder zuständig fühlt, warum sollte dann bei Geovisualisierungen anders verfahren werden? Wie der Neurologe Antonio Damasio (1995) nachgewiesen hat, sind Emotionen schließlich ein großer und davon nicht zu trennender Teil unseres geistig-rationalen Denkens.

Ein Plädoyer für Affekte

Denken Sie an die letzte Gelegenheit, bei der Sie sich in einer Serie von Höhenlinien, Schattierungen und kartographischen Symbolen verloren haben. Vielleicht haben Sie eine liebevoll gehütete Karte zur Hand, sodass Sie diese Erfahrung gleich machen können (tatsächlich kann die menschliche Phantasie auch bei der erneuten Betrachtung derselben Karte noch neues Wundern und Staunen hervorrufen). Ein solches Vorgehen geht mit einer besonders verschrobenen Einstellung einher: in dem Maße dem Bilderstrom zu erliegen, wie wir die bewusste Verbindung zu unserer Körperlichkeit verlieren. Die Grenzen zwischen dem Bewusstsein unseres eigenen Körpers und der Karte vor uns verflüchtigen sich. Vielleicht geht das Zeitgefühl völlig verloren. Wir geben uns ganz der Vorstellung hin, wie es sich wohl anfühlen würde, zum ersten Mal an diesem abgebildeten Ort zu sein. Wir stellen uns vor, über die auf der Karte sichtbaren Hügel oder Straßen zu wandern. Häufig betrachten wir Karten von exotischen Orten und staunen über die zeitgleich vorhandene Vielfalt unseres Planeten, eine Art von Erlebnis, das Doreen Massey (2005: 15) als „räumliche Entzückung" bezeichnet hat. Es können auch Vorstellungen vom Wetter, von Wellen, Gezeiten oder von Nebel, der um Gebirgskuppen aufzieht, entstehen, die gar nicht direkt aus der Karte ersichtlich sind.

Solche Vorstellungen können uns das Gefühl verschaffen, Einzelheiten über solche Orte zu ‚wissen', die gar nicht aus der Karte hervorgehen. Kartographen wie Brian Harley, Dennis Woods und Mark Monmonier weisen seit zwei Jahrzehnten auf die immanenten Kräfte solcher Karten hin: die grotesken Verzerrungen der Vielfalt und Einzigartigkeit, den Kolonialismus, die Propaganda, den „göttlichen Trick" (Haraway 1995: 81; vgl. auch Craine/Aitken 2009), das Abschwächen/Untertauchen bestimmter Gegenstände zugunsten anderer. Trotz solcher Mahnungen und Einsichten bleibt an Karten vieles zu bestaunen.

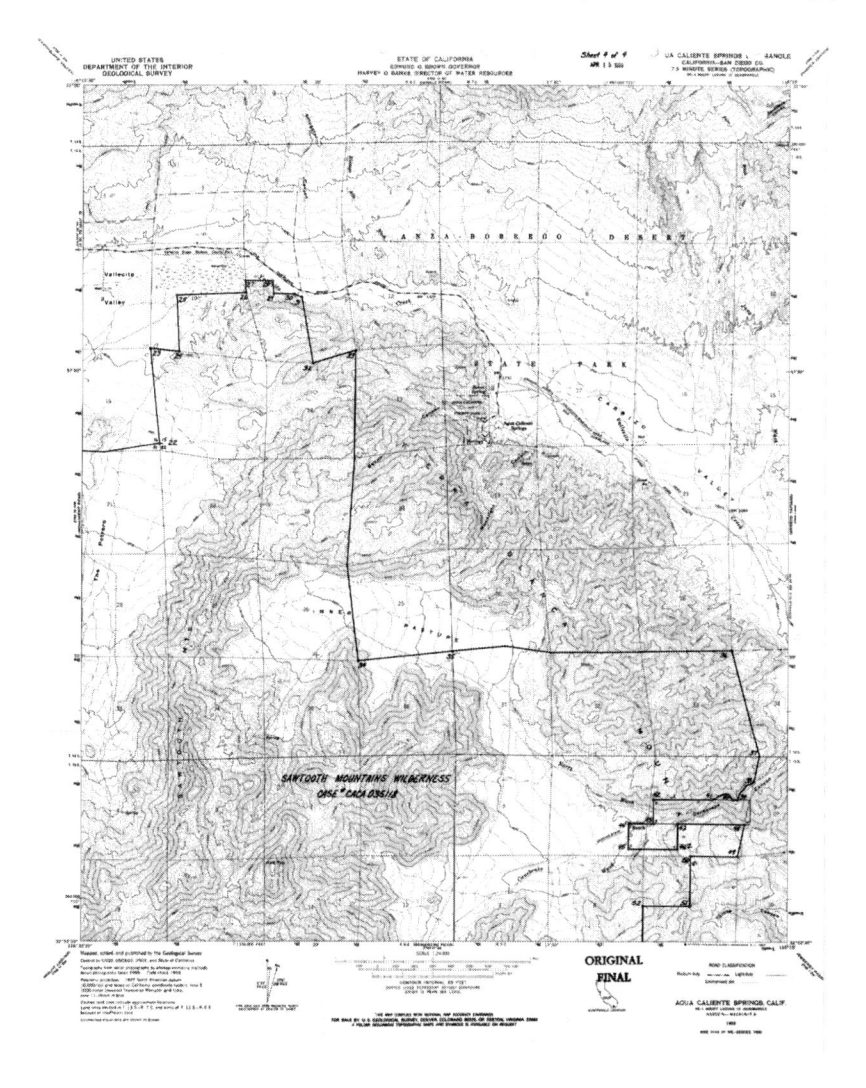

Abb. 1: Topographische Karte der Sawtooth Mountains Wilderness in Southern California, hrsg. von der Geological Survey, U.S. Department of the Interior, Bureau of Land Management, 1959.

Wir vertreten die Auffassung, und dies ist unsere zentrale Wendung, dass, mehr noch als die Kartographie, das Kino uns staunen lässt, uns emotional erfasst und anzieht und dadurch unser Leben erhellt, wenn auch nur vorübergehend. Es gibt keinen Grund, warum geovisualisierte Daten nicht dasselbe tun sollten.

Filmische Raumdaten

Lassen Sie uns also für einen Moment bei den Mechanismen verweilen, die hinter diesen emotionalen Wundern des bewegten Bildes stecken. Das Kino basiert auf einer besonderen Art von Bewegung, die von dem Vorüberschnellen einzelner Frames vor einem Projektorlicht nach einer zuvor bestimmten Taktrate herrührt. Im digitalen Kino wird diese Bewegung durch den Wechsel von Färbungen und Farben einzelner Pixel erzeugt, aus denen sich der Bildschirm zusammensetzt.

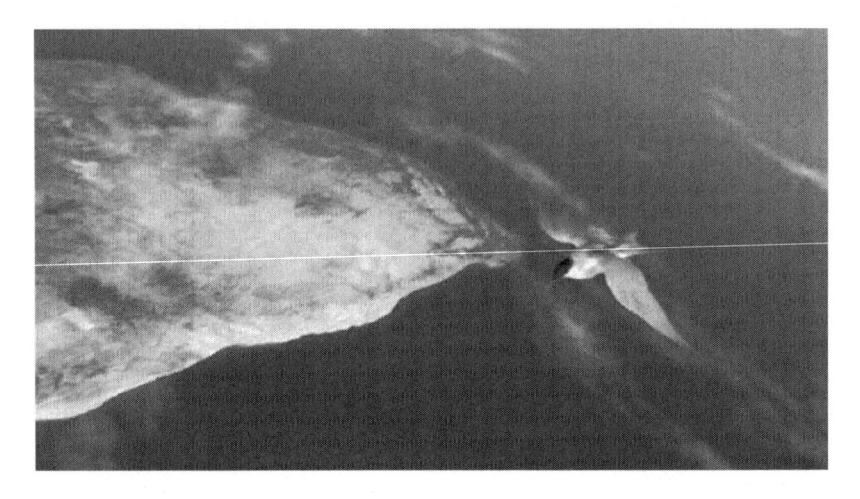

Abb. 2: Eine Küstenseeschwalbe fliegt unmöglich hoch, um die 20.000 km lange Reise in Jacques Perrins Dokumentarfilm *Nomaden der Lüfte – Das Geheimnis der Zugvögel* (Frankreich 2001) emotional zu dramatisieren.

Die aktive Förderung von bewegten Bildern begann am 13. Juni 1891 in den USA, als *Harper's Weekly* Thomas Edisons Erfindung eines Kinetographen – eine Kombination einer Bildtransport-Maschine und einem Grammophon – meldete. Der *Sears*-Katalog von 1902 beschrieb die Fähigkeit des Kinetoskops, eine „bildliche Repräsentation" zu erzeugen, die „nicht nur lebensähnlich, sondern offensichtlich das Leben selbst ist – mit der jede Bewegung, jede Handlung und jedes Detail dem Betrachter lebhaft vor Augen geführt wird" (zitiert nach Denzin 1995: 16). Das Revolutionäre am Kinetoskop lag in seiner Macht über das Bild. In den 1920er Jahren betrat der sowjetische Filmemacher Sergei Eisenstein mit *kino-pravda* (Filmwahrheit) Neuland. Eisensteins Vorstellung vom „*Bild* in *Bewegung* über *Zeit* durch *Raum* in einer *Sequenz*" (Aitken 1991: 108) verwies auf den filmischen Rhythmus und die Verfahren zur maximal effizienten Manipulation der filmischen Raum-Zeit-Wahrnehmung. Eisensteins *Bildereignis* hatte nichts mit der Vorführung echten Lebens, noch nicht einmal mit Film als Spiegel des realen Lebens zu tun. Die Fokussierung von *kino-pravda* auf filmische Rhythmen, Sequenzen, Rahmungen, Spektakel, abrupte Szenenwechsel und Montagen zielte auf die Erzeugung von Illusionen bis hin dazu, dass wir, die Konsumenten der Bilder, unseren Zweifel aufgeben würden.

In starker Anlehnung an die früheren Vorstellungen Eisensteins führten DiBiase und seine Kollegen (1992: 206) räumliche Bilder aus dem Bereich der Kartographie hinaus in das Reich nichtstatischer, animierter Repräsentationen, die in zwei oder drei räumlichen Dimensionen sowie einer zeitlichen Dimension bestehen. Erst ihre dynamischen Variablen der *Dauer* (die Anzahl der Zeiteinheiten, in denen eine Szene präsentiert wird), der *Änderungsrate* (eine Proportion zwischen dem Ausmaß der Änderung eines Attributes und der Dauer einer Szene) und *Ordnung* (die Logik der chronologischen Sequenzierung von Szenen in Verbindung mit einem Datensatz von Zeitfolgen) bilden dynamische Repräsentationen. Dies stimmt genau mit Eisensteins Verfahren in *kino-pravda* überein, mit dem Unterschied, dass sein Fokus auf die emotionale Wirkung, den sogenannten Schock-Wert, des Bildereignisses gerichtet war.

Auswirkungen auf das Geovisuelle

Geographen lernen aus der Betrachtung und aus den Ansätzen zur Geovisualisierung, wie sie von DiBiase eingeführt wurde. Aber auch Cartwright, MacEachren und andere bieten jeweils eigene Ansätze zur Interpretation visueller Repräsentationen. Tatsächlich handelt MacEachrens (1994) berühmte semiotische Ausarbeitung über Kartographie von einer Wissenschaft und Kunst, die mit der Erforschung des Films eng verknüpft ist (vgl. auch Aitken/Craine 2005; Aitken/Craine 2009). Gehen wir also davon aus, dass Geographie die reine Semiotik und Kognitionstheorie verlassen muss, um die Disziplin neuen Forschungen zu öffnen. Darüber hinaus muss sich Geovisualisierung davor hüten, Sehen als selbstverständlich zu betrachten. Sie sollte sich stattdessen um die Problematisierung, Theoretisierung, Kritisierung und ‚Historisierung' des Visualisierungsprozesses bemühen. Ein einschlägiger Fall ist die Datenexploration durch die Verwendung von Karten-Metaphern. Cartwright (2004: 32) hat bekanntlich den Standpunkt vertreten, dass diese in „neue Formen von multi-sensorischer und multimedialer Kommunikation" umgewandelt wird, wo die Sammlung visueller Informationen sich mit anderen sensorischen Stimuli verbindet. Bedauerlicherweise macht Cartwright vor der Erforschung der entscheidenden Dimensionen von *Affekt* und *Absorption* halt.

Abb. 3. Tie-Fighter verteidigen den Todesstern in einem *Star Wars*-Game.

Dadurch, dass sich Multimedia als ein brauchbares Instrument zur Vermittlung geographischer Informationen erwiesen hat, können wir nunmehr untersuchen, auf welche Weise neue affektgeladene Technologien neue Methoden der Datenexploration sowie neue Analyse- und Erkenntnisformen ermöglichen. Um nur ein Beispiel zu nennen: Platt (1995) hat gezeigt, wie das ‚Geschichtenerzählen' dem *User* die Möglichkeit bietet, sich mit der Geographie eines bestimmten Ortes zu beschäftigen. Videospiele sind ein typisches Beispiel dafür, wie filmische Digitalbilder sich mit nutz-/steuerbaren Produkten verbinden, um unzählige *Storylines* zu kreieren. Stellen Sie sich die junge Gamerin vor, die in der *LucasArts*-Reihe *Star Wars* geschickt den Geschossen und Lichtschwertern gegnerischer Kämpfer ausweicht, während ein Todesstern sein Planeten zerstörendes Geschütz auf die arglose Welt unter ihm richtet. Ihre Leidenschaft mag aus der Sicht mancher an Spielsucht grenzen, aber wenn man nicht in sich selbst versinkt, berührt es einen auch nicht. Erkennen Sie etwas Bedeutendes daran, wie junge Menschen sich intensiv mit dieser Art von Spielen beschäftigen?

Schauen Sie sich genau an, wie sie sich durch die Canyons schlängelt, die den Todesstern bedecken. Ähnlich wie Luke Skywalker, der die Kraft seiner Waffen spürt, feuert sie Geschosse in die briefmarkengroße Öffnung, die in den Hauptreaktor führt. Boom! Wir sehen eine spektakuläre Feuersbrunst. Weiter zum nächsten Level und einer neuen Storyline. Jetzt läuft sie die ‚Stufenleiter' maßstabsgetreuer Bilder hinab in Richtung des Planeten unter ihr. Die Bilder fließen derart ineinander, dass ein Zweifel an der Authentizität der Myriaden farbchangierenden Pixel erst gar nicht aufkommt. Wie auch, sie hat keinerlei Kenntnisse über die Funktionsweise digitaler Animation. Sie rast einfach auf die Oberfläche zu, um einige abtrünnige gegnerische Järger zu verfolgen, die der Feuersbrunst auf dem Todesstern zu entkommen versuchen. Im nächsten Moment bewegt sie sich durch Felsschluchten und jagt weitere Gegner. Inzwischen ist man als *User* von der Weise, wie sie Maßstäbe überwindet, beeindruckt. Die Pixel ändern ihren Farbton und formieren sich zu digitalen Bildern dynamischer Landschaften – Luftbildaufnahmen sozusagen – vom planetarischen Maßstab hinunter bis wenige Schritte über dem Wüstengrund.

Wir möchten gerne mit einem Gedanken schließen, wie auf verschiedene Art und Weise Filme und Animationen mit unseren Lebensgeschichten verbunden sind. Wir glauben, dass dies mit der Kraft bewegter Bilder zu tun hat, Räume zu erzeugen und gesellschaftlichen Wandel zu beeinflussen; und daran hat die subtile Durchdringung der Gegenwartskultur mit solchen Bildern ihren Anteil. Einstein (siehe das einführende Motto) hat ganz mit Recht darauf hingewiesen, dass Geographen bisher bedauerlicherweise die Stärken des bewegten Bildes verkannt haben. Auch ist uns nicht bewusst, wie wir diese Stärken nutzen können, um unsere Welt durch emotionsgeladene Geovisualisierung zu verbessern. Offensichtlich gehen diese Stärken weit über Videospiele hinaus. So wie wir von mobilen geographischen Abbildungen gefesselt sind, sollte es ebenso möglich sein, von der Macht der Bilder berührt zu werden, die soziale Ungerechtigkeiten, AIDS-Geographien oder die Tragödien des globalen Sex-Handels aufzeigen. Affektive Geovisualisierungen sind gefühlvoll; sie berühren unser Empfinden so sehr, dass wir zum Handeln bewegt werden könnten.

Aus dem Amerikanischen übersetzt von Tristan Thielmann.

Literatur

Aitken, Stuart C. (1991): „A Transactional Geography of the Image-Event: The Films of Scottish Director, Bill Forsyth", in: *Transactions of the Institute of British Geographers* 16(1), 105-118.

Aitken, Stuart C./Craine, James (2005): „Visual Methodologies: What you see is not always what you get", in: Robin Flowerdew/David Martin (Hrsg.), *Methods in Human Geography*, Harlow, 250-269.

Aitken, Stuart C./Craine, James (voraussichtlich 2009): „Into the Image and Beyond: Affective Visual Geographies and GIScience", in: Sarah Elwood/Meghan Cope (Hrsg.), *Qualitative GIS: Mixed Methods in Practice and Theory*, London.

Cartwright, William et al. (2004): „Geographical Visualization: Past, Present and Future Development", in: *Journal of Spatial Science* 49(1), 25-36.

Craine, James/Aitken, Stuart C. (voraussichtlich 2009): „The Emotional Life of Maps and Other Visual Geographies", in: Martin Dodge et al. (Hrsg.), *Rethinking Maps*, London.

Damasio, Antonio (1995): *Descartes' Irrtum. Fühlen, Denken und das menschliche Gehirn*, München.

Denzin, Norman (1995): *The Cinematic Society: The Voyeur's Gaze*, London.

DiBiase, David et al. (1992): „Animation and the Role of Map Design in Scientific Visualization", in: *Cartography and Geographic Information Systems* 19(4), 201-214.

Haraway, Donna J. (1995): *Die Neuerfindung der Natur. Primaten, Cyborgs und Frauen*, Frankfurt a.M./New York.

MacEachren, Alan (1994): „Visualization in Modern Cartography: Setting the Agenda", in: Alan MacEachren/D.R. Fraser Taylor (Hrsg.), *Visualization in Modern Cartography*, Oxford 1-12.

Massey, Doreen (2005): *For Space*, London.

Platt, Charles (1995): „Interactive Entertainment: Who writes it? Who reads it? Who needs it?", in: *Wired* 3(9), 145-149.

Albert Kümmel-Schnur

Arachnefäden. Navigation als Narration

> Um aber irgend etwas im Raume zu erkennen, z.B. eine Linie, muß ich sie *ziehen*, und also eine bestimmte Verbindung des gegebenen Mannigfaltigen synthetisch zustande bringen, so, daß die Einheit dieser Handlung zugleich die Einheit des Bewußtseins (im Begriffe einer Linie) ist, und dadurch allererst ein Objekt (ein bestimmter Raum) erkannt wird.
> (Kant, *Kritik der reinen Vernunft*)

> Da war es wieder. Das wundervolle ‚Wie jesacht!' Er hat natürlich noch nix jesacht, aber er sacht schon mal ‚Wie jesacht!', damit er das, was er gleich sagen wird, als bereits bekannt voraussetzen kann.
> (Beikircher, *Der Redefluss und seine Elemente*)

Seit etwa einem Jahrhundert wird die Unerzählbarkeit der Welt beschworen. Welt, so wird immer wieder argumentiert, sei erzählerisch nicht mehr greifbar. Die Welt kann gewusst werden in Diskursen, Diagrammen, Karten, Rechnungen, Messungen und perspektivischen Abbildungen jeder Art, der erzählende Zugriff auf Welt sei diesen Wissensformen gegenüber jedoch viel zu einfach. An die Stelle des roten Fadens der Erzählung hat sich als vorgeblich komplexere bzw. der Weltkomplexität angemessenere Form das Netzwerk gedrängt. Das Netz verspricht strukturierte Organisation *ohne* Vereinfachung. Die Erzählung wurde demgegenüber als verlustreich Komplexität reduzierend angesehen. Der vorliegende Text wird in drei Schritten die Abwehr der Erzählung als Sequenz, ihre Ersetzung durch ein Netz und die Restitution der Erzählung als Navigation durch ein Netzwerk analysieren.

1 Gegen Linien

Als *locus classicus* der Erzählungs- als Linienfeindschaft seien die berühmten poetologischen Überlegungen Ulrichs aus Robert Musils *Mann ohne Eigenschaften* angeführt (Musil 1978: 647-654).[1] Im 122. Kapitel befindet sich Ulrich auf dem Heimweg, eine ganz einfache navigatorische Leistung, die ihn vom Zentrum Wiens an den Stadtrand führt. Er kennt den Weg, kann sich auf seinen Ortssinn verlassen, braucht nicht nachdenken, keine Karten zur Anwendung bringen, niemanden um Rat fragen. Ganz im Habituellen aufgehoben, kann er

---

1 Eine ausführliche Interpretation des Verhältnisses von linearer Narration und netzartig aufgefasstem Text leistet Alexander Honold (1995: 292-312). Der vorliegende Text greift verschiedentlich auf Honolds Analyse zurück; von dort stammen auch die Hinweise auf Kants Linienbeispiele aus der *Kritik der reinen Vernunft*.

sich der Atmosphäre hingeben: Die Füße laufen von allein. Ulrich geht zwischen Häuserfluchten, durch einen Torbogen in einen dünner besiedelten Außenbezirk mit breiten Straßen und Plätzen, einen baumbestandenen Wall entlang, muss sich, da er doch vom üblichen Weg abgewichen ist, kurz neu orientieren, um schließlich „vor dem Gittertor seines Gartens" (Musil 1978: 653) anzukommen. Ulrichs Gang folgt also der Bewegung einer Linie und nutzt diese Bewegung zur Reflexion auf die Beziehungen von Linearität, Erzählung und Identität: „Die meisten Menschen sind im Grundverhältnis zu sich selbst Erzähler" (Musil 1978: 650).

Getriggert wird diese Erkenntnis durch das schockartige Aufblitzen einer Ähnlichkeit: Ulrich genießt den menschenleeren, von vereinzelten Schritten hallenden Stadtraum zunächst ganz theatralisch und empfindet diese Inszenierung als Glück, das der Roman seinen Lesenden nachvollziehbar macht, indem er das Genre wechselt und so, ganz unvermutet, die Szenerie mit Ulrichs Augen sehen lässt: „Dunkelheit sprang aus den Ecken, Überfall und Totschlag fackelten in dem halberleuchteten Durchlaß" (Musil 1978: 647). Mitten in die wohlige Empfindung dieser Kolportageliteratur hinein fällt jedoch das Bild des verhassten Dichter-Industriellen Paul Arnheim, Spiegel- und Zerrbild Ulrichs. Und schon muss Ulrich erkennen, „daß auch dieser Raum bereits durch die Konvention kalkulierter Selbstinszenierung besetzt ist" (Honold 1995: 298). Gleichzeitig mit Ulrich geht natürlich auch der Lesende des Musilschen Textes diesem in die Falle: Gerade war es spannend geworden, man hatte sich im Habituellen der eigenen Lesegewohnheiten, des formelhaften Wiedererkennens, eingerichtet und wird nun jäh durch die Evokation des Unsympathen Arnheim, das abgeschmackt Erwartbare seiner ästhetischen Vorstellungen – ‚,Woraus ist das?' fragte Ulrich. ‚Aus der unterdrückten Vorrede zu den Räubern.' ‚Natürlich aus der unterdrückten', dachte Ulrich ‚wie denn aus einer gewöhnlichen!'" (Musil 1978: 646) –, aus dem Lesefluss gerissen. Für einen Moment gerät das Ziel aus den Augen: „[...] er kam sich jetzt nur noch wie ein durch die Galerie des Lebens irrendes Gespenst vor, das voll Bestürzung den Rahmen nicht finden kann, in den es hineinschlüpfen soll" (Musil 1978: 648). Infiziert von Arnheim wird es scheinbar schwer, heimzufinden, aber das ist eine Täuschung – wiewohl gedanklich abschweifend folgt Ulrich nach wie vor ganz automatisch dem Weg, der ihn nach Hause führen soll, mehr noch: Der Wechsel der Szenerie[2] rettet ihn vor den Abgründen der Ähnlichkeit, um aber genau deshalb dasselbe zu tun: Die „weniger drückende und großartige Gegend" (Musil 1978: 648) überträgt sich ebenso umstandslos wie die theatralisch beleuchtete expressionistische Schattenwelt der Wiener Innenstadt auf Ulrichs Gemüt und leitet dieses ganz unwillkürlich in eine neue Richtung. Wiederum

---

2   Vgl. dazu auch Honold 1995: 298-299.

unterbricht eine Spiegelung, diesmal die Erinnerung an ein Kinderbild, den Gang der Erzählung, der dennoch ganz bei sich bleibt, weil die innere Szene ja nur eine Spiegelung und Reaktion auf die äußere Szenerie ist und beide einander kommentieren und entsprechen. Und, als sei diese Erinnerung auch nur eine variierende Wiederholung des Arnheimschen Ähnlichkeitsschreckens, so stellt sich erwartbarerweise „keine Spur von Neigung für diesen Knaben" (Musil 1978: 648) bei Ulrich ein.

An dieser Stelle lässt sich schon sehr gut das Konstruktionsprinzip des gesamten Romans erahnen. Die unumgängliche lineare Anordnung der Buchstaben und die ihr geschuldete sequentielle Organisation der Erzählereignisse werden als „perspektivische Verkürzung" (Musil 1978: 648) gescholten und durch das Prinzip der Analogiebildung unterlaufen. Dieses Prinzip ist Musils Annäherung an die Fläche, die als Gewebe aufgefasst wird. Ulrich erläutert das Prinzip in den bereits angekündigten berühmten poetologischen Bestimmungen des 122. Kapitels:

> Und Ulrich bemerkte nun, daß ihm dieses primitiv Epische abhanden gekommen sei, woran das private Leben noch festhält, obgleich öffentlich alles schon unerzählerisch geworden ist und nicht einem ‚Faden' mehr folgt, sondern sich in einer unendlich verwobenen Fläche ausbreitet. (Musil 1978: 650)

Natürlich folgen sowohl Ulrich auf seinem „Heimweg" wie auch der Autor Musil und der Lesende einer linearen Reihung von äußeren und inneren Ereignissen. Diese Reihe wird nicht schon deshalb ‚nichtlinear', wie viele Musil-Interpreten wollen, weil Handlungen und Reflexionen einander abwechseln und unterbrechen. Es bleibt beim Faden. Allerdings wird dieser ‚Faden' nicht mehr auf der Spindel ‚Kausalität' gesponnen. Die unendlich verwobene Fläche, über die Musils Protagonist räsoniert, wird vom Autor Musil durch Analogiebildungen auf unterschiedlichen Ebenen – Figuren spiegeln Figuren, Situationen ähneln einander, Kapitelstrukturen kommen zur Überlagerung, Déja-vu-Erlebnisse allerorten – dem Lesenden als Organisationsprinzip nahegelegt: Der Lesende, der diese Anregung aufnimmt, kommt ins Blättern und konstruiert mental einen dicht vernetzten – „unendlich verwobenen" – Wissensraum.

Zu Beginn des 122. Kapitels kommt Ulrich gerade von einem Treffen mit Paul Arnheim, der ihm angeboten hat, Teilhaber seiner Firma zu werden. Arnheim ist dem Lesenden zu diesem Zeitpunkt bereits als doppelgängerischer Antipode Ulrichs bekannt. Wenn also im zweiten Absatz des Kapitels „Heimkehr" Arnheim „plötzlich" heraufbeschworen wird, hat er bereits einen Ort in der mentalen Karte, die sich der Lesende vom Roman *Der Mann ohne Eigenschaften* bis dahin gemacht hat. Auch die plötzliche Unterbrechung des Handlungsflusses ist dem Lesenden längst, seit dem berühmten Unfall des ersten Kapitels nämlich, als Strukturprinzip bekannt. Wie Ulrich an Arnheim erinnert wird, erinnert sich der Lesende an ihn und fühlt sich durch den Ton der subjektiven Erzählung gemahnt an „diese alten Texte", die Arnheim im vorhergegangenen Kapitel evozierte: Was Ulrich als Schauerlich-Theatralisches beim Heimweg empfindet, ist längst vorgeprägt und klingt noch nach: „‚Nimm einen Dolch und erfülle sein Schicksal!' Ulrich hatte diese Worte ganz mit schlechtem schauspielerischem Tonfall im Ohr [...]" (Musil 1978: 645). Der aufmerksam Lesende kann also bereits am Wechsel des Tonfalls – „Dunkelheit sprang aus Ecken" (Musil 1978: 647) – sich an den Kolportageton, der Ulrich nur zwei Seiten zuvor vom Anblick Arnheims souffliert worden war, erinnern und merkt bereits jetzt, was Ulrich erst einen Moment später feststellt: Aus ihm spricht Paul Arnheim!

Der trainierte Lesende des *Mannes ohne Eigenschaften*, also derjenige, der sich bereits eingelassen hat auf die poetologische Maxime des Analogiedenkens, des Netzeknüpfens jenseits des linearen Progresses der Handlung des Romans, kann nunmehr drei Spuren folgen: Entweder er folgt den Genre-Signalen und verknüpft Szenen eugène-sue-haften Stils miteinander, oder er sammelt Theatermetaphern und fügt diesen die soeben gelesene Szene bei, oder aber er folgt der Spur der plötzlichen und scheinbar unerwarteten Unterbrechungen. Aus einem Lesenden ist ein Spurensuchender geworden: Aus Immersion in eine Romanhandlung wird Schatzsuche im auf 1.000 Seiten ausgebreiteten Gelände.

Wichtig ist dabei jedoch, dass die Netzmetaphorik selbst bei Musils Erzähler nicht einfach positiv besetzt ist: „[...] ungewisse Erwartungen einer ehrenvollen erwünschten Zukunft, die wie die offenen Flügel eines goldenen Netzes nach ihm langten" (Musil 1978: 648). Mit diesen Worten erinnert sich Ulrich beim imaginären Betrachten seiner Kinderfotos an die Erwartungen, Wünsche und Hoffnungen, die seine Eltern in ihren Sohn investierten. Ein Netz erscheint hier nicht, wie heutige Medienemphatiker es wollen, als kommunikatives Paradies allseitiger Verbindungen und Erreichbarkeiten, sondern als jene Falle, die ein Netz zunächst und vor jeder metaphorischen Verwendung auch ist. Vernetzung, Verknüpfung, tausenderlei Beziehungen sind für Musils Erzähler einfach Tatsachen des modernen, insbesondere des großstädtischen Lebens – „Am Land kommen die Götter noch zu den Menschen" (Musil 1978: 649) –, mit denen man sich zu arrangieren hat.[3]

Der polemische Impuls der Linienfeindlichkeit, wie sie sich in den poetologischen Bemerkungen Ulrichs ausdrückt, zielt deshalb auch weniger auf die Linie als prinzipiell abzulehnende Ordnungsfigur als auf ihre Leistung, eine

---

3   „‚Man kann seiner eigenen Zeit nicht böse sein, ohne selbst Schaden zu nehmen', fühlte Ulrich" (Musil 1978: 59).

Verknüpfung herzustellen zwischen den Stationen einer individuellen Biographie und den vielfältigen Ereignissen der diese umgebenden Welt: „[...] in der Stadt, wo es tausendmal so viel Erlebnisse [wie auf dem Land, A.K.-S.] gibt, ist man nicht mehr imstande, sie in Beziehung zu sich zu bringen" (Musil 1978: 649).

Die durchgezogene zusammenhängende Linie, die bei Kant die Selbstzurechnung mannigfaltiger Vorstellungen zu einem identischen Subjekt veranschaulichen sollte, hier erscheint sie als ‚narrative Synthesis' des Bewußtseins, als ‚Faden der Erzählung' [...], entlang dessen das Subjekt die Mannigfaltigkeit der Abfolge von Erfahrungsdaten zu einem chronologischen ‚Lebensfaden' [...] aufreiht, in dem es seine eigene Geschichte wiedererkennt. (Honold 1995: 301)

Ein blätterndes, nach Analogiebeziehungen suchendes Lesen simuliert somit die richtungslose, akausale, fragmentarische Existenz des modernen Großstadtneurotikers. „Aber indem er das dachte, wußte er auch, daß es die Macht des Menschen tausendfach ausdehnt, und wenn es selbst im Einzelnen ihn zehnfach verdünnt, ihn im ganzen noch hundertfach vergrößert [...]" (Musil 1978: 648). Wiewohl Musil also den Lesenden zum Flanieren im Romantext verführt, hält er doch an der linearen Anordnung, die die Medien der alphabetischen Schrift und des Buches vorgeben, fest: Er konzipiert keinen Zettelkasten, obwohl ihm dieses Organisationsprinzip als Bibliothekar und siglen-besessenem Verwalter eines ausgiebigen Mappen-Notiz-Systems nachweislich vertraut gewesen ist. Man könnte sogar sagen, dass die Spannung zwischen Linie und Netz Musil während seines gesamten Schaffens deutlich bewusst gewesen ist: Er stellt immer wieder Organisationsfragen, die mit unterschiedlichen medialen Mitteln beantwortet werden – kinematographische Vergleiche betonen die Illusion von Kontinuität, die Informationsverluste zwischen den 24 *frames per second*, Überlegungen zur Lösung von Seiten aus dem Buchverbund (*Vereinigungen*) durch Einzelausstellung in Glasvitrinen versuchen die Erzählzeit punkthaft zu sistieren, Vergleiche mit militärischen Meldezetteln (das „Grundbuchblatt der modernen Kultur" General Stumm von Bordwehrs) zeigen die Schwierigkeiten auf, dynamische Bewegungen als statische Netzwerke anzuschreiben.

Im *Mann ohne Eigenschaften*, der explizit zur Lösung der geistigen Probleme der Zeit verfasst wurde (vgl. Kümmel 2001: passim), entscheidet sich Musil für eine Doppelstrategie: Es gibt ein einigermaßen konventionelles, stark essayistisch durchsetztes Erzählen einer nur minimal bewegten Handlung, das er mit der Aufforderung zum Blättern verbindet. Christian Kassung (2001) hat in wünschenswerter Klarheit gezeigt, warum Musil diese narrative Doppelstrategie entwickelt: Sein Roman stellt – unter anderem – einen Beitrag zur Lösung des physikalisch nach wie vor brisanten Ergodenproblems, der Inkompatibilität von mikroskopischen Vorgängen und makroskopischen Ereignissen, dar. Das Ergodenproblem stellt die Frage nach der Irreversibilität von Ereignissen und damit die Frage nach der Zeit. Auf makroskopischer Ebene bezweifelt niemand das sukzessive Voranschreiten der Zeit: Geschehenes kann nicht ungeschehen gemacht werden, zerbrochene Tassen setzen sich nicht in riskanter Antischwerkraftbewegung wieder zusammen. Mikroskopisch gelten jedoch nach wie vor die Gesetze der newtonschen Mechanik, die eine vollständige Reversibilität aller Ereignisse voraussetzen. In der zweiten Hälfte des 19. Jahrhunderts stellte sich das Problem verschärft im Rahmen der Entwicklung des zweiten Gesetzes der Thermodynamik, des sogenannten ‚Entropiegesetzes', das eine irreversible Bewegung abgeschlossener Systeme von geordneten zu ungeordneten Verhältnissen beschreibt. Eine mögliche Lösung dieses Paradoxes, dem zufolge aus einer Menge reversibler Ereignisse ein irreversibler Zeitstrahl hervorgehen sollte, bot die Aufnahme statistischer Methoden in die Physik. Reversibilität auf mikroskopischer Ebene wurde nun als Beobachtungsproblem aufgefasst: Die große Menge der an einem System – und sei es nur einem einzigen Wassertropfen – beteiligten Teilchen mache die historisch genaue Betrachtung jedes einzelnen Teilchens unmöglich. Die gesamte Systementwicklung jedoch – das, was sich als makroskopischer Effekt mikroskopischer Ereignisse äußert – könne mit einiger Wahrscheinlichkeit (!) beobachtet werden. Das Beobachtungsdefizit ergebe somit den Eindruck (!) der Reversibilität auf mikroskopischer Ebene und umkehrt erscheine (!) die Beobachtbarkeit des Makroskopischen als Wissen um die tatsächliche Irreversibilität einer bestimmten, wahrscheinlichen Entwicklung.

Und so findet der vom Wege abkommende Ulrich, das kleine, sich reversibel bewegende Teilchen, schließlich doch noch nach Hause. Und, wiewohl Musils Erzähler von der Richtungslosigkeit der Weltereignisse im Einzelnen überzeugt ist,[4] glaubt er dennoch an eine Richtung der Geschichte im Ganzen:

> „Sie sieht unsicher und verfilzt aus, unsere Geschichte, wenn man sie in der Nähe betrachtet, wie ein nur halb festgetretener Morast, und

---

4 „War eigentlich Balkankrieg oder nicht? Irgendeine Intervention fand wohl statt; aber ob das Krieg war, er wußte es nicht genau. Es bewegten so viele Dinge die Menschheit. [...] Mit einem Wort, es geschah viel, es war eine bewegte Zeit, die um Ende 1913 und Anfang 1914. Aber auch die Zeit zwei oder fünf Jahre vorher war eine bewegte Zeit gewesen, jeder Tag hatte seine Erregungen gehabt, und trotzdem ließ sich nur noch schwach oder gar nicht erinnern, was damals eigentlich los gewesen war. Man konnte es abkürzen. Das neue Heilmittel gegen die Lues machte –; in der Erforschung des Pflanzenstoffwechsels wurden –; die Eroberung des Südpols schien –; die Steinachexperimente erregten –; man konnte auf diese Weise gut die Hälfte der Bestimmtheit weglassen, es machte nicht viel aus" (Musil 1978: 359).

schließlich läuft dann sonderbarerweise doch ein Weg über sie hin, eben jener ‚Weg der Geschichte', von dem niemand weiß, woher er gekommen ist." (Musil 1978: 360)

Das gesamte System erhält eine Richtung, entwickelt sich also linear und irreversibel, obwohl sich alle seine Teile völlig richtungslos, sprunghaft und a-kausal bewegen. Es bewegt sich vom Zustand höherer zum Zustand geringerer Ordnung: Musil selbst meinte, auf diese Weise den Weg in den Ersten Weltkrieg zeigen und erklären zu können. Gerhard Meisel schreibt, man könne entgegen dieser Musilschen Setzung – einer Art ‚Zielgeraden', auf die sich dieser *textus* dann doch zubewegen würde – an der zunehmenden Entfernung des Romans von seinem Ende ganz im Gegenteil beobachten, wohin sich ein Roman bewegt, der sich dieses Grundgesetz gibt: in endloses Geschwätz (vgl. Meisel 1991: 293).

2 Ohne Linien

Musils Doppelstrategie, diskursiv die Linie abzulehnen, sie erzählend dennoch beizubehalten, um den Lesenden aber immer wieder wie Rotkäppchen vom Wege abzulocken, hält zwischen Linie und Netz eine Balance und rechtfertigt sie im Modus einer poetologischen Nutzung des Entropiegesetzes und der Fragen, die es aufwirft. Nach dem Ende des Zweiten Weltkriegs verschärft sich die Linienfeindlichkeit, die Musils Poetologie als bloß heuristisch unumgänglich ansah, ideologisch. Dabei profitieren die Geistes-, Kultur- und Gesellschaftswissenschaften durchgängig von einer Transkription naturwissenschaftlicher und/oder technischer Konzepte: Kommunikation in der Übersetzung von Kriegs- in Friedenstechnologie, *feedback loops* in der Kybernetik der fünfziger, sechziger Jahre, Hypertext seit Vannevar Bushs Memex, Ted Nelsons Dream Machine, Medialität und Intermedialität mit der Entwicklung leistungsstarker Rechnermodelle, dem Mac von 1984 und dem Beginn des Internet, deterministisches Chaos als neuer *umbrella term* der 1990er Jahre und schließlich Netzwerke als Methode und Metapher. Anstelle der Linie wurden früh Netzmetaphern bemüht: Ariadnes Faden wurde durch die Gespinste Arachnes ersetzt. Paradoxerweise können Filme mehr Theater bieten als das Theater selbst, indem sie zugleich – mit dem weiterreichenden, mobilen und distanzierten Blick der Kamera und des Regisseurs – die Heterotopie, die Alterität des Theaters im Film reflektieren und dabei die Analogien und Differenzen zwischen theatralischer und filmischer Schaulust (und Redelust) aufzeigen: die Spielformen der sichtbaren und unsichtbaren Theatralität der Gesellschaft jenseits der gewohnten Regeln und Konventionen des Theaters.

Vor genau vierzig Jahren erschien das philosophische Hauptwerk von Gilles Deleuze, *Differenz und Wiederholung*. Sein Freund und Kampfgefährte, Michel Foucault, rezensierte das Buch ein Jahr später unter dem Titel „Der Ariadnefaden ist gerissen".

> Der Faden ist gerissen und Theseus kommt nicht wieder. Er rennt und rast, taumelt und tanzt durch Gänge, Tunnels, Keller, Höhlen, Kreuzwege, Abgründe, Blitze und Donner. [...] Der berühmte und so fest gedachte Faden ist zerrissen; [...] Und die ganze Geschichte des abendländischen Denkens ist neu zu schreiben. (Foucault 1977: 7/8)

Statt den Minotaurus im Labyrinth zu stellen und zu töten, um danach am Faden, den ihm Ariadne mit auf den Weg gegeben hat, sicher zurückzukehren, verliert und verläuft sich Theseus, läuft in Foucaults Parabel genau jenem chaotischen Mischwesen in die Arme. Foucaults Rezension nimmt den Gestus von Musils Argumentation auf: Der Faden, die Linie, ist ihm Garant der Identität – eine „aus Identität, Erinnerung und Wiedererkennung verliebt geflochtene[n] Schnur" (Foucault 1977: 7). Identität und Einheit des Subjekts sind nicht nur, wie bei Musil, anachronistische, sondern nunmehr ganz und gar unerwünschte, einengende, freiheitsbeschneidende, disziplinierende Konzepte und Praktiken. Theseus will nicht bei sich selbst bleiben, er will keinen Weg zurückfinden: Um seine Flucht vor sich selbst oder der Festlegung auf sich selbst nachdrücklich zu beschreiben, entlässt Foucault ihn sogar aus dem Labyrinth, das ihm noch viel zu geordnet erscheint: „Er bewegt sich nicht in der gelehrten Geometrie des wohlzentrierten Labyrinths – sondern treibt einen abschüssigen Steilhang hinunter" (Foucault 1977: 7). Theseus geht mit jedem klaren Weg auch jedes Selbstbewusstsein verloren: Er wird zum Wahnsinnigen. Bereits Musil hatte diese Alternative durchgespielt: Dem durchweg rational argumentierenden Ulrich wurde nicht nur der ökonomisch denkende und feingeistig räsonierende Paul Arnheim an die Seite gestellt, sondern auch der dumpfe, von Halluzinationen geplagte Prostituiertenmörder Moosbrugger. Im Kapitel 122 lässt Musil Ulrich in eine Situation geraten, die derjenigen gleicht, in der Moosbrugger zum Mörder wurde: „Moosbrugger, der krankhafte Komödiant, der Prostituiertenjäger und -vertilger, der durch jene Unglücksnacht genau so gegangen war wie er heute" (Musil 1978: 652). Für Ulrich führt diese flüchtige Spiegelung eine Entscheidung herbei: „Ulrich fühlte, daß er nun endlich entweder für ein erreichbares Ziel wie jeder andere leben oder mit diesen ‚Unmöglichkeiten' Ernst machen müsse [...]" (Musil 1978: 653). Ulrich entscheidet sich gegen den Wahnsinn, das unterscheidet ihn – und seinen Autor – von Foucaults rasendem Theseus. Keine Linien mehr!

Berühmt wurden die Setzungen Roland Barthes, der 1973 die Lust am Text ausdrücklich im Namen der Spinne proklamierte:

> Text heißt Gewebe; aber während man dieses Gewebe bisher immer als ein Produkt, einen fertigen Schleier aufgefaßt hat, hinter dem sich, mehr oder weniger verborgen, der Sinn (die Wahrheit) aufhält, betonen wir jetzt bei dem Gewebe die generative Vorstellung, daß der Text durch ein ständiges Flechten entsteht und sich selbst bearbeitet; in diesem Gewebe – dieser Textur – verloren, löst sich das Subjekt auf wie eine Spinne, die selbst in die konstruktiven Sekretionen ihres Netzes aufginge. (Barthes 1996: 94)

Auch wenn (oder vielleicht: weil) die selbstauflösende Spinne die Vorstellungskraft auf eine sehr harte Probe stellt, lässt sich im organischen Gespinst der Barthes'schen Katachrese ein technisches Modell oder sagen wir besser: eine technologische Phantasie entdecken: der Hypertext. Ich zitiere einen beliebigen Text zum Hypertext:

> Hyperdokumente sind im Gegensatz zu Büchern keine medial begrenzten und festgeschriebenen Objekte zum Lesen, Sammeln, Kommentieren und Interpretieren, sondern frei gestaltbare Interfaces: Prozessoren, mittels derer Gedankenobjekte in unterschiedlichen Darstellungsweisen (Text, Bild, Ton, Animation) produziert, verknüpft und verteilt werden können. [...] Im telematischen Universum frei verknüpfbarer Objektdateien wird die klassische Trennung zwischen Autor, Text und Leser und die machtpolitische Kommunikationsschaltung von Code/Sender/Empfänger aufgehoben. (Idensen/Krohn 1994: 245)

Imaginiert wird ein frei navigierbares „Docuverse" (Hartmut Winkler), das unterschiedliche Medien durch eine Vielzahl von Autorlesern verknüpft, Rezipienten, die gleichzeitig Produzenten sind. In der Vielzahl der Verbindungen, der tiefen Schachtelung der Linkstrukturen geht das verloren, was man einmal ‚Autorschaft', also Urheberschaft, nannte. Das Buch und sein Zwang zur Linearität scheint der Leistungsfähigkeit des neuen Netzmediums gegenüber unterkomplex, ein Auslaufmodell. Der Medienwissenschaftler Norbert Bolz (1993: 223) übersetzt Barthes' Phantasie in ein mediales Programm: „Computerprogramme sind ja Texte, die Texte lesen und schreiben, ohne daß ihnen noch ein Autor-Subjekt zugeordnet werden könnte."[5]

---

5   Dass Computerprogramme auch von jemandem – und sei es einem Team – geschrieben werden müssen, bevor sie alle genannten Wunderwerke vollbringen können, und dass Softwareunternehmen mit Argusaugen über den Schutz ihrer Autorschaft wachen, bleibt unberücksichtigt.

Abb. 1: Screenshot, http://www.pastperfect.at, 05.03.2008.

Ich möchte anhand der preisgekrönten Website www.pastperfect.at den Versuch, einen Wissensraum genau im Sinne dieser Konzepte und Phantasien zu gestalten, vorführen. Auf der *doorwaypage* stellt sich das Projekt vor: „Ein datenbankgestüztes Hypertextnetzwerk mit über 700 Texten von mehr als 60 Autor/innen ermöglicht assoziatives und gezieltes Navigieren durch Raum, Zeit und Inhalt" (http://www.pastperfect.at, 05.03.2008). Die Rhetorik der Überbietung – „über", „mehr als" –, die hier ohne Not zum Einsatz kommt, macht ebenso stutzig wie das aus einem Gemälde Hieronymus Boschs herausgeschnittene Bild eines geschwungenen, beigefarbenen Blattes, auf dem eine zinnoberrote Knospe zu sehen ist, aus der sich ein Grüppchen unbekleideter Menschen einer leuchtend roten Frucht entgegenstreckt, die ein fischreiherartiger Vogel auf seinem überdimensionierten Schnabel aufgespießt hat. Die Frucht korrespondiert deutlich mit einem roten pulsierenden Fleck im Hintergrund der Figur, der in der Mitte eines weißen, den hellblauen Grund der Webpage sternförmig durchkreuzenden Liniengeflechts platziert ist. Durch einen Klick auf diesen Fleck gelangt man auf die eigentliche Webpage:

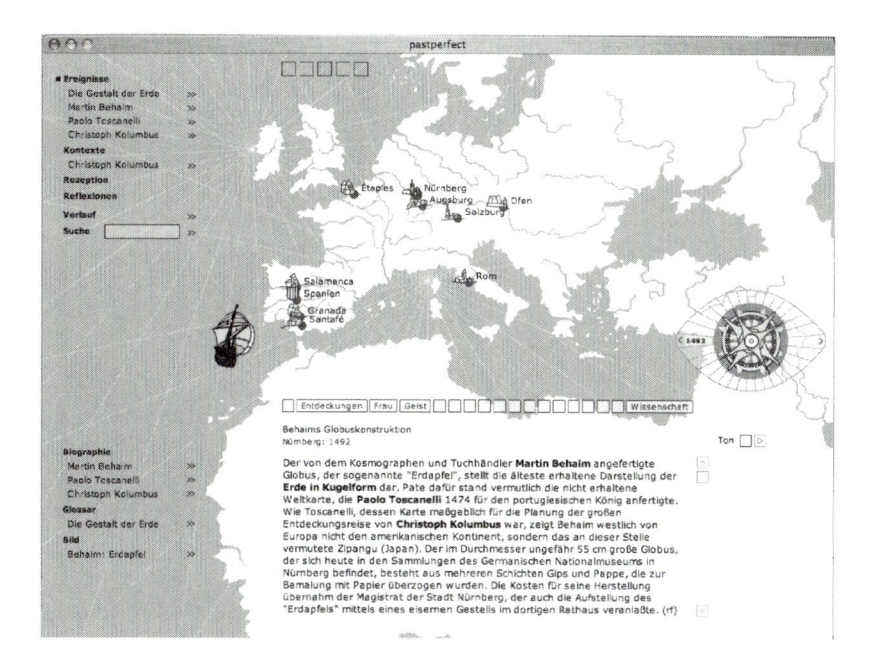

Abb. 2: Screenshot, http://www.pastperfect.at, 05.03.2008.

Uns gelingt also, was den Figuren Boschs versagt bleibt, unser Cursor erreicht, was sie niemals berühren werden. Umgekehrt sind wir damit zu Bosch'schen Männlein und Weiblein geworden, die nach etwas gieren, das nichts anderes als eben diese Webpage – präsentiert vom Institut für Geschichte der Universität Wien in Kooperation mit Van Gogh TV – ist. Dass wir uns ebendies ebenso intensiv und genauso lang herbeigesehnt hätten, wie uns die Gutenberg-Galaxis mit ihrem disziplinierenden Zwang zur Linearität unserer Freiheit zur wuchernden Assoziation und zu mutigen Sprüngen zwischen Unverbundenem beraubte, ist ein in die Jahre gekommener Topos poststrukturalistischer Spekulation, von dem die Propheten des Hypertext meinten, er sei im mannigfach verlinkten Raum des Internet mediale Wirklichkeit geworden. „Hypertext", so lesen wir denn auch versteckt in den selbst- und metareflexiven Essays, die der Webpage pastperfect.at unter der Überschrift „Reflexionen" beigegeben sind,

> bedeutet das Ende dieser Illusion (der Linearität der Gutenberg-Galaxis, A.K.-S.), denn es gehört zum Faszinosum des Mediums, dass der Leser ihn nach eigenem Gusto durchschreitet. Dafür zahlt er indes einen hohen Preis: Auf das (erhabene?) Gefühl der Gewissheit, ein Werk vollständig und in seiner Gänze gelesen zu haben, muss er im hypertextuellen Wissensraum verzichten. (Haber 2008)

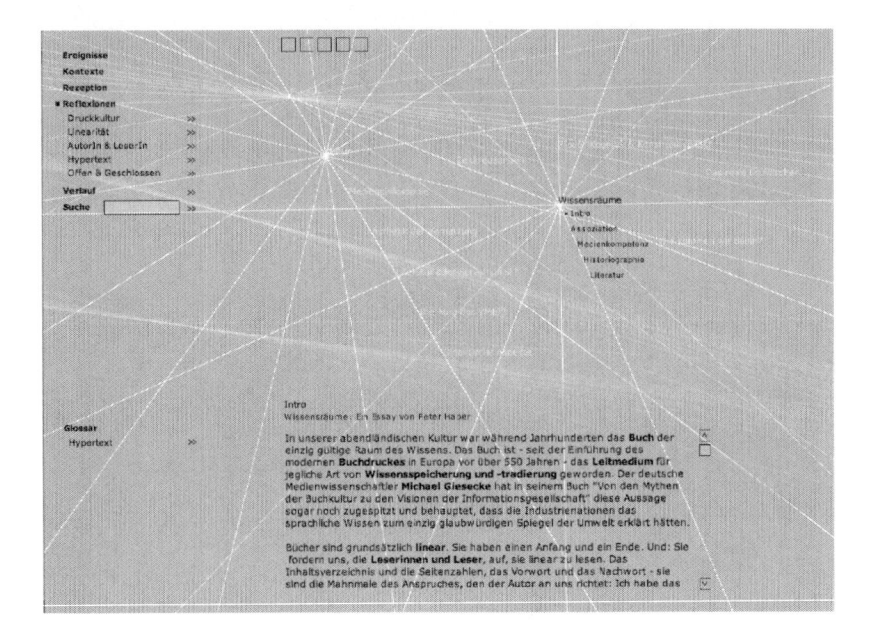

Abb. 3: Screenshot, http://www.pastperfect.at, 05.03.2008.

Nun ja – über 700 Texte mögen ja selbst dann eine Menge sein, wenn die weitaus meisten von ihnen recht kurz gehalten sind, aber weshalb es unmöglich sein sollte, sie alle in Gänze zu lesen, bleibt schleierhaft – zumal sich diese Webpage ganz werkförmig abgrenzt vom umgebenden hypertextuellen Raum des Internet, indem sie sich als eigenes Fenster ohne Zugriff auf die Steuerungsleisten des Webbrowsers öffnet: eine geschlossene und somit durchaus endliche Welt. Mehr noch: ein sich eifersüchtig den Lektüremechanismen des Internets verschließender Kosmos – Textfragmente lassen sich nicht ohne weiteres per *copy & paste* aus ihrem Zusammenhang lösen: ein heimlicher Traum aller plagiatgeplagten Lehrenden an Schulen und Universitäten. Für die praktische Navigation hat das übrigens den unangenehmen Effekt des Fehlens des Back-Buttons, des intuitivsten Instruments der Fehlerkorrektur beim Surfen. Pastperfect ist also weit davon entfernt, seine eigenen Versprechungen ernst zu nehmen.

Ein weiteres Problem aller Hypertextutopien sei an dieser Stelle genannt: Der Webnutzer wird durchgängig als *Leser* konzipiert. Surfen ist aber nicht lesen: Das weiß jeder *User* aus eigener Erfahrung. Noch immer ist die Lektüre am Bildschirm zu anstrengend und wohl immer wird der Buchstabe eben am Medium Papier kleben – Text ist eben nicht die dem Medium Internet konforme Form der Wissensübertragung. Aber andererseits: Können Millionen Blogger irren? Ist die Wikipedia ein erfolgloses Projekt? Man wird wahrscheinlich unterscheiden müssen zwischen Schreibweisen, die dem Medium und seinen kurzen Aufmerksamkeitsspannen entgegenkommen, und solchen, die sich ihnen widersetzen. Vielleicht könnte man auch die These aufstellen, dass Websites, die aktive Lektüren – also eigenes Schreiben in Form von Kommentaren, Anfragen, Gegentexten – technisch unterstützen, eher auf eine lesende Nutzung hoffen dürfen als solche, die hypertextuelles Surfen als passives Aufnehmen missverstehen.

Aus dieser These ergibt sich, sollte sie stichhaltig sein, ein Problem für das Erzählen komplexer Geschichten im Netz. Blogs haben den Vorzug der nicht überbietbaren Aktualität an sich, ein Vorzug, den auch die Wikipedia von traditionell buch- oder anderweitig festspeichergebundenen (CD, DVD o.ä.) Lexika unterscheidet. Die Wikipedia profitiert darüber hinaus von der Mühelosigkeit der Informationsfindung, die durch eine Volltextsuche kongenial und punktgenau ergänzt wird. In beiden Fällen kommt ein *community*-Element hinzu, das den meisten Web 2.0-Projekten eigen ist und die kommunikativen Funktionen denen der Wissensvermittlung gegenüber mindestens gleichwertig auftreten lässt. Das Problem der Texte im Netz stellt sich also dort, wo akademische oder aber den akademischen ähnliche bzw. von ihnen abgeleitete (essayistische oder popularisierende) Texttypen im Netz ihre Leser suchen. Aufsätze werden im Regelfall zum Download und Ausdruck angeboten, dasselbe gilt für Internetzeitschriften wie *Telepolis*. Pastperfect.at bietet fast ausschließlich Text, der nicht kopierbar ist. Es gibt auch keine Kompilations- oder wenigstens Trackfunktion, die es erlauben würde, die selbstgesuchten und -gefundenen Wege im Dickicht der über 700 Texte zwischenzuspeichern und so einen je eigenen Text zu generieren sowie sukzessive zu erweitern. Als Zwischenspeicher fungiert ausschließlich unser Kurzzeitgedächtnis, das für Wege durch ein ganzes Jahrhundert von Behaims Globus zum Tod Karls V. ein allzu instabiles Medium ist.

Unter einer Trackfunktion verstehe ich eine Karte, die dem *User* nicht nur einen Überblick über die Welt gibt, durch die er sich bewegt, sondern auch die eigene Position und den bisher zurückgelegten Weg markiert. Eine Trackfunktion löst also ganz zentrale navigatorische Probleme beim Durchstöbern sehr dicht verlinkter oder aus anderen Gründen schwer durchschaubarer hypertextueller Wissensräume. Pastperfect.at verweigert sich dem Überblick. Stattdessen sucht sie durch eine bloße Potenzierung von Navigationstools den *joy of use* zu steigern. Hier eine Darstellung der sieben Navigationsebenen von pastperfect.at:

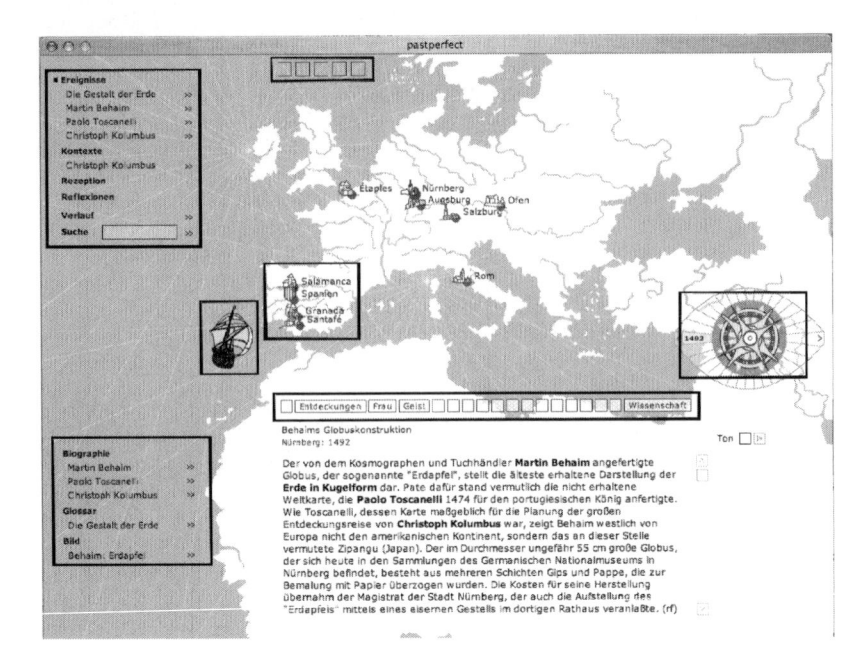

Abb. 4: Screenshot, http://www.pastperfect.at, 05.03.2008.

Zwei der Navigationstools sind überdies animiert, d.h., sie geben erst im *Mouseover* zu erkennen, wohin sie den Nutzer führen wollen. Der orientierungslose Besucher des Pastperfect-Projekts wünscht sich im Überangebot navigatorischer Tools eine Metanavigation, um sich in den Orientierungshilfen zu orientieren.

Warum die Designer dieser Webpage nicht dem Medium vertrauen, das sie zur Inszenierung ihres Hypertextgestrüpps gebrauchen, der Karte nämlich und ihren diagrammatischen Möglichkeiten, wird ihr Geheimnis bleiben. So wird etwa gespielt mit den Konventionen von Seekarten: Ein Gespinst weißer Linien durchzieht den kartographischen Raum – es ist der Hauptträger der visuellen Ausdeutung der Veränderung dieses Raums, erweitert sich, verzerrt sich zu ganz unterschiedlichen Formbildungen. Eine Semantik trägt es jedoch nicht. Es bleibt bloßes Dekor. Klassische Seekarten aus Venedig oder Portugal etwa benutzen solche Geflechte, um direkte Seeverbindungen zwischen Häfen anzuzeigen – eine unmittelbar einleuchtende Verknüpfungsmetaphorik. Solche Karten reizen den Nutzer zum Nachvollzug des auf ihnen Dargestellten – mit dem Finger, im Geiste und, letztlich, in der Realität. Für pastperfect.at ist das Diagramm aber nur ein Bild, das man anschauen soll, kein operatives Schema, das erst lebt, wenn man es nutzt.

3 Mittels Linien

Im letzten Teil dieses Essays möchte ich das virtuelle Buch *Paris: Invisible City*[6] des Ethnologen und Wissenschaftstheoretikers Bruno Latour diskutieren, da mir hier der Versuch gemacht zu sein scheint, zwei Medien, Buch und Hypertext, miteinander zu verknüpfen und Linie und Netz einmal nicht gegeneinander auszuspielen. Es entsteht eine Stadterzählung, die genau umgekehrt wie Musils Poetologie operiert: Linearität wird einem nicht-linearen Medium eingesenkt. Dem herumklickenden und -surfenden Internetuser werden Angebote gemacht, das navigierende Tun in den Modus einer linearen Erzählstrategie zu bringen.

Zunächst hat Latour das Projekt jedoch gar nicht als Website, sondern gemeinsam mit der Fotografin Emilie Hermant als Buch konzipiert. Das Buch *Paris: ville invisible* kam im Jahre 1998 als großformatiger (ca. DIN A3) Band, der Texte und Bilder zu einem collagenhaften Gesamteindruck montierte, heraus. Es ist nicht Latours erste Arbeit mit Fotografien. 1993 publiziert er einen seiner nach wie vor besten, weil didaktisch klarsten Texte und gibt ihm den Untertitel „montage photo-philosophique". Dieser Text begleitet eine Forschergruppe an den Rand des Urwalds, dorthin, wo dieser in die Savanne übergeht. Er zeigt, welche Techniken die Forschenden einsetzen, um den Urwald in ein Format zu bringen, das ihn auf bestimmte Probleme – etwa: Zieht der Wald sich zurück oder dringt die Savanne vor? – hin befragbar macht: Proben, Messungen, Vergleiche, Kartierungen, Diagramme etc. Latour möchte wissen: Wie erzeugen die Forschenden den Urwald als ‚Referenz' ihrer wissenschaftlichen Arbeit?, und kommt zu dem Ergebnis, dass die Referenz nicht an einem Ort klebt, wie die klassische sprachphilosophische Unterteilung in Referenten und Signifikat/Signifikanten, *les mots et les choses*, will, sondern durch die gesamte Kette der Übersetzungen, die die Forschenden am Urwald, den ihm entnommenen Proben, Zahlen und sonstigen Daten vornehmen, zirkuliert. Referenz ist also ein Prozess, kein Zustand oder Objekt.

Das Paris-Buch stellt die Frage nach der Referenz erneut und beantwortet sie genauso, wie Latour es bereits im Amazonas-Aufsatz tat: Referenz ist kein Ort, den man aufsuchen kann, sondern der Effekt einer Übersetzungskette. (Paris ist nicht sichtbar, Paris ist nicht real, das ‚reale' Paris ist virtuell, verbirgt sich in den vernetzten Handlungen tausender Akteure, die selbst Paris nur deshalb sehen, weil sie sich hinter Karten, Computerbildschirmen und Zettel-

---

[6] Ich zitiere den Text, der für Buchfassung und Website identisch ist, durchgängig nach dem Text der englischen Übersetzung des auf Latours Website hinterlegten pdfs: Latour/Hermant 2006.

kästen verbergen, das sichtbare Paris ist demgegenüber kaum real.⁷) Um diesen Gedanken zu entwickeln, nutzt Latour aber eine ganz andere Antwortstrategie als im Amazonas-Text. Bild und Text stehen nunmehr nicht getrennt voneinander – die Bilder haben keine illustrative oder bestenfalls erläuternde Funktion, sondern sind mit dem Text collagenhaft verwoben, farbig und oft ganzseitig. Der auf diese Weise geschaffene Bildraum opponiert gegen die feste lineare Stellordnung, die das Buch doch vorgibt: Er lädt zum schweifenden Blick ein.⁸

> Denn erst in der Montage bekommen die Bilder von Dokumenten und Schildern ihre Bedeutung; in der Kreisbewegung sind die Einzelbilder nur wichtig als Ruhepunkte des Blickes. Eine solche Leseart wird erst dann möglich, wenn die verschiedenen Fotografien als ein Nebeneinander und nicht als Nacheinander erscheinen. Die Schaffung einer narrativen Montage aus Einzelbildern ist durchaus möglich, wird aber von Latour abgewiesen [...]. (Surdiacourt 2007: 14)

Surdiacourt leitet Latours Ablehnung narrativ-sequentieller Ordnungen aus seinem Plädoyer für das Koexistieren, die Gleichzeitigkeit, das räumliche Nebeneinander von Handlungen, die die Gegenwart der Stadt Paris überhaupt erst möglich machen – „the coexistence of millions of Parisians" (Latour/Hermant 2003: Plan 52) –, ab: „Perhaps we flirted for too long with history and ‚the series of successions'. We now need to try space and the ‚series of coexistences'. How can space be created?" (Latour/Hermant 2003: Plan 52) Latour betont den räumlichen Charakter des die Räumlichkeit, die Koexistenz analysierenden Fotobuches, indem er es als „diorama for grown ups" (Latour/Hermant 2003: Plan 52) charakterisiert. Wie in einem Diorama sollen die Seiten dieses Buches dem Lesenden und Schauenden keine Richtung von links oben nach rechts unten vorgeben: Ali Mitgutsch konzipierte nach diesem Prinzip die beliebten Wimmelbücher für Kinder.

Allerdings scheint sich Latours Linienfeindlichkeit ausschließlich auf das Großsubjekt ‚Geschichte' als Organisationsmodell zu beziehen: „[...] the big

---

7 „The artist Christo thought he was innovating by wrapping up the Pont-Neuf in white fabric. He wasn't aware that for many centuries its stone arches had been enveloped in the folds of Parisian institutions, whithout which it would have collapsed a long time ago" (Latour/Hermant 2003: Plan 52). Ich zitiere nach den Nummern der „Pläne", wie Latour die Unterkapitel des Buches genannt hat, da diese Nummerierung durch alle medialen Formate der Text-Bild-Collage – Buch, Website, pdf – hindurch gleich bleibt.

8 Auch ein schweifendes Lesen oder Schauen bleibt natürlich der Figur der Linie verpflichtet: Nur die Reihenfolge, in der die Bilder wahrgenommen werden, ist nicht durch den Autor festgelegt.

deal was a question of time, of the series of successions" (Latour/Hermant 2003: Plan 52). Auch die Räumlichkeit der Gegenwart, die Paris realisierenden Handlungszusammenhänge folgen jedoch – wie sollte es anders sein – einer Zeitlichkeit des *Nacheinanders*. Es handelt sich um „*series* of coexistences" (Latour/Hermant 2003: Plan 52, Hervorhebung A.K.-S.). Nicht nur der Lesende muss sich für eine Reihenfolge entscheiden (erst dieses Bild, dann diesen Text, dann dieses Bild, dann Umblättern usw.), sondern die Koexistenz selbst, die Gegenwart der Gleichzeitigkeit der Stadt, ruht auf Handlungs*reihen*, Operations*ketten* auf, deren Logik sogar außerordentlich strikt ist und sein muss, um zu funktionieren. Das Akteur-Netzwerk-Modell, für das Latours Name zum Synonym geworden ist, beschreibt also stets Operationsketten, die parallel oder einander kreuzend verlaufen. In der virtuellen Stadt Paris zu flanieren, bedeutet demnach durch ein Netzwerk vielfältiger Beziehungen zu navigieren, also einer Operationskette so lange zu folgen, bis ein Kreuzungs- oder Knotenpunkt das Angebot zum Richtungswechsel macht. Natürlich kann man auch zwischen parallel verlaufenden Strängen springen, aber um den Preis, weniger zu verstehen: Sprünge muss der virtuell Flanierende achtsam einsetzen, um nicht verloren zu gehen im Netz der Bezüge. Gerade das war ja der Nachteil des freien Hypertextmodells gewesen: Der lineare, ordnungsstiftende Zusammenhalt war nur sehr schwach gegeben, Ordnungsstiftung eine Forderung nach radikaler Selbstdisziplinierung des Nutzenden. Im Grunde bedeutet das radikale Hypertext- bzw. Hypermediamodell, dass dem Nutzenden gar kein netzartiger Zusammenhalt verfügbar ist, sondern nur das Angebot zur *selbständigen* Vernetzung freier Punkte/Ereignisse, die als Verknüpfungsoptionen bereitgestellt werden, gemacht wird. Es ist ein Spiel mit zu vielen Freiheitsgraden: langweilig (siehe auch Kümmel-Schnur 2008: passim).

Latours Konzept also eines Netzwerkes aus Operationsketten, die keineswegs alles mit allem vernetzen (auch so ein Missverständnis des Netzwerk-Konzeptes), bietet sich aus zwei Gründen für eine Webumsetzung an: Erstens verdeutlicht eine Realisierung des Fotobuches in einem virtuellen Raum Latours Chiasmus von realem und virtuellem Paris, dem zufolge die Materialität des sichtbaren Raumes nur scheinbar real und die Unsichtbarkeit des Panoramas auf Verteilungsplänen und Netzwerkdiagrammen nur dem oberflächlichen Blick virtuell ist. Das Fotobuch verhält sich zur Website wie das materielle Paris zu jenem Beziehungsnetzwerk, das den Namen ‚Paris' trägt. Radikaler als in Buchform möglich wird der Nutzende der Website zum kombinatorischen Sprung aufgefordert, zum freien Flanieren, das bereits das Herz der Hypermediautopien darstellte. Koexistenz scheint online deutlicher artikuliert als im Medium ‚Buch'. Wo aber bleiben die Serien? Ist Latours virtuelles Buch auch nur eine weitere Website, die im wilden Klicken bei kurzen Aufmerksamkeitsspannen den Zusammenhang verliert?

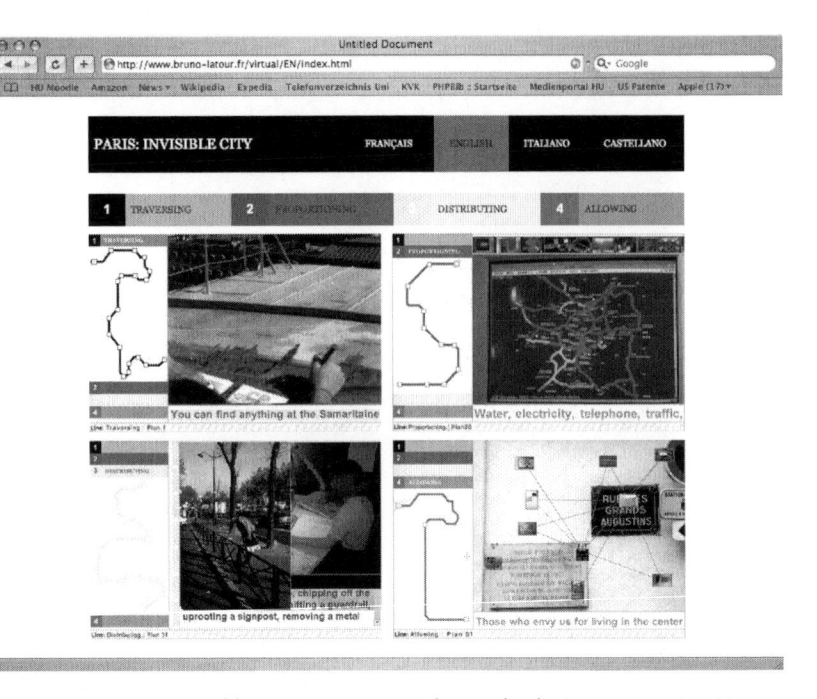

Abb. 5: Screenshot, http://www.bruno-latour.fr/virtual/en/index.html, 02.04.2008.

Wer die Website betritt, wird zunächst mit einem Übersichtsplan konfrontiert, der eine deutliche Einladung zur Nutzung des Angebots in einer bestimmten und nicht etwa beliebigen Reihenfolge macht: Die vier Kapitel des Buches sind nummeriert und werden nacheinander auf einer horizontalen Navigationsleiste angezeigt, die sich unterhalb des Seiten- bzw. Buchtitels mit der Sprachenwahl findet.

Das Layout knüpft an unsere alphabetisierten Sehgewohnheiten an, indem es zunächst eine zeilenweise Lesart von links oben nach rechts unten unterstützt: Erst der Titel, dann die Sprachwahl, dann der Zeilensprung, dann Kapitel 1 bis 4, Zeilensprung, dann die Kapitel selbst, nunmehr die ganze Fläche der verbleibenden Seite einnehmend, Kartenstruktur suggerierend, aber noch immer nicht von der Logik der lateinischen Schriftfolge abweichend. Jedem Kapitel ist eine eindeutige Farbe – schwarz, pink, gelb und grün – zugewiesen: Selbst wenn ich mich für ein freies Klicken zwischen den Kapiteln und jenseits der linearen Reihenfolge entscheiden sollte, weiß ich immer, wo ich bin. Die Großkapitel sind thematisch geordnet: traversing, proportioning, distributing, allowing. Durch Anklicken entweder der Kapitelnamen in der Navigationsleiste oder der Kapitel-Frontpages im unteren Bereich der Seite gelange ich in den gewählten Abschnitt des Buches/der Seite. Obwohl mir *zwei* Klickmöglichkeiten geboten werden, handelt es sich doch nur um *ein* layouterisches Doppelangebot: Es geht nur um eine Entscheidung.

Abb. 6: Screenshot, http://www.bruno-latour.fr/virtual/en/index.html, 02.04.2008.

Die Aufteilung der nun sichtbaren Seite unterscheidet klar einen Content-Bereich von einem Navigationsbereich. Der Navigationsbereich befindet sich einerseits nach wie vor horizontal über dem Content – hier (und *nur* hier) kann ich zwischen den Großkapiteln wechseln, die vertikal am linken Rand neben dem Contentfenster befindliche Navigationsleiste öffnet unter der Überschrift des geöffneten Kapitels ein navigierbares Fenster, das eine von kleinen weißen Quadraten durchbrochene Linie zeigt, die man sofort mit einem Weg oder der Darstellung einer U-Bahn-Linie gleichsetzt. Ob es sich bei dieser Linie um einen tatsächlichen Weg durch ein wie immer reales oder virtuelles Paris handelt, ist nicht festzustellen. Darauf scheint es den Macher/innen der Website auch gar nicht anzukommen. Entscheidend ist vielmehr, dass der Eindruck eines begehbaren – und zwar *hic et nunc* vom Nutzenden der Website und nicht etwa im übertragenen Sinne – Weges, der verschiedene Stationen miteinander verknüpft, entsteht. Ein gelb blinkendes Kästchen zeigt die gerade aktuelle Station auf dem Weg, den Standort, an. Der graphisch suggerierte Eindruck, es handele sich hier um den Ausschnitt einer U-Bahn-Karte, legt noch einmal Wert auf die Verknüpfung von sequentiell begehbaren Passagen und deren Verknüpfung zu einem netzwerkartigen Bezugssystem. Das gelbe Quadrat begegnet dem Navigierenden wieder, wenn er beginnt, den Contentbereich zu explorieren. Die Cursorbewegung über das Bild lässt je unter dem Cursor kurz gelbe Rechtecke aufflackern: Auch im Contentbereich wird also der Eindruck eines Standorts erzeugt, allerdings durch das kurze Aufflackern dynamisiert: Es geht um Bewegung. Wer sich so über das Content-Feld bewegt, wird unterschiedliche Bilder zu sehen bekommen, unter der Cursorbewegung laufen vertikal Bildstreifen nach oben oder unten. Eingangs wandert man etwas ziellos über die Fläche, so wie man in der Gegend herumschaut, explorierend, schweifend. Nach einer Weile stellt man jedoch fest, dass der Fläche ein Raster aus fünf Spalten und fünf Zeilen unterlegt ist. Man beginnt die wandernde Erkundungsbewegung dem Raster anzupassen auf der Suche nach Ordnung oder Struktur: Mal zeigt einem das Fenster ein ganzflächiges Bild, mal zwei kleinere Fotografien. Zu sehen sind Bilder von Paris aus der Vogelschau sowie auf Kacheln, deren gebrochene Glasur auf ein gewisses Alter hindeutet, die ebenfalls Paris aus der Vogelschau zeigen. Offenbar geht es um Entsprechungen und Differenzen zwischen dem, was der freie Blick über Paris zeigt und dem, was die Kacheln zeigen. Unter dem Bildfenster ist eine gelb unterlegte Textzeile zu lesen: „You can find anything at the Samaritaine" (Latour/Hermant 2003: Plan 1). Das Samaritaine ist ein 1904 im Art-Nouveau-Stil erbautes Kaufhaus, das über eine Aussichtsterrasse verfügt: Ein Bilderstreifen am Rande dieser Terrasse zeigt, was man sehen kann, wenn man den Blick über Paris schweifen lässt. Natürlich, darauf weist Latour hin, entspricht die historische Bildergalerie keineswegs mehr dem modernen Paris: Die Blicke überlagern sich allenfalls partiell, sind nicht mehr zeitgleich. Diese Erläuterungen Latours findet man, sobald man die gelb unterlegte Textzeile, die bislang nur als Bildunterschrift fungierte, anklickt: Über die nach wie vor bewegliche Bildergalerie schiebt sich ein semitransparentes Textfeld, das in großen, fetten, serifenlosen Buchstaben den Text Latours aus dem Buch wiedergibt. Jeder Station des Weges entspricht ein Unterkapitel des Textes. Ein Scrollbalken am rechten Rand des Content-Fensters ermöglicht dem Lesenden die Bewegung durch den Text. Schon bei dieser ersten Begegnung mit dem virtuellen Buch *Paris: Invisible City* von Bruno Latour, Emilie Hermant und ungenannten Webdesigner/innen zeigt sich, dass der Nutzende hier als Lesender, Sehender und Navigierender konzipiert ist, und zwar nicht einfach aufgrund der Kombination unterschiedlicher Medien, wie sie für jede Website und jede andere hypermediale Anwendung typisch ist, sondern wegen der je gesonderten Adressierung dieser drei Aktivitäten. Es ist möglich, diese Website zu nutzen, ohne den Text Latours zu lesen – wenige Überschriften und Schlagworte reichen zur Orientierung völlig aus. Bild und Text sind somit autonomer noch als in der Buchfassung, die zwar auch die getrennte Nutzung von beiden Medien ermöglicht, aber doch beide stets gleich präsent halten muss.

Den vier Großkapiteln entsprechen je unterschiedliche Anordnungen der Bilder und ihrer Navigierbarkeit. Mal bewegen sich Bilder einfach durch bloßes *Mouseover*, mal muss man sie aktiv auswählen. Der Text ist stets in der gleichen Weise gestaltet: Die ungewöhnlich große Schrift trägt der schweren Lesbarkeit von Texten am Bildschirm Rechnung. Gleichzeitig wird der Text als bilderfreies pdf zum Download zur Verfügung gestellt. Wem die Lektüre am Bildschirm also allzu mühselig ist, der kann das pdf ausdrucken und parallel zum Betrachten der Bilder, ohne die der Text zumindest unvollständig, manchmal gar hermetisch verschlossen bleibt, in ganz traditionell printmedialer Form lesen. Die Bilderordnungen sind je dem Thema des Großkapitels angemessen: Winzige verpixelte Bilderserien am oberen Rand über einer freien, durch diagonale Linien segmentierten Fläche charakterisieren das Thema „proportioning". Mappenartig mit Reiterchen versehene Bilder annoncieren den Bereich „Verteilen" (*distributing*). *Allowing* schließlich organisiert die Bilder als Knoten eines Netzwerkgraphen.

Latour, der Fotografin Hermant und den ungenannten Webdesigner/innen[9] gelingt einerseits eine überzeugende Übersetzung des Fotobuchs *Paris: ville invisible* in ein Webformat. Diese Gestaltung entspricht dem Konzept der *Serien der Koexistenzen*, das Latour einem historischen Konzept gegenüber bevorzugt, sogar mehr, als das Printmedium ihm je entsprechen könnte. Gleichzeitig fehlt der Website, das doch die Prozesshaftigkeit der Sichtbarmachung von Paris betont, eine Möglichkeit für den Nutzenden, sich einzuschreiben, und ob nicht der Text der Seite besser als Audiotrack, den man beim Betrachten der Bilder anhören kann, integriert worden wäre, muss auch der Phantasie des Nutzenden überlassen bleiben.

Zwischen Netz und Linie gibt es noch ein großes Entwicklungspotential: Sicher bleibt nur, dass Narrationsformen der Zukunft an ihrer Verbindung arbeiten müssen und werden. Wem es gelingt, Narration und Navigation einander anzunähern, wird ebenso offene wie spannende Erzählungen, ebenso neugierige wie zufriedene Nutzer/innen erhalten.

---

9 Es zeugt übrigens nicht von besonderem Respekt für die Arbeit anderer, dass Latour als einziger Autor dieses virtuellen Buches zeichnet. Nicht einmal die Fotografin, die in der Printversion noch als Coautorin auf dem Cover steht, wird genannt. Den Webdesigner/innen, die sicherlich mehr als bloß ausführende Hände bei der Umsetzung des virtuellen Buches waren, hätte man auch Autorenrechte zubilligen können.

Literatur

Barthes, Roland ([8]1996 [1974]): *Die Lust am Text*, Frankfurt a.M.

Beikircher, Konrad (1993): „Der Redefluß und seine Elemente: e. Wie jesacht!", in: *Beikircher LIVE. Wie isset? Jot! Neues zwischen Himmel un Ääd*, Audio-CD 1, Bonn, Track 4.

Bolz, Norbert (1993): *Am Ende der Gutenberggalaxis. Die neuen Kommunikationsverhältnisse*, München.

Foucault, Michel (1977 [1969]): „Der Ariadnefaden ist gerissen", in: Gilles Deleuze/ders., *Der Faden ist gerissen*, Berlin, 7-12.

Haber, Peter (2008): „Wissensräume", http://www.pastperfect.at (Reflexionen, Wissensräume), 02.04.2008.

Honold, Alexander (1995): *Die Stadt und der Krieg. Raum- und Zeitkonstruktion in Robert Musils Roman ‚Der Mann ohne Eigenschaften'*, München.

Idensen, Heiko/Krohn, Matthias (1994): „Bild-Schirm-Denken. Manual für hypermediale Diskurstechniken", in: Nobert Bolz et al. (Hrsg.), *Computer als Medium*, München, 245-266.

Kant, Immanuel (1956 [1781/1787]): *Kritik der reinen Vernunft* (nach der ersten und zweiten Original-Ausgabe neu hrsg. v. Raymund Schmidt), Hamburg.

Kassung, Christian (2001): *EntropieGeschichten. Robert Musils ‚Der Mann ohne Eigenschaften' im Diskurs der modernen Physik*, München.

Kümmel, Albert (2001): *Das MoE-Programm. Eine Studie über geistige Organisation*, München.

Kümmel-Schnur, Albert (2008): „Zwischen den Dimensionen. Navigation und Dramaturgie von Wissen im Web", in: Joachim Paech/Jens Schröter (Hrsg.), *Intermedialität analog/digital*, München, 521-530.

Latour, Bruno/Hermant, Emilie (1998): *Paris: ville invisible*, Paris.

Latour, Bruno/Hermant, Emilie (2003): *Paris: Invisible City*, http://www.brunolatour.fr/virtual/index.html, 02.04.2008.

Latour, Bruno/Hermant, Emilie (2006): *Paris: Invisible City*, http://www.brunolatour.fr/livres/viii_paris-city-gb.pdf, 02.04.2008.

Meisel, Gerhard (1991): *Liebe im Zeitalter der Wissenschaften vom Menschen*, Opladen.

Musil, Robert (1978 [1930]): *Der Mann ohne Eigenschaften*, Reinbek.

Surdiacourt, Steven (2007): „Paris/Paris. Topologie einer virtuellen Stadt", unveröffentlichtes Manuskript, Konstanz.

Mediengeographie lokal:

Global Cities, Knowledge Villages,
Media Homes

Saskia Sassen

Reading the City in a Global Digital Age: Geographies of Talk and the Limits of Topographic Representation

Understanding a city or a metropolitan region in terms of built topography is increasingly inadequate when global and digital forces are part of the urban condition. What we might call the topographic moment is a critical and a large component of the representation of cities. But it cannot incorporate the fact of globalization and digitization as part of the representation of the urban. Nor can it critically engage today's dominant accounts about globalization and digitization, accounts which evict place and materiality even though the former are deeply imbricated with the material and the local and hence with that topographic moment. A key analytic move that bridges between these very diverse dimensions is to capture the possibility that particular components of a city's topography can be spatializations of global and digital dynamics and formations; such particular topographic components would then be one site in a multisited circuit or network. Such spatializations destabilize the meaning of the local or the sited, and thereby of the topographic understanding of cities. This holds probably especially for global cities.

My concern in this essay is to distinguish between the topographic representation of key aspects of the city and an interpretation of these same aspects in terms of spatialized global economic, political, and cultural dynamics.[1] This is one analytic path into questions about cities in a global digital age. It brings a particular type of twist to the discussion on urban topography and cities since globalization and digitization are both associated with dispersal and mobility. The effort is then to understand what analytic elements need to be developed in order to compensate for or remedy the limits of topographic representations in making legible the possibility that at least some global and digital components get spatialized in cities. Among such components are both the power projects of major global economic actors but also the political projects of contestatory actors, e.g. electronic activists. A topographic representation of rich and poor areas of a city would simply capture the physical conditions of each – advantage and disadvantage. It would fail to capture the electronic connectivity possibly marking even poor areas as locations on global circuits.

---

1   These are all complex and multifaceted subjects. It is impossible to do full justice to them or to the literatures they have engendered. I have elaborated on both the subjects and the literatures elsewhere (Sassen 2006: chapters 7 and 8).

Once this spatialization of various global and digital components is made legible, the richness of topographic analysis can add to our understanding of this process. The challenge is to locate and specify the fact of such spatializations and its variability.

This brings up a second set of issues: topographic representations of the built environment of cities tend to emphasize the distinctiveness of the various socio-economic sectors: the differences between poor and rich neighborhoods, between commercial and manufacturing districts, and so on. While valid, this type of representation of a city becomes particularly partial when, as is happening today, a growing share of advanced economic sectors also employ significant numbers of very low-wage workers and subcontract to firms that do not look like they belong in the advanced corporate sector; similarly, the growth of high-income professional households has generated a whole new demand for low-wage household workers, connecting expensive residential areas with poorer ones, and placing these professional households on global care-chains that bring-in many of the cleaners, nannies and nurses from poorer countries. In brief, economic restructuring is producing multiple interconnections among parts of the city that topographically look like they may have little to do with each other. Given some of the socio-economic, technical, and cultural dynamics of the current era, topographic representations may well be more partial today than in past phases.

The limitations of topographic representations of the city to capture these types of interconnections – between the global and the urban, and between socio-economic areas of a city that appear as completely unrelated – call for analytic tools that allow us to incorporate such interconnections in spatial representations of cities. Some of these interconnections have long existed. What is different today is their multiplication, their intensity, their character. Some elements of topographic representation, such as transport systems and water and sewage pipes, have long captured particular interconnections. What is different today in this regard is the sharpening of non-physical interconnections, such as social and digital interconnections, perhaps also pointing to a deeper transformation in the larger social, economic and physical orders. Topographic representations remain critical, but are increasingly insufficient. One way of addressing these conditions is to uncover the interconnections between urban forms and urban fragments, and between orders – the global and the urban, the digital and the urban – that appear as unconnected. This is one more step for understanding what our large cities are about today and in the near future, and what constitutes their complexity.

Spatialized Power Projects

Cities have long been key sites for the spatialization of power projects – whether political, religious, or economic. There are multiple instances that capture this. We can find it in the structures and infrastructures for control and management functions of past colonial empires and of current global firms and markets. We can also find it in the segregation of population groups that can consequently be more easily produced as either cheap labor or surplus people; in the choice of particular built forms used for representing and symbolic cleansing of economic power, as in the preference for 'Greek temples' to house stock markets; and we can find it in what we designate today as high-income residential and commercial gentrification, a process that allows cities to accommodate the expanding elite professional classes, with the inevitable displacement of lower income households and firms. Finally, we can see it in the large-scale destruction of natural environments to implant particular forms of urbanization marked by spread rather than density and linked to specific real estate development interests, such as the uncontrolled strip-development and suburbanization that shaped the Los Angeles region.

Yet the particular dynamics and capacities captured by the terms globalization and digitization signal the possibility of a major transformation in this dynamic of spatialization. The dominant interpretation posits that digitization entails an absolute disembedding from the material world. Key concepts in the dominant account about the global economy – globalization, information economy, and telematics – all suggest that place no longer matters. And they suggest that the type of place represented by major cities may have become obsolete from the perspective of the economy, particularly for leading sectors, such as information economy sectors and finance, as these have the best access to, and are the most advanced users of, telematics. These are accounts that privilege the fact of instantaneous global transmission over the concentrations of built infrastructure that make transmission possible; information outputs over the work of producing those outputs, from specialists to secretaries; and the new transnational corporate culture over the multiplicity of cultural environments, including re-territorialized immigrant cultures, within which many of the 'other' jobs of the global information economy take place.[2]

---

2   The eviction of these activities and workers from the dominant representation of the global information economy has the effect of excluding the variety of cultural contexts within which that economy actually functions, a cultural diversity that is as much a presence in processes of globalization as it is the new transnational corporate culture.

One consequence of such a representation of the global information economy as placeless would be that there is no longer a spatialization of this type of power today: it has supposedly dispersed geographically and gone partly digital. It is this proposition that I have contested in much of my work, arguing that this dispersal is only part of the story and that we see in fact new types of spatializations of power. How do we reintroduce place in economic analysis? And how do we construct a new narrative about economic globalization, one that includes rather than excludes all the spatial, economic and cultural elements that are part of the urban global economy as it is constituted in cities and the increasingly structured networks of which they are part? A topographic reading would introduce place yet, in the end, it would fail to capture the fact that global dynamics might inhabit localized built environments.

New York City's Two Global Geographies of Talk

Two 24-hour geographies.[3] Both are actually rolling, but one is the same actors as they move across the globe, the other is a geography of countries of origin, a roving talk machine that moves across the globe. They capture globalization in action – talking.

Global talk happens largely among those at the top of the economy and at its lower end. This point is one of the striking pieces of evidence coming out of the data analyzed here. The vast middle layers of our society are far less global; the middle talks mostly nationally and locally, albeit in highly variable geographies.

Occuring at the top is increasingly, though not fully, a permanent twenty-four hours of talking, with rapidly shrinking 'nights'. This is the network of the forty or so global cities around the world where financial instruments are traded, new accounting models devised, mergers and acquisitions executed, and new ways of extracting profit invented. Traders today start at 04.00 or go on until midnight in some parts of the world so as to catch the end or the beginning of the day on the other side of the globe. The idea of the 24-hour financial center, awake and ready to trade with the whole world, took much longer to take shape than forecasters expected. In fact, it is still only a partial reality. But night-time as downtime is definitely a much shorter part of the 24-hour cycle than it used to be. And daytime as the time when all systems are going is definitely a brutally extended part of the cycle.

---

3   First published in Rojas et al. 2008: 10-15.

Pulse of the Planet

Time zones influence the global rhythm of communications. Pulse of the Planet illustrates the volume of international calls between New York City and 255 countries over the twenty-four hours in a day. Areas of the world receiving and making fewer phone calls shrink while areas experiencing a greater amount of voice call activity expand. International cities with the most call activity to and from New York are highlighted according to time zone.

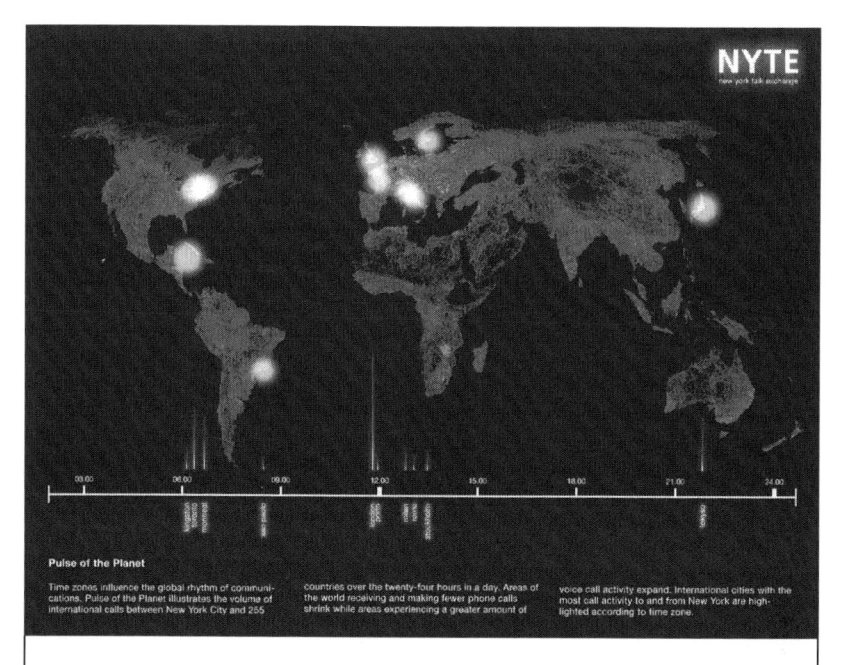

Fig. 1: Pulse of the Planet. This vizualisation aggregates phone calls between New York City and 255 countries around the world. By illustrating the change in volume of international voice calls over the twenty-four hours in a day, we can examine how time zones influence communications patterns from west to east and north to south. Areas of the world receiving and making fewer phone calls shrink while areas experiencing a greater amount of voice call activity expand. International cities with the most call activity to and from New York are highlighted according to time zone (see http://senseable.mit.edu/nyte/visuals.html).

At the lower end, the 24-hour geography of global talk emerges out of the fact that the countries sending immigrants to New York circle the globe. As the Dominican Republic goes to sleep, Italy is about to wake up and so on across India and then the Philippines and China. If you call Manila from New York at midnight on Monday you will find them having lunch on Tuesday.

There are clearly also specific geographies that fit into neither one of the two major ones focused on here. For instance, calls between Jerusalem and Brooklyn and Queens are part of a more classic diasporic geography of communication. Secondly, calls between New York City and Geneva are part of the supranational system, with the United Nations headquartered in New York and the largest single concentration of U.N. agencies in Geneva. As with the major geographies of global talk focused on here, the AT&T data is a partial representation of all communication, given the proliferation of carriers in both originating and destination countries.

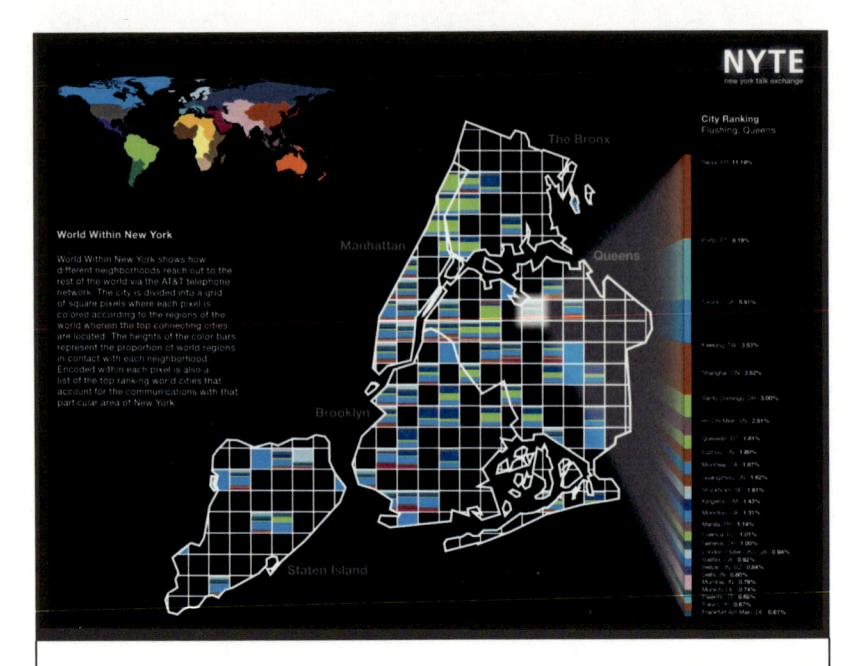

Fig. 2: The World Within New York. This map shows how different neighborhoods reach out to the rest of the world via the AT&T telephone network. The city is divided into a grid of 2-kilometer square pixels where each pixel is colored according to the regions of the world wherein the top connecting cities are located. The widths of the color bars represent the proportion of world regions in contact with each neighborhood. Encoded within each pixel is also a list of the world cities that account for 70% of the communications with that particular area of New York (see http://senseable.mit.edu/nyte/visuals.html).

Even though global talk going out of and into New York City connects the city to multiple places worldwide, there is clear dominance of a few places. The AT&T data, only one of several carriers handling NYC's telephony, shows that London, Santo Domingo, Toronto and Kingston (Jamaica) are the main destinations for calls out of Manhattan. And the first three are also the largest originators of calls into Manhattan. Interestingly these top four already contain both global geographies of talk – one the world of transnational professionals (London and Toronto) and the other largely the world of immigrants.

Calls between Manhattan and London, Toronto, Tokyo, Hong Kong, Luxemburg, Singapore, Paris, Frankfurt, Zurich, Amsterdam, Shanghai, Madrid and Bangalore all constitute mostly the transnational professional global geography of talk, consisting of both foreign-born and native-born. There is a set of cities, notably São Paulo, Mexico City, Dublin and Mumbai which are likely to contain both this world and that of immigrants.

New York City's total foreign-born population stood at almost 2.9 million according to the 2000 U.S. Census. The largest single groups were 370,000 Dominicans, 262,000 Chinese and 179,000 Jamaicans. While their numbers may be small, they do a lot of the global talking out of and into New York City: they are the new high-level transnational professional class. Immigrants and transnational professionals, both foreign-born and native-born, are the two main global talking groups in NYC.

Each of these aggregated geographies of talk includes multiple differences and particularities. Returning to the case of cities that mix both our geographies of talk, it might be worthwhile to focus on Mumbai. The Indian population grew by thirty-three percent from 2000 to 2005 in the New York region (which includes New Jersey and Connecticut). This is one of the fastest growth rates; it now stands at well over 300,000. About a third of these reside in New York City proper. It is a very diverse population: there is an older professional class that includes university professors, a new professional class linked to global finance, a high-tech workforce and a very large group of small shopkeepers. Some of this can be caught from the talk data, but much cannot. The largest share of AT&T calls to India in NYC are between Mumbai and Manhattan; each of the major segments of the Indian population is probably included in these data. Yet Mumbai ranks 24th as a destination and 11th as an originator of calls into Manhattan; Mumbai is 32nd in calls into Brooklyn and 11th in calls into Queens. The exception to Mumbai's dominance among Indian cities is in Staten Island, where most calls to India are to Hyderabad. But let me also note that the top fifty cities worldwide calling into Staten Island do not include any from India. Given the size of the Indian presence in New York City, including many commuters from the suburbs outside NYC, this would seem to indicate that a good part of the calling is happening through other carriers. India has rapidly growing capabilities and a competitive market position to provide these global services.

Some of the AT&T data capture with astounding clarity particular geographies of talk. Thus on November 1, 2007, Kingston (Jamaica) accounted for about ten percent of all calls out of Brooklyn. Together, Kingston, Santo Domingo and Haiti (no city specified) account for seventeen percent of all calls out of Brooklyn. In the Bronx there is a symmetry between incoming and outgoing calls. Kingston and Santo Domingo accounted for thirty percent of all calls out of the Bronx. Santo Domingo and Santiago (the second major city in the Dominican Republic) accounted for almost twenty percent of the calls going into the Bronx. But there are also notable asymmetries: Toronto accounted for almost five percent of AT&T calls coming into the Bronx but only one percent of calls from the Bronx. Part of this asymmetry may have to do with different carriers. Both of these global geographies of talk never stop – it is 24-hour talking. But how that round-the-clock talk is constituted varies sharply. In one case it is a single articulated space, embedded largely in the new global economy. In the other it is a rolling wave that moves from one country to the other as one wakes and the other goes to sleep.

Analytic Borderlands

As a political economist, addressing these issues has meant working in several systems of representation and constructing spaces of intersection. There are analytic moments when two systems of representation intersect. Such analytic moments are easily experienced as spaces of silence, or of absence. One challenge is to see what happens in those spaces, what operations take place there. In my own work I have had to deal frequently with these spaces of intersection and conceive of them as analytic borderlands – an analytic terrain where discontinuities are constitutive rather than reduced to a dividing line (Sassen 2006: chapter 8). Thus much of my work on economic globalization and cities has focused on these discontinuities and has sought to reconstitute their articulation analytically as borderlands rather than as dividing lines.[4]

Methodologically, the construction of these analytic borderlands pivots on what I call circuits for the distribution and installation of operations; I focus on circuits that cut across what are generally seen as two or more discontinuous 'systems', institutional orders, or dynamics. These circuits may be internal to a city's economy or perhaps, at the other extreme, global. In the latter case, a given city is one site on a circuit that may contain a few or many other such cities. And the operations that get distributed through these circuits can range widely – they can be economic, political, cultural, subjective.

Circuits internal to a city allow us to follow economic activities into territories that lie outside the increasingly narrow borders of mainstream representations of the urban economy and to negotiate the crossing of discontinuous spaces. For instance, it allows us to locate various components of the informal economy (whether in New York or Paris or Mumbai) on circuits that connect

---

4   This produces a terrain within which these discontinuities can be reconstituted in terms of economic operations whose properties are not merely a function of the spaces on each side (i.e. a reduction to the condition of dividing line) but also, and most centrally, of the discontinuity itself, the argument being that discontinuities are an integral part, a component, of the economic 'system'.

it to what are considered advanced industries, such as finance, design or fashion. A topographic representation would capture the enormous discontinuity between the places and built environments of the informal economy and those of the financial or design district in a city, but would fail to capture their complex economic interactions and dependencies.

International and transnational circuits allow us to detect the particular networks that connect specific activities in one city with specific activities in cities in other countries. For instance, if one focuses on futures markets, cities such as London and Frankfurt are joined by Sao Paulo and Kuala Lumpur; if one looks at the gold market, all except London drop out, and Zurich, Johannesburg and Sydney appear. Continuing along these lines, Los Angeles, for example, would appear as located on a variety of global circuits (including bi-national circuits with Mexico) which would be quite different from those of New York or Chicago. And a city like Caracas can be shown to be located on different circuits than those of Bogota.

This brings to the fore a second important issue. We can think of these cities or urban regions as criss-crossed by these circuits and as partial (only partial!) amalgamations of these various circuits. As I discuss later, some of the disadvantaged sectors in major cities today are also forming lateral cross-border connections with similarly placed groups in other cities. These are networks that while global do not run through a vertically organized framing as it does, for instance, the network of affiliates of a multinational corporation or the country-specific work of the IMF. For the city, these transnational circuits entail a type of fragmentation that may have always existed in major cities but has now been multiplied many times over. Topographic representations would fail to capture much of this spatialization of global economic circuits, except, perhaps, for certain aspects of the distribution/transport routes.

Sited Materialities and Global Span

It seems to me that the difficulty analysts and commentators have had in specifying or understanding the impact of digitization on cities results from two analytic flaws. One of these (especially evident in the U.S.) confines interpretation to a technological reading of the technical capabilities of digital technology. This is fine for engineers. But when one is trying to understand the impacts of a technology, such a reading becomes problematic.[5] A purely techno-

---

5   An additional critical issue is the construct technology. One radical critique can be found in Latour, and his dictum that technology is society 'made durable' (Latour 1991; 1996). My position on how to handle this construct in social science research

logical reading of technical capabilities of digital technology inevitably leads one to a place that is a non-place, where we can announce with certainty the neutralizing of many of the configurations marked by physicality and place-boundedness, including the urban.[6]

The second flaw is a continuing reliance on analytic categorizations that were developed under other spatial and historical conditions, that is, conditions preceding the current digital era. Thus the tendency is to conceive of the digital as simply and exclusively digital and the non-digital (whether represented in terms of the physical/material or the actual, all problematic though common conceptions) as simply and exclusively that. These either/or categorizations filter out the possibility of mediating conditions, thereby precluding a more complex reading of the impact of digitization on material and place-bound conditions.

One alternative categorization captures imbrications.[7] Let me illustrate using the case of finance. Finance is certainly a highly digitized activity; yet it cannot simply be thought of as exclusively digital. To have electronic financial markets and digitized financial instruments requires enormous amounts of materiel, not to mention people. This materiel includes conventional infrastructure, buildings, airports, and so on. Much of this materiel is, however, inflected by the digital. Conversely, much of what takes place in cyberspace is deeply inflected by the cultures, the material practices, the imaginaries that take place outside cyberspace. Much, though not all, of what we think of when it comes to cyberspace would lack any meaning or referents if we were to exclude the world outside cyberspace. In brief, the digital and the non-digital are not exclusive conditions that stand outside the non-digital. Digital space is embedded in the larger societal, cultural, subjective, economic, imaginary structurations of lived experience and the systems within which we exist and operate.[8]

---

is developed in Sassen 2006: chapter 7; 2002. More generally see Avgerou et al. 2007.

6   Another consequence of this type of reading is to assume that a new technology will *ipso facto* replace all older technologies that are less efficient, or slower, at executing the tasks the new technology is best at. We know that historically this is not the case. For a variety of critical examinations of the tendency towards technological determinism in much of the social sciences today see Wajcman 2002; Howard/Jones 2004; for particular applications that make legible the limits of these technologies in social domains see, e.g. Callon 1998; Avgerou et al. 2004; Cederman/Kraus 2005; for cities in particular see Graham 2004.

7   For a full development of this alternative see Sassen 2006: chapters 7 and 8.

8   There is a third variable that needs to be taken account of when addressing the question of digital space and networks, though it is not particularly relevant to the question of the city. It is the transformations in digital networks linked both to

Rescaling the Old Hierarchies

The complex imbrications between the digital (as well as the global) and the non-digital bring with them a destabilizing of older hierarchies of scale and often dramatic rescalings. As the national scale loses significance along with the loss of key components of the national state's formal authority over the national scale, other scales gain strategic importance. Most especially among these are sub-national scales such as the global city and supranational scales such as global civil society networks, global markets or regional trading zones. There is by now a vast scholarship covering a range of dynamics and formations (e.g. Sum 1999; Taylor et al. 2002; Taylor 2004; Pillon/Querrien 1996; Schiffer 2002; Barry/Slater 2002; Ferguson/Jones 2002; Brenner 2004; Lebert 2003; Glasius et al. 2002; Olesen 2005; Buechler 2007). Older hierarchies of scale that emerged in the historical context of the ascendance of the nation-state continue to operate; they are typically organized in terms of institutional size – from the international, down to the national, the regional, the urban, down to the local. But they are destabilized because today's rescaling cuts across institutional size (e.g. Sum 1999; Yeung 2002; Urry 2000; Brenner 2004; Buechler 2007) and, through policies such as deregulation and privatization, also cuts across the institutional encasements of territory produced by the formation of national states (Ferguson/Jones 2002). This does not mean that the old hierarchies disappear, but rather that rescalings emerge alongside the old ones, and that they can often trump the latter.

These transformations entail complex imbrications of the digital and non-digital and between the global and the non-global (Sassen 2006: chapters 7 and 8; Garcia 2002; Sack 2005; Graham 2004; Taylor 2004). They can be captured in a variety of instances. For example, much of what we might still experience as the 'local' (an office building or a house or an institution right there in our neighborhood or downtown) actually is something I would rather think of as a 'microenvironment with global span' in so far as it is deeply internetworked. Such a microenvironment is in many senses a localized entity, something that can be experienced as local, immediate, proximate and hence captured in topographic representations. It is a sited materiality. But it is also part of global digital networks which give it immediate far-flung span. To continue to think of this as simply local is not very useful or adequate. More importantly, the juxtaposition between the condition of being a sited materiality and having global span captures the imbrication of the digital and the non-digital and il-

---

certain technical issues and the use of these networks. (For critical accounts, see e.g. Lovink 2002; Rogers 2004; MacKenzie/Wajcman 1999; Mansell/Collins 2005; Marres/Rogers 2000).

lustrates the inadequacy of a purely technological reading of the technical capacities associated with digitization. A technological reading would lead us to posit the neutralization of the place-boundedness of precisely that which makes possible the condition of being an entity with global span. And it illustrates the inadequacy of a purely topographical account.

A second example is the bundle of conditions and dynamics that marks the model of the global city. Just to single out one key dynamic: the more globalized and digitized the operations of firms and markets, the more their central management and coordination functions (and the requisite material structures) become strategic. It is precisely because of digitization that simultaneous worldwide dispersal of operations (whether factories, offices, or service outlets) and system integration can be achieved. And it is precisely this combination which raises the importance of central functions. Global cities are strategic sites for the combination of resources necessary for the production of these central functions.[9]

Much of what is liquefied and circulates in digital networks and is marked by hypermobility remains physical in some of its components. Take, for example, the case of real estate. Financial services firms have invented instruments that liquefy real estate, thereby facilitating investment and circulation of these instruments in global markets. Yet part of what constitutes real estate remains very physical. At the same time, however, that which remains physical has been transformed by the fact that it is represented by highly liquid instruments that can circulate in global markets. It may look the same, it may involve the same bricks and mortar, it may be new or old, but it is a transformed entity.

We have difficulty capturing this multivalence through our conventional categories: if it is physical, it is physical; and if it is digital, it is digital. In fact, the partial representation of real estate through liquid financial instruments produces a complex imbrication of the material and the de-materialized moments of what we continue to call real estate. And it is precisely because of the digital capabilities of the economic sectors represented in global cities that the massive concentrations of material resources in these cities exist and keep expanding.

Hypermobility and dematerialization are usually seen as mere functions of the new technologies. This understanding erases the fact that it takes multiple material conditions to achieve this outcome (e.g. Rutherford 2004, Graham/ Marvin 2001; Burdett 2006), and that it takes social networks, not only digital

---

9   These economic global city functions are to be distinguished from political global city functions, which might include the politics of contestation by formal and informal political actors enabled by these economic functions. This particular form of political global city functions is, then, in a dialectical relation (both enabled and in opposition) to the economic functions (e.g. Bartlett 2007; Nashashibi 2007).

ones (Garcia 2002; Sack 2005). Once we recognize that the hypermobility of the instrument, or the dematerialization of the actual piece of real estate, had to be produced, we introduce the imbrication of the digital and the non-digital. It takes capital fixity to produce capital mobility, that is to say, state of the art built-environments, conventional infrastructures – from highways to airports and railways – and well-housed talent. These are all, at least partly, place-bound conditions, even though the nature of their place-boundedness is going to be different from what it was 100 years ago, when place-boundedness was much closer to pure immobility. Today it is a place-boundedness that is inflected or inscribed by the hypermobility of some of its components, products, and outcomes. Both capital fixity and mobility are located in a temporal frame where speed is ascendant and consequential. This type of capital fixity cannot be fully captured in a description of its material and locational features, i.e. in a topographical reading.

Conceptualizing digitization and globalization along these lines creates operational and rhetorical openings for recognizing the ongoing importance of the material world even in the case of some of the most 'dematerialized' activities.[10]

The Spatialities of the Center

Information technologies have not eliminated the importance of massive concentrations of material resources but have, rather, reconfigured the interaction of capital fixity and hypermobility. The complex management of this interaction has given some cities a new competitive advantage (Sassen 2001). The vast new economic topography that is being implemented through electronic space is one moment, one fragment, of an even vaster economic chain that is in good part embedded in non-electronic spaces. There is today no fully virtualized firm or economic sector. As I suggested earlier, even finance, the most digitized, dematerialized and globalized of all activities has a topography that weaves back and forth between actual and digital space. To different extents in different types of sectors and different types of firms, a firm's tasks now are distributed across these two kinds of spaces. Further, the actual configurations are subject to considerable transformation, as tasks are computerized or standardized, markets are further globalized, and so on.

---

10 A critical issue, not addressed here, concerns some of the features of digital networks, notably their governance (e.g. Robinson 2004; Drake 2004; Koopmans 2004; Klein 2004; Bennett 2003; Mansell/Collins 2005). These networks are not neutral technical events (see also the issues raised in footnote 8 above).

The combination of the new capabilities for mobility along with patterns of concentration and operational features of the cutting edge sectors of advanced economies suggests that spatial concentration remains as a key feature of these sectors. But it is not simply a continuation of older patterns of spatial concentration. Today there is no longer a simple or straightforward relation between centrality and such geographic entities as the downtown or the central business district (CBD). In the past, and up to quite recently in fact, centrality was synonymous with the downtown or the CBD. The new technologies and organizational forms have altered the spatial correlates of centrality.[11]

Given the differential impacts of the capabilities of the new information technologies on specific types of firms and of sectors of the economy, the spatial correlates of the 'center' can assume several geographic forms, likely to be operating simultaneously at the macro level. Thus the center can be the CBD, as it still is largely for some of the leading sectors, notably finance, or an alternative form of CBD, such as Silicon Valley. Yet even as the CBD in major international business centers remains a strategic site for the leading industries, it is one profoundly reconfigured by technological and economic change (Burdett 2006; Sudjic 1993; 2005; Fainstein 2001; Ciccolella/Mignaqui 2002; Schiffer 2002), by long-term immigrant communities (e.g. Laguerre 2000), and new types of immigrant transnational entrepreneurship (Farrer 2007). Further, there are often sharp differences in the patterns assumed by this reconfiguring of the central city in different parts of the world (Burdett 2006; Marcuse/van Kempen 2000; Sudjic 1993; 2005).

Second, the center can extend into a metropolitan area in the form of a grid of nodes of intense business activity. One might ask whether a spatial organization characterized by dense strategic nodes spread over a broader region does in fact constitute a new form of organizing the territory of the 'center', rather than, as in the more conventional view, an instance of suburbanization or geographic dispersal. In so far as these various nodes are articulated through digital networks, they represent a new geographic correlate of the most advanced type of 'center'. This is a partly deterritorialized space of centrality (Peraldi/Perrin 1996; Marcuse/van Kempen 2000; Graham/Marvin 2001; Scott 2001; but see also Sudjic 1993).

---

11 Several of the organizing hypotheses in the global city model concern the conditions for the continuity of centrality in advanced economic systems in the face of major new organizational forms and technologies that maximize the possibility for geographic dispersal. See new Introduction in the updated edition of *The Global City* (Sassen 2001). For a variety of perspectives see, e.g. Sudjic 1993; Landrieu et al. 1998; Rutherford 2004; Abrahamson 2004.

Third, we are seeing the formation of a trans-territorial 'center' constituted via intense economic transactions in the network of global cities. These transactions take place partly in digital space and partly through conventional transport and travel. The result is a multiplication of often highly specialized circuits connecting sets of cities (Taylor et al. 2002; Taylor 2004; Yeung 2000; Schiffer 2002; Short 2005; Harvey 2007); increasingly we see other types of networks built on those circuits, such as transnational migrant networks (Smith/Guarnizo 2001; Ehrenreich/Hochschild 2003; Farrer 2007). These networks of major international business centers constitute new geographies of centrality. The most powerful of these new geographies of centrality at the global level binds the major international financial and business centers: New York, London, Tokyo, Paris, Frankfurt, Zurich, Amsterdam, Los Angeles, Sydney, Hong Kong, among others. But this geography now also includes cities such as Bangkok, Seoul, Taipei, Sao Paulo, Mexico City, Shanghai. In the case of a complex landscape such as Europe's, we see in fact several geographies of centrality, one global, others continental and regional.

Fourth, new forms of centrality are being constituted in electronically generated spaces. For instance, strategic components of the financial industry operate in such spaces. The relation between digital and actual space is complex and varies among different types of economic sectors (Sassen 2006: chapter 7), as well as within civil society sectors (Sack 2005; Pace/Panganiban 2002; Avgerou 2002; Bach/Stark 2005).

What Does Local Context Mean in this Setting?

Firms operating partly in actual space and partly in globe-spanning digital space cannot easily be contextualized in terms of their surroundings. Nor can the networked sub-economies they tend to constitute. The orientation of this type of sub-economy is simultaneously towards itself and towards a larger global market. Topographic representations would fail to capture this global orientation.

The intensity of transactions internal to such a sub-economy (whether global finance or cutting edge high-tech sectors) is such that it overrides all considerations of the broader locality or urban area within which it exists. These firms and sub-economies develop a stronger orientation towards global markets than to their immediately surrounding areas (e.g. Taylor 2004; Schiffer 2002; Yeung 2000), a trend that can also hold for municipal governments (Buechler 2007). Insofar as they are a significant component of today's cities, this global orientation overrides a key proposition in the urban systems literature, to wit, that cities and urban systems integrate and articulate national territory. Such an integration effect may have been the case during the period when mass manufacturing and mass consumption were the dominant growth machines in developed economies and thrived on national scalings of economic processes. Today, the ascendance of digitized, globalized sectors, such as finance, has diluted that articulation with the larger national economy and the immediate surrounding.

The articulation of these sub-economies with other zones and sectors in their immediate socio-spatial surroundings is of a special sort. To some extent there is connectivity, but it is largely confined to the servicing of the leading sectors, and, further, this connectivity is partly obscured by topographic fragmentation in the case of much of this servicing. The most legible articulation is with the various highly priced services that cater to the workforce, from upscale restaurants and hotels to luxury shops and cultural institutions, typically part of the socio-spatial order of these new sub-economies. Secondly, there are also various low-priced services that cater to the firms and to the households of the workers and which rarely 'look' like they are part of the advanced corporate economy. The demand by firms and households for these services actually links two worlds that we think of as radically distinct and thus unconnected. But it is particularly a third instance that concerns me here, the large portions of the urban surrounding that have little connection to these world-market oriented sub-economies, even though they are physically proximate and might even be architecturally similar. It is the last two which engender a question about the insufficiency of topographic representation.

What then is the meaning of locality under these conditions? The new networked sub-economy occupies a strategic, partly deterritorialized geography that cuts across borders and connects a variety of points on the globe. Its local insertion accounts for only a (variable) fraction of its total operations, its boundaries are not those of the city within which it is partly located, nor those of the local area where it is sited. This sub-economy interfaces the intensity of the vast concentration of very material resources it needs when it hits the ground and the fact of its global span or cross-border geography. Its interlocutor is not the surrounding context but the fact of the global.

I am not sure what this tearing away of the context and its replacement with the fact of the global could mean for urban practice and theory. But it is clearly problematic from the perspective of urban topography. The analytic operation called for is not the search for its connection with the 'surroundings', the context. It is, rather, detecting its installation in a strategic cross-border geography constituted through multiple 'locals'. The local now transacts directly with the global – cross-border structurations that scale at a global level; but the global also inhabits localities and is partly constituted through a multiplicity of local instantiations.

Cities as Frontier Zones: The Formation of New Political Actors

A very different type of case can be found in the growth of electronic activism by often poor and rather immobile actors and organizations. Topographic representations that describe fragmentations, particularly the isolation of poor areas, may well obscure the existence of underlying interconnections. What presents itself as segregated or excluded from the mainstream core of a city can actually be part of increasingly complex interactions with other similarly segregated sectors in cities of other countries. There is here, an interesting dynamic where top sectors (the new transnational professional class) and bottom sectors (e.g. immigrant communities or activists in environmental or anti-globalization struggles) partly inhabit a cross-border space that connects particular cities.

Major cities, especially if global, contain multiple low-income communities many of which develop or access various global networks Through the Internet, local initiatives become part of a global network of activism without losing the focus on specific local struggles (e.g. Cleaver 1998; Henshall 2000; Mele 1999; Donk et al. 2005; Friedman 2005; Bartlett 2007; Tennant 2007). It enables a new type of cross-border political activism, one centered in multiple localities yet intensely connected digitally. This is in my view one of the key forms of critical politics that the Internet can make possible: a politics of the local with a big difference – these are localities that are connected with each other across a region, a country or the world.[12] That the network is global does not mean that it all has to happen at the global level.

But also inside such cities we see the emergence of specific political and subjective dimensions that are difficult to capture through topographic representations (e.g. Lovink/Riemens 2002; Poster 2004; Bartlett 2007; Nashashibi 2007). Neither the emergence nor the difficulty is new. But I would argue that there are times where both become sharper – times when traditional arrangements become unsettled. Today is such a time. Global cities become a sort of new frontier zone where an enormous mix of people converges and new forms of politics are possible. Those who lack power, those who are disadvantaged, outsiders, discriminated minorities, can gain presence in global

---

[12] I conceptualize these 'alternative' circuits as counter geographies of globalization because they are deeply imbricated with some of the major dynamics constitutive of the global economy yet are not part of the formal apparatus or of the objectives of this apparatus. The formation of global markets, the intensifying of transnational and trans-local business networks, the development of communication technologies which easily escape conventional surveillance practices – all of these produce infrastructures and architectures that can be used for other purposes, whether money laundering or alternative politics.

cities, presence vis-à-vis power and presence vis-à-vis each other. This signals, for me, the possibility of a new type of politics centered in new types of political actors. It is not simply a matter of having or not having power. There are new hybrid bases from which to act.

The space of the city is a far more concrete space for politics than that of the nation. It becomes a place where non-formal political actors can be part of the political scene in a way that is much more difficult at the national level. Nationally, politics needs to run through existing formal systems: whether the electoral political system or the judiciary (taking state agencies to court). Non-formal political actors are rendered invisible in the space of national politics. The space of the city accommodates a broad range of political activities – squatting, demonstrations against police brutality, fighting for the rights of immigrants and the homeless, the politics of culture and identity, gay and lesbian and queer politics. Much of this becomes visible on the street. Much of urban politics is concrete, enacted by people rather than dependent on massive media technologies. Street-level politics make possible the formation of new types of political subjects that do not have to go through the formal political system.

The large city of today, especially the global city, emerges as a strategic site for these new types of operations. It is a strategic site for global corporate capital. But it is also one of the sites where the formation of new claims by informal political actors materializes and assumes concrete forms (Isin 2000; Torres et al. 1999; Lovink/Riemens 2002; Bartlett 2007; Nashashibi 2007). The loss of power at the national level produces the possibility for new forms of power and politics at the sub-national level.[13] The national as container of social process and power is cracked. This 'cracked casing' then opens up possibilities for a geography of politics that links sub-national spaces and allows non-formal political actors to engage strategic components of global capital.

Digital networks are contributing to the production of new kinds of interconnections underlying what appear as fragmented topographies, whether at the global or at the local level. Political activists can use digital networks for global or non-local transactions (e.g. Bach/Stark 2005; Tennant 2007) and they can use them for strengthening local communications and transactions inside a city (e.g. Lovink/Riemens 2002) or rural community (e.g. Cleaver 1998; Garcia 2005). Recovering how the new digital technology can serve to support local initiatives and alliances across a city's neighborhoods is extremely important in

---

13 There are, of course, severe limitations on these possibilities, many having to do with the way in which these technologies have come to be deployed. See Sassen 2006: chapters 5 and 7; Graham/Aurigi 1997; Hoffman/Novak 1998; see various chapters in Latham/Sassen 2005a).

an age where the notion of the local is often seen as losing ground to global dynamics and actors and digital networks are typically thought of as global. What may appear as separate segregated sectors of a city may well have increasingly strong interconnections through particular networks of individuals and organizations with shared interests (Espinoza 1999; Garcia 2005; Hanley 1995). Any large city is today traversed by these 'invisible' circuits.

Conclusion

Economic globalization and digitization produce a space for the urban that pivots on deterritorialized cross-border networks and territorial locations with massive concentrations of resources. This is not a completely new feature. Over the centuries cities have been at the intersection of processes with supra-urban and even intercontinental scalings. What is different today is the intensity, complexity, and global span of these networks, and the extent to which significant portions of economies are now digitized and hence can travel at great speeds through these networks. Also new is the growing use of digital networks by often poor neighborhood organizations to pursue a variety of both intra- and inter-urban political initiatives. All of this has raised the number of cities that are part of cross-border networks operating at often vast geographic scales. Under these conditions, much of what we experience and represent as the local turns out to be a microenvironment with global span.

As cities and urban regions are increasingly traversed by non-local, including notably global circuits, much of what we experience as the local, because locally sited, is actually a transformed condition in that it is imbricated with non-local dynamics or is a localization of global processes. One way of thinking about this is in terms of spatializations of various projects – economic, political, cultural. This produces a specific set of interactions in a city's relation to its topography.

The new urban spatiality thus produced is partial in a double sense: it accounts for only part of what happens in cities and what cities are about, and it inhabits only part of what we might think of as the space of the city, whether this be understood in terms as diverse as those of a city's administrative boundaries or in the sense of the multiple public imaginaries that may be present in different sectors of a city's people. If we consider urban space as productive, as enabling new configurations, then these developments signal multiple possibilities.

Bibliography

Abrahamson, Mark (2004): *Global Cities*, New York/Oxford.

Avgerou, Chrisanthi (2002): *Information Systems and Global Diversity*, Oxford.

Avgerou, Chrisanthi et al. (2004): *The Social Study of Information and Communication Technology Innovation, Actors, and Contexts*, Oxford.

Bach, Jonathan/Stark, David (2005): "Recombinant Technology and New Geographies of Association", in: Robert Latham/Saskia Sassen (eds.), *Digital Formations: IT and New Architectures in the Global Realm*, Princeton, NJ, 37-53.

Barry, Andrew/Slater, Don (2002): "Introduction: The Technological Economy", in: *Economy and Society* 31(2), 175-93.

Bartlett, Anne (2007): "The City and the Self: The Emergence of New Political Subjects in London", in: Saskia Sassen (ed.), *Deciphering the Global: Its Spaces, Scales and Subjects*, New York/London.

Bennett, W. Lance (2003): "Communicating Global Activism: Strengths and Vulnerabilities of Networked Politics", in: *Information, Communication & Society* 6(1), 143-68.

Brenner, Neil (1998): "Global cities, glocal states: Global city formation and state territorial restructuring in contemporary Europe", in: *Review of International Political Economy* 5(2), 1-37.

Brenner, Neil (2004): *State Spaces*, Oxford.

Brenner, Neil/Keil, Roger (eds.) (2006): *The Global Cities Reader*, London.

Buechler, Simone (2007): "Municipal Politics in a Global Context", in: Saskia Sassen (ed.), *Deciphering the Global: Its Spaces, Scales and Subjects*, New York/London.

Burdett, Ricky (ed.) (2006): *Cities: People, Society, Architecture*, New York.

Callon, Michel (1998): *The Laws of the Markets*, Oxford.

Camacho, Kemly (2001): "The Internet, A Great Challenge for Civil Society Organizations in Central America", in: *Fundacion Acceso*, http://www.acceso.or.cr/publica/challenges.shtml, 01.03.2003.

Cederman, Lars-Erik/Kraus, Peter A. (2005): "Transnational Communications and the European Demos", in: Robert Latham/Saskia Sassen (eds.), *Digital Formations: IT and New Architectures in the Global Realm*, Princeton, NJ, 283-311.

Cicollela, Pablo/Mignaqui, Iliana (2002): "The Spatial Reorganization of Buenos Aires", in: Saskia Sassen (ed.), *Global Networks/Linked Cities*, New York/London, 309-326.

Cleaver, Harry (1998): "The Zapatista Effect: The Internet and the Rise of an Alternative Political Fabric", in: *Journal of International Affairs* 51(2), 621-640.

Donk, Wim van de et al. (2005): *Cyberprotest: New Media, Citizens, and Social Movements*, London.

Drake, William J. (2004): "Defining ICT Global Governance", Memo #1 for SSRC Research Network on IT and Governance, New York, http://www.ssrc.org/programs/itic/publications/knowledge_report/memos/billdrake.pdf, 31.10.2008.

Drainville, Andre (2004), *Contesting Globalization: Space and Place in the World Economy*, London.

Eade, John (ed.) (1996): *Living the Global City: Globalization as a Local Process*, London.

Ehrenreich, Barbara/Hochschild, Arlie (2003): *Global Woman*, New York.

Espinoza, Vicente (1999): "Social networks among the poor: inequality and integration in a Latin American city", in: Barry Wellman (ed.), *Networks in the Global Village*, Boulder, CO.

Fainstein, Susan (2001): *The City Builders*, Lawrence, KS.

Farrer, Gracia L. (2007): "From Corporate Employees to Business Owners: Chinese Immigrant Transnational Entrepreneurship in Japan", in: Saskia Sassen (ed.), *Deciphering the Global: Its Spaces, Scales and Subjects*, New York/London.

Featherstone, Mike/Lash, Scott (eds.) (1999): *Spaces of Culture: City, Nation, World*, London.

Ferguson, Yale H./Jones, R.J. Barry (eds.) (2002): *Political Space: Frontiers of Change and Governance in a Globalizing World*, Albany, NY.

Friedman, Elisabeth J. (2005): "The Reality of Virtual Reality: The Internet and Gender Equality Advocacy in Latin America", in: *Latin American Politics and Society* 47(1), 1-34.

Garcia, Linda (2002): "The Architecture of Global Networking Technologies", in: Saskia Sassen (ed.), *Global Networks/Linked Cities*, London/New York, 39-70.

Garcia, Linda (2005): "Cooperative Networks and the Rural-Urban Divide" in: Robert Latham/Saskia Sassen (eds.), *Digital Formations: IT and New Architectures in the Global Realm*, Princeton, NJ, 117-145.

Glasius, Marlies et al. (eds.) (2002): *Global Civil Society Yearbook 2002*, London.

Graham, Stephen/Aurigi, Alessandro (1997): "Virtual Cities, Social Polarization, and the Crisis in Urban Public Space", in: *Journal of Urban Technology* 4(1), 19-52.

Graham, Stephen/Marvin, Simon (2001): *Splintering Urbanism: Networked Infrastructures, Technological Mobilites and the Urban Condition*, New York/London.

Graham, Stephen (ed.) (2004): *Cybercities Reader*, London.

Gugler, Joseph (2004): *World Cities Beyond the West*, Cambridge.

Gzesh, Susan/Espinoza, Victor (2002): "Immigrant Communities Building Cross-border Civic Networks: The Federation of Michoacan Clubs in Illinois", in: Helmut K. Anheier et al. (eds.), *Global Civil Society Yearbook 2002*, Oxford, 226-227.

Hanley Richard E. (ed.) (1995): "Special Issue: Information Technologies and Inner-City Communities", *The Journal of Urban Technology* 3(1).

Harvey, Rachel (2007): "The Sub-National Constitution of Global Markets", in: Saskia Sassen (ed.), *Deciphering the Global: Its Spaces, Scales and Subjects*, New York/London.

Henshall, Stuart (2000): "The COMsumer Manifesto: empowering communities of consumers through the Internet", in: *First Monday* 5(5), http://www.firstmonday.org/Issues/issue5_5/henshall/index.html, 31.10.2008.

Hoffman, Donna L./Novak, Thomas P. (1998): "Bridging the Racial Divide on the Internet", in: *Science* 280(17), 390-391.

Howard, Philip N./Jones, Steve (eds.) (2004): *Society Online: The Internet in Context*, London.

Isin, Engin F. (ed.) (2000): *Democracy, Citizenship, and the Global City*, London/New York.

Keil, Roger (1998): *Los Angeles: Globalization, Urbanization, and Social Struggles*, Chichester.

King, Anthony D. (ed.) (1996): *Representing the City. Ethnicity, Capital and Culture in the 21st Century*, London.

Klein, Hans (2004): "The Significance of ICANN", SSRC Information Technology & International Cooperation Program, New York, http://www.

ssrc.org/programs/itic/publications/knowledge_report/memos/kleinmemo4.pdf, 31.10.2008.

Koopmans, Ruud (2004): "Movements and Media: Selection Processes and Evolutionary Dynamics in the Public Sphere", in: *Theory and Society* 33(3), 367-391.

Krause, Linda/Petro, Patrice (eds.) (2003): *Global Cities: Cinema, Architecture, and Urbanism in a Digital Age*, New Brunswick, NJ/London.

Laguerre, Michel S. (2000): *The Global Ethnopolis: Chinatown, Japantown and Manilatown in American Society*, London.

Landrieu, Josee et al. (eds.) (1998): *La Ville Eclatee*, La Tour d'Aigues.

Latham, Robert/Sassen, Saskia (eds.) (2005a): *Digital Formations: IT and New Architectures in the Global Realm*, Princeton, NJ.

Latham, Robert/Sassen, Saskia (2005b): "Introduction. Digital Formations: Constructing an Object of Study", in: Robert Latham/Saskia Sassen (eds.), *Digital Formations: IT and New Architectures in the Global Realm*, Princeton, NJ, 1-34.

Latour, Bruno (1991): "Technology Is Society Made Durable", in: John Law (ed.), *A Sociology of Monsters*, London.

Latour, Bruno (1996): *Aramis or the Love of Technology*, Cambridge, MA.

Lebert, Joanne (2003): "Writing Human Rights Activism: Amnesty International and the Challenges of Information and Communication Technologies", in: Martha McCaughey/Michael Ayers (eds.), *Cyberactivism: Online Activism in Theory and Practice*, London, 209-232.

Lloyd, Richard (2005): *NeoBohemia: Art and Bohemia in the Postindustrial City*, London/New York.

Lovink, Geert (2002): *Dark Fiber: Tracking Critical Internet Culture*, Cambridge, MA.

Lovink, Geert/Riemens, Patrice (2002): "Digital City Amsterdam: Local Uses of Global Networks", in: Saskia Sassen (ed.), *Global Networks/Linked Cities*, New York/London, 327-346.

Low, Setha M. (1999): "Theorizing the City", in: Setha M. Low (ed.), *Theorizing the City*, New Brunswick, NJ, 1-33.

Lustiger-Thaler, Henri/Dubet, François (eds.) (2004): "Special Issue: Social Movements in a Global World", in: *Current Sociology* 52(4), 555-725.

MacKenzie, Donald/Wajcman, Judy (1999): *The Social Shaping of Technology*. Milton Keynes.

Mansell, Robin/Silverstone, Roger (1998): *Communication by Design: The politics of Information and Communication Technologies*, Oxford.

Mansell, Robin/Collins, Brian S. (eds.) (2005): *Trust and Crime in Information Societies*, Northampton, MA.

Marcuse, Peter/van Kempen, Ronald (2000): *Globalizing Cities. A New Spatial Order*, Oxford.

Marres, Noortje/Rogers, Richard (2000): "Depluralising the Web, Repluralising Public Debate: The Case of GM Food on the Web", in: Richard Rogers (ed.), *Preferred Placement: Knowledge Politics on the Web*, Maastricht, 113-126.

Mele, Christopher (1999): "Cyberspace and Disadvantaged Communities: The Internet as a Tool for Collective Action", in: Marc A. Smith/Peter Kollock (eds.), *Communities in Cyberspace*, London, 264-289.

Mills, Kurt (2002): "Cybernations: Identity, Self-Determination, Democracy, and the 'Internet Effect' in the Emerging Information Order", in: *Global Society* 16, 69-87.

Nashashibi, Rami (2007): "Ghetto Cosmopolitanism: Making Theory at the Margins", in: Saskia Sassen (ed.), *Deciphering the Global: Its Spaces, Scales and Subjects*, New York/London.

Olesen, Thomas (2005): "Transnational Publics: New Space of Social Movement Activism and the Problem of Long-Sightedness", in: *Current Sociology* 53(3), 419-440.

Orum, Anthony/Chen, Xianming (2004): *World of Cities*, Malden, MA.

Pace, William R./Panganiban, Rik (2002): "The Power of Global Activist Networks: The Campaign for an International Criminal Court", in: Peter I. Hajnal (ed.), *Civil Society in the Information Age*, Aldershot, 109-126.

Paddison, Ronan (2001): "Introduction", in: Ronan Paddison (ed.), *Handbook of Urban Studies*, London, 11-13.

Parsa, Ali/Keivani, Ramin (2002): "The Hormuz Corridor: Building a Cross-Border Region between Iran and the United Arab Emirates", in: Saskia Sassen (ed.), *Global Networks, Linked Cities*,. New York/London, 183-208.

Peraldi, Michel/Perrin, Evelyne (eds.) (1996): *Reseaux Productifs et Territoires Urbains*, Toulouse.

Petrazzini, Ben/Kibati, Mugo (1999): "The Internet in Developing Countries", in: *Communications of the ACM* 42(6), 31-36.

Pillon, Thierry/Querrien, Anne (eds.) (1996): *La Ville-Monde Aujourd'hui: Entre Virtualite et Ancrage*, (Futur Anterieur 30-32), Paris.

Poster, Mark (2004): "Consumption and digital commodities in the everyday", in: *Cultural Studies* 18(3), 409-423.

Robinson, Scott (2004): "Towards a Neoapartheid System of Governance with IT Tools", SSRC IT & Governance Workshop New York: SSRC, http://www.ssrc.org/programs/itic/publications/knowledge_report/memos/robinsonmemo4.pdf, 31.10.2008.

Rojas, Francisca M. et al. (eds.) (2008): *NYTE: New York Talk Exchange*, Cambridge, MA.

Rogers, Richard (2004): *Information Politics on the Web*, Cambridge, MA.

Rutherford, Jonathan (2004): *A Tale of Two Global Cities: Comparing the Territorialities of Telecommunications Developments in Paris and London*, Aldershot/Burlington, VT.

Sack, Warren (2005): "Discourse, Architecture, and Very Large-scale Conversation", in: Robert Latham/Saskia Sassen (eds.), *Digital Formations: IT and New Architectures in the Global Realm*, Princeton, NJ, 242-282.

Samers, Michael (2002): "Immigration and the Global City Hypothesis: Towards an Alternative Research Agenda", in: *International Journal of Urban and Regional Research* 26(2), 389-402.

Sandercock, Leonie (2003): *Cosmopolis II: Mongrel Cities in the 21st Century*, New York/London.

Sassen, Saskia (1999): "Digital Networks and Power", in: Mike Featherstone/Scott Lash, *Spaces of Culture: City, Nation, World*, London, 49-63.

Sassen, Saskia (2001): *The Global City: New York, London, Tokyo*, Princeton, NJ.

Sassen, Saskia (2002): "Towards a Sociology of Information Technology", in: *Current Sociology* 50(3), 365-388.

Sassen, Saskia (2006): *Territory, Authority, Rights: From Medieval to Global Assemblages*, Princeton, NJ.

Sassen, Saskia (2007): *A Sociology of Globalization*, New York.

Schiffer, Sueli R. (2002): "Sao Paulo: Articulating a cross-border regional economy", in: Saskia Sassen (ed.), *Global Networks/Linked Cities*, New York/London, 209-236.

Scott, Allen J. (2001): *Global City-Regions*, Oxford.

Sennett, Richard (1990): *The Conscience of the Eye*, New York.

Short, John R. (2005): *Global Metropolitanism*, London.

Smith, M. Peter/Guarnizo, Luis (2001): *Transnationalism from Below*, Piscataway, NJ.

Sudjic, Deyan (1993): *The Hundred Mile City*, New York.

Sudjic, Deyan (2005): *The Edifice Complex: How the Rich and Powerful Shape the World*, London.

Sum, Ngai-Ling (1999): "Rethinking Globalisation: Re-articulating the Spatial Scale and Temporal Horizons of Trans-border Spaces", in: Kris Olds et al. (eds.), *Globalization and the Asian Pacific: Contested Territories*, London, 129-145.

Taylor, Peter J. (2000): "World cities and territorial states under conditions of contemporary globalization", in: *Political Geography* 19(5), 5-32.

Taylor, Peter J. (2004): *World City Network: A Global Urban Analysis*, London.

Taylor, Peter J. et al. (2002): "Firms and their Global Service Networks", in: Saskia Sassen (ed.), *Global Networks/Linked Cities*, New York, 93-116.

Tennant, Evalyn W. (2007): "Locating Transnational Activists: Solidarity with and Beyond Propinquity", in: Saskia Sassen (ed.), *Deciphering the Global: Its Spaces, Scales and Subjects*, New York/London.

Torres, Rodolfo D. et al. (eds.) (1999): *Race, Identity, and Citizenship*, Oxford.

Tsaliki, Liza (2002): "Online Forums and the Enlargement of the Public Space: Research Findings from a European Project", in: *The Public* 9, 95-112.

Urry, John (2000): *Sociology Beyond Societies: Mobilities for the Twenty-first Century*, New York/London.

Wajcman, Judy (ed.) (2002): "Special Issue: Information Technologies and the Social Sciences", in: *Current Sociology* 50(3), 339-477.

Wellman, Barry (ed.) (1999): *Networks in the Global Village: Life in Contemporary Communities*, Boulder, CO.

World Information Order (2002): *World-Information Files. The Politics of the Info Sphere*, Vienna/Berlin.

Yang, Guobin (2003): "Weaving a Green Web: The Internet and Environmental Activism in China", in: *China Environment Series* 6, 89-93

Yeung, Yue-Man (2000): *Globalization and Networked Societies*, Honolulu, HI.

Mike Crang

home@Singapore.world:
The Spatial Imaginaries of a Mediated World

> Our historic time is defined fundamentally by the transformation of our geographic space.
> (Manuel Castells 2000)

That the world is globalizing has become a shibboleth and that the flows of information and media increasingly render the world into a global village has been a commonplace of commentary and punditry. In this essay, I seek to probe a little bit more how we see spaces inflected by globalised media – specifically what shape global space might be said to be. To do this I want to review some of the ways that media and information have been imagined relating to spaces – through notions of substitution, derealisation, transcendence and thence to consequence of dispersal, distanciation and social disintegration. From here I turn to examine the production of spatial relations through media, specifically notions of proximity and distance, centrality and peripherality. The analysis here will then turn to the case of Singapore which has sought to envision itself, and be seen by others, as a central hub in a new space of mediated global flows. In and through this account what I want to suggest is that very different spatial imaginaries are mobilized – indeed that these mediated spaces enact and produce different notions of spatiality.

Initially I outline how conventional, even critical, accounts pit 'place' against 'space', where a virtualization is seen as transcending or eroding experiential place. Thence I shall try to suggest instead a more relational space is produced. This then is in distinction to imaginaries that see either a scalar shift where globalised and mediated processes start to operate at a global scale, becoming disembedded from previously sedimented territorial scales, or one where a global exterior erodes or overwhelms a local interior. Thus we might look at the effects of global information as disrupting the Russian doll like spatial imaginary of nested scales of belonging and priority, with the local as most immediate through to the distant and attenuated world scale. Accounts here might look at a rescaling of key processes, where global process now outweighs local, and produce a hierarchy of (conflicting) scales of processes. Instead the approach here sees places as always having been constituted out of relations between practices, as being produced through a variety of processes occurring between places.

Figure 1: Yahoo! sponsored Bus below National Day parade slogan, Singapore 2000.

Places are the sites of entanglement of practices, and are produced by their relations. In this sense then relational space has a Leibnizean caste, that sees space created through the relations of objects rather than being a substantive matrix into which objects are inserted. This does not allow some notion of an Aristotelian inhabited place opposed to Cartesian, abstract space – an imaginary I shall show haunts much media commentary. Instead, we can see in globalization that "chaos and complexity have switched polarities from negative to positive, so too are all the expressions of disjunction and discontinuity being revisited as forms of a higher order. [...] [But] Unlike the disjunction of collage that has characterized much of this century, the new disjunction is one of morphing" (Novak 1996) and to make the distinction clearer the latter involves "warpage, not mechanics, not even alchemy, but the curving of the underlying spatial matrix itself" (Novak 1997). Thus what I am trying to suggest here is not simply the combination or coming together of new elements but the formulation of spatial orientation brought upon by global flows of information. It is then a Deleuzian vision, informed by theorizing multiplicity and hybridity, which sees the city as an abstract machine combining different kinds of spaces in a folded, pleated topology (Crang 2000b: 314). To do this I will focus upon the case of Singapore, as a city which has ridden the dragon of informational technology for 30 years and try to explore how it has formed a point where different relations and spaces recombine disrupting scalar notions of belonging and engagement, where the state is actively attempting to produce a sense of centrality but it is also a place where borders are being reinscribed in informational space.

Media Against Place

One starting point to see spatial imaginaries deployed around global media might be the claims that reached their apogee in the dot.com boom that Information and Communication Technologies (ICTs) were doing away with the tyranny of geography, that, in Bill Gates's phrase, a "friction free capitalism" was imminent. This 'liberation' would mean that spatial propinquity was no longer so, if at all, significant as a rationale for organising life or capitalist divisions of labour. In this vision, ICTs replace and substitute for interactions previously conducted in person, and these processes can now be distanciated globally. Thus relations of spatial propinquity and contiguity were depicted as being replaced by the connections of ICT networks. Many pundits argued that "access to appropriate information and communication technologies has become as significant to households and communities as their physical location" (Little 2000: 1813). Or, rather more subtly, that urban sociality would be disembedded from the physical city so that it "switches the emphasis of urbanity from physical built form to the quality of interaction in cultural life through the exchange of information" (Little 2000: 1814). At one level, this is about using ICTs not just to transcend spatial barriers, but to create a new informational or 'cyber' spaces redolent with the freedoms that have been argued to characterise the metropolitan urban realm (cf. Crang 2000a). An example of such liberatory power might be the ability of minority groups, such as gay men and lesbians in socially repressive milieus, to reach out to wider communities elsewhere.

One reading of this is a "global space of flows" (Castells 1989; 1996) overriding emplaced politics, cultures and ways of life. While Castells' work is sensitive to the possibilities of new networks of resistance enabled through multiplying and crosscutting global connections (e.g. Castells 2000), he tends to portray the flows as "out there" linking places, rather than also "in here". The framing of these issues tends then to be one "where 'global' and 'local' social process have been framed in binary opposition, as mutually exclusive and inherently antagonistic explanations for urban development which pit local cultures against globalizing economic transformations" (Smith 2001: 2). Somehow, it seems, forces of change are always dynamically global while stubborn resistance is the best that places can muster in this script. We should be suspicious of this habitual coding of the lived and everyday as small scale and local and not equate "the human with the near and local, the slow and the small" (Thrift 2004: 54) and the informational world with the fast and far flung, where presence and virtuality are opposed. Rather we need to think of near-and-far attachments operated through a variety of media.

Distanciation & Derealisation

Certainly though media challenge, or at least cause us to revisit, some fundamental assumptions or historical trends based on the organisation of life through physical copresence. Thus the city's role in condensing contacts and activities into a localised space – *the compression of time via space* – is challenged by new electronic connectivities that enable simultaneous action at different locations – *the compression of space by time* – which leads to a temporal intensification rather than a spatial one. Taking the work of Paul Virilio, media are thus seen to create a "crisis in the notion of physical dimension" where the "tyranny of distances" between geographically scattered people gives way to the "tyranny of real time" and the "city of the past slowly becomes a paradoxical agglomeration in which relations of immediate proximity give way to interrelationships over distance" (Virilio 1993, in: Graham 1998: 170) and thus we move from an urbanization of real space to an urbanization of real time (Virilio 1997a: 7). As Virilio puts it, urbanites are now "interlocutors in permanent transit" so that the "old agglomeration disappears in the intense acceleration of telecommunications, in order to give rise to a new type of concentration: the concentration of a domiciliation without domiciles" (Virilio 1997b: 385).

This notion of temporal acceleration, spatial detachment and experiential derealisation finds its apogee with Virilio's sense that "constructed geographical space has been replaced by chronological topographies, where immaterial electronic broadcast emissions decompose and eradicate a sense of place" (Boyer 1996: 19). Accordingly Virilio implicates "Telecommunications in dissolving the 'here' and the 'now', serv[ing] both to break down distance, physical distance, and to create psychological 'distance'" (Leach 1999: 77). This occurs because the "instantaneity of ubiquity results in the atopia of a singular interface [...] speed distance obliterates the notion of physical dimension" (Virilio 1997b: 385). Virilio offers a strong sense of how telecommunications allows the general confusion and intermingling of places, that in a dystopian vein rather undermines their very existence – where commercial utopias look to transcending place.

> The cathode-ray window brings to each viewer the light of another day and the presence of the antipodal place. If space is that which keeps everything from occupying the same place, this abrupt confinement brings everything precisely to that "place", that location that has no location. The exhaustion of the physical, or natural relief and of temporal distances telescopes all localization and all position. (Virilio 1997: 385, cited in Leach 1999: 75)

Instead then of mobilising more people for movement, which was the story of the industrial age from commuting through to tourism, the people in the age of global instantaneity are stationary and places are mobilised (cf. Virilio 2000; Vannini 2002).

Division

It is worth highlighting at this point that the informational environment is uneven between all scales from countries, to regions and cities, and within each scale. Castells' work points to the production of "cocooned" and privileged enclaves, and the bypassing of some places. His vision stresses the abilities of ICTs to enhance the spatial reach and organisational power of users, to enable them to obtain preferential outcomes. This indicates the emergence of what Castells (1989) has called the "dual city", or Boyer (1996) calls the "min-max divergence", where the city is sharply divided between prosperous "knowledge workers" and those incapable of finding a place in the "new economy" (other than, ironically, in servicing the needs for baby-sitting, house cleaning and similar such as servants of the "knowledge workers" who require assistance to pursue their high powered lives). This evacuation of public space serves to reduce the urban experience to a mediated "visibility without any face-to-face encounter in which the vis-à-vis of the ancient streets disappears and is erased" (Virilio 1997b: 382). The "dual city" is simultaneously "globally connected and locally disconnected" (Castells 1996: 404). Some are plugged in to global distanciated interactions; others are cut off into a local world where, if anything, events are slowed down. For example, while the connected are able to pay their bills online, access international communications and media, others find physical facilities closed and more poorly serviced making daily activities slower and more time consuming. A society split by speed where "one part lives in electrical, world of relative speed – transportation –, the second with absolute speed of transmission of information in real time" (Virilio 1998: 185). Processes of social polarisation can clearly be enhanced by the unbundling of 'public' services, permitting preferential access, and electronic service provision allowing the bypassing of urban contact and all the chance encounters of the city (Graham/Marvin 2002). This produces "a society of cocoons [...] where people hide away at home, linked into communication networks" that allow, and increasingly compel, a frenetic globally connected lifestyle, but where people increasingly opt out of the rest of the city through a "spatial closure" (Burrows 1997: 38) or "pacifying space" (Robins/Webster 1999) in what Castells sees as the production of real virtuality in controlled non-places suggests a derealisation of the city and its replacement with "semantically empty" and generic places (Wakabayashi 2002).

Disintegration

Put together, these two readings of ICT-mediated urban change tend to suggest a process of disintegration as functional and social interactions are strung out over space and knitted together through real-time, distanciated, interaction. Here we find the oft and long heralded end of the city, the region or the state as a coherent social or political construct (at least as we know it). Thus even architects now declare that:

> It's finally flatlining. The city – as understood by urban theorists from Plato and Aristotle to Lewis Mumford and Jane Jacobs – can no longer hang together and function as it could in earlier times. It's due to bits; they've done it in. Traditional urban patterns cannot coexist with cyberspace. But long live the new, network-mediated metropolis of the digital electronic era. (Mitchell 1999: 3)

From Marshall McLuhan onwards, people have been heralding the possibility of new bucolic existence where the city is replaced by dispersed village life linked electronically. This, then, is indeed Webber's model of propinquity without proximity which, for the traditional, romantic urbanite posture of so many academics, offers "chilling visions of urban dissolution into endless undifferentiated suburbia" (Mitchell 1999: 75) or "urban constellations" "scattered through huge territorial expanses" binding together urbanised villages and cities (Castells 2002: 549). These visions thus speak to notions of spatial extension that dissolve previously territorial entities through such effects as the permeation of diasporic connections sustained via media (Elkins 1997; Poster 1998), even prosaically via cheap international calls (Vertovec 2004) or indeed the confusions of governance based on spatial scale by networks that relate promiscuously across those territorial entities (Barwell/Bowles 2000; Nguyen/Alexander 1996) and the proliferation of non-governmental actors able to relate directly to each other (Breslow 1997).

However, ICT-based locational flexibility is not the same as locational indifference (Mitchell 1999: 75). Nor is it clear that mediated contact is replacing copresence – the pattern is more complicated in what we might call an economy of presence. For a start, it is clear that many activities are not dispersing and indeed many of the new media producers themselves seem most dependent upon urban clustering (Pratt 2002; Gorman 2002). So rather than a simple dispersal of activities, optimists like Mitchell (1999) see possibilities for revivifying neighbourhoods, which no longer need to be locationally advantageous for work but might be good as social milieus so that relatively footloose workers will want to live there. Rather than the fantasy of working from isolated telecottages in the mountains, what may occur is the revivifying of those dormitory neighbourhoods deemed to have high amenity or environmental utility by mobile information workers. A delocalisation of work might thus result in "urban tissues [...] characterized by live/work dwellings, twenty four-hour neighbourhoods, loose-knit, far-flung configurations of electronically mediated meeting places" (Mitchell 1999: 7). This is then a densely patterned and contested geography, if an unfamiliar one:

> Ubiquitous interconnection does not mean the end of controllable territory or the elimination of the distinction between public and private turf, but it does force us to rethink and reinvent these essential constructs in a new context. The emerging system of boundaries and control points in cyberspace is less visible than the familiar frontiers, walls, gates, and doorways of the physical world, but it is no less real and politically potent. (Mitchell 1999: 28-29)

The effect of this might be uneven and fractious. For instance Scott Lash draws up a heuristic division of the "live and dead zones" of cities referring to "the presence (or relative absence) of the flows" of information (Lash 2002: 28-29). This divide he pairs with responses to such information, referring to "tame" and "wild" zones. This produces a quick four way typology. Dead/tame zones are characterized by majoritarian ethnic groups, clinging to traditionalist values in the face of change. Live/tame zones are characterised by the "informational bourgeoisie", with affluent connected populations doing comfortably and thus relatively conservative as regards the social order. Live/wild zones are characterized by the emergence of new cultural forms driven by globally hybridised post-industrial service sector. Dead/wild zones are areas of social decomposition, marked by marginal groups cultural change and fluidity. This, then, suggests not just uneven informational landscapes but how varying neighbourhoods and the informational environment interact.

However, Lash's typology is freighted with valorizations that privilege the 'wild' and unhomely over order. Even the have-nots in the 'wild' zones are exciting, while the cultural creatives drive innovative urbanism. This loading of the dice, especially for the live/wild, suggests we have something of a fashioning of a self-image or, at least, fantasy identity for information professionals:

> This leads me to voice an uneasy suspicion that many commentators, from academe, business, politics and media, in effect write themselves on to the city today. That is, much of the writing of the 'new urbanism', about the city's dynamism, its flexibility, its stimulation, its diversity, its computer communications technologies, its style, its cosmopolitanism, its cultures, seems to be, well, our story. We are indisputably part of the knowledge élite, and we tell our own favoured tale as regards the city of the future. (Webster 2001: 42)

So we need some care in accounts where dystopia and utopia often flip over the one into the other and where there is a little too much celebration of fluidity at times.

Bringing these three processes together, then, we can find the trend encapsulated by the concerns expressed by Escobar about the effects on the digitally marginal and daily life:

> The 'globalization of the present' reduces the ability of local time to make history and geography. The split between place and time (the age old localization of the hic et nunc) is consummated as real-time events detach themselves from the place where they are happening. The borders of the near and distant become blurred, transforming our

sense of the here and now. Embodied, grounded, rooted action loses a great deal of its social importance. Teletopia induces a generalized atopia. Places become newly precarious. (Escobar 1999: 36)

What all these analyses articulate powerfully – however we may argue with their deterministic readings – is the potential and scale of ongoing changes. They also resonate with sets of widely held social hopes and fears. However, all such work faces a stark and fundamental limitation because of its invocation of deep conceptual architectures invoking a binarised split between the mediated, delocalised and 'virtual' domain of ICT-based interactions, and a 'real', material domain of the corporeal, local city. Rather we need to attend to the multiple possibilities such as the production of new centralities and new material entities through virtual actions, and the dependence of virtual realms upon material accumulations of technologies, actors and resources. Transnational flows are deeply embedded in ways that mean that many "urban residents begin to experience the 'local' as a type of microenvironment with global span" (Sassen 2006: 23; cf. also Sassen in this volume). The relationship and effect on place of accelerated mobile information is thus dialectical. As Sassen puts it:

> [...] much of what is liquefied and circulates in digital networks and is marked by hypermobility, actually remains physical – and hence possibly urban – in some of its components. At the same time, however, that which remains physical has been transformed by the fact that that is represented by highly liquid instruments that can circulate in global markets [...]. (Sassen 2006: 24)

Producing Centrality

One dynamic that has become the focus of much concern is that if these spaces of media flows are uneven, with sites of high density and sparsity, and thus peripherality, then the production, and capturing of centrality in these new and apparently unruly networks becomes a key policy goal. Their fluidity provides an opportunity to gain advantage, or a risk of losing it, and cities in particular noted that globalisation did not just mean the dispersal of activities but actually a new geography of key hubs and switching points in global information flows (Castells 1989; 1996; 2002) since the "dispersal of activities without losing coordination has gone hand in hand with massive concentration of resources for command and control embedded in specific milieu" (Sassen 2001: 412). ICTs "have not eliminated the importance of massive concentrations of material resources but have, rather, reconfigured the relations of capital fixity and hypermobility. The complex management of this interaction has given some cities a global competitive advantage" (Sassen 2001: 411). These are the so called world cities or key hubs of a global network of cities or better cutting across and between key cities.

Global flows offer new patterns of connectivity and centrality based on key urban hubs whose strategic geography "fluidly traverses borders and spaces while installing itself in key cities. It is a geography that explodes conventional notions of context and traditional hierarchies of scale" (Sassen 2000b: 225). Instead of scalar hierarchies (neighbourhood to city to region to nation to global) as mediating containers there is a complex pattern of connection and collision between differently scaled activities:

> What is the 'context', the local, here? The new networked subeconomy occupies a strategic geography, partly deterritorialized, that cuts across borders and connects a variety of points on the globe. It occupies only a fraction of it 'local' setting; its boundaries are not those of the city in which it is partly located or those of the neighbourhood. [...] The local becomes one mode in a complex interaction. I see a rescaling: the old spatial hierarchy local-regional-international no longer holds. Integration is no longer achieved by going to the next scale in terms of size. The local now transects directly with the global. The global installs itself in locals, and the global is constituted through a multiplicity of locals. (Sassen 1999: 119)

New urban networks are directly globalised cutting across national lines (cf. Bunnell 2002a for a sceptical critique of this). Globalisation is not 'out there', nor is it all consuming but rather it is a partial condition – and the global, local and national are not discrete conditions that exclude each other (Sassen 2000b: 215). Global networks weave in and out of physical spaces so that, rather than states relying upon territorial governance, things like technical standards become instruments of public policy, and complex patterns of firewalls, private networks, and different capacity networks produce a new, uneven digital terrain (cf. Sassen 2000a).

My purpose here is not to debate specific criteria of 'world city-ness', or how one might measure their role, nor to debate their importance, nor their relationships with nation states so much as trace the *effect* of the message that the current globalised world economy is coordinated through a network of urban sites whose functions have been globally recombined and developed. Urban leaders saw the message that a new global geography of key centres was forming as offering two policy lessons and imperatives. First, this new global formation appeared malleable and contestable with no preordained order about what cities might perform what role. Second, the capacity for global control must be actively produced (Sassen 1997: 4). Institutional actors saw the potential and the imperative to develop world cities, and are producing discourses and economic practices that are reflexively framed through this understanding. The discourse about needing to be a hub in an informational network helps produce that very network. So rather than informational capitalism being a given, it is an ongoing achievement that, in so far as it exists, is "sustained and attended to – not least by the 'capitalocentric' business discourses that propose the existence of a coherent global economy" (Doel/Hubbard 2002: 355).

As Hubbard and Doel suggest world cities are not plugged into a network but rather produce that network. The emergent qualities of world cities are based on creating heterogeneous assemblages of people and places within themselves via reterritorialisations and recombinations where the city is created through relations between diverse actors operating at different scales and who intersect differentially with the traditional territorially defined city. There is no single "solid object known as the global city ... only an endless interplay of differently articulated transnational networks and practices" (Yeoh/Chang 2001: 1026). So in this context I want to turn to one case study that of Singapore, the city state that has made a virtue of being a small island in the flows of global seas to trace through some of these different imaginaries and issues.

Singapore: Exemplary Space of Recombinant Spatial Relations

One effect then of the reconfiguration of connections away from scaled links to direct ties between sub-systems is the recombination of cities into "an 'archipelago of cities' [or] more precisely, sub-ensembles of big cities, connected by telematic means and a great diversity of communication media. [Where one] might say that the world-city of contemporary capitalism has been deterritorialized, that its various components have been scattered over the surface of a multipolar urban rhizome" (Guattari 1992: 124). For Singapore then this has meant collaboration and control beyond its borders, through a semi-denationalized "growth triangle", forming a "transnational territoriality of an interlaced assemblage of border zones" between Singapore and parts of Malaysia and Indonesia (Bunnell et al. 2006: 6). The overall plan for this zone promotes mutual 'coopetition' with the pooling of resources, with land and comparatively cheap labour in Malaysia and Indonesia, while Singapore provides infrastructure and managerial labour (Tran 2001: 218-219). The whole mobilizes a discursive imaginary of regional and non-national boosterism through "complementarity" (Sparke et al. 2004). Although the empirical effects are debatable, it stretched and twisted borders to produce a 'global' economic space, whereby Indonesian labour would be connected to global markets via Singaporean capital and technology. Singapore expanded beyond its physical limits, with the free trade enclave in Bintan (Indonesia) having Singaporean phone numbers – routing local calls to the island state, while a call to the surrounding towns became 'international'.

The recombination or 'virtualisation' of the city is partly the expansion of urban functions that "engenders economic space through networking and alliances" to master flows and activities beyond its borders (Low 2001: 416). Conversely this also entails controlling and embedding some flows – making the city a 'sticky place' amid the global flows (Markusen 1996). Sassen (2001) distinguishes the relative 'stickiness' of two sorts of information in the global economy: data which can be reduced to transmissible forms, and evaluative knowledge that requires high skill interactive processing, supported by networks of tacit competences. Firms seek cities whose social affordances enable the latter interactivity and that then allow the maximization of benefits from the former technical connectivity (Sassen 2001: 412-413). This social interactivity is bolstered by the actions of those very firms that strategically post staff to these locations in order to capitalize on contacts and knowledge – where for instance a posting to Singapore is now part of developing staff "social capital" for many global firms (cf. Beaverstock 2002; Beaverstock/ Boardwell 2000). Such contacts though may well be based not on virtual flows but on enclavic social spaces and face-to-face interactions outside the work place as well as inside it (Chang 1995).

Attracting and embedding these flows of people highlights that the mobility of populations, alongside products and information is crucial, with transnational communities being both vehicle and product of globalization. For an old entrepôt trade centre like Singapore, once known as the "Clapham junction of the East", this is in many ways a familiar role, and the state could mobilise long standing imaginaries of the island as "a space of flows, [with a] vision for Singapore [that] involves criss-crossing circulatory streams of people moving in multiple directions" with expatriate 'talent' complementing ICT development as "major strategies to position Singapore as a significant node in the global space of flows" (Yeoh/Chang 2001: 1029). This vision calls upon transnational flows of people from global elite workers, to tourists to poorly paid migrant labour brought in to service the domestic needs of these elites and infrastructural industries. In terms of who 'inhabits' Singapore, its users exceed its citizens – with nearly 20% of the population as resident foreigners and tourists exceeding the population *in toto* – making a city out of dispersed populations (cf. Martinotti 1999).

Figure 2: Recruitment Advert for Singapore, Bristol University Alumni Magazine 2005. The advert reflexively uses both senses of information through creative interaction and socialisation and data transmission.

In response, a strategy for a "globally excellent city for the arts" has aimed to provide an attractive environment for elite workers (Chang et al. 2004) and create a "renaissance city that serves global (economic) and local (socio-cultural) goals, attracting foreign talent to live there, tourists to visit, while at the same time retaining local residents and high quality way of life" (Chang 2000a: 820) while fostering a "little Bohemia" of liberal globalised values. The flip side, as in many world cities, is hiding the army of domestic workers providing support to elites, coupled with social panics when this hidden support becomes visible in public spaces and disrupts assumptions of who has rights to the city (Yeoh et al. 2000; Yeoh/Huang 1999). However, in the midst of these pressures, the Singaporean state has produced a space that is culturally, at least in terms of identity politics, quiescent – a live/tame zone of informational bourgeoisie in Lash's terms. Many cities trade upon delocalised, cosmopolitan heritages to produce cultural diversity, but in Singapore the drive to create a unified national sentiment, and suppress ethnicity based political mobilisation, has meant that, as Rem Koolhaas sardonically notes: "Singapore seems a melting pot that produces blandness and sterility from the most promising ingredients" (Koolhaas/Mau 1995: 1017). What is left is the appearance of cultural diversity (cf. Chang 2000b).

My focus here though is on the ICT initiatives through which the state has attempted to produce a new form of globality linked to transnational information flows. The state's proclaimed aim from the early 90s was to raise levels of IT literacy, computer usage and connectivity ahead of the rest of SE Asia making the city "poised to become an electronically integrated metropolitan node in the global IT network" (Corey 1993: 66). The goal of connectivity was accentuated with the announcement of the IT2000 strategy subtitled "A Vision of an Intelligent Island" (Chun Wei Choo 1997: 49-53) according to then Prime Minister Goh, in 1999, it was key to "going global" and delivering a "first class economy in a first class city" which would bring Singapore into the "information age" and make it a "major hub city of the world" (Arun 1999: 16). The creation of an "Intelligent Island" would both entail and result from "Catalysing the Digital Transformation", "Branding Singapore as a Trusted Global 'Dot.Com' Hub", "Attracting Top Talents" and "Fostering an E-Lifestyle" (Minister For Communications and Information Technology, Infocomm 21 Leadership Dialogue, 1 August 2000). Taken together, this is a discursive formation mobilizing visions of progress in late modernity, national self-definition, globalization and technologised capitalism that legitimates political action (Lim 2001, 2002). This I suggest is a self conscious production of a world city, a process that local journalists even described as "hubbing Singapore", whose discursive construction is bound into the apparently technical project of the "wired city". It does not report or represent technological developments but "constitutes, incites and normalises this representation and idea of the Intelligent Island by promoting and endorsing a particular form of high technology urbanity" (Lim 2001: 180). As we shall see, though it was soon realised that the IT2000 master plan, "will bend, blur and buckle the parameters of space and time on the intelligent island. Life in the new cyberspace will be enveloped in a series of nested and overlapping spatial domains that include smart homes and buildings, virtual corporations, electronic marketplaces, IT townships and regional hinterland" (Chun Wei Choo 1997: 59).

From Island to Global Hub

Singapore's spatial vision then is not of being a container or stock of resources, but of being a global hub where flows cross and intermingle (Crang 2003). The Government Economic Committee spelt out the aim to make Singapore a "leading global city". It aimed to "Develop a Global Hub" because: "Too small to rely on its own resources, Singapore has always plugged in to global networks. The Intelligent Island vision will help turn Singapore into a highly efficient switching centre for goods services, capital and information and people" (IT2000). It offers an almost direct echo of Castells' vision where "the main nodes are not centres, but switchers, following a networking logic rather than a command logic, in their function vis-à-vis the overall structure" (Castells 2000: 15, in: Heiskala 2003). This vision then is powerfully externally oriented. According to its CEO,

> the Infocomm Development Authority of Singapore is positioning Singapore as a 'Living Digital Hub' for emerging technologies. While Singapore will never be as big a market as China, India or the regional countries, Singapore has a fighting chance to be the most interesting location for companies to test if their new infocomm products, services or business concepts will work in a real-world environment. (Opening of 'eGarage', Ngee Ann Polytechnic, 26 February 2003)

This "Living Digital Hub", that embeds "e-living" (Infocomm21) is legitimated and located by this global milieu. It is not intrinsic benefits but comparative position that is promoted, where through the creation of "a leading infocomm-savvy society with a pervasive e-lifestyle[, b]y 2005, Singapore aims to be among the top five infocomm-savvy societies in the world" (Infocomm 21). The global competition comes first before as an afterthought intrinsic benefits are mentioned the Assistant Chief Executive of the IDA, adding it "has the potential to enhance the way Singaporeans play, learn, work and stay connected anytime, anywhere". The documents are sparse on what an "e-lifestyle" actually is, or what "connected homes" entail. The points of reference for policy discourse are about defining an attractive locale in which key global actors will locate, not about the intrinsic benefits of the technology:

> As a country, we must also effectively address the challenges of the New Economy. Our vision is to position Singapore as a trusted global hub in the Internet economy, one in which e-commerce plays a dominant role in business and consumer transactions. (Minister For Communications And Information Technology, Infocomm 21 Leadership Dialogue, 1 August 2000)

The policy discourse repeats and restages an understanding of the global economy as comprising a network of nodes and hubs, of which Singapore could be one. As Jessop and Sum note, this move from being a space in itself to a space for itself in the global economy "typically requires a degree of (self-)reflexivity that is absent in weakly competitive entrepreneurial cities and/or those that merely engage in boosterism or city marketing" (Jessop/Sum 2000: 2292). The Singaporean state is reflexive about its economic policy and the aim here is explicit in its reading of intercity competition, where the island has been casting anxious comparative glances around the region.

> Competition is global. The lead in IT and telecommunications that Singapore now holds in the region can be easily eroded. A number of Asian countries have plans for national IT development that are far grander than IT2000. If Singapore is to retain its leading edge, Singaporeans will have to 'think global, act local', move at 'Internet speed' and compress 'time-to-market'. (Infocomm21)

The 1990s saw a heightened sense of urban competition in East and South-East Asia with cities developing new spaces as vehicles in entrepreneurial strategies, with the launch of the multi-media supercorridor in Malaysia (cf. Bunnell 2002b; Lepawsky 2005) which was set up with many of the same goals and explicitly to challenge the pre-eminence of Singapore in informational matters, while Hong Kong equally purposively developed a "teleport" to recast that city as the informational hub for Asia in what became a "siliconised" competition (Jessop/Sum 2000: 2306-2310). Although sceptical accounts question whether impacts on the ground were as great as claimed (Huff 2002), Singapore especially was locked in a bitter rivalry with Hong Kong (Townsend 2001) to become the south-east Asian hub – singular. Singapore reprised the colonial entrepôt legacy to proffer "A Global City at Asia's Crossroad" or in a more technological variant, inviting firms to "Connect to Asia through the Singapore Digital Exchange" (DX) which:

aims to position Singapore as the global distribution hub and trading centre for the processing, management and distribution of digital assets. [...] [The] DX initiative will create a new source of growth and extends Singapore's hub status in the digital realm. (Singapore Digital Exchange 2005 IDA: 1)

This crossroads is both metaphorically and materially constructed and any centrality or position in the flows has been actively manufactured. The historical overcoding and naturalised geographical referents are chimeras. But like all metaphors they are doing work – positioning Singapore in cognitive maps.

The Limits to Globality: Re-Bounding Spaces

Meanwhile, there has been an ongoing and ambiguous positioning of Singapore regarding the plurality of information flows. The Singaporean state has continued with its longstanding policies of intervening and censoring in media outlets. Policy critics, such as the *Far East Economic Review* and the *Herald Tribune* have been banned, while magazines like *Cosmopolitan* were curtailed for their socially permissive content. My purpose is not to rehearse the full saga of this politics of media control but to highlight some specific tensions produced by the state's own rhetoric of informational globalisation. I wish to highlight three elements here; regulation of access to the global Internet, the local production of civil society and the fostering of creativity and openness (a live/wild space in Lash's typology).

The most rehearsed issue has been the state's actions with regard to censoring or limiting access to global information. Having on the one hand announced that global flows are inevitable, unstoppable and an historic necessity to be embraced, the state has had to face the uncomfortable application of this economic rhetoric to social realms. Its answer has been condemned as authoritarian, quixotic but also praised as pragmatic. The first famous example came with a scan of all Singaporean email accounts in 1994 ostensibly for offensive imagery followed by outraged messages documenting traces of surveillance posted on alt.soc.singapore (Rodan 1998: 77-78). The ensuing outcry, speedy backtracking and almost embarrassed scapegoating of bureaucrats, and the global stories confirming Singapore's authoritarian tendencies, make these seem the maladroit steps of a state grappling with a new informational landscape. However, if we look at the effects then the picture is not so clear. The state had demonstrated its capacity to search email accounts, and it is by no means inconceivable that the postings fuelling the rumours of surveillance were deliberate. In other words the state had, despite the technical limits of surveilling huge volumes of data, created the impression that it could do so. Such intrusion did though risk upsetting the information industries Singapore was so assiduously courting. The action was followed by the announcement of limits to access to foreign web sites. The state forced all domestic providers to use a state run cache, which had a list of proscribed sites. Ministers were at pains to suggest, to Anglophone audiences and media, that this was a light touch regulation drawing line in the sand – with but a hundred or so (undisclosed) sites forbidden (Lee 2005). The paradoxes in turning Singapore into a hub yet maintaining informational boundaries have long been apparent, as when William Gibson (1993) commented on the aim to be

> the Intelligent Island, a single giant data-node whose computational architecture is more than a match for their Swiss watch infrastructure. While there's no doubt that this is the current national project, one can't help but wonder how they plan to handle all that stuff without actually getting any of it on them? [Since they plan] a coherent city of information, its architecture planned from the ground up. And they expect that whole highways of data will flow into and through their city. Yet they also seem to expect that this won't affect them. And that baffles us, and perhaps it baffled the Singaporeans that it does.

One response typical of the "the distinctive 'communitarian' ideology of the Singaporean political leadership" that "has consistently espoused a need to promote social and community values through exercising control over what she believes is undesirable information" and wrestled with "how the promise of information abundance is to be reconciled with the 'communitarian' ideology" (Wong 1996: 97) was the SingaporeONE National Information Infrastructure programme. Its acronym embodied the tension, since "One Network for Everyone" neatly encapsulates the socially inclusive yet socially controlling nature of the state in Singapore. Everyone would be provided for, yet there would be no alternative. Local critics derided the plan as a 'virtual condom' designed to keep control of information both from without and within to create a "government sponsored 'no-place' of a global hub" offering not Asian values but a hyper-western model of a frenetic working rationalised society, a "Sweden-on-speed" collective (Thomas 2Less 1999). However, Singapore has managed other such conflicts being, for instance, a major corporate satellite transmission centre, the regional base of 16 international broadcasters (Media21 report), yet at the same time not allowing satellite receivers – instead providing a multitude of cable TV channels through government controlled broadcasters.

However, after announcing its cache policy, the state was rapidly forced to allow commercial traffic to bypass such an insecure data store. Moreover, it would be a fairly simple matter to dial-up a Malaysian service provider and bypass it that way. When it was suggested the limits were unenforceable, Ministers agreed, going so far as to say that given the levels of computer literacy they hoped most people would have the know-how to break through these barriers. It was intended as a signal, as Ministers positioned themselves as reasonable people, aware of the new environment yet unwilling to simply throw in the towel, and they would often point to a conservative, 'heartland' of the island that would not want such capitulation either. The overall effect of having draconian penalties but announcing that you do not plan to use them, while demonstrating a capacity to monitor information is a not so liberal mixture. Remembering the panoptic principle is not continual surveillance, but the permanent possibility of surveillance we might see this as just such a model to encourage self-surveillance (Gomez 2002).

Many heralded the internet as opening a new democratising public sphere – though such ideas have come to seem more hopeful than likely outcomes. While Singapore has engaged fully with electronic delivery of government services under the rubric of "efficiency", there has been far less encouragement of participatory democracy (Lee 2005). In the late 1990s there was a flurry of young educated Singaporeans using the Internet – often having read the material on how it might open a new public sphere, partly through a wish to maintain contact as they did graduate work in the US. Initiatives such as Sintercom (Singapore Internet Community) and the Thinkcentre appeared and offered "civil society" discussions, while the pseudonymously and US hosted Singapore Window offered a portal on non-approved versions of happenings in Singapore. They were careful not to say this was not politics but civil society, to escape regulation by the Political Societies Act. At times the distinction was threadbare, but equally it was tolerated, partly through a mellowing of Singaporean policies under Prime Minister Goh Chok Tong – keen to foster, or be seen to foster, a lively society and culture. Indeed various senior bureaucrats and those tied to the state and ruling party began to publicly discuss the rationale of censorship after 2000 which was remarkable in itself (Warschauer 2001). Alongside the relaxation of cinema, drama and entertainment restrictions Singapore was trying to foster creative thinking and also make the place more vibrant and attractive to key informational workers from around the world. Alongside, and in spite of, intolerance to homosexuality a variety of gay discussion groups, generally hosted on US servers, sprang up to enable the local Singaporean gay scene (Ng 1999). But the level of discussion of social issues was rapidly swamped by a vision of virtual communities that were driven as commercially oriented shared interest groups – focused around types of products in a very commercialised web environment. The brief prominence of socially engaged discussion faded rapidly as the Internet went mainstream.

Indeed it is not implausible to connect the flowering with the zoned tolerance the state used for the arts. The state allowed more controversial films, for instance, in city centre venues frequented by younger, more educated, more foreign influenced consumers. On the Internet, the youthful aspirations of talented, educated foreign connected innovators too were tolerated in a way the same opinions would not have been in the mass media of the time. This suggests that the state brought all of this back together not by acceding to a questionable technical logic of the Internet as being uncontrollable, but instead through an economic rationale linked to its thinking about global positioning. That is it saw a functional necessity in fostering creativity and diversity both among locals, to develop their opportunities in the new informational sectors, but also about making the city a more vibrant and appealing local for globally mobile labour. The playwright Haresh Sharma sharply observed that "The government may not be more liberal. But it sees the positive effects of being seen to liberalize". In its own words this was a strategy which invested in "heartware".

Conclusions

This paper has tried to demonstrate through the case of Singapore that the notion of dispersal or spatial annihilation is not quite the end of the story. There is also the active production of new centralities, alongside new assemblages and connectivities. Thus Singapore producing itself as a 'hub' via a discourse bound into a technological language about the necessities of globalisation that successively black boxes what globality might mean or actually entail. The global I have tried to suggest is not simply out there but is being conjured into being. As Koolhaas perceptively remarked Singapore is not an exoticised "empire of signs" but and "empire of semantics" that makes things happen not that encodes what is already there (Koolhaas/Mau 1995: 1037). Clearly multiple rhythms and flows of different peoples play their role here. So too does differential connection. Singapore has expanded its control beyond its borders into surrounding territory building a virtual state, it has pulled in foreign flows of workers at varying levels to enhance its own capacities, and has sought to foster a specific informational milieu. In that sense, we might see it as achieving an informationally live but tame environment, in something like a space of real virtuality for corporate capital, and is now seeking to offer the promise of more wildness.

In all this then I have tried to suggest that thinking of this through scales of neighbourhood, city, region, state and globe is to misconstrue how something like an expatriate enclave is global and local, how 'heartlanders' in global cities might reject cosmopolitanism and how a state might come to accommodations that articulate different parts of a global system operating together. In Singapore's case it has succeeded, by and large, in its own terms, in connecting different economic, social, political and cultural processes occurring with different spatialities through the fabric of the city. So that truly it offers home@Singapore.world – not a nesting of scalar identities but morphing together of different ways of being, so that each forms a partial and parallel experience of life in the city.

Bibliography

Arun, Mahizhnan (1999): "Smart Cities: The Singapore Case", in: *Cities* 16(1), 13-18.

Barwell, Graham/Bowles, Kate (2000): "Border Crossings: The Internet and the Dislocation of Citizenship", in: David Bell (ed.), *Cybercultures*, London, 702-711.

Beaverstock, Jonathan V. (2002): "Transnational Elites in Global Cities: British Expatriates in Singapore's Financial District", in: *Geoforum* 33(4), 525-538.

Beaverstock, Jonathan V./Boardwell, James T. (2000): "Negotiating Globalization, Transnational Corporations and Global City Financial Centres in Transient Migration Studies", in: *Applied Geography* 20, 277-304.

Boyer, M. Christine (1996): *Cybercities: Visual Perception in the Age of Electronic Communication*, New York.

Breslow, Harris (1997): "Civil Society, Political Economy, and the Internet", in: Steve Jones (ed.), *Virtual Culture: Identity and Communication in Cybersociety*, London, 236-257.

Bunnell, Tim (2002a): "Cities for Nations? Examining the City-Nation-State Relation in Information Age Malaysia", in: *International Journal of Urban and Regional Research* 26(2), 284-298.

Bunnell, Tim (2002b): "Multimedia Utopia? A Geographical Critique of High-Tech Development in Malaysia's Multimedia Super Corridor", in: *Antipode* 34(2), 265-295.

Bunnell, Tim et al. (2006): "Global City Frontiers: Singapore's Hinterland and the Contested Socio-Political Geographies of Bintan, Indonesia", in: *International Journal of Urban and Regional Research* 30(1), 3-22.

Burrows, Roger (1997): "Virtual Culture, Urban Social Polarisation and Social Science Fiction", in: Brian Loader (ed.), *The Governance of Cyberspace*, London, 38-45.

Castells, Manuel (1989): *The Informational City*, Oxford.

Castells, Manuel (1996): *The Rise of the Network Society: Networks and Identity* 2, Oxford.

Castells, Manuel (2000): "Grassrooting the Space of Flows", in: James Wheeler/ Yuko Aoyama (eds.), *Cities in the Telecommunications Age: The Fracturing of Geographies*, London, 18-27.

Castells, Manuel (2002): "Local and Global: Cities in the Network Society", in: *Tijdschrift voor Economische en Sociale Geografie* 93(5), 548-558.

Chang, Ton Chuang (1995): "The 'Expatriatisation' of Holland Village", in: Brenda S. A. Yeoh/Lily Kong (eds.), *Portraits of Places: History, Community and Identity in Singapore*, Singapore, 140-157.

Chang, Ton Chuang (2000a): "Renaissance Revisited: Singapore as a 'Global City for the Arts'", in: *International Journal of Urban and Regional Research* 24(4), 818-831.

Chang, Ton Chuang (2000b): "Theming Cities, Taming Places: Insights from Singapore", in: *Geografiska Annaler B* 82(1), 35-54.

Chang, Ton Chuang et al. (2004): "On the Waterfront: Globalization and Urbanization in Singapore", in: *Urban Geography* 25(5), 413-436.

Chun Wei Choo (1997): "IT2000: Singapore's Vision of an Intelligent Island", in: Peter Droege (ed.), *Intelligent Environments: Spatial Aspects of the Information Revolution*, Oxford, 49-65.

Corey, Kenneth E. (1991): "The Role of Information Technology in the Planning and Development of Singapore", in: Stanley D. Brunn/Thomas R. Leinbach (eds.), *Collapsing Space and Time: Geographic Aspects of Communications and Information*, London, 217-231.

Corey, Kenneth E. (1993): "Using Telecommunications and Information Technology in Planning an Information Age Singapore", in: Henry Bakis et al. (eds.), *Corporate Networks, International Telecommunications and Interdependence: Perspectives from Geography and Information Systems*, London, 49-76.

Crang, Mike (2000a): "Public Space, Urban Space and Electronic Space: Would the Real City Please Stand Up?", in: *Urban Studies* 37(2), 301-317.

Crang, Mike (2000b): "Urban Morphology and the Shape of the Transmissable City", in: *City: Analysis of Urban Trends, Culture, Theory, Policy, Action* 4(3), 303-15.

Crang, Mike (2003): "Singapore as an Informational Hub in a Space of Global Flows", in: *DISP – Dokumente und Informationen zur Schweizerischen Orts-, Regional- und Landesplanung* 154(3), 52-57.

Doel, Marcus/Hubbard, Phil (2002): "Taking World Cities Literally: Marketing the City in a Global Space of Flows", in: *City: Analysis of Urban Trends, Culture, Theory, Policy, Action* 6(3), 351-368.

Elkins, David J. (1997): "Globalization Telecommunication, and Virtual Ethnic Communities", in: *International Political Science Review* 18(2), 139-152.

Escobar, Arturo (1999): "Gender, Place & Networks: A Political Ecology of Cyberculture", in: Wendy Harcourt (ed.), *Women@Cyberspace*, London, 31-54.

Gibson, William (1993): "Disneyland with the Death Penalty", in: *Wired* 1(4), http://www.wired.com/wired/archive/1.04/gibson.html, 03.09.2008.

Gomez, James (2002): *Internet Politics: Surveillance and Intimidation in Singapore*, Singapore.

Gorman, Sean P. (2002): "Where are the Web Factories: The Urban Bias of E-business Location", in: *Tijdschrift voor Economische en Sociale Geografie* 93(5), 522-536.

Graham, Stephen (1998): "The End of Geography or the Explosion of Place? Conceptualizing Space, Place and Information Technology", in: *Progress in Human Geography* 22(2), 165-185.

Graham, Stephen/Marvin, Simon (2002): *Splintering Urbanism: Networked Infrastructures, Technological Mobilities and the Urban Condition*, London.

Guattari, Felix (1992): "Space and Corporeity: Nomads, City Drawings", in: Hrazten Zeitlan (ed.), *Semiotext(e) Architecture*, Paris, 118-125.

Heiskala, Risto (2003): "Informational Revolution, the Net and Cultural Identity", in: *European Journal of Cultural Studies* 6(2), 233-245.

Huff, Toby (2002): "Malaysia's Multimedia Super Corridor and Its First Crisis of Confidence", in: *Asian Journal of Social Science* 30(2), 248-270.

Jessop, Bob/Sum, Ngai-Ling (2000): "An Entrepreneurial City in Action: Hong Kong's Emerging Strategies in and for (Inter)Urban Competition", in: *Urban Studies* 37(12), 2287-2313.

Koolhaas, Rem/Mau, Bruce (1995): *S, M, L, XL*, Rotterdam/New York.

Lash, Scott M. (2002): *Critique of Information*, London.

Leach, Neil (1999): "Virilio & Architecture", in: *Theory, Culture & Society* 16(5-6), 71-94.

Lee, Terence (2005): "Internet Control and Auto-regulation in Singapore", in: *Surveillance & Society* 3(1), 74-95.

Lepawsky, Josh (2005): "Stories of Space and Subjectivity in Planning the Multimedia Super Corridor", in: *Geoforum* 36(6), 705-719.

Lim, Alwyn (2001): "Intelligent Island Discourse: Singapore's Discursive Negotiation with Technology", in: *Bulletin of Science, Technology & Society* 21(3), 175-192.

Lim, Alwyn (2002): "The Culture of Technology in Singapore", in: *Asian Journal of Social Science* 30(2), 271-286.

Little, Stephen E. (2000): "Networks and Neighbourhoods: Household, Community and Sovereignty in the Global Economy", in: *Urban Studies* 37(10), 1813-1825.

Low, Linda (2001): "The Singaporean Developmental State in the New Economy and Polity", in: *The Pacific Review* 14(3), 411-441.

Markusen, Ann (1996): "Sticky Places in Slippery Space: A Typology of Industrial Districts", in: *Economic Geography* 72(3), 293-313.

Martinotti, Guido (1999): "A City for Whom? Transients and Public Life in the Second-Generation Metropolis", in: Robert A. Beauregard/Sophie Body-Gendrot (eds.), *The Urban Moment: Cosmopolitan Essays on the Late-20th-Century City*, London, 155-184.

Mitchell, William J. (1999): *E-topia: "Urban Life, Jim but not as We Know It"*, Cambridge, MA.

Ng, King Kang (1999): *The Rainbow Connection: The Internet and the Singapore Gay Community*, Singapore.

Nguyen, Dan Thu/Alexander, Jon (1996): "The coming of cyberspacetime and the end of polity", in: Robert M. Shields (ed.), *Cultures of Internet: Virtual Spaces, Real Histories, Living Bodies*, London, 99-125.

Novak, Marcos (1996): "Transmitting Architecture: The Transphysical City", in: *Ctheory: Theory, Technology and Culture* 34, 29.11.1996, http://www.ctheory.net/articles.aspx?id=76, 03.09.2008.

Novak, Marcos (1997): "TransArchitectures", http://membres.lycos.fr/dilouyum/trans/catalogue30.htm, 03.09.2008.

Poster, Mark (1998): "Virtual Ethnicity: Tribal Identity in an Age of Global Communications", in: Steve Jones (ed.), *Cybersociety 2.0: Revisiting Computer-Mediated Communication and Community*, London, 184-211.

Pratt, Andy C. (2002): "Hot Jobs in Cool Places. The Material Cultures of New Media Product Spaces: The Case of South of the Market, San Francisco", in: *Information, Communication and Society* 5(1), 27-50.

Robins, Kevin/Webster, Frank (1999): *Times of the Technoculture: From Information Society to the Virtual Life*, London.

Rodan, Gary (1998): "The Internet and Political Control in Singapore", in: *Political Science Quarterly* 113(1), 63-89.

Sassen, Saskia (1997): "Electronic Space and Power", in: *Journal of Urban Technology* 4(1), 1-17.

Sassen, Saskia (1999): "Juxtaposed Temporalities: Producing a New Zone", in: Cynthia C. Davidson (ed.), *Anytime*, Cambridge, MA, 114-121.

Sassen, Saskia (2000a): "Digital Networks and the State: Some Governance Questions", in: *Theory, Culture & Society* 17(4), 19-33.

Sassen, Saskia (2000b): "Spatialities and Temporalities of the Global: Elements for a Theorization", in: *Public Culture* 12(1), 215-232.

Sassen, Saskia (2001): "Impacts of Information Communication Technologies on Urban Economies and Politics", in: *International Journal of Urban and Regional Research* 25(2), 411-418.

Sassen, Saskia (2006): "Public Interventions: The Shifting Meaning of the Urban Condition", in: *Open* 11, 18-27.

Smith, M. Peter (2001): *Transnational Urbanism: Locating Globalization*, Oxford.

Sparke, Matthew et al. (2004): "Triangulating the Borderless World: Geographies of Power in the Indonesia–Malaysia–Singapore Growth Triangle", in: *Transactions of the Institute of British Geographers* 29, 485-498.

Thomas 2Less: "Singapore ONE", in: *Ctheory: Theory, Technology and Culture* 69, 04.11.1998, http://www.ctheory.net/articles.aspx?id=202, 03.09.2008.

Thrift, Nigel (2004): "Driving in the City", in: *Theory, Culture & Society* 21(4/5), 41-59.

Townsend, Anthony M. (2001): "Networked Cities and the Global Structure of the Internet", in: *American Behavioral Scientist* 44(10), 1698-1717.

Tran, Vinh (2001): "Coopetition", in: Rem Koolhaas (ed.), *Harvard Design School Guide to Shopping*, New York, 204-224.

Vannini, Phillip (2002): "Waiting Dynamics: Bergson, Virilio, Deleuze, and the Experience of Global Times", in: *Journal of Mundane Behavior* 3(2), 193-208.

Vertovec, Steven (2004): "Cheap Calls: The Social Glue of Migrant Transnationalism", in: *Global Networks* 4(2), 219-224.

Virilio, Paul (1997a): *Open Sky*, London.

Virilio, Paul (1997b): "The Overexposed City", in: Neil Leach (ed.), *Rethinking Architecture: A Reader in Cultural Theory*, London, 380-390.

Virilio, Paul (1998): "Architecture in the Age of its Virtual Disappearance", in: John Beckmann (ed.), *The Virtual Dimension: Architecture, Representation and Crash Culture*, New York, 178-187.

Virilio, Paul (2000): *Polar Inertia*, London.

Wakabayashi, Mikio (2002): "Urban Space and Cyberspace: Urban Environment in the Age of Media and Information Technology", in: *International Journal of Japanese Sociology* 11, 6-18.

Warschauer, Mark (2001): "Singapore's Dilemma: Control versus Autonomy in IT-Led Development", in: *The Information Society* 17(4), 305-311.

Webster, Frank (2001): "Re-inventing Place: Birmingham as an Information City?", in: *City: Analysis of Urban Trends, Culture, Theory, Policy, Action* 5(1), 27-46.

Wong, Poh-Kam (1996): "Implementing the NII Vision: Singapore's Experiences and Future Challenges", in: *Information Infrastructure and Policy* 5, 95-117.

Yeoh, Brenda/Chang, Ton Chuang (2001): "Globalising Singapore: Debating Transnational Flows in the City", in: *Urban Studies* 38(7), 1025-1044.

Yeoh, Brenda/Huang, Shirlena (1999): "Spaces at the Margins: Migrant Domestic Workers and the Development of Civil Society in Singapore", in: *Environment and Planning A* 31(7), 1149-1167.

Yeoh, Brenda et al. (2000): "Global Cities, Transnational Flows and Gender Dimensions: The View from Singapore", in: *Tijdschrift voor Economische en Sociale Geografie* 91(2), 147-158.

Scott McQuire

Public Screens, Civic Architecture and the Transnational Public Sphere

1   Large Screens and Urban Geography

In modernity, the social relations of space and time have been increasingly shaped by the affordances of different media platforms (McQuire 1998). However, the arrival of what McLuhan (1974) famously dubbed the "global village" constituted by "real time" electronic media has not resulted in the wholesale "disappearance" of space and time, as those such as Cairncross (1997) were wont to proclaim under the impetus of the 1990s dotcom boom. Ubiquitous media do not so much produce a world without distance, but one in which spatial dimensions and temporal rhythms are subject to dynamic reconfiguration. In the process, older systems of spatial measurement and processes of boundary formation may well be elided or transformed, but the result is less the 'annihilation' of space than the formation of new and complex intersections between media space and other social spaces. These intersections are productive of both new constellations of power and new potentialities for social agency.

Contemporary cityscapes are a key zone in this process of reconfiguration. Where earlier media platforms such as radio and broadcast television effectively 'privatized' the public sphere by providing new avenues for public communication and thereby relocating key processes of civic engagement from public to domestic space, contemporary public space is increasingly constructed through the articulation of physical and electronic spaces (McQuire 2006, 2008). Since the 1980s, the roll-out of digital networks, the proliferation of mobile phones and other wireless mobile devices, and the installation of large electronic screens in urban centres have all created novel forms of mediated interaction *within* public space (Mitchell 2003).

Here I want to focus on large public screens as a distinctive element in the emerging geography of urban space. While there are diverse regional and national inflections to the way large screens are being deployed, the overall trajectory is manifestly global. Large screens have rapidly become a symbol of contemporary urban development projects across much of the world, spreading far beyond their origins in the United States and Japan. For instance, China deployed numerous "live sites" during the Beijing Olympics, including 26 locations in Beijing, as well as sites in other cities such Hong Kong. In the UK, 28 large screens were utilised to televise the handover ceremony for the London 2012 Olympics. I will argue that, in their most recent incarnation, large screens situated in public space offer a rich site for contemporary media archaeology and social analysis.

Large screens transform public space at a number of levels. Most obviously, they offer a new forum for public display. This not only alters the spatial orientation of established media institutions such as television broadcasters, but represents a further stage in the redefinition of cultural institutions such as art galleries and museums, as their content increasingly migrates from enclosed sites with defined audiences into the public domain at large (McQuire and Papastergiadis 2005; Papastergiadis 2006). Public screens have also become focal points for collective assembly at a moment when the traditional sense of the 'centrality' of the city has increasingly been brought into question. Like the brightly lit department stores that lured shoppers in the early 20th century (Nye 1990), large screens are utilised as crowd attractors drawing visitors to central city locations. During peak events, such as the FIFA World Cup Finals in Germany during 2006, public screens offer an alternative to suburban home viewing and become *destinations* in themselves.[1]

While these developments are noteworthy, the current expansion of public screens has deeper economic and cultural significance. While the capacity for cultural infrastructure such as flagship museums to break cycles of urban and regional decline is now familiar through the 'Bilbao effect', the potential for public screen technologies to address social and urban issues is yet to receive sustained critical attention. Yet novel social practices emerging around public screens suggests they form a key site at which, to borrow Saskia Sassen's (2006) terminology, specific "cultures of use" mediate the abstract flows of digital networks.[2] Within a framework of urban regeneration, public screens are beginning to be recognized as policy tools for a variety of purposes, from enhancing social cohesion, emphasizing the role of culture in constructing positive urban images, developing the tourism industry, attracting inward investment, and strengthening the competitive position of host cities. While such a list of attributes risks overburdening screens as a one-size solution to com-

---

[1] During the 2006 FIFA World Cup, 25 large screens displayed live telecasts of all the games. Each of the 12 host cities had at least one large screen, partly as a way of catering for overflow audiences who were unable or unwilling to buy tickets to the game, but, also as a deliberate strategy to extend the festival atmosphere beyond the boundaries of the sports arena into central city locations. The target was not just residents, but also tourists who were encouraged to visit Germany even though they did not actually attend games.

[2] Sassen's (2006: 326) key examples of mediating "cultures of use" are global electronic financial centres and global activist networks.

plex problems, the salient point is the positioning of public screens at the intersection of social and economic interests in the contemporary public realm, bringing together diverse stakeholders including different levels of government, cultural funding bodies, arts institutions, artists, broadcasters, media hardware companies, local businesses, technology providers, content makers and audiences. The specific forms these partnerships assume in different cities need to be mapped, and their outcomes critically assessed. The capacity of large screens to contribute to a robust and inclusive public culture needs to be evaluated. While fulfilling these tasks is beyond the scope of this essay, they nevertheless inform the framework through which I am approaching this phenomenon.

Finally, I would add that, as high visibility nodes in global digital networks, public screens offer significant potential for new forms of cross-cultural collaboration and communication. Critically, constructing a 'public sphere' by linking public screens in different cities and different countries would mark a significant shift in the nature of the public sphere. It would differ from both the relatively contiguous urban networks of coffee houses that Habermas (1989) placed at the origin of the national public sphere in the 18th century, but also from the global but largely disembodied public sphere constituted by electronic media including satellite television and the internet in the last quarter of the 20th century. The mobilization of media *throughout* the city, and the linking of both mobile and embedded media to global digital networks, generates new conjunctions between place and space which cannot be understood by simple oppositions between the local and the global. The potential to link public screens situated in different cities and nations signals the emergence of a distinctive transnational public sphere characterized by heterogeneous dimensions, insofar as it draws on both the tradition of embodied public space (those physically assembled at a specific site) and the more recent tradition of the electronic public sphere (those gathered in shared *time* rather than contiguous space).

2 Spectacle, Surveillance and the Decline of Public Space

Existing literature analyzing the impact of media technologies on urban space has tended to concentrate around the twin themes of surveillance (Lyon 2003; Elmer 2004) and spectacle (Debord 1970; Sorkin 1992; Cooke/Wollen 1995). A long line of sociological literature has also stressed the demise of public space during the twentieth century (Jacobs 1961; Sennett 1977; Berman 1982; Virilio 1991; Sorkin 1992). Cars, television, over-population and suburbanization have all undermined the traditional capacity of the city to provide a coherent spatial orientation and cultural identity. Demands for mobility and flexibility have now reached such levels of intensity that sociologist John Urry (2000) claims that they are the constitutive features of urban life. The rapid expansion of transnational flows of images, goods and people in the last decades of the twentieth century contributed to the unprecedented heterogeneity of urban populations and the volatility of urban space (McQuire 1997, 2002; Papastergiadis 2000).

In this context, architects, social geographers and urban planners have identified the emergence of de-centred cities lacking a sense of 'place'. Sorkin (1992) terms this the "ageographical city", while Soja (2000) uses terms such as "postmetropolis" and "*exopolis*" to describe the new urban condition. Koolhaas (2004) sums up the transformation with the appellation *junk space*, aligning the demise of public space with the splintering of traditional forms of collective agency under the rule of marketing.

> Junk space is what remains after modernization has run its course, or, more precisely, what coagulates while modernism is in progress, its fallout. Modernization had a rational program: to share the blessings of science, universally. Junk space is its apotheosis or meltdown [...]. Junk space pretends to unite but it actually splinters. It creates communities not of shared interest or free association, but of identical statistics and unavoidable demographics [...]. Each man, woman and child is individually targeted, tracked, split off from the rest [...]. (Koolhaas 2004: 161, 166)

While the differences between these accounts deserve further critical analysis, they are linked by an overall pessimism concerning contemporary urban public space. This pessimism, which is partly founded on the historical association of television with domestic viewing and suburbanization, has coloured the evaluation of public screens, and, in particular, obscured recognition of their potential for civic use. The perceived demise of central urban public spaces, combined with the commercial orientation of the first generation large screens, means that public screens have generally been treated solely from the point of view of commercial infrastructure. In short, large screens are seen not so much as a potential public resource but as a commercial imposition on public space, another element of visual 'noise' in the cacophony of the modern city. Yet recent developments demand the re-evaluation of this perspective.

It is undeniable that the first generation of large screens at sites such as Times Square, Manhattan and Hachikō Crossing, Shibuya had a predominantly commercial orientation. These screens functioned mainly as advertising billboards, punctuated by occasional community announcements or artworks, such as Jenny Holzer's *Truisms* series (1982).[3] The expansion of large screens to other sites followed this vein of extended commodity promotion and amplified urban spectacle, as exemplified by the more recent integration of large screens into the fantasy environment of Las Vegas. Along this trajectory public interaction with large screens is confined to passive viewing, to the point that the technology seems to accord with Debord's (1970) understanding of spectacular society as fundamentally premised on 'non-intervention'.

However, a new generation of public screens is now emerging. This threshold is partly defined by the shift from incandescent bulbs and CRT screens to LED technology. The landmark Spectacolor Board erected on the old New York Times building at One Times Square, New York in 1976 was less a 'television screen' than a programmable electronic sign using an array of krypton incandescent bulbs to produce what now seem to be fairly rudimentary animated monocolor graphics. The mid-1980s saw the release of Sony's Jumbo Tron and Mitsubishi's Diamond Vision screens which used a matrix of small Cathode Ray Tube displays instead of incandescent bulbs. While very expensive to purchase and to operate, their capacity to display full colour video at much better resolution meant that they soon began to find a home at premium sporting venues, especially in the United States. Although LED screens of various colours have been available for some decades, it was only in the early 1990s that advances enabled full-colour video display.

LED screens are still relatively expensive to purchase, but they are far more versatile in terms of design possibilities. Nasdaq's famous MarketSite building at the northwest corner of Times Square (2000) utilised nearly 19 million LEDs for its patented curved wall display system. LED technology also underpins the 'media façade' system developed by German-based company ag4 mediatecture, which enables entire buildings to be clad in a surface that remains relatively transparent to occupants looking outside, but supports large-scale video images when seen from the street. In the UK, SmartSlab technology incorporates LED screens into modular structural elements which can be built into floors, walls, and even furniture. The explosion of LED screens has propelled architecture towards a new role as what Paul Virilio (in Ranaulo 2001: 7) aptly terms "media buildings": structures with the primary function of providing information rather than habitation.

---

3   *Truisms* was a series of text-based works Holzer initiated in 1977 comprising one-line statements. Her appropriation of the Times Square Spectacolour Board in 1982 to display texts such as "Private Property Created Crime" and "Abuse of Power Comes As No Surprise" brought her international attention.

Figure 1: Nasdaq's MarketSite building, Times Square, New York.

An equally critical factor is that the improved reliability of LED screens, combined with their significantly lower maintenance and running and costs, makes operating a large LED screen far more attractive to non-commercial users. The last decade has seen an increasing number of non-commercial large screens open around the world. Leading the way are the seventeen screens currently involved in the Public Space Broadcasting project in various cities in the UK. Initiated in 2003, these Big Screens are funded by a combination of sponsorship, local government, cultural institutions and the BBC.[4] Instead of accepting advertising, they measure their 'pay-off' in civic terms. As Bill Morris (then Director, BBC Live Events) put it in 2005:

> We would like to think that this project is creating something that is a new bit of civic architecture a bit like a decent size city expects to have its art gallery, its culture, its swimming pool, it's library – that we're in that kind of territory, rather than just creating another means of contacting target consumer groups.

---

4 Reassessment by the BBC and its various partners will determine whether the project will be extended after 2007. Up to 70 cities have expressed interest in being included in any future extension of the project.

One result of treating large screens as 'civic architecture' is that operators are now siting screens in traditional urban public spaces such as pedestrian plazas in city centres rather than traffic thoroughfares, sports arenas or malls. In this essay I will discuss the UK Public Space Broadcasting project (2003-2007), as well as the screen at Federation Square in Melbourne (2002), and the CAS Zuidas project in Amsterdam (2007).[5] Because these screens are located in spaces where people congregate, they are beginning to offer a variety of more interactive interfaces which I will discuss further below. This capacity for public utilization of new media to alter both the ambiance and the social dynamics of large-scale urban space is historically distinctive, and challenges many traditional assumptions about the distribution of power and agency in public space (Cubitt 2006; Griffiths/Cubitt 2006; McQuire 2006).

Figure 2: BBC Big Screen in Walthamstow, London 2008.

However, while there is a rapidly emerging literature on the urban impact of networked and mobile media (Castells 1989; Mitchell 2003; Beaton/Wajcman 2004), and substantial bodies of literature on screen culture and public art (Friedberg

---

5   For further information on these different projects, see http://www.bbc.co.uk/bigscreens, http://www.fedsquare.com.au, http://www.caszuidas.nl/site/main.php, 04.11.2008.

1993; Kester 1998; McCarthy 2001; Burnett 2004), there is relatively little literature specifically addressing the emergent phenomenon of public screens (an exception is Boeder et al. 2006; Döring 2006). Nor has recent research into creative industries, which has attempted to map the links between cultural practice and urban regeneration (Florida 2002; Yudicé 2003; Hartley 2005) addressed the civic potential of large screens. Nevertheless, some of the perspectives developed in this literature, particularly theories which have addressed the critical shift in the social function of art (Cubitt 1998; Bourriaud 2002) in the context of digital networks, are useful starting points.

3   Constructing Experimental Public Spaces

Andreas Broeckmann (2000) has argued persuasively that contemporary artists no longer see public screens as surfaces that capture attention by means of visual and narrative content, but as sites for the production of new forms of public relationships. The different bodies and institutions involved in funding and operating the new generation of public screens legitimate their projects in similar terms.[6] Instead of beginning from market reach and strategies to capture revenue streams, all begin with the proposition that public screens can play a significant role in generating a new public sphere which bridges physical and electronic space. Within this overall aim, a number of different but related issues emerge for exploration:

– how can media technologies be used to create public spaces with differing ambiances?

– how can novel interfaces be utilised to support new modes of social interaction?

– how can large screens and other media enable audiences to actively alter the dynamics of public space?

– what is the potential for public screens to contribute to civic engagement and community building?

– can public screens function as focal points in urban regeneration projects?

---

6   This assessment is based on my discussions with key participants including Bill Norris and Mike Gibbons (then at BBC Live Events), Kate Brennan (CEO Federation Square Authority, Melbourne) and Jan Schuijren, founding curator of CAS Zuidas, Amsterdam.

Figure 3: Screen at Federation Square, Melbourne 2005.

Figure 4: Contemporary Art Screen Zuidas (CASZuidas), Amsterdam 2008.

Different screen operators have deployed a variety of forms of programming in order to learn more about what sort of 'content' works in the context of public space. As noted earlier, large sporting events have become the effective 'signature' of the public screen experience in countries including Australia (Sydney Olympics 2000), Korea (FIFA World Cup 2002), Germany (FIFA World Cup 2006) and China (Beijing Olympics 2008). The challenge to realize the full potential of public screens is to go beyond this 'event' mode and learn how screens might be effectively utilised at other times. As Bill Morris (2005) asks:

> What happens if you put on a soap opera, so there's *Neighbours* or *East Enders*? Is that actually going to make people stop and watch the screen? Against, say, a news information program? What happens if you put a local, non-broadcast, non-commercial film, or a professional artist on, will people watch it?

In addition to programming BBC content, such as news services, the UK Big Screens showcase a range of content curated by various partner cultural institutions. The Federation Square screen is also exploring options for sourcing and screening alternative content, while the recently opened Contemporary Art Screen Zuidas (CASZuidas) in Amsterdam has the bold ambition of featuring predominantly artistic content.[7] While it is too early to fully assess the success of any of these initiatives, a it is worth noting that little material is specifically designed for public display on large screens. The majority of 'artistic' content is re-purposed film and video. It remains to be seen whether public screens will eventually mature into a platform demanding the production of specific types of content, and, in particular, how non-commercial operators might finance such content. While the market races to produce content for small (and potentially profitable) personal screens such as mobile phones, it seems likely that public screens with a non-commercial orientation will have to compete for traditional arts funding in order to produce platform-specific material.[8]

---

7 'Cultural content' forms a minority of screen time on the Big Screens and the Fed Square screen in Melbourne. CASZuidas, which only opened in October 2007, describes its program as "innovative in nature" with "content is made up of 80% art and 20% announcements and commercials".

8 I would add that it is likely that arts funding bodies will look favourably on supporting work made specifically for large screen display, partly because public screens offer new forms of public access and dissemination beyond traditional sites such as the art gallery or cinema circuit. In Australia, for instance, a Regional Digital Screen Network has already been established in 8 non-metropolitan cinemas to enable regional audiences to gain access to a broader range of films as well as live digital screenings of performing arts events.

Figure 5: Rafael Lozano-Hemmer's *Body Movies*, Rotterdam 2001. Photo by Arie Kievit.

A distinctive and extremely interesting possibility is the utilisation of public screens to generate new forms of public interaction. Large-scale public artworks utilising new media, including seminal works such as *Body Movies* (2001) and *Blinkenlights* (2001), have demonstrated the possibilities for using public *play* with strangers to create a dynamic public agora.[9] Significantly, the actual game-play in *Blinkenlights* proved less compelling to most participants than the distinctive social ambiance the work generated. As Inke Arms (cited in Dietz 2004) noted:

> *Blinkenlights* is not concerned with the aspect of dynamic architecture as media supported ornamentation, but precisely with the maximum possible visibility of a participatory impetus in urban space. It is concerned, in other words, with an emphatic notion of what is public.

---

9 Rafael Lozano-Hemmer's *Body Movies*, first staged in 2001 at the Schouwburg Square in Rotterdam, was a large-scale interactive projection-based work which allowed individual and collective 'shadow play' (McQuire 2006). *Blinkenlights* was a 'reactive architecture' designed by the Chaos Computer Club in Berlin, 2001. It involved software to control the illumination of the windows of an office tower, forming a primitive grid of 'pixels' which could be dynamically manipulated via mobile phone. Its most memorable configuration, involved the simulation of the pioneering computer game *Pong*. Another public thread of new media art is formed by so-called 'locative' media projects utilising GPS technology to enable players to access place-specific information, or to allow the articulation of gamers located in urban space with avatars in screen space.

Figure 6: *Pong* game for *Blinkenlights*, Haus des Lehrers, Berlin 2001.

In the UK, Bill Morris (2005) notes that experiments have been conducted utilising linked Big Screens for playing 'virtual' games:

> There are some experiments that John Moore University in Liverpool are doing and another team at a University in Birmingham, working with putting cameras on screen facing the space, the square, where you can play games, you can vote, you can play music, you can interact with one screen to another. We had a virtual golf tournament a couple of weeks ago with a team playing golf in the centre of Birmingham and a team playing golf in the centre of Manchester and there's no golf courses, no holes, it was all done through virtual games. So they were both playing on the same virtual golf course and meeting with one and other in the two cities. Now we think we've only just touched the surface there, it's really early days but that kind of thing is just really opening up.

If, at one level, this emergent form of gaming owes something to the more established forms of collective play-at-a-distance which characterizes the networked 'virtual worlds' of games such as *World of Warcraft*, it also has distinct differences. Players participate by performing embodied actions such as running and kicking. These actions take place in shared public spaces, where they become part of a collective performance, and are also simultaneously represented in screen space, where the virtual football, pitch and goals are located. Rather than sublimating participants' bodies, in the manner of traditional computer and networked gaming, interaction *between* bodies – both up close and at-a-distance – remains central to the experience.

A different type of 'interactive' event was *Dancing in the Streets* staged at the Federation Square in Melbourne as part of the Melbourne International Arts Festival in 2003. This involved participants learning dance sequences from a selection of famous films and then performing them collectively while the original film sequences were displayed on the large screen. Staged over several nights, *Dancing in the Streets* drew an estimated 60.000 people. Its popularity not only garnered substantial media coverage, but broadened public perceptions of the potential of public screens to be used for more than passive viewing. More recently Federation Square has developed a system enabling SMSs to be displayed on a ticker running across the bottom of the large screen. While it is easy to dismiss this sort of initiative on the basis of the 'triviality' of the messages (which have to be manually filtered for offensive content), it is worth recognizing that the most users of these services are teenagers whose voice and presence is traditionally marginalised in public space. While there are clear limits to the nature of this form of interaction, the social effect of the capacity to make a 'mark' in the city – even an ephemeral mark on an electronic screen – should not be discounted. As Ursula Frohne (2002) has pointed out, visibility in the media now stands as an increasingly important affirmation of subjectivity in media-based cultures.[10]

---

10 Frohne (2002: 271) argues that, in a social context where the classical 'others' of family, friends and acquaintances are losing their function, the role of reflexive self-assurance provided by the Other "has been delegated unconsciously to the media." As a result, Frohne (2002: 257) suggests that contemporary media forms such as "reality television" have become a primary means for conducting experiments in self-construction. Frohne (2002: 256) concludes: "As media performance comes to epitomize what is socially desirable, the longing of the audience to maneuver themselves into the images of the entertainment industry only increases. This compulsive desire to attain tele-presence, to verify and validate one's own existence – in a kind of 'screen test' – under the gaze of the media society and thereby to anchor one's cultural self-realization is characteristic of contemporary media narcissism."

Figure 7: Screen and audience at Federation Square, Melbourne, 13 February 2008 – the day Australian Prime Minister Kevin Rudd made his apology to the 'stolen generations' (of indigenous Australians removed from their parents under dubious social policies from the 1930s to 1970s) The audience have symbolically turned their backs on the telecast of the reply by Opposition leader Brendan Nelson.

The new centrality of media to contemporary social life is exemplified by the growing importance of public screens in the enactment of social ritual. The BBC's Bill Morris (2005) observes:

> We've learnt a lot about the fact that there is a really enduring need for people to share some of those opportunities for having a bit of fun, celebrating a great moment, be it a sporting moment, or a cultural mo-

ment. We've done relays with the opera house and things like that. Or indeed a moment of concern and sadness. With the London bombings people – not just in London but in the other cities around the country – were gathering around the screens to watch what was going on. Now, in a few cases those will be people who will simply not have access to the news in any other way, they walk into the city and just want to find out what's going on. But in other cases you actually feel that you want to be with other people. When there was the three-minute silence that happened after the London bombings, maybe a week later, people gathered in quite large numbers at each of the screen sites to observe the silence.

Large screens have rapidly become an accepted focal point for collective gatherings in public space, where they can serve as the site for public rituals including celebration and mourning. Morris (2005) recalls:

In Liverpool there was a guy called Ken Bigley, a guy from the city who was out in Iraq who was murdered in a particularly gruesome way. They really took it to heart and they held a one-minute silence and there was a service and there were more people gathered in front of the screen in Liverpool than there were at the Cathedral, and to our astonishment, people were putting flowers at the bottom of the screen. Now this wasn't planned or our assumption at all. We've been constantly surprised and challenged by what people are doing.

This element of surprise is indicative of the capacity for public screens to generate novel social relations in contemporary public space. It also indicates the urgent need for new conceptual formations which can better engage the altered conditions of urban geography and public space in the 21st century.

4 Open Localities and the Transnational Public Sphere

Paul Virilio (1997: 73) has argued that geopolitical history is stratified by three successive modes of "proximity": the *metabolic* proximity defined by the relation between living bodies which share contiguous space, the *mechanical* proximity entrained by the transport revolution and the new ascendancy of speed beginning with the railway in the 19th century, and finally, *electromagnetic* proximity, which, by promoting instantaneous encounters between subjects at-a-distance, undermines the certitudes of "concrete presence". For Virilio (1997: 74), the implications of electromagnetic proximity are both momentous and alarming:

What gains by this is a metropolitics of instantaneity, a product of telecommunication's urbanization of time, which then succeeds the urbanization of regional space. So the *metropolitization* that we should fear in the coming century involves not so much concentration of populations in this or that 'city-network', as the hyper-concentration o the *world-city*, the city to end all cities, a virtual city of which every real city will eventually be merely a suburb, a sort of *omnipolitan* periphery whose *centre will be nowhere and circumference everywhere*.

Virilio indicates several key trajectories that any new theoretical expression of the spatial condition of contemporary urbanism needs to address. First, there is the fact that the spaces and rhythms of contemporary cities are radically different to those described in classical theories of modern urbanism. The scale of contemporary cities, and the forms of circulation that characterize them, depart all previous conceptions of the city. In particular, the city's traditional function in constituting a physical and symbolic centre for social life has been eroded.

Second, as much as cities have changed, so have media. We have moved from the centralized distribution of material objects such as newspapers and celluloid reels of film through the centralized distribution of electronic information by broadcast media such as radio and TV to the radically decentralized forms of production and distribution of contemporary digital networks. In fact, this is not a linear succession. All these modes co-exist in the present. Nevertheless, digital media is clearly the dominant paradigm. This is not only because it is the fastest growing sector, but because the convergent logic of the digital is fast remaking all older media industries from publishing to telecommunications. However, while Virilio's work is effective in demarcating the decline of established modes of presence, it is less successful in analysing what is emerging in their place. In her influential work on global cities, sociologist Saskia Sassen (1991) stressed that the impact of digital technology cannot be conceived simply in terms of promoting de-territorialization and immaterial flows. While digital networks certainly produce a range of novel spatial effects, in part by rendering all points on the network effectively equi-distant, they also have a material existence which should not be elided. In her more recent work, Sassen (2006: 342) elaborates her critique of techno-centric analysis of the digital threshold, arguing that:

> Such a reading inevitably neutralizes or renders invisible the material conditions and practices, place-boundedness and thick social environments within and through which these technologies operate.

In order to better understand the new social formations, and to develop new conceptual formations capable of grasping the complex partial unbundling of the space-time frame of the nation-state in favour of supra and sub-national assemblages, Sassen stresses the importance of empirical analysis of the particular pathways along which the digital and the non-digital are 'imbricated'.

Sassen (in this volume; 2006: 344) argues that, while the effect of digital technology is often conceptualised primarily in terms of hypermobility and dematerialization, it "takes multiple material conditions to achieve this outcome". A key example she uses is the way that real estate has metamorphosed from a predominantly physical entity into a hypermobile financial instrument. Unlike Virilio, Sassen (2006: 344f.) emphasizes that hypermobility is "but one moment of a more complex condition". If the liquefaction of real estate is "only one component of a larger entity that remains physical in some of its components", the corollary is that, in turn, "place-boundedness" is increasingly "inflected or inscribed by the hypermobility of some of its components". In short, while Sassen (in this volume; 2006: 345) agrees with Virilio that "speed is ascendant and consequential" in the contemporary era, she argues that it is difficult to capture the multivalence of the new spatio-temporal order through analytical categories which presume separation of the digital and non-digital.

The same combination of partial agreement as to the general trajectory, combined with disagreement over the effect is even clearer in her analysis of the destabilization of existing hierarchies of scale. Where Virilio sees the total eradication of the local in favour of the "omnipolitan" world city, Sassen (2006: 346) argues that contemporary spatial regimes are marked by growing complexity:

> As the national scale losses specific components of the state's formal authority, other scales gain strategic importance, especially subnational scales such as the global city, and supranational scales, such as global markets.

This results in the production of new types of territories. For Sassen (2006: 378), the broader historical shift involves the transition from the space-time regime of the national, which was organised in terms of a "bureaucratizing of time and space, and an orientation to a founding myth that lies in the past", to a new spatio-temporal order of digital networks which carry "the experience of an instantaneously transnational time-space hinged on velocity and the future". This new order alters the space of the national in several directions simultaneously. The partial *denationalising* of specific components of the nation-state is counterpointed by the emergence of new cross-border domains which are neither 'global' nor 'national' as these terms have been understood.

The role of media in promoting these changes is fundamental but not in a simple causative sense. Electronic media, including radio and television, have always 'deterritorialized' local contexts, although this tendency is not as exclusive as Virilio sometimes implies. Media also become articulated with new territorializations: in fact, for many decades, broadcast media was bound to a particular political formation of the nation state. This situation began to unravel in the 1980s as new media platforms including satellite television, the internet and mobile phones pushed media-based deterritorialization onto a more pronounced global trajectory aligned with neo-liberal politics and post-industrial economics. Sassen's insistence on recognizing the material instantiation of the infrastructure of the new flows, and the importance of specific 'cultures of use' which mediate the relation between the digital and the non-digital, is again worth bearing in mind. There is an urgent need for empirical research into how specific 'cultures of use' shape and are shaped by digital networks, converting the 'local' material history of a city, for instance, into a 'microenvironment' with potential for global span.

Precincts housing new generation large screens offer one of the most interesting 'frontier zones' for this type of research. First, they are often media-dense spaces, comprising a variety of platforms including large screens, LED signage, wireless networks, and a growing range of interactive capabilities. Second, as the inheritors of the tradition of public space constituted by street life, city squares, cafes, and public cultural institutions, they have also assumed the task of catering for those who are 'present' at a moment when being present has assumed new dimensions. Such precincts now stand at the cross-roads of the local and the global in a distinctive way. At one level, they enable the relation between embodied and virtual public spheres to be *performed* as a public event. But they also offer a strategic site for exploring the ways in which the national space of the "imagined community" analysed by Anderson (1983) is currently being displaced by an emergent "global imaginary".

Large screens embedded in public space enable the formation of what might be called 'open' localities. In terms of their physical scale, these spaces are microenvironments with distinct architectural, political and cultural histories. However, their growing articulation with global networks means they can now participate in cross-border exchanges without necessarily losing their local affiliations. As the number of public screens expands around the world, there is growing potential to produce interactive links between public spaces in different cities. The distinct combination of physical and electronic space which characterize these experimental public spheres lend them strategic importance to new ways of thinking about the *invention* of temporary publics and new forms of social agency in the context of new forms of mobility and global flows. This gives large screens in public space a distinct leverage in shaping the emerging social life of the 21st century city. However, it remains to be seen what form such transnational networks will take. Will they go beyond the novel but largely passive forms of public spectating promoted by global events such as 2000 Today (2000), Live 8 (2005) and the FIFA World Cup?[11] How might they enable rich and diverse interactions between strangers situated in different public spaces? The success of public screens in contributing to the construction of a transnational public sphere will not be determined simply by technological developments, but will depend on the invention of new practices for enacting the multiple, lateral connections and interconnections that characterize what Manray Hsu (2005) aptly dubs "networked cosmopolitanism".

Bibliography

Anderson, Benedict (1983): *Imagined Communities: Reflections on the Origins and Spread of Nationalism*, London.

Beaton John/Wajcman Judy (2004): *The Impact of the Mobile Telephone in Australia*, Canberra.

Berman, Marshall (1982): *All that is Solid Melts into Air*, New York.

Boeder, Pieter et al. (eds.) (2006): *First Monday*, Special Issue 4, http://firstmonday.org/issues/special11_2/, 05.11.2008.

Bourriaud, Nicolas (2002): *Relational Aesthetics*, Dijon.

Broeckmann, Andreas (2000): "Expressing Connection: Relational Architecture", in: Rafael Lozano-Hemmer (ed.), *Vectorial Elevation*, San Jorge.

Burnett, Ron (2004): *How Images Think*, Cambridge, MA.

Cairncross, Frances (1997): *The Death of Distance: How the Communications Revolution Will Change Our Lives*, London.

Castells, Manuel (1989): *The Informational City*, Oxford.

Cooke, Lynne/Wollen, Peter (eds.) (1995): *Visual Display*, Seattle, WA.

Cubitt, Sean (1998): *Digital Aesthetics*, Thousand Oaks, CA.

---

11 2000 Today was a live global telecast to celebrate the 'new millennium' by linking 60 countries over a 24-hour period as midnight struck around the world. A number of large screens also showed the event. Live 8 benefit concerts took place on 2 July 2005, in the G8 states and South Africa attracting a global television audience estimated at 3 billion. Large screens were used to link concert sites, including Hyde Park, London; Palais de Versailles, Paris; Siegessäule, Berlin; Circus Maximus, Rome; Museum of Art, Philadelphia; Park Place, Barrie; Makuhari Messe, Tokyo; Red Square, Moscow, and Mary Fitzgerald Square, Johannesburg.

Cubitt, Sean (2005): "From Internationalism to Transnations", in: Annmarie Chandler et al. (eds.), *At a Distance*, Cambridge, MA.

Cubitt, Sean (2006): "Tactical Media", in: Katharine Sarikakis (ed.), *The Ideology of the Internet*, Cresskill, NJ.

Debord, Guy (1970): *Society of the Spectacle*, Detroit.

Dietz, Steve (2004): "Public spheres", in: *Media Arts Net*, http://www.medien kunstnetz.de/themes/public_sphere_s/public_sphere_s/13/, 05.11.2008.

Döring, Jörg (2006): "Über Medienfassaden. Zur Konstruktion sozialer Räume durch das Display", in: Jens Schröter/Tristan Thielmann (eds.), *Navigationen. Zeitschrift für Medien- und Kulturwissenschaften* 6(2), 65-83.

Elmer, Greg (2004): *Profiling Machines*, Cambridge, MA.

Enwezor, Okwui (2004): "Documentary/Verite", in: *Australian and New Zealand Journal of Art* 4/5(1), 12-30.

Fisher, Jean/Mosquera, Gerardo (2004): *Over Here*, Cambridge, MA.

Griffiths, Mary/Cubitt, Sean (2006): "Mobile/Audience: Thinking the Contradictions", in: Martin Rieser (ed.), *The Mobile Audience*, London.

Jacobs, Jane (1961): *The Death and Life of Great American Cities*, New York.

Florida, Richard (2002): *The Rise of the Creative Class,* New York.

Friedberg, Anne (1993): *Window Shopping*, Berkeley, CA.

Frohne, Ursula (2002): "Media Narcissism, Theatricality and the Internalised Observer", in: Thomas Y. Levin et al. (eds.), *Ctrl [Space]: Rhetorics of Surveillance from Bentham to Big Brother*, Cambridge, MA.

Habermas, Jürgen: *The Structural Transformation of the Public Sphere: An Inquiry Into a Category of Bourgeois Society* (translated by Thomas Burger), Cambridge.

Hardt, Michael/Negri, Antonio (2004): *Multitude: War and Democracy in the Age of Empire*, New York.

Hartley, John (ed.) (2005): *Creative Industries*, Malden, MA.

Hsu, Manray (2005): "Networked Cosmopolitanism", in: Nicholas Tsoutas (ed.), *Knowledge+Dialogue+Exchange: Remapping Cultural Globalisms From the South*, Sydney, 75-82.

Kester, Grant H. (ed.) (1998): *Art, Activism and Oppositionality,* Durham.

Koolhaas, Rem (1996): *Rem Koolhaas: Conversations with Students*, Houston, TX/ New York.

Koolhaas, Rem (2004): *AMOMA*, Köln.

Kracauer, Siegfried (1995): *The Mass Ornament* (translated and edited by Thomas Y. Levin), Cambridge, MA/London.

Lyon David (2003): *Surveillance After September 11*, Cambridge.

McCarthy, Anna (2001): *Ambient Television: Visual Culture and Public Space*, Durham, NC.

McLuhan, Marshall (1974 [1964]): *Understanding Media: The Extensions of Man*, London.

McQuire, Scott (1997): "The Uncanny Home: Or Living Online With Others", in: Peter Droege (ed.), *Intelligent Environments*, Rotterdam, 682-709.

McQuire, Scott (1998): *Visions of Modernity: Representation, Memory, Time and Space in the Age of the Camera*, London.

McQuire, Scott (2002): "Space for Rent in the Last Suburb", in: Alessio Cavallaro et al. (eds.), *Prefiguring Cyberculture*, Cambridge, MA, 166-178.

McQuire, Scott (2006): "The Politics of Public Space", in: *First Monday*, Special Issue 4, http://firstmonday.org/issues/special11_2/, 05.11.2008.

McQuire, Scott (2008): *The Media City*, London.

McQuire, Scott/Papastergiadis, Nikos (2005): "From Parafunctional Spaces to Shiny Ruins", in: Nicholas Tsoutas (ed.), *Knowledge+Dialogue+Exchange*, Sydney, 83-100.

Mitchell, William J. (2003): *Me++: the Cyborg Self and the Networked City*, Cambridge, MA.

Morris, Bill (2005): Interview in London, 14. November 2005.

Nye, David (1990): *Electrifying America: Social Meanings of New Technology 1880–1940*, Cambridge, MA/London.

Papastergiadis, Nikos (2000): *The Turbulence of Migration*, Cambridge.

Papastergiadis, Nikos (ed.) (2003): *Complex Entanglements*, London.

Papastergiadis, Nikos (2006): *Spatial Aesthetics*, London.

Ranaulo, Gianni (2001): *Light Architecture: New Edge City*, Basel/Boston, MA.

Sassen, Saskia (1991): *The Global City: New York, London, Tokyo*, Princeton, NJ.

Sassen, Saskia (2006): *Territory, Authority, Rights: From Medieval to Global Assemblages*, Princeton, NJ.

Sennett, Richard (1977): *The Fall of Public Man*, New York.

Soja, Edward W. (2000): *Postmetropolis*, Oxford.

Sorkin, Michael (ed.) (1992): *Variations on a Theme Park*, New York.

Urry, John (2000): *Sociology Beyond Societies*, London.

Virilio, Paul (1991): *The Lost Dimension* (translated by Daniel Moshenberg), New York.

Virilio, Paul (1997): *Open Sky* (translated by Julie Rose), London/New York.

Yudicé, George (2003): *The Expediency of Culture*, Durham, NC.

Rolf F. Nohr

Die Produktion von Orten, Ereignissen und Wohnzimmern. Fernsehen als Topographie

Die Frage, ob der *spatial turn* die Medienwissenschaften erreicht hat, ist sicherlich mit ‚Ja' zu beantworten. Ob die Beschäftigung mit dem Raum oder den Topographien[1] von Medien oder einzelnen Medientechnologien eine Renaissance erfährt oder ob Theorien der räumlichen Bedingtheit von Medien per se zur Umfassung der Disziplin gehören, ist dabei vielleicht die interessantere Frage. Es ist zunächst auffällig, dass die Medienwissenschaft parallel zum *spatial turn* eine verstärkte Hinwendung zur raumgestützten Theoriebildung vollzogen hat – sicherlich auch aus einer Wende heraus, gegen eine (postmoderne) Theoriebildung zu argumentieren, die eine Entmaterialisierung und Enträumlichung von Medien propagierte. Andererseits gehören die Verankerung von Medien *im* Raum und die Bezugnahme von Medientheorie *auf* den Raum seit Beginn der Disziplin substantiell zum theoretischen Inventar. Mit dem omnipräsenten McLuhanschen Diktum vom „global village" (McLuhan 1962) ist hierbei wahrscheinlich eine der populärsten und übergreifendsten Metaphern zeitgenössischer Medientheorie aufgerufen, die eine räumliche Komponente postuliert und als theoretische Figur prägt.

Wissenschaftshistorisch signifikanter für einen Ausgangspunkt einer ‚theorie-archäologischen' Begründung von Konzepten für Fernsehtopographien sind dabei aber die Schriften von Harold Innis.[2] Mit Arbeiten wie „Empire and Communications" (Innis 1950) oder „The Bias of Communication" (Innis 1951) liegen frühe und in ihrer paradigmatischen Denkungsweise immer noch aktuelle Auseinandersetzungen mit der räumlichen (und materiellen) Verfasstheit von Medien vor. Bei seiner Auseinandersetzung mit Kommunikations-

---

1 Topographie soll im Folgenden (abgeleitet von der Definition der Geographie) zunächst als räumlich-materielle Form der Raum-Oberfläche verstanden werden, die vermessen, dargestellt und beschrieben werden kann. Topographie meint die (Erd-)Oberfläche, das Gelände oder Relief und die mit dieser fest verbundenen natürlichen und künstlichen Objekte. In Bezug auf die Topographie*n* von Medien und Fernsehen soll aber mit diesem Begriff einerseits auf die ‚Oberfläche' von Medien und die Eintragung/Aufschreibung von symbolischen Systemen in diese Oberflächen spekuliert werden und andererseits auch (durch den Plural) auf die Mehrdimensionalität dieses Oberflächenbegriffes verwiesen werden – entstehen diese Topographien doch als Aushandlungsprodukt in wechselseitiger Adressierung von Medium, Subjekt und diskursiver Wissensmatrix.

2 McLuhan selbst bezeichnete seine *Gutenberg Galaxy* als Kommentar zu Innis' Werk.

technologien befasste Innis sich sowohl mit den ‚Medien' des Gütertransports (also Kanälen, Straßen, Eisenbahnen) als auch mit dem Medium Sprache. Die für die hier verhandelte Fragestellung naheliegendste Denkfigur Innis' ist jedoch die auf Raum und Zeit bezogene materielle Verfasstheit des Mediums:

> Je nach seinen Eigenschaften kann [...] ein Medium sich entweder besser für die zeitliche als für die räumliche Wissensverbreitung eignen, besonders wenn es schwer, dauerhaft und schlecht zu transportieren ist, oder aber umgekehrt eher für die räumliche als für die zeitliche Wissensverbreitung taugen, besonders wenn es leicht und gut zu transportieren ist. An seiner relativen Betonung von Zeit oder Raum zeigt sich deutlich seine Ausrichtung auf die Kultur, in die es eingebettet ist. (Innis 1997: 95)

Entwickelt wurde diese These am Beispiel des physischen Warentransports in unterschiedlichen frühen Hochkulturen, welche auf Basis eines gut ausgebauten Straßen- und Relaissystems funktionieren konnten. Da Menschen und Botschaften mit gleicher Geschwindigkeit reisten, fiel die Organisation des Transportwesens mit der Nachrichtenübermittlung weitgehend in eins. Darüber hinaus fußt diese Parallelsetzung jedoch paradigmatisch auf der Annahme, dass sowohl symbolische Medien als auch der Gütertransport strukturähnlich zu denken seien, nämlich als Transport von Waren und Bedeutung, wobei dem Wesen des Transports selbst eine wesentliche Bestimmtheit der Dynamik zuzuerkennen sei (vgl. Winkler 2004: 68ff.).[3]

In seiner Untersuchung historischer Kultur- und Gesellschaftsformen oder der kanadischen Industriegeschichte zeigt Innis, dass Bewegungen und Dynamiken der Zirkulation von Waren und Bedeutungen durch den geographischen Raum als bedeutungsproduktiv zu gelten haben. Damit ist mit Innis für die aktuelle Medientheorie eine mehrfache Fundierung ableitbar.

1. Medien zirkulieren in Form von materiellen Waren- und Bedeutungsformen und bilden Netze.

2. Auch zunächst immateriell gedachte symbolische oder technische Medienkommunikationen können nicht ohne ihre räumliche und topographische Erstreckung gedacht werden.

---

3 Dass sich hier gleichsam die zweite McLuhansche Formel, nämlich dass die Botschaft des Mediums auch das Medium selbst sei (McLuhan 1994 [1964]: Kap. 1) abzeichnet, scheint augenfällig.

3. Medien charakterisieren sich ebenso signifikant dadurch, dass sie Topographien *bilden*, ebenso wie sie Topographien *zeigen, erzählen oder symbolisieren*.

4. Medien greifen in ihrer Topographie über sich hinaus und interagieren mit einem kulturellen Setting, das selbst als Topographie der Sinnstiftung erfasst werden kann.[4]

Von einer solchen ersten Situierung ausgehend könnten die Fragen an die Topographien der Medien aus medienwissenschaftlicher Perspektive so zusammengefasst werden: Welche spezifischen Topographien lassen sich in aktuellen Medien (und im Folgenden exemplarisch: im Fernsehen) vorfinden? Gibt es jenseits des an Innis orientierten Konzepts der eher globalisierend gedachten Raumstrukturierung durch Mediensysteme mittels Zirkulation und Niederlegung von Bedeutung noch andere Raumwirksamkeiten? Wie wären in einem spezifischen Mediensystem dezidierte neben- und miteinander existierende topographische Strukturen zu veranschlagen? Und ist eine Trennung in medienimmanente Topographie und eine symbolisch vermittelte Topographie überhaupt sinnvoll?

Wohnzimmer

Um diesen Fragen wenigstens andeutungsweise nachzugehen, springe ich in meiner Argumentation ans andere Ende der mit Innis skizzierten Figur topographischer Staffelung.

‚Das' Fernsehen produziert seine materiellste und zugleich subjektivste Topographie am Ort seines technischen Interfaces und seiner Rezeption: Da, wo der Fernsehapparat steht – im Wohnzimmer. Der Ort des Wohnzimmers kann als (ambivalente) Schnittstelle der Öffnung zur Welt, also des eigentlichen ‚Punkts' eines Global-Lokal-Nexus bestimmt werden. Das Globale wird hier „lokal kleingearbeitet" (Krotz 1997: 99) und wird, beispielsweise über das gemeinschaftliche Fernsehen, zur Rekonstruktion des familiären und häuslichen Rahmens genutzt.

---

4 Als fünfte, hier aber nicht weiter ausführbare Konsequenz würde ich aus Innis noch eine an Kant gemahnende apriorische Setzung von Raum und Zeit als denknotwendige Bedingung von Medientheorie lesen; was hier aber zu weit führen würde. In einer tiefergehenden Beschäftigung mit dem Thema wäre aber sicherlich am Moment des Ereignisses, der subjektiven Platzierung, der Produktion von Positionierung oder dem Moment der Adresse nicht nur nach den jeweils räumlichen Implikationen, sondern auch nach deren (medialen) zeitlichen Erstreckungen bzw. deren auch teilweise als punktuell anzunehmender Struktur zu fragen.

> Die Kategorie Haushalt ist damit zwischen den Kategorien Publikum und Individuum verortet [...] Der Wert der Kategorie Haushalt liegt in der Betonung der ökonomischen und materiellen Basis der Mediennutzung. (Mikos 1997: 93)

Rezeption ist nicht nur von Inhalt und Form des Präsentierten, von der Lage des Individuums und seinem Platz in der kulturellen und gesellschaftlichen Struktur abhängig, sondern auch von der Art der sozialen Beziehung zu denen, mit denen das Subjekt über das Ferngesehene zu sprechen pflegt. Damit ist aber auch der ‚Ort' des Wohnzimmers weniger stabil als angenommen: Das Wohnzimmer ist nicht mehr ‚nur' der determinierende Punkt der Relation mit Medienformen und -inhalten, sondern wird selbst zum Ort von Aneignung und Handlung. Hier verschränken sich die Dimensionen der Macht und Ideologie, die dem Fernsehen als Form und Inhalt innewohnen, mit den Kontexten und Praktiken des Alltagshandelns zu einer mehrdimensional gebrochenen sozialen Geographie. ‚Fernsehen' wird hier gleichzeitig als Ritual häuslichen Lebens wie auch als symbolische Dimension der (nationalen) Gemeinschaft als auch als Modus der Produktion und Konsumtion und nicht zuletzt auch als Ort des Ideologischen und der Verhandlung des Kommonsensualen anzunehmen sein (vgl. Morley 1999).

‚Aufgabe' des Fernsehens ist es also, den öffentlichen, institutionalisierten und administrativen Raum mit dem häuslichen Raum in Verbindung zu bringen. Es entsteht die Metapher vom „Fenster zur Welt", die – zumindest in der Phase ihrer Konturierung in den 1950er Jahren – auch von einer Naturalisierung des technischen und institutionellen Gegenstands Fernsehen berichtet. Gemeinschaft als Form des Familiären, Privaten oder Subjektiven ist hier eng verbunden mit Wahrnehmungsformen der Teilhabe, der Unmittelbarkeit, der Partizipation und des ‚Als-ob' (vgl. Elsner/Müller 1988). Das Private der Rezeption kann als Teilhabe an der Welt im Sinne einer spezifischen Wahrnehmungsform verstanden werden. „Durch die versöhnende Integration von intimer Privatheit und medial produzierter Öffentlichkeit schuf das Fernsehen eine neue Kohärenz der Welt, für deren Erhalt es in Zukunft unentbehrlich würde" (ebd.: 403).

Gleichzeitig wird dabei aber auch das Private *im* Ort des Privaten umgewandelt: Weder der Raum der Rezeption noch das Sichtbare des Fernsehens sind nicht *nur* entweder öffentlich oder *nur* intim. So verstanden wird im Akt des Fernsehens ein Ritual der Schaffung einer Quasi-Demokratie des intimen Zugangs (Chaney 1986) durch die Etablierung medialer Räume der subjektiven Distanz wichtig.

Abb. 1: Ritualisierte Quasi-Demokratie des intimen Zugangs: Institutionalisiertes Public Viewing bei der WM 2006.

In solchermaßen hergestellten kommunikativen Topographien entsteht die Überschneidung von Öffentlichem und Privatem. Die idealisierte Darstellung des Wohnzimmers als Ort des rezipierenden Subjekts jenseits der Welt – beziehungsweise nur über eine eindimensionale symbolische Relation mit dieser verbunden – wird brüchig.

Die subjektive Tätigkeit des Fernsehens schafft eine Form der räumlichen Ambivalenz. Eine Gruppe Individuen produziert die Öffentlichkeit des Ereignisses an verteilten Orten. Diese Individuen stellen eine domestizierte Öffentlichkeit mit einem spezifischen Ort dar – manchmal im Sinne einer virtuellen oder emphatischen Gemeinschaft, mal sogar im Sinne einer physisch lokalisierbaren Gruppe. Dass also der Ort des Wohnzimmers eine dichotome Gegenposition zum öffentlichen Raum darstellt, ist so nicht haltbar – vielmehr zeichnet sich hier eine Sichtweise ab, die das aktuelle Rezipieren von Fernsehen als eine gestaffelte Form unterschiedlichster Gemeinschaftsformen annimmt, die sich jeweils einen spezifischen Platz im Gefüge einer Gesellschaft zuweisen.

Abb. 2: Ritualisierte Quasi-Demokratie des intimen Zugangs: Nichtinstitutionalisiertes Public Viewing bei der WM 2006.

Innerhalb der Verfasstheit des Gesamtkomplexes ‚Fernsehen' ist das Handeln des Fernsehens als Institution (aber auch die Tätigkeit *des* Fernsehens *selbst*) als Zuweisungsoperation von Position und ‚Ich-Hier-Jetzt-Origo'[5] zu begreifen. Die Rekonstruktion einer Origo des Gesehenen und Gezeigten ist jedoch eben nicht in einem solchen Sinne zu leisten. Die Topographie des Fernsehens im subjektiven Aneignungsprozess verweist zwar auf die Welt, kann die Welt aber nicht zum Subjekt bringen. Das ‚Fenster zur Welt' ist allein schon deshalb eine eher brüchige (und im Sinne Elsner/Müllers (1988) auch weitaus tragfähiger den 50er Jahren zuzuweisende) Metapher, als das Fernsehen eher eine *Bespiegelung der* denn einen *Durchblick in* die Welt herstellt. Das globale Netz oder die Topographie des Mediums entsteht im Wohnzimmer durch das Subjekt und die konzeptualisierte Gemeinschaft, weil die Gemeinschaft konstitutiv zum Erleben der Fernsehwahrnehmung ist, nicht aber weil diese Topographie ‚sichtbar' werden würde.

---

5   ‚Ich-Hier-Jetzt-Origo' bezeichnet in der Sprachtheorie von Karl Bühler (1934: 102ff.) den Koordinatennullpunkt der Personal-, Raum- und Zeitstruktur von Äußerungen in Sprechsituationen.

Der Raum der Umwelt wird in einer modernen Kommunikationsgesellschaft nicht mehr ausschließlich über die tatsächliche und körperliche Interaktion mit dem Raum gebildet:

> In physischer Nähe zu anderen zu leben, bedeutet nicht länger notwendigerweise, in ein wechselseitig abhängiges Kommunikationssystem eingebunden zu sein; umgekehrt heißt von anderen weit entfernt zu leben nicht mehr unbedingt, kommunikativ entfernt zu sein. Daher scheint es, daß ‚Lokalität' nicht einfach in einer nationalen oder globalen Sphäre aufgeht, vielmehr wird sie zunehmend in beide Richtungen umgeleitet – die Erfahrung wird gleichermaßen über die Lokalitäten hinaus vereinheitlicht und in ihnen fragmentiert. (Morley 1999: 457)

In einem solchen Verständnis, das die Topographie des Fernsehens als einen sozialen Raum innerhalb der Mediengesellschaft versteht, eröffnet sich in Folge nun aber auch eine Perspektive darauf, dass die so gestifteten Räume nicht nur als subjektive, sondern auch als politische und ideologische Räume zu begreifen sind. In den ambivalenten Räumen zwischen Wohnzimmer und Welt ist Raum für die Verhandlung der Diskurse und Dispositive.

Zuweisung von Orten

Neben den Räumen, Orten und Netzen, die auf Seiten des Wohnzimmers bzw. der Rezeption gestiftet werden, bedient sich das Fernsehens auch selbst bestimmter Formen der Produktion[6] von Orten im Sinne der Stiftung von Materialität.[7] Das Fernsehen weist verschiedenen Kategorien eigenständige

---

6   Eine umfassende Auseinandersetzung mit dem Produktionsbegriff findet sich bei Lefebvre (1991: 68-79). Dieser charakterisiert den Produktionsbegriff (in Anlehnung u.a. an Marx und Hegel) als ein vom Natürlichen geschiedenes, als zwischen Subjekt und Objekt ansässiges und in Korrelation mit dem Begriff der Arbeit stehendes Konzept. Produktion ist so folgend zunächst dadurch zu charakterisieren, „that it organizes a sequence of actions with a certain ‚objective' (i.e. the object to be produced) in view. It imposes a temporal and spatial order upon related operations whose results are coextensive. From the start of an activity so oriented towards an objective, spatial elements – the body, limbs, eyes – are mobilized, including both materials [...] and matériel [...]. All productive activity is defined less by invariable or constant factors than by the incessant to-and-fro between temporality (succession, concatenation) and spatiality (simultaneity, synchronicity)" (ebd.: 71).

7   Wobei Materialität hier nicht nur die apparative Anwesenheit eines Interfaces im Sinne des Fernsehgeräts meint. Es soll hier im Folgenden auch um die Herstellung von Orten als tatsächlich erfahrbaren Entitäten gehen – nicht im Sinne einer tatsächlichen euklidischen Ausdehnung, sondern vielmehr als Gegenposition zu einer

Platzierungen zu. In grober Zusammenfassung könnte hier in verschiedene Formen unterschieden werden:[8]

1. *Zuweisung spezifischer ‚Orte' der Senderinstitution*
   Hier weist sich die Instanz und der Enunziator Fernsehen selbst eine Position zu. Dies geschieht zumeist als Kompensation des per se als ‚ortlos' erfahrenen Mediums und zumeist als Geste der Evidentwerdung. Vorrangig sind es daher Nachrichtenformate oder Live-Events, die sich über kartographische Operationen ein Apriori[9] zuweisen (vgl. Abb. 3).

2. *Zuweisung spezifischer Orte des Rezipientensubjekts*
   Auch dies geschieht zumeist im Rahmen der Herstellung eines Handlungsraumes von Top-Down-Kommunikationen und in der Konstruktion von „Sender-Empfänger-Topographien" (‚Du-bist-hier-Effekt'). Hiermit sind vor allem kartographische Effekte gemeint, bei denen es dem Rezipienten möglich ist, sich selbst in der gezeigten Raumabbildung zu positionieren (und ggf. zum berichterstatteten Ereignis zu relationieren). Archetypisches Beispiel hierfür sind Wetterkarten, die zu ihrer kommunikativen Funktionalität eine Selbstverortung zwingend notwendig machen (vgl. Abb. 4).

3. *Zuweisung von Orten des platzierten Ereignisses*
   Hier wird einem Ereignis selbst ein Ort zugewiesen (und ggf. dem Rezipienten die Möglichkeit gegeben, sich zum Ereignis in Relation zu setzen) (vgl. Abb. 5).

4. *Produktion von Positionierung*
   Hierbei wird nun dezidiert die in Punkt 2 und 3 schon angedeutete Relation von Ereignis und Rezipientensubjekt/-gemeinschaft betrieben. Dabei ist aber weniger die jeweilige Zuweisung eines Orts für das Ereignis bzw. den Rezipienten ausschlaggebend, sondern vielmehr ist die Konstitution einer Lagebeziehung zu einer Verfasstheit von Welt Ziel der Kartographien. So entsteht eine Topographie, die das Berichtete, Erzählte und Kommunizierte in eine ‚kompatible' Wahrnehmungsebene zu der der Rezeption setzt. Hier entsteht Welt-Wahrnehmung durch Medien als Teilhabe (vgl. Abb. 6).

Auflösung und Suspendierung des Mediums und seiner symbolischen Systeme in einem simulierten oder virtuell konzeptualisierten Setting.

8   Wobei dies nicht als Typologie zu verstehen ist, sondern als Versuch der Beschreibung unterschiedlicher diskursiver Operationen.

9   Die Zuweisung eines Orts geht signifikant oft mit der Zuweisung der Zeit einher: „Es ist 20 Uhr, aus Hamburg die Tagesschau"; „Guten Abend, liebe Zuschauer – hier ist live aus der Stadthalle in Böblingen Wetten dass...".

Herstellung von (relationalen) Platzierungen durch Karten:

Abb. 3: Senderlogo Hier & Heute (WDR, ca. 1960).

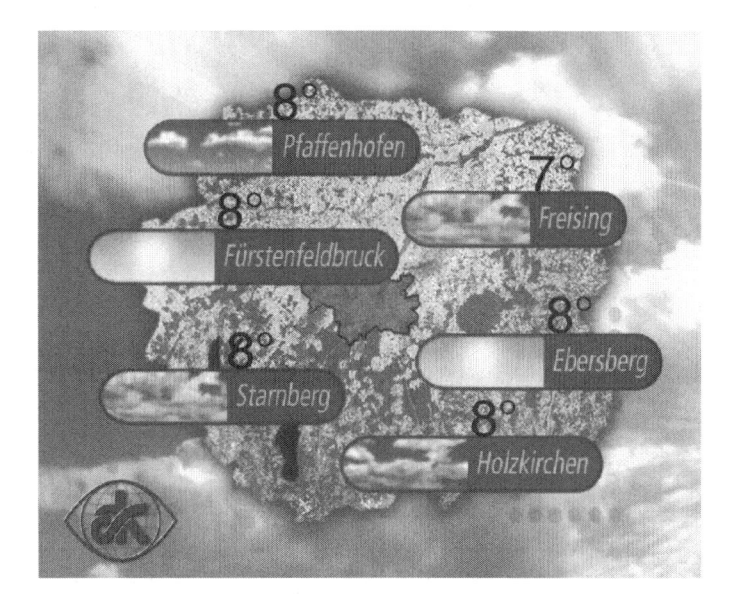

Abb. 4: Wetterkarten-Entwurf für TV München (2001).

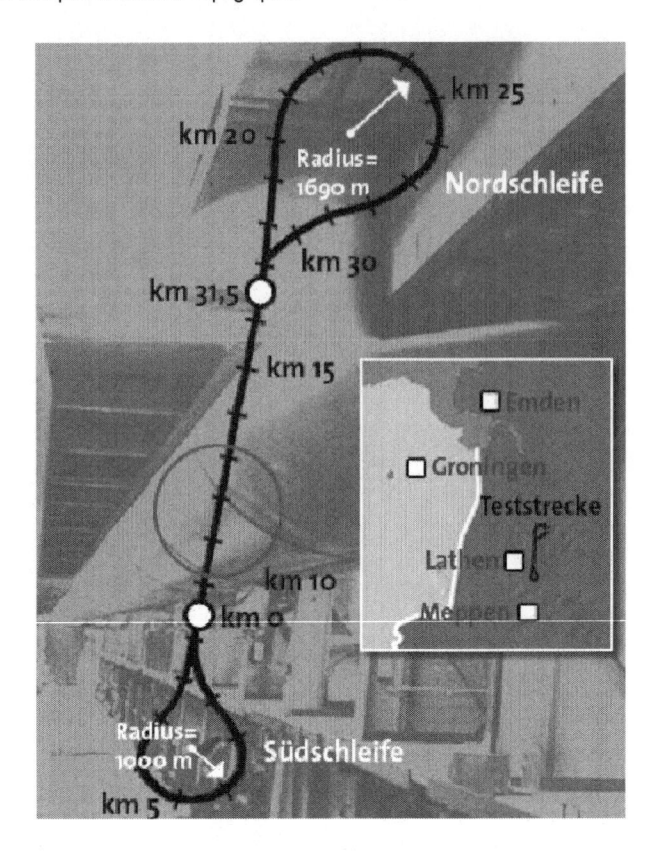

Abb. 5: ARD-Infographik (22.09.2006).

Abb. 6: ARD-Infographik (15.03.2006).

Topographien der Ereignisse

Aus diesen unterschiedlichen Zuweisungen von Orten entsteht eine Topographie, die nicht zuletzt am *Ereignis* orientiert zu sein scheint. Über die Zuweisung spezifischer Sender- und Rezeptionsorte, aber eben auch aus dem Nexus globaler Argumentation und lokaler Berichterstattung lässt sich diese Strategie (vor allem im Umfeld der Nachrichtenberichterstattung) häufig auffinden. Da ein Koppelungspunkt dieser Relation zwischen ‚Öffentlichem' und ‚Privatem' das *Ereignis* selbst ist, lässt sich natürlich die These formulieren, dass das Fernsehen Ereignisse zum Zweck der Verbindung beider Sphären herstellt und benutzt. Die Wechselwirkung von Subjektverortung und darauf aufbauender bedeutungsproduktiver Positionierung zum Ereignis ist hier bevorzugt an kartographischen Strategien ablesbar.

Was aber ist ein Ereignis?

> Das Ereignis ist ein Vorkommnis, das Sinn hat. Sinn aber kann ausschließlich durch Kommunikation erzeugt werden, so wie umgekehrt Kommunikation immer Sinn hervorbringt. ‚Gegenstand' der Kommunikation [...] sind keinesfalls die Dinge oder Vorkommnisse selbst, sondern eben deren Sinn. (Engell 1996: 140)

Mit dieser Position Engells ist aber bereits eine der Positionen aufgerufen, die dem Ereignis einen rein medialen Charakter zuschreiben und ihm eine Relation zur vormedialen Welt absprechen. Die Position Engells gewinnt aber insofern Belang für den hier vertretenen Standpunkt, als bei Engell eine dezidierte Unterscheidung in (medienimmanentes) Ereignis und (vormedial konzeptualisiertes) Vorkommnis getroffen wird (vgl. ebd.: 138ff). Mit Thiele (2006) können dieser Position vorangehende, vermittlendere Positionen der Theoriebildung zur Seite gestellt werden. Ihm folgend können theoretisch-analytische Positionen bestimmt werden, die graduell von einem vormedialen Ereignis und von dessen Integration in den kommunikativen Diskurs des Fernsehens ausgehen bzw. über die Strategien der Vermittlungs- und Darstellungsmodi des Fernsehens reflektieren (ebd.: 123ff.).

Wenn wir also über die Zuweisung von Positionen für Ereignisse sprechen, so in einer Perspektive, die das Ereignis als genuine mediale Strategie der Selbstverständigung begreift und damit explizit nicht auf vormediale Erfahrungen und Wissen rekurriert.

Abb. 7: Zuweisung distinkter Ereignis-Orte: Screenshot *Tagesschau.de*, Nachrichten-Weltatlas (http://atlas.tagesschau.de, 12.12.2006).

Ereignisse – verstanden als etwas stets medial Konstruiertes und Produziertes – sind in dieser Perspektive als ein Dazwischen beschreibbar, als das Resultat einer medialen und diskursiven Selektion, Häufung, Streuung, Verteilung, Verdichtung und Kopplung. Ereignisse sind einer solchen Konzeption zufolge weder auf Objekte noch Subjekte zurückführbar, vielmehr hängen sie gleichermaßen von Regelhaftigkeit und Zufall ab und tendieren – trotz generativen Regeln – aufgrund dessen, dass sie nur in ihren Wirkungen bestehen, zur Nachträglichkeit. (ebd.: 126)[10]

Da aber nun das Ereignis beispielsweise in seiner ‚kartographierten' Form als dominante und formatierte Struktur agiert, lässt sich die so beschriebene Interaktion zwischen globalen und lokalen, öffentlichen und privaten Sinnstiftungen als eine genuine, medialen Wahrnehmungen verhaftete Aushandlung be-

---

10 Interessant ist dabei, dass Thiele auf der Basis dieser Annahme zeigen kann, inwieweit das Fernsehen die Ereignisdramaturgien als Effekt der Produktion kollektiver wie subjektiver Normalität operationalisiert.

greifbar machen. Die Kommunikation des Ereignisses, die Konstruktion von dessen Narration und Position findet ihre Aufschreibung unter anderem in Karten. Diese Aufschreibungen sind aber wiederum über den Prozess der Aneignung mehrfach ‚lokal' situiert: durch die schlichte Rezeption, die Produktion von kontextueller Bedeutung beim Rezipienten ebenso wie durch die Koppelung an die räumliche Struktur der Repräsentation über Orientierungsbildung, Weltwissen oder Positionierung.

Andererseits sind die Aufschreibungen natürlich auch über die subjektive Selbstpositionierung gegenüber der Repräsentation situiert: Das Lesen des Raumbildes findet im Kontext der diskursiven Eingebundenheit statt, ein Moment der Selbstkonstitution auch auf der Ebene der Sinnstiftung im Rahmen der Werthaltungen und des Selbstverständnisses – und dies alles bezogen auf eine diskursive Formation der Sinnstiftung, die die Plausibilisierungen und Normalisierungen von Ereignissen betreibt, die in ihrem Umfang dem Anspruch des Mediums selbst verpflichtet sind und sich temporal in der von Thiele angesprochenen Nachträglichkeit konstituieren.

Diese *Produktion von Positionierung*[11] erweist sich als pluraler Prozess. Das Ereignis wird zu und in einer medialen Topographie positioniert, ebenso wie dem Subjekt eine Positionierung gegenüber dem Raumereignis zufällt. Das (räumlich) instantiierte Ereignis wird vom Subjekt auf sich bezogen, das heißt, das Subjekt entwickelt eine Werthaltung und ein Wissen über die Qualität des Ereignisses vorrangig auf der Basis der Relation.

Das Ereignis muss erst ‚ins Sein gebracht' werden, um eine Bewertung im Sinne einer In-Bezug-Setzung zu erfahren. Eine Fernsehkarte lässt sich somit analytisch als dichotom wirksam beschreiben. Zum einen stützt sie die narrative Wirklichkeitskonstruktion des Mediums, andererseits arbeitet sie mit an einer subjektiven und orientierenden Konstruktion von Raum, jenseits des eigenen Erlebens in der Welt. Die Karte setzt das Subjekt in Beziehung zur Welt der medialen Ereignisse.

Adressen

Diese Verfahren könnten zusammengefasst werden als die Herstellung von Adressen und Adressierbarkeit. Zunächst könnte somit gefolgert werden, dass das Medium Fernsehen seine eigene Ortlosigkeit dadurch kompensiert, dass es sowohl Ereignissen und Rezipienten als auch sich selbst einen Punkt, einen Ort oder eine Lage zuweist. Darüber hinaus ist die Adresse aber auch ein

---

11 Die These von der „Produktion von Positionierung" ist ausführlich dargelegt in Nohr (2002).

wichtiges Element von elektronischen und ‚virtuellen' Mediennetzen, das – entgegen der Entkörperlichung und Fluidität von Diskursen – auch die Materialität und Verankerung von Kommunikation sicherstellt. Die Adresse ist innerhalb komplexer Ordnungen und Hybridisierungen von Medienverbünden konstitutiv für eine topographische Ordnung. Mit der Frage nach der Adressierung von Subjekt, Ereignis und Institution durch das Fernsehen wäre nun aber auch der Hinweis gegeben, die Diskussion der Topographien des Fernsehens als eine solche zu verstehen, die maßgeblich darauf abzielt, zwischen dem Adressierbaren und dem Nicht-Adressierbaren zu unterscheiden.

Betrachten wir Abb. 8-10, die sich als Ereigniskartographie über insgesamt zweieinhalb Jahre erstreckt, so können wir erahnen, inwieweit hier die Herstellung, Kontinuation und Kontextualisierung eines Ereignisses in dem Rahmen inhaltlicher, diskursiver und narrativer Ereignisproduktion auch ein Verfahren der Herstellung topographischer Verortungen und Relation ist. Das Fernsehen kann in seinem Streben nach einer distinkten Ereignishaftigkeit ein Geschehen wie den Genozid im Sudan kaum abbilden. Die Komplexität der Hintergründe, der politischen und ideologischen Kontexte und der unklaren ‚Raum-Zeit-Struktur' widersetzt sich der Dramaturgie des Fernsehens.

Die Organisation des Verhältnisses von Wissen, Ereignis und Wirklichkeit ist hierbei nur wenig der ontologischen oder referentiellen Vermittlung von ‚objektiven Sachständen' geschuldet. Fernsehen besteht hier nicht aus ‚Inhalt' (im Sinne von Bedeutung), sondern aus einem Gemenge disparaten Wissens. So ist Medienkommunikation auch als ein „permanentes Prozessieren von visuellen, verbalen, auralen, textuellen, narrativen und diskursiven Strukturen" (Thiele 2005: 17) zu verstehen. Das Geschehen wird in das Sprechen des Mediums integriert. Dabei gehorcht die Logik der Herstellung von Ereignissen hier erkennbar auch einem Bestreben der wiederholten und variierten Zuweisung von Ortshaftigkeit. Dabei ist auch zu beobachten, wie die Mechanismen der Ereignisbearbeitung und -konturierung des Fernsehens sich bemühen, die „diskursive[n] Turbulenz" (ebd.: 132) des Ereignisses ‚Darfur' in eine Renormalisierung zu überführen, indem die Konnotate von Wissenschaftlichkeit (Karte, Graphik) in Diskurse der ‚Beherrschbarkeit' und ‚Kontrolle' überführt werden.[12]

---

12 Zu einer ausführlichen Auseinandersetzung mit der Sichtbarmachung der Darfur-Krise als Ereignis siehe auch den Beitrag von Lisa Parks in diesem Band.

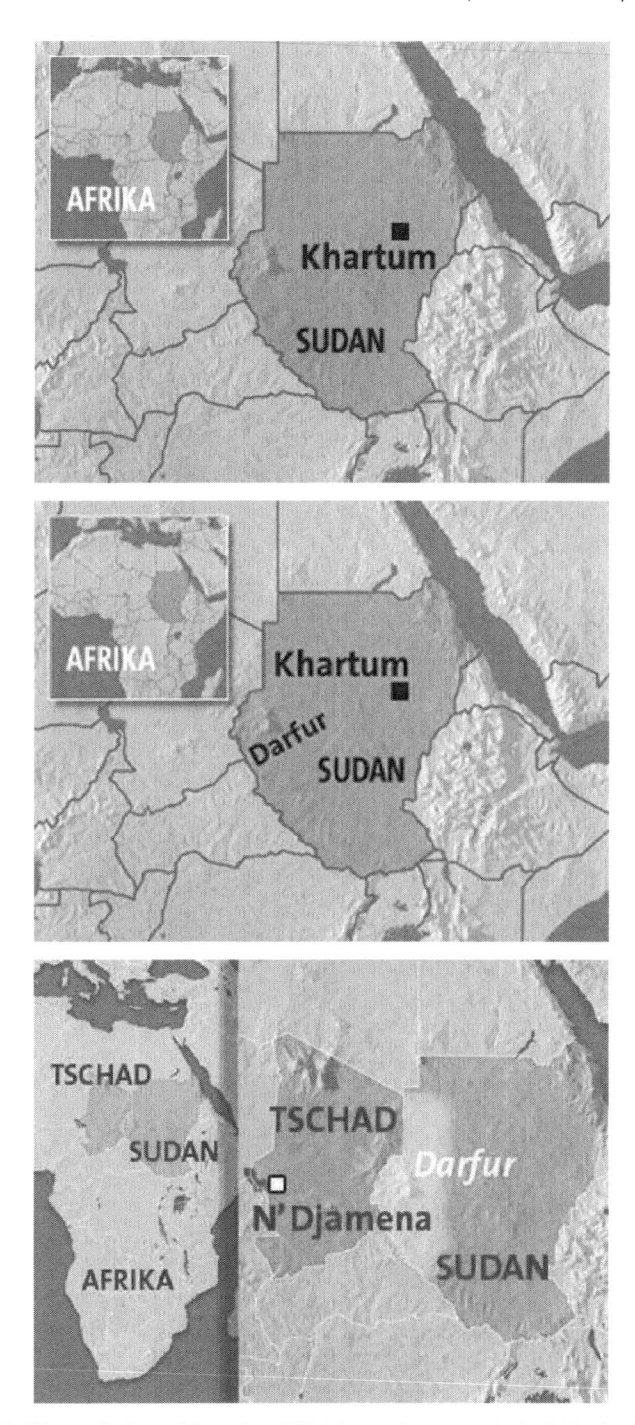

Abb. 8-10: Diverse Infographiken der ARD-Tagesschau zum ‚Ereignis' Sudan/Darfur.

Dem Ereignis einen kartographischen Ort zuzuweisen und es damit zu etwas ‚Distinktem' und ‚Aufschreibbarem' zu machen (und sei es auch noch so ‚brüchig' wie im Beispiel[13]), ist eine Form televisueller[14] Wiederherstellung von Normalität. Das Fernsehen stiftet also unter Integration von diskursiven Strategien einen Ereignisort durch Adressierungen, den es dann in das Setting seiner funktionalen, operativen und normalisierenden Strategien der Herstellung intersubjektiven Wissens einbettet. Auch eine scheiternde Adressierung ist hierbei als funktionaler Teil dieser Strategien zu verstehen: Die Nicht-Adresse dekliniert nicht zuletzt das gesellschaftlich und diskursiv ‚Unwissbare' beziehungsweise ‚Unsagbare'. Das Wissen einer Gesellschaft (das man auch als eine Form der medial-diskursiven Aushandlung begreifen könnte) ist in Bezug auf das Fernsehen hochgradig eingebunden in die Herstellung von Topographien, Ereignissen und Ereignisnarrationen sowie in die Herstellung von Adressen und Positionierungen.[15]

Es wäre daher aber auch eine Trennung in ‚medialisierte' (oder: ‚simulierte') und ‚reale' (oder: ‚vormediale') Räume und Ereignisse (oder Vorkommnisse) aufzugeben. Vielmehr müsste nach den durch das Medium Fernsehen produzierten, ereignishaft-gemachten, adressierten (und nicht-adressierten) Orten, Lokalitäten und Subjekten wie Instanzen zu fragen sein. Die Topographie des Fernsehens wäre somit eine von *Adresse/Nicht-Adresse*, also in einem weiteren Sinne ausgerichtet am diskursiv geregelten *Sagbaren* (beziehungsweise *Nicht-Sagbaren*) auf der Basis seiner Adressierbarkeit. Von analytischem Interesse wäre es also vorrangig nicht mehr zu fragen, wie und warum welche Räume und Ereignisse in Medien überführt werden, sondern vielmehr, wie das

---

13 Es ließe sich speziell am gezeigten Beispiel natürlich auch spekulieren, ob über die Suspendierung eines Ereignis-Ortes zugunsten des ‚unkartographierten' weißen Raums nicht letztlich auch ein (zumindest punktuelles und momentanes) Gegenmoment zur beschriebenen Form der Normalisierung durch ‚Verwissenschaftlichung als Aufschreibung' vorliegt: Hier würde zumindest visuell das Ereignis in das Unbekannte des noch nicht explorierten leeren Raumes überführt: „Hier wohnen Drachen ..."

14 „Televisualität" ist ein Konzept John T. Caldwells (1994), mit dem dieser die ästhetischen Implikationen im Fernsehen (beginnend mit den 1980er Jahren) beschreibt. Zentral ist für ihn dabei ebenfalls eine Strategie des Fernsehens, über den Moment des Ereignisses ästhetische und ‚stilistische' Operationen vorzunehmen, die vorrangig zur Selbstbestätigung und Aufwertung des Mediums selbst dienen.

15 Dass dies nicht nur ein Verfahren des nachrichtenjournalistischen Kommunizierens ist, kann hierbei nur kurz unter Verweis auf beispielsweise den Niederschlag des ‚Ereignisses Darfur' auch in narrative und fiktionale Formate wie die Serie *E.R. – Emergency Room* (Staffel 12, Episode 15: „Darfur", NBC 2005/06) angedeutet werden. Auch hier entsteht eine Form der Adressierung.

Medium aus sich heraus solche Momente produziert. In einem bestimmten Sinne wäre es dann auch interessant, eine Frage des Geographen Brian Harley an Karten aufzunehmen: Dieser fragt nach dem „Schweigen der Karten", also nach den Beständen des in einer Karte Nichtrepräsentierten:

> Silence and utterance are not alternatives but constituent parts of map language, each necessary for the understanding of the other. A cartographic interpretation of silence on a map departs, then, from the premise that silence elucidates and is likely to be as culturally specific as any other aspects of the map's language. (Harley 1988: 58)

Hier wäre im Anschluss und Übertrag gegebenenfalls nach dem Schweigen des Fernsehens zu fragen, also nach den Beständen von Vorkommnissen und Ereignissen, die durch Nichtadressierung und Nichtadressierbarkeit aus dem Raster der Fernsehtopographie fallen – wie beispielsweise eben ‚Darfur'.

Mediaspaces

Ich möchte an dieser Stelle meine Andeutungen zur Herstellung der Topographien des Fernsehens abbrechen. Ich wollte in diesen kurzen Andeutungen und Beispielen aufzeigen, wie sich meines Dafürhaltens die Topographien des Fernsehens aus einem mehrfach übereinander gelagerten und an verschiedenen Orten und Punkten festgemachten dynamischen Prozess entwickeln lassen, und habe (in Abgrenzung zu Innis) meine Idee zu einer möglichen Beschreibung der Topographien des Fernsehens nicht aus dem globalen Netz und den Strukturen des Bedeutungstransportes, sondern aus dem Wohnzimmer heraus entwickelt. Über den Begriff der Adresse jedoch hat sich die Argumentation letztlich wieder den Gefilden nationaler und globaler Kommunikation und Repräsentation zugewandt. Diese skizzenhafte und fragmentarische Argumentation verdeutlicht vielleicht aber, dass eine ausgearbeitete und umfassende Analyse solcher Topographien verschiedenste Raumbegriffe und -konzepte zu vereinen hätte: den Raum der Institutionen (Ökonomien und Netze des Transports), den Raum der Rezeption (das Wohnzimmer, der öffentliche Raum der Rezeption), aber auch panoptische Strukturen der Herstellung rezipierender Sichtbarkeit, den Raum der sozialen Interaktion, den Raum des Ereignisses und der Fiktion, den Raum des Mediums als Struktur und Form und den Raum der Macht und der ideologischen Überformung des Ortes.

Entscheidendes Augenmerk bedarf dabei meines Erachtens aber zweierlei: einerseits die Tatsache, dass sich all diese Konzepte im Nexus von global vs./und lokal im Sinne einer Dichotomie und Dialektik aufstellen und somit immer von zwei Perspektiven oder Orten aus gedacht werden müssen, und andererseits, dass sich die Gefüge und Topographien aktueller Gesellschaft immer in Form von Netzen und Topographien darstellen, die sich gegenseitig bedingen und durchdringen und die nur zum Teil ‚medialer Qualität' sind.

Am deutlichsten scheint mir dies im Konzept von Arjun Appadurai (1999) ausgedrückt, der sich in Abgrenzung zum geopolitischen Zentrum-Peripherie-Modell und in sorgfältiger Ausdifferenzierung einer vorgeblichen Dichotomie von Homogenisierungs- und Heterogenisierungstendenzen mit den sogenannten *scapes*[16] der Nachmoderne auseinandersetzt.

Er qualifiziert fünf Dimensionen, innerhalb deren sich der globale *cultural flow* seines Dafürhaltens entfaltet: die *financescapes* als Räume der globalisierten Finanzwelt, die *technoscapes* als globale technologische Räume (wie z.B. das Internet), die *mediascapes* globaler vernetzter Medien, die *ideoscapes* als komplexe ideelle Landschaften, die sich heute besonders schnell bewegen und immer wieder neue regionale Grenzen sprengen (bspw. Konzepte wie ‚Demokratie', ‚Marktwirtschaft' oder ‚Aufklärung'), sowie die *ethnoscapes* als deterritoriale Räume verschiedener Ethnien, die – in Zusammenhang mit der verstärkten Migration – oft über die ganze Welt verstreut leben. Es scheint naheliegend, dieses Konzept hier unter der besonderen Perspektive der *mediascapes* in Augenschein zu nehmen. Appandurai folgend sind sie produziert, visuell und damit televisuell (im Sinne von Caldwell 1994) konturiert und arbeiten an der Aushandlung von Handlungs- und Wissensformen:

> ‚Mediascapes', wether produced by private or state interests, tend to be image-centered, narrative-based accounts of strips of reality, and what they offer those who experience and transform them is a series of elements (such as characters, plots and textual forms) out of which scripts can be formed of imagined lives, their own as well as those of others living in other places. (Appadurai 1999: 224)

Zwar argumentiert Appadurai genuin im Kontext einer sich auflösenden Raum- und Ortshaftigkeit, dennoch meine ich, dass (besonders in Bezug auf die *mediascapes*) hier trotzdem von einer funktionalen und sinnvollen Beschäftigung mit der Räumlichkeit von Ereignis, Adresse, Netz-Materialität, Diskurs

---

16 „I use the terms with the common suffix scape to indicate first of all that these are not objectively given relations look the same from every angle of vision, but rather that they are deeply perspectival constructs, inflected very much by the historical, linguistic and political situatedness of different sorts of actors: nation states, multinationals, diasporic communities, as well as sub-national groupings and movements (whether religious, political or economic), and even intimate face-to-face groups, such as villages, neighbourhoods and families" (Appadurai 1999: 221f.).

und Rezeption gesprochen werden kann. Ich schlage daher vor, die mediale Produktion von Positionierung als einen sinn- und identitätsstiftenden Prozess zu begreifen, der gleichzeitig an der Positionierung von sowohl Rezipient als auch Medium/Medieninstitution arbeitet und in engem Austausch mit anderen *scapes* und Topographien der prägenden sinnstiftenden kulturellen Praktiken, Dispositiven und Ideologien steht. So kann angedeutet werden, dass die Topographien des Fernsehens sich im Sinne Harold Innis' an ökonomisch und politisch determinierten Raumparametern organisieren, gegebenenfalls aber aktuell wesentlich mehr an ‚fluiden', mittels Zirkulation und Niederlegung von Bedeutung gestalteten *scapes,* die mehrfach geschichteten und unterschiedlich dimensionierten räumlichen Bedeutungsorganisationen verpflichtet sind, die nicht mehr nur alleine medial oder symbolisch anzusetzen wären.

Der *spatial turn* des Fernsehens wäre insofern als eine theoretische Figur zu verstehen, die einen aktuellen wissenschaftlichen *paradigmatic turn* aufnimmt, um auf eigene theoretische Bestände zu rekurrieren. Denn Medien haben immer (vorrangig immaterielle) Räume; ihre Topographie haben Medien aber zumeist nur durch die Perspektivwechsel der Debatten um ‚neue', digitale, immaterielle und dezentrale Medien eingebüßt.

Literatur

Appadurai, Arjun (²1999): „Disjuncture and Difference in the Global Culture Economy", in: Simon During (Hrsg.), *The Cultural Studies Reader*, London/New York, 221-230.

Bühler, Karl (1934): *Sprachtheorie: die Darstellungsfunktion der Sprache*, Jena.

Caldwell, John T. (1994): *Televisuality. Style, Crisis and Authority in American Television*, New Brunswick.

Chaney, David (1986): „The Symbolic Form of Rituals in Mass Communication", in: Peter Goodung et al. (Hrsg.), *Communication Politics*, New York, 115-132.

Elsner, Monika/Müller, Thomas (1988): „Der angewachsene Fernseher", in: Hans U. Gumbrecht/K. Ludwig Pfeiffer (Hrsg.), *Materialität der Kommunikation*, Frankfurt a.M., 392-415.

Engell, Lorenz (1996): „Das Amedium. Grundbegriffe des Fernsehens in Auflösung. Ereignis, Erzählung", in: *montage/av* 5(1), 129-153.

Harley, J. Brian (1988): „Silence and Secrecy: the Hidden Agenda of Cartography in Early Modern Europe", in: *Imago Mundi* 40, 57-76.

Innis, Harold A. (1950): *Empire and Communications*, Oxford.

Innis, Harold A. (1951): *The Bias of Communication*, Toronto.

Innis, Harold A. (1997): „Tendenzen der Kommunikation" [Auszug aus: *The Bias of Communication*, 1951], in: Harold A. *Innis – Kreuzwege der Kommunikation. Ausgewählte Texte*, hrsg. v. Karlheinz Barck, Wien/New York, 95-119.

Krotz, Friedrich (1997): „Das Wohnzimmer als unsicherer Ort. Aufzeichnungen zu den ‚Aufzeichnungen'", in: *montage/av* 6(1), 97-104.

Lefebvre, Henri (1991): *The Production of Space*, Oxford/Cambridge.

McLuhan, Marshall (1962): *The Gutenberg-Galaxy. The Making of Typographic Man*, London.

McLuhan, Marshall (1994 [1964]): *Understanding Media: The Extensions of Man*, Cambridge, MA.

Mikos, Lothar (1997): „Das Publikum und seine soziale Strukturiertheit. Zu Morleys Kategorie des ‚Haushalts'", in: *montage/av* 6(1), 89-96.

Morley, David (1999): „Wo das Lokale das Globale trifft. Zur Politik des Alltags", in: Karl H. Hörning/Rainer Winter (Hrsg.), *Widerspenstige Kulturen. Cultural Studies als Herausforderung*, Frankfurt a.M., 442-475.

Nohr, Rolf F. (2002): *Karten im Fernsehen. Die Produktion von Positionierung*, Münster.

Thiele, Matthias (2005): *Flucht, Asyl und Einwanderung im Fernsehen*, Konstanz.

Thiele, Matthias (2006): „Ereignis und Normalität. Zur normalistischen Logik medialer und diskursiver Ereignisproduktion im Fernsehen", in: Oliver Fahle/Lorenz Engell (Hrsg.), *Philosophie des Fernsehens*, München, 121-136.

Winkler, Hartmut (2004): *Diskursökonomie. Versuch über die innere Ökonomie der Medien*, Frankfurt a.M.

Tom Holert

Geographie der Exzellenz

1

Eine junge Frau schwebt im violettfarbenen Sari über den mit breiten Granitplatten gepflasterten Gehweg, der sich an akkurat geschnittenen Hecken und wohldesignten Wegleuchten vorbei bis in den Vordergrund schlängelt. Sie trägt einen Identifikations-Badge, einen Stoß Papier über dem rechten Arm und telefoniert mit der Linken auf dem Handy. Im Hintergrund erheben sich die Bögen einer extravaganten, an den Modernismus eines Oscar Niemeyer erinnernden retro-futuristischen Glas-Beton-Architektur (vgl. Abb. 1 u. 2).

Abb. 1 u. 2: Infosys-Campus, Bangalore (Foto links von Namas Bhojani, 13.07.2004; Foto rechts Copyright © Infosys Technologies Limited).

Dieses Postkartenmotiv vom Campus des IT-Konzerns Infosys am Rande des indischen Bangalore präsentiert die ‚postindustrielle' Wissensgesellschaft als idyllische Vedute. Die Agenturfotografie des fast 40 Hektar großen Geländes in der „Electronic City" von Bangalore lässt den Golfplatz und den Swimmingpool, das Basketball- und Cricket-Feld, das Fitness-Studio und die Gartenrestaurants, das Amphitheater und das *media center*, die sich Infosys für seine rund 14.000 MitarbeiterInnen leistet, erahnen. Die Software-Experten, so ein Artikel der *Zeit* über den Infosys-Mitbegründer Narayana Murthy, sind „durchschnittlich 26 Jahre alt, führen zumeist ein Singleleben und sind für solche Annehmlichkeiten besonders empfänglich" (Grefe 2006: 26). Wäre da nicht der Sari der Wissensarbeiterin, könnte dieses Bild einer idealen Arbeitswelt fast überall entstanden sein, wo Investitionen in der Hochtechnologie-Ökonomie derartige Modell-Örtlichkeiten erzeugen. Der Universalismus von

Glasarchitektur und streichholzkurz gemähter Rasenflächen ist die Oberflächenveredelung jener Raumprodukte, die dem globalisierten Anspruchsdenken der Klasse der *highly skilled*, der Hochqualifizierten entsprechen und zugleich geographisch scheinbar beliebig verteilt werden können. Bangalore und Unternehmen wie Infosys sind schon seit den 1990er Jahren Knotenpunkte eines globalen Netzwerks, das seinen Ausgang im kalifornischen Silicon Valley und anderen, bereits älteren regionalen Ballungsräumen der Wissensökonomie nahm. Seither wurde dieses Netz zu einer ständig wachsenden Infrastruktur für eine US-asiatische ‚Zirkulation der Gehirne' ausgebaut. Eingeschrieben in die Fotografie ist daher ein spezifisches Beziehungsgefüge von Mobilität, Globalität, Urbanität, Wissen und Subjektivität.[1]

2

Mit wem telefoniert die Software-Expertin? Wie organisiert sie ihren Alltag? Wie motiviert sie sich zu den erwarteten Höchstleistungen? Und welche Beziehung hat sie zu diesem Ort? Im Folgenden werden keine Antworten auf diese Fragen geliefert, aber dafür einige diskursive Kontexte, in denen mögliche Antworten begründet sein könnten und verhandelbar wären. Mein Text ist ein schon im Ansatz hybrides Unterfangen, das – wie viele Arbeiten zum Raum-Paradigma – keiner etablierten Disziplin der Raumforschung wie etwa der Geographie, der Kartographie oder der Soziologie allein zuzuordnen ist. Die Frage nach der Räumlichkeit von ‚Exzellenz', also der geographischen Verteilung und Organisation von als herausragend geltenden und deshalb fieberhaft gesuchten (und gejagten, Stichwort: *head hunting*) Kompetenzen und Leistungen auf dem Gebiet der Wissensökonomie, berührt eine bewegliche, aber dabei spezifische Konstellation von Forschungsinteressen und -gebieten, denen ich mich verbunden fühle: Theorien und Phänomene der Mobilität (zwischen Migration und Tourismus); die Geschichte der Strategien, Intelligenz und Begabung zu repräsentieren (wissenschaftlich wie populärkulturell); die Kritik der visuellen Kultur. Ein durchgehendes Motiv in dieser Interessenkonstellation ist die Problematisierung der bio- und geopolitischen Produktion von Subjekten und Subjektivitäten. Das Unternehmen dieser Problematisierung wurde vor allem durch Michel Foucault (der dem Begriff der Problematisierung besonderes Gewicht beigemessen hat[2]), Gilles Deleuze und Félix

---

1   Vgl. hier vor allem die Arbeiten von AnnaLee Saxenian (1999; 2000; 2001a; 2001b; 2002).

2   „Nicht die Verhaltensweisen und auch nicht die Ideen, nicht die Gesellschaften und auch nicht ihre ‚Ideologien' galt es zu analysieren, sondern die *Problematisie-*

Guattari betrieben. Auch wenn ihre Untersuchungen zur Rationalität spätkapitalistischer Macht erhebliche Unterschiede aufweisen, lassen sich Foucaults „originelle historische Sequenzen" (Deleuze 1993: 219) und seine Reflexionen über Techniken des Raums und der Verräumlichung (vgl. Foucault 2005b, Anm. 3) auf Deleuzes und Guattaris geographische (und kapitalismustheoretische) Überlegungen zu Territorialitäten und Deterritorialisierungsbewegungen beziehen. Eine solche Denkoperation ist freilich nicht einfach. Sie muss die raumtheoretische und diskursanalytische Untersuchung der Macht, wie sie Foucault vorgenommen hat, mit dem dazu durchaus widersprüchlichen nomadologischen Diskurs des Werdens und der Fluchtlinien von Deleuze und Guattari in Kontakt bringen. Ein möglicher Berührungspunkt ist Foucaults späte Wendung zur abendländischen Geschichte der Subjektivierung und zur aktuellen (Selbst-)Regierung der Subjekte im Regime der Gouvernementalität. Deleuze ging es nach Foucaults Tod immer wieder darum, zu betonen, dass diese „Subjektivierungsprozesse" nichts mit dem „Privatleben" der Individuen zu schaffen hätten; Foucault sei hingegen fasziniert gewesen von den „Subjektivierungsbewegungen, die sich heute in unseren Gesellschaften abzeichnen", davon, wie „die Individuen oder Gemeinschaften sich am Rande der konstituierten Wissensformen und etablierten Mächte als Subjekte konstituieren, auch wenn sie dann wieder Anstoß zu neuen Wissens- und Machtformen geben" (Deleuze 1993: 219f). Die Bewegung der Subjektivierung entlang oder im Durchlauf von Institutionen, Disziplinen, Kollektivitäten, aber auch räumlichen Anordnungen des Wissens formiert eine eigene epistemische Geographie des Werdens, die sich unterhalb oder jenseits der Geographie der „epistemischen Landschaften" abzeichnet, welche das Ergebnis von urbanistischen Konzepten, Regionalförderung und Renditeerwartungen sind.[3] Die Bewegungen des Kapitals, mit ihren sozialräumlichen Effekten in großem wie kleinem Maßstab, und die Bewegungen der Subjektivierung, als Veränderungen des Verhaltens, der Selbstwahrnehmung und der Regierbarkeit von Individuen, zueinander in Beziehung zu setzen – dies wäre die Aufgabe.

Die Konstitution von Subjekten der ‚Exzellenz' scheint Foucaults und Deleuzes Bild einer Subjektivierung „am Rande" kaum zu entsprechen. Der Diskurs der Exzellenz ist, wie noch zu zeigen sein wird, wesentlich hegemonial verfügt – ein Instrument der Steuerung von Kapitalflüssen in der Wissens- und Bildungsökonomie, das beträchtliche Effekte auf die Organisation von Insti-

---

rungen, durch welche sich das Sein als eines gibt, das gedacht werden kann und gedacht werden muss, und die *Praktiken*, von denen ausgehend sie sich bilden" (Foucault 2005a: 667).

3   Zum Begriff der „epistemischen Landschaft" vgl. die Arbeiten des Entwicklungsgeographen Hans-Dieter Evers (jüngst 2008 z.B.).

tutionen und die Biographien von WissensarbeiterInnen hat. Auch die raumkonstituierenden Diskurse, die sich an die Bilder und Konzepte von ‚Exzellenz' oder ‚hochqualifizierter Arbeit' knüpfen, werden vor allem aus der politisch-ökonomischen Perspektive der Planung entwickelt und geführt. Wie ich zu zeigen versuche, verschränken sich Diskurse der Optimierung körperlicher, kognitiver, ‚mentaler' oder emotiver Leistungsfähigkeit in globalisierten Wissensgesellschaften mit Diskursen der Standortpolitik, des Migrationsmanagements und der Demographie. Zu beachten ist hierbei, wie komplex und eigensinnig die Prozesse der Subjektivierung sind, die sich in dieser mehrdimensionalen, kapitalistisch-biopolitischen Verschränkung vollziehen. So führen bestimmte Vokabulare der Hochbegabung und Qualifikation, selbst solche mit offen präskriptivem, verordnendem oder appellativem Charakter, nicht notwendig zu einer Subjektivierung, die den in diesen Diskursen eingelagerten (und von ihnen erzeugten) ideologischen Parametern entspricht. Wonach ich in diesem Zusammenhang vor allem suche, ist eine Möglichkeit zu beschreiben, warum sich welche Individuen an welchen Orten (Milieus, Nachbarschaften, Städten, Regionen, Ländern) und in welchen Institutionen aufhalten; und wer von diesen Orten und Institutionen tendenziell und/oder faktisch ausgeschlossen ist. Dabei ist mir bewusst, dass, indem ich mich auf die Raumproduktionen der Wissens- und Kreativindustrien und auf die Subjektkonstitutionen der ‚Hochqualifizierten' (beziehungsweise der als *highly skilled* adressierten Individuen und Kollektive) beschränke, den weitaus größten Teil der Weltbevölkerung unberücksichtigt lasse. Die Kategorie ‚hochqualifiziert' soll ja helfen, Subjekte zu konstruieren, die sich dadurch auszeichnen, dass sie ökonomisch und kulturell ausgezeichnet sind; diese Auszeichnung betrifft allerdings in erster Linie die organisationstheoretischen, statistischen, ordnungs- und bevölkerungspolitischen Kalkulationen zum sogenannten Humankapital.[4] Als Humankapital gelten die an Individuen gebundenen Kenntnisse und Fertigkeiten, die aber auch von den konkreten Personen abgezogen und transpersonal verrechnet werden können. ‚Wissen' ist ein zentraler Bestandteil dieser Humankapital-Konstruktion, aber nicht der einzige. Zumal Vorstellungen von verlust- und veränderungsfrei transferierbarem und zirkulierendem Wissen einer überholten ökonomischen Epistemologie angehören: „Bei der Reproduktion von Wissen handelt es sich fast immer auch um Produktion von Wissen" (Stehr 1994: 391). Wissen oder Humankapital sind Abstraktionen, die ökonomischen, bevölkerungspolitischen oder humangeographischen Analysen dienlich sind, aber seit einiger Zeit auch in diesen wissenschaftlichen Diskursen auf dem Prüfstand stehen. Nicht zuletzt das Paradigma einer, durch die Entwick-

---

4   Zur Theoriegeschichte des Humankapitals vgl. Thomas Pfahler (2000: 7-45) sowie Ulrich Bröckling (2003: 16ff).

lung von Kommunikationstechnologien wie dem Internet ermöglichten, ortsentbundenen Verfügbarkeit von Wissen und Humankapital (Stichwort: „placelessness")[5] hat sich als unhaltbar erwiesen; die Bedeutung des geographischen und sozialen Ortes (Stichworte: „proximity" und Proxemik)[6] für die Produktivität von Wissen und Humankapital kann – zumindest in der Perspektive der Geographie – nicht länger negiert werden.[7]

Vor diesem Hintergrund erweisen sich das Leben und die Subjektivierungsprozesse in den *knowledge villages* und *knowledge clusters*, in der *skilled* oder *smart city*, das heißt die virtuelle und physische Bewegung durch High-Tech-Cluster, ‚Wissenskorridore' oder Technologiepark-Agglomerationen als ein Feld möglicher Forschung, dessen potentielle Ausdehnung hier nur angedeutet werden kann, vor allem auch deshalb, weil seine Bearbeitung ein geographisches, soziographisches und anthropologisches Feld- und Fallstudium erfordern würde. Untersuchungen zur „Lokalisierung des Wissens" und zur Mobilität von Fachkräften und Experten (vgl. Almeida/Kogut 1999; Baraldi 2006), zur Transformation von Industriegebieten in „Lernregionen" (vgl. Asheim 1996; Pinch et al. 2003) bzw. „Kreativregionen" (vgl. Cooke/Schwarz 2007) oder zur „ökonomischen Geographie des Talents" (vgl. Florida 2002) versuchen seit den 1990er Jahren, den Raum der Wissensgesellschaften als dynamische Humankapital-Infrastruktur zu verkarten. Darüber hinaus lässt sich ein geodemographisches Interesse an der räumlichen Verteilung und Konzentration von Schichtspezifika beobachten, die sich vor allem in Konsumgewohnheiten äußern und Anlass zu einer neuen Klassentheorie geben, in der geogra-

---

5   Vgl. hierzu den Abschnitt „The End of Place?" in Cresswell 2004.

6   Zu Konzepten der Nähe in Bezug auf eine Geographie der Innovation vgl. beispielsweise die Arbeit des ökonomischen Geographen Ron A. Boschma (2005a; 2005b). Zur Proxemik, der von Edward T. Hall anthropologisch fundierten Theorie von der „verborgenen Dimension" des Raums, den internalisierten und nicht objektivierbaren Gewohnheiten, die sich auf die raumspezifischen, territorialen Organisationsweisen von Lebewesen beziehen, vgl. Hall 2003.

7   „The placelessness of much digital policy discussion is a hangover from the heady days of the 1990s, with its talk about the ‚death of distance', of ‚weightlessness' and ‚frictionfree capitalism'. ICTs were seen, in part, to be responsible for the eradication of place-based competition in the economy. [...] This sort of talk was only ever fashionable in certain quarters and my characterisation of it may be a little extreme; but despite the growth of ICTs and their absorption into our everyday lives, the importance of geography in our economy has shown to be remarkably resistant. Even in a knowledge-based economy, historic advantage and historic patterns of employment remain. Indeed it appears to be that especially in a talent based-economy, ‚spatially sticky tacit knowledge', the kind of knowledge that is informal, ad hoc or experiential, and best exchanged face to face, becomes crucial for competitive advantage" (Oakley 2005: 2).

phischer und gesellschaftlicher Raum unlösbar miteinander verbunden wären (vgl. Burrows/Gane 2006; Parker et al. 2007). Die Beziehung zwischen bevölkerungs- und einwanderungspolitischen Entscheidungen, zwischen Bildungseinrichtungen und Lebenshaltungskosten, zwischen Restrukturierungen des Hochschulwesens und spezifischen Subjektivierungsfiguren, wie sie die sozialen, kognitiv-emotiven und räumlichen Kontexte der gegenwärtigen Wissensökonomie erzeugen, rückt mehr und mehr ins Zentrum unterschiedlich gelagerter Interessen. In einer jüngeren Studie zur Mobilität von Biotech-WissensarbeiterInnen in Schweden wird gefragt: Warum sind manche von ihnen erfolgreicher als andere und was könnte dies mit deren Mobilität, Sesshaftigkeit oder persönlichen Charakteristika zu tun haben? Was ist für den individuellen Erfolg ausschlaggebender: an einem bestimmten Ort oder unter bestimmten Menschen zu sein? Sollte man über ein System sprechen, das von einer Elite definiert und gestaltet wird, oder von ortsgebundenem Erfolg (*site success*), als Effekt von Agglomerationseffekten und Pfadabhängigkeit (vgl. Mattson 2007)? Die Ergebnisse der Untersuchung fielen etwas paradox aus: In Schweden bewegen sich die WissensarbeiterInnen im Biotech-Bereich kaum über größere geographische Distanzen, nachdem sie sich einmal für eine Universität oder eine private Forschungseinrichtung entschieden haben. Die These, dass Wissensproduktion und Innovation unweigerlich mit Beweglichkeit, Heterogenität und Diversität (anstelle von Spezialisierung und Sesshaftigkeit [*stickiness*]) auf der Seite der Subjekte verbunden sind, lässt sich in diesem Fall kaum erhärten. Zwischen dem sogenannten *talented people*-Ansatz, dem zufolge die Anwesenheit bestimmter Individuen zum Erfolg eines Standortes führt, und der Theorie der „privilegierten Orte", nachdem die sozialen, kulturellen und infrastrukturellen Bedingungen eines Ortes das entsprechende Humankapital anziehen, scheint sich zumindest ein Gleichgewicht abzuzeichnen.

3

Der Wirtschaftswissenschaftler und Musiktheoretiker Jacques Attali, ehemals Berater des französischen Präsidenten François Mitterand, arbeitet heute parallel als Publizist, als Leiter einer Consulting-Agentur für Konzerne und Regierungen und als Inhaber von Planetfinance, einem Pariser Unternehmen, das Internet-Start-ups finanziert und als Leiter eines von Nicolas Sarkozy eingerichteten Think-Tanks, der Anfang 2008 einen Maßnahmenkatalog zur Deregulierung der französischen Wirtschaft vorlegte – ein wahrer Multi-Entrepreneur des digitalen Zeitalters, der spekuliert und räsoniert, die Verhältnisse interpretiert und entsprechend investiert. Im Jahr 2003 veröffentlichte er ein knapp 500-seitiges populäres Sachbuch über den „nomadischen Menschen", laut

Klappentext ein „riesiges historisches und vorausblickendes Fresko" der Menschheitsgeschichte als Geschichte immer neuer Formen des Nomadismus (vgl. Attali 2003, in der Übers. v. T.H.). Die letzte sesshafte Supermacht, die Vereinigten Staaten von Amerika, so Attalis zentrale gegenwartsgerichtete These, sehe sich einem Kampf gegen drei nomadische Mächte: dem Markt, der Demokratie, dem (islamischen) Glauben, ausgesetzt.

Attali, der sich rhetorisch an Vilém Flusser und postkolonialistische TheoretikerInnen des Nomadismus anlehnt, begeisterte sich Ende der 1990er Jahre für die „prekäre, flüssige, flexible, nomadische" Neue Ökonomie des Internet. Sie sei im Kern „antikapitalistisch", da sie Sesshaftigkeit und Hierarchie, Vertikalität und Besitz zugunsten von „Überfluss und Solidarität", ja „Universalismus und Transparenz" ersetze. Die Nationalstaaten und ihre Regierungen freilich hätten noch einiges hinzuzulernen: Zum Beispiel, wie die Steuergesetzgebung der Zukunft die geographische Beweglichkeit stärker als die Bewahrung fördern und das Erziehungssystem analog die Errichtung von Netzwerken und den Abbau hierarchischer Strukturen vorantreiben müsse. Auf die Frage, ob er denn auch einen neuen, das heißt der Neuen Ökonomie angemessenen Typus der Einwanderung entstehen sehe, antwortet Attali (2000) in einem Interview mit der Tageszeitung *Libération*: „Ja, eine virtuelle Immigration." Darunter versteht Attali eine solche Immigration, die nicht mehr mit einem physischen Ortswechsel verbunden ist, sondern im Netz stattfindet – als Fernstudium, Telearbeit, *distance working* usw. Und Attali prognostiziert, die (Post-)Industrienationen des Nordens würden sich bald nach den alten Formen der Migration zurücksehnen, so wenig trügen die „virtuellen Migranten" zum Wohlstand des Staates bei, wenn sie irgendwo in der Ferne eines Billiglohnlandes arbeiteten.

Die „virtuellen Migranten" bilden nun aber nicht die Elite des Informationszeitalters, sondern sind in Attalis Sicht gewissermaßen ein vom Netz hervorgebrachtes Proletariat, das sich auf einer lediglich virtuellen Wanderschaft befindet. Wer über größere Entfernungen reisen kann, gehört nach diesem Verständnis in Zukunft zu den privilegierten Schichten. Attali unterscheidet drei künftige Klassen der globalen netzökonomischen Verhältnisse: die kleine Gruppe der „Hypernomaden", die souverän und unabhängig über die technologischen Möglichkeiten verfügt, sich auf dem Erdball zu bewegen, Information zu produzieren und zu manipulieren; die größere Gruppe der „virtuellen Nomaden", eine kontrollierte Masse von Arbeitskräften in den Netz-Produktionsstätten der Welt, deren gesamtes Leben sich in der Virtualität der Unterhaltungs- und Informationstechnologie abspielt; und schließlich die „Infranomaden", die von allem ausgeschlossen weder im Netz noch in der Offline-Realität über nennenswerte Mobilität verfügen (Attali 2003: 427ff).

Attalis Vision ist nicht deshalb interessant, weil er recht behalten wird mit seinen Thesen über ein neues Mittelalter, in dem die gesteigerten Möglichkeiten der Netzwerkökonomie mit zunehmenden sozialen Abschottungsprozessen erkauft werden. Von Interesse ist vielmehr der Versuch der soziographischen Klassifizierung in Hinblick auf Grade und Formen der Mobilität, das heißt die besagte Einteilung der Menschheit in Angeschlossene, Eingeschlossene und Ausgeschlossene bezogen auf die jeweilige virtuelle und physische Beweglichkeit und Bewegung. Attali entwirft damit eine Typologie des Nomadismus, in der Mobilität letztlich zum Maß aller Dinge erhoben und den Sesshaften das schwere Los von Neo-Parias prophezeit wird.

In der Tat lässt sich beobachten, wie die Dynamik der Migration derzeit sowohl eingeschränkt als auch stimuliert wird und Mobilität nicht nur eine die globalisierten Bevölkerungen zunehmend bestimmende Realität ist, sondern zugleich systematisch als Privileg gedacht und politisch interpretiert wird. Anders als Attali Ende der 1990er, Anfang der 2000er Jahre nahegelegt hat, geht diese Einschränkung nicht vorwiegend von der Internet-Ökonomie aus, sondern ist vielmehr auf ein komplizierteres Zusammenspiel von ökonomischen und (supra-)staatlichen Interessen zurückzuführen.

Betrachtet man beispielsweise die Flüchtlingspolitik der Europäischen Gemeinschaft zu dem Zeitpunkt, als Attali mit seinen Thesen an die Öffentlichkeit trat, lässt sich ein Muster der Kontrolle und Reglementierung von Flüchtlingsbewegungen erkennen, das in der Balkanpolitik, gipfelnd im Kosovo-Krieg von 1999, geradezu laborhaften Charakter angenommen hat. Bereits seit den 1980er Jahren sorgte eine ‚Regionalisierungsdiskussion' auf internationaler Ebene dafür, dass über Flüchtlinge primär in ökonomischen Kategorien nachgedacht wird. „Mit dem Ziel, die Asylanerkennungsrate zu senken, errichteten die Behörden Datenbanken zu Herkunftsländern, zu Fluchtursachen nach Kriterien der Genfer Konvention und zu Abschiebemöglichkeiten und Abgeschobenen", schreiben Helmut Dietrich und Harald Glöde (2000: 59) in einer Publikation über den „Krieg gegen die Flüchtlinge". Ein Ergebnis dieser behördlichen Datenerhebungen zum Zwecke der Reduzierung von Asylantenzahlen war die Flucht der Flüchtlinge in die Illegalität. Somit entstand ein „datenfreier Raum" (Dietrich/Glöde 2000), der durch neue Strategien der Grenzbehörden wie etwa die „Routenfahndung", die längst nicht nur an den Außengrenzen der Nationalstaaten, sondern verstärkt auch in den Städten (U-Bahnhöfe, Shopping-Zonen usw.) operierten, wieder mit Datenmaterial gefüllt werden musste.[8] Freilich rechnet das neoliberale Kalkül im

---

8   Insofern könnte man Attali dahingehend zustimmen, dass Migration tatsächlich „virtualisiert" wird: Fluchtwege und Flüchtlinge werden in Daten-Konfigurationen übersetzt, um den physischen Nomadismus zu limitieren. Im Kosovo aktivierte seit 1999 eine unheilige Allianz aus UÇK, Flüchtlingsorganisationen und NATO eine Ideologie der (albanischen) ‚Heimat', um so die Idee der Aus- bzw. Abwanderung abzuwerten, die bereits durch die Lagerpolitik während der NATO-Inter-

Kosovo auf lange Sicht nicht mit reichen Ressourcen qualifizierter Software-SpezialistInnen, dafür haben nicht nur Milošević und die UÇK, sondern besonders auch die Balkan-Politik der westlichen Wertegemeinschaft gesorgt. Aus der Perspektive der an der Rekrutierung hoch ausgebildeten Humankapitals interessierten Wissensmärkte findet man dort ‚unten' vor allem Attalis „Infranomaden". Diesen gilt in erster Linie die Aufmerksamkeit biopolitischer Steuerungsinstanzen der Flüchtlingspolitik und nationalistischer Politiker, nicht aber die der Headhunter von IT-Unternehmen oder Forschungszentren.

Mit Hilfe von Attalis Drei-Schichten-Modell lässt sich eine hierarchische Klassifizierung des Wissens erkennen, ähnlich wie sie Michel Foucault bereits an den Macht/Wissen-Strategien der europäischen Aufklärung untersucht hat: Die „Grenzen zwischen Geheimnis und geographischen und technischen Begrenzungen" werden niedergerissen, um „nicht nur die Wissen, sondern auch jene, die sie innehaben, austauschbar zu machen". Diese Austauschbarkeit geht mit einer Hierarchisierung einher, welche die speziellsten und materiellsten Formen des Wissens weit unter den formalsten und abstraktesten Formen des Wissens verortet. Im Kosovo gab es um 2000 ja höchstens, „was man die kleinen, nutzlosen und irreduziblen, ökonomisch kostspieligen Wissen nennen könnte", wie Foucault (1999: 209) einmal in anderem Zusammenhang formuliert hat.

4

Es ist nun eine Ironie dieser klassifizierenden Entgrenzung und Normalisierung des Wissens, die die intime Beziehung zwischen dem Individuum der Aufklärung und seinem ‚Wissen' funktionalisierend auflöst, dass sich bei aller De-Personalisierung und De-Lokalisierung in Netzwerken immer wieder lokalisierbare „Innovationsmilieus"[9], ‚Kulturen' und ‚Geographien' des Wissens ausprägen, ein Phänomen, dem man – vergeblich – mit dem Term ‚Glokalisierung' beizukommen versucht: Die vermeintlich anonym-virtuelle Intelligenz sucht sich Orte und Subjektivitäten, die wichtige symbolische und soziale Funktionen beim Wettbewerb in der Netzwerkgesellschaft übernehmen: Silicon Valley, Dublin, Givat, Kobe, Harvard, Stockholm, Hyderabad, Bangalore,

---

vention äußerst ‚robust' attackiert worden war. Damit gibt sich das langfristig angelegte Protektorat der ‚internationalen Gemeinschaft' im Kosovo auch als vorgeschobener Einwanderungsfilter zu erkennen, die unterentwickelte Region wird zu einem Experimentierfeld der Migrationsbegrenzung.

9   Zum Begriff des Innovationsmilieus vgl. Benko 2003: 620f.

Dubai sind klingende geographische Namen, bisweilen mit dem Status von *world cities*, auf den Landkarten der neuen globalen Wissensökonomie. Diese Orte und ihre politisch-ökonomischen Systeme beziehen ihre Attraktivität daher, dass sie einerseits in das globale Netzwerk der Bewegungen (*flows*) von Kapital, Waren und Arbeit eingebunden sind und andererseits die infrastrukturellen und sozialen Bedingungen erfüllen, die eine translokal operierende Klasse von Investoren und WissensarbeiterInnen als Umfeld ihrer Aktivität beanspruchen. So konkurriert ein autoritär regierter *world city*-Inselstaat wie Singapur, der systematisch zu einem Informations- und Wissens-*Hub*, einer „Intelligent Island" ausgebaut werden soll („wo der Gebrauch von Informationstechnologie jeden Aspekt der Gesellschaft durchdringt" (Crang 2003: 54, in der Übers. v. T.H.)), auf dem weltweiten Markt der Anleger und IT-Experten mit dem Werbeargument, eine „globale und freundliche Stadt" mit einer „anregenden Umgebung" zu sein, in der „menschliches Potenzial begrüßt und gepflegt wird" (Imagewerbung von Singapur in Graduiertenmagazinen an britischen Universitäten, 2002, zit. n. Crang 2003: 53, in der Übers. v. T.H.; vgl. auch Mike Crang in diesem Band).

Dazu entstehen periodisch neue Klischees über die Subjekt-Typen, die an diesen Orten anzutreffen sein sollen. Aus den 1980er und 1990er Jahren sind die *geeks* oder *nerds* bekannt, jene durch Highschool- und Collegefilmkomödien, aber auch durch die Cyber-Fachpresse popularisierten IQ-Überflieger mit soliden Defiziten in sozialer Intelligenz, die ausersehen sind, in Software-Konzernen oder in regierungsnahen Denkfabriken zu arbeiten.[10] Dieser populären Intelligenztypologie sind traditionell auch latent oder offen rassistische Stereotypisierungen beigemischt. In Deutschland etwa machten um die Jahrtausendwende die ‚intelligenten RussInnen'[11] oder die ‚hochqualifizierten InderInnen' die Runde durch die Medien. In beiden Fällen wurde der Annahme diverser ethnisch-kulturell induzierter Begabungen ein Bedrohungspotenzial zugeschrieben, das sich bis auf die Titelseite der Illustrierten *Stern* verirren sollte (vgl. Abb. 3).

Solche kulturalistischen Stereotype beruhen wiederum auf Gesetzgebungen und politischen Programmen oder antizipieren diese. So trifft unter all den Kandidaten, die sich um Aufenthaltstitel, Aufenthalts- und Niederlassungserlaubnisse in der Bundesrepublik Deutschland bewerben, eine Gruppe besonders günstige Voraussetzungen an: die so genannten Hochqualifizierten.

---

10 Für einen Überblick zur Filmikonographie der Intelligenz vgl. Pomerance/Sakeris 2001; vgl. auch Holert 2003.

11 Hasso Plattner, SAP: „Die komplexe russische Sprache hilft ihnen bei den Computer-Denkstrukturen und macht viele von ihnen zu hervorragenden Programmierern" (zit. n. Follath 1999: 88).

Abb. 3: *Stern*-Titelbild zur bundesdeutschen Green-Card-Debatte um indische IT-ExpertInnen, 23.03.2000.

In Artikel 1 Abschnitt 4 § 19 des Gesetzes zur Steuerung und Begrenzung der Zuwanderung von 2004 wird erklärt, einem „hoch qualifizierten Ausländer" könne die Niederlassungserlaubnis umstandslos, fallweise mit oder ohne Zustimmung der Bundesagentur für Arbeit, erteilt werden. Der Grund für dieses unbürokratische Vorgehen: Bei Hochqualifizierten sei die Annahme gerechtfertigt, „dass die Integration in die Lebensverhältnisse der Bundesrepublik Deutschland und die Sicherung des Lebensunterhalts ohne staatliche Hilfe gewährleistet ist." Im Absatz 2 desselben Paragraphen wird „hoch qualifiziert" wie folgt definiert:

1. Wissenschaftler mit besonderen fachlichen Kenntnissen,
2. Lehrpersonen in herausgehobener Funktion oder wissenschaftliche Mitarbeiter in herausgehobener Funktion oder
3. Spezialisten und leitende Angestellte mit besonderer Berufserfahrung, die ein Gehalt in Höhe von mindestens dem Doppelten der Beitragsbemessungsgrenze der gesetzlichen Krankenversicherung erhalten.

Dieser Passus orientiert sich deutlich an den Einwanderungsgesetzen der USA und Kanadas. In den klassischen Einwanderungsländern dienen Auslesekriterien wie ‚Intelligenz' oder ‚Qualifikation' seit langem als Instrumente der Migrationssteuerung. Zu Beginn des 20. Jahrhunderts wurden die europäischen Auswanderer auf Ellis Island, New York, mit Hilfe von Intelligenztests auf ihre Nützlichkeit für die US-amerikanische Nationalökonomie hin geprüft. Die Privilegierung der Hochqualifizierten in der Einwanderungspolitik wiederholt und verstärkt eine bereits gegebene Privilegierung von Menschen mit vorzüglicher Bildung und hohem symbolischen und ökonomischen Kapital. Heute ordnet in den USA wie in Kanada ein Quotensystem die Einwanderungswilligen in eine Hierarchie der Erwünschtheit ein. Mit erster Präferenz wird die begrenzte Zahl von Visa an Ausländer mit außerordentlichen Fähigkeiten, herausragende WissenschaftlerInnen sowie ManagerInnen in multinationalen Unternehmen vergeben. Danach folgen AusländerInnen, die einen Universitätsabschluss vorweisen können und deren außerordentliche Begabung in den Wissenschaften, Künsten oder im Geschäftsleben der nationalen Ökonomie, Kultur und Bildung zuträglich ist. In den Worten eines kanadischen Regierungspapiers von 2007: „Qualifizierte Personen [*skilled individuals*] aus aller Welt besitzen das Wissen und die Erfahrung, um Kanadas eigene Begabungen [*homegrown talents*] zu ergänzen" (Public Works and Government Services Canada 2007: 76, in der Übers. v. T.H.). Die Erfahrungen und Talente von MigrantInnen „können die Wissensbasis der Ökonomie erweitern und bereichern", heißt es korrespondierend im Weißpapier „Secure Borders, Safe Havens" der britischen Regierung von 2002: „Menschliche Fertigkeiten und Ambitionen sind zu den Bausteinen erfolgreicher Ökonomien geworden, und die Selbstauswahl von MigrantInnen bedeutet, dass sie mit hoher Wahrscheinlichkeit wertvolle Ideen, Unternehmertum, Ehrgeiz und Energie [ins Land] bringen" (UK Home Office 2002 zit. n. Walters 2004: 244, in der Übers. v. T.H.). Die Folge, auch aus der Sicht der bundesdeutschen Regierung: „ein zunehmender internationaler Wettbewerb um die besten Kräfte" (Bundesministerium des Inneren 2001: 108f.).

Entsprechend dieser viel zitierten Konkurrenz um die ‚Köpfe' und ‚Gehirne' sind im Text des bundesdeutschen Zuwanderungsgesetzes „Kenntnisse", „herausgehobene Funktionen" und ein hohes Einkommen die Indizien der Qualifikation, die den MigrantInnen ein Leben ohne staatliche Auf- und Zuwendungen ermöglicht. Den ausländischen WissenschaftlerInnen, SpezialistInnen und ManagerInnen soll diese Unabhängigkeit auch einen Integrationsvorsprung verschaffen. Ökonomische Verhältnisse und kognitive Fähigkeiten konstituieren damit eine eigene Gruppe von ‚Ausländern' – eine phantasmatische transnationale Ethnie der Hochqualifizierten, die in sich alle Eigenschaften vereint, die in einer globalisierten ‚Wissensökonomie' nachgefragt werden.

Neben den politischen und sozialen Effekten einer auf ökonomischen Interessen gegründeten rechtlichen Steuerung von Einwanderung entwickeln sich kulturelle Repräsentationen von ‚Elite', ‚Exzellenz', ‚Talent', ‚kreativer Klasse' und ‚Kognitariat', die bisweilen bedenklich zwischen Ethnisierung und arroganter Selbstbehauptung oszillieren. Die – zunehmend auch sozial und ökonomisch als solche sichtbare – Schicht der Hochqualifizierten organisiert sich nun nicht nur in Computernetzwerken, sondern produziert die bereits erwähnten physischen und sozialen Räume, die mit ihrer angenommenen oder angemaßten ‚Exzellenz' korrespondieren und den kontinuierlichen Transfer von Wissen bzw. *knowledge spillover* begünstigen.

Der neue kognitive Kapitalismus etabliert eine Hierarchie der Mobilität, die zu räumlichen Konzentrationen des sogenannten Humankapitals führt. Die *workforce* soll statistisch und Produktivität garantierend auf höchstem kognitiven Niveau gehalten werden – und dies an bestimmten Orten, in bestimmten Regionen. Hohe Intelligenz und Qualifikation werden zu Faktoren des *place making* und flottieren nicht etwa im delokalisierten Space des Netzes. Um aus Douglas Couplands Buch über die *Microserfs*, die Mikro-Sklaven von Microsoft zu zitieren: „Im Silicon Valley beginnt die IQ-Kurve bei 130, steigt dann schnell an, stagniert kurz vor 155 und sinkt erst dann wieder ab" (Coupland 1996: 148).

Bevor nun auf den geographischen, urbanen und architektonischen Ausdruck von hoher Qualifikation und Begabung zurückzukommen sein wird, sei im folgenden Abschnitt eine biopolitische Diskursfigur vorgestellt, deren Funktion nicht zuletzt darin besteht, Prozesse der globalen Verteilung von Trägersubjekten von Wissen und Kompetenz, aber auch von kreativem Talent und bohemistischer Lebensweise zu dramatisieren und politisches Folgehandeln zu bewirken.

5

Nicht nur in den USA werden kaum noch KandidatInnen zum Bewerbungsgepräch auf einen Job in der Wissensindustrie eingeladen, die älter als 35 sind. Jenseits dieser biologischen Schwelle, deren Willkürlichkeit sich auch darin zeigt, dass sie tendenziell weiter abgesenkt wird, nehmen vermeintlich jene Eigenschaften der *smartness* und Stressresistenz ab, die in den vakanten Jobs gefordert sind. Die Kombination von Hochbegabung, höchster Qualifikation und Jugend ist eine der biopolitischen Glücksformeln jener Gouvernementalität, die sich in transnational agierenden Unternehmen, aber auch in zunehmend marktförmiger handelnden und um Anschlüsse an den globalen Bildungsmarkt bemühten staatlichen Hochschulen und Forschungsverbünden verbreitet hat. Ungeachtet der empirisch nachweisbaren Mobilitätsmuster von WissensarbeiterInnen werden die Appelle an Korporationen und Individuen, mobil zu sein, sich interregional oder international zu bewegen und zu vernetzen, immer lauter – und dies nicht nur im Sinne eines „virtuellen Nomadismus", wie Attali beschreibt, sondern durchaus als ständige Bereitschaft zum geographischen Ortswechsel, welcher allerdings in einer homogenen professionellen Globalkultur von Forschung und Innovation geschieht. Der Imperativ der Mobilität, der ja auch im rhetorischen Zentrum des sogenannten Bologna-Prozesses in Europa steht, hat eine Kehrseite, die mit ebenso viel Emphase *be*klagt wie andererseits Mobilität *ein*geklagt wird: den oben bereits im Vorbeigehen erwähnten „brain drain". Die gegenwärtig wieder zu beobachtende Konjunktur der *brain drain*-Metapher hängt eng mit der Wahrnehmung eines durch Migration der Höhergebildeten und Hochqualifizierten gefährdeten Standorts zusammen. Um dem Drama der Drainage zu begegnen, spricht die Einleitung zum Reader „Deutscher Brain Drain", 2002 herausgegeben von der Friedrich Ebert-Stiftung, gar von „Bildungsflüchtlingen". Wie die Schöpfung eines Horrorregisseurs irrlichtert das Bild wandernder Gehirne durch die bildungspolitischen Verlautbarungen. In Reaktion auf die allzu mobilen grauen Zellen gab das Bundesministerium für Bildung und Forschung seinem Wettbewerb für „Deutschlands Top-Hochschulen" im Jahr 2004 den Namen „BrainUp!". Die juvenophile Anleihe beim Hip-Hop-Jargon soll „Aufbruchsstimmung" suggerieren, auf dass die „klügsten Köpfe" davon angelockt werden. Aufgabe der nationalstaatlichen Bildungs- und Arbeitsmarktpolitik ist auch, jene wechselnden demographischen Pegelstände zu regulieren, die das Gegen- und Ineinander von Standortpolitik und Kapitalzirkulation bewirkt. Den Handlungsbedarf verursachen die widersprüchlichen Effekte jener Appelle und Anreize, die Menschen dazu bewegen, sich zu bewegen. Für Politik und Wirtschaft wird Mobilität damit nicht nur als Zuwanderung, sondern auch als Abwanderung zum Anlass für immer neue Krisenszenarien und Steuerungsoperationen.

Zur Hilfe kommt dabei eine Argumentationsfigur, mit der das Phänomen *brain drain* als Systemkritik mit den Füßen betrachtet werden kann: Danach bezeugt, wer gegangen ist und deshalb fehlt, den zurückgelassenen wissenschaftspolitischen und wirtschaftlichen Missstand. „How to Plug Europe's Brain Drain" – unter dieser Überschrift beschäftigte sich ein langer Artikel in der Europa-Ausgabe des Magazins *Time* vom 13. Januar 2004 damit, wie erfolglos Europa darum ringt, den angeblich akuten Abfluss der Gehirne aufzuhalten. Um die 400.000 europäische Absolventen aus den Bereichen Naturwissenschaft und Technologie sollen in den Vereinigten Staaten leben, und jährlich kämen Tausende hinzu. Schuld sei ein anachronistisches Zuviel an Staat und Zuwenig an „unternehmerischem" Geist. Der Artikel zitiert den britischen Biotechnologen Christopher Evans mit dem kantigen Verdikt: „Europe is a mess", ein Ort, an dem „überregulierte und überkomplizierte Bürokratien" die seltenen Anzeichen „wahrer unternehmerischer Brillanz" zunichte machen würden. Der frühere französische Bildungsminister und Geochemiker Claude Allègre verurteilt den Zentralismus und Bürokratismus in Frankreich als „sowjetische" Verhältnisse und droht, seine Forschung in die Vereinigten Staaten zu verlagern.[12]

---

12 Allègres Reminiszenz an die Zeiten der Blockbildung ist kein Zufall, sie liegt auf der Linie der historischen Semantik der *brain drain*-Metapher. So schrieb die Radikalkapitalistin Ayn Rand, die in den 1920er Jahren aus der Sowjetunion Stalins ins Hollywood Cecil B. DeMilles emigriert war, mit ihrem Romanhymnus *Atlas Shrugged* aus dem Jahr 1957 einen mythischen Urtext des *brain drain*. Vor den Zurichtungen der „Blutsauger" des Sozialstaats fliehen die wahrhaft innovativen Erfinder und Unternehmer, das heißt vor allem jene „Gehirne", die in der Lage sind, die wissenschaftlichen Entdeckungen ihrer optimalen ökonomischen Verwertung zuzuführen, in ein Berg-Utopia in Colorado, wo die Kräfte des Marktes ungehindert walten. „Es ist wie ein undichter Wasserhahn", sagt eine der Figuren in *Atlas Shrugged* über diese Wanderbewegung, „und all das Wasser fließt ab nach Colorado, all das Geld." So sehr der Kalte Krieg nicht nur für Ayn Rands kapitalistische Hydraulik leicht bedienbare Schemata bereitgestellt hat, um daraus Ideen über die Gesetzmäßigkeiten bei der Migration der Intelligenz abzuleiten, entstand der *brain drain*-Diskurs jedoch vor allem im Zusammenhang mit den unmittelbaren demographischen Folgen des Zweiten Weltkriegs, dem später sogenannten „war drain" – als Binnendiskurs des Westens. In den westlichen Industrienationen, besonders in den Vereinigten Staaten und in Großbritannien, wurde nach 1945, anknüpfend an bereits existierende Register der britischen Royal Society oder des amerikanischen National Research Council, verstärkt mit der statistischen Erhebung über die Zahl von Wissenschaftlern und Ingenieuren begonnen. Die Kriegsverluste bei männlichen Studierenden und Graduierten waren hoch. Der amerikanische Mathematiker und Computerwissenschaftler Vannevar Bush sprach 1945, indem er die spätere Verschränkung von ökonomischen, demographischen und bevölkerungspolitischen Sprechweisen vorwegnahm, von einem „akkumulierten Defizit an ausgebildetem Forschungspersonal, das auf Jahre hinaus andauern wird" (Bush 1995: 24).

Wie der kanadische Statistik-Historiker Benoît Godin zeigen kann, führten die Zahlenspiele der amerikanischen und britischen Behörden zu zwei interagierenden Fiktionen: Der Fiktion vom Mangel an Naturwissenschaftlern und technologischen Fachleuten in den Vereinigten Staaten stand die Fiktion vom *brain drain*, der Abwanderung des ‚Humankapitals' in die Vereinigten Staaten, gegenüber. Auf beiden Seiten des Atlantiks wurden die wissenschaftlichen Gesellschaften und Dachorganisationen damit beauftragt, neben der aktuellen Bestandsaufnahme auch statistisch gestützte Prognosen auf den in Zukunft zu erwartenden Bedarf an Wissenschaftlern und Ingenieuren zu liefern. Das Bild vom *manpower pool*, vom Personalbecken, wurde in ein dynamisches, volkswirtschaftlich relevantes Angebot-Nachfrage-Tableau integriert. Während in den Vereinigten Staaten, neben der steten Behauptung eines Mangels, allenfalls von einer *brain circulation* die Rede war, dominierte die britische, bald auch die gesamte westeuropäische und schließlich vor allem die außereuropäisch-postkoloniale Diskussion das Motiv des *brain drain*.[13]

Die unterschiedlichsten Institutionen und Interessenvertreter schrieben mit an der Fiktion. So veröffentlichte der rege publizierende Organisations- und Managementtheoretiker Dimitris Chorafas in einem populärwissenschaftlichen Buch über die „Wissensrevolution" 1968 düstere Thesen über die „Abwanderung der europäischen Intelligenz" und das „Eindringen der amerikanischen Industrie" in Europa (vgl. Chorafas 1969).

Zum Erfolg der *brain drain*-Metapher hat sicher beigetragen, dass dieses durch Statistiken zur Evidenz gebrachte Phantasma es erlaubt, das Gehirn – als organische Verkörperung und als kulturelles Symbol unhintergehbarer Individualität – in Datenmaterial über *skilled migration* zu konvertieren. Das menschliche Gehirn sei der „Schlüssel zur Zukunft" und das „wichtigste Produktionskapital" formulierte Dimitris Chorafas 1968 bündig. Und er sollte mit

---

13 Vgl. Godin 2002. In regelmäßigen Abständen berichteten in Großbritannien seit 1946 regierungsnahe Kommissionen über die besorgniserregende statistische Situation der „scientific man-power". Der erste offizielle Bericht, der im Titel den Begriff „Brain Drain" führt, stammt zwar erst aus dem Jahr 1968, aber die Vokabel war, etwa in Veröffentlichungen der Royal Society, bereits seit den späten 1950er Jahren geläufig. In den 1960er Jahren begann die Konzentration auf den *brain drain*-Aspekt in Großbritannien heftige Kritik an den statistischen Methoden der Vorhersagen über Bedarfslagen zu provozieren. Offensichtlich handelte es sich bei der Diskursfigur des *brain drain* um ein wissenschaftspolitisches Propagandainstrument. So stellte sich heraus, dass systematisch Einwanderungszahlen unterschlagen, den Auskünften der Unternehmen zu viel Vertrauen geschenkt und die eigenen Ergebnisse allzu sehr von amerikanischem Datenmaterial abhängig gemacht worden waren. Wie Benoît Godin (2002) vermutet, hat man auf diese Weise ein Phänomen schlicht erfunden und „eine Situation dramatisiert, die weit davon entfernt war, katastrophal zu sein".

dieser Metaphorik nicht allein bleiben. In den vergangenen Jahren hat zudem die neue, bildtechnisch erzeugte und strukturierte Visualität des Gehirns der Rede vom Wettlauf oder Krieg um die Gehirne einen anderen Zungenschlag gegeben; dieses wissenschaftlich-kulturelle Bild des Gehirns und die Vorstellungen von Sichtbarmachungspotenzialen, die es transportiert, sollten im Zusammenhang der Brain-Drain-Metapher noch einmal gesondert betrachtet werden.

Chorafas knüpfte Ende der 1960er Jahre an das bereits erwähnte Konzept des *human capital* an, welches die Wirtschaftswissenschaftler Gary Stanley Becker und Theodore Schultz wenige Jahre zuvor eingeführt hatten. Hierbei handelte es sich um eine frühe und folgenreiche Reaktion auf die Veränderung der kapitalistischen Produktionsweise in Richtung „Wissensökonomie". Wird die Rede vom „Humankapital" in politische und ökonomische Praxis überführt, befördert sie Bildungsprogramme und einwanderungspolitische Ausleseverfahren („gesteuerte Zuwanderung").

Eine gängige Übersetzung von *brain drain* lautet „Abfluss von Humankapital". Wo immer so geredet wird, träumt jemand den gemeinsamen Traum der Bürokraten und Marktideologen vom ungehindert abstrahierenden Umgang mit Individuen und Subjektivitäten. Einen solchen Zugriff auf Subjektivität unternimmt auch die Vokabel ‚Exzellenz', wie Bill Readings in seinem Buch *The University in Ruins* herausgearbeitet hat. Readings unterscheidet zwischen der „university of culture" und der „university of excellence" – die eine ausgerichtet am Humboldt-Schillerschen Bildungsideal der deutschen Universität des 19. Jahrhunderts, die andere als eine Universität ohne Referenten (z.B. in der Nationalkultur oder der Bildung des Individuums). In diesem System ohne Referenz ist ‚Exzellenz' eine ebenfalls referenzlose Werteinheit, die nichts anderes als den „Moment technologischer Selbstreflexion" anzeigt. Der „leere Begriff der Exzellenz" bezieht sich lediglich auf ein optimales Input-Output-Verhältnis.[14] Den Diskurs der Exzellenz charakterisiert zwar ein universaler Gestus, semantisch ist er jedoch ohne Bedeutung, sieht man einmal ab von jenen Bedeutungen, die ihm subjektiv zugeschrieben werden. So verwenden beispielsweise die jährlichen, kommerziellen College-Rankings des US News & World Report einen Begriff von *academic excellence*, der auf die unterschiedlichsten Texte und Doktrinen verweist. Niemand stört sich am Begriff der Exzellenz, gerade weil er unübertrefflich vage ist. Weshalb es im akademischen

---

14 „As a non-referential unit of value entirely internal to the system, excellence marks nothing more than the moment of technology's self-reflection. All the system requires is for activity to take place, and the empty notion of excellence refers to nothing other than the optimal input/output ratio in matters of information" (Readings 1996: 39); vgl. auch Singerman 2002: 71ff.

Milieu nicht zuletzt darum geht, sich die Vagheit der Exzellenz-Semantik für die Interessen bestimmter Gruppierungen zunutze zu machen (vgl. Chang/ Osborn 2005: 348).

6

Ein solcher (Alp-)Traum der zur Disponibilität als Humankapital zugerichteten Subjektivität und der Simulation des Universitären im Zeichen der ‚Exzellenz' (im Konzert mit anderen Träumen und Interessen) liegt sicherlich teilweise auch jener Politik zugrunde, die seit etwa 1988, seit der Magna Charta Universitatum von Bologna, die Schaffung eines „europäischen Hochschulraums" anstrebt. Die Verräumlichung des Diskurses über Exzellenz und Qualifikation findet in seiner Idee einer „European Area of Higher Education" ihren wirkmächtigen Ausdruck. Im Jahr 1997 folgte die Lissaboner „Konvention über die Anerkennung von Qualifikationen im Hochschulbereich in der europäischen Region", 1998 in Paris die „Erklärung der Sorbonne zur Harmonisierung der Architektur der europäischen Hochschulbildung", 1999 schließlich die gemeinsame Erklärung der europäischen Bildungsminister zum „Europäischen Hochschulraum" von Bologna. Die Angleichung der Abschlüsse, Studienverläufe, Lehrinhalte und Qualitätsstandards im modularisierten System der B.A./M.A.-Abschlüsse geht einher mit der gezielten Förderung der Kooperation zwischen Hochschulen sowie der Förderung von Mobilität und sogenannter Mobilitätsprojekte. Dass die Umsetzung dieser Ziele nicht unbedingt die gewünschten Ergebnisse geliefert hat und liefert, dass etwa die Mobilität der Studierenden allein in Deutschland durch die Aufkündigung des bisherigen bundesweiten Konsenses über die Fächeranteile im Bereich der Magisterstudiengänge eher eingeschränkt als stimuliert wird, ändert wenig an den politischen und diskursiven Rahmenbedingungen, welche die Vorstellungen über eine Geographie des Wissens und insbesondere jene Praktiken der Forschung und der Lehre strukturieren, denen man Attribute wie ‚Elite' oder ‚exzellent' anheftet.

Nach dem, was ich bisher über Nomadismus-Theorie, Bevölkerungspolitik, die räumliche Organisation der Wissensökonomien und die Geschichte des Brain-Drain/Circulation-Diskurses angedeutet habe, erscheint die Idee eines „europäischen Hochschulraums", in dem Humankapital reibungs- und mühelos zirkuliert, wie die utopische Synthese markt- und bildungspolitischer Interessen. Aber indem die Routen des Humankapitals auch immer sichtbarer durch eine Hierarchie von Orten der Forschung, Lehre und Produktion gekennzeichnet sind (die „Exzellenzinitiative" der Deutschen Forschungsgemeinschaft will die Sichtbarkeit der ‚Spitzen' erhöhen usw.), kommt es zu

Ballungen und Konzentrationen, nicht nur im Euroraum. Dass diese Ballungen in vielen Fällen eine erhöhte Nachfrage nach Wohnraum und somit den Anstieg der Preise für Immobilien und die Erhöhung der allgemeinen Lebenshaltungskosten bewirken, kann dabei sogar zu einem ökonomischen *pull factor* werden, wie die Autoren eines Bandes über die *Euroscapes*, die neuen geo-ökonomischen Landschaften Europas, meinen. Überdies werden Überlegungen über das Ranking von Schulen und Universitäten, das kognitive und kulturelle ‚Niveau' der Nachbarschaft und die Möglichkeiten, einen bestimmten Lebensstil zu pflegen, in die Kalküle und biographischen Überlegungen einbezogen:

> Menschen oder Unternehmen, die sich irgendwo für eine längere Zeit ansiedeln wollen, werden sich von allgemeingültigen Lebensqualitäten leiten lassen. Wie ‚klug' [*clever*] ist ein Gebiet – wie hoch ist das Bildungsniveau? Welche Gesundheitseinrichtungen sind vorhanden? Sind die Einkaufsmöglichkeiten günstig? Wie kann man seine Freizeit gestalten? (Broesi 2003: 26, in der Übers. v. T.H.)

Die Entstehung postfordistischer, tertiarisierter Sozial- und Stadtlandschaften, wie sie vor allem von der Los Angeles School sozialräumlicher Geographie um Edward Soja untersucht wird (vgl. Soja 1989; 1996), ist eng verknüpft mit der Verteilung von Bildungschancen und Ausbildungsniveau. Und dies kann bis zu einer unmittelbaren Korrelation der Ergebnisse von Schulabschlüssen sowie Einstufungs- und Intelligenztests einerseits und Immobilienpreisen andererseits führen.[15] Eignungstestindustrie und Häusermarkt, Universitätsreputation und Lebensplanung sind insbesondere für die US-amerikanische Mittelschicht von sozialpsychologisch und ökonomisch eminenter Bedeutung.[16] Diese soziodemographischen Bedingungen wiederum sind stark beeinflusst durch Kommunikationen und Wissensprozesse in entorteten, von deterritorialisierenden Finanzmarktbewegungen gestalteten digitalen Netzwerken. Die Mobilität und Lokalität der Wissenssubjekte und -arbeiterInnen, ihre Bewegungen und Aufenthalte in spezifischen Regionen und Städten, Metroplexen und Postsuburbias, sind von solchen Umständen unmittelbar geprägt.

---

15 Zu unterschiedlichen Perspektiven auf die Beziehung von Immobilienpreisen, Schul- und College-Rankings, Segregation usw., vor allem in den USA, vgl. beispielsweise Zelnick 1996; Nicholson 2007; Gopal 2008.

16 „[...] anxiety about admission to the remaining schools affects a significant part of upper-level American society. Without it the test-prep industry, private schools, and suburban housing patterns would all be very different" (Fallows 2001).

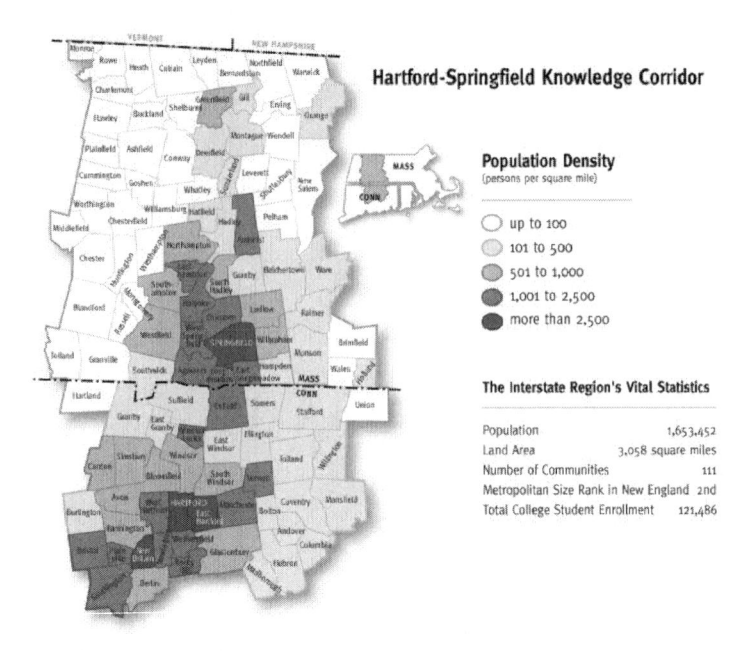

Abb. 4: Karte der Bevölkerungdichte im Hartford-Springfield Knowledge Corridor, New England, 2001 (Copyright © MetroHartford Economic Growth Council).

„Eine wichtige Rolle spielen hierbei", wie Eike Hennig schreibt, „die über Verkehr und Finanzen definierten Unterzentren globaler und internationaler Städte (z.B. Frankfurt a.M. und sein Randgürtel) ebenso wie flexible Produktionsstandorte (Stuttgart) und sogar modernisierte Alt-Industriegebiete (Ruhrgebiet)" (Hennig 2000: 46). Von Mailand bis London oder Paris bis Hannover zieht sich die „europäische Entwicklungsbanane" mit ihren Unterräumen wie der Regio TriRhena (Basel, Mühlhausen, Freiburg i.Br., Karlsruhe, Straßburg), dem Rhein-Main-Gebiet und der niederländischen Randstad um Amsterdam und Rotterdam. US-amerikanische Verstädterungszonen wie BosWash, Chicago, SanSan oder der Hartford-Springfield Knowledge Corridor in New England (vgl. Abb. 4) sind Raumprodukte, die wie *brands* entwickelt und gehandelt werden. Asiatische Entwicklungskorridore wie in Südchina (Hongkong oder das Wachstumsdreieck Singapur/Johor/Riau), Malaysia (Multimedia Super Corridor oder Cyberjaja), Singapur (SingaporeOne) oder Indien (zwischen Ahmedabad und Gandhinagar sowie das Mumbai-Pune Knowledge Corridor Project) sehen sich inzwischen in Konkurrenz oder Kooperation mit neuen Technologieparks und Wissensstädten wie Dubai (das derzeit eine Achse zum indischen Hyderabad konstruiert, wo die virtuellen Nomaden der Wissensindustrie für die neuen Raumprodukte des Golfs rekrutiert werden, vgl. Abb. 5).

Abb. 5: Dubai Knowledge Village (http://www.flickr.com/photos/davidhobby/2463276061, 22.09.2008).

Auf nicht immer offen zu Tage tretende Weise kommunizieren die Diskurse um Netzwerkgesellschaften, *knowledge spillovers*, *brain drain*, Humankapital, Wissenskorridore, Mobilitätsförderung, Migration und Exzellenz miteinander. Dabei sind staatliche Steuerungen von Einwanderung und Mobilität von ihnen ebenso informiert wie die suggestive Geographie der Kapital- und Produktivitätsverteilung und -konzentration. Lebensweisen, Bildungsniveaus, Einkommenschancen, wissenschaftlicher ‚Fortschritt' usw. werden so als Faktoren einer politischen Ökonomie des Raumes erkennbar.

In den 1960er Jahren, also zur Zeit der ersten Konjunktur der Brain-Drain-Metapher, waren es noch utopische Entwürfe einer demokratischen Universität für die Massen, die Modell standen für einen sozialen, geographischen und demographischen Wandel hin zur „Bildung für alle" in einer Gesellschaft der Vollbeschäftigung. Heute sind es eher generische (Nicht-)Orte wie der Infosys-Campus in Bangalore oder Cyber Gateway (vgl. Abb. 6 u. 7) und New Oroville in Hyderabad, die den Typus von Software-Campus, wie ihn Apple, Microsoft, Oracle, Rank Xerox, SAP und andere begründet haben, fortführen und damit längst zum ästhetisch-urbanistischen Modell einer Wissensgesellschaft der „virtuellen Nomaden" geworden sind.

Abb. 6: Cyber Gateway, Hyderabad (Copyright © Sugata Banerji, http://www.flickr.com/photos/joyforever/219325948, 22.09.2008).

Abb. 7: Software-Spezialist Murali Bala mit Freund auf dem Cyber-Gateway-Gelände, 2004 (Copyright © Murali Bala, http://www.flickr.com/photos/mychitram/893932034, 22.09.2008).

Tom Holert | Geographie der Exzellenz

Abb. 8: Software-Spezialist Murali Bala bei gruppendynamischen Übungen auf dem Oracle-Campus, 2002 (Copyright © Murali Bala, http://www.flickr.com/photos/mychitram/893094827, 22.09.2008).

Abb. 9: Murali Bala vor den Oracle-Türmen in Redwood City, Kalifornien, 2006 (Copyright © Murali Bala, http://www.flickr.com/photos/mychitram/893096449, 22.09.2008).

Ein Kollege der Wissensarbeiterin im Sari, die auf dem Infosys-Campus fotografiert wurde, ist der Programmierer Murali Bala. Geboren in Kalkutta, verbrachte er einige Jahre in Hyderabad und ist inzwischen bei einem US-amerikanischen Software-Unternehmen angestellt. Auf seiner Flickr-Seite hat Bala nicht nur Bilder von Hochzeiten, Tempelbesuchen oder Urwaldwanderungen archiviert, sondern auch seine Aufenthalte in IT-Parks wie dem Cyber Gateway oder auf dem Gelände von Oracle in Kalifornien (vgl. Abb. 7–9). Die monumentale High-Tech-Architektur inspirierte zu Schnappschüssen, die sich redlich bemühen, ein sinnfälliges Verhältnis zu diesen Stätten der „immateriellen Arbeit" herzustellen. Der touristische Blick, der hier von der fotografierenden Person gewählt wurde, um die verschwindend kleinen menschlichen Figuren im architektonischen Raum zu platzieren, lässt sich in Balas Flickr-Archiv mit den Bilddokumentationen von gruppendynamischen Übungen bei Oracle (versehen mit dem *tag* „teambuilding@oracle") abgleichen. Balas Online-Fotoalbum und viele andere öffentliche Privatarchive dieser Art enthalten aufschlussreiche visuelle Dokumente zu den Fremd- und Selbsttechnologien, welche die als *highly skilled* und deshalb privilegiert geltenden Subjekte dieser korporativen Umwelten produzieren.

Diese Orte sind systematische Implementierungen einer Zukunft, die von den Individuen verlangt, dass sie ihr gerecht werden. Die Architekturtheoretikerin Keller Easterling hat die futuristischen Technologieparks, in denen sich politische und wirtschaftliche Projekte hemmungslos verschränken und die vor allen in den sogenannten *emerging nations* zu Orten des gesteigerten Wissensaustauschs und -flusses werden sollen, als Strukuren bezeichnet, die seltsam unspezifisch sind und auf einem staubigen Boden landen, der im „rush to the future, is not yet prepared for them" (Easterling 2005: 148). Gerade die in Indien errichteten Technologieparks charakterisiere ein hohes Maß an Simulation:

> In Indien staffieren Spezialeffekte und flüchtige Phantasien die kulturelle Imagination aus, die aus Software-Exporten ein Geschäft macht. Architektur ist entscheidend daran beteiligt, Bildlichkeit gegenüber Interaktivität zu privilegieren. Dieses architektonische ‚Gesicht' ähnelt mitunter einem noch primitiveren Standbild von der Leinwand selbst – eine Software-Umwelt aus Farben und eingebauter Bewegung. (Easterling 2005: 149, in der Übers. v. T.H.)

Wie sind die Subjekte auf das Leben an diesen gern – und oft beschönigend – ‚Campus' genannten, postindustriellen Wissensfabriken vorbereitet? Wie stellen sie sich auf diese Geographie der simulierten Exzellenz-Universität ein (bzw. werden von dieser ‚eingestellt')? Dies wären Fragen eines Forschungsprojekts, das an den Rändern ebendieser Geographie der Exzellenz nach Modellen und Normen einer Zukunft der Inszenierung von Humankapital suchen würde. Wie die Schnittstellen von Raum und Subjektivität architektonisch, geographisch, statistisch, ökonomisch, politisch und medial gestaltet werden, ist ein entscheidender Aspekt des *spatial turn*, versteht man diesen auch als Wendung zu einer Wissenschaft von der Verteilung der Chancen, an Gesellschaft und Wissensproduktion teilzuhaben.

Literatur

Almeida, Paul/Kogut, Bruce (1999): „Localization of Knowledge and the Mobility of Engineers in Regional Networks", in: *Management Science* 45(7), 905-917.

Asheim, Bjørn (1996): „Industrial Districts as ‚Learning Regions': a Condition for Prosperity", in: *European Planning Studies* 4, 379-400.

Attali, Jacques (2000): „La nouvelle économie est par nature anticapitaliste", in: *Libération*, 05.05.2000, 28-29, http://www.france-mail-forum.de/bloc018.htm#jac, 22.09.2008.

Attali, Jacques (2003): *L'homme nomade*, Paris.

Baraldi, Enrico et al. (2006): *Taking Place. Locating Science, Technology, and Business*, Sagamore Beach, MA.

Benko, Georges (2003): „Milieu innovateur", in: Jacques Lévy/Michel Lussault (Hrsg.), *Dictionnaire de la géographie et de l'éspace des sociétés*, Paris.

Boschma, Ron A. (2005a): *Learning from Clustering. A Critical Assessment from an Economic-Geographical Perspective*, Dordrecht.

Boschma, Ron A. (2005b): „Proximity and Innovation: a Critical Assessment", in: *Regional Studies* 39, 61-74.

Broesi, Robert (2003): „Euroscapes. Spatial Order in Twenty-First Century Europe", in: ders. et al. (Hrsg.), *Euroscapes – Forum* 41, 7-48.

Bröckling, Ulrich (2003): „Menschenökonomie, Humankapital. Eine Kritik der biopolitischen Ökonomie", in: *Mittelweg* 36, 3-22.

Bundesinnenministerium des Inneren (2001): Entwurf eines Gesetzes zur Steuerung und Begrenzung der Zuwanderung und zur Regelung des Aufenthaltes und der Integration von Unionsbürgern und Ausländern, Bonn, 03.08.2001.

Burrows, Roger/Gane, Nicholas (2006): „Geodemographics, Software and Class", in: *Sociology* 40(5), 793-812.

Bush, Vannevar (1995): *Science: The Endless Frontier*, North Stratford, NH.

Chang, Gordon C./Osborn, J.R. (2005): „Spectacular Colleges and Spectacular Rankings. The ‚US News' Rankings of American ‚Best' Colleges", in: *Journal of Consumer Culture* 5(3), 338-364.

Chorafas, Dimitris (1969): *Verdummt Europa? Der Ausverkauf unserer Intelligenz*, München.

Coupland, Douglas (1996): *Micro-Sklaven*, Hamburg.

Cooke, Philip/Schwarz, Dafna (2007): *Creative Regions. Technology, Culture and Knowledge Entrepreneurship*, London et al.

Crang, Mike (2003): „Singapore as an Informational Hub in a Space of Global Flows", in: *DISP* 154, 52-57.

Cresswell, Tim (2004): *Place. A Short Introduction*, Malden, MA et al.

Deleuze, Gilles (1993 [1988]): „Über die Philosophie", in: *Unterhandlungen 1972–1990*, Frankfurt a.M., 197-226.

Dietrich, Helmut/Glöde, Harald (2000): *Kosovo. Der Krieg gegen die Flüchtlinge*, (Forschungsgesellschaft Flucht und Migration 7: Gegen die Festung Europa), Hamburg et al.

Easterling, Keller (2005): *Enduring Innocence. Global Architecture and Its Political Masquerade*, Cambridge, MA/London.

Evers, Hans-Dieter (2008): „Knowledge Hubs and Knowledge Clusters: Designing a Knowledge Architecture for Development", in: *ZEF. Working Paper Series* 27.

Fallows, James (2001): „The Early-Decision Racket", in: *The Atlantic Monthly*, 288(2), http://www.theatlantic.com/doc/200109/fallows, 22.09.2008.

Florida, Richard (2002): „The Economic Geography of Talent", in: *Annals of the Association of American Geographers* 92(4), 743-755.

Follath, Erich (1999): „Die sibirischen Surfer", in: *Der Spiegel*, 19.07.1999.

Foucault, Michel (1999): *In Verteidigung der Gesellschaft. Vorlesungen am Collège de France (1975–76)*, Frankfurt a.M.

Foucault, Michel (2005a [1983]): „Gebrauch der Lüste und Techniken des Selbst", in: *Schriften. Dits et écrits*, Bd. 4, hrsg. v. Daniel Defert/François Ewald, Frankfurt a.M., 658-686.

Foucault, Michel (2005b [1982]): „Raum, Wissen und Macht", in: *Schriften. Dits et Ecrits*, Bd. 4, hrsg. v. Daniel Defert/François Ewald, Frankfurt a.M., 324-341.

Godin, Benoît (2002): „Highly Qualified Personnel: Should we Really Believe in Shortages? Project on the History and Sociology of S&T Statistics, Working Paper No. 15", http://www.inrs-ucs.uquebec.ca/inc/CV/godin/shortages.pdf, 22.09.2008.

Gopal, Prashant (2008): „College Towns: Still a Smart Investment", in: *Business Week*, 13.03.2008, http://www.businessweek.com/print/lifestyle/content/mar2008/bw20080313_093883.htm, 22.09.2008.

Grefe, Christiane (2006): „Der Patriarch aus Bangalore", in: *Die Zeit*, 26.01.2006, 26.

Hall, Edward T. (2003): *The Anthropology of Space and Place: Locating Culture*, Malden, MA et al.

Hennig, Eike (2000): „‚Californication!' Und die Bundesrepublik?", in: *Kommune. Forum für Politik, Ökonomie, Kultur* 18(12), 45-52.

Holert, Tom (2003): „Phantome der Norm und Heuristiken des Schlauseins: Die kulturelle Dimension kognitiver Arbeit", in: Marion von Osten (Hrsg.), *Norm der Abweichung*, Zürich et al., 225-242.

Mattsson, Henrik (2007): „Mobile Talent or Privileged Sites? Biotech Knowledge Worker Mobility and Performance in Sweden", in: *Social Geography* 2, 115-123.

Nicholson, David (2007): „I Just Couldn't Sacrifice My Son", in: *The Washington Post*, 21.10.2007, B01, http://www.washingtonpost.com/wp-dyn/content/article/2007/10/19/AR2007101901546_pf.html, 22.09.2008.

Oakley, Kate (2005): „A Sense of Place. The Geography of the Digital Manifesto", http://www.ippr.org/uploadedFiles/research/projects/Digital_Society/kate_oakley_paper.pdf, 22.09.2008.

Parker, Simon et al. (2007): „Class Places and Place Classes. Geodemographics and the Spatialization of Class", in: *Information, Communication & Society* 10(6), 902-921.

Pfahler, Thomas (2000): *Humankapital und Effizienz. Eine ordnungstheoretische Analyse*, Bern et al.

Pinch, Steven et al. (2003): „From Industrial Districts to Knowledge Clusters: a Model of Knowledge Dissemination and Competitive Advantage in Industrial Agglomerations", in: *Journal of Economic Geography* 3, 373-388.

Pomerance, Murray/Sakeris, John (2001): *Closely Watched Brains*, Boston.

Public Works and Government Services Canada (2007): „Mobilizing Science and Technology to Canada's Advantage", Ottawa, http://www.yorku.ca/yfile/special/ststrategy.pdf, 22.09.2008.

Readings, Bill (1996): *The University in Ruins*, Cambridge, MA.

Saxenian, AnnaLee (1999): „Silicon Valley's New Immigrant Entrepreneurs", http://www.ppic.org/content/pubs/report/R_699ASR.pdf, 22.09.2008.

Saxenian, AnnaLee (2000): „Brain Drain or Brain Circulation? The Silicon Valley-Asia Connection", Vortrag im Rahmen der Modern Asia Series, Harvard University Asia Center, 29.09.2000.

Saxenian, AnnaLee (2001a): „Bangalore, the Silicon Valley of India?", in: *CREDPR Working Paper* 91, Stanford.

Saxenian, AnnaLee (2001b): „The Silicon Valley Connection: Transnational Networks and Regional Development in Taiwan, China and India", in: *Report for University of Pennsylvania Institute for the Advanced Study of India project on „The Context of Innovation in India: the Case of Information Technology Study"*, Philadelphia, PA.

Saxenian, AnnaLee (2002): „Transnational Communities and the Evolution of Global Production Networks: Taiwan, China and India", in: *Industry and Innovation* 9(3): 183-202.

Singerman, Howard (2002): „Excellence and Pluralism", in: *Emergences* 12(1), 71-89.

Soja, Edward W. (1989): *Postmodern Geographies: the Reassertion of Space in Critical Social Theory*, London/New York.

Soja, Edward W. (1996): *Thirdspace: Journeys to Los Angeles and Other Real-and-Imagined Places*, Oxford et al.

Stehr, Nico (1994): *Arbeit, Eigentum und Wissen. Zur Theorie von Wissensgesellschaften*, Frankfurt a.M.

UK Home Office (2002): „Secure Borders, Safe Havens. Integration with Diversity in Modern Britain", http://www.privacyinternational.org/issues/terrorism/library/uksecureborderssafehavens.pdf, 22.09.2008.

Walters, William (2004): „Secure Borders, Safe Haven, Domopolitics", in: *Citizenship Studies* 8(3), 237-260.

Zelnick, Robert (1996): *BackFire: A Reporter's Look at Affirmative Action*, Washington, DC.

Autorinnen und Autoren

Stuart C. Aitken Prof. Dr., Professor of Geography an der San Diego State University. Zuletzt erschienen: *Approaches to Human Geography* (hrsg. mit Gill Valentine), London 2006; „Moving Images Contriving the Stories of Our Lives", in: *From Local to Global: The Companion Encyclopedia of Geography*, (hrsg. von Ian Douglas et al.), London/New York, 603-614; *Global Childhoods: Globalization, Development and Young People* (hrsg. mit Ragnhild Lund und Anne Trine Kjorholt), London/New York 2008. In Vorbereitung befindet sich: *The Handbook for Qualitative Methods in Geography* (hrsg. mit Dydia DeLyser et al.), London.

James Craine Ph.D., Graduate Advisor am Department of Geography der California State University Northridge. Seit 2007 Mitherausgeber von *Aether. The Journal of Media Geography*. 2009 erscheinen zusammen mit Stuart C. Aitken: „Into the Image and Beyond: Affective Visual Geographies and GIScience", in: *Qualitative GIS: Mixed Methods in Practice and Theory* (hrsg. von Sarah Elwood und Meghan Cope), London; „The Emotional Life of Maps and Other Visual Geographies", in: *Rethinking Maps* (hrsg. von Martin Dodge et al.), London.

Jeremy W. Crampton Ph.D., Associate Professor of Geography, Georgia State University Atlanta. Zuletzt erschienen: *Space, Knowledge and Power: Foucault and Geography* (hrsg. mit Stuart Elden), Aldershot 2007; „Will Peasants Map? Hyperlinks, Maps Mashups and the Future of Information", in: *The Hyperlinked Society* (hrsg. von Joseph Turow und Lokman Tsui), Ann Arbor, MI, 206-226; „Keyhole, Google and 3D Worlds", in: *Cartographica* 43(2), 2008, 85-93. „Cartography: Maps 2.0", in: *Progress in Human Geography*, Sept. 2008 (online). In Vorbereitung befindet sich *Mapping: A Critical Introduction to Cartography and GIS*, Hoboken, NJ.

Mike Crang Ph.D., Reader in Cultural Geography an der Durham University. Wichtige Publikationen: *Cultural Geography*, London/New York 1998; *Virtual Geographies* (hrsg. mit Phil Crang und Jon May), London/New York 1999; *Thinking Space* (hrsg. mit Nigel Thrift), London/New York 2000. *Doing Ethnographies* (mit Ian Cook), London 2007; „Sentient Cities: Ambient Intelligence and the Politics of Urban Space" (mit Stephen Graham), in: *Information, Communication & Society* 10(6), 2007, 789-817; „Placing Stories, Performing Places: Spatiality in Joyce and Austen", in: *Anglia. Zeitschrift für englische Philologie* 126(2), 2008, 312-329.

Jörg Döring Prof. Dr. phil., Professor für Neuere deutsche Philologie, Medien- und Kulturwissenschaft an der Universität Siegen. Leiter des Teilprojekts „Kulturgeographie des Medienumbruchs analog/digital" am SFB/FK 615 Medienumbrüche der Universität Siegen. Zuletzt erschien: *Spatial Turn. Das Raumparadigma in den Kultur- und Sozialwissenschaften* (hrsg. mit Tristan Thielmann), Bielefeld 2008. Im Erscheinen: „Raumbilder. Siegfried Kracauers spatiale Hermeneutik", in: *Das Raumbild. Aspekte eines verdrängten Bildphänomens* (hrsg. von Gundolf Winter et al.), München 2009; *Geo-Visiotype. Zur Werbegeschichte der Telekommunikation* (MuK 168/169), Siegen 2009.

Eric Gordon Ph.D., Assistant Professor for New Media am Emerson College in Boston; Co-Director von Hub2 (http://hub2.org), einer Organisation für virtuelle Technologien zur Community-Planung in urbanen Umgebungen. Forschungsschwerpunkte: Lokale digitale Communities, Medien und Urbanität, Perspektiven digitalen Consultings. Zuletzt erschienen: „Network Locality: Local Knowledge and Politics in a Network Culture", in: *First Monday* 10(6) 2008; *The Geography of Virtual Worlds* (als Hrsg.), Special Issue von *Space and Culture* 11(3), 2008. In Vorbereitung befindet sich sein Buch *The Urban Spectator: Mediation and the American Concept City*, Detroit, MI 2009.

Wolfgang Hagen PD Dr. phil., Privatdozent für Medienwissenschaften an der Humboldt Universität zu Berlin und Lehrbeauftragter für Reflexionskompetenz an der Universität St. Gallen. Leiter der Abteilung Kultur und Musik sowie der Medienforschung beim Deutschlandradio Kultur, Berlin. Zu seinen zahlreichen Publikationen zählen: *Warum haben Sie keinen Fernseher, Herr Luhmann?*, Berlin 2004; *Das Radio. Zur Geschichte und Theorie des Hörfunks Deutschland/USA*, München 2005; „Metaxy. Eine historiosemantische Fußnote zum Medienbegriff, in: *Was ist ein Medium* (hrsg. von Stefan Münker und Alexander Roesler), Frankfurt a.M. 2008, 13-29.

Tom Holert Prof. Dr. phil., Professor für Epistemologie und Methodologie künstlerischer Produktion an der Akademie der bildenden Künste in Wien; lebt und arbeitet zudem als Kulturwissenschaftler und Journalist in Berlin, unter anderem als Autor für für *die tageszeitung, Texte zur Kunst, Süddeutsche Zeitung, Jungle World, WoZ, Camera Austria, Literaturen, Artforum*. Buchveröffentlichungen zuletzt: *Fliehkraft. Gesellschaft in Bewegung – von Migranten und Touristen* (mit Mark Terkessidis), Köln 2006; *Marc Camille Chaimowicz – „Celebration? Realife"*, London/Cambridge, MA 2007; *Regieren im Bildraum*, Berlin 2008.

Albert Kümmel-Schnur Prof. Dr., Juniorprofessor für Digitale Medien/Digitale Kunst an der Universität Konstanz; vertritt derzeit die Professur für Kulturgeschichte an der Humboldt-Universität zu Berlin. Forschungsschwerpunkte:

Analoge und digitale Wissensräume, Geschichte der Bildtelegraphie (1843-1923), Visuelle Navigationssysteme. Zuletzt erschienen: *Technik Magie Medium. Geister, die erscheinen* (Sonderheft *Ästhetik & Kommunikation* 4/2004, hrsg. mit Dierk Spreen); *Äther. Ein Medium der Moderne* (hrsg. mit Jens Schröter), Bielefeld 2008. Im Erscheinen: *Sympathy for the Devil*, München 2009.

Lev Manovich Prof. Dr., Professor am Visual Arts Department der University of California San Diego und Direktor der Software Studies Initiative am California Institute for Telecommunications and Information Technology (CALIT2). Derzeit zudem Visiting Research Professor des Godsmith College (University of London), der De Montfort University und des College of Fine Arts der University of New South Wales in Sydney. Sein einflussreiches Buch *The Language of New Media* wurde in sieben Sprachen übersetzt. Zuletzt erschienen: *Black Box – White Cube*, Berlin 2005; *Software Takes Command*, 2008 veröffentlicht unter Creative Commons Lizenz.

Bruno Latour Prof. Dr., Professor am Institut d'études politiques de Paris, wo er derzeit das internationale Forschungsprojekt „Mapping Controversies in Science and Technology for Politics" leitet; erhielt 2008 den Siegfried Unseld Preis. Zuletzt erschienen auf Deutsch: *Eine neue Soziologie für eine neue Gesellschaft. Einführung in die Akteur-Netzwerk-Theorie*, Frankfurt a. M. 2007; *Elend der Kritik. Vom Krieg um Fakten zu Dingen von Belang*, Zürich/Berlin 2007; und auf Französich: *L'Economie, science des intérêts passionnés* (mit Vincent Lépinay), Paris 2008. Weitere deutsche Erstübersetzungen befinden sich in dem Band *Akteur-Medien-Theorie* (hrsg. von Tristan Thielmann et al.), Bielefeld 2009 (im Erscheinen).

Scott McQuire Ph.D., Associate Professor an der School of Culture and Communication der University of Melbourne. Leitender Wissenschaftler der Forschungsprojekte „Large Screens and the Transformation of Public Space" und „Large Screens and the transnational Public Sphere" des Australia Research Council. Zuletzt erschienen: „Immersion, Reflexivity and Distraction: Spatial Strategies for Digital Cities", in: *Journal of Visual Culture* 6(2), 2007, 146-155; *The Media City. Media, Architecture and Urban Space*, London 2008.

Judith Miggelbrink Dr. rer nat., wissenschaftliche Mitarbeiterin am Leibniz-Institut für Länderkunde, Leipzig. Forschungsschwerpunkte: Theorie der Geographie, Raum- und Regionskonzepte, Raum und Sprache, Sozialgeographie. 2003 ausgezeichnet mit dem Wissenschaftspreis Anthropogeographie der Frithjof Voss-Stiftung. Sie habilitiert zum Wandel geographischer Raumkonzepte im ausgehenden 20. Jahrhundert. Wichtige Publikationen: *Der gezähmte Blick*, Leipzig 2002; Special Issue *Visual Geographies/Visuelle Geographien* (hrsg. mit Antje Schlottmann) der Zeitschrift *Social Geography* 2, 2007.

Rolf F. Nohr Prof. Dr. phil., Juniorprofessor für Medienkultur an der Hochschule für Bildende Künste Braunschweig. Forschungsschwerpunkte: Evidenztheorie, Medien-Räume und Game Studies sowie Fernsehtheorie, Fotofixautomaten und Tierfilme. Wichtige Publikationen: *Karten im Fernsehen. Die Produktion von Positionierung*, Münster 2002; *Evidenz – „... das sieht man doch!"*, Münster 2004; *Die Natürlichkeit des Spielens. Vom Verschwinden des Gemachten im Spiel*, Münster 2008. Näheres unter www.nuetzliche-bilder.de und www.strategiespielen.de.

Lisa Parks Ph.D., Associate Professor of Film and Media Studies an der University of California Santa Barbara. Ihre wissenschaftlichen wie auch medienkünstlerischen Interessenschwerpunkte sind die kulturellen und sozialen Implikationen von Satelliten, Fernsehen und Computertechnologien im transnationalen Kontext. Wichtige Publikationen: *Cultures in Orbit: Satellites and the Televisual*, Durham 2005; *Undead TV: Essays on Buffy the Vampire Slayer* (hrsg. mit Elana Levine), Durham 2007. Aktuell arbeitet Parks an ihrem neuen Buch *Mixed Signals: Media Infrastructures and Cultural Geographies*.

Paul Reuber Prof. Dr., Professor für Anthropogeographie am Institut für Geographie der Universität Münster. Seine thematischen Schwerpunkte liegen im Bereich der Sozialgeographie, der Politischen Geographie sowie der Tourismusgeographie. Wichtige Publikationen: *Kulturgeographie. Aktuelle Ansätze und Entwicklungen* (hrsg. mit Hans Gebhardt, Günter Wolkersdorfer), Heidelberg/Berlin 2003; *Methoden der empirischen Humangeographie* (hrsg. mit Carmella Pfaffenbach), Braunschweig 2005; *Postmoderne Freizeitstile und Freizeiträume* (hrsg. mit Peter Schnell), Berlin 2006; *Geographie. Physische Geographie und Humangeographie* (hrsg. mit Hans Gebhardt, Rüdiger Glaser und Ulrich Radtke) Heidelberg 2007.

Marc Ries Dr. phil., Vertretungsprofessur für Kunstgeschichte und Medientheorie am Institut für Theorie der Hochschule für Graphik und Buchkunst Leipzig. Forschungsschwerpunkte: Medien-/Kulturtheorie; Phänomenologische und semiotische Verfahren der Bildanalyse; Strukturprobleme der globalisierten Mediengesellschaft; Konzeptualisierung einer „Geoästhetik der Medien". Wichtige Publikationen: *Medienkulturen*, Wien 2002; *Dating.21. Liebesorganisation und Verabredungskulturen* (hrsg. mit Hilde Fraueneder und Karin Mairitsch), Bielefeld 2007. „Zur Topologie des Kinos – und darüber hinaus", in: *Topologie. Zur Raumbeschreibung in den Kultur- und Medienwissenschaften* (hrsg. von Stephan Günzel), Bielefeld 2007, 297-308.

Saskia Sassen Prof. Dr., Professorin für Soziologie an der University of Chicago und Centennial Visiting Professor for Political Economy an der London

School of Economics; Mitglied im Club of Rome. Zuletzt erschienen: *Digital Formations: IT and New Architectures in the Global Realm* (hrsg. mit Robert Loatham), Princeton 2005; *Deciphering the Global: Its Scales, Spaces and Subjects*, New York 2007; *Das Paradoxon des Nationalen. Territorium, Autorität und Rechte im globalen Zeitalter*, Frankfurt a.M. 2008.

Jens Schröter Prof. Dr., Professor für Theorie und Praxis multimedialer Systeme an der Universität Siegen. Zuletzt erschienen: *Intermedialität – Analog/Digital* (hrsg. mit Joachim Paech), München 2008; *Äther. Ein Medium der Moderne* (hrsg. mit Albert Kümmel-Schnur), Bielefeld 2008. Im Erscheinen: *Das Raumbild. Aspekte eines verdrängten Bildphänomens* (hrsg. mit Gundolf Winter und Joanna Barck), München 2009; *3D. Zur Geschichte, Theorie, Funktion und Ästhetik des technisch-transplanen Bildes im 19. und 20. Jahrhundert*, München 2009. Nähere Informationen unter www.theorie-der-medien.de.

Erhard Schüttpelz Prof. Dr., Professor für Medientheorie an der Universität Siegen; derzeit Fellow am „Internationalen Kolleg für Kulturtechnikforschung und Medienphilosophie" an der Universität Weimar. Forschungsschwerpunkte: ‚Postkoloniale' Literatur- und Mediengeschichte der globalisierten Moderne; Wissenschaftsgeschichte der Medientheorie und Ethnologie; Sprach- und Medientheorie der Rhetorik. Zuletzt erschienen: *Bruno Latours Kollektive. Kontroversen zur Entgrenzung des Sozialen* (hrsg. mit Georg Kneer und Markus Schroer), Frankfurt a.M. 2008; *Trancemedien und Neue Medien um 1900* (hrsg. mit Marcus Hahn), Bielefeld 2009.

James Schwoch Ph.D., Associate Professor am Department of Communication Studies an der Northwestern University Evanston; unterrichtet derzeit Global Media am Northwestern's Campus in Education City, Doha. Lehre und Forschung beinhalten zudem Diplomatie, Mediengeschichte, Science and Technology Studies sowie Global Security. Zuletzt erschienen: *Questions of Method in Cultural Studies* (hrsg. mit Mimi White), Malden, MA 2006; *Global TV: New Media and the Cold War, 1946-1969*, Champaign, IL 2008. Derzeit arbeitet er mit Lisa Parks an dem Buch *Down to Earth: Satellite Technologies, Industries and Cultures*.

Anke Strüver Ph.D., wissenschaftliche Mitarbeiterin am Institut für Geographie, Universität Münster; derzeit Maria Goeppert-Mayer Gastprofessorin des Landes Niedersachsen am Insitut für Geographie der Universität Osnabrück. Zuletzt erschienen: „The Production of Geopolitical and Gendered Images through Global Aid Organisations", in: *Geopolitics* 12(4), 2007, 680-703; „Spatial Fetishism & Spatial Feminism – Zur Durchkreuzung der Skalierung als Orientierung in der feministischen Geographie", in: *Politics of Scale.* (hrsg. von Markus Wissen et al.), Münster 2008, 124-142.

Tristan Thielmann Dr. phil., wissenschaftlicher Mitarbeiter im Teilprojekt „Kulturgeographie des Medienumbruchs analog/digital" des SFB/FK 615 der Universität Siegen. Zuletzt erschienen: *Spatial Turn. Das Raumparadigma in den Kultur- und Sozialwissenschaften* (hrsg. mit Jörg Döring), Bielefeld 2008; „Der ETAK Navigator: *Tour de Latour* durch die Mediengeschichte der Autonavigationssysteme", in: *Bruno Latours Kollektive* (hrsg. von Georg Kneer et al.), Frankfurt a.M. 2008, 180-218. Im Frühjahr 2009 erscheint (als Hrsg.) das Special Issue *Locative Media and Mediated Localities* (*Aether* 5). Näheres unter www.mediengeographie.de.

Paul Virilio Prof. emeritus, Professor für Architektur am Ecole Speciale d' Architecture Paris (bis 1998); langjähriger Programmdirektor des College International de Philosophie in Paris; Träger des Großen Nationalpreises für Architekturkritik. Virilio hat seinen Militärdienst als Kartograph in Freiburg (im Breisgau) sowie im Algerienkrieg abgeleistet. Er lebt heute als Schriftsteller, Philosoph, Medienkritiker und Städteplaner in La Rochelle. Zuletzt erschienen auf Deutsch: *Panische Stadt*, Wien 2007; *Die Verblendung der Kunst*, Wien 2007; *Die Universität des Desasters*, Wien 2008.

Annette Vowinckel PD Dr. phil., Vertretungsprofessur für Europäische Geschichte des 20. Jahrhunderts an der Humboldt-Universität Berlin. Wichtige Publikationen: *Geschichtsbegriff und Historisches Denken bei Hannah Arendt*, Köln/Weimar 2001; „Der Terror und die Bilder: Anmerkungen zum Verhältnis von Kunst und Geschichte anlässlich der Berliner RAF-Ausstellung", in: *Tel Aviver Jahrbuch für deutsche Geschichte*, Bd. 34/2006, 309-329; „Zeitgeschichte und Kulturwissenschaft", in: *Zeithistorische Forschungen* 4(3), 2007, 393-407.

Sven Werkmeister M.A., wissenschaftlicher Mitarbeiter am Institut für deutsche Literatur der Humboldt-Universität zu Berlin. Arbeitsschwerpunkte: Literatur- und Kulturgeschichte der Moderne, Medientheorie, Wissens- und Mediengeschichte der Ethnologie. Publikationsauswahl: *Techniken der Übereinkunft. Zur Medialität des Politischen* (hrsg. mit Hendrik Blumentrath und Katja Rothe), Berlin 2008; *Kulturen jenseits der Schrift. Zur Figur des Primitiven in Ethnologie, Kulturtheorie und Literatur um 1900*, Berlin 2009 (voraussichtlich).

Stefan Zimmermann Dr. rer. nat., wissenschaftlicher Mitarbeiter am Geographischen Institut der Universität Mainz. Forschungsschwerpunkte: Geographie der Massenmedien, Cinematic Cities in a Cinematic World, medial induzierter Tourismus. Mitherausgeber der Reihe *Media Geography at Mainz* im Steiner Verlag; Sitz im Editorial Board von *Aether. The Journal of Media Geography*. Zuletzt erschienen: „Film Geography: A New Subfield" (mit Chris Lukinbeal), in: *Erdkunde: Archiv für wissenschaftliche Geographie* 60(4), 2006, 315-326; *The Geography of Cinema – a Cinematic World* (hrsg. mit Chris Lukinbeal), Stuttgart 2008.

Personenregister

Abler, Ronald 11
Abraham, Otto 227, 230, 236, 237, 239
Abrahamson, Mark 526
Abrams, Janet 13, 38, 392, 405
Agamben, Giorgio 456
Agel, Jerome 156
Aitken, Stuart C. 34, 42, 46, 48, 294, 295, 296, 297, 304, 482, 484, 485, 455–88
Alexander, Jon 545
Allaud, L. 128
Allègre, Claude 621
Allen, Richard 307
Allen, Stuart 320
Almeida, Paul 611
Alpers, Svetlana 78
Ames, Eric 227
Anderson, Benedict 582
Anderson, Joseph D. 291, 304, 306
Andrijašević, Rutvica 194
Ankermann, Bernhard 219, 220
Appandurai, Arjun 604
Appun, Carl F. 237
Arendt, Hannah 456
Aristoteles 540, 544
Armitage, John 23
Arms, Inke 575
Armstrong, Jerome 474
Armstrong, Neil 160
Arnheim, Rudolf 302
Arun, Mahizhnan 552
Asheim, Bjørn 611
Atkins, Liz 467
Attali, Jacques 45, 612, 613, 614, 615, 620
Augustinus 363
Aurigi, Alessandro 530
Austen, Jane 272, 273, 275
Auth, Heinz 415, 418, 419
Avgerou, Chrisanthi 522, 527
Bach, Jonathan 527, 530
Bachelard, Gaston 23, 150, 164
Bachmann-Medick, Doris 167, 171, 180, 296
Badger, Brandon 35
Baecker, Dirk 371, 372
Bala, Murali 628, 629, 630
Balázs, Béla 221
Balbi, Adriano 465, 473
Balzac, Honoré de 278
Baraldi, Enrico 611
Barlow, John P. 37, 403
Barry, Andrew 523
Barth, Janet L. 343
Barthes, Roland 497
Bartlett, Anne 524, 529, 530
Barwell, Graham 545
Bassi, Piero 173

Bastian, Adolf 227, 228, 229
Bates, Stephen 185
Bateson, Gregory 209
Baudelaire, Charles 209, 210, 211
Baudrillard, Jean 9, 37, 38, 39, 295, 403, 404, 406, 410, 428
Bauman, Zygmunt 213
Bazin, André 303
Beadle, Gerald 333, 334, 337, 354
Beaton, John 571
Beaverstock, Jonathan V. 550
Beck, Klaus 12
Becker, Gary S. 623
Beikircher, Konrad 489
Bell, Alexander G. 365, 366
Bell, Thomas L. 11
Bellec, François 111
Beller, Hans 299
Beller, William 335
Belting, Hans 98
Beniger, James 92
Benjamin, Walter 369
Benko, Georges 615
Benn, Gottfried 257
Bennett, W. Lance 525
Bensaude-Vincent, Bernadette 140
Bergaust, Erik 335
Berman, Marshall 567
Berners-Lee, Tim 402
Bernhardt, Al 349
Bhojani, Namas 607
Birch, Peter 384
Bismarck, Otto von 263
Blair, David 438, 439
Bloomfield, Brian 470
Bloomfield, Sara 434
Blotevogel, Heinrich 296
Blothner, Dirk 307
Boardwell, James T. 550
Boeder, Pieter 572
Boehm, Gottfried 180, 181
Bohnsack, Ralf 180
Bois, Yves-Alain 169
Bollhöfer, Björn 11, 46, 192, 297
Bolz, Norbert 497
Bordwell, David 175
Borges, Jorge L. 252, 403
Bosch, Hieronymus 498
Bouchareine, Patrick 150, 154
Bouguer, Pierre 151
Bourriaud, Nicolaus 572
Boustany, Nora 438
Bowker, Geoffrey 104, 105, 106
Bowles, Kate 545
Boyer, M. Christine 543
Bradbury, Malcolm 251

Personenregister

Brahe, Tycho 129, 130
Brandt, Reinhard 181
Braudel, Fernand 88, 89, 90, 91, 92, 96, 97, 98, 102, 121
Braudy, Leo 304
Braun, Rudolf 80, 81
Brecke, Mark 436
Brennan, Kate 572
Brenner, Neil 523
Breslow, Harris 545
Bröckling, Ulrich 91, 610
Brockway, Lucile 127
Broesi, Robert 625
Brooker-Gross, Susan R. 11, 50
Brunner, Heinrich 362
Bruno, Giuliana 11
Bublitz, Hannelore 320
Buci-Glucksmann, Christine 17
Budgen, Frank 249
Budke, Alexandra 11
Buechler, Simone 523, 527
Bühler, Karl 592
Bundy, McGeorge 336
Bunnell, Tim 548, 549
Burda, Hubert 296
Burdett, Ricky 524, 526
Burgess, Jacqueline 292, 295, 297
Burnett, Ron 572
Burrows, Roger 13, 45, 544, 612
Bush, George W. 456
Bush, Vannevar 495, 621
Butler, Declan 35, 398
Butler, Desmond 434
Cairncross, Frances 565
Caldwell, John T. 604
Callahan, Harry 426
Callon, Michel 522
Campbell, David 443
Canter, Mark 390
Cardiff, Janet 394
Carlson, Rebecca 21
Carter, B.A.R. 168
Cartwright, William 485
Cassirer, Ernst 189
Castello, Chris 33
Castells, Manuel 39, 47, 49, 68, 186, 324, 539, 542, 543, 544, 545, 547, 571
Castree, Noel 474
Cate, James L. 415
Cederman, Lars-Erik 522
Cézanne, Paul 173
Chabrow, Eric 470
Chaloner, Clinton 173
Chandler, Alfred 104
Chaney, David 590
Chang, Gordon C. 624
Chang, Ton Chuang 549, 550, 552
Cheney, Dick 461
Cherniack, Susan 100

Chorafas, Dimitris 622
Chrisman, Nick 388
Chruschtschow, Nikita S. 337
Chun Wei Choo 552, 553
Ciccolella, Pablo 526
Clarke, Arthur 336
Clarke, David B. 298
Clarke, Keir 11
Cleaver, Harry 529, 530
Clooney, George 449
Cloud, John 473
Coale, Cecil 344
Cocteau, Jean 369, 372
Colb, Sherry F. 469
Colella, Joseph 340
Collins, Brian S. 523, 525
Collins, Jane L. 294
Conklin, Harold 133
Cook, James 132
Cooke, Lynne 567
Cooke, Philip 611
Cooper, Martin 367, 368
Corey, Kenneth E. 552
Corliss, Jonathan 21
Cosgrove, Denis 13, 185, 191, 297
Couldry, Nick 14, 47
Coupland, Douglas 619
Coverley, Merlin 11
Craine, James 14, 34, 482, 485, 455–88
Crampton, Jeremy W. 11, 13, 24, 32, 34, 41, 42, 48, 475, 455–79
Crane, James 42, 48
Crang, Mike 14, 42, 43, 46, 47, 180, 250, 285, 294, 392, 539–64, 616
Crang, Philip 49
Crary, Jonathan 174
Craven, Wesley F. 415
Cresswell, Tim 46, 296, 298, 611
Crooker, Donald 350
Crosby, Alfred 94, 97
Cubitt, Sean 571, 572
Cutter, Susan L. 459, 473
DaCosta Kaufmann, Thomas 11
Dagognet, François 140
Dalby, Simon 317
Damasio, Antonio 482
Dangermond, Jack 32
Daston, Lorraine 229
Davies, Chris 385
Day, Dwayne A. 335
De Blij, Harm J. 460
De Lesseps, Ferdinand 113, 115, 118, 123, 125
De Noblet, Jocelyn 131
Debord, Guy 567, 569
Degener, Michael 25
Delambre, Jean-Baptiste J. 19, 151, 152
Delano-Smith, Catherine 98
Deleuze, Gilles 45, 208, 496, 541, 609

Personenregister

DeMille, Cecil B. 621
Denis, Maurice 173
Denzin, Norman 484
Descartes, René 213, 540
Di Fusco, Sergio 423, 428
Diamond, Jared 97
Diaz-Bone, Rainer 323
DiBiase, David 485
Dicken, Peter 9
Dickieson, Alton C. 344, 345
Dickson, Paul 336
Dietrich, Helmut 614
Dietz, Steve 575
Dillon, Diane 20
Dilthey, Wilhelm 257
Dittmer, Jason 14
Dixon, Deborah C. 46, 295, 296, 298
Dodds, Klaus 317, 320
Dodge, Martin 11, 35, 42
Doel, Marcus 549
Donk, Wim van de 529
Döring, Jörg 9–64, 167, 171, 172, 175, 251, 272, 280, 247–89, 572
Dowling, Robyn 296
Downs, Robert 306
Drake, William J. 525
Dreyfus, Hubert L. 323
Driver, Felix 46, 180, 293, 294
Drösser, Christoph 427
Droysen, Johann G. 255
Duncan, James 297
Dunmore, John 18
Dünne, Jörg 167, 175, 204
Dupin, Charles 465
DuPlain, Jan 349
DuPont, Daniel G. 343
Dürer, Albrecht 17
Dworschak, Manfred 20
Early, James 343, 344
Easterling, Keller 630
Eby, Bruce 348
Eco, Umberto 193
Eden, Rauno 334
Edgerton, Samuel Y. 17, 77
Edison, Thomas A. 365, 484
Ehrenberg, Raph E. 468
Ehrenreich, Barbara 527
Eichberg, Henning 79, 80
Eichendorff, Joseph von 255
Einstein, Albert 162, 481, 487
Eisenstein, Elizabeth L. 72, 73, 129
Eisenstein, Sergei M. 42, 484, 485
Eisnor, Di-Ann 33
Elden, Stuart 463
Elkins, David J. 545
Elkins, James 17
Ellinger, Georg 264
Elmer, Greg 567
Elsner, Monika 590, 592

Engell, Lorenz 597
Ernst, Wolfgang 24
Escher, Anton 46, 297, 300, 302, 303, 304, 305, 307
Escobar, Arturo 546
Espinoza, Vicente 531
Esposito, Elena 359, 361, 378
Euklid 213
Evans, Christopher 621
Evans, Robin 169
Evers, Hans-Dieter 609
Ezell, Edward C. 336
Ezell, Linda N. 336
Fabian, Johannes 242
Fainstein, Susan 526
Fair, Jo E. 431, 440
Fallows, James 625
Farinelli, Franco 167
Farrer, Gracia L. 526, 527
Farrow, Mia 436, 449
Faßler, Manfred 23, 49, 183, 184
Faulkner, William 280
Faulstich, Werner 299
Febvre, Lucien 100
Felgenhauer, Tilo 180
Felix, Jürgen 296
Fellmann, Ferdinand 182, 183, 184
Fels, John 48, 251
Ferguson, Yale H. 523
Feuerstein, Thomas 35
Fiore, Quentin 29
Fiutak, Martin 32
Fizeau, Hippolyte 152
Flaubert, Gustave 154, 205
Flitner, Michael 180
Florida, Richard 572, 611
Floyd, Barry N. 249
Flusser, Vilém 9, 613
Follath, Erich 616
Ford, John 348
Ford, Larry 304
Foucault, Michel 25, 41, 45, 170, 210, 463, 464, 466, 467, 496, 609, 615
Fowler, Jerry 436
Franke, Elk 39, 428
Freiligrath, Ferdinand 256
French, Shaun 31
Friedberg, Anne 571
Friedman, Elisabeth J. 529
Fröhlich, Hellmut 297
Frohne, Ursula 577
Gagarin, Yuri 333
Galilei, Galileo 160, 163
Gallison, Peter 229
Gane, Nicholas 13, 45, 612
Gannett, Henry 468
Garcia, Linda 523, 525, 530, 531
Gardner, A. Arthur 341
Gates, Bill 541

643

Personenregister

Gebhardt, Hans 293, 296
Geppert, Alexander C.T. 21, 30, 334, 353
Gerathewohl, Siegfried 420
Gergen, Kenneth J. 372
Gibbons, Mike 572
Gibson, William 401, 404
Giddens, Anthony 372
Gigerenzer, Gerd 457
Gilbertson, Scott 437
Glasius, Marlies 523
Glenn, John 338
Glöde, Harald 614
Godin, Benoît 622
Godlewska, Anne M. C. 467
Goethe, Johann Wolfgang von 252, 253, 255, 256, 263, 271, 286
Gold, John R. 292, 295, 297, 304
Goltz, Bogumil 255
Gombrich, Ernst H. 168, 169, 207
Goodchild, Michael 11, 31, 397
Gopal, Prashant 625
Gordon, Eric 21, 34, 35, 36, 37, 38, 39, 48, 397–411
Gordon, Jeremy 34
Gore, Al 31
Gorman, Sean P. 545
Gotthelf, Jeremias 256
Grab, Christoph 173
Graebner, Fritz 227
Graham, Mark 251, 394
Graham, Stephen 9, 49, 392, 470, 522, 523, 524, 526, 530, 542, 544
Grefe, Christiane 607
Gregory, Derek 252, 295, 306, 317, 457, 458, 475
Griffiths, Mary 571
Grote, Hermann 419
Grove, Richard H. 92
Grupe, Gerd 226
Guadalupi, Gianni 247
Guarnizo, Luis 527
Guattari, Félix 45, 549
Guerry, André M. 465, 473
Gugerli, David 80, 81
Gulia, Milena 402
Günzel, Stephan 204
Haber, Peter 499
Habermas, Jürgen 567
Hacking, Ian 465
Hagemeyer, Friedrich-Wilhelm 367
Hagen, Wolfgang 24, 30, 31, 291–380
Haines, Lester 438
Hall, Edward T. 611
Hall, Peter 13, 38, 392, 405
Hall, Stuart 296
Hammurapi 362, 363, 369
Hanekop, Heidemarie 372, 374
Hanke, John 10, 11, 32
Hanley, Richard E. 531

Hannah, Matthew G. 467, 468, 472
Hannam, Kevin 293, 296
Haraway, Donna J. 403, 482
Harbsmeier, Michael 68
Hard, Gerhard 9, 181, 186, 191
Hardey, Michael 23, 32
Hardy, Thomas 280
Harley, J. Brian 48, 251, 252, 482, 603
Harpold, Terry 36, 399, 401, 409
Harrid, Mihad 441
Hartley, John 572
Harvey, David 297
Harvey, Rachel 527
Hattotuwa, Sanjana 439
Haviv, Ron 436
Hayakawa, Samuel I. 349
Hayles, N. Katherine 24
Hayward, Susan 299
Headrick, Daniel 88
Hegel, Georg W. F. 228, 593
Heidegger, Martin 206, 207
Heine, Heinrich 271
Helmholtz, Hermann von 170
Henshall, Stuart 529
Hentschel, Linda 185
Herbart, Johann F. 256
Hermant, Emilie 503, 504, 505, 508, 509
Hermsdorf, Klaus 257
Hersche, Peter 92
Herschel, John F. W. 467
Hertz, Heinrich 365
Hetherington, Kevin 15
Heuser, Marie-Luise 208, 213
Hewes, Fletcher W. 468
Hick, Ulrike 170
Hickethier, Knut 299
Higson, Andrew 302, 303
Hillis, Ken 11
Himmelsbach, Sabine 30
Hochschild, Arlie 527
Hoerder, Dirk 100
Hoffman, Donna L. 530
Höflich, Joachim R. 373, 375
Holert, Tom 14, 45, 46, 587–641
Holovaty, Adrian 406
Holzer, John 569
Honold, Alexander 489, 490, 493
Höppner, Wolfgang 257
Horden, Peregrine 90
Horkheimer, Max 300
Hornbostel, Erich von 27, 219, 224, 225, 226, 227, 229, 230, 231, 232, 235, 236, 237, 238, 239, 240, 241, 242, 243
Horton, Donald 376, 377
Howard, Philip N. 522
Hsu, Manray 583
Hubbard, Phil 549
Hudson-Smith, Andrew 32
Huggan, Graham 247

Personenregister

Hughes, Thomas P. 15
Hugill, Peter J. 103
Humboldt, Alexander von 228, 467
Huntington, Samuel P. 316, 318, 324
Hüttermann, Armin 248, 273
Idensen, Heiko 497
Innis, Harold 587, 588, 589, 603, 605
Ipsen, Detlev 190
Isin, Engin F. 530
Ivins, Michel 16, 17
Ivins, William M. 77
Izumi, Masato 257
Jackson, John B. 468
Jackson, Peter 297
Jacobs, Jane 567
Jakle, John A. 303
James, Ian 22
Jameson, Fredric 37, 38, 404, 405, 406, 410
Jancovich, Mark 296
Jansson, André 11, 15, 49
Jarrett, David 467
Jarry, Alfred 247
Jenkins, A. 304
Jens, Walter 369
Joel, Amos E. 367
Johann II. 121, 122, 123
Johansson, Ola 11
Johns, Adrian 73, 74, 76, 77
Johns, Lionel S. 145
Johnson, Jeri 249, 250
Johnson, Lyndon B. 339, 341
Johnston, Ron 460
Johst, Hans 257
Jones, Mike 387
Jones, R.J. Barry 523
Jones, Steve 522
Jones-Imhotep, Edward 342, 343
Jørgensen, Anker Helms 388
Joyce, James 249, 250
Judge, Arthur W. 170, 171
Jünger, Ernst 280
Kabatek, Wolfgang 292, 305, 306
Kahneman, Daniel 457
Kaiser, Gerhard 256, 257
Kant, Immanuel 125, 489, 493
Kapor, Mitchell 403
Kappel, Frederick R. 339
Kassung, Christian 493
Kehlmann, Daniel 31
Keller, Reiner 320
Kennan, George 337, 354
Kennedy, Christina 292, 296, 304, 305, 307
Kennedy, John F. 337, 340
Kester, Grant H. 572
Kievit, Arie 575
King, Leonard W. 363
Kinross, Robin 252
Kinski, Klaus 372
Kirsch, Scott 172
Kitchin, Rob 11, 35
Kittler, Friedrich 168, 174, 176
Klein, Felix 214
Klein, Hans 525
Klein, Naomi 40, 448
Klinkenberg, Brian 462, 463, 475
Klüter, Helmut 187, 188, 190, 197
Knape, Joachim 197
Koch, Eva 424
Koch-Grünberg, Theodor 233, 234, 235, 236, 238, 239, 240
Kogut, Bruce 611
Könnecke, Gustav 252
Koolhaas, Rem 552, 568
Koopmans, Ruud 525
Kopernikus, Nikolaus 49, 129, 163
Kopytoff, Verne 437
Köster, Werner 268
Kotzebue, August von 256
Kraak, Menno-Jan 11, 31
Kracauer, Siegfried 296, 302
Kramer, Stefan 24
Krämer, Sybille 24, 360
Kraus, Michael 234, 235
Kraus, Peter A. 522
Krims, Adam 11
Kroft, Steve 471
Krohn, Matthias 497
Krotz, Friedrich 44, 589
Kümmel-Schnur, Albert 15, 42, 43, 175, 489–510
Kwan, Mei-Po 474
La Condamine, Charles-Marie de 151, 157
La Pérouse, Jean-François de Galaup de 18, 86, 111, 113, 114, 115, 118, 119, 121, 124, 126, 132, 139
La Rive, Lucien de 366
Labott, Elise 434
Lacoste, Yves 303
Lagaay, Alice 26
Laguerre, Michel S. 526
Landrieu, Josee 526
Larson, V. 470
Lash, Scott M. 546
Latham, Robert 530
Latour, Bruno 15, 16, 17, 18, 19, 20, 25, 26, 27, 31, 42, 43, 69, 70, 71, 72, 73, 77, 78, 80, 81, 84, 85, 86, 88, 91, 92, 99, 101, 102, 103, 104, 106, 111–44, 171, 221, 222, 223, 226, 230, 232, 236, 237, 242, 503, 504, 505, 508, 509, 521
Lavoisier, Antoine L. de 131, 140
Law, John 15, 68, 103, 121
Lawson, Victoria 456
Leach, Neil 543
Lebert, Joanne 523
Lefebvre, Henri 172, 204, 410, 593

Personenregister

Lefebvre, Martin 302
Legg, Stephen 474
Lehmann, Herbert 294, 299
Leibniz, Gottfried W. 208, 213, 540
Lenau, Nikolaus 249
Leschke, Rainer 11
Leske, Pat 348
Lewald, Fanny 256
Lewis, Clive S. 247
Lewis, Martin 297
Ley, David 297
Lichtblau, Eric 472
Liessmann, Konrad P. 427
Lim, Alwyn 552, 553
Lindqvist, Sven 440
Link, Edwin A. 415
Lioret, Henry 237
Lippuner, Roland 187, 199
Listing, Johannes B. 208
Little, Stephen E. 541
Liverman, Diana 304
Livingston, Steven 450
Livingstone, David N. 462
Lorenz, Edward N. 359
Lotman, Juri M. 269
Lovgren, Stefan 434
Lovink, Geert 523, 529, 530
Low, Linda 550
Lozano-Hemmer, Rafael 575
Lüdtke, Gerhard 251, 263, 265, 268, 271
Ludwig XVI. 111, 142
Luhmann, Niklas 188, 189, 192, 195, 359, 361
Lukinbeal, Chris 11, 14, 46, 292, 293, 295, 296, 297, 298, 299, 302, 303, 304, 307
Luschan, Felix von 239
Lutz, Catherine A. 294
Lynch, Kevin 404
Lyon, David 567
Maar, Christa 296
MacEachren, Alan 485
Mackensen, Lutz 251, 263, 265, 268, 271
MacKenzie, Donald 523
Magellan, Ferdinand 132
Majer, Friedrich 363
Maltby, Richard 301
Mandelbrot, Benoît 157, 158, 162
Manguel, Alberto 247
Mann, Micheal 92
Manovich, Lev 13, 23, 34, 49, 211, 212, 295, 383–96
Mansell, Robin 523, 525
Manvell, Robert 295
Marcuse, Peter 526
Maresch, Rudolf 25
Marey, Étienne-Jules 134
Markusen, Ann 550
Marquardt, Editha 196
Marres, Noortje 523

Martin, Donald 345
Martinotti, Guido 550
Marttin, L. 128
Marvin, Lee 348
Marvin, Simon 524, 526, 544
Marx, Karl 593
Massey, Doreen 317, 482
Matless, David 250, 272
Mattson, Henrik 612
Mau, Bruce 552
Maupassant, Guy de 205, 206, 207
Maxcer, Chris 437
Mayfield, Ross 405
McCarthy, Anna 14, 47, 572
McDevitt, Patrick 34
McFarlane, Alan 96
McLuhan, Marshall 15, 28, 29, 49, 371, 373, 375, 545, 565, 587, 588
McNamara, Robert 336
McNeill, William H. 96
McQuire, Scott 43, 44, 46, 565–86
Méchain, Pierre 19, 151, 152
Mecklenburg, Norbert 257
Mee, Kathleen 296
Meinhold, Wilhelm 255
Meisel, Gerhard 495
Meissl, Sebastian 257, 258, 260
Mele, Christopher 529
Mendelejew, Dimitri I. 140, 141, 142, 143
Menzel, Wolfgang 249
Mercator, Geradus 399
Metz, Peter 420
Meya, Jörg 365
Meyer-Kalkus, Reinhart 370
Meyers, Tedson 338
Michelson, Albert A. 152, 153
Miggelbrink, Judith 21, 23, 24, 47, 179–202
Mignaqui, Iliana 526
Mikos, Lothar 301, 590
Miller, Christopher C. 475
Miller, Harvey 394
Minard, Charles J. 466
Mitchell, Don 49
Mitchell, William J. 544, 545, 565, 571
Mokre, Jan 247
Monmonier, Mark 251, 252, 482
Montaigne, Michel de 456
Montello, Daniel R. 458
Moody, Kate 28
Moore, Gordon E. 367, 368, 369
Moore, Kevin 414, 419
Moore, Rebecca 431, 437, 450
Moretti, Franco 11, 250, 251, 257, 262, 263, 269, 272, 273, 275, 276, 278, 279, 280, 282, 283, 301
Morin, Edgar 304
Morisch, Claus 22
Morley, David 15, 590, 593

Morley, Edward W. 152
Morris, Bill 570, 574, 576, 578, 579
Morris, Charles 193
Moses 362
Müller, Thomas 592
Mumford, Lewis 544
Murphy, Alexander B. 474
Murray, Abe 35
Murthy, Narayana 607
Musil, Robert 42, 225, 489, 490, 491, 492, 493, 494, 496
Nadar 209
Nadler, Josef 250, 251, 253, 256, 257, 258, 259, 260, 261, 262, 263, 265, 268, 272, 273, 276, 279, 280, 283
Nagel, Siegfried R. 28, 250, 251, 252, 253, 254, 255, 256, 259, 260, 262, 263, 265, 266, 271, 272, 276
Nanz, Tobias 420
Nashashibi, Rami 524, 529, 530
Needham, Joseph 98, 99
Negroponte, John D. 473
Negroponte, Nicholas 402
Neisser, Ulric 306
Nelson, Brendan 578
Nelson, Ted 495
Newhall, Beaumont 168
Newton, Isaac 163
Nguyen, Dan Thu 545
Nicholson, David 625
Niemeyer, Oscar 607
Nohr, Rolf F. 14, 44, 46, 49, 599, 587–606
Norris, Bill 572
Novak, Marcos 541
Novak, Thomas P. 530
Novotny, Fritz 173
Nye, David 566
Ó Tuathail, Gearóid 317
O'Neill, Eugene 339, 342
O'Reilly, Tim 405
O'Sullivan, David 458
Oakley, Kate 611
Oehler, Christoph 36
Okladnikova, Elena 18
Okoshi, Takanori 167
Olesen, Thomas 523
Osborn, J. R. 624
Osterhammel, Jürgen 96
Pace, William R. 527
Paech, Joachim 24, 25, 293
Paglen, Trevor 475
Panganiban, Rik 527
Panofsky, Erwin 299
Papastergiadis, Nikos 566, 568
Pápay, Gyula 168
Park, Robert E. 278
Parker, Simon 45, 612
Parks, Lisa 32, 34, 39, 40, 41, 48, 431–54
Paullin, Charles O. 468

Paulos, John A. 461
Pegg, Mike 32, 407
Peraldi, Michel 526
Perkins, Chris 458
Perrin, Evelyne 526
Perrin, Jacques 484
Peschel, Oskar 249
Petermann, August 249
Petersen, Julius 271
Petersson, Niels P. 96
Peuquet, Donna J. 11, 31
Pfahler, Thomas 610
Phillip, Arthur 118
Pias, Claus 39, 426
Piatti, Barbara 11, 28, 247, 249, 250, 251, 253, 255, 257, 262, 263, 269, 272, 276, 279, 280, 283
Pickles, John 251
Pile, Steve 248
Pillon, Thierry 523
Pinch, Steven 611
Platon 427
Platt, Charles 486
Plattner, Hasso 616
Polanyi, Michael 143
Pomerance, Murray 616
Pörksen, Uwe 47, 185, 196
Posner, Roland 182
Poster, Mark 529, 545
Power, Samantha 445, 451
Pratt, Andy C. 545
Pred, Allan 457, 458, 475
Prendergast, John 438
Price, Albert 341
Price, Marie 297
Price, Monroe 449
Probst, Peter 223
Ptolemaeus, Claudius 37, 398
Pudowkin, Vsevolod 301
Purcell, Nicholas 90
Puruggannan, Pete 349
Pyenson, Lewis 127
Querrien, Anne 523
Quételet, Adolphe 466
Rabinow, Paul 323
Rademacher, Paul 32
Rain, David R. 11, 50
Ranaulo, Gianni 569
Rand, Ayn 621
Randet, Denis 148, 149
Ranke, Leopold von 255
Rasmussen, R. Kent 251
Ratliff, Evan 10, 32
Ratzel, Friedrich 12, 227, 228, 249
Raven, Diederick 70, 73, 101
Readhead, Steve 22
Readings, Bill 623
Reber, Usha 213
Redepenning, Marc 187, 189, 192

Personenregister

Redhead, Steve 22
Reed, Ryan S. 436
Reinhard, Wolfgang 83
Renshon, Jonathan 457
Reuber, Paul 28, 47, 315–32
Rheinberger, Hans-Jörg 197
Rheingold, Howard 402, 403
Rice, Condoleezza 456
Richardson, Lewis F. 21, 157
Richelson, Jeffrey T. 335
Riemens, Patrice 529, 530
Ries, Marc 13, 24, 25, 210, 203–15
Ring, Douglas 366, 367
Risen, James 472
Ritter, Carl 12, 249
Robin, Corey 456
Robins, Kevin 544
Robinson, Arthur H. 465, 466
Robinson, Scott 525
Rodaway, Paul 302, 303, 305
Rogers, Elizabeth 341
Rogers, Richard 523
Rogoff, Irit 295
Rohrwasser, Michael 257, 258
Rohwaldt, Karl 174
Rojas, Francisca M. 516
Rolfe, John M. 420
Ron, Lior 34, 397
Ronell, Avital 369
Rose, Gillian 293, 294, 296
Rosich, Katherine J. 460
Rossmo, D. Kim 469
Roth, Gerhard 193
Rottenburg, Richard 20, 85, 106
Roush, Wade 11, 31
Rowland, Henry A. 152
Rudd, Kevin 578
Rudwick, Martin 17
Rusk, Dean 343
Rutherford, Jonathan 524, 526
Ryan, James R. 294
Sachs-Hombach, Klaus 294, 296
Sack, Warren 523, 525, 527
Sagan, Carl 156
Sahlins, Marshall 94
Said, Edward W. 295, 306, 317
Sakeris, John 616
Salih, Daowad 434
Salis-Seewis, Johann Gaudenz von 256
Salzmann Sagan, Linda 156
Sander, Renate 233
Sandoval, Greg 406
Sarasin, Édouard 366
Sarkozy, Nicolas 45
Sassen, Saskia 14, 43, 46, 47, 49, 489–538, 547, 566, 580, 581
Sauer, August 252, 253, 258, 261, 272
Saxenian, AnnaLee 608
Scharl, Arno 32, 251

Schiffer, Sueli R. 523, 526, 527
Schiller, Friedrich 279, 282
Schleiermacher, Friedrich 255
Schley, Richard 424
Schlögel, Karl 21, 252, 268
Schlosser, Horst D. 251, 268, 269, 270, 271, 272
Schlottmann, Antje 180, 187, 197
Schlumberger, Conrad 128
Schmauks, Dagmar 182
Schmid, Christian 172
Schmidt, Andreas R. 424
Schmidt, Arno 247
Schmidt, Siegfried J. 199
Schmidt, Wilhelm 227
Schmitthenner, Heinrich 268
Schnabel, Johann G. 247
Schneider, Peter-Paul 372
Schneider, Ute 260
Schneider, Werner 323
Schrage, Dominik 191
Schrage, Elliot 435
Schröder, Winfried 464
Schröter, Jens 23, 49, 167–78, 386
Schuijren, Jan 572
Schultz, Hans-Dietrich 249, 267, 268
Schultz, Theodore W. 623
Schumacher, Martin 425
Schüttpelz, Erhard 15, 16, 17, 19, 26, 31, 67–110
Schuurman, Nadine 41, 474
Schwartz, Seymour I. 468
Schwarz, Dafna 611
Schwoch, James 24, 28, 29, 30, 333–58
Sciboz, Daniel 21
Scott, Allen J. 526
Scott, James C. 106
Sealsfield, Charles 256
Searle, John R. 199
Seel, Martin 176
Seibt, Gustav 259
Sekula, Allan 168
Self, Will 11
Sennett, Richard 374, 567
Serres, Michel 203, 205, 206, 207, 208, 209
Shapiro, Michael 442
Shaws, Jeffrey 386
Sherman, Douglas R. 304
Shockley, William B. 368
Short, John R. 527
Shurmer-Smith, Pamela 293, 296
Sibum, Heinz O. 365
Sidaway, James D. 317
Siebert, Jan 25
Siebs, Theodor 370
Siegel, Marc K. 456, 457
Siegert, Bernhard 14, 16, 17, 24, 27, 31
Singer, Wolf 295
Singerman, Howard 623

Slater, Don 523
Sloterdijk, Peter 49
Smith, M. Peter 527, 542
Smith, Neil 316
Smith, Richard 9
Smith-Spark, Laura 437
Soja, Edward W. 50, 172, 568, 625
Solomon, Louis 339, 340, 345
Sorkin, Michael 567, 568
Soutschek, Martin 40
Sparke, Matthew 455, 549
Spring, Tom 437
Staple, Gregory C. 11, 13, 49
Staples, Ken J. 420
Stark, David 527, 530
Stea, David 306
Stehr, Nico 610
Steichen, Edward 168
Steidle, Brian 436
Stellmacher, Wolfgang 257
Stephenson, Neal 31
Sterling, Bruce 43, 49
Stern, L. William 237
Sternberger, Dolf 185
Stevenson, Robert L. 247
Stewart, Dona J. 459
Steyerl, Hito 198, 199
Stichweh, Rudolf 365
Stifter, Adalbert 249
Stirner, Max 255
Stöber, Birgit 197
Stöber, Rudolf 375, 376
Stöcker, Christian 38
Stockhammer, Robert 247, 250, 252, 269
Stolley, Dick 348
Strüver, Anke 28, 47, 315–32
Stumpf, Carl 224, 226, 227
Suchsland, Rüdiger 179
Sudjic, Deyan 526
Sui, Daniel Z. 32, 455
Sum, Ngai-Ling 523
Summers, Leland G. 418
Surdiacourt, Steven 504
Suskind, Ron 461
Sutherland, Ivan 386, 389
Sutherland, Ivan E. 386
Sutton, Paul C. 458
Swift, Jonathan 28, 247
Taguchi, Gloria 349
Talbot, Richard 17
Taussig, Michael 242
Taylor, Frank 11
Taylor, Peter J. 523, 527
Tennant, Evalyn W. 529
Thacker, Andrew 250
Theye, Thomas 229
Thiele, Matthias 598, 600
Thielmann, Tristan 9–64, 167, 172, 175, 214, 383–96

Tholen, Georg Christoph 9, 21, 22, 49
Thompson, A. C. 475
Thompson, Emily 241
Thompson, Llewellyn E. 337
Thompson, Mark 449
Thompson, Thomas 348
Thrift, Nigel 11, 13, 14, 31, 50, 248, 542
Tilly, Charles 83
Tochtermann, Klaus 32, 251
Torrens, Paul M. 11
Torres, Rodolfo D. 530
Tran, Vinh 549
Trystram, Florence 151
Tsien, Tsuen-Hsuin 100
Tuan, Yi-Fu 180
Turnbull, David 18, 26, 98
Turner, Andrew 33
Tversky, Amos 457
Udsen, Lars Erik 388
Ullrich, George W. 342
Urry, John 523, 568
Vaihinger, Hans 427
van Kempen, Ronald 526
Vannini, Phillip 543
Vaucouleurs, Gérard H. de 162
Verger, Fernand 148
Vertovec, Steven 545
Virilio, Paul 9, 19, 20, 21, 22, 23, 25, 26, 27, 31, 40, 49, 145–65, 185, 542, 567, 569, 579, 580, 581
Volkart, Yvonne 30
Vollmer, Dennis R. 420
Vowinckel, Annette 38, 39, 386, 397–430
Wadleigh, Michael 436
Wajcman, Judy 522, 523, 571
Wakabayashi, Mikio 544
Walker, Francis A. 467
Wallerstein, Immanuel 89
Walters, William 618
Wang Ling 98, 99
Warburg, Aby 207
Wark, McKenzie 291
Watson, Thomas A. 365, 366
Wayne, John 348
Webber, Melvin M. 545
Weber, Max 87, 88, 95
Weber, Patrick 28
Weber, Stefan 49
Webster, Frank 544, 546
Wegner, Ulrich 219
Wei Luo 35
Weibel, Peter 185
Wellman, Barry 394, 402, 403
Wells, H. G. 427
Werber, Niels 25, 28, 30
Werkmeister, Sven 15, 27, 28, 217–46
Werlen, Benno 9, 47, 180
Wienbarg, Ludolf 256
Williams, Raymond 15, 276

Winkler, Hartmut 300, 497, 588
Winthrop-Young, Geoffrey 250
Wittke, Volker 372, 373, 374
Wohl, R. Richard 376, 377
Wolf, Werner 24
Wolf-Czapek, Karl W. 171
Wolkersdorfer, Günter 315, 316, 318
Wollen, Peter 567
Wolper, Roy S. 67
Wood, Denis 48, 251
Woods, Dennis 482
Woodward, David 37, 398, 400
Woolf, Virginia 249, 250
Writer, Dusan 11
Wulff, Hans J. 301
Wuss, Peter 306
Wykoff, C. G. 341
Yeoh, Brenda 549, 550, 552
Yeung, Yue-Man 523, 527
Young, W. Rae 366, 367
Yudicé, George 572
Zane, Kathi 348
Zelizer, Barbie 320
Zelnick, Robert 625
Zerries, Otto 239
Ziegler, Susanne 232, 234, 240
Zierhofer, Wolfgang 189
Zimmermann, Andrew 228
Zimmermann, E. 238
Zimmermann, Stefan 12, 28, 46, 47, 291–313
Zirus, Werner 265
Zonn, Leo E. 46, 292, 297, 303
Zook, Matthew 394
Zook, Matthew A. 251
Zube, Ervin 292
Zúniga, Markos M. 474

Medienumbrüche

SIGRID BARINGHORST, VERONIKA KNEIP,
ANNEGRET MÄRZ, JOHANNA NIESYTO (HG.)
Politik mit dem Einkaufswagen
Unternehmen und Konsumenten als Bürger
in der globalen Mediengesellschaft

2007, 394 Seiten, kart., 28,80 €,
ISBN 978-3-89942-648-9

ALBERT KÜMMEL-SCHNUR, JENS SCHRÖTER (HG.)
Äther
Ein Medium der Moderne

2008, 404 Seiten, kart., zahlr. Abb., 33,80 €,
ISBN 978-3-89942-610-6

RAINER LESCHKE, JOCHEN VENUS (HG.)
Spielformen im Spielfilm
Zur Medienmorphologie des Kinos
nach der Postmoderne

2007, 422 Seiten, kart., 33,80 €,
ISBN 978-3-89942-667-0

Leseproben, weitere Informationen und Bestellmöglichkeiten
finden Sie unter www.transcript-verlag.de

Medienumbrüche

ANNEMONE LIGENSA, DANIEL MÜLLER (HG.)
Rezeption
Die andere Seite der Medienumbrüche

März 2009, 300 Seiten, kart., ca. 25,80 €,
ISBN 978-3-8376-1026-0

RALF SCHNELL (HG.)
MedienRevolutionen
Beiträge zur Mediengeschichte
der Wahrnehmung

2006, 208 Seiten, kart., 23,80 €,
ISBN 978-3-89942-533-8

JÜRGEN SORG, JOCHEN VENUS (HG.)
Erzählformen im Computerspiel
Zur Medienmorphologie digitaler Spiele

April 2009, ca. 500 Seiten, kart., ca. 39,90 €,
ISBN 978-3-8376-1035-2

Leseproben, weitere Informationen und Bestellmöglichkeiten
finden Sie unter www.transcript-verlag.de

Medienumbrüche

MANFRED BOGEN, ROLAND KUCK,
JENS SCHRÖTER (HG.)
**Virtuelle Welten als Basistechnologie
für Kunst und Kultur?**
Eine Bestandsaufnahme
Februar 2009, 158 Seiten, kart.,
zahlr. z.T. farb. Abb., 16,80 €,
ISBN 978-3-8376-1061-1

RAINER GEISSLER,
HORST PÖTTKER (HG.)
**Medien und Integration
in Nordamerika**
Erfahrungen aus
den Einwanderungsländern
Kanada und USA
März 2009, 174 Seiten, kart.,
zahlr. Abb., ca. 24,80 €,
ISBN 978-3-8376-1034-5

RAINER GEISSLER,
HORST PÖTTKER (HG.)
**Integration durch Massenmedien/
Mass Media-Integration**
Medien und Migration im
internationalen Vergleich
Media and Migration:
A Comparative Perspective
2006, 328 Seiten, kart., 27,80 €,
ISBN 978-3-89942-503-1

MARCUS HAHN,
ERHARD SCHÜTTPELZ (HG.)
**Trancemedien und Neue Medien
um 1900**
Ein anderer Blick auf die Moderne
Februar 2009, 410 Seiten, kart., 33,80 €,
ISBN 978-3-8376-1098-7

WALBURGA HÜLK, GREGOR SCHUHEN,
TANJA SCHWAN (HG.)
(Post-)Gender
Choreographien/Schnitte
2006, 236 Seiten, kart., 24,80 €,
ISBN 978-3-89942-277-1

INGO KÖSTER, KAI SCHUBERT (HG.)
Medien in Raum und Zeit
Maßverhältnisse des Medialen
Februar 2009, 320 Seiten, kart.,
zahlr. z.T. farb. Abb., 29,80 €,
ISBN 978-3-8376-1033-8

MICHAEL LOMMEL, ISABEL MAURER
QUEIPO, VOLKER ROLOFF (HG.)
Surrealismus und Film
Von Fellini bis Lynch
2008, 326 Seiten, kart., 29,80 €,
ISBN 978-3-89942-863-6

MICHAEL LOMMEL,
VOLKER ROLOFF (HG.)
Sartre und die Medien
2008, 228 Seiten, kart., 23,80 €,
ISBN 978-3-89942-816-2

ISABEL MAURER QUEIPO,
NANETTE RISSLER-PIPKA (HG.)
Dalís Medienspiele
Falsche Fährten und paranoische
Selbstinszenierungen in den Künsten
2007, 416 Seiten, kart., 36,80 €,
ISBN 978-3-89942-629-8

DANIEL MÜLLER, ANNEMONE LIGENSA,
PETER GENDOLLA (HG.)
Leitmedien
Konzepte – Relevanz – Geschichte,
Band 1, ISBN 978-3-8376-1028-4
Band 2, ISBN 978-3-8376-1029-1
März 2009, 350 Seiten, kart., ca. 25,80 €,

K. LUDWIG PFEIFFER,
RALF SCHNELL (HG.)
Schwellen der Medialisierung
Medienanthropologische Perspektiven
– Deutschland und Japan
2008, 226 Seiten, kart., zahlr. Abb., 29,80 €,
ISBN 978-3-8376-1024-6

Leseproben, weitere Informationen und Bestellmöglichkeiten
finden Sie unter www.transcript-verlag.de